KB079220

되짚어 본 한국사상사

한국철학총서 37
되짚어 본 한국사상사
Reflection on the History of Korean thought

지은이 최영성
펴낸이 오정혜
펴낸곳 예문서원

편 집 김병훈
인 쇄 주) 상지사 P&B
제 책 주) 상지사 P&B

초판 1쇄 2015년 3월 2일

주 소 서울시 성북구 안암로9길 13, 4층
출판등록 1993년 1월 7일 (제307-2010-51호)
전화번호 925-5913~4 / 팩시밀리 929-2285
Homepage http://www.yemoon.com
E-mail yemoonsw@empas.com

ISBN 978-89-7646-336-4 93150

YEMOONSEOWON #4 13, Anam-ro 9-gil, Seongbuk-Gu Seoul KOREA 136-074
Tel) 02-925-5913~4, Fax) 02-929-2285

값 47,000원

한국철학총서 37

되짚어 본 한국사상사

최영성 지음

예문서원

책머리에

단행본 펴내는 일이 오랜만인 것 같다. 나 자신의 게으름, 쓸데없이 분망奔忙함을 자책해 본다. 날마다 책이 봇물처럼 쏟아져 나오는 세상에 정작 저자의 영혼이 담긴 책을 찾아보기 어려운 것은 무슨 이유일까? 나 역시 쉽게 책 내는 대열에 참여하여 '종이공해'를 일으키지나 않을지 저어된다.

나는 한국철학을 전공하면서 제대로 된 한국철학사 한 권 쓰는 것을 필생의 소원으로 여겨 왔다. 한국철학 중에서 한국유학을 주전공으로 하여 공부한 끝에 『한국유학통사』 전 3권을 펴낼 수 있었다. 25세에 쓰기 시작하여 46세에 일단 완성하였으니 20년이 넘게 걸렸다. 한국유학의 기나긴 역사를 종횡으로 관통하기란 쉽지 않다. 아직도 갈 길이 멀다. 10년 단위로 보정판을 내다 보면 '이만하면 됐다'는 날이 오지는 않을까? 내가 이 세상에서 명命이 다하는 날, 이 책과 함께 묻히기를 희망한다.

한국유학을 연구한 지 30년 가깝게 되었다. 이제 그 역사의 물결과 흐름이 손에 잡힐 듯하다. 잘못된 사실史實을 바로잡고 새로운 것을 밝혀내며 역사적 평가를 다시 내려야 할 부분이 많다. 이를 위해 2006년 『통사』를 펴낸 이후 약 50편의 유학사 관련 논문을 발표하면서 이 문제를 일관되게 다루었다. 이 책에서 논한 18개의 주제는 성격이나 비중에서 차이가 있고, 논술 방식도 같지는 않지만, 한국유학사에서 중요한 문제들이라는 점에서는 다를 바 없다.

독자들이 일독한 뒤 판단하시라는 의미에서 글의 내용을 낱낱이 소개하지는 않겠다. 다만, 북송성리학과 남송성리학의 도입, 수용 시기와 관련한 자료를 새로 발굴한 것이라든지, 정도전의 사상사적 위상을 다시 정립한 것, 퇴계 이황의 사단칠정리기호발론이 독창이 아닐 가능성이 있음을 밝힌 것, 성격이 불분명한 것처럼 여겨져 왔던 남명 조식의 학문이 정명도程明道로 수렴된다는 점을 구명한 것, 율곡 이이의 『경연일기』(석담일기)를 체계적으로 조명한 것 등은 자부심을 느낀다. 또한 영남학파를 대표하는 이상정李象靖이나 이진상李震相의 성리설이 사실상 율곡 이이의 설을 의식하였으며 율곡 이이의 설을 자신의 학설에 반영하였음을 논증한 것이라든지, 정여립鄭汝立을 '미완의 혁명가' 또는 '혁명적 사고를 가진 인물'로 과대포장하였던 종래의 설을 원시유학의 관점에서 비판하여 정여립에 대한 새로운 평가를 유인한 것 등도 의미 있는 결과라 자평한다. 18편의 글에서 얻은 결과는 『한국유학통사』를 보완할 때 비중 있게 반영하려고 한다.

이제 내 나이 오십대 중반이다. 새로운 것을 벌이지 말고 해 온 것을 정리하고 정련精鍊해 나가라는 주위의 권유와 충고가 많다. 그러나 나는 금후의 연구 과제로 '한국철학사'를 준비하려고 한다. 뜻이 있는 동지들과

십 년을 기한으로 내 영혼을 다 바쳐 이루어 낼 생각이다. 이와 함께 앞으로도 변증법에서의 반反의 논리에 따라 학술 활동을 하려고 한다. 남들은 자신의 학설을 지키는 데 여력을 남기지 않을지라도 나는 나의 묵은 연구 성과를 허무는 데 매진하려 한다. '일신日新'을 추구하려는 내 생각은 변함이 없을 것이다.

이 책은 처음부터 전문 저술로 기획한 것이 아니다. 그러다 보니 내용상 전후로 겹치는 부분이 적지 않다. 독자들이 이해하시리라 믿고 전면적으로 손을 보지는 않았다. 또 다룬 내용 역시 '유학사상사'에 관련된 것이 다수이다. 전체 내용을 적절하게 수렴하기 어려워 '한국사상사'라는 폭넓은 제목을 달았다. 양해 있으시기를 바란다.

출판계 사정이 어려운 때 출판을 쾌락한 예문출판사 오정혜 사장님께 감사한다. 또 나의 글을 진지하게 읽고 토론을 해준 정연수鄭然守 동학에게 이 책을 선사한다.

2013년 10월 25일

백마강 너머 인후장麟厚莊에서 저자

차례 ‖ 되짚어 본 한국사상사

제1부 한국사상의 원형과 본질 탐색

제2부 도학 · 리학의 수용과 사상계의 변화

제1부 한국사상의 원형과 본질 탐색

제1장 진흥왕순수비의 사상적 가치

1. 머리말

진흥왕순수비에 대한 전문 연구가 있어 온 지도 오래되었다. 추사秋史 김정희金正喜(1786~1856)가 북한산순수비를 심정審定한 것이 순조 16년(1816) 7월의 일이니, 이를 기점으로 잡더라도 2백 년이 다 된다. 김정희의 「진흥이비고眞興二碑攷」가 나온 이래 오늘에 이르기까지 순수비 관련 논고들이 발표되었다. 의미 있는 성과가 적지 않았다. 다만, 연구자 대다수가 역사학 전공자이고, 연구 주제도 주로 정치사, 제도사 등에 국한되었다는 점에서 한계가 없지는 않았다. 종합적 연구가 드문 것은 아쉬운 일이다.[1)]

필자는 철학 전공자이다. 한국사상사에 관심이 많다. 진흥왕순수비야말로 사상의 관점에서 연구할 필요성이 있다고 생각해 왔다. 그런데, 이 점에 대해 학계에서는 이상할 정도로 관심이 없었다. 1967년에 불교학자 김영태金煐泰(1932~) 교수가 진흥왕순수비를 진흥왕의 숭불崇佛적 태도와 연관시켜 해석하면서 정복왕·교화왕으로서의 진흥왕의 면모를 불경에 나오는 전륜성왕轉輪聖王과 결부시킨 선구적인 사례가 있지만,[2)] 의미 있는

1) 단행본 연구서가 종합적 연구를 대변하는 것은 아니지만, 현재까지 나온 단행본으로는 노용필의 『新羅眞興王巡狩碑硏究』(일조각, 1996)가 유일한 것 같다.

2) 김영태, 「신라 진흥대왕의 信佛과 그 사상 연구」, 『불교학보』 5(동국대학교 불교문화

후속 연구가 나오지는 못하였다. 이러한 가운데 1970년대 중반에 류승국柳承國(1923~2011) 교수가 순수비에 나오는 '순풍純風과 현화玄化', '명감신기冥感神祇, 응부합산應符合筭' 등의 구절이 재래의 고신도古神道 사상과 관련 있는 것이라는 주장을 하여[3] 이 방면의 연구에 적지 않은 시사를 던졌다. 다만 단편적 언급에 그침으로써 아쉬움을 남겼다.

필자는 근자에 「최치원의 풍류사상 이해와 그 기반」[4]이라는 논고를 발표한 바 있다. '진흥왕순수비 및 『주역』 관괘觀卦·손괘巽卦와 관련하여'라는 부제를 달았다. 이 글 가운데 진흥왕순수비와 관련된 내용을 요약하면 다음과 같다. 첫째, 진흥왕순수비와 최치원이 찬撰한 「난랑비서鸞郞碑序」는 사상적으로 자매편과 같다. 순수비 첫머리에 나오는 '순풍'과 '현화'는 최치원이 말한 '풍류도風流道'의 역사적 실재를 밝히는 중요한 단서이다. 둘째, 진흥왕순수비와 난랑비에서는 진흥왕과 경문왕의 정교이념政敎理念을 유가의 풍화론風化論으로 풀어냈다. 이 과정에서 『주역』 관괘와 손괘에 나오는 바람의 철학, 변화의 원리가 동원되었다. 셋째, 진흥왕순수비에 서술된 내용은 반고班固가 저술한 『백호통의白虎通義』 「순수巡狩」편의 내용과 부합한다. 전반적으로 유가적 성격이 강하다. '일심봉불一心奉佛'했던 진흥왕의 신앙적 측면과 순수비의 내용은 구분해서 보아야 한다.

본고의 내용은 크게 보아 위의 세 가지 핵심 내용에서 벗어나지 않는다. 다만, 위의 「난랑비서」 관련 논문이 '풍류도'의 실체를 구명하는 과정에서 작성된 것이기 때문에 진흥왕순수비를 전적으로 다루는 것과는 차이가 있다. 본고에서는 일차적으로 비문 가운데 사상-사상사적으로 중요한 진흥왕의 유지諭旨, 즉 본문 부분을 판독, 역주한 뒤 내용 분석을 하겠다. 이어서 사상적으로 중요한 논점들을 뽑아서 논술하기로 한다. 주로 유가

연구소, 1967); 『신라불교연구』(민족문화사, 1987) 참조.

3) 류승국, 『한국의 유교』(세종대왕기념사업회, 1976) 참조.

4) 『한국철학논집』 40(한국철학사연구회, 2014).

사상과 전통사상의 관점에 입각하여 논의를 전개할 것이다.

2. 진흥왕순수비 찬자와 수비竪碑 연대

진흥왕순수비는 한국 고대 사상사, 문학사, 금석학사, 서예사 등에서 중요한 위치를 차지한다. 고대 사료가 영성零星하기 때문만은 아니다. 1929년 마운령순수비를 세상에 알린 육당 최남선은 진흥왕순수비에 대해 다음과 같이 평하였다.

> 이것을 단순히 예술적으로 보더라도 그 문文은 반도半島 최고最古의 전표全豹적 문장으로서 더욱이 상당히 정제整齊한 내용 외형을 지녔고, 그 서書는 고졸古拙한 가운데 오히려 훌륭히 예해상교隷楷相交한 육조서법六朝書法의 신수神髓를 나타내어, 조선은 물론 일반 동방의 예술사藝術史 상에 유수有數한 지위를 차지할 수 있음을 인정할 것이며……[5)]

상찬조賞讚調의 평이라 하겠다. 한편, 근대 한문학의 도미掉尾를 장식한 위당 정인보는 북한산비와 황초령비에 대해 이렇게 말하고 있다.

> 비봉비碑峯碑의 "산악과 제왕의 감통感通이 덕형德馨에 있음"을 박서樸敍한 흔적이 간영間映함이 진晉·송宋·제齊·양梁·진晉·수隋 간間에 궁색窮索하여도 볼 수 없는 고문古文이며, 함흥 송당리松堂里에 있는 진흥왕순수비는…… 화엽華葉이 없고 근간根幹만 세운 것이 실로 의자불의타依自不依他의 본회本懷를 상망想望할 수 있다.[6)]

그러면서 그는 두 비에 쓰인 문장의 특성으로 '전중典重'함과 '질박質朴'함

5) 최남선, 「신라 진흥왕의 在來三碑와 新出現의 마운령비」, 『靑丘學叢』 2(1930); 『육당 최남선 전집』 2(현암사, 1973), 544쪽.
6) 정인보, 『담원 정인보 전집』 1(연세대학교출판부, 1983), 296쪽 참조.

〈황초령비 탁본: 서울대규장각 소장〉

을 들었다. '전표적' 운운했던 최남선의 평가와는 거리가 있다.

오늘날까지도 진흥왕순수비의 문장이 중국인의 손에서 나왔을 것이라고 추단하는 사람들이 있다. 필자의 생각은 이와 다르다. 순수비문은 외형상 상당히 정제되어 있어 신라 속한문俗漢文과는 확연히 다르지만,

그렇다고 유려한 글이라 하기도 어렵다. 구법상句法上으로 매끄럽지 않은 편이며, 전후 문맥도 그다지 잘 이어지지 않는 것 같다. 정인보가 '질박'함을 말하고 '의자불의타依自不依他'[7]라 한 것은, 이 순수비가 신라인에 의해 찬술된 것임을 강조하려는 것이었다. 그러나 내용을 뜯어보면 사상적 맥락과 수사修辭의 수준이 상당하다고 본다.

그렇다면 비문의 찬자撰者는 누구일까? 최남선에 따르면, 당시 문사文史의 자루가 승려의 손에 쥐어 있었던 실정에 비추어 볼 때, 사문도인沙門道人으로서 수가인원隨駕人員의 벽두에 오른 법장法藏과 혜인慧忍 중의 한 사람일 것이라고 하였다.[8] 이는 실학자 유득공柳得恭의 설을 따른 것으로 보인다. 일찍이 유득공은 「신라진흥왕북순비新羅眞興王北巡碑」라는 제목의 고금체시古今體詩를 지으면서 그 주석에서 "문장에 결락이 많은데, 그 가운데 '어가御駕를 따른 사문도인 법장·혜인'이라 한 것이 있다. 생각건대 이들이 글을 짓고 글씨를 쓴 사람들인가 한다"[9]라고 한 바 있다.

유득공·최남선에 의해 제기된 이 주장은 현재까지 학계에서 통설처럼 인정되어 왔다. 그러나 이제 다시 생각해 볼 때가 되었다. 당시 어가를 따른 사람의 명단 가운데 승려가 벽두에 나온 것은 분명 의미 있는 것이지만, 그렇다고 해서 지나칠 정도로 의미 부여할 필요는 없다고 본다. 제왕이 순수관경巡狩管境하는 목적이 사방을 돌아다니며 백성들의 삶을 살피고 왕도王道로써 신민臣民을 교화하는 데 있다고 할 때, 국가적으로 이름 있는 고승의 동행도 필요했을 것이다. 교화에는 유교와 불교가 따로 없기 때문이다.[10] 교정승敎政僧으로서의 그들의 위치가 일반 시종신侍從臣

---

7) 정인보 '주체 이론'의 슬로건이다. 본디 淸末의 학자 章炳麟이 한 말인데, 정인보는 '저는 저로써 함'이라고 풀이하였다.

8) 최남선, 「조선상식문답 속편」, 『육당 최남선 전집』 3(현암사, 1973), 169쪽.

9) 柳得恭, 『泠齋集』, 권5, 23b, 「新羅眞興王北巡碑」, "注曰: 文多缺. 有曰隨駕沙門道人法藏慧忍, 意卽撰書者."(문집총간 260, 89쪽)

10) '一心奉佛'(『三國遺事』, 권3, 「塔像第4」, '彌勒仙花 未尸郎 眞慈師')했다고 하는 진흥왕이

과는 차이가 있으므로 벽두에 기록했을 것이다. 이른바 '사문도인'의 위치에 대한 해석은 이쯤에서 그치는 것이 좋다고 본다. 순수비의 내용은 대부분 유교사상과 관련 있는 것들이다. 그럼에도 승려가 순수비문을 찬술했다고 하는 것은 쉽게 납득하기 어렵다. 순수비 내용을 파고들면 들수록 유교사상에 대한 찬자의 이해 정도가 깊다. '찬자승려설'은 재고되어야 할 것이다.

진흥왕순수비 4기 가운데 창녕비를 제외한 3비가 공통점이 있다. 내용이 거의 같다는 점이다. 황초령비와 마운령비는 같고, 북한산비는 본문과 수가인원에서 차이가 있지만 문장으로 보면 한 사람의 손에서 나온 것이라고 할 정도이다. 결락이 가장 적은 마운령비를 보면, 순수 당시 어가를 따른 사람 가운데 '거칠부'가 보인다. '거비부居朼夫'로 표기되어 있지만 학계에서는 진흥왕 6년(545)에 왕명으로 국사國史를 편찬했던 거칠부居柒夫와 같은 사람으로 보고 있다. 필자는 순수비의 찬자를 거칠부로 추정한다.[11)]

『삼국사기』에 의하면, 진흥왕 6년에 이찬伊飡 이사부異斯夫가 임금에게 "국사란 군신君臣의 선악善惡을 기록하여 만대에 포폄褒貶을 보이는 것입니다. 이를 기록해 놓지 않으면 후세에 무엇을 볼 수 있겠습니까"[12)]라고 아뢰니, 임금이 대아찬大阿飡 거칠부에게 문사文士를 널리 모아 국사를 수찬修撰하도록 명했다 한다. 이사부가 임금께 아뢴 내용은 당시 식자층의 역사의식을 대변한 것이라 할 수 있다. 이사부의 말에 담긴 역사의식은 유교의 춘추사관春秋史觀에 입각한 것이다. 유교의 수훈사관垂訓史觀은 춘추

기에 沙門道人의 隨駕는 어쩌면 당연한 것이기도 하다.

11) 본고를 마무리 짓는 과정에서 우연히 인터넷 검색을 통해 2013년에 서강대 조범환 교수가 '찬자거칠부설'을 제기했다는 사실을 확인하였다. 필자와 생각이 같다는 점에서 반가운 일이다. 조범환, 「진흥왕 순수비에 대한 몇 가지 의문과 새로운 이해」, 『신라사학보』 27(신라사학회, 2013) 참조.

12) 『三國史記』, 권4, 「新羅本紀」, 眞興王 6년조.

사관에 바탕을 두고 있으며, 춘추사관은 '포폄정신褒貶精神'을 기본으로 한다. 유교에서 역사 서술의 근본 취지는 '옛일을 거울삼아 오늘의 일을 경계한다'는 '감고계금鑑古戒今'에 있다. 이는 전통적으로 왕도정치를 구현하는 한 방편으로 여겨져 왔다. 당시 신라에서 정사正史의 성격을 지닌 『국사』를 편찬했다는 것은 그만큼 자의식自意識이 고조되고 문화적 역량이 성숙되었음을 의미한다. 자의식의 형성에 유교사상이 지대한 영향을 끼쳤음은 재언의 여지가 없다.[13)]

당시 국사 편찬의 총책임자인 거칠부와 공동 편찬자인 여러 문사들은 당대 최고의 문필가라 할 수 있다. 거칠부는 그 정점에 있었다. 그는 문학적 기량에서뿐만 아니라 유가적 소양에서도 첫손에 꼽히는 인물이었을 것이다. 더욱이 순수비의 구성이 강목체綱目體 역사 서술과 흡사하다는 점에서(後述), 역사를 편찬한 경험이 있는 거칠부를 진흥왕순수비의 찬자로 보는 것이 사리상 합당하다고 생각한다.

거칠부는 어려서부터 원대한 뜻이 있었다. 스님이 되어 사방을 유람하다가, 고구려를 정탐하려고 국경을 넘었다. 고구려에서 혜량법사惠亮法師에게 배웠고, 나중에는 혜량법사를 신라로 인도, 귀화시켜 승통僧統으로 삼도록 했다. 문무를 겸전했던 거칠부는 국사를 편찬했을 뿐만 아니라 고구려를 정벌하여 여러 성을 복속시킨 바 있으며, 후일 군국軍國의 사무를 도맡았다.[14)]

거칠부가 문한文翰을 맡아 역사서를 편찬한 원동력은 혜량법사에게 수학한 데 있다고 본다. 원광법사圓光法師가 귀산貴山·추항箒項 같은 걸출한 인재를 길러낸 것이라든지, 혜량법사가 거칠부를 신라의 국기國器로 만들어낸 것은 신라 학술사에서 특기할 만한 일이다. 순수비 수가인원 명부에

13) 최영성, 『한국유학통사』 상권(심산출판사, 2006), 130쪽 참조.
14) 『三國史記』, 권44 참조.

사문도인을 앞에 내세우고 대소관원을 뒤에 배열한 데에는 이런 배경도 깔려 있었음직하다.

다음으로 입비立碑 연대를 논할 차례이다. 조선금석학의 비조鼻祖 추사 김정희는 진흥왕의 '순수'와 순수비의 '입비'가 같은 해(568년)에 이루어진 것이라고 보았다. '진흥태왕'이 시호가 아니라 생전 칭호라는 점을 강조하는 김정희로서는 당연한 주장이라 하겠다. 이에 대해 추사학파 내부에서도 반대 이론이 있었다. 김정희의 문인 우선藕船 이상적李尙迪(1804~1865)은 북한산비가 진흥왕 당대에 세워진 것이라는 김정희의 견해에 찬동하지 않았다. 그는 "비를 세운 연대를 뒷받침할 만한 근거는 없지만 진흥왕이 순수할 적에 세운 것이 아님은 확실하여 의심이 없다"라고 하면서, 뒷날 진지왕이나 진평왕 때에 가서 선왕이 순방巡方한 자취를 추술追述하여 구지舊址에 세운 것이라 하였다.[15] 역시 김정희를 따랐던 어당峿堂 이상수李象秀(1820~1882) 역시 비슷한 견해를 표한 바 있다.[16]

필자는 2007년에 「추사 금석학의 재조명: 사적史的 '고증' 문제를 주안목主眼目으로」[17]라는 논문을 발표한 적이 있었다. 이 논문에서 필자는 진흥왕이 순수한 해와 비를 세운 연대는 구분해서 보아야 한다고 주장한 바 있다. 순수한 뒤 상당한 시차를 두고 세워졌을 것이고, 이것은 진흥왕북순비의 모델로 짐작되는 진시황순수비의 경우에서 그 선례를 찾을 수 있다고 하였다. 따라서 무자년(568) 8월 21일은 진흥왕이 봉강封疆을 위해 순수를 떠난 역사적 사건이 있었던 날이요, 비는 후대에 이를 기념하기

---

15) 『恩誦堂集』 續集, 文卷1, 18a~18b, 「新羅眞興王巡狩碑拓文書後」(문집총간 312, 244쪽). 이상적은 이 글에서 "著錄家以爲此碑建於眞興王二十九年戊子, 在中國爲陳光大二年也. 以巡狩之時, 訂建碑之歲"라 하여 스승 김정희의 성명을 忌諱한 대신, "往在道光辛卯秋, 亡友劉燕庭方伯見示手輯海東金石苑八卷, 首載此碑, 亦稱陳光大二年建"이라 하여 劉喜海를 자신이 말한 '저록가'로 지목하였다. 그러나 유희해의 견해가 곧 김정희의 견해를 수용한 것임은 말할 것도 없다.

16) 『峿堂集』(규장각소장본), 권15, 「眞興王北狩碑跋」 참조.

17) 『동양고전연구』 29(동양고전학회, 2007).

위해 세워졌을 것이라는 결론에 도달하였다.

비의 허두에서 '진흥태왕眞興太王' 운운한 것과 본문에서 '짐역수당궁朕歷數當躬' 운운한 것을 연결시켜 보면 일단 순수와 동시에 비를 건립한 것으로 볼 수 있음직하다. 그러나 진흥왕이 생전에 자신을 높여 '태왕'이라 일컬을 수 있었을까? 의문이 제기될 수밖에 없다. 당시 신라가 유교이념에 입각한 정치체제를 점차 갖추어 나가고 있었음을 감안한다면 생전에 자칭하여 '태왕'이라 했다는 것은 무리라고 본다. 진흥왕 이후 후왕後王이 비를 세우되, 진흥왕이 생전에 반포한 성지聖旨를 본문에 새긴 것으로 보는 것이 설득력이 있다. 그렇게 본다면, 다음 대인 진지왕이나 진평왕 때 세웠을 가능성이 높다고 할 것이다.

이와 관련하여, 북한산비 서두에 '……眞興太王及衆臣等巡狩□□之時記'(진흥태왕 및 중신들이 관할 국경을 순수할 때의 기록이다)라 한 대목이 있다. 순수 당시에 진흥왕이 반포했던 유지諭旨 내용을 기록한 것이라는 의미이다. '之時記' 3자를 굳이 넣은 것을 보면 그 기록을 후대에 새긴 것이라는 뉘앙스가 강하게 풍긴다.[18]

같은 북한산비 제6행으로부터 2행에 걸쳐 있는 "□可加□□□以□□心引□□衆路過漢城陟□□□……見道人□居石窟□□□□刻石誌辭"라는 대목도 중요한 시사를 던진다. 이것의 구두를 뗀 뒤 내용을 보완하거나 유추하여 풀이하면 대개 다음과 같을 것이다.

> □可加□□□, 以□□心. 引□□衆, 路過漢城, 陟□□□……見道人□居石窟, □□□□, 刻石誌辭.
>
> 작물爵物로 상을 주어 백성들의 마음을 격려하는 것이 좋겠다. 어가를 이끄는(引駕) 무리가 한성漢城을 경과하다가 □□□(지금의 북한산)에 올랐다.…… 도인이 석굴에

18) '……할(했을) 때의 기록'이라는 말은 다른 비에는 보이지 않지만, 창녕비 이외의 3비에 공히 해당되는 말이라고 할 것이다.

조촐하게 거처(燕居)하는 것을 보았는데, (그들에게 지시하여) 돌에 새겨 유사諭辭를 적도록 하였다.

문맥상 '도인道人'과 '각석지사刻石誌辭' 사이에 연결고리가 있음은 분명한 것 같다. 이를 미루어 보면, 순수비 각석은 순수를 마친 뒤 현장에서 관계자들에게 지시하여 뒷날 세웠을 것으로 짐작된다.[19] 이것은 진시황순수비에서 그 선례를 찾을 수 있다.[20]

한편, 서자書者의 경우, 위에서 말한 '도인'과 '각석지사'를 운운한 대목으로 미루어 북한산비의 경우 '사문도인'이 직접 글씨를 썼을 법하다. 신라 당시에 서법書法에 능한 승려가 많았던 사실에 비추어 보면 새삼스런 일은 아니다. 서법과 서풍에 대해서는 "예해상교隷楷相交한 육조서법六朝書法의 신수神髓를 나타냈다"라는 최남선의 평이 있다. 간결하지만 할 말을 다했다고 본다. 서법은 필자의 전공 영역을 벗어나는 것이므로, 전공자에게 미룬다.

3. 진흥왕순수비의 역주 및 분석

체계적인 논의를 위해 먼저 진흥왕순수비의 역주를 하고, 이어 문단별로 분석과 해설을 가하고자 한다. 결락이 가장 적은 마운령순수비를 대본으로 한다.[21] 배면背面에는 당시 어가御駕를 따랐던 사문도인沙門道人

19) 진흥왕이 순수를 마친 뒤 서라벌에서 비를 만들어 현장에 보내 세웠을 것이라는 주장도 있다. 그러나 교통이 불편한 시절에 장거리를 운반하여 세운다는 것은 이치상으로 납득하기 어렵다.

20) 자세한 것은 최영성, 「추사 금석학의 재조명」, 『동양고전연구』 29(동양고전학회, 2007) 참조.

21) 마운령비의 결락이 있는 부분은 황초령비로써 보충하였다.

및 서정庶政을 담당하는 관리, 궁중 업무를 담당하는 관리들의 직함과 인명이 새겨져 있다. 그러나 중간에 결락이 심할 뿐더러 사상적 관점에서 접근하려는 본고의 취지와 관련이 적다고 판단, 생략하였다.

이 순수비에 대한 판독과 역주로는 역사학자 노중국盧重國, 노용필盧鏞弼의 것이 주로 인용된다.[22] 노중국의 역주는 지금까지 나온 역주 가운데 상당히 모범적인 것이라 할 수 있다. 역사학자들은 역사학적 관점에서 사료를 번역하는 경우가 많아 한문이 지닌 결(文理)을 무시하는 예가 적지 않은데, 노중국의 번역에서는 이런 점을 찾기 어렵다. 노용필은 노중국과의 차별화를 시도하였다. 다만 문자의 다의多義적 측면에 천착하여 문장의 본의本義를 놓친 부분이 적지 않다. 두 학자 모두 한문학적 소양의 측면에서는 지적받을 대목이 없지 않다. 특히 사상적 측면에 관심을 기울이지 않은 것은 아쉬운 점이라 하겠다.

1. 역주(陽面)

<원문>

(A) 太昌元年歲次戊子八月卄一日癸未眞興太王巡狩管境刋石[23]銘記也.

(B) 夫純風不扇, 則世道乖眞, 玄[24]化不敷, 則耶[25]爲交競. 是以, 帝王建號, 莫不修己以安百姓.[26] 然朕歷數[27]當躬, 仰紹太祖之基, 纂承王位, 兢身[28]自愼, 恐違乾道. 又蒙天恩,

---

22) 『역주 한국고대금석문』 II(한국고대사회연구소, 1995), 85~96쪽; 노용필, 『신라 진흥왕순수비 연구』(일조각, 1996), 225~235쪽 참조.

23) 刋石: 돌을 깎다. '刋石勒文'의 준말로, '刊石'(간석)으로 쓰기도 한다.

24) 玄: 황초령비에는 '玄', 마운령비에는 '旨'자처럼 되어 있다. 旨자에서 '曰' 부분을 뜯어보면 '日' 또는 'θ'자 같지만 사실은 '幺'를 변형한 것이다. 字體로 보거나 文理로 보더라도 '玄'자가 맞다고 생각한다. 황초령비와 마운령비는 일부 몇 글자가 다를 뿐 내용이 거의 같다. '玄'자가 '旨'자로 달라질 이유가 없다고 본다. 추사 김정희는 '玄'으로 판독하였고(『秋史文集』, 권1, 「眞興二碑攷」), 이후 후학들은 대개 김정희의 설을 따르고 있다.

25) 耶: 사특함. '邪'와 통용된다.

開示運記, 冥感神祇[29], 應符[30]合筭[31]. 因斯四方託境[32], 廣獲民土, 隣國誓信, 和使交通. 府[33]自惟忖[34], 撫育新古黎庶[35], 猶謂"道化不周, 恩施未有". 於是, 歲次戊子秋八月, 巡狩管境[36], 訪採民心, 以欲勞賚[37]. 如有忠信精誠, 才超察厲[38], 勇敵强戰, 爲國盡節, 有功之徒, 可加賞爵物[39], 以章[40]勳效.

(C) 引駕日行[41], 至十月二日癸亥. 向[42]涉是達, 非里□[43]廣□因諭邊堺矣.

<번역>

(A) 태창 원년 세차 무자 8월 21일 계미에 진흥태왕께서 관할 국경을 순수하시고 돌을 깎아 그 내용을 새겼다.

(B) "무릇 순박純樸한 바람이 불지 않으면 세도世道[44]가 참(眞)에서 어그러지게 되고, 오묘한 감화(교화·변화)가 펴지지 않으면 사특함(邪)이 서로 다투게 되는 법이니라.

---

26) 『論語』「憲問」편에 나온다.
27) 帝王들이 서로 계승하는 차례. 歲時 및 節氣의 先後와 같기 때문이다. 『論語』, 「堯曰」, "咨爾舜, 天之曆數在爾躬, 允執厥中." '歷'은 '曆'과 통용된다.
28) 兢身: 몸을 삼가다.
29) 神祇: 天神과 地祇(地神).
30) 筭(산): '算'의 古字. '筭'과 통용된다.
31) 應符: 符籙에 호응한다는 말. '洛水應符', 즉 중국 상고대 임금 禹가 9년 治水할 때 낙수에서 신령한 거북이 나타나 그 등에 文書를 전하였다는 전설(『書經』「洪範」 참조)을 가리키는 것으로 볼 수도 있으나, '應符合算'에서의 '應'과 '合'은 동사로 보아야 한다.
32) 託境: 국경을 맡기다.
33) 府: '아래로는'. 俯와 통용된다.
34) 惟忖: 생각하고 헤아림. 『법화경』에 많이 나온다.
35) 黎庶: 많은 백성. 黎民·黔首와 같은 말이다.
36) 管境: 관할 국경.
37) 勞賚: 격려하다. 힘을 돋우다. 현대 중국어에서도 이런 의미로 사용된다.
38) 察厲: 나라의 위태로움을 잘 살피다.
39) 爵物: 벼슬과 물건.
40) 章: 드러내다. '彰'과 통한다.
41) 日行: 날마다 길을 떠남. '하루 동안 걷는 걸음' 또는 '하루에 ……를 가다'라는 의미가 있으나, 여기서는 전자의 의미를 취하였다.
42) 向: '間'자로 판독한 예도 있으나(김창호, 『고신라 금석문의 연구』, 서경문화사, 2007, 83쪽), 최남선의 판독 이래 대부분 '向'으로 보고 있다.
43) □: '城'자로 추정된다.
44) 세상을 다스리는 도리, 세상의 형편. '世道人心'의 준말.

이 때문에 제왕帝王이 연호를 세움에, 자신을 수양함으로써 백성을 편안케 하지 않음이 없도록 하느니라. 그런데 짐朕은 역수曆數(정해진 운명)가 나에게 당함에, 우러러 태조의 기업基業을 소술紹述하여 임금의 자리를 계승하였는바, 나 자신을 삼가 스스로 신중을 기하였고 천도를 어길까 두려워하였노라. 또 하늘의 은혜를 입어 운명의 기록[45]을 열어서 보임에, 그윽한 가운데 천신天神, 지기地祇와 통하였으며, 부록符籙[46]에 응하고 '천산天筭'[47]에 합치되었노라. 이에 따라 사방에서 자기 나라의 국경國境을 들어 맡겨 옴으로써 백성과 영토를 널리 얻게 되었고, 이웃나라가 신의信義를 맹세함으로써 화호和好의 사절이 서로 통하게 되었느니라. 허리를 굽히고 스스로 생각하고 헤아려 보나니, '옛 백성과 새 백성들을 잘 무육撫育(사랑으로 정성껏 키움)하였는가.' 그럼에도 여전히 '도화道化가 두루 미치지 못하여 아직 은시恩施(은혜 베풂)가 없다'고 말하노라. 이에 세차 무자년(진흥왕 29년, 568) 가을 8월에 관할 국경을 순수巡狩하여 민심을 탐방함으로써 백성들을 격려하고자 하노라. 만약 충신忠信과 정성精誠이 있고 재주가 세상에서 뛰어나 나라의 위태로움(厲)을 잘 살피며, 용감하게 대적對敵하여 강렬하게 싸움으로써 나라를 위해 충절을 다하여 공이 있는 무리들에게는, 상으로 벼슬과 물품을 주어 공훈(勳效)이 잘 드러나도록 해야 될 것이니라."

(C) 인가引駕[48]가 날마다 길을 떠나 10월 2일(癸亥)에 이르렀다. 섭시달涉是達(지명)을 향하다가 비리성非里城[49]에서 널리 (사람들을 모아) 국경선인 변두리 지역에 효유曉諭(알아듣게 타이름)를 하였다. (이하 隨駕人員 생략)

2. 분석 및 해설

마운령순수비는 크게 세 단락으로 나눌 수 있다. (A)는 사실상 '서序'에 해당한다. 짧지만 비의 머리말이다. 대개 머리말의 끝, 본문의 맨 앞에

45) 연호 '太昌'(크게 창성하리라는 뜻)을 가리킨다. '帝王建號'와 조응되는 말이다.
46) 뒷날 일어날 일을 미리 알아서 몰래 적어 놓은 글.
47) 하늘이 점지한 운명.
48) 의장행렬에서 御駕를 안내하던 직책.
49) 광개토태왕비와 진흥왕창녕순수비에 나오는 '碑利城'과 같다. 지금의 함경남도 安邊으로 추정된다.

'기사왈其詞曰'이란 말을 넣어 머리말과 본문을 구분하지만, 이 순수비에서는 그것을 생략하였다. (B)는 진흥태왕의 유지諭旨를 기술한 것이다. 역사학계에서는 이 부분을 '기사紀事'로 파악하는데, '기사'가 아니다. (C)는 568년 8월 21일에 떠난 임금의 어가가 40일 만인 10월 2일에 비리성非里城에 도착하였음을 밝힌 것이다. 이어 '수가인원'의 명단이 음면으로 이어진다.

(A)의 첫 부분에 나오는 8월 21일은 순수를 떠난 날이고, 10월 2일은 마운령비를 세울 비리성에 도착한 날이다. 순수비에 10월 2일 일정까지 기록된 것을 보면, 이 순수비가 568년 8월 21일 같은 날에 여러 곳에서 동시다발적으로 세워진 것이 아님은 분명하다. 그럼에도 순수비에서 '8월'을 명기明記한 것은, 제왕의 순수는 '사중월四仲月'에 행하는 것이 전통이었기 때문에 그에 맞추기 위함이었다. 이에 대해서는 뒤에서 다시 논한다.

이 순수비의 구성을 보면 강목체綱目體 역사 서술과 흡사하다. (A)가 '강'이라면, (B)와 (C)는 '목'에 해당한다고 할 수 있다. 확실히 예사 비문과 다르다. 필자는 이 점을 들어 찬자가 역사 서술에 능한 사람이고, 그에 합당한 사람으로 거칠부를 꼽을 수 있다고 본다.

이 순수비는 전반적으로 유가사상을 밑바탕에 깔고 있다. 선학들이 말한 바와 같이 고신도古神道사상도 엿보인다. 수가인원의 첫머리에 '사문도인'을 적고 있지만, 진흥왕의 유지諭旨 내용만 보면 불교사상은 표면적으로 드러나 있지 않다. 그럴 수밖에 없을 것이다. 제왕의 '순수'라는 것이 본디 유가의 정치이념을 구현하는 일과 직결되어 있기 때문이다. 그렇다면, 일심으로 부처를 받들었다는 진흥왕의 일생 행적에 구애되어 순수비 내용까지도 불교적 관점에서 이해하려 한 김영태 교수의 주장은 재고할 필요가 있다.[50]

---

50) 김영태, 「신라 진흥대왕의 信佛과 그 사상 연구」, 『불교학보』 5(동국대학교 불교문화

비의 서序에 나오는 '태창원년'과 '순수관경巡狩管境', 그리고 진흥왕의 유지諭旨에 나오는 '제왕건호帝王建號'는 진흥왕이 연호를 반포하고 어엿하게 제국帝國임을 표방한 뒤 그를 기념하기 위해 순수를 단행했음을 알리는 것들이다. 진흥왕은 재위 중에 연호를 몇 차례 고쳤다. 551년에는 친정親政과 함께 '개국開國'으로 고쳤고, 568년에는 '태창太昌'으로, 572년에 다시 '홍제鴻濟'로 고쳤다.[51] 태창으로 연호를 바꾼 것은 개원改元이다. 그런데 굳이 '제왕건호'를 표방하고 수기안인修己安人을 제자帝者의 도리로 강조한 것은 이유가 있다. 사방순수를 계기로 정치를 일신一新하고 모든 것을 원점에서 다시 시작하겠노라는 진흥왕의 의지가 강하게 반영된 결과라 하겠다. 이 밖에 '방채민심訪採民心', '도화道化', '은시恩施', '창훈彰勳' 등은 순수의 목적을 엿보게 하는 단서들이다.

이제 비의 본문인 '진흥왕의 유지' 부분을 자세히 보자. 첫대목에서는 순풍純風과 현화玄化를 말하고, 그것을 진사眞邪(正邪)의 문제로 접근하였다. 유지의 벽두에서 바람의 철학과 교화(감화·변화)의 원리를 이끌어 제왕의 정치이념을 논하고 제왕의 위업을 서술한 것을 통해 유교사상이 확고하게 자리 잡고 있음을 본다. 유가에서는 풍화론風化論으로 치도治道를 논하는 것이 예사이다. 풍화론과 관련하여 우리는 순수비 내용에 『주역』 관괘觀卦의 사상이 바탕에 깔려 있음을 주목하지 않을 수 없다. 관괘에는 제왕이 사방을 순행하여 두루 살피고 백성의 풍속을 관찰하여 교화를 베푼다는 내용이 있다. '순수'와 '바람', 이것이 관괘의 주된 내용이다. 이에 대해서는 뒤에서 자세히 논하기로 한다.

다음, '진眞'과 '사邪'의 문제를 보자. '진사'는 '정사正邪'로 바꾸어 쓸 수 있는 용어이다. '정사'는 '파사현정破邪顯正', '척사위정斥邪衛正' 등의 말에

연구소, 1967) 참조.

51) 만년으로 갈수록 진흥왕이 불교에 심취하였음을 엿볼 수 있다. '鴻濟'는 '널리 구제한다'는 의미이다.

서 볼 수 있듯이 주로 종교·사상과 관련 있는 말로, 각 종교에서 자교自敎에 대한 강한 신념을 드러낼 때 동원되는 개념이다. 진흥왕이 '진사'의 개념을 가지고 민족의 고유사상인 순풍純風을 바라보았다는 점에서 순풍에 대한 관심이 어느 정도였는지를 짐작할 수 있게 한다. 진흥왕은 이어서 『논어論語』「헌문憲問」편에 나오는 말을 이끌어 우리 고유의 순풍으로써 수기修己와 안인安人의 바탕으로 삼을 것임을 우회적으로 밝혔다.[52] 순풍에 대한 지대한 관심이 아닐 수 없다.

'짐역수당궁朕歷數當躬'으로부터 '공위건도恐違乾道'까지의 대목에서는, 당초 왕위계승권자가 아닌 자신에게 천명天命이 부여되어[53] 시조 박혁거세 이래의 왕통을 이어받았음을 밝힌 뒤, 자신은 매사에 신중을 기하였고 천도를 어길까 두려워하였노라고 술회하였다. 또 수신修身 없는 안백성安百姓이 있을 수 없음을 천명하였다.

'우몽천은又蒙天恩'으로부터 '응부합산應符合筭'까지는, 진흥왕 자신이 하늘의 은혜를 입어 즉위한 만큼, 이제 신라가 나아갈 운명의 기록을 열어서 보일 터이니 자신을 믿고 따라 달라는 내용을 담았다. 재래의 천신天神사상과 유교의 천天사상이 혼효混淆되어 있다. 신비적 색채가 풍기기는 하지만 강한 자신감의 발로를 엿볼 수 있다.

'사방탁경四方託境'부터 '화사교통和使交通'까지는 진흥왕이 사방을 정복한 뒤 교화 활동을 전개함에 따라 달라진 변화상을 서술한 것이다. '탁경'은

---

52) "是以, 帝王建號, 莫不修己以安百姓" 구절에서 '是以'는 앞의 純風·玄化를 말한 구절과 인과관계에 있음을 나타낸 것이다. 단순히 '修己安人'이라는 유가의 정치이념을 『논어』에서 인용한 것이 아니다. 그리고 '帝王建號'는, 진흥왕이 568년 帝者로서 太昌이라는 연호를 반포한 것을 계기로 수기안인의 이념을 다시 한 번 재확인한다는 의미를 담고 있다.

53) 534년 출생, 7세 때인 540년에 즉위하였다. 아버지는 법흥왕의 아우인 立宗葛文王이고 어머니는 법흥왕의 딸인 智炤夫人이다. 백부이자 외조부인 법흥왕이 正妃에게서 아들을 얻지 못한 채 죽자 遺命으로 즉위하였다. 초창기에는 어머니 지소부인이 섭정하였다.

전탁경토展托境土의 줄임말이다. 즉 '국경 안에 있는 한 나라의 영토를 펴서 맡겼다'는 말이다. 진흥왕의 정복활동을 합리화한 것이다. 제후가 황제의 덕화에 감복하여 귀부歸附한 예는 『서경』 등 유가 경전에서 자주 보이지만, 불가의 『세기경世紀經』에서 전륜성왕의 위업을 기린 다음의 대목과도 통한다.

> 때에 모든 소왕小王들은 이 가르침을 듣고 곧 대왕을 따라 모든 나라를 두루 다녀 동해 가에 이르렀다. 다음에는 남방·서방·북방으로 수레가 가는 곳을 따라갔다. 제국諸國의 임금이 각기 국토를 바치는 것 또한 동방의 여러 소왕小王들과 같았다.[54]

한편, '이웃나라가 신의를 맹세함으로써 화호和好의 사절이 서로 통하게 되었다'라는 표현을 통해 사실상 동북아의 맹주를 자부한 진흥왕의 위상이 느껴진다. 이 대목에서 놓칠 수 없는 중요한 포인트는 바로 '신라 중심의 천하관'일 것이다.

그런데 제왕의 위업은 '정복'만으로는 제대로 세울 수 없다. 적극적인 교화활동과 국민통합을 위한 꾸준한 노력이 뒤따라야 한다. 제왕의 권위와 함께 민생을 위한 세심한 보살핌이 필요하다. 그렇기에 "본래의 신라 백성과 새로 편입된 백성들을 얼마나 잘 무육撫育했는지를 머리 숙여 생각해 보고, (그럼에도) 도화道化가 두루 미치지 못한 까닭에 (이곳 백성들에게) 아직 은시恩施가 없었다"라고 겸손한 선언을 하게 된 것이다. '도화부주'는 따뜻한 아랫목과 불기운이 덜 드는 윗목의 논리로 이해할 수 있다. '은시미유'는 제왕들이 신민臣民에게 반포하는 글에 자주 등장하고, '무육'이란 유가의 위민사상과 관련하여 흔히 볼 수 있는 말이다.[55]

---

54) 『世紀經』, 「轉輪聖王品第三」, "時, 諸小王聞是敎已. 卽從大王巡行諸國, 至東海表. 次行南方西方北方, 隨輪所至. 其諸國王, 各獻國土, 亦如東方諸國小王比."

55) 유교 관계 문헌을 보면 '撫育民物', '撫育之仁', '撫育之恩' 등의 말이 많이 나온다.

유지의 마지막 단락에서는 진흥왕이 순수하게 된 목적을 밝히고 치도에서 신상필벌信賞必罰이 중요함을 강조하였다. 여기서 '충신정성忠信精誠', '위국진절爲國盡節' 운운하며 유가적 가치관을 드러내어 권장하고 있음을 본다.

(C)에서는 진흥왕이 순수를 떠나 40일 만인 10월 2일에 비리성에 도착, 그곳 백성들을 효유曉諭하였음을 밝혔다. 이 대목은 황초령과 마운령의 순수비가 568년 8월에 건립되었다고 보는 종래의 설[56]이 잘못되었음을 증명하는 확실한 단서이다.

이 순수비를 보면, 천명天命과 천도天道에 대한 자각, 뚜렷한 국가관, 최고 지도자로서의 넘치는 자신감과 겸손함, 왕도정치와 위민爲民에 대한 강한 신념, 신상필벌에 대한 확고한 인식 등을 엿볼 수 있다.

4. 순수비를 통해 본 진흥왕의 사상

순수비를 보면 유교사상이 두드러진다. 『논어』「헌문」편의 "수기이안백성修己以安百姓"을 인용함으로써 비문 전체에 유교적 분위기를 불어넣었고, '세도世道', '천도天道', '천은天恩' '도화道化' 등의 말에서 볼 수 있는 것처럼 '천'과 '도'에 관한 내용이 주를 이루고 있으며,[57] 또 '충신정성忠信精誠', '용적강전勇敵强戰', '위국진절爲國盡節' 등과 같이 유교적 덕목을 강조하는 내용이 그 뒤를 잇고 있다.

진흥왕의 유지에서는 불교와 관련된 내용을 찾아보기 어렵다. 아무리

---

56) 이병도, 『한국고대사연구』(박영사, 1987), 682쪽.

57) '道化不周' 즉 "도리로써 교화함이 두루 미치지 못하였다"라는 표현에 나오는 '도'가 어떤 '도'냐에 따라 불교사상과의 연관성도 짐작할 수 있음직하다. 그러나 '恐違天道'라 한 데서 엿볼 수 있듯이 순수비에서 말하는 '도'는 천도와 관련이 깊다. 천도는 유교사상의 근간이 되는 중요한 개념이다.

신불信佛적 경향이 강했던 진흥왕이라 하더라도 정치와 관련해서는 유교 사상에 의지하지 않을 수 없었을 것이다. 당시 수행했던 사람들 가운데 사문도인 법장法藏과 혜인慧忍이 맨 먼저 기록된 것은 당시 불교와 승려의 비중이 그만큼 컸음을 의미하는 것으로 해석할 수도 있겠지만, 대민교화 특히 종교적 교화의 측면에서 승려들의 역할이 중요함을 시사한 것이라 하겠다. 이들 승려들은 종교적 교화를 맡음과 동시에 전륜성왕에 비유되는 진흥왕의 신성한 권위를 백성들에게 전파하는 역할도 맡았을 것으로 짐작된다.[58] 불교와 관련된 내용을 유지 속에 직접 담지 않은 대신 사문도인을 수가인원의 맨 앞에 내세움으로써, 불교적 교화를 소홀히 하지 않는다는 점을 시사한 것이라 하겠다.

우리나라 역사에서 진흥왕은 불경에 나오는 전륜성왕을 지향한, 가장 두드러진 군주로 꼽힌다. 그는 불교와 떼려야 뗄 수 없는 배경에서 성장하였고 불교이념을 정치에 반영하였다. 말년에는 머리를 깎고 스님이 되기도 하였다. 승려가 된 대표적인 임금이다. 그런 그가 정복활동을 통하여 영토를 넓히고 이어서 교화활동을 통해 국민통합에 앞장섰다. 진흥왕 앞에는 어떤 장애물도 있을 수 없었다. 따라서 '자신의 전차바퀴를 어디로나 굴릴 수 있는' 즉, 어디로 가거나 아무런 방해를 받지 않는 통치자요 제왕이면서도 정의와 도덕을 수호하는 '성왕'으로서의 전륜성왕에 비유되는 것은 이유가 있다. 다만 '성왕'이란 성자聖者이면서 제왕의 위치에 있는 사람이니, 유교에서 가장 이상적인 제왕상으로 꼽는 요순堯舜 역시 성왕이다. 또 불교에서 말하는 정법치국正法治國 사상은 유교의 왕도정치 사상과 다를 바가 없다. 유교와 불교 어느 한쪽으로만 보아서는 안 될 것이다.

58) 최남선은 이에 대하여 "이들 인물이 教政을 겸한 國師이었던 때문일 것이며" 운운하였다. 『육당 최남선 전집』 2, 544쪽 참조.

순수비에서는 진흥왕이 국경지역을 순수한 목적에 대해 '방채민심訪採民心'이라 하여 민심탐방에 있음을 분명히 밝혔다. 이것은 반고班固의 『백호통의白虎通義』에서 순수의 목적에 대해 "민을 지키고 돌보는 것"이라고 명언한 것과 궤軌를 같이한다. 『백호통의』 「순수」편의 일부를 보자.

> 도덕으로 태평한 세상을 열었지만 왕은 먼 곳과 가까운 곳이 똑같이 덕화를 입지 않았을까, 깊숙하게 숨겨진 것이 각각 제자리를 잡지 못했을까 염려한다. 그래서 예의를 상고하고 법도를 바르게 하며, 율력律曆을 같게 하고 시월時月을 계산하니, 모두가 백성을 위하는 것이다.[59]

이를 보면 '순수'가 유가에서 입버릇처럼 말하는 왕도정치를 실현하기 위한 정치행위임을 짐작할 수 있다.

순수와 성격이 비슷하면서 한층 격이 높은 것으로 '봉선封禪'이 있다. 『백호통의』에 「봉선」과 「순수」편이 따로 있다. 「봉선」편에 의하면 '봉선'은 왕자王者가 역성易姓하여 천명을 받은 뒤 천지에 제사지내는 국가적인 의식이다. 봉제封祭는 태산泰山에 단을 쌓고 하늘의 공에 보답하는 것이요, 선제禪祭는 태산 아래 양보산梁父山에 터를 닦아 땅의 은혜에 보답하는 것이다. 본래 높았던 것에 높이를 더하고 넓었던 것에 넓이를 더한다는 의미이다. 이 두 제사 때에는 비석을 깎아 제왕의 연호를 새겨 넣는 '각석기호刻石紀號'[60] 의식을 행한다. 이 '각석기호'는 봉제와 선제에서뿐만 아니라 순수 때에도 있었다. 진시황秦始皇의 순수비가 그 증거물이다. 진흥왕순수비는 진시황순수비의 선례를 따른 것으로 볼 수 있다. 일부 학자는 봉선대전封禪大典의 예를 모방했을 것이라고 추정하기도 한다.[61]

---

59) 『白虎通義』, 卷下, 「巡狩」, "道德太平, 恐遠近不同化, 幽隱自不得所, 考禮義, 正法度, 同律曆, 計時月, 皆爲民也."

60) 『白虎通義』, 卷下, 「封禪」, "刻石紀號者, 著己之功跡也, 以自效放也."

61) 김태식, 「봉선대전, 그 기념물로서의 진흥왕 순수비」, 『백산학보』 68(백산학회, 2004)

순수의 전통은 이미 요순堯舜시대 때부터 있어 왔다. 『서경』「순전舜典」, 『예기』「왕제王制」 등에서는 순수가 제왕의 통치행위에서 매우 중요한 것이라고 적고 있다. 이후 순수는 유교의 왕도정치 실현과 밀접한 관계를 가지면서 후대에 전통으로 내려왔다. 이에 비해 봉선은 황로黃老사상과 음양오행사상의 영향을 많이 받았으며 종교적 색채가 강하다는 데서 차이점이 있다.

황초령비와 마운령비 허두 부분을 보면 "歲次戊子八月卄一日癸未, 眞興太王巡狩管境, 刋石銘記也"[62]라고 하였다. 여기서 8월 21일은 진흥왕이 순수를 떠난 날이다. 순수가 8월에 행해진 것은 고대 제왕들의 순수가 중월仲月(四仲月)에 이루어졌던 전례를 따른 것이라고 본다. 『사기정의史記正義』, 「진시황본기」 29년조를 보면 "옛날에 제왕의 순수는 언제나 중월에 있었다"(古者帝王巡狩, 常以中[仲]月)라고 하였다. 『백호통의』「순수」에 의하면, 중월 가운데 2월과 8월은 춘분과 추분이 있어 낮과 밤의 길이가 같고, 5월과 11월은 하지와 동지가 있어 각각 양과 음이 정점에 이르러 반대편의 기가 다시 시작하기 때문이라고 한다.[63]

돌이켜 보면, 진흥왕의 순수는 568년 이전에도 두 차례 있었다. 진흥왕 12년(551) 3월과 16년(555) 10월의 순행巡幸(巡狩)이 그것이다. 사중월이 아니었다. 당시 순행의 목적은 낭성娘城(지금의 청주)지역의 민정시찰, 북한산 구역의 강역疆域 획정이었다. 제자帝者로서의 자부심을 내외에 과시하려는 의도는 없었던 것 같다.

그러나 29년(568) 8월에 있었던 순수는 이와 달랐다. 이전에는 전대의

참조.

62) 이 부분이 결락된 북한산비도 이와 같을 것으로 추정된다. 비문 가운데 南川軍主라는 말이 나오는데, 『삼국사기』에 의하면 진흥왕 29년(568) 10월에 남천군이 설치되었다고 한다. 이를 미루어 보면 북한산비의 건립은 568년 10월 이후라야 된다.

63) 최영성, 「최치원의 풍류사상 이해와 그 기반」, 『한국철학논집』 40(한국철학사연구회, 2014), 20쪽 참조.

법흥왕의 예를 따라 연호를 사용하기는 했지만 황제의식은 뚜렷하지 않았다. 순수비에서 '찬승왕위纂承王位' 운운하여 '왕위'라 표현한 것을 보면 저간의 사정이 느껴진다. 그러다가 29년 무렵에 영토가 북쪽으로 크게 확장됨에 따라 이전과는 의식이 사뭇 달라졌다. 이해에 연호를 '태창'으로 고치고 관할 국경의 순수에 나선 것은 자신감과 자부심의 표현이라 하겠다. 황초령비·마운령비에서 '태창'이란 연호와 '제왕건호帝王建號'를 특필하고 '팔월순수八月巡狩'를 강조한 점이라든지, 자칭 '짐朕'이라 하고 시조始祖를 '태조太祖'라 한 점, 그리고 '사방탁경四方託境'이라 하여 신라 중심의 세계관을 천명한 점 등으로 미루어 보면, 제자帝者로서의 위엄 과시 측면에서 전과 확연히 달라졌음을 엿볼 수 있다. 따라서 이때에 이르러 『백호통의』에 보이는 '순수'라는 정치행위를 제대로 구현하려 했다고 평가할 수 있다.

순수를 한 뒤 순수비를 세운 곳이 네 군데이다. 이 가운데 창녕비는 진흥왕 22년(561) 2월이고, 나머지 세 비는 동왕 29년(568) 8월에 순수하였다. 모두 사중월에 해당된다. 유가 계열의 고전에 포함시킬 수 있는 『백호통의』 내용이 6세기 신라에서 준행遵行되었다는 사실은, 그간 학계에서 통삼統三 이전의 신라 유교의 수준을 과소평가했던 점을 재고하게 한다.

순수비가 유교적 정치행위와 관련이 있다는 점은 앞서 말하였다. 진흥왕은 유지諭旨 첫머리에서 '순풍'과 '현화'를 말하면서 '바람'과 '변화'의 철학을 가지고 치도治道를 논하였다. 유가에서 이른바 풍화론風化論의 관점에서 치도를 말했다는 점, 더욱이 순수비 내용이 한마디로 『주역』 관괘觀卦에 나오는 "성방관민省方觀民" 바로 그것이라는 점에 주목할 필요가 있다.[64] 『주역』 관괘의 내용은 임금의 '순수' 행위를 철학적으로 설명하고 있다는 점에서 진흥왕순수비와 관련시켜 볼 수 있다.

64) 관괘는 8월과도 관련이 있다. 12辟卦로 따져 관괘는 8월에 비유된다.

풍지관괘風地觀卦(䷓)는 '관풍觀風' 두 글자로 요약할 수 있다. 먼저 괘상卦象을 살펴보자.

> 상象에 가로되, 바람이 땅위에 행하는 것이 '관觀'의 상이다. 선왕이 이를 본받아 사방을 돌면서 백성들의 소리를 관觀하여 가르침을 베푸는 것이다.
>
> 象曰: 風行地上觀. 先王以, 省方觀民, 設敎.

진흥왕이 사방을 순수했던 궁극적 목적은 바로 '풍행지상風行地上'의 본을 받아 사방에 교화를 베푸는 데 있었다. 그렇기에 "'순풍'이 불지 않으면 세상을 다스리는 도리가 참에서 어그러진다"고 설파하였던 것이다. 순풍으로 세상을 다스리려 했던 진흥왕의 의도가 주역 관괘 대상大象의 내용을 실현하는 것이라는 점은 다시금 주목해야 할 바이다.

바람의 철학과 관련하여 손괘巽卦의 내용도 간과할 수 없다. 손괘는 손상손하巽上巽下(䷸)로, 위아래가 다 바람이다. 상象은 '바람'(風)이고, 괘덕卦德은 '들어감'(入)이요 '손순遜順'함이다.[65] 바람에는 많은 의미가 있다. 그 가운데 두드러진 것으로는, 사물의 심부深部를 부드럽게(柔) 파고드는(入) 속성을 들 수 있다. 바람은 틈만 있으면 어디라도 들어가서 이르지 않은 곳이 없으므로, 상부의 명령이 아래까지 두루 전파된다는 의미가 있다. 또 바람은 사물을 움직이게 하는 힘이 있다. 그래서 '명령'의 의미를 내포한다. 바람은 하늘의 명령이면서 제왕의 명령이기도 하다. 어디든지, 누구에게라도 파고들어 교화시키고 변화시킨다는 손괘의 괘덕이 바로 '순풍불선純風不扇'의 이면에 담긴 진정한 의미라 하겠다.[66]

---

65) 손괘는 하나의 陰爻가 두 개의 陽爻 밑에 들어가 엎드려 있는 괘상이기도 하다. 여기서 '들어가다' 또는 '따르다'(隨)라는 뜻이 생겨났고, 또 유순한 성격을 가진 백성들이 陽剛한 대인의 지도와 도움을 받아야 한다는 의미로 해석되기도 한다.

66) 최영성, 「최치원의 풍류사상 이해와 그 기반」, 『한국철학논집』 40, 26~27쪽 참조.

그렇다면 순풍과 현화란 무엇인가? '순'과 '현'은 수식어요 '풍'과 '화'가 알맹이이다. 순박한 바람과 현묘한 교화란 바로 우리 민족 고유의 사상(최치원이 말한 '풍류')을 가리킨다고 본다. '현화'는 최치원이 「난랑비서鸞郎碑序」에서 말한, 군생群生과 교접交接하여 그들을 감화시키고 교화시키고 변화시키는 '접화군생接化群生'의 오묘한 작용이라고 본다. 진흥왕은 풍류사상을 화랑도의 지도이념으로 내건 장본인이다. 그가 보는 풍류의 실체와 작용은 순풍이자 현화 바로 그것이었다. 우리나라의 고유한 사상이자 철학이었기 때문에 '순수한 바람'이었고, 그것이 이끌어 내는 변화가 표현하기 어려울 정도였기 때문에 '오묘한 변화'였던 것이다. 순수비에 나오는 순풍과 현화는 최치원이 말한 풍류의 역사적 실재를 밝히는 중요한 단서라는 점에서도 의미가 깊다.[67)]

5. 맺음말

이상에서 논술한 바를 간략히 정리함으로써 맺음말에 대신하려 한다.

1. 진흥왕순수비는 신라사상사와 금석학의 연구에 매우 중요한 자료이다. 그간 이 자료를 제대로 활용하지 못한 점에 대한 학계의 성찰이 필요하다고 본다.

2. 진흥왕순수비는 왕도정치의 구현이라는 유교의 이상을 내외에 선포함과 동시에 제자帝者로서의 위엄을 과시하려는 목적에서 세워졌다. 신라 중심의 세계관을 엿볼 수 있다.

3. 순수비문은 신라 사람에 의해 찬술되었다. 승려찬술설이 통설처럼 내려왔으나, 필자는 이를 부정하고 수가인원隨駕人員에 포함된 인물로

---

67) 최영성, 「최치원의 풍류사상 이해와 그 기반」, 『한국철학논집』 40, 18쪽 참조.

『국사』를 편찬한 바 있는 거칠부居柒夫를 찬자로 추정하였다. 서자書者는 서법에 능했던 사문도인沙門道人일 가능성이 높다고 보았다. 순수비가 진흥왕 이후에 후왕後王들에 의해 세워졌을 것임을 여러 단서를 가지고 증명하였다.

4. 비문은 크게 (A) 비서碑序, (B) 진흥왕의 유지諭旨, (C) 수가인원隨駕人員으로 구분된다. 종래 진흥왕의 유지 부분을 '기사紀事'로 본 것은 재고해야 될 것이다.

5. 전반적으로 유교사상이 주류를 이루는 가운데 민족고유사상에 대한 적극적인 관심이 표명되어 있다. 최치원이 말한 '풍류'의 실재를 증언한 것이 황초령·마운령비이다. 불교에서의 전륜성왕의 정법정치正法政治 사상에 맞추어 이 순수비를 해석하는 연구가 있지만, 표면적으로 보면 불교사상은 거의 드러나 있지 않다.

6. 순수비에 나오는 내용은 유가 계열의 고전으로 꼽히는 『백호통의』 「순수」편에 나오는 것을 실천한 것이다. 순수의 목적을 '방채민심訪採民心'이라 명확히 규정하였고, 사중월四仲月인 8월에 맞추어 순수를 하였으며, 기념물을 세우는 '각석기호刻石紀號' 행사를 준행遵行하였다. 『백호통의』의 내용이 6세기 신라에서 실행되었다는 사실은 당시의 유교의 수준을 다시 보게 한다.

7. 유지의 첫머리에서 '순풍'과 '현화'를 말함으로써 유가에서 말하는 바람의 철학과 변화의 원리, 즉 풍화론風化論을 가지고 치도治道를 논하였다. 진흥왕의 순수는 『주역』 관괘觀卦에서 말하는 '성방관민省方觀民' 바로 그것이다. 순수비에는 『주역』의 논리, 특히 관괘와 손괘巽卦에 담긴 바람과 변화의 철학이 배경으로 깔려 있다. 순수비와 유교사상의 관련성, 그리고 철학적 깊이가 어느 정도인지를 잘 보여 준다고 하겠다.

제2장 최치원의 풍류사상 이해와 그 기반

1. 머리말

신라 말의 석학 최치원(857~?)은 우리 민족의 고유사상인 '풍류風流'가 실재하였음을 「난랑비서鸞郎碑序」에서 밝혔다. 그는 이 글에서 풍류의 본질을 "포함삼교包含三教 접화군생接化群生" 여덟 글자로 요약하였다. 풍류사상의 오의奧義를 짧은 글로 정의해 놓다 보니 후학들의 해석은 실로 각양각색이었다.

돌이켜 볼 때 '풍류'에 대한 관심이 고조된 것은 대개 20세기 이후부터이다. 일제강점기 이래 민족주의 사학자들은 풍류를 우리 민족 고유의 신앙이요 종교로 규정하면서 여러 각도에서 해석을 시도하였다. 이후로 수다한 해석이 나왔다. 제가諸家의 견해를 보면 대개 세 가지로 나눌 수 있다. 우선 자의字意적·어원학적 해석이다. 이런 해석을 통해 풍류의 철학적·종교적 성격을 이끌어 내려는 시도가 주류를 이루었다. 대표적인 예로 육당六堂 최남선崔南善(1890~1957)은 풍류라는 명칭의 어원에 대해, 처음에는 '밝의 뉘'(光明世界)라고 하다가 뒤에 '부루'로 변한 것이라 하였다.[1] 또 명칭에 담긴 의미는 '신도神道'라고 하였다.[2] 그러나 국학자들의 어원학

---

1) 최남선, 「조선상식문답」, 『육당 최남선 전집』 제3권(현암사, 1973), 55~56쪽 참조.

적 해석은 비록 풍류의 실체 규명에 큰 시사점을 제공하긴 했지만 그 한계 또한 자명하다. 무엇보다 그 학문적 근거가 분명하지 않다는 데 문제가 있다. 근대시기 저명한 국학자들이 주도한 유추해석은 저들의 명성에 힘입어 상당 기간 학계에서 그 권위를 인정 받아오다가 근자에는 철학자·종교학자들에 의한 해석에 밀려 그 자리를 잃고 있다.

역사학적·철학적 차원에서의 해석은 낱낱이 소개하기 어렵다. 주목할 만한 한 예를 들자면, 풍류신학자로 불리는 류동식柳東植 교수는 『풍류도와 한국의 종교사상』[3]이란 저술을 통해 한국의 종교문화사를 풍류도의 전개 과정으로 이해하였다. 그는 최치원이 말한 풍류를 '성령의 바람'(요 3:8)에 비유하고 성령의 역사를 바람의 흐름으로 보면서, 우리 민족의 풍류적 영성靈性을 바탕으로 한국적 기독교의 영성을 추구해야 한다고 주장하였다. 또한, 국수적 역사관을 가진 민족종교 계열에서는 풍류도를 자신들의 종교적 기반으로 삼아서 아전인수 격의 해석을 내놓기도 하였다. 뚜렷한 증거를 가지고 논한 것이 아닌, 자신들의 이념과 사상에 꿰어 맞추려는 이런 해석들이 독자들의 이해에 혼란을 주고 있는 것도 사실이다.

한편, 이념성을 배제하는 대다수 학자들은 '바람'(風)과 '물'(流)에 담긴 상징적 의미를 통해 풍류의 실체를 설명하였다.[4] 그 가운데는 주목할 만한 해석들도 있다. 다만, 자가自家의 주관에 따른 추상적인 해석이기 때문에 "연구자가 풍류도를 빌려 자신의 철학을 전개한 것"이라는 비판에 직면할 수밖에 없다. 따라서 이런 유의 해석은 그 한계가 뚜렷하다.

---

2) 최남선, 「조선의 고유신앙」, 『육당 최남선 전집』 제9권(현암사, 1973), 250쪽 참조.
3) 연세대학교 출판부, 1997.
4) 바람은 부는 것이고 물은 흐르는 것이니 만큼, 풍류라는 단어 속에는 '자유', '자연스러움', '변화', '움직임', '아름다움' 등의 개념이 포함되어 있다는 것이다. 이동영, 「퇴계시 속의 풍류」, 『퇴계학보』 제75집(퇴계학연구원, 1992), 41~42쪽 참조.

위와 같이 다양한 해석이 가능한 것은, 일차로 최치원의 증언이 지극히 추상적이라는 점, 그리고 풍류사상의 본질을 보다 더 분명하게 밝혀 줄 여타의 신빙성 있는 자료가 없다는 점이 그 원인으로 꼽힌다. '접화군생' 같은 것은 실로 언어문자로 설명하기 어려운 경지이다.

필자는 한국사상의 원형 탐색과 관련하여 일련의 노력을 기울여 왔다. 그간 풍류의 실재를 증언한 최치원에 대해 다년간 연구를 진행하였고, 그 과정에서 최치원의 증언이 분명한 증거를 가지고 말한 것이라는 단서를 확보할 수 있었다. 가장 유력한 단서가 진흥왕순수비에 나오는 '순풍純風'과 '현화玄化'이다. 또한 최치원이 풍류를 해석·정의하면서, 『주역』 관괘觀卦와 손괘巽卦의 내용을 해석의 기초로 삼았음을 탐색할 수 있었다.

이 글은 필자가 저간에 시탐試探한 결과를 종합·정리하여 학계에 보고하는 데 목적이 있다. 풍류에 대한 최치원의 해석이 분명한 고전적 근거에 입각하고 있다는 판단 아래 본 논고를 작성하고자 한다. 논의의 전개상 먼저 '풍류'의 역사적 실재에 대해 살펴본 뒤, 풍류의 개념 분석과 그 근거, 『주역』 관괘와 손괘의 풍화론風化論에 근거한 풍류 이해의 순으로 논술하려 한다. 이 글을 통해 풍류의 실재가 더욱 분명해지고, 풍류에 대한 추상적인 억측성 분석이 걸러지기를 기대한다. 아울러 풍류 해석에 깃들인 최치원의 철학적 사유가 한층 더 잘 드러날 것으로 전망한다.

2. '풍류'의 역사적 실재와 용어의 형성

최치원의 글은 전고典故가 엄박淹博하기로 정평이 있다. 한 글자도 내력 없는 것이 없다는 평이 있을 정도이다.[5] 이것은 지난날 최치원의 문집을 역주하면서 그의 문장의 특성을 익히 보아 왔던 필자의 경험적 판단이기도 하다. 최치원은 「난랑비서」 첫머리에서 "나라에 현묘한 도가 있으니 풍류라고 한다"(國有玄妙之道曰風流)라고 하였다. 여기서 말한 '현묘한 도'는 곧 풍류의 실체를 한마디로 정의한 것이다. 겉으로 보기에는 매우 추상적이다. 학계에서는 '말이나 글로 표현할 수 없는 경지'라고 풀이하는 경우가 많다. 그러나 최치원이 '현묘지도'라 한 데에는 분명한 문헌적 근거가 있다. 현묘라는 말은 『노자』 제1장의 "玄之又玄, 衆妙之門"이라는 구절에서 인용되었다. 이 구절에 앞서 "無名天地之始, 有名萬物之母, 此兩者同出而異名, 同謂之玄"이라는 말이 있다. 왕필王弼의 주注에 의하면, "유와 무는 같은 데서 나와 이름을 달리할 뿐인데, 그 '같은 데'를 일러 '현玄'이라 한다. 이 유현幽玄하고 유현한 것은 온갖 미묘함이 나오는 근본이다"라고 해석한다.[6] 여기서 포함삼교包含三敎의 풍류를 '동출同出의 근원인 현玄'에 대치시키면, 풍류도야말로 중묘衆妙가 나오는 근본이 된다. 다시 말해서 풍류도의 핵심 요소로 주어진 세 가지는 모두 근원이 같으면서도 각기 그 성격을 달리하므로, 위에서 이른바 '동출이이명同出而異名'이란 말의 의미에 부합하게 된다. 이런 까닭에 최치원이 파악한 풍류도의 성격은 앞에서 이른바 '동위지현同謂之玄'이요 '중묘지문' 그 자체였던 것이다. 최치원이 「대숭복사비」 서두 부분에서, 우리나라 사람들의 성품이 유순하고 호생지덕好生之德이 있어 마치 거푸집(鑄型)대로 주물이 찍혀 나오듯 불교가 성하게 되는 것은 필연의 세勢라고 한 뒤, "뭇 묘한 것 가운데 묘한 것(衆妙之妙)을 무슨 이름을 가지고 표현할 수 있단 말인가"[7]라고 탄성을 발하였던 것은 이런 맥락에서 이해할 수 있다. 최치원이 사용한 단어 하나하나에서

5) 有一, 『蓮潭大師林下錄』, 권2, 「四山碑銘序」, "此四碑撰銘, 大浮屠行業, 內典外書, 雜糅成文. 而對偶甚妙, 引事甚廣, 無一字無來歷."

6) 焦竑, 『老子翼』, "同出者, 同出於玄也. 同名曰玄,……衆妙皆從同而出, 故曰衆妙之門也."

7) 『崔文昌侯全集』, 143쪽, 「大崇福寺碑」, "衆妙之妙, 何名可名."

용의주도함을 엿보게 된다.

다음으로, 풍류란 역사적으로 실재한 것인가, 문헌적 근거는 뚜렷한가? 먼저 화랑도와의 관계를 살필 필요성이 있다. 화랑도와 풍류가 불가분의 관계에 있음은 주지의 사실이다. 풍류사상이 화랑도의 행동강령 내지 헌장憲章이 되었기 때문이다. 뒤에 가서는 풍류가 화랑도 자체를 가리키는 말로도 사용되었음은 주지의 사실이다. 『삼국유사』에 의하면, 죽지랑竹旨郎의 낭도인 득오得烏가 풍류황권風流黃卷에 이름이 올라 있었다고 한다. 득오는 신라 제32대 효소왕(재위: 643~702) 때 사람이고, 풍류황권은 화랑 단체의 소속원 명부로 짐작된다.[8] 또 이에 앞서 진평왕 때의 낭도 호세랑好世郎이 황권에서 이름을 면免하게 되었다는 기록도 있다.[9] 한편, 최치원은 「대숭복사비」에서, 화랑 출신인 경문왕(재위: 861~875)을 예찬하면서 "옥록玉鹿에서 이름을 날렸으며 특별히 풍류風流를 떨쳤다"[10]라고 하였다. 「난랑비서」가 아닌 다른 글에서도 풍류의 실재가 재확인되는 것이다. 여기서 '옥록'은 국선國仙을 가리키며, '풍류'는 화랑도 내지 화랑도의 지도이념인 풍류도를 가리킨다.[11] 위에서 말한 사례들을 종합해 볼 때, 풍류의 실재는 분명한 것이고, 그 실재는 적어도 화랑도가 전국적으로 조직화·체계화된 진흥왕 대까지 올라간다고 할 수 있겠다.

그렇다면 '풍류'란 용어는 어떤 경로로 붙여졌을까? 자연발생적인 것인가, 특정 시기에 특정인에 의해 명명된 것인가? 관련 자료가 없는 현재로서는 확실하게 알 길은 없다. 다만 한 가지 분명한 것은, 우리의 고유사상이 처음에는 실체는 있으나 이름 없이 내려오다가 어느 시점에 '풍류'라는

---

8) 『三國遺事』, 권2, '孝昭王代 竹旨郎'조 참조.
9) 『三國遺事』, 권4, '二惠同塵'조 참조.
10) 『崔文昌侯全集』, 149쪽, 「大崇福寺碑」, "伏惟, 先大王, 虹渚騰輝, 鰲岑降跡. 始馳名於玉鹿, 別振風流."
11) '風流'가 '玄風'으로 된 필사본도 있다.

이름이 붙여졌을 것이라는 점이다.[12] 왜냐하면 전통사상인 풍류는 『주역』 관괘의 "성인이 신도를 가지고 교화를 베풀었다"(聖人以神道設教)라는 말과는 달리, 특정 주체에 의해 성립된 것이 아니라 자연발생적인 사상이요 종교였기 때문이다.

필자는 풍류라는 용어가 고전적 근거에 입각한 것이라고 믿는다. 그리고 그것이 '멋과 운치'를 논할 때 쓰는 정감적인 단어로만 사용되지는 않았다고 본다. 뒤에서 다시 논하겠지만, 화랑도를 조직화한 진흥왕은 순수비 첫머리에서 "순풍純風이 불지 않으면 세도世道가 참다운 데서 어그러진다"라고 하였다. 여기서 '순풍'은 신라에 전해 오는 고유한 사상적 종교적 전통을 말한다. 이때의 '풍'은 '가르침' 또는 '유풍遺風', '전통' 등으로 해석된다.

이와 관련하여 중국 동진東晋 때의 고승 도안道安(312~385)이 「이교론二教論」 첫머리에서 '풍류경추風流傾墜' 운운한 대목은 「난랑비서」에 나오는 '풍류'의 개념과 연결시켜 볼 수 있다고 생각한다. 그 내용을 보자.

> 동도東都의 일준동자逸俊童子가 서경西京의 통방선생通方先生에게 다음과 같이 물었다. "제가 듣건대 풍류風流가 기울고 추락하여 육경六經이 이 때문에 편수編修되었으며, 빼기고 높이는(誇尙) 기풍[13]이 더욱 늘어남에 이편二篇[14]이 이 때문에 찬술되었다고 합니다. 그러므로 만물을 아주 유순하게 하고 널리 윤택하게 하여 반드시 구제하는 것을 유儒라 하고, 이를 씀에 만물에 결핍됨이 없도록 하여 반드시 소통시키는 것을 도道라고 합니다. 이 모두가 공자와 노자의 신묘한 공덕이라, 자세히 들어서 알고 있습니다."[15]

12) 풍류는 용어상으로 오늘날 널리 쓰이는 '韓流'와 비슷하고 의미상으로도 통한다. '한류'를 통해 풍류의 의미를 되새기는 것도 좋을 듯하다.

13) 誇尙은 자기의 道가 절대적이라는 도그마에 빠진 것을 말한다. 노자는 『노자』 제1장에서 "道可道, 非常道, 名可名, 非常名"이라 하여 道의 상대성을 설파한 바 있다.

14) 『노자』의 上經과 下經, 곧 道經과 德經을 말한다.

15) 『廣弘明集』, 권8, 「二教論」(釋道安), '歸宗顯本第一', "有東都逸俊童子, 問於西京通方先生,

일준동자와 통방선생이라는 가상의 인물을 등장시켜 유가와 도가의 성격에 대해 논한 것이다. 사실상 자문자답의 형식이다. 위의 내용 중 "풍류가 기울고 추락하여 육경六經이 편수되었다"는 대목에 대해 설명하면, 요堯·순舜·우禹·탕湯에서 문文·무武·주공周公으로 이어져 온 선왕先王의 풍류가 날로 기울고 추락하자 공자가 육경을 편수하여 그 가르침의 실마리가 끊어지지 않도록 했다는 것이다. 여기서 주목되는 것이 '풍류'라는 단어이다. 이때의 풍류는 '예로부터 내려오는 기풍(가르침)과 그 흐름'이라는 말이다. 오늘날 우리가 일반적으로 사용하는 '풍류'의 의미, 즉 '속되지 않고 운치가 있는 일'이라는 의미와는 사뭇 다름을 알 수 있다. 더욱이 육경六經 이전의 선성선왕先聖先王의 가르침을 '풍류'라 했다는 점에서, 유·불·도 삼교에 앞서면서 그 핵심적 가치를 모두 갖춘 것이 풍류라는 최치원의 분석 내지 정의와 닮은 점이 있음을 본다.

중국 남제南齊시기의 저명한 도교학자로 삼교합일을 주장했던 고환顧歡(420~483)은 '풍류교風流敎'라는 명칭을 사용한 바 있다. 그는 「이하론夷夏論」에서 중국에 재래의 구풍舊風이 있다고 하면서 다음과 같이 말하였다.

> 풍류교의 관점에서 볼 것 같으면 (도·불의) 그 도는 (풍류교와) 반드시 다르다. 불교는 본래 중국의 도가 아니요, 도교는 서방 오랑캐의 법이 아니다. 물고기와 새가 연못을 달리하는 것과 같아서 영구히 서로 관계되지 않는다. 어찌 노老·석釋 두 교가 팔방에 서로 행해질 것이겠는가?[16)]

위에서 고환이 말한 풍류교의 의미는 도안의 이른바 풍류와 그 맥락이 같다고 할 수 있다. 중국의 전통적 사상 내지 종교를 일컫는 말로 보아

曰: 「僕聞風流傾墜, 六經所以緝修, 誇尙滋彰, 二篇所以述作. 故優柔弘潤於物, 必濟曰儒, 用之不匱於物, 必通曰道. 斯皆孔老之神功, 可得而詳矣.」"

16) 『南齊書』, 권54, 「顧歡傳」, "又若觀風流敎, 其道必異. 佛非東華之道, 道非西戎之法, 魚鳥異淵, 永不相關, 安得老釋二敎, 交行八表?"

무방하다고 하겠다. 필자는 최치원이 도안의 「이교론」과 고환의 「이하론」을 참고했을 것으로 믿는다.

한편, 최치원의 「지증대사비」에도 '풍류'라는 단어가 나온다. 「이교론」에서 말하는 것과 같은 의미로 사용되고 있다. 그 내용을 보면, 헌강왕이 지증대사를 궁중으로 불러 월지궁月池宮에서 '심心'에 대해 질문을 하였다. 이때는 달이 휘영청 밝은 밤인데 바람 한 점 불지 않았다. 지증대사는 못 가운데 비친 달그림자를 유심히 살피다가 다시 하늘을 우러러 보고는 "이것(水月)이 곧 이것(心)이니 더 이상 할 말이 없습니다"라고 하였다. 마음의 본체는 곧 고요한 물에 비친 달과 같다는 의미일 것이다. 이에 헌강왕이 상쾌한 듯 흔연히 계합契合하고는 "부처가 연꽃(華目)을 들어 뜻을 전했던 풍류(所傳風流)가 진실로 이에 합치되는구려!"라고 하였다 한다.17) 한편, 최치원은 '풍류'를 풍화風化(風敎)와 같은 의미로 사용하기도 하였다.

> 유동보살儒童菩薩(孔子)의 좋은 가르침을 거양하여 기린이 때를 잃지 않게 함으로써, 상고上古(堯舜)의 풍風을 잘 일으키고 대동大同의 화化를 영원히 이루도록 한다.18)

이를 볼 때 최치원이 「난랑비서」에서 말한 '풍류'의 의미 역시, 전대로부터 전해진 전통(遺風)과 그 흐름(流化)을 말하는 것으로 이해하는 데 무리가 없다. '풍'이 체體라면 '류'는 용用이다. 체와 용을 아우른 개념이 풍류이다. 신라인들이 말하는 '풍류'의 개념이 이처럼 문헌적 근거를 갖추고 있다고 할 때, 주로 예술적·정감적 측면에서 풍류를 이해하는 것은 삼가야 할

---

17) 『崔文昌侯全集』, 189~190쪽, 「智證大師碑銘」, "至憩足于禪院寺, 錫安信宿, 引問心于月池宮.……適覩金波之影, 端臨玉沼之心. 大師俯而覘, 仰而告曰, 「是卽是, 餘無言!」 上洗然忻契曰, 「金仙花目, 所傳風流, 固協於此」."

18) 『桂苑筆耕集』, 권16, 「求化修大雲寺疏」, "擧儒童之善敎, 麟不失時, 克興上古之風, 永致大同之化." 불가에서는 공자를 '儒童菩薩'이라 부르고, 도가에서는 공자를 '太極上眞公'이라 부른다.

줄로 안다. 앞서 말한 도안은 중국불교사상사에 한 획을 그은 인물이다. 삼교일치론 등 여러 면에서 후대에 끼친 영향이 컸다. 그가 지은 「이교론」 등은 신라의 지식인들에게 큰 영향을 끼쳤을 것으로 짐작된다. 신라인이 말하는 풍류의 의미는 「이교론」에서 말한 것과 같았을 가능성이 높다고 본다.

필자는 풍류라는 명칭이 붙여진 것은 진흥왕 대 이후라고 생각한다. 진흥왕순수비에서 민족 고유의 사상이자 종교를 '순풍'이라 한 데서 그런 정황을 읽을 수 있다. 당시에 이미 풍류라는 명칭이 고유명사가 되어 보편적으로 사용되고 있었다면 '순풍'이라는 추상적 명칭을 사용하지는 않았을 것이다. 진흥왕 대 이후로 '풍류'라는 명칭이 부여되면서 '풍류황권'이라는 말도 생겨났고, 정서와 정감을 중시하는 화랑도의 교육과 활동[19]이 '풍류'의 또 다른 의미와 부합되면서 풍류가 정감적인 것으로 해석되는 단서를 제공하였다고 본다. 『삼국유사』에서 화랑의 무리를 '풍월도風月徒'라고 일컬었다는 기록이 이를 뒷받침한다. '풍류'와 '풍월'은 의미상으로 비슷한 측면이 있다. 요컨대 '선대의 유풍(전통)과 그 흐름'이라는 '풍류'의 의미가 후대로 가면서 점차 정감적·예술적 측면에서 해석되어 왔다고 할 수 있겠다. 화랑도의 실천 강령 가운데 도의적 측면은 내면화되는 반면, 정감적·예술적 측면은 외형적으로 두드러져 보였던 것이 사실이다.

---

19) 화랑의 교육은 대개 세 가지 측면에서 이루어졌다. 곧, 도의로써 몸을 닦고(相磨道義), 노래와 춤으로써 서로 즐기며(相悅歌樂), 명산대천을 찾아 노니는 것(遊娛山水)이 그것이다. 도의로써 몸을 닦는 것은 群生을 교화하기 위함이요, 歌樂으로써 서로 즐기는 것은 정서와 정감을 제고하기 위함이요, 명산대천을 찾아 노니는 것은 대자연과 영적 교감을 함과 동시에 국토애를 기르기 위함이었다.

3. 유가의 풍화론에서 본 '순풍'과 '풍류'

'풍류'의 역사적 실재를 증명하는 문헌으로는 「난랑비서」 및 그보다 약 3백 년 전에 나온 진흥왕순수비가 있다. 순수비에 나오는 순풍純風과 현화玄化를 우리 민족 고유사상인 고신도古神道와 결부시킨 최초의 학자는 고 류승국(1923~2011) 교수이다. 류 교수는 1976년에 펴낸 『한국의 유교』에서, 진흥왕의 통치이념에 우리 민족 재래의 신비적인 고신도적 요소가 담겨 있다고 강조하였다.[20] 그는 순풍과 현화를 '풍류'사상이라고 못 박지는 않고 '고신도'라는 범칭汎稱을 사용하였다. 구체적 논술이 아닌 간결한 언급이지만, 이후의 연구자들에게 적지 않은 시사점을 제공하였다고 본다.

필자는 최치원의 「난랑비서」가 진흥왕순수비의 내용을 기초로 하면서 '순풍'과 '현화' 같은 추상적 개념들을 '풍류'와 '접화군생' 등으로 보다 구체화시켰다고 생각한다. '풍류' 연구에서 진흥왕순수비가 갖는 역사적 의미를 이제라도 재인식할 필요가 있다. 내용 파악을 위해 진흥왕순수비의 내용 일부를 보기로 한다. 내용이 같은 세 순수비[21] 가운데 결락缺落이 적은 마운령비磨雲嶺碑의 첫 대목을 들어 보겠다.

> 무릇 순박純樸한 바람(純風)이 불지 않으면 세상을 다스리는 도리가 참(眞)에서 어그러지고, 오묘한 교화(玄化)가 펴지지 않으면 사특한 것들이 서로 다투는 법이라. 이런 까닭에 제왕帝王이 연호를 세움에 자신을 수양함으로써 백성을 편안케 하지 않음이 없노라.
>
> 夫純風不扇, 則世道乖眞, 玄化不敷, 則耶(邪)爲交競. 是以, 帝王建號, 莫不修己以安百姓.

---

20) 류승국, 『한국유학사』(성균관대 출판부, 2009), 99쪽 참조. '고신도'라는 용어의 타당성 여부는 필자가 『고운사상의 맥』(심산출판사, 2008), 167~168쪽에서 다룬 바 있다.

21) 진흥왕순수비는 모두 4기이다. 이 가운데 창녕비를 제외하고 북한산비, 황초령비, 마운령비의 본문 내용은 똑같다.

재위기간 중에 정복사업을 대대적으로 펼친 진흥왕이 순수비를 통해 자신의 통치이념을 분명히 밝힌 것이다. 여기서 눈에 띄는 단어가 '순풍'과 '현화'이다. '순'과 '현'은 수식어요 '풍'과 '화'가 알맹이이다. 최치원이 「난랑비서」에서 "실내포함삼교實乃包含三教" 운운할 때의 '실'이 바로 알맹이이니, 구체적으로 '풍'과 '화'를 가리키는 것임에 주목해야 한다.

'순'은 '잡雜'의 반대어이다. 이질적인 것이 섞이지 않았다는 뜻이다. 한편으로 순수純粹, 순진純眞, 순전純全, 순박純樸 등의 의미로도 해석된다. '현'이란 말과 글로 표현할 수 없는 경지를 말한다. 일반적으로 현묘玄妙라는 말을 많이 사용한다.

순박한 바람과 현묘한 교화란 무엇을 말함인가? 필자는 이 순수비에서 말한 '순풍'은 바로 민족 고유의 풍류도를 가리킨다고 본다. '현화'는 최치원이 말한, 군생群生과 교접交接하여 그들을 감화시키고 교화시키고 변화시키는 '접화군생接化群生'의 오묘한 교화라고 본다. 진흥왕은 풍류사상을 화랑도의 지도이념으로 삼은 장본인이다. 그가 보는 풍류의 실체와 작용은 순풍이자 현화 바로 그것이었다. 우리나라의 고유한 사상이자 철학이었기 때문에 '순수한 바람'이었고, 그것이 이끌어 내는 변화가 표현하기 어려울 정도였기 때문에 '오묘한 변화'였던 것이다. 진흥왕은 『논어』「헌문憲問」편에 나오는 말을 이끌어, 우리 고유의 순풍으로써 수기修己와 안인安人의 바탕으로 삼을 것임을 천명하였다. 국풍國風에 대한 지대한 관심이 아닐 수 없다.

순수비에 나오는 '순풍'과 '현화'에 주목한 사람으로는 불교학자 김영태金煐泰 교수를 먼저 꼽을 수 있다. 그는 1967년에 발표한 「신라 진흥왕의 신불信佛과 그 사상 연구」[22]에서, 진흥왕이 활발한 정복활동을 통해 '정복왕'으로서의 입지를 굳히고 이어서 '교화왕'으로서의 경륜을 펴고자 했음

22) 『불교학보』 제5집(동국대학교 불교문화연구소, 1967) 所收.

을 전제한 뒤, 진흥왕의 정치활동과 교화활동은 불교의 전륜성왕轉輪聖王 사상에 힘입은 것이라고 주장하였다. 인도신화에 나오는 전륜성왕은 정법正法의 수레바퀴를 굴려 세계를 정복하고, 무력이 아닌 불법에 따라 세상을 다스리는 이상적인 제왕이다. 진흥왕의 일생 행적을 보면 전륜성왕의 신화와 부합하는 측면이 실로 많다. 전륜성왕에 결부시킬 분명한 자료가 없다손 치더라도, 진흥왕이 전륜성왕을 이상적인 제왕상으로 여겨 그를 닮고자 했을 개연성은 높다. 사정이 이렇다 보니 김영태의 주장은 불교 학자들 사이에서 사실상 공론이 되어 내려왔다.[23)]

그러나, 이런 주장은 진흥왕의 신불信佛에만 초점을 맞춘 것이다. 진흥왕은 불교 못지않게 풍류도 및 유교사상, 신선사상 등에 대해서도 관심이 많았다. 그럼에도 불교 쪽으로만 이해한 것은 설득력이 떨어진다. 더욱이 '순풍'과 '현화'에 대해서는 그 실체를 정면으로 문제 삼지 않았다. 진흥왕을 둘러싸고 있는 불교적 분위기만 가지고는 문제의 핵심을 정확히 짚어 낼 수 없다. 이런 의미에서 순수비의 내용을 정밀하게 분석할 필요성이 있는 것이다.

'순풍'과 '현화'는 그 실체를 정확히 파악하기 어려운 추상적인 개념이다. 그러나 이 말이 순수비 첫머리에 나온다는 점에 유념해야 한다. '순수'란 무엇인가? 반고班固의 『백호통의』를 보면 「봉선封禪」과 「순수巡狩」편이 있다. '봉선'은 왕자王者가 역성易姓하여 천명을 받은 뒤 천지에 제사지내는 큰 의식이다. 봉제封祭는 태산泰山에 단을 쌓고 하늘의 공에 보답하는 것이요, 선제禪祭는 태산 아래 양보산梁父山에 터를 닦아 땅의 은혜에 보답하는 것이다. 원래 높았던 것에 높이를 더하고 넓었던 것에 넓이를 더한다는 의미이다. 이 두 제사에는 '각석기호刻石紀號'[24)]라 하여 기념물을 세우는

23) 목정배, 『삼국시대의 불교』(동국총서 8; 동국대학교출판부, 1991), 144쪽, "순례하면서 治政에 앞장선 진흥왕은 불교의 전륜성왕사상에 힘입은 것이다."

24) 『白虎通義』, 권5, 「封禪」, "刻石紀號者, 著己之功跡也, 以自效倣也."

의식이 있다. 즉, 비석을 깎아 제왕의 연호를 새겨 넣는 일이다. 이 '각석기호' 행사는 봉제와 선제에서뿐만 아니라 순수 때에도 있었다. 진시황순수비가 그것이다. 진흥왕순수비는 표면적으로는 진시황순수비의 선례를 따른 것으로 보이지만, 기실 봉선대전封禪大典에서의 예를 모방했을 것이라는 추정도 가능하다.[25] 그러나 순수의 전통은 이미 요순堯舜시대부터 있어 왔다. 『서경』「순전舜典」, 『예기』「왕제王制」 등에서는 순수가 제왕의 통치행위에서 매우 중요한 의미가 있는 것임을 알리고 있다. 이 점은 진흥왕순수비 내용을 유교적 관점에서 해석할 수 있는 좋은 근거가 된다.

창녕비를 제외한 3기의 진흥왕순수비는 진흥왕 29년(568) 8월 이후에 세워진 것으로 알려진다. 황초령비와 마운령비 모두冒頭에 나오는 "歲次戊子八月卄一日癸未, 眞興太王巡狩管境, 刊石銘記也" 대목[26]은 입비立碑 연도를 밝히는 데 중요한 단서가 된다. '순수관경巡狩管境'과 '천석명기刊石銘記'가 동시에 이루어진 일이냐의 여부가 문제가 되지만, 근세 금석학의 권위자 추사 김정희는 동시에 이루어진 것으로 보았다.[27] 순수가 8월에 행해진 것은 고대 제왕들의 순수가 중월仲月에 이루어졌던 전례를 따른 것이라고 본다. 『사기정의史記正義』「진시황본기」 29년조를 보면 "古者帝王巡狩, 常以中月"이라 하였다. 8월은 가을로 중월中月(仲月)이다. 『백호통의』「순수」에 의하면, 중월 가운데 2월과 8월은 춘분과 추분이 있어 낮과 밤의 길이가 같고, 5월과 11월은 하지와 동지가 있어 각각 양과 음이 정점에 이르러 반대편의 기가 다시 시작하기 때문이라고 한다. 유가 계열의 고전에

25) 김태식, 「봉선대전, 그 기념물로서의 진흥왕 순수비」, 『백산학보』 68(백산학회, 2004) 참조.

26) 이 부분이 결락된 북한산비도 이와 같을 것으로 추정된다.

27) 이와 관련해서는 최영성, 「秋史 금석학의 재조명」, 『동양고전연구』 27(동양고전학회, 2007) 참조.

포함시킬 수 있는 『백호통의』의 내용이 6세기 신라에서 실행되었다는 사실은 유념할 만한 일이 아닐 수 없다. 6세기 신라 유교의 수준을 과소평가했던 저간의 연구 경향은 반성할 여지가 있다.

순수비에서는 '방채민심訪採民心'이라 하여 진흥왕이 관할 국경을 순수한 목적이 민심탐방에 있음을 분명히 밝혔다.

> 사방에서 자기 나라의 국경國境을 들어 맡겨옴으로써 백성과 영토를 널리 얻게 되었고, 이웃나라가 신의信義를 맹세하니 화호和好의 사절이 서로 통하게 되었느니라. 머리 숙여 스스로 생각하고 헤아려 봄에, 옛 백성과 새 백성들을 어루만지듯 잘 돌보아 길렀건만, 그래도 "도화道化가 두루 미치지 못하여 (백성들이 임금의) 은시恩施를 가지지 못했노라"고 말하는 바다. 이에 세차 무자년(568) 가을 8월에 관할 국경을 순수하여 민심을 탐방하여, 그것을 근거로 위로하고자 하노라.
>
> 因斯四方託境, 廣獲民土, 隣國誓信, 和使交通. 府自惟忖, 撫育新古黎庶, 猶謂"道化不周, 恩施未有". 於是, 歲次戊子秋八月, 巡狩管境, 訪採民心, 以欲勞賚.

이것은 『백호통의』에서 순수의 목적에 대해 "민을 지키고 돌보는 것이다"라고 명언한 것과 전적으로 궤를 같이한다. 『백호통의』 「순수」편의 내용 일부를 소개한다.

> 도덕으로 태평한 세상을 열었지만 왕은 먼 곳과 가까운 곳이 똑같이 덕화를 입지 않았을까, 깊숙하고 숨겨진 것이 각각 제자리를 잡지 못했을까 염려한다. 그래서 예의를 상고하고 법도를 바르게 하며, 율력律曆을 같게 하고 시월時月을 헤아리니, 모두가 백성을 위하는 것이다.[28]

이를 보면 '순수'가 유가사상의 영향이 큰 정치행위임을 짐작할 수 있다. 이에 비해 봉선은 황로黃老사상과 음양오행사상의 영향을 많이

28) 『白虎通義』, 卷下, 「巡狩」, "道德太平, 恐遠近不同化, 幽隱自不得所, 考禮義, 正法度, 同律曆, 計時月, 皆爲民也."

받았으며 종교적 색채가 강하다는 차이점이 있다. 순수비가 유교적 정치 행위와 관련이 있다는 점에서, 순수비 첫머리에 나오는 '순풍'과 '현화'를 풍화론風化論의 관점에서 해석하는 것이 타당성이 있다고 본다. 더욱이 순수비 내용이 한마디로 『주역』 관괘觀卦에 나오는 "성방관민省方觀民" 바로 그것이라는 점에서 설득력이 있다고 하겠다.

관괘의 내용은 제왕이 사방을 순행하며 두루 살피고 백성의 풍속을 관찰하여 교화를 베푼다는 것이다. '관풍觀風' 두 글자로 요약할 수 있는 풍지관괘風地觀卦(䷓)의 괘상卦象을 살펴보자.

> 상象에 가로되, 바람이 땅 위에 행하는 것이 '관觀'의 상이다. 선왕이 이를 본받아 사방을 돌면서 백성들의 소리를 관觀하여 가르침을 베푸는 것이다.
>
> 象曰: 風行地上觀. 先王以, 省方觀民, 設敎.

땅(地) 위에 바람(風)이 불면 바람 따라 만물이 움직인다. 만물이 움직이면 소리가 난다. 그런데 그 소리를 듣는 것이 아니라 '본다'(觀)고 한다. 모양이나 형태를 갖추지 않은 대상을 보는 것이 '관觀'이다. '관세음觀世音'이라 할 때의 그 '관'인 것이다.

진흥왕이 순행성시巡行省視했던 궁극적 목적은 바로 '풍행지상風行地上'의 본을 받아 사방에 교화를 베푸는 데 있었다. 그렇기에 "'순풍'이 불지 않으면 세상을 다스리는 도리가 참에서 어그러진다"라고 했던 것이다. 순풍으로 세상을 다스리려 했던 진흥왕의 의도가 『주역』 관괘 대상大象의 내용을 실현하는 것이라는 점은 학술사적으로도 중요한 의미가 있다. 더욱이 풍지관괘風地觀卦는 월괘月卦로 따져서 8월이니, 진흥왕이 8월에 맞추어 순수를 한 것도 우연은 아니라고 할 것이다.[29)]

---

29) 風地觀은 地澤臨(2월괘)의 倒卦이다. 觀卦는 8월로, 陰이 盛해지고 陽이 줄어드는 시기를 의미한다.

순수비에서 문제가 되는 이 '풍'과 '화'는 『주역』 관괘 및 손괘巽卦의 주된 내용이다. 학계에서는 지금까지 이 문제에 대해 주목하지 못하였다. 순수비의 내용을 보면 고유사상과 유교사상이 혼효되어 있고, 불교사상은 표면적으로 드러나 있지 않다. '도화부주道化不周', 즉 "도리로써 교화함이 두루 미치지 못하였다"라는 표현에 나오는 '도'가 어떤 '도'냐에 따라 불교사상과의 연관성도 짐작할 수 있음직하다. 그러나 한 가지 분명한 것은 순수비에서 민족고유사상으로 추정되는 '순풍', 그리고 그것의 작용인 '현화'까지도 유가의 정치사상과 결부시켜 해석하고 있다는 점이다. 즉, '풍'과 '화'의 내용은 고유사상과 관련된 것이지만, '풍'과 '화'의 사상적 본질과 그 실제적 응용을 '바람'과 '변화'로 풀어낸 것은 유가적 관점이라고 생각한다.

'풍'과 '화'를 전통적 개념으로 말하면 '풍'이 체體요 '화'는 용用이다. 전자가 경經이라면 후자는 위緯이다. 또 이를 현대적 개념으로 말한다면, 앞의 것은 로고스(logos)요 뒤의 것은 프락시스(praxis)라고 할 수 있다. '풍류' 역시 '바람'이 체라면 '흐름'은 용이다. '풍화'와 '풍류'는 같은 개념적 사유의 틀로 되어 있다. 바람은 형상이 없지만 작용이 있고, 그 작용은 변화를 이끌어 낸다. 작용과 변화를 '흐름'(流)으로 볼 수 있다.

4. '바람의 철학', '변화의 원리'로서의 풍류

이제 역易사상의 관점에서 '풍류'를 좀 더 자세히 해석해 보기로 한다. 주지하는 바와 같이 최치원은 학문적·사상적으로 폭이 넓고 깊이가 있기로 정평이 난 학자이다. 최치원의 이런 학문경향 때문에 그가 증언한 '풍류'에 대한 학계의 해석은 다양하였다. 그러나 필자는 최치원의 풍류

해석이 『주역』 관괘와 손괘의 관점에 입각한 것이라고 판단한다. 그 이유는 첫째, 풍류의 실체에 대해 논한 난랑비가 예사 비문이 아니라 화랑 출신인 경문왕의 정치이념을 논한 글이라는 점이고, 둘째 난랑비에 나오는 풍류가 어원상으로 진흥왕순수비에 나오는 '순풍'·'현화'와 같이 '풍'+'화'의 형태로 되어 있으며 '바람'과 '변화'의 철학을 가지고 치도治道를 논하였다는 점이다.

'난랑'이 누구인지 단언하기는 어렵다. 다만 '낭郞'이란 말로 미루어 화랑 신분임은 분명하다고 본다. '난鸞'은 봉황과 비슷한 영조靈鳥이다. 대개 임금을 상징한다.[30] '난'은 보통사람이 이름자에 함부로 넣어 쓸 수 없는 글자이다. '난'이 임금 신분을 나타내는 것이라면, '난랑'은 화랑 출신 임금의 별칭인 셈이다.[31] 신라에서 화랑 출신 임금으로는 제48대 경문왕이 유일하다. 그렇다면 난랑은 경문왕으로 보는 것이 무난할 듯하다.

최치원이 경문왕의 비인 난랑비에서 화랑의 지도이념이자 민족고유사상인 풍류를 논한 것은 이유가 있다. 돌이켜 볼 때 경문왕으로부터 진성여왕 때에 이르는 시기에 신라 왕실에서는 정치적·사상적 측면에서 중요한 흐름과 특징적 현상이 있었다. 화랑 활동을 정치적으로 부각시키는 것, 황룡사皇龍寺를 중시하고 국가의식을 고양시키려는 노력, 『삼대목三代目』의 편찬 등 고유사상을 중시하는 것, 왕실의 혈통을 신성화하려는 것 등을 들 수 있다. 이는 마치 상대上代 말에 '복고復古'의 기풍을 중시하였던 현상을 연상케 하는 것으로서, 모두가 경문왕가의 왕권 강화와 유지에 초점이 맞추어진 것이었다.[32]

---

30) 천자의 궁전을 '鸞殿', 천자의 旗를 '鸞纛', 천자의 수레를 '鸞駕'라 한다.
31) 이에 대해서는 장일규, 「최치원의 삼교융합사상과 그 의미」, 『신라사학보』 제4집(2005), 269~270쪽에서 언급한 바 있다.
32) 전기웅, 「신라 하대말의 정치사회와 景文王家」, 『부산사학』 제16집(부산사학회, 1989),

최치원은 이런 정치적·사상적 분위기 속에서 왕실의 의지를 확인하고 일정하게 협조하면서 자신의 위상을 높이고 정치적 기반을 넓히려 하였다. 귀국한 뒤의 주된 저술인 「사산비명四山碑銘」과 「난랑비서」는 이 시기에 찬술된 것이다. 이들을 보면 위와 같은 흐름과 분위기를 잘 반영하고 있어 주목된다. 최치원 사상 중의 핵심이라 할 수 있는 동인東人의식과 고유사상에 대한 지대한 관심, 왕가의 혈통을 신성화하려는 노력 등이 드러난다.[33)]

최치원은 「난랑비서」에서 풍류가 신라에서 국가의 지도이념으로 내려온 것임을 시사하면서 '설교지원設敎之源' 운운한 바 있다. '설교'라는 말은 『주역』 관괘에서 "선왕이 이를 본받아 성방관민省方觀民하여 교화를 베푸니라(設敎)"라고 한 대목과 "성인이 신도神道(하늘의 신묘한 道)로써 교를 베풂에 천하가 열복悅服하였다(感化)"[34)]라고 한 데서 나온 말이다. '설교' 두 글자는 최치원의 '풍류' 해석이 『주역』 관괘와 무관하지 않음을 시사한다. 관괘의 내용이 '바람'과 '교화'에 관한 것, 즉 지도자가 백성들을 풍화風化하는 것이고 보면, 최치원이 화랑 출신 경문왕의 일생 업적을 찬술하면서 풍류를 유가적으로 해석한 것은 어쩌면 당연한 일이었다 할 것이다.

최치원이 풍류를 유가적 관점에서 재해석하였다면, 풍류의 의미는 유가에서 입버릇처럼 말하는 '풍화風化' 바로 그것이었을 것이다. '풍'은 국풍國風이요 '류'는 유화流化[35)]이다. 전자는 민족의 전통이요, 후자는 그 전통의 흐름에 따른 변화를 가리킨다고 하겠다. '풍'의 의미와 관련하여 최치원은 「대낭혜화상비」에서 '국풍'이란 말을 소개한 바 있다. 즉, 대낭혜

38쪽.

33) 최영성, 『고운 최치원의 철학사상』(도서출판 문사철, 2012), 410쪽.

34) 『周易』, 觀卦, "彖曰, 聖人以神道設敎, 而天下服矣."

35) 流는 '흘러들다', '파고들다', '두루 미치다', '흐름이나 경향' 등의 의미를 지닌다. 流化는 흘러서 변화시킨다는 말이면서 그 자체가 교화·변화시킨다는 의미이기도 하다. 流化天下.

화상(無染國師)의 비문을 찬술하라는 진성여왕의 명령을 받은 최치원이 글재주가 없음을 구실로 사양하자 진성여왕이 "사양을 좋아하는 것은 대개 우리나라의 전통(國風)이라서 좋기는 하나, 진실로 비문 짓는 일을 해 낼 수 없다면 과거에 급제한 것(黃金榜)이 무슨 소용이란 말인가. 그대는 힘쓸지어다!"[36]라고 하였다 한다. 진성여왕이 '국풍'이라고 한 '호양부쟁互讓不爭'의 정신은 중국의 고전 『산해경山海經』에 나오는 말이다.[37] 최치원이 민족고유의 정신을 말하면서 많이 인용한 책이 『산해경』이기도 하다.

최치원이 말하는 '바람'은 우리의 사상적·정신적 전통을 가리킨다. 또 그것의 가르침을 일컫기도 한다. 진흥왕순수비에서 말한 '순풍'과 최치원이 증언한 '풍류'가 똑같이 바람이다. '순풍'과 '풍류'에서의 바람은 설교設敎'라 할 때의 '교'(가르침)의 내용에 해당한다. 유가에서 강조해 마지 않는 '풍교風敎'가 바로 '순풍설교純風設敎' 그것이라 하겠다. 『주역』 관괘에서는 "성인이 신도神道로써 가르침을 설하였다"라고 하여, 가르침의 근원을 '신도'라고 하였다. 순수비나 난랑비에서 비록 '신도'라는 말은 사용하지 않았지만, 진흥왕과 최치원이 생각하는 순풍과 풍류는 곧 '신도' 그 자체였다고 할 수 있다. 지난날 여러 선학들이 우리 고유의 사상과 종교를 범칭汎稱하여 '고신도'라 일컬었던[38] 이면에는 이런 인식이 자리 잡고 있었다.

진흥왕과 최치원이 펼친 '바람'의 철학은 『주역』 관괘와 손괘의 사상을 밑바탕에 깔고 있음이 분명한 것 같다. '바람'과 그것이 빚어내는 '변화'를 아울러 말하였다는 점에서 '풍'과 '화'의 논리로 풀어야 최치원이 이해한 풍류의 실체에 접근할 수 있다고 본다. 바람에는 사물을 변화(化)시키는

36) 『崔文昌侯全集』, 92쪽, "好讓也, 盖吾國風, 善則善已. 然苟不能是, 惡用黃金榜爲. 爾勉之."
37) 『山海經』, 「海外東經」, "君子國, 在其北, 衣冠帶劍, 食獸, 使二大虎在旁, 其人互讓不爭."
38) 최남선, 「조선상식」 『육당 최남선 전집』 제3권(현암사, 1974), 253~255쪽 참조. 여기서는 '신도'란 말의 의미, 出典, 用例, 風流道와의 관계 등을 폭넓게 다루고 있다.

생동력이 있다. '풍'에 '화' 자가 결합되어 풍화風化라는 말이 생겨난 것은 이런 이유에서이다. '풍화'는 감화와 교화, 나아가 변화를 중시하는 유가에서 항용恒用하는 말 가운데 하나이다. 『논어』에서는 "군자의 덕은 바람이고 소인의 덕은 풀이다. 풀 위에 바람이 불면 풀은 드러눕게 되어 있다"39)라고 하였다.40) 지도자의 덕을 바람에 비유하여, 지도자가 풍교로써 백성들을 이끌어 그들이 감화되고 교화됨을 말한 것이다. 순수비 첫머리에서 순풍과 현화를 말한 것이라든지 경문왕의 비로 추정되는 「난랑비서」에서 현묘지도로서의 풍류가 빚어내는 접화군생의 공효功效·공능功能을 말한 것은 범연하게 보아 넘겨서는 안 된다.

바람에는 많은 의미가 내포되어 있다. 그 가운데 두드러진 것으로는, 사물의 심부深部를 부드럽게(柔) 파고드는(入) 속성을 꼽을 수 있다. 『주역』 손괘巽卦는 손상손하巽上巽下(☴)로, 위아래가 다 바람이다. 상象은 '바람'(風)이고, 괘덕卦德은 '들어감'(入)이요 '손순遜順'함이다. 공손하고 유순하기 때문에 사람들 사이에게 인정을 받고 그들에게 영향을 끼친다는 의미를 담고 있다. 또 바람은 틈만 있으면 어디라도 들어가서 이르지 않은 곳이 없으므로, 상부의 명령이 아래까지 두루 전파된다는 의미도 있다. 즉, 바람은 사물을 움직이게 하는 힘이 있다는 데서 '명령'의 의미를 내포하는 것이다. 바람은 하늘의 명령이면서도 제왕의 명령이기도 하다. 어디든지, 누구에게라도 파고들어 교화시키고 변화시킨다는 손괘의 괘덕은 「난랑비서」에서 말하는 '접화군생'과 부합된다.

손괘는 하나의 음효陰爻가 두 개의 양효陽爻 밑에 들어가 엎드려 있는 괘상이다. 여기서 '들어가다' 또는 '따르다'(隨)라는 뜻이 생겨났다. 또 유순한 성격을 가진 백성들이 양강陽剛한 대인의 지도와 도움을 받아야

---

39) 『論語』, 「顔淵」, "君子之德, 風, 小人之德, 草. 草上之風, 必偃."
40) 『書經』, 「周書·君陳」에서도 "爾惟風, 下民惟草"라 하였다.

한다는 의미로도 해석된다. 괘사卦辭에서 "대인을 봄이 이롭다"(利見大人)라고 한 것은 이런 이유에서이다. 최치원은 『후한서』 「동이열전東夷列傳」에서 "동이東夷는 천성이 유순하여 '도'를 가지고 다스리기가 쉽다"41)라는 말을 인용하여 우리 동방과 동방 사람들을 예찬한 바 있다.42) '이이도어易以道御'에서 '도'를 '풍風'으로 바꾸면 손괘의 괘상과 똑같다. 이야말로 『논어』에서 말한 "초상지풍草上之風, 필언必偃" 그것이라 하겠다.

관괘와 손괘에서 말하는 '바람'은 자연스런 것이지만 사물의 변화를 부른다. 그 변화가 바로 '화化'이다. 그 변화에는 자연적인 것이 있고 인위적인 것이 있다. 또 '화'에는 교화, 감화, 변화, 동화同化, 진화 등 다양한 의미가 있다. 윤리·도덕적 차원, 나아가 경세적 차원에서의 '화'에 머무는 것이 아니고 생물학적·화학적 차원의 변화43)까지 포괄하는 광범한 것이다. 진흥왕순수비에서 순풍과 함께 현화를 말하고, 「난랑비서」에서 풍류와 함께 '접화接化'를 말하고 있다는 데서 양자의 공통적 성격을 엿볼 수 있고, 다 같이 바람과 변화로써 제왕의 정치이념을 논하고 제왕의 위업을 서술하게 된 이면에 유가사상이 자리 잡고 있음을 본다. 여기서 필자는 두 비의 성격과 그것이 추구하는 목적성에 유념할 필요가 있다고 생각한다.

'접화接化'에서의 '접'은 대인접물待人接物의 관계성을 의미한다. '접'은 단순한 만남이나 사귐을 의미하지 않는다. '맞닿다', '맞대다'는 의미가 있는 만큼 단순한 만남보다 관계가 더 긴밀함을 나타낸다고 할 수 있다.

---

41) 『後漢書』, 권85, 「東夷列傳」, "王制云: 東方曰夷. 夷者抵也. 言仁而好生, 萬物抵地而生. 故天性柔順, 易以道御, 至有君子不死之國焉."

42) 『崔文昌侯全集』, 35쪽, 「讓位表」; 76~77쪽, 「善安住院壁記」 참조.

43) 한 예로 나트륨과 염소가 반응하여 소금이 만들어진다. 나트륨은 물에 닿으면 폭발하는 금속원소요 염소는 흡입하면 죽을 수 있는 유독가스이다. 눈에 안 보이는 나트륨 이온과 염소 이온이 합쳐져서 흰 소금으로 변화하는 것이다. 인체에 해가 되는 것이 서로 만나 세상에 없어서는 안 될 물건으로 만들어지고 비가시적인 것이 변화를 일으켜 가시적인 것으로 化한다는 데서 화학적 변화가 지닌 매력을 엿볼 수 있다.

바람의 손길이 닿아야 꽃을 피우는 풍접화風接花가 있듯이, 풍류도의 손길이 닿으면 온갖 생명체가 교화가 되고 감화가 되고 변화가 된다는 '접화군생'의 의미는 '화'를 중시하는 유가사상과 통하는 바 있다.

접화군생에서의 '화'는 최치원의 「지증대사비」 서두 부분에 나오는 '상고지화上古之化'[44]의 '화'와 같고, 단군신화에 나오는 '재세이화在世理化'의 '화'와도 의미가 통한다.[45] 이 '화'에는 '교화'의 의미가 깔려 있지만 '감화', '변화'의 의미가 더 크다. 더 나아가 '진화', '신화神化'의 경지에까지 이를 수 있으며, '우화등선羽化登仙'의 '화'와도 연결시켜 해석할 수 있다. 따라서 '화'를 유가에서 말하는 교화나 감화로만 해석하기 어렵다는 사실을 알 수 있다. 다만, 진흥왕순수비와 난랑비에서는 글의 서술 목적상 '풍'과 '화'의 논리를 가지고 전개해야 했으므로, 유가에서 말하는 '화'의 의미가 다분하였던 것이다.

5. 맺음말

민족고유사상인 풍류에 대한 제가의 해석은 다종다양하여 매거枚擧할 수 없을 정도이다. 그 가운데는 주목할 만한 것들이 있다. 다만, '원전적 근거'의 탐색에 소홀함으로써 객관성을 확보하는 데 실패한 것은 인정해야 하겠다. 최치원은 신라 말의 문장가, 사상가이다. 그의 글은 변려문騈儷文 일색으로, 한 단어 한 문장마다 원전적 근거 없는 것이 거의 없을 정도이다. 풍류의 실재를 증언한 「난랑비서」 역시 예외가 아니다. 이제 위에서

44) 『崔文昌侯全集』, 168쪽, 「智證大師碑銘」, "地靈旣好生爲本, 風俗亦交讓爲先. 熙熙太平之春, 隱隱上古之化."

45) 류승국, 『유가철학과 동방사상』(성균관대 출판부, 2010), 163쪽. 『삼국유사』에 나오는 짧은 단군신화 글에 '化'자가 7번이나 나오는 것에 유념할 필요가 있다.

논술한 내용을 요약 정리함으로써 결론에 대신하고자 한다.

1. 풍류는 역사적으로 실재한 것이다. 풍류는 진흥왕순수비 첫머리에서 말하는 '순풍', '현화'와 같은 것이다. 이 '순풍'과 '현화'는 풍류의 역사적 실재를 밝히는 중요한 단서이다. 순수비와 난랑비는 자매편과 같은 것이다. 사상적으로 상통하는 바가 많다.

2. 진흥왕순수비에 서술된 내용은 『백호통의』 「순수巡狩」 편의 내용과 부합한다. 전반적으로 유가적 성격이 강하다. 6세기 신라 유교의 수준을 엿볼 수 있게 한다. 불교의 전륜성왕과 결부시켜 해석하는 것은 외양상 그럴듯하지만 내면적으로는 설득력이 약하다.

3. 풍류는 화랑도의 지도이념이다. 화랑도가 조직화·체계화된 진흥왕 때까지는 '순풍'(순수한 전통)과 같이 추상적인 개념으로 불리다가 이후에 '풍류'라는 명칭으로 정착되었을 가능성이 높다. 이 과정에서 도안道安의 「이교론二教論」에 나오는 '풍류'란 말이 하나의 근거가 되었을 것으로 판단한다. 풍류란 개념은 완전히 자연발생적인 것은 아니라고 본다.

5. 풍류란 말은 최치원의 다른 글에도 나온다. 전대부터 내려온 전통(遺風)과 그 흐름이라는 의미로 사용되었다. 이런 것을 유가에서 중시하는 '풍風'과 '화化'의 개념으로 재해석한 사람이 최치원이고, 그런 해석이 담긴 글이 「난랑비서」이다. '풍화'와 '풍류'는 같은 말이다. 둘 다 '바람'과 '변화'라는 개념적 사유의 틀로 되어 있다. '바람'이 체라면 '흐름'은 용이다.

6. 최치원의 풍류 해석에는 『주역』 관괘觀卦와 손괘巽卦에 나오는 '바람의 철학', '변화의 원리'가 그 원천을 이룬다. 최치원이 삼교를 회통한, 학문의 폭이 넓은 학자임에도 유가적 해석을 내리게 된 것은 풍류가 화랑도의 지도이념으로서 치국治國의 대강大綱이었기 때문이다. 유가적 관점에서 해석하는 것이 자연스러웠을 것이다. 사정이 이렇다면 지나칠 정도의 심오한 해석이 오히려 문제라고 본다.

7. 최치원은 종래 내려오던 풍류의 개념을 정감적인 것으로부터 유가적 차원에서 이성적·합리적으로 재해석하였다. 사실상 최치원에 의해 재명명된 것과 다름없다고 할 수 있다.

8. 풍류를 '부루'의 음사音寫라고 한 최남선의 주장이라든지, 화랑의 별칭인 '풍월도'와 관련시켜 주로 예술적·정감적 측면에서 풍류를 해석한 것, 바람과 물이라는 원의에 입각하여 풍류를 해석하고 이를 토대로 자가류의 철학을 펼치는 것 등은 풍류의 실체 규명에 별로 도움이 되지 못한다고 하겠다.

제3장 최치원의 동인東人의식과 동문同文세계

1. 머리말

신라 말의 석학 고운 최치원(857~?)은 당대를 대표하는 최고 지성인의 한 사람이었으며, '나말여초'라는 역사적 전환기에 정치적·사상적 변화를 대변한 시대정신의 산 증인이었다. 또 12세 때 당나라로 유학을 떠나 16년 동안 그곳에 머물면서 국제적 감각을 익혔던 대표적인 중국통이기도 했다. 근자에 와서는 한국과 중국의 친선·우의를 다지는 차원에서 최치원에 대한 연구가 중국에서 활발하게 이루어지고 있다 한다.

돌이켜 볼 때 최치원은 1980년대에 이르기까지 제대로 평가받지 못하였다. 일찍이 민족주의 사학자 단재丹齋 신채호申采浩(1880~1936)는 김춘추金春秋·최치원·김부식金富軾을 사대모화事大慕華의 화신으로 단죄한 바 있다. 특히 최치원에 대해서는 다음과 같은 혹평을 가하였다.

> 최치원은 그 사상이 한漢이나 당唐에만 있는 줄 알고 신라에 있는 줄을 몰랐으며, 그 학식은 유서儒書나 불전佛典을 관통하였으나 본국의 고기古記 한 편도 보지 못하였으며, 그 주의主義는 조선을 가져다가 순지나화純支那化하려는 것뿐이었고, 그 예술은 청천靑天으로 백일白日을 대하며 황화黃花로 녹죽綠竹을 대하는 사륙문에 능할 뿐이었다.[1)]

또 그는 최치원의 문장이 당나라 말기의 부화浮華한 것을 모방했을 뿐 자신의 사상과 정감을 표현한 것이 없음을 지적하여, 최치원을 '소도세공小刀細工의 하품재자류下品才子類'에 비유하기도 하였다.[2] 이러한 인식은 대체로 1980년대까지 학계의 통념으로 내려왔다. 이 때문에 최치원의 철학사상을 논한다는 것은 거의 불가능에 가까웠다. 최치원 사상에 대한 연구가 상당한 경지까지 진척된 오늘에 비하면 금석지감을 느끼게 한다.

돌이켜 볼 때, 최치원의 사상이 철학적 차원에서 조명되기 시작한 것은 1981년 고 류승국柳承國(1923~2011) 교수의 「최치원의 동인의식에 관한 연구」[3]가 발표되면서부터라고 할 수 있다. 이 논문은, 최치원 하면 '사대모화주의자'를 가장 먼저 떠올릴 정도로 부정적 인식이 지배적이었던 그즈음에 최치원 사상에서 핵심의 하나인 '동인東人의식'의 존재를 확인하고 이를 학계에 제시함으로써 최치원에 대한 일반적 인식을 어느 정도 변화시키는 데 중요한 계기를 이루었다. 최치원 연구사에서 특기할 만한 일이라 하겠다. 류 교수는 최치원의 학문적 경지와 철학사상에 대하여 적극적으로 평가하면서 다음과 같이 말하였다.

> 최치원의 사상과 학술은 이해하기가 어려울 만큼 다양하고 수준이 매우 높아, 설명하는 이에 따라 그 평이 상이相異하게 나타나고 있다. 그가 시문과 글씨에 뛰어나 신이神異한 경지에 도달하였음은 주지周知의 사실이지만, 이보다도 사상가·철학가로서 독보獨步의 경지를 개척하였다고 할 것이다. 유교·불교·도교 등 당시의 사상 전반에 대하여 능통할 뿐 아니라, 각 종파의 이질적인 교리와 논리를 한 몸에 종합하여 종횡무진縱橫無盡하게 융합하였다. 일반적으로 불교학자는 불교의 입장에서 제반 사상을 평가하기 쉽고 유가학파儒家學派는 유가의 입장에서

---

1) 申采浩, 『朝鮮上古史』; 『개정판 단재 신채호 전집』 상권(형설출판사, 1995), 72쪽.
2) 위의 책, 73쪽 참조.
3) 대한전통불교연구원 국제학술대회 발표문. 주제: 화엄사상과 禪門形成-최치원과 관련하여.

제반 사상을 평가하기 쉬운데, 최치원은 제삼의 차원에서 모든 사상과 학술을 분석·종합하고 있음을 알 수 있다.

위에서 "사상가·철학가로서 독보의 경지를 개척하였다"라는 평가는 실로 이전에 찾아보기 어려운 것이었다. 당시 학계에서는 류 교수의 주장을 지나친 것으로 이해한 감이 없지 않았지만, 이후 그것이 최치원의 철학사상을 연구하는 데 길잡이가 되었음은 부인하기 어렵다. 최치원을 문장가로만 평가하던 시절, 그를 대단한 철학자, 사상가, 종교가로 평가한 류 교수의 안목이 탁월하였음을 오늘에 절감하게 된다.

필자는 한국유학을 주전공으로 하면서 한국사상사에서 우뚝한 위치를 차지하는 최치원의 철학사상에 대해서 약 20년 전부터 계속 연구를 진행해 왔다. 최치원에 대한 연구는 1980년대 초부터 본격적으로 진행되어, 이제는 박사학위논문이 여러 편 나올 정도로 활기를 띠고 있다. 문학·역사학 방면으로는 매거하기 어려울 정도로 많은 논문들이 쏟아져 나왔다. 그러나 과문寡聞한 탓인지는 모르겠으나, 그의 철학사상에 대해서는 전공자가 극히 적어 연구가 부진한 편이라 할 수 있다. 필자는 그동안 최치원의 철학사상을 연구해 오면서 「사산비명」과 『고운문집』의 국역, 주해와 함께 약 20여 편의 논문을 발표하였고, 이 논문들을 일단 정리하여 2001년에 『최치원의 철학사상』(아세아문화사, 609쪽)으로 출간한 바 있다. 그간의 연구 성과를 중간 결산하기 위함이었다.

최치원의 철학사상에 대한 연구에서 주체성과 보편성의 문제는 연구틀로서의 중요한 두 축을 이룬다. 최치원 철학사상의 중핵이라 할 수 있는 주체의식과 문명의식은 보편성과 주체성의 차원에서 이해할 수 있다. 그의 주체적 정신이 특수성 차원에서 논의될 수 있는 것이라면, 문명세계의 지향은 곧 보편성의 차원에서 논의될 수 있는 것이라 하겠다. 본고에서 논하려는 '동인의식과 세계정신'은 이것을 시대감각에 맞게 새롭게 제목 붙여 본 것이다.

이 글에서 필자는 류승국 교수의 선례를 따라 최치원의 주체의식을 '동인東人의식'이라 명명하였다. '동인東人'이란 말은 '동방지인東方之人'을 가리키는 말로, 최치원이 「진감선사비서眞鑑禪師碑序」에서 '우리나라 사람'을 일컫는 뜻으로 사용하면서 비롯된 것이다.[4] '동인의식'은 한마디로, 우리나라 사람으로서의 '주체의식' 또는 '자기의식'을 말하는 것이다.

이와 함께 문명지향의식에 대해서는 '동문同文의식'[5]이라 한 바 있다. '동문' 또는 '동문세계'란 말은 오늘날 널리 쓰이는 국제화·세계화의 의미와도 상통하는 것이지만, 보다 엄밀히 말한다면 중국 중심의 보편문화를 추구하는 것이라 할 수 있다. 민족적 특수성을 의미하는 '인人'과 문화적 보편성을 의미하는 '문文', 그리고 각각 그것을 수식하는 '동東'과 '동同'은 서로 좋은 대조를 이루면서 학술명사로 사용될 수 있는 가능성을 보여 준다고 하겠다.

최치원의 철학사상은 현실적으로 '동인의식'과 '동문의식'의 두 축으로 전개되었다. 전자는 민족적 차원에서, 후자는 국제적·세계적 차원에서 이해할 수 있는데, 최치원의 독창적인 사상이라 할 수는 없고, 당시의 시대사조와도 밀접한 관련이 있다. 최치원에게 있어 민족주체의식과 문명지향의식은 일체양면一體兩面으로 피어나는 것이다. 그가 이를 통해 궁극적으로 지향하고자 했던 것은 다름이 아니라, 분열과 갈등으로 난미亂

---

4) 최영성, 『역주 최치원전집(1)』, 151쪽, "東人之子, 爲釋爲儒必也."
류승국 교수는 '東人'이라 할 때의 '人'자가 人方을 가리키는 것이라고 보았다. 그러나 최치원의 문집을 보면 그가 갑골문에 나오는 내용까지 섭렵한 흔적은 찾기 어렵다. 위에서 말한 '東人之子' 운운한 대목은 아마도 『시경』「小雅·小旻之什」에 나오는 "東人之子, 職勞不來, 西人之子, 粲粲衣服"에서 문투를 따라 쓴 것으로 추정된다.

5) 同文意識에 대한 용어상·개념상의 자세한 설명은 최영성, 『최치원의 철학사상』, 455~459쪽 참조.

麻처럼 뒤얽힌 당시의 어지러운 현실을 극복하기 위해 사회통합의 원동력으로서 민족의식을 부르짖는 것이었다. 아울러 우리의 문화적 자긍심과 문화창조의 역량을 최고도로 발휘하여 세계적 수준으로 끌어올리기 위해 문명의식을 고취시키는 것이었다.

종래 최치원을 사대모화주의자라고 본 것은 그의 철저한 동인의식을 간과하였을 뿐만 아니라, 문명세계를 지향하는 동문의식에 대한 이해가 부족하였기 때문이다. 이 글에서는 최치원 사상에서 중요한 기반을 이루는 동인의식과 동문의식의 상호관계에 대해서 고찰해 보고자 한다.

2. 민족주체의식으로서의 동인의식

신라 하대의 중요한 사상적 동향의 하나로는 동인의식의 대두를 꼽을 수 있다. 당시 지식인 계층 내부의 의식세계가 투영된 이 동인의식을 크게 부각시키고 고양한 학자가 곧 최치원이다. 그가 이를 집성하여 '민족의식의 자각'을 널리 고취시켰다는 데서, '동인의식' 하면 곧장 최치원을 연상하게 되는 것이다. 현재 학계에서는 우리 역사상 민족주체의식의 효시를 고려 태조 왕건王建의 「훈요십조訓要十條」에서 찾기도 하지만, 그에 앞서 신라 하대의 동인의식을 간과해서는 안 될 것이다.

나는 나 스스로의 선택 이전에 이미 주어져 있다. 나는 그 누구의 아들이나 딸이 되기를 스스로 의식, 선택하여 자원한 것도 아니요, 더구나 하필 이 땅에, 이때에 태어날 것을 결정한 것도 아니다. 내가 나라는 것을 자각하기 전에 나는 이미 이 시대, 이 민족의 운명을 같이 걸머지고 살고 있는 것이다.[6] 그렇다면 '나'는 누구인가, 또 '나'의 뿌리는 어디에

---

6) 박종홍, 『哲學槪說』(博英社, 1964), 49쪽.

있는가? '나'라는 현실 주체에 대한 깊은 사색과 자각이야말로 철학하는 자세에서 나온 것이 아닐 수 없다. 최치원은 「대낭혜화상비문」에서, 무염국사無染國師(낭혜화상)의 공적을 태종 무열왕에 견주어 극구 칭송하면서, "(우리가) 우리를 버린다면 누가 이르랴"(捨我誰謂)라고 하였다.7) 또 그의 문집에서는 '향인鄕人', '향사鄕史', '향악鄕樂', '향풍鄕風'(또는 國風)과 같은 말이 등장하는데, 여기서 '향'자는 바로 '우리' 또는 '우리의 것'을 가리킨다. 이와 같이 '우리의 것'을 찾으려는 '우리의식'은 바로 최치원 동인의식의 밑바탕을 이룬다. 최치원의 철학사상은 바로 이 동인의식이 핵심이 되는 것이라 해도 지나친 말이 아닐 것이다.

'동인의식'은 최치원 철학사상의 체계와 맥락을 가늠케 하는 관건이라 할 수 있다. 최치원은 「사산비명」 등에서, 동인의식과 관련하여 일관된 논리를 전개하였다. 특히 「해인사海印寺 선안주원善安住院 벽기壁記」에서는 "동인의 높은 수준의 단계는 그 의의를 겨우 일부분만 취했을 뿐이다"(東人峻階, 義取窺豹)라고 하여, 자신이 동인의식에 대해 서술한 것은 대통 구멍으로 표범을 보는 것에 불과하다고 하였다. 실로 동인의식의 극치를 보이는 것이라 하겠다. 최치원의 동인의식은 단적으로 말해서 우리 민족의 정신적·사상적 밑뿌리를 캐고자 한 데서 나온 것이었다. 특히 그가 말한 '현묘한 풍류도'를 지닌 우수한 문화민족으로서의 강한 자부심과 긍지가 동인의식에 응축되어 있음을 엿볼 수 있다.

최치원은 우리나라 역대 선유先儒 가운데 '동東'에 함축된 의미와 상징성을 의식하고 이를 언설로 표출하여 '동'이라는 의식과 동방문화론, 동인론東人論을 전개한 역사상 초유의 인물이다.8) 그는 어려서 당나라에 유학을

7) '捨我誰謂'는 『孟子』 「公孫丑下」의 "夫天未欲平治天下也. 如欲平治天下, 當今之世, 舍我其誰也"라는 구절에서 나온 말이지만, 여기서는 그 의미를 다소 다르게 사용하였다.
8) 김용구, 「최치원에 관하여」, 『莊峯金知見華甲紀念師友錄 – 東과 西의 思惟世界』(민족사, 1991), 965쪽.

갔다가 29세 때 신라로 귀국한 뒤 여러 글에서 조국의 위대함을 예찬하였다. 의례 '동방東方'과 '동인東人'이 화두였다.

빛이 왕성하고 충실하여 온 누리(八紘)를 비출 바탕이 있는 것으로는 새벽 해보다 고른 것이 없고, 기氣가 온화하고 무르녹아 만물을 기르는 데 공효가 있는 것으로는 봄바람보다 넓은 것이 없다. 생각건대 큰바람과 아침 해는 모두 동방으로부터 나온 것이다.9)

보건대, 새벽 해가 우니嵎尼(동방)에서 떠오름에 광명이 만상萬像에 다 통하고, 봄바람이 진위震位(동방)에서 남에 기운이 팔방의 끝까지 흡족하여, 마침내 능히 (A) 천하의 어두움을 깨뜨리고 지상地上의 열매를 맺게 한다.…… (B) 시험 삼아 인재人材에 비유해 보더라도 어찌 물성物性과 다르겠는가.10)

'동방'은 자연현상이 시작되고 만물이 비로소 피어나는 '생명의 방위'이다. 활발발活潑潑하게 살아 움직이는 방위이기에 '동방動方'이라고도 한다. '동'은 우리말로 '새'인데, '새'가 들어가는 낱말을 보면 '샛바람'(東風), '새밝·새벽·샛별'(東明), '새봄'(初春), '날이 샌다'(啓明), '물이 샌다'(漏泄), '새것'(新) 등의 예에서와 같이 '처음', '시작', '새로움', '밝음' 등의 의미를 지닌다. 또 '새파랗다'라고 할 때의 경우처럼 '지극함'을 의미하기도 한다.11)

위에서 말한 새벽 해와 봄바람은 모두 동방으로부터 나온다. 새벽 해는 온 누리에 광명을 비춰 주고, 봄바람은 만물이 생장하도록 최촉催促한다. (A)의 '지상의 열매를 맺게 한다'는 말은 동방이 생명의 방위, 호생好生의

---

9) 최영성, 『역주 최치원전집(1)』, 63쪽, 「大朗慧和尙碑文」, "光盛且實, 而有暉八紘之質者, 莫均乎曉日. 氣和且融, 而孚萬物之功者, 莫溥乎春風, 惟俊風與旭日, 俱東方自出也."

10) 최영성, 『역주 최치원전집(2)』, 245쪽, 「圓測和尙諱日文」, "觀夫曉日出乎嵎尼, 光融萬像, 春風生乎震位, 氣浹八埏. 遂能破天下之冥, 成地上之實, 然後烏飛迅影, 廻輪昧谷之深, 虎嘯雄威, 輟扇商郊之遠. 是知義因仁發, 西自東明, 嘗譬人材, 何殊物性."

11) 안호상, 「배달겨레의 상고사와 강역연구」, 『배달문화』 통권 14호(민족사 바로찾기 국민회의, 1994), 29쪽 참조.

방위임을 말하는 것이다. 최치원은 (B)에서 우리 동인의 어진 인성은 '천하의 어두움을 깨뜨리고 땅위의 열매를 맺게 하는' 물성物性과 같이 '천지생물지심天地生物之心'과 호생지덕好生之德으로 충만해 있다고 하였다.

최치원은 우리나라 사람을 '동인'이라고 하였고, 또 우리나라를 '동국東國'이나 '대동大東', '해동海東' 등으로 자랑스럽게 일컬었다.[12] 동방이 만물시생지방萬物始生之方이라는 의미에서 '동국'이라는 칭호를 자랑스럽게 생각하였다. 그는 「사산비명」에서 자신의 동방관을 집중적으로 전개하였으며, 우리 동인의 어진 성품에 대해서 나름의 독특한 논리를 편 바 있다.

> 오상五常을 다섯 방위로 나누어 동방動方에 짝지어진 것을 인심仁心이라 하고, 삼교에 이름을 붙이되 정역淨域을 나타낸 것을 불佛이라고 한다. '인심'이 곧 부처이니 부처를 능인能仁이라 일컬음은 이를 본받은 것이다. 욱이郁夷(우리나라)의 유순한 성원性源을 인도하여 가비라위迦毘羅衛(釋迦)의 자비慈悲의 교해敎海에 닿도록 하니, 이는 돌을 물에 던져 물결이 퍼져 나가는(石投水) 듯하고, 빗물이 모래를 모으는(雨聚沙) 것같이 쉬웠다.…… (A) 지령地靈은 이미 '호생好生'으로 근본을 삼고, (B) 풍속은 '호양互讓'으로 주를 삼았음에랴. 화락한 태평국太平國의 봄이요, 은은隱隱한 상고上古의 교화라.[13]

---

12) 오늘날에는 종래 중국 중심의 세계관에 대한 반발로, 지난날 우리나라를 '東國'·'海東'·'大東' 등으로 일컬었던 것에 대하여 좋지 않게 여기는 경향이 있다. 우리나라를 '동국'이라고 일컫는 것 자체가 중국을 기준으로 한 것이기 때문이다. 그러나 최치원은 이와 생각을 달리하였다. 그가 事大文書에서 중국을 '中原' 또는 '中夏'라 하고 신라를 東夷 등으로 낮추어 일컫는 예가 있기는 하지만, 기본적으로는 중국을 '西國'이라고 하여 우리나라와 상대적으로 일컬었다. 우리나라가 이미 동국으로 불린 만큼, 우리나라의 관점에서 보면 중국은 西國에 해당한다는 것이다.

13) 최영성, 『역주 최치원전집(1)』, 257~258쪽, 「智證大師碑文」, "五常分位, 配動方者曰仁心, 三敎立名, 顯淨域者曰佛. 仁心卽佛, 佛目能仁則也. 道郁夷柔順性源, 達迦衛慈悲敎海. 寔猶石投水, 雨聚沙然.……姓參釋種, 遍頭居寐錦之尊, 語襲梵音, 彈舌足多羅之字.……宜君子之鄕也, 法王之道, 日日深又日深矣.……而地靈旣好生爲本, 風俗亦交讓爲主, □□太平之春, 隱隱上古之化."

우리 태평국의 승지勝地는 사람들의 성품이 매우 유순하고, (C) 대지의 기운은 만물을 발생시키는 데 모아졌다(氣合發生).…… 선善을 따르는 것이 물 흐르는 듯하다. 이런 까닭에 군자의 풍도風度를 드날리고 부처의 도에 감화되어 젖는 것이 마치 붉은 인니印泥가 옥새玉璽를 따르고 쇠가 거푸집 안에 들어 있는 것과 같다.[14)]

위에서 보는 바와 같이 최치원의 철학사상은 그의 독특한 동방관과 동인의식을 밑바탕에 깔고 있다. 이와 같은 동인의식은 종래의 중국에 대한 열등감에서 벗어나 우리 민족의 정체성正體性을 자각함과 동시에 주체역량을 확인하고자 한 것이었다. 신라 후기 사상사에서 특기할 만한 사실이 아닐 수 없다. 당시 일반적으로 사대·모화의식이 강하여 자비自卑적인 경향이 적지 않았음에도, 그러한 분위기 속에서 우리가 문화민족이고 나아가 세계문화의 밑바탕이 된다고 외침으로써 민족의 자존심과 우월감을 한껏 드높이려 했던 것은, 후일 고려·조선시대로 내려오면서 민족주체의식을 계승하고 발전시키는 데 큰 밑거름이 되었다고 본다. 이러한 의미에서, 최치원을 '사대모화의 표본적 인물'로 규정했던 종래의 평가는 이제 버려야 할 줄로 안다.

최치원은 귀국한 이후 무엇보다도 우리 고유사상을 탐구하고 이를 계승시키는 데 노력을 집중하였다. 그 결과, 「난랑비서」에서 우리나라에 상호 이질적인 사상들을 하나로 융합시킬 수 있는 기반으로서의 풍류도가 있음을 밝혔다. 고유사상에 대한 탐구의 결정結晶은 오늘날 76자가 전하는 「난랑비서」 첫머리의 내용에 집약되어 있다.

우리나라에 현묘한 도가 있는데 이를 '풍류風流'라고 한다. 교敎를 설設한 근원은 『선사仙史』에 자세히 실려 있거니와, 내용은 곧 (A) 삼교를 포함包含하는 것으로서,

---

14) 최영성, 『역주 최치원전집(1)』, 142~143쪽, 「大崇福寺碑文」, "我太平勝地也, 性滋柔順, 氣合發生.……從善如流. 是故, 激揚君子之風, 薰漬梵王之道, 猶若泥從璽, 金在鎔."

(B) 군생群生을 접촉하여 감화(변화)시킨다. 이를테면, 들어와 부모에게 효도하고 나아가 나라에 충성하는 것은 노사구魯司寇(孔子)의 주지主旨와 같고, 무위無爲로써 세상일을 처리하고 말없는 가르침을 행하는 것은 주주사周柱史(老子)의 종지와 같으며, 모든 악한 일을 하지 않고 모든 착한 일을 받들어 행하는 것은 축건태자竺乾太子(釋迦)의 교화와 같다.[15)]

비록 짧기는 하지만, 최치원이 자신의 사상적 주형鑄型에 따라 고유사상을 해석, 정의하려 했음을 알 수 있다. 이로써 볼 때, 풍류도에 대한 이해를 최치원의 사상이라 해도 잘못된 말은 아닐 것이다.

최치원이 설명한 풍류사상의 실체는 "포함삼교包含三敎, 접화군생接化群生" 여덟 글자에서 찾을 수밖에 없다. 뒷날 동학東學에서 이 점을 간취하고 포包와 접接이라는 교단의 기본조직을 만들었듯이, 전자를 풍류도의 체體라고 한다면 후자는 용用이라 할 수 있다.[16)] '포함包含'은 "본래부터 그 속에 들어 있다"는 뜻이다. 최치원이 '포함삼교'라 전제한 뒤 세 가지 예를 든 것은, 삼교사상의 핵심적 요소를 가지고 풍류사상의 실체를 해석한 것이 아니라 풍류도의 핵심 강령이 삼교사상의 핵심 요소와 부합하는 것으로 파악하였음을 시사한다. 최치원이 본 풍류사상은 유·불·도 삼교사상과 이질적이지 않으면서도 그 자체가 하나의 독특한 성격을 지니는 것이다. 이런 까닭에 최치원이 '현묘한 도'(玄妙之道)라고 규정한 것임을 알 수 있다.

고유사상에 대한 최치원의 뜨거운 관심과 독특한 해석은 우리 역사상 초유의 것이라는 점에서 소중한 것이 아닐 수 없다. 그는 풍류도에 대한

---

15) 『三國史記』, 권4, 眞興王 37년조, "國有玄妙之道, 曰風流. 設敎之源, 備詳仙史. 實乃包含三敎, 接化群生. 且如入則孝於家, 出則忠於國, 魯司寇之旨也. 處無爲之事, 行不言之敎, 周柱史之宗也, 諸惡莫作, 諸善奉行, 竺乾太子之化也."

16) 이것은 『周易』「繫辭上」 제10장에서 "易无思也, 无爲也, 寂然不動, 感而遂通天下之故. 非天下之至神, 其孰能與於此?"라고 한 것을 연상하게 한다. 풍류사상을 易이라 할 때 '包含三敎'는 '寂然不動'에, '接化群生'은 '感而遂通天下之故'에 비할 수 있다고 본다.

해석을 통해 당시 유교의 합리주의적 성격에 가려져 있던 우리나라 고유사상의 신비적·정감적 성격을 되찾아 빛을 보게 하였다. 한 예로 「난랑비서」에서 말하는 '접화接化'에서, '접'은 대인접물待人接物의 관계성을 의미한다. '화'는 최치원의 「지증대사비문」 서두 부분에 나오는 '상고지화上古之化'의 '화'와 같은 것으로, 단군신화에 나오는 '재세이화在世理化'의 '화'와도 의미가 통한다.[17] 이 '화'에는 '교화'의 의미가 깔려 있지만 '감화', '변화'의 의미가 더 크고, '진화進化', '신화神化'의 경지에까지 이르기도 한다. 나아가 '우화등선羽化登仙'의 '화'와도 연결시켜 해석할 수 있다.

최치원이 생각하는 풍류도의 매력은 '원융성圓融性'에 있었던 듯하다. 여러 사상적·종교적 요소가 한데 어우러져 있으면서도 상호 갈등과 대립을 일으키지 않는 점이야말로 매력적이고 이상적인 것이었으리라. 그렇기에 그가 '현묘한 도'라고 했던 '풍류'는 그 어떤 사상이나 종교보다도 독특한 성격을 지닌 이상적인 모델로 파악되었던 것 같다. 「대숭복사비문」에서 "뭇 미묘한 것 가운데 미묘한 것을 무슨 말로써 이름할 수 있으랴"(衆妙之妙, 何名可名)라고 말했던 것은 풍류도에 대한 그의 인식을 대변한 것이라 하겠다.

최치원은 우리 고유사상과 삼교사상 사이의 공통적 성격을 찾아내는 데 힘썼다. 이는 그의 지대한 관심사의 하나가 바로 '삼교의 토착화'였음을 보여 주는 것이라 할 수도 있다. 그에게 삼교는 한갓 외래사상에 불과한 것이 아니었다. '우리의 것'이라는 생각이 그의 마음 한편에 늘 자리 잡고 있었다. 그는 삼교사상에 대한 연구의 기반 위에서, 삼교가 궁극적으로 하나로 만날 수 있다는 '삼교회극三敎會極'을 주장했을 뿐 아니라, 삼교사상의 주형鑄型을 가지고 우리 고유사상인 풍류도를 해석했던 것이다.

---

17) 류승국, 『유가철학과 동방사상』(성균관대학교 출판부, 2010), 163쪽. 『삼국유사』에 나오는 짧은 단군신화 글에 '化'자가 7번이나 나오는 것에 유념할 필요가 있다.

최치원은 고유사상의 정립과 외래사상의 수용을 서로 맞물린 문제로 생각하고 함께 다루어 자연스럽게 해결하고자 했다. 그는 우리 고유사상의 원형을 탐구하면서 풍류도의 핵심적 요소가 삼교사상과 부합하는 것으로 해석하였는데, 그 이면에는 외래사상 수용의 소지素地와 그 가능성을 확인하려는 숨은 뜻이 담겨 있었다. 뒷날 우리가 외래사상을 수용·섭취할 때 이 풍류도 정신이 그 바탕을 이루어 왔던 사실에 비추어 본다면, 풍류도에 대한 최치원의 포용적이고 원융적인 해석은 지대한 영향을 끼쳤다고 할 것이다.

최치원의 삼교에 대한 이해와 풍류도의 해석에는 당시의 학문적·사상적 경향이나 일반적인 인식이 반영되었을 것이다. 그러나 궁극적으로는 독선과 독존獨尊으로 인한 각 종교 간의 대립과 분열, 갈등을 지양하며 상호 대화와 화합을 추구하는 최치원의 강렬한 염원과 이상이 담겨 있다고 할 것이다. 후세에 최치원을 '풍류도의 진정한 구현자'로 받들고 평가하는 까닭도 여기에 있을 것이다.

최치원이 삼교사상이라는 틀을 가지고 풍류도를 이해하려 한 것은 궁극적으로 그의 동문同文의식 곧 세계정신과 연결되어 있다. 그는 「사산비명」과 『제왕연대력帝王年代曆』, 「향악잡영鄕樂雜詠」 등에서 볼 수 있는 바와 같이, 풍류도를 비롯한 우리 민족의 전통을 국제사회에서의 보편적 가치기준과 개념을 가지고 해석, 설명하였다. 그것은 다름 아닌, 당시 국제사회의 보편적인 가치기준으로 우리의 민족적 전통을 재발견하고, 나아가 이를 당시 국제무대인 당나라에까지 선양하려는 의도에서였다. 이런 점에서, 우리의 역사와 문화를 세계사적 흐름과의 관련선상에서 이해하고 또 보편적 가치기준과 개념으로 자리매김하려 했던 최치원이야말로 문화적 측면에서의 국제화·세계화에 공헌한 것으로 평가할 수 있을 것 같다.

민족적 주체성과 세계적 보편성을 균형 있게 매개시키고 조화시키는 일은 역사적으로 각 시대마다 당위적 과제로 내려왔다. 최치원은 '특수와 보편' 문제에서 중용을 추구했던 학자였다. 사실, 그의 이러한 중용적 성향에는 불교사상보다도 유교사상의 영향이 더 컸던 것 같다. 왜냐하면, 불교에서는 일체법一切法에 차별성과 분별성이 없음을 강조하면서 분별성을 극복하려 하기 때문에 불교에만 머물 수 없었고, 결국 '이론과 실제', '특수와 보편'을 아우르는 유교사상의 논리에 입각하지 않을 수 없었던 것이다. 이 점에서 볼 때 최치원은 불교의 세계에만 안주할 수 없었던 인물이라 할 수 있다.[18)]

3. 세계정신으로서의 동문의식

필자는 최치원의 문명의식을 '동문同文의식'이라 명명한 바 있다. 최치원의 문집을 보면 그는 다음과 같은 말들을 자주 언급하였다.

(천하의 모든) 수레와 글(車書)의 경우 하나로 통일되는 것을 경사스럽게 여긴다.[19)]

수레와 글로 말하자면 그것이 하나로 통일되는 것을 경하한다.[20)]

이 밖에도 위와 비슷한 취지의 말이 적지 않다. 위에서 말한 '거서혼동車書混同'은 바로 『중용』의 다음 구절에 근거한다.

18) 이와 관련하여 일본의 학자 하치야 구니오(蜂屋邦夫)가 "유학자들은 현실 속에서 자기주체성을 확립하기 위해 불교를 초월하지 않으면 안 되었다"라고 한 것을 염두에 둘 필요가 있다. 戶川芳郎 外 著, 조성을·이동철 공역, 『儒敎史』(이론과 실천, 1990), 216쪽.

19) 최영성, 『역주 최치원전집(2)』, 162쪽, 「奏請宿衛學生還蕃狀」, "車書欲慶於混同."

20) 최영성, 『역주 최치원전집(2)』, 175쪽, 「與禮部裵尙書瓚狀」, "車書縱賀其混同."

지금 천하에 수레는 바퀴의 치수가 같으며, 글은 문자가 같으며, 예행禮行은 차서次序가 같다.[21]

이른바 바퀴와 문자와 차서 세 가지가 같다는 것은 곧 천하가 통일되었음을 말하는 것으로, 예악제도의 '천하대일통天下大一統', '천하대동天下大同'을 의미한다. '수레의 제법製法이 일정하고 언어는 소리가 같으며 문자는 모양이 같다'고 하는 것은 이상적인 '대일통'의 세계를 말한다.

특히 문자가 같다는 것은 자형字形·자체字體·자성字聲·자의字義의 통일을 의미하는데, 치국治國에서 언어와 문자를 통일시키는 문제는 무엇보다도 중차대한 문제가 아닐 수 없었다. 예로부터 이 '서동문書同文'의 논리에 따라 '동문세계同文世界'란 말이 곧잘 사용되곤 했다. 이는 곧 '한자문화권'이란 의미로 이해할 수 있을 것이다. '행동륜行同倫'에서 비롯된 '동륜세계'란 말은 곧 '유교문화권'으로도 풀이할 수 있겠다.[22]

당시의 거대 중국은 인지 가능한 세계에서 유일하게 '문명한 곳'이었다. 중국 이외의 다른 문명세계에 대해서는 선택의 여지가 없었고, 중국 중심의 국제화가 될 수밖에 없었다. 최치원의 문명의식을 논함에 있어 '동문'이라는 말은 정치적 차원에서의 중국 중심의 국제적 보편질서가 아닌, 문화적 차원에서의 '중국 중심의 보편문화'를 추구하는 것으로 보아야 할 것이다.

'동궤동문同軌同文'이란 말은 오늘날 널리 쓰이는 국제화 내지 세계화의 의미와도 상통한다. 최치원이 생각하는 동문의식은 '동문'이란 말의 출전과 그 본래적 의미에 구애되지 않고, 대체로 '문화적 융평세계隆平世界'를 지향하는 문명의식이라는 개념으로 쓰였다. 이렇게 볼 때, 최치원의 철학사상에서 문화적 보편성을 추구하는 의식체계를 '동문의식'이라

21) 『中庸』, 제28장, "今天下, 車同軌, 書同文, 行同倫."
22) 임형택, 「한국문화에 대한 역사적 인식논리」, 『창작과 비평』 통권 101호(1998), 225쪽.

하여 하나의 학술적 명사로 사용할 수 있음직하다.

최치원의 「진감선사비문」 첫머리에는 다음과 같은 말이 있다.

> 대저 도道는 사람에게서 멀리 있지 않고, 사람은 나라에 따라 차이가 없다. 이런 까닭에 우리나라 사람들이 불교를 하고 유교를 하는 것은 필연적이다.[23)]

즉 '진리'의 관점에서 보면 중국인·인도인·신라인의 차별이 있을 수 없으며 거리의 차이도 있을 수 없다는 말이다. 국경을 넘어선 인간의 보편성, 진리의 보편성에 대한 자각, 그리고 진리를 향해 중국이나 인도로 향하는 신라인의 향학열과 진취성이 선명하게 드러나는 말이 아닐 수 없다.

위의 말 가운데 "사람은 출신국에 따라 차이가 있지 않다"는 '인무이국人無異國'이라는 말은 매우 중요하다. 이것은 진리의 보편성과 인간 본질에 대한 확고한 믿음에서 나온 것이라 하겠다. 그렇기에 그는 당시 독존적 경향이 유난히 강했던 당나라에 대해 '인무이국'의 논리를 가지고 위와 같이 말할 수 있었던 것이다.

최치원은 이어서 구도求道하는 학인들의 열정과 고학상苦學狀을 다음과 같이 서술하였다.

> 서쪽으로 대양大洋을 건너 통역을 거듭해 가며 학문에 종사할 제, 목숨을 통나무배에 맡기면서도 마음은 서역西域(寶洲)에 달려 있다. 빈 채로 갔다가 올차게 돌아온바 험난한 일을 먼저하고 얻는 바를 뒤로 하였다. 역시 보옥寶玉을 캐는 자가 곤륜산崑崙山의 험준함을 꺼리지 않고 진주를 찾는 자가 이룡驪龍(검은 용)이 사는 물속의 깊음을 피하지 않은 것과 같았다.[24)]

23) 최영성, 『역주 최치원전집(1)』, 151쪽, 「眞鑑禪師碑文」, "夫道不遠人, 人無異國. 是以, 東人之子, 爲釋爲儒必也."

24) 최영성, 『역주 최치원전집(1)』, 151~152쪽, 「眞鑑禪師碑文」, "西浮大洋, 重譯從學, 命寄

또 「대낭혜화상비문」에서는 무염대사가 입당 유학하려다가 실패한 뒤 다시 불퇴전不退轉의 굳은 의지로 도전하여 두 번째 시도에서 그 목적을 이룰 수 있었음을 서술하기도 하였다.[25] 이러한 서술들은 최치원 자신의 서유西遊 체험과 밀접한 관련이 있다. 만약 그가 도당渡唐 유학의 과정을 밟지 않았다면 이러한 절실하고 호소력 있는 서술은 어려웠을지 모른다. 구도의 길이 목숨을 건 험난한 것이었기에, 최치원은 유학의 목적지 가운데 하나인 당나라를 불교의 이른바 열반상락涅槃常樂의 경지를 가리키는 '피안彼岸'에 비유하기도 했다.

당시 신라가 동아시아문화권 중에서 비교적 높은 문화 수준을 유지할 수 있었던 것은, 바로 '사해위가四海爲家'를 표방하며 문화적으로 자신만만했던 당나라의 개방적인 문화정책과, 문명세계를 향한 신라인들의 진취적이고 적극적인 자세가 하나로 어우러졌기 때문이라고 할 것이다.

문명세계, 그리고 진리를 향한 신라인의 굳은 의지는 다음의 글에서도 엿볼 수 있다.

(A) 매양 배신陪臣을 보내 집지執贄하게 하고 곧 주자冑子[26]로 하여금 서국의 문물을 살펴보도록(觀光) 하되, 능히 큰 파도 보기를 평탄한 길처럼 여기고 배 타고 가는 것을 편안한 집과 같이 여기며, 향화嚮化[27]에 날래도록 하여 마치 신선이 되어 하늘로 올라가는 것처럼 기뻐하게 하였사옵니다.

(B) 신臣의 번국蕃國(신라)에서는, 학문에 점진漸進하는 자(鴻漸者)들은 기러기처럼

刳木, 心懸寶洲. 虛往實歸, 先難後獲, 亦猶采玉者不憚崑丘之峻, 探珠者不辭驪壑之深."

25) 최영성, 『역주 최치원전집(1)』, 67~68쪽, 「大朗慧和尙碑文」, "遽出山竝海, 覗西泛之緣. 會國使歸瑞節象魏下, 佐足而西, 及大洋中, 風濤欻顚怒, 巨艑壞, 人不可復振. 大師與心友道亮, 跨隻板, 恣業風. 通星半月餘, 飄至劒山島. 膝行之碕上, 悵然甚久曰: 「魚腹中幸得脫身, 龍頷下庶幾攙手. 我心匪石, 其退轉乎?」 洎長慶初, 朝正王子昕, 艤舟唐恩浦. 請寓載, 許焉. 旣達之罘山麓, 顧先難後易, 土揖海若曰: 「珍重鯨波, 好戰風魔」."

26) 公卿大夫의 子弟를 가리킴.

27) 임금(여기서는 唐帝를 가리킴)의 德化를 趨向하는 것.

> 오로지 태양을 따르기만 생각하고 부지런히 학문에 힘쓰는 자(蟻術者)들은 개미가 누린내 나는 고기(羶肉)를 그리워하듯 더욱 간절히 하였으니, 다투어 (서책을) 몸에 지니고 다니면서 난리를 피하였으며 힘을 다해(匍匐) 인仁에 투신投身하기를 원하였사옵니다.[28]

인용문 (B)에 나오는 '수양시사隨陽是思'라는 말은 함축적이다. 이는 기러기가 태양을 따라 봄·여름을 북극에서 보내듯이, 학문에 종사하는 사람들이 예악문장禮樂文章으로 나라를 개명시킬 것만을 염두에 두었다는 말이다. 당시 신라인들이 바라는 문명세계는 바로 '저쪽의 유여有餘한 것을 가져다 부족한 이쪽에 붓고'(挹彼注玆)[29] '가까운 곳으로부터 먼 데까지 미치게 하는'(自近及遠) 것이었으니,[30] 『주역』 겸괘謙卦의 이른바 '칭물평시稱物平施' 바로 그것이었다고 하겠다.

문명세계를 지향하는 최치원의 동문의식은 그의 표현대로 '기러기가 오직 태양 따르는 것만을 생각하듯이' 수준 높은 문화를 이룩하기 위한 일념으로 선진문명을 추구하는 것이었다. 그러나 그것은 근래에 우리가 애써 추구하는 '무모하고 줏대 없는 세계화'와는 그 차원이 달랐다. 민족문화를 송두리째 말살시키고 가치관의 혼돈을 초래하여 우리 사회를 일대 혼란에 빠뜨리고 말 것이 자명한 그런 것이 아니었다. 최치원은 문화적·민족적인 뿌리를 제대로 인식하고 그것을 바탕으로 한 세계화를 추구하였다. 그야말로 '뿌리 있는 국제인'이 되기를 염원하였다. 그가 추구하던 문명세계는 내 것을 모두 버리고 남의 문화만을 추종하는 '한단지보邯鄲之步'와 같은 것이 아니었다. 그것은 '용하변이用夏變夷'라는 옛 표현과 같은, 우리의 낮은 수준의 문화를 한 단계 높은 곳으로 끌어 올려 문화적으로

---

28) 최영성, 『역주 최치원전집(2)』, 152~153쪽, 「遣宿衛學生首領等入朝狀」, "以此臣蕃鴻漸者, 隨陽是思, 蟻術者, 慕羶增切, 競携持而避亂, 願匍匐以投仁."

29) 『詩經』, 「大雅·生民之什」, '泂酌', "泂酌彼行潦, 挹彼注玆, 可以饋饎."

30) 최영성, 『역주 최치원전집(2)』, 149~150쪽, 「遣宿衛學生首領等入朝狀」.

동등한 경지에 이르고자 한 것이었다. 그 사상적 이면에서 '문화적 융평隆平 정신'의 일단을 엿볼 수 있다. 최치원은 한 나라, 한 민족의 문화가 자기의 정체성을 확고하게 수립한 뒤에라야 바람직한 국제화·세계화가 이루어질 수 있다는 사실을 일깨우고 있다.

조선 후기 북학파北學派 실학의 거장인 초정楚亭 박제가朴齊家(1750~1805)는 최치원을 북학사상의 선구로 평가한 바 있다. 박제가는 최치원에 대하여 다음과 같이 말하였다.

> 나는 어렸을 적에 고운 최치원과 중봉重峯 조헌趙憲의 사람됨을 사모하였다. 비록 세대는 다르지만 한 번 말채찍을 잡고 그 분들의 뒤를 따르고자 하는 개연慨然한 소원이 있었다. 고운은 당나라에서 진사가 된 뒤 동으로 본국에 돌아왔는데, 신라의 풍속을 혁신하여 중국과 같은 문명의 세계로 나아갈 수 있을 것으로 생각했다. 그러나 시운이 따르지 않아서 마침내 가야산에 은거하였다. 삶을 어떻게 마쳤는지는 알 수 없다. 중봉은 질정관質正官으로 연경燕京에 다녀왔다. 그가 지은 『동환봉사東還封事』는 매우 부지런하고 정성스러웠다. 저들을 따라 자기를 깨달으며(因彼悟已) 잘하는 것을 보고 그와 같이 할 것을 생각하였으니(見善思齊), 화하華夏로써 이속夷俗을 변화시키려는 고심苦心 아님이 없었다. 압록강 동쪽에서 천여 년 동안에 이 변변치 못한 모퉁이를 일변一變시켜서 중국과 같은 문명에 이르게 하려던 사람은 오직 이 두 사람뿐이었다.[31]

이는 『북학의北學議』의 서문 가운데 나오는 한 대목이다. 글은 비록 짧지만 그 의미까지 지나쳐 볼 것은 아니다. 이 글이야말로 최치원의 정신세계를 살핌에 있어, 종래 '사대모화적 성향'으로 치부되어 오던 것을 보편성 추구의 차원에서 '문명세계의 지향'이라는 문제의식으로

31) 『楚亭全書』 下(아세아문화사, 1992), 417쪽, 「北學議自序」, "余幼時, 慕崔孤雲趙重峯之爲人, 慨然有異世執鞭之願. 孤雲爲唐進士, 東還本國, 思有以革新新羅之俗, 而進乎中國, 遭時不競, 隱居伽倻山, 不知所終. 重峯以質正官入燕, 其東還封事, 勤勤懇懇. 因彼而悟已, 見善而思齊, 無非用夏變夷之苦心. 鴨水以東, 千有餘年之間, 有以區區一隅, 欲一變而至中國者, 惟此兩人而已."

이해할 수 있는 중요한 단서가 되기도 한다. 위의 '인피오기因彼悟己'니 '견선사제見善思齊'니 하는 표현들이 바로 이것을 뒷받침해 준다. 더 나아가 "혁신라지속革新羅之俗, 이진호중국而進乎中國"이라는 표현은 최치원이 한갓 맹목적 사대모화주의자가 아니었다는 평가를 가능하게 한다. 최치원에 대한 박제가의 평가는 한마디로 '북학파의 선구' 그것이었다. 우리는 이러한 인식의 전환을 통해, 동문세계를 지향하는 최치원의 문명의식이 9백여 년이라는 시간적 거리를 떠나 박제가를 비롯한 조선 후기의 북학파 실학자들에게까지 연면히 이어졌음을 짐작할 수 있다. 또 최치원의 사상이 북학파에게 영향을 끼쳤음을 살필 수 있다.[32]

요컨대, 최치원은 극단적인 모화주의자가 아니요, 또 민족문화의 특수성만 강조하여 문화적 고립까지도 마다하지 않는 배타적 국수주의자도 아니었다. 그는 문화의 보편성을 중시하였고, 아울러 특수성도 추구하였다. 그에게서 주체의식과 문명의식은 서로 대립되거나 모순되는 것이 아니었다. 그것은 인간의 내면적 본질을 기초로 한 인간주체의식을 통해 하나의 광장에서 서로 만날 수 있고 통할 수 있는 일원적 관계에 있는 것이었다. 최치원의 주체의식과 문명의식은, 신속화·정보화·세계화로 특징 지워지는 오늘날, 동서 문명의 보편성 추구와 세계화 지향을 시대적 과제로 하는 현대인들에게 세계화와 주체의식의 관계를 다시 한 번 깊이 되새기게 하는 것으로서, 어떤 것이 바람직한 국제화요 세계화인지 잘 보여 주었다고 하겠다. 넓게 열린 허백虛白한 마음으로 우리 문화와 전통을 가장 '민족적'이고 '원형적'으로 잘 살려서 세계에 널리 알리는

32) 『계원필경집』의 서문을 쓴 淵泉 洪奭周(1774~1842) 역시 최치원에 대해 '北學于中國'이라 하여 이와 같은 차원에서 본 것이 주목할 만하다: "우리 동방에서 문장을 하고 저서를 남겨 후세에 전해 준 사람은 고운 최공으로부터 시작되고, 우리 동방의 선비 가운데 북으로 중국에 가서 배우고 문장으로써 천하에 이름을 날린 사람 역시 최공으로부터 시작된다."(吾東方之有文章, 而能著書傳後者, 自孤雲崔公始, 吾東方之士, 北學于中國, 以文聲天下者, 亦自崔公始. -「桂苑筆耕集序」)

것이 바람직한 세계화일 것이다. 또 '뿌리 있는 국제인'이야말로 이 시대 우리들에게 주어진 당면 과제의 하나라 할 것이다.

4. 맺음말

최치원 철학사상의 현실적 구현으로서 제기된 것이 '동인의식'과 '동문의식'이라 할 수 있다. 최치원은 분열과 갈등과 대립으로 뒤얽힌 당시의 혼란한 현실을 극복하기 위해, 사회와 민심의 통합을 위한 원동력으로 민족주체의식을 부각시키고자 하였다. 아울러 우리의 문화적 긍지와 문화창조의 역량을 최고도로 발휘하여 국제적 수준과 대등한 데까지 끌어올리고자 하는 융평사상의 한 발로로서 문명의식을 고취시키고자 하였다.

'동인의식'은 최치원 사상에 있어 결정結晶의 하나라 할 만한 것으로, 그의 철학사상의 전체 구조와 맥락을 짐작하게 하는 관건이기도 하다. 동인의식은 단적으로 말해서 우리 민족의 정신적·사상적 밑뿌리를 캐고자 한 데서 나온 것이라 할 수 있다. 특히 '현묘한 풍류도'를 지닌 우수한 문화민족으로서의 강한 자부심과 긍지가 동인의식으로 표출되었음을 엿볼 수 있다. 도당유학을 마치고 신라로 귀국한 뒤 그는 거의 모든 면(특히 사상·종교 면)에서 '우리의 정체성'을 찾는 데 초점을 맞추어 활동하였다. 여기서 최치원 사상의 핵심과 통일성을 찾을 수 있을 것이다.

최치원은 고유사상을 비롯한 우리의 민족문화를 재발견하고 이를 선양함으로써 민족주체의식을 드높였다. 문화적 보편성을 추구하는 차원에서 선진문화를 수용하여 우리의 것으로 만들려는 노력 또한 아끼지 않았다. 그는 풍류도를 비롯한 우리 민족의 문화전통을 보편적 가치기준과 개념을 가지고 해석·설명하여 당시 국제무대인 당나라에게까지 선양하려 했다. 더 나아가 우리 문화의 정체성과 특수성을 탐색하여 우리의 것을 '세계의 것'으로 만들려는 적극적인 시도를 하기도 했다. 「난랑비서」에서 고유사상인 '풍류'의 존재를 확인하고 그 가치를 부각시키면서도, 풍류를 당시의 보편적 가치기준으로 해석하여 국제적으로 널리 알리려 했던 것이 단적인 예라 할 것이다. 우리의 역사와 문화를 세계사적 흐름과의 관련선상에서 이해하고 또 보편적 가치기준과 개념으로 자리매김하려 했다는 점에서, 문화적 측면에서의 국제화·세계화에 큰 공을 세웠다는 긍정적인 평가를 내릴 수 있다. 그러나 그가 문화의 보편적 성격에만 함몰되어 민족문화의 특수성을 망각하거나 외면한 것이 결코 아니었음도 놓쳐서는 안 될 대목이다.

최치원의 주체의식과 문명의식은, 신속화·정보화·세계화로 특징 지워지는 이 시대에, 동서 문명의 보편성 추구와 세계화 지향을 시대적 과제로 하는 현대인들에게 국제화와 주체의식의 관계를 다시 한 번 깊이 되새기게 한다. 어떤 것이 바람직한 국제화인지 잘 보여 주었다고 하겠다. 넓게 열린 마음으로 우리문화와 전통을 가장 '민족적'이고 '원형적'으로 잘 살려서 세계에 널리 알리는 것이 바람직한 국제화요 세계화라고 할 때, '뿌리 있는 국제인'이 되기를 염원했던 최치원의 주체적인 사고와 열린 자세는 현대인들에게 일깨우는 바 크다고 할 것이다.

최치원 철학사상의 핵심인 '인간주체'의 문제와 그로부터 파생되는 문화적 보편성 및 독자성의 문제는 1천여 년 뒤인 오늘에도 여전히 추구해야 할 화두로 남아 있다. 최치원은 과거완료형의 인물이 아니다. 오늘날에도 우리 곁에서 우리와 함께 시대를 고민하는 지성인으로 살아 있다. 그의 철학사상 역시 단순한 역사상의 정신적 유산으로만 논의되는 것이 아니라 오늘날까지 연면히 생동하고 있다고 하겠다.

제4장 초의의순의 다도철학과 한국사상의 전통

1. 머리말

다서茶書[1])가 매우 적은 우리나라에서 『동다송東茶頌』의 위상은 대단하다. 한재寒齋 이목李穆(1471~1498)의 「다부茶賦」가 학계에 알려지기 시작한 1980년대 초만 하더라도 『동다송』이 유일무이의 다서였다. 그러다가 1992년에 이덕리李德履(1728~?)의 『기다記茶』가 발굴됨[2])으로써 셋으로 늘어났다. 세 다서는 성격이 각기 다르다. 이목의 「다부」는 유가사상에 기초하고 '오심지차吾心之茶'를 강조함으로써 철학적 색채를 강하게 드러내었다. 이덕리의 『기다』는 실학사상에서 영향을 받은 듯 차 생활과 차 생산을 통해 '비국유민裨國裕民'으로 나가야 함을 강조하였다. 『동다송』에서는 "체신상화體神相和, 건령상병健靈相倂" 여덟 글자로 다도철학을 정립하였다. 이들 다서는 모두 육우陸羽의 『다경茶經』을 바탕으로 한다. 이들 다서의 성격과 위치를 논한다면, 『다경』을 기起, 「다부」를 승承, 『기다』를 전轉, 『동다송』을 결結에 비할 수 있다고 본다.[3])

1) '茶'의 발음은 '다'와 '차'가 혼용된다. 대개 정신적 측면에서 논할 때는 '다'라 하고 (예: 다도[茶道]) 물질적 측면에서 다룰 때는 '차'라 하는(예: 음차[飮茶]) 경우가 많다.
2) 2006년 정민에 의해 그 존재가 확인되었다.
3) 이 점은 필자가 박사학위논문을 지도했던 崔鎭英 씨의 학위논문에 잘 반영되어 있다.

본고에서 논하고자 하는 『동다송』에 대해서는 선행 연구가 다수 집적된 편이다. 차계茶界의 연구가 대다수이다. 차계에서는 『동다송』을 '한국 다도의 성전聖典'이라 하고 초의를 '조선의 육우'라 하는 등 실제 이상으로 과대평가하는 경우가 많다. 한편으로 『동다송』의 한계를 지적하면서 그 실상을 제대로 볼 것을 요구하는 논문도 없지는 않다. 필자는 『동다송』을 과대평가하는 것을 부정적으로 본다. '있는 그대로' 보는 것이 후학의 올바른 태도이다. 이제는 그럴 때가 되었다고 본다.

필자는 철학 전공자이다. '동다東茶의식'에 관심이 많다. 『동다송』에서는 '동'을 표방하였다. 『동다송』은 다도는 물론 한국사상을 연구하는 학자에게도 좋은 연구 대상이라고 생각한다. 『동다송』에 담긴 철학적 골자를 보면 한국사상의 전통이 잘 이어져 있다. 혹자는 초의가 『동다송』과 『다신전』에서 육우의 『다경』에 보이는 관념적인 내용을 걷어 내었다고 평가하기도 한다. 그러나 다도를 말하면서 형이하의 세계에 머무는 것은 차원 높은 경지가 아니다. 초의가 말한 다도의 진경眞境은 관념의 세계에까지 승화되어 있다. 특히 『다신전』은 다도의 철학적 측면을 잘 보여 주는 것으로 필자는 평가한다. 이제 이런 점들에 대해서 본론에서 논하기로 한다.

2. 『다신전』 편술과 『동다송』 저술의 배경

『동다송』과 『다신전』은 초의의순艸衣意恂(1786~1866)의 다도철학 연구에서 양대 기둥 같은 중요 자료이다. 엮은 시기는 『다신전』이 먼저이다. 『다신전』이 나오고 7년 뒤(1837)에 『동다송』이 찬술되었다. 초의는 43세 때인 순조 28년(1828)에 지리산 칠불암七佛庵에 갔다. 마침 그곳에는 중국에서 출판된 『만보전서萬寶全書』가 소장되어 있었다. 초의는 그 책 권14에 실린 장원張源의 『다록茶錄』을 처음 보고 '다도'의 새 경지를 엿볼 수 있었던 것 같다. 그는 이 책을 베껴 쓰고 이름을 '다신전'이라고 하였다. 그로부터 2년 뒤인 1830년에 책을 완성하여 발문을 붙였다. 발문에 의하면, "우리 총림叢林에 간혹 조주趙州선사의 끽다거喫茶去 풍속이 남아 있기는 하지만 다도를 제대로 알지는 못한다. 그러므로 후생들(可畏)에게 베껴서 보이는 것이다"[4]라고 하였다.

『다신전』은 1595년을 전후로 해서 나온 장원의 『다록』을 거의 그대로 옮겨 쓴 것이다[5] 초의의 저술이 아니다. 따라서 『다신전』을 가지고 초의의 다도철학을 연구하는 데는 한계가 없을 수 없다. 그러나 허다한 다서 가운데 『다록』의 내용을 중시하여 필사한 것은 자신의 다도관과 부합하였기 때문일 것이다. 게다가 책이름을 '다록' 그대로 두지 않고 '다신전'이라고 고쳤다. 여기서 초의 다도철학의 일단을 엿볼 수 있다. 사정이 이렇다면 『다신전』을 그저 '필사한 책' 또는 '편집된 책' 정도로만 보아 그 가치를 평가하는 데 인색한 것은 재고의 여지가 없지 않다.

'다신전'이란 무슨 의미일까? '차의 신에 대한 전기'란 뜻일까? 정민鄭珉 교수는 "차를 의인화·신격화하여 그 일대기를 정리한 것이다"[6]라고 하였다. 제목만 보면 그럴 듯하다. 그러나 『다신전』에서의 '신'은 '정신'이란 말과 같다. 종교적 차원에서의 '신'이 아니다. 초의는 장원의 『다록』을

---

4) 『茶神傳』, 「跋文」, "叢林或有趙州風, 而盡不知茶道, 故抄示可畏."

5) 초의가 底本으로 사용한 『만보전서』는 1615년에 毛文煥이 엮은 일종의 백과전서이다. 『다록』과 『만보전서』 사이에는 약간의 차이가 있다. 『다록』 마지막 부분에 나오는 '分茶盒'이 『만보전서』에는 빠져 있고, 본디 항목 이름이 '다도'였던 것이 '茶衛'로 바뀌었다. '分茶盒'은 빠질 이유가 없다. 아마도 옮겨 싣는 과정에서 실수로 빠진 것 같다. '茶衛'로 고친 것은 내용이 '차위생'에 관한 것이기 때문에 名實을 바로잡은 것으로 짐작된다. 이 밖에 일부 글자의 출입이 있는데, 이 역시 『만보전서』에 옮겨 싣는 과정에서 생긴 것이라고 본다.

6) 정민, 『새로 쓰는 조선의 차문화』(김영사, 2011), 319쪽.

읽고 그 책에 나오는 '다신'을 다도의 핵심 개념으로 받아들였다. 다신이란 '차의 신령함'이다. 그는 『다신전』「저수貯水」조에서 "물 담은 항아리를 모름지기 그늘진 뜰 가운데 놓고 얇은 비단으로 덮어서 성로星露의 기를 받게 하면, 영령英靈(빼어난 영기)이 흩어지지 않아서 신기神氣를 항상 간직할 수 있다"[7]라고 하였다. 여기에 나오는 "영령불산英靈不散, 신기상존神氣常存"은 '저수'에만 해당되는 것이 아니다. 『다신전』 전반에 걸치는 핵심 키워드라 할 수 있다. 이렇게 볼 때 '다신전'이란 '차의 신령함을 유지하는 전통적 방법'이란 의미일 것이다.

이제 '다신'이란 용어의 출전을 살펴보자. 『다록』(『다신전』) 「품천品泉」에 "차는 물에게는 신神이요 물은 차에게 본체가 된다. 좋은 물이 아니면 신령한 기운이 나타나지 않고, 좋은 차가 아니면 본체를 엿볼 수 없다"(茶者, 水之神, 水者, 茶之體. 非眞水, 莫顯其神, 非精茶, 莫窺其體)라는 말이 있다. 좀 더 편하게 해석하자면, 차를 정신에, 물은 육체에 비유하여, 육체 안에 정신이 있고 정신 안에 육체가 있듯이 차와 물은 상호불가분의 관계라는 것이다.

『동다송』은 차에 관심이 많았던 홍현주洪顯周(1793~1865)의 부탁을 받고 그에 답하는 형식으로 저술된 것인데, 『동다송』을 저술하기 9년 전에 초의는 『만보전서』에 실린 장원의 『다록』을 접하고 그것을 베껴서 책으로 만들었다. 접한 뒤 책으로 만들어지기까지 2년이 걸렸다. 모두 1,400여 자에 불과한 내용을 베끼는 데 2년이 소요되었다는 것은 말이 안 된다. 베껴 쓴 뒤 초의 자신이 공부하고 실제 증험하느라 시간이 흘렀을 것이다. 초의는 발문을 써서 필사에 마침표를 찍은 뒤 책이름을 '다신전'이라 하였다. 서명을 고친 것은 『다록』에 대한 초의의 이해의 정도를 대변한다고 하겠다.

『다록』의 핵심사상은 '신체불이神體不二' 또는 '체신묘합體神妙合'으로 요

7) 『茶錄』, 「貯水」, "貯水甕, 須置陰庭中, 覆以紗帛, 使承星露之氣, 則英靈不散, 神氣常存."

약할 수 있다. 이것이 『다신전』을 거쳐 『동다송』에 그대로 이어졌다. '체신묘합'은 엄밀히 말해서 초의의 독창적 사상은 아니다. 그렇지만 동방에서 초의에 의해 처음으로 그 의의가 새롭게 부각되었기 때문에 초의의 사상이라 해도 잘못된 말은 아닐 것이다. 필자는 초의가 장원의 『다록』을 통해 다도관, 나아가 다도철학을 정립하는 과정이 있었기 때문에 7년 뒤 보다 완정된 모습의 『동다송』으로 발전할 수 있었다고 본다. 여기서 초의의 학문 역정이 단순하지 않음을 엿볼 수 있다.

3. 『동다송』에서 해결해야 할 몇 가지 문제

1) '동다송'의 의미

이제 '동다송'이라는 서명에 담긴 초의의 의식의 저변을 살피기로 한다. 성급한 사람들은 『동다송』의 서명만 보고 "우리나라 차에 대한 찬송을 담은 글"이라 단언하거나, 더 나아가 "한국의 다도사상을 집성한 책"이라 하기도 한다. 그러나 실제로 『동다송』에는 '동다'에 대한 언급이 적고 내용도 빈약하다. 물론 초의는 우리나라 토산차가 중국 것에 못지않음을 찬양하였으며, 육안차陸安茶의 맛과 몽산차蒙山茶의 약효를 함께 겸하고 있다고 하였다. 또 우리의 토산차는 따는 시기가 중국과 달라 『다경』에서 말한 곡우穀雨 뒤가 아닌 입하立夏 뒤가 적당하다고 하였다. 이런 언급들은 이전에 보기 어려운 것들이다. 주체의식의 발로라 하지 않을 수 없다. 그러나 이 정도의 내용으로는 책이름에 걸맞다고 보기 어렵다. 게다가 지은이인 초의 자신이 '동다'라는 개념에 대해 명확하게 언급한 바도 없다.

『동다송』 창작 동기에 대해 먼저 살펴보자. 순조 37년(1837)에 초의가 홍현주에게 보낸 서한[8]을 보면 그에 대한 답을 얻을 수 있다. 그 요점을 추리면 다음과 같다. 첫째, 해거도위海居都尉 홍현주洪顯周가 진도목관珍島牧官[9] 변지화卞持和(北山道人)를 통해 '다도'에 대하여 물어 오자 그 대답 형식으로 지은 것이다. 둘째, 홍현주에게 보낼 때의 본래 이름은 '동다행東茶行'이었다. 셋째, 칠언의 찬송시만으로는 설명이 부족할까 봐서 시 뒤에 참고한 원전의 본문을 함께 제시하였다.[10]

근자에 변지화가 초의에게 보낸 간찰簡札이 발굴, 공개되었다. 여기서도 위 서한의 내용이 확인된다.

> 『동다행』을 서울로 보낼 때 사람을 시켜 급히 베끼게 하였습니다. 지금 보니 잘못된 곳이 많아서 표를 달아 질의합니다. 이 밖에도 착오가 있는 듯하여 부쳐 드립니다. 바라건대 지적하는 곳을 따라 개정改定하여 회답하는 인편에 돌려보내 주십시오. 이것을 바랄 따름입니다.[11]

이 간찰은 중요한 내용을 담고 있다. 무엇보다도 변지화가 초의 못지않게 차에 대한 전문지식이 있었다는 점이다.[12] 초의가 보내 온 『동다행』을 꼼꼼히 읽고 그 잘못된 곳을 지적하면서 사실상 개정을 요구했다는 점은 예사로 보아 넘길 일이 아니다. 간찰 원문에 나오는 '금람다오今覽多誤'는 자칫 앞 문구인 '사인급등使人急謄'에 가려지거나 잘못 읽힐 소지가

---

8) 변지화에게 『동다행』을 보낼 때 同封하였을 가능성이 높다.

9) 현재까지 나온 대부분의 연구서에는 변지화의 직함이 '진도부사'로 되어 있으나 '진도목관'이 옳다. 목관은 조선시대에 변방에서 屯田을 主管하던 벼슬아치이다.

10) 『一枝庵文集』, 권2, 45a, 「上海居道人書(丁亥)下」, "近有北山道人承敎, 垂問茶道. 遂依古人所傳之意, 謹述東茶行一篇以進獻. 語之未暢處, 抄列本文而現之, 以對下問之意."

11) 卞持和, 「與艸衣」, "東茶行送京時, 使人急謄, 今覽多誤. 懸標質疑, 而此外似又錯誤, 故爲付呈. 幸望逐處改定, 回便還投, 是望耳." 박동춘, 『초의선사의 차문화 연구』(일지사, 2010), 78쪽에서 재인용.

12) '북산도인'이라는 號도 이를 시사한다. 茶人에게는 海居道人, 山泉道人 등과 같이 '道人'의 별호를 붙이는 경우가 많다.

많다.[13] 즉, 급하게 베껴 쓰도록 하다 보니 오자가 많이 났다고 해석하는 것이다. 그러나 여기서의 '다오'는 『동다행』에 오류가 많다는 뜻이다.

초의가 변지화의 요구대로 개정본을 냈는지는 현재로선 분명하게 알 수가 없다. 다만 본래 이름이 '동다행'이었다가 뒤에 '동다송'으로 바뀐 점을 생각할 때, 변지화의 청을 받아들여 초고를 수정했을 가능성이 높다. 필자는 책이름을 '동다송'으로 개제改題한 사람은 후인들이 아닌, 초의 자신이었을 것으로 본다. 현재 『동다송』 전본傳本이 여러 종류이고 그에 따라 글자의 출입이 상당한 것은, 단순히 필사하는 과정에서 파생된 문제만은 아닌 성싶다. 여기에는 초본과 개정본에 따른 문제점이 개입되어 있을 것이다.

홍현주는 변지화를 통해 초의에게 '다도에 대해 물었다'(垂問茶道)고 한다. 『동다송』 모두冒頭의 제하題下에서는 '해거도인의 명을 받아 짓다'(承海道人命作)라고 하였다. 왜 직접 묻지 않고 중간에 사람을 넣어 간접적으로 묻고 답했을까? 『동다송』 저술 이전인 1830년 겨울, 초의는 홍현주에게 자신의 스승 완호윤우玩虎倫祐(1758～1826)의 탑비문을 지어 줄 것을 부탁한 적이 있고, 이후 답례로 자신이 만든 수제차手製茶를 올린 바 있다. 초의가 남긴 문집과 시집을 보면 홍현주와 초의의 만남은 한두 번이 아니다. 피차 서로 모르는 처지가 아니다. 그럼에도 왜 다도에 대해 간접적으로 묻는 방식을 택했을까? 홍현주와 초의가 유석儒釋으로 가는 길을 달리했다 하더라도 직접 부탁하거나 대답하는 것이 큰 흠은 아닐 것이다.

그런데, 초의가 『동다행』을 부칠 때 동봉했을 것으로 추정되는 「상해거도인서上海居道人書」[14]를 보면 '상격相隔'(서로 막혀 있다)이라는 말이 여러 번

---

13) 필사에 따른 오류 정도로 이해하다 보니, 변지화가 요구한 것을 '개정'이 아닌 '校正' 정도로 치부하는 연구자가 대다수이다. 박동춘, 『초의선사의 차문화 연구』, 77～80쪽 참조.

14) 『一枝庵文集』, 권2 참조.

나온다. 또 "천 그루 소나무 아래서 밝은 달을 마주보며 수벽탕秀碧湯을 달이고, 탕이 백수百壽가 되면 그것을 가져다가 도인께 드리려 생각하지 않은 적이 없습니다"라고 하면서, 그렇게 할 수 없음을 몹시 아쉬워하였다. 초의는 이 아쉬움을 『동다송』에도 실었다. 제43, 44구에서 "수벽백수탕秀碧百壽湯" 운운한 것이 그것이다. 서한에 '상격相隔', '방애防礙', '격애隔礙' 등의 말이 나오게 된 이면을 시원하게 밝힐 자료가 더 없음이 아쉽다.

홍현주는 변지화를 통해 '다도'에 대해 물었다. '동다'에 대해 물었다는 기록은 없다. 그럼에도 대다수 연구자들은 '동다'를 물은 것으로 이해하고, 또 그 결과물로 나온 것이 『동다송』이라고 생각한다. 당시 지식인 사회에서는 중국차를 선호하던 분위기가 차츰 바뀌면서 우리 차에 대한 관심을 가진 사람들이 나타났다. 그 가운데 한 사람이 홍현주이다. 초의와 오랜 사귐을 가졌던 산천山泉 김명희金命喜(1788~1857)도 우리 차에 관심이 많았다.

> 요사이 연경의 저자에서 사 왔다는 것들은 수놓은 비단 주머니에 싸서 그저 겉모양만 잘 꾸며 놓았을 뿐이다. 썩은 줄기에 딱딱한 찻잎이 입에 넣을 수 없을 정도였다. 이때 초의가 응조맥과차鷹爪麥顆茶를 보내 왔다. 모두 곡우 전에 딴 것으로 아주 훌륭한 품질이었다.…… 찻잎을 따서 덖는 과정에서 묘입삼매妙入三昧한 것은 초의로부터 시작되었다.[15]

이런 저간의 사정에 비추어 볼 때 홍현주가 다도 전반에 걸쳐 물으면서 특별히 '우리 차'에 대해 알고 싶은 속내를 내비쳤을 가능성은 있다. 정민 교수는 홍현주가 중국차를 즐겨 마시다가 초의가 보내 온 차의 맛을 본 것을 계기로 우리 차의 역사와 효능 등에 대해 궁금증을 품게 되었고, 마침내 초의에게 다도를 묻게 되었다고 하였다.[16]

---

15) 『艸衣詩藁』, 권4, 17b, 「奉化山泉道人謝茶之作」에 부록으로 실린 原韻의 附記, "近日燕肆購來者, 錦囊繡包, 徒尙外飾, 麤柯梗葉, 不堪入口. 此時得艸衣寄茶鷹爪麥顆, 儘雨前佳品也.……採之焙之, 妙入三昧, 始於艸衣."

그러나 홍현주의 물음은 다도 전반에 걸친 것이다. 초의의 『동다송』은 이 취지를 비교적 충실하게 따랐다. 우리 차와 관련된 내용의 서술은 일종의 '구색 맞추기'인 셈이다. 다만 이 구색 맞추기에는 초의의 우리 차에 대한 '의욕'이 깔려 있다고 본다. 이런 의미에서 필자는 '동다송'이라는 책이름은 '동다에 대한 송'이 아니라 '동방에서 나온 다송'이라고 생각한다. 그동안 학계에서는 '동다에 대한 송'이라는 의미로만 보아 왔다. 그러고는 서명과 내용의 불일치 또는 동다와 관련된 내용의 빈약함을 지적하곤 했다. 그러나 초의의 평생 발자취나 언행으로 보아 명실이 상부하지 않은 책을 저술할 리 없다고 생각한다. 더구나 지체 높은 홍현주의 물음에 답하는 것임에랴.

'동다에 대한 송'으로 내용을 꾸미려 했다면, 신라 흥덕왕 때 대렴大廉에 의해 차가 우리나라에 처음 들어온 것이라든지, 우리나라의 유명한 선대 차인들의 차의식茶意識, 다도관茶道觀 등에 대하여 아예 언급하지 않을 수 있었겠는가. 그동안 우리나라에서 차에 대한 전문적인 글이 나온 일이 없었던 것에 비추어 '동방의 다송'이라는 의미로 책이름을 붙였을 가능성이 높다고 본다.[17] '동문선東文選'이 '동방의 문선'이란 의미이듯이, '동다송'이란 명칭 역시 전후 사정에 맞게 그 의미를 이해해야 할 것이다. 합리적으로 이해하기만 한다면 동다에 대한 내용이 빈약함을 탓할 것까지는 없다고 본다.

2) 단락 나눔의 문제점

『동다송』을 내용상 또는 형식상으로 분류하여 번역을 하는 경우가

16) 정민, 『새로 쓰는 조선의 차문화』, 299쪽.

17) 法眞이 발문을 붙인 차문화 고전 『茶經(合)』(1891)에 『동다송』이 '다송'이란 이름으로 合編되어 있는 점도 같은 맥락에서 이해할 수 있다고 본다.

많다. 역주자에 따라 다른데, 31송 또는 17송으로 나누기도 한다. 그러나 이것은 어디까지나 편의상의 구분이다. 이것이 학계에서 이의 없이 통용되기는 어렵다. 그 이유는 다음과 같다.

첫째, 『동다송』은 68구에 달하는 장편시이다. 초의 자신이 분단分段을 한 일이 없다.

둘째, 운자韻字를 중심으로 형식에 따라 분단을 할 때, 내용상으로 전후 맥락이 이어지지 않은 경우가 적지 않다. 또 2구, 3구, 4구는 물론 6구까지 다양한 분류가 될 수밖에 없어 한시의 기본 구성인 기·승·전·결과는 거리가 멀어진다. 게다가 운자의 어김도 있어, 운자를 중심으로 나누는 것 자체가 문제가 된다.

셋째, 전후의 내용을 살펴 나누는 것은 이치상으로 그럴듯하기는 하지만 운자가 맞지 않는 경우가 상당하다. 『동다송』이 운문으로 된 글이라는 점을 생각한다면 이 또한 받아들이기 어렵다.

결국 68구를 있는 그대로 보는 것이 초의의 뜻에 맞다고 본다.

3) 해석상의 문제점

『동다송』 본문은 5백 자가 조금 못 된다. 주석은 원전 근거로 제시된 것이 대다수이다. 5백 자가 안 되는 글에 차와 관련한 내용을 제대로 갖추어 싣기란 어려운 일이다. 더욱이 산문이 아닌 운문에 담는 것은 어려움이 배가된다. 그럼에도 운문을 택한 것은 일단 초의가 산문보다 운문에 자신이 있었기 때문이라고 본다. 설명은 주석을 통해 원전 근거를 제시하는 것으로써 해결하면 되기 때문이다. 그리고 차의 위상을 높이기 위해서는 여러 다서茶書에서 중요한 내용을 가려 뽑아 거기에 자신이 공부한 내용을 일부 보태어 엮는 것보다는, '송'이라는 문체를 구사하는 것이 효과적이라고 판단하였음직하다.

『동다송』 원본이 전하지 않음에 따라 초고본과 개정본의 차이점을 알 수는 없다. 또 필사본에 따라 원전 근거로 제시된 내용의 글자 출입이 상당하기 때문에 해석상의 어려움이 없지 않다. 그러나 원전 근거로 제시된 것은 원래의 출전을 찾아 대조하면 끝난다. 정작 문제는 해석에 있다. 분량이 얼마 되지 않은 『동다송』 한 책에 해석상의 이견이 많은 것은 다름이 아니다. 잘못된 해석을 과감히 도태시키지 못하는 차계의 '폐쇄적 습성' 때문이라고 생각한다.

우리 차계에는 차 문헌을 전문적으로 다루는 사람의 수가 많지 않다. 수가 적은데도 전공이 다른 학자의 연구 성과는 쉽게 받아들이려고 하지도 못한다. 연구자 수가 적다 보니 다들 아는 처지이다. 또 아는 처지이다 보니 선행 연구의 오류를 용감하게 지적하지 못한다. 이런 사정은 2009년에 나온 류건집의 『동다송 주해』에도 잘 드러나 있다. 류건집은 이 책에서 『동다송』 본문과 이를 뒷받침하는 원전 근거를 마디마디 분절分節하여 해석, 설명하는 방식을 취했다. 상세함으로 정평이 나 있다. 해석상 문제가 되는 부분은 여러 주해자의 견해를 나열하는 방식으로 소개하였다. 그러나 말도 안 되는 억지 해석을 어엿하게 하나의 설인 양 소개한 것은 이해하기 어렵다. 물론 독자가 알아서 판단하라는 의미도 있겠지만, 결과적으로 독자의 혼란을 야기한 것이 사실이다. 주해자가 지녀야 할 책임감의 측면에서는 지적 받을 소지가 없지 않다.[18)]

이제 차계에서 공통적으로 범하고 있는 대표적인 오류 몇 가지를 지적하기로 한다. 오류가 답습되는 것이 제49구의 주석에 이른바 "입조우심군入朝于心君"이다. 이것은 "취도녹향재입조翠濤綠香纔入朝" 구절에 나오는 '입조入朝'에 대한 주석이다. 이 대목을 바르게 해석하려면 앞 뒤 네 구절을

18) 류건집 교수 같이 漢學에 대한 소양을 갖춘 분이 제대로 판단을 내려주는 것이 학문 발전을 위해 도움이 된다고 생각한다.

연결시켜서 보아야 한다.

九難不犯四香全	구난을 범하지 않고 사향 또한 보전하니
至味可獻九重供	지극한 맛 '구중九重'에 공물로 이바지할 만하네.
翠濤綠香纔入朝	비취 물결 초록 향기 '입조入朝'하자마자
聰明四達無滯壅	귀 밝고 눈 밝음이 사방에 달해 막힘이 없네.

위에서 '입조'는 차가 구중궁궐에 공물로 들어간 것을 비유한 말이다. 초의는 '입조' 아래에 "심군[19]에게 조회한다"(入朝于心君)라는 주석을 달았다. 이를 연결시켜 해석하면, 다탕의 물(翠濤綠香)이 제왕帝王의 뱃속(마음속)에 들어가자마자 신神이 기氣를 움직여서 제왕의 눈 밝고 귀 밝음이 사방에 달하여 막힘이 없다는 의미가 된다. 차가 제왕의 치세治世에도 크게 도움이 된다는 뜻이다. "입조우심군入朝于心君"을 아무리 자의적으로 해석한다 하더라도 책이름으로 본 것[20]이라든지, 또 "우심군이 궁궐에 입조했다"라고 하여 우심군을 사람 이름으로 본 것[21]은 정도가 심하다.

제63구부터 제68구까지는 찻자리의 경지를 읊은 것이다.

明月爲燭兼爲友	밝은 달 촛불 되고 아울러 벗도 되며
白雲鋪席因作屛	흰 구름 깔자리는 때에 따라 병풍도 되네.
竹籟松濤俱蕭凉	대바람 소리 솔바람 소리 다함께 쓸쓸하고 서늘한데
淸寒瑩骨心肝惺	청한淸寒이 뼛골을 맑게 하고 심간마저 확 깨게 하네.
惟許白雲明月爲二客	백운과 명월만을 두 벗으로 인정하나니
道人座上此爲勝	도인의 좌상座上은 이것으로 '승勝'을 삼는다네.

여기서 가장 문제가 되는 것은 "죽뢰송도竹籟松濤"이다. 이것을 '차 끓는

19) 마음은 몸의 주재이므로 '心君'이라 한 것이다.
20) 정영선, 『동다송』(너럭바위, 2007), 67쪽.
21) 古月龍雲 외, 『동다송·다신전』(동국역경원, 2010), 67쪽.

소리'로 해석하는 예가 있다.[22] 그 문구만 잘라서 보면 그런 해석이 가능할지 모르지만, 뒤의 '소량蕭涼'과는 의미가 통하지 않는다. 마지막 구절에 나오는 '승勝'은 그냥 '좋다'는 의미가 아니다. "손님이 둘이 있는 경우를 '승'이라 한다"(二客曰勝)라는 주석을 따라야 한다. 초의는 혼자서 마시는 '신神'의 경지를 가장 높은 단계에 놓았다. 그리고 자신은 그 다음 단계인 '승'의 경지 정도는 된다는 점을 넌지시 드러내었다.

이 밖에도 지적할 것이 많다. 다만 한 가지 분명한 것은, 원본상의 잘못보다는 후인들의 해석에 더 문제가 많다는 점이다. 이 점은 후일 따로 재검토할 날이 있을 것이다.

4. 한국사상의 관점에서 본 초의의 다도철학

'다도'라는 용어를 일본 사람들이 많이 사용한다고 해서 거부감을 느끼는 이들이 적지 않은 것으로 안다. 그러나 '다도'라는 용어는 당나라 때부터 이미 사용되었고,[23] 16세기 말 장원의 『다록』에 이르러 그 정의가 내려지기 시작한다. 초의는 『다록』을 탐독하였고 '다도'란 용어를 즐겨 사용하였다. 앞서 말한 바와 같이, 초의는 홍현주로부터 '다도'에 대한 물음을 받고 '옛사람이 전하는 뜻'(古人所傳之意)에 따라 『동다송』을 지었다고 밝혔다. 여기서 말하는 '고인'이란 어떤 사람들일까? 『동다송』에 인용된 출전을 보면, 초의는 『다경』과 『만보전서』 등 11개 다서의 내용을 37회에 걸쳐 인용하였다. 이 가운데 조선 사람의 것으로는 정약용丁若鏞(1762~1836)의 「걸명소乞茗疏」와 이덕리의 『기다記茶』가 각 1회씩 인용되었다. '구난九難'

---

22) 류건집, 『동다송 주해』(도서출판 이른아침, 2009), 343쪽; 정영선, 『동다송』, 85쪽.
23) 8세기 당나라 현종 때의 승려인 釋皎然이 지은 시 「飮茶歌誚崔石使君」의 마지막 구 "孰知茶道全爾眞, 唯有丹丘得如此"에 보인다.

이후로는 초의의 자주自註도 몇 군데 보인다.[24]

한편, 1850년 산천 김명희가 초의로부터 차를 선물 받고 감사하며 지은 시에 초의가 화답한 것이 있다.[25] 그 시에 다음과 같은 구절들이 있다.

閼伽眞體窮妙源	차의 진체眞體는 묘원妙源을 다하였나니
妙源無着波羅蜜	'묘원'이란 무착바라밀이라네.
妙源欲問無所得	묘원을 물으려 해도 물을 곳 없어
長恨不生泥洹前	부처님 열반 전에 태어나지 못함을 길이 한탄하네.

초의는 자신의 다도철학을 불교와 연관시키려는 의도를 내비치고 있다. '무착바라밀'이란 '모든 집착을 끊어야겠다는 그 집착마저 끊는 것'이다. 이는 궁극적으로 다선일여茶禪一如[26]의 경지를 겨냥한 말이다. 사문沙門에 몸담은 도인으로서 응당 할 수 있는 말이라 하겠다.

그런데, 이 시에서는 찻물로 황하 상류의 것을 들면서 '팔덕八德'을 갖추었다고 예찬하고 있다. 이어서 "진수眞水와 정차精茶가 알맞게 어울리니 체와 신이 열리는구나"(眞精適和體神開)라 하고는, 『다록』으로부터 『다신전』을 거쳐 『동다송』에까지 이어진 "茶者, 水之神, 水者, 茶之體. 非眞水, 莫顯其神, 非精茶, 莫窺其體"라는 핵심 문구를 주석에 인용하였다. 이를 볼 때 초의의 다도관 내지 다도철학을 불교적 측면에 고정시켜 고찰했던 저간의 연구들에 대한 재검토가 필요함을 느끼게 된다.

장원의 『다록』은 초의의 다도관 형성에 가장 큰 영향을 끼친 다서이다. 이 책이 초의에 의해 『다신전』으로 다시 태어났다는 것은 『다록』이 초의에

---

24) 류건집, 『동다송 주해』, 84쪽.
25) 『艸衣詩藁』, 권4, 「奉和山泉道人謝茶之作」 참조.
26) '다선일여'라 할 때의 '禪'은 禪定三昧를 가리킨다.

게 끼친 영향이 지대함을 증명한다. 필자는 초의의 다도관을 제대로 연구하기 위해서는 장원이란 인물과 그가 지은 『다록』에 대한 연구가 심도 있게 이루어져야 한다고 생각한다.

초의의 다도관 내지 다도철학은 『동다송』 제58구부터 60구까지에 담겨 있다. "진정막교체신분眞精莫教體神分", "체신수전體神雖全, 유공과중정猶恐過中正", "중정불과건령병中正不過健靈倂"이 그것이다. 체신론體神論은 장원의 다도관의 골자이고, 건령론健靈論은 초의가 그것을 더 발전시킨 것이다. 결국 "체신상화體神相和, 건령상병健靈相倂"[27]이 초의 다도철학의 핵심이요, 그 사상적 근거는 장원의 『다록』이다.

앞서 말한 바와 같이 어떤 사람은 초의가 『다경』에서 관념론적인 것을 걷어내었다고 하면서, 거기에서 의미를 찾아야 하는 것처럼 말하기도 한다. 그러나 필자의 생각은 그와 정반대이다. 다도를 철학적으로 승화시켜 논하는 대목이 적다고 해서 '관념론을 걷어내었다'고 평가하는 것은 이해하기 어렵다. 백 구절의 긴 말보다 한 구절 짧은 말이 더 가치 있는 경우가 많다. 결론에 이르기 위해 설명이 길어지는 것이고, 결론 자체는 짧은 법이다. 제58구부터 60구까지의 글은 『동다송』의 눈동자이다. 이 구절이 없다면 『동다송』은 큰 가치를 인정받기 어렵다. 초의 역시 수다한 차인의 한 사람으로 남고 말았을 것이다.

이제 체신론으로 들어가 보자. 장원은 "차는 물의 입장에서 보면 정신에 해당하고, 물은 차의 입장에서 보면 육체에 해당한다. 진수眞水가 아니면 그 정신적 측면을 제대로 나타내지 못하고, 정차精茶가 아니면 그 육체적 측면을 제대로 나타낼 수 없다"라고 하였다. 차와 물을 정신과 육체의 관계에 비하면서 양자를 불가분의 관계로 인식한 것은 보기에 따라서,

27) 『東茶頌』, 제60구, "評曰: 采盡其妙, 造盡其精, 水得其眞, 泡得其中, 體與神相和, 健與靈相倂, 至此而茶道盡矣."

또 여러 각도에서 논할 수 있을 것이다. 필자는 초의가 말한 '막분체신莫分體神'[28]이 묘합론妙合論에 뿌리를 두고 있다고 생각한다. '신'과 '체'는 기본적으로 다른 것이지만 결코 나누어서 생각해서는 안 된다는 것은 불가에서 자주 말하는 '불이론不二論'의 차원일 수 있다. 하지만 동시에 이것은 한국사상의 전통 가운데 하나인 '묘합론'을 겨냥한 것일 수도 있다. 『동다송』에 '묘妙'자가 많이 등장하는 것이 이를 뒷받침한다. '묘'의 논리는 노장사상과 불교사상, 성리학에서도 쉽게 찾아볼 수 있지만, 한국사상에서 유난히 두드러진다.

체신론의 근원은 유구하다. 장원의 『다록』 이전인 9세기 신라시대에도 이미 체신론이 유행하고 있었다. 한 예로 최치원崔致遠(857~?)이 찬한 「대숭복사비명大崇福寺碑銘」을 보면, "헌강대왕께서는 묘령妙齡의 나이에 덕이 높으셨고, 건강한 신체에 정신이 맑았다"[29]라고 하여 '신청원체神淸遠體'를 말하였다. 또 「대낭혜화상비명大朗慧和尙碑銘」에 따르면, 무염국사無染國師는 헌강왕을 만나본 뒤 "옛날의 임금 중에 원체遠體는 있지만 원신遠神이 없는 사람이 있었는데, 우리 임금께서는 둘 다 갖추시었다"[30]라고 하여 '원신'과 '원체'를 말하였다. 당시 신라에는 체와 신이 둘이 아니라는 사상의 흐름이 있었던 것이다. 이는 바로 건강한 육체와 건전한 정신이 같이 가야 한다는 사상과 다름이 없다. 최치원이 찬한 비명들을 통해 신라인들의 이른바 '영육쌍전靈肉雙全'사상을 직접 확인할 수 있음은 중요한 수확의 하나이다.

영육쌍전과 통하는 이 '원신원체'사상은 더 멀리 거슬러 올라가서, 4세기 무렵 중국 동진東晋 때의 문헌에서도 찾아볼 수 있다.[31] 그 당시

28) 『東茶頌』, 제60구, "眞精莫敎體神分."
29) 최영성, 『교주 사산비명』, 240쪽, "獻康大王, 德峻妙齡, 神淸遠體."
30) 최영성, 『교주 사산비명』, 104~105쪽, "大師旣退, 且往應王孫蘇判鎰. 共言數返, 卽歎曰: 「昔人主有有遠體而無遠神者, 而吾君備」."

동진에서는 '체'와 '신'의 논리를 가지고 남을 평가하는 경우가 많았다. '체신기합體合機神'이라는 평이 그 한 예이다.[32] 이런 사상이 신라에 들어와 뿌리를 내리게 되고, 앞서 말한 9세기 무렵에는 아예 신라사상이 되어 있었다. 이것이 초의에 와서 체신묘합론으로 정리되어 다시 점화하였음은 사상사의 관점에서 놓칠 수 없는 대목이다. 이것을 '차'의 문제로 한정시켜 좁은 틀 안에 가두어 버리는 것은 옳지 않다.

상반된 두 세계를 하나로 아우르는 묘합의 원리는 한국사상사에 드러난 두드러진 특징이다. 이 묘합의 경지는 단군신화 등에 보이는 '신인상화神人相和'사상에서 '상화'의 단계를 넘어 한 단계 더 진입한 것이다. 신라의 고승 원효는 '입파묘합立破妙合', 즉 어떤 주장에 대한 세움과 무너뜨림의 무애자재無碍自在함을 통해 화쟁사상和諍思想을 부르짖었고, 조선의 대유 율곡 이이는 리기지묘理氣之妙를 통해 '리'와 '기' 두 세계의 묘합을 외쳤다. 이이는 성리학을 하면서 한국사상의 특징인 묘합의 논리를 잘 구현하였다. 이 점은 이이를 '한국적 성리학의 선구'라 평가할 수 있는 근거가 된다. 근세 실학의 집대성자인 다산 정약용은 인간을 설명하면서 무형의 '신神'과 유형의 '형形'이 묘합한 통일체라고 주장하였다.[33] 이렇듯 한국의 대표적 사상가들의 사상 핵심이 묘합론에 바탕을 두고 있음은 우연이라 보기 어렵다. 그 맥락은 장구하고 연면하다. 초의의 이른바 '체신막분'은 이 묘합론의 연장선상에 있다.[34]

'체신상화體神相和'를 주장한 초의는 체신론에 이어 '건령상병健靈相倂'을

---

31) 『梁高僧傳』, 권4, 「支道林傳」, "支道林目會稽王, 有遠體而無遠神."

32) 『晉二俊集』, 「大司馬陸公誄」, "昭德伊何, 克俊克仁. 德周能事, 體合機神."(『永樂大全』, 권29 수록)

33) '神形妙合'은 정약용이 처음으로 한 말이다. 『맹자요의』에 세 곳, 『논어고금주』에 한 곳, 『중용강의보』에 한 곳, 『心經密驗』에 한 곳 등 모두 6건이 보인다. 관련 논문으로 방호범, 「丁若鏞의 神形妙合的 인간관」(전남대 철학과 박사학위논문, 2004)이 있다.

34) 정약용과 초의의 관계를 고려할 때 정약용의 '神形妙合論'은 초의에게 큰 영향을 끼쳤을 것으로 본다.

주장한다.

초의는 "체와 신이 비록 온전하더라도 오히려 중정中正에서 지나칠까 두렵다"라고 하여, 진수眞水와 정차精茶가 비록 온전하게 갖추어졌다 하더라도 중정하게 끓이지 않으면 다도를 다하지 못한 것이라고 보았다. 그는 차 끓이기에서의 '중정지묘中正之妙'를 강조하였다. 초의의 다도철학에서 그 절반은 포법泡法에 기초하고 있다 해도 과언이 아니다. '중'은 어느 쪽으로도 치우치지 않는 것이요, '정'은 비뚤지 않고 바른 것이다. 치우치지 않았다고 해서 다 바른 것은 아니요, 바르다고 해서 다 치우치지 않은 것은 아니다. 이렇게 볼 때 '중'과 '정'은 상호보완적 관계인 것이다.

이 중정의 논리는 『다록』의 포법 가운데 '과중실정過中失正'을 경계하는 데서 나왔다.[35] 그런데 초의는 이어 제60구에서 건령健靈을 가지고 체신과 중정의 효과를 설명하고 있다. "중정불과건령병中正不過健靈倂." 이 구절은 '불과不過'라는 두 글자 때문에 해석이 두 가지로 나뉜다. 그런데, 여기서의 '과'는 앞서 말한 '과중실정'이란 말에서 나온 것이기 때문에 "중정이란 건과 영이 나란함에 불과하네"라고 해석하기는 어렵다. "중정에서 지나치지 않으면 건과 영이 나란히 갈 수 있네"라고 해석하는 것이 옳다. 문맥상으로도 그렇다. '중정불과'의 효과가 '건령병'으로 나타난다는 말이기 때문이다. 이렇게 볼 때, 초의의 다도철학에서 '체신상화'가 체體라면, '건령상병'은 용用이라 할 수 있음직하다.

'체'와 '신', '중'과 '정'은 초의에 앞서 수백 년 전부터 보편적 개념으로 내려온 것들이다. 이에 비해 '건'과 '영'은 『다록』에 이르러 비로소 등장하는 개념이다.[36] 『다록』에서는 '건'을 다신茶神에, '영'은 수성水性에 결부시켰다. 그러나 초의가 말하는 건령이 『다록』에서 말하는 것처럼 다신과

---

35) 『다록』과 『다신전』에서는 '文武火候', '中和' 등의 개념이 보인다.
36) 『茶錄』, 「泡法」, "蓋罐熱, 則茶神不健, 壺淸則水性當靈."

수성으로 나누어 말한 것인지는 분명하지 않다. 좀 다른 관점에서 보자면, '건'이란 『동다송』 제38구에서 말하는 빛깔과 향, 기운과 맛이 '알맞고 고르게' 드러난 상태를 말하는 것이요, '영'이란 다섯 가지 감각기관을 통해 색色·향香·기氣·미味를 느낌으로써 얻게 되는 '정신적 경지'일 수도 있다.

'건'은 건강·건실함이요, '영'은 신령함이다. 건강한 차와 영험 있는 물이 함께 가야 한다는 것이 초의가 말하는 다도의 골자이다. 『다록』과 그것을 이은 『다신전』에서는 차의 신령한 기운을 잘 살려 내는 문제가 일관되게 논의되었다. 그것이 『동다송』에 가서는 영험 있는 물의 비중이 끌어올려져 차와 함께 대등한 위치에 놓임으로써, '체신상화', '건령상병'이 다도의 핵심이 되기에 이르렀다. 이것은 주의 깊게 보아야 할 대목이다.

초의는 제60구 뒤에 특별히 '평왈評曰'이라는 주석을 달아 '다도'에 대한 자신의 생각을 적극 피력하였다.

> 찻잎을 따서 정차를 만들고 진수를 얻어 알맞게 끓이면 체와 신이 서로 조화를 이루고 건강함과 신령스러움이 서로 나란하게 된다. 이 경지에 이르러야 다도가 극진하게 될 것이다.
>
> 評曰: 採盡其妙, 造盡其精, 水得其眞, 泡得其中. 體與神相和, 健與靈相倂, 至此而茶道盡矣.

장원의 『다록』에서 "造時精, 藏時燥, 泡時潔, 精燥潔, 茶道盡矣"이라 한 것을 초의가 자신의 다도관에 비추어 고친 것이다. 『다록』에서 제조, 보관, 끓임에서의 정精·조燥·결潔을 중시한 데 비해, 초의는 보관과 위생의 중요성보다 '차를 딸 때의 현묘함'과 '좋은 물'의 중요성을 먼저 꼽았다. 장원이 건조·청결과 같은 상대적으로 낮은 차원의 조건들을 중시했다면 초의는 '묘妙'와 '중中'과 '진眞' 등 철학적 개념들을 이끌어 보다 높은 차원에서 다도를 논한 것이다. 여기서 그 차이점을 찾을 수 있다. 장원과 초의가 다같이 '다도'라는 말을 사용하였지만 그 의미는 같지 않다. 초의가 말한 다도에서는 '물질'로서의 차를 넘어선 정신적 경지를 엿볼 수 있다. 정신과 물질의 조화를 화두로 던졌다는 점에서 한국사상의 전통을 잘 계승하였다고 평가할 수 있겠다.

초의는 소식蘇軾의 시에 나오는 '삼매수三昧手'라는 말을 즐겨 썼다. 삼매수란 마음속에 잡념이 전혀 없는 오묘한 경지에 든 솜씨이다. 제56구에서는 "삼매경의 솜씨 속에 기이한 향내 피어오르네"(三昧手中上奇芬)라 하고, 이어서 "중中에 현미玄微함이 있는데 그 묘경은 말로 표현하기 어렵네"(中有玄微妙難顯)라고 하였다.[37] 초의는 유달리 '묘妙'자를 의미심장하게 말하였다. 제45구에서는 "구난사향의 현묘한 작용이 있네"(又有九難思香玄妙用)라고 읊기도 했다. '삼매경'이나 '현묘'는 남은 모르고 나만 느끼는 경지이니, 양자는 서로 통하는 개념이다. 마치 최치원이 민족 고유의 사상인 풍류風流를 설명하면서 말과 글로 설명할 수 없어 '현묘한 도'玄妙之道라 한 것과 비슷하다.

끝으로, 초의의 다도철학에서 중요한 개념인 '신기神氣'에 대해 논할 차례이다. 다도를 '신기'와 관련시켜 논의를 펼친 사례는 『다록』에서 볼 수 있다. 『다록』에서는 '신神'자가 유독 많이 등장한다. 또 중요시하는 정도가 크다. 찻잎을 가리키는 것으로서의 '다신茶神'이란 말이 나오는가 하면, 차가 지닌 신령한 기운으로서의 '다신'이란 말도 나온다. 또 '신기'를 줄여서 '신'이라 하기도 한다.[38] 초의가 『다록』을 베껴 쓴 뒤 '다신전'으로 이름을 고친 이유를 짐작할 만하다.

초의가 말하는 '다신'은 차의 신령한 기운을 가리키는 경우가 가장

37) 이것은 『茶錄』 「造茶」의 "中有玄微, 難以言顯"에서 따온 것이다.
38) 『다록』에는 '神味'라는 말도 보인다.

많다. 제60구 다음에 나오는 주석 가운데 "다신불건茶神不健"이니 "다신불발茶神不發"이니 한 것이 그런 예이다. '신기'는 대개 '정신기력精神氣力'의 준말로 쓰이지만, 초의가 말하는 것은 신비롭고 불가사의한 기운 즉 신령한 기운을 가리킨다. 기운을 의미하는 '기'는 에너지이다. 에너지는 물질 아닌 물질이다. 인간 사고의 영역을 벗어난 초월적 존재가 아니라 감각적 경험의 세계에 있는 것이고, 이 기를 느끼게 하는 것은 정신이다. 마음에 깃들어 있는 정신이 기를 움직이게 되면 감각적 경험 이상의 묘경妙境에까지 나아갈 수 있다. 차의 아버지라 불리는 한재寒齋 이목李穆이 「다부茶賦」와 「허실생백부虛室生白賦」에서 힘주어 말한 "신동기이입묘神動氣而入妙"의 경지가 그것이다. 이 경지는 말과 글로 설명할 수 없다. 그저 '신神'이나 '묘妙'로 형용할 수밖에 없다. '신'자가 정신이라는 뜻에다가 신령스럽다는 의미까지 아울러 지닌 이유를 짐작할 수 있게 한다. 신기는 단순한 기가 아니다. 초월과 신비가 곁들여진 것이다. 이목이 '내 마음의 차'(吾心之茶)를 가장 높은 경지에 둠으로써 다소 관념(정신)의 경지로 기울었다면, 초의는 '신기'의 세계를 강조함으로써 물질과 정신을 아우르려 했다. 신기론에서도 초의가 한국사상의 전통을 잘 계승하였음을 엿볼 수 있다.

5. 맺음말

초의의 『동다송』은 우리나라 다서茶書 가운데 최후를 장식하며, 한국 다도의 전통에 자존심을 세워 준 것이다. 『동다송』에 대한 평가는 다양하다. '한국의 다경'이라 함은 지나친 평가라 하겠지만, 그렇다고 해서 '다도 철학 없는 단순한 예찬서'로 볼 수는 없다.

『동다송』은 『다신전』과 떼려야 뗄 수 없는 관계에 있다. 『다신전』은 사실상 장원의 『다록』을 베껴 이름만 바꾼 것이다. 초의의 다도철학에서 개념적으로 중요한 '체신', '중정', '건령' 모두가 『다록』에서 나왔다. '다신' 역시 『다록』의 핵심 주제어이다. 사실이 이렇다면 초의의 다도철학을 따로 논할 게 있느냐는 의문이 제기될 수도 있을 법하다. 그러나, 철학적 개념을 빌려 왔다 하더라도 자신의 것으로 만들어 체계를 다시 짰다면 문제는 달라진다. 『다록』을 읽고 '다신'을 주제어로 뽑아 낸 사람은 초의이고, '체신', '중정', '건령' 등의 개념을 빌려 와서 자기 다도철학의 핵심 개념으로 삼은 사람도 초의이다.

『다록』이 세상에 처음 나온 것은 1595년을 전후한 시기이다. 그로부터 250년이 다 되도록 『다록』의 가치를 재발견한 사람은 없었다. 한국과 중국을 통틀어 초의가 사실상 유일하다. 더욱이 초의는 『다록』의 핵심 개념을 자기 관점으로 뽑아 자기 것으로 만들었다. 또 자기의 철학으로 만드는 과정에서 한국사상의 전통 가운데 하나인 '묘합'의 원리를 이끌어 체계를 다시 짰다.

한국사상은 정신과 물질을 분리시켜 보지 않는 데 특징이 있다. 정신과 물질은 엄연히 다른 것임에도 이것을 갈라서 보지 않은 것이 이른바 '묘합'이다. 그냥 '합'이라고 하면 물리적·화학적 통합을 연상하게 되지만 '묘'자가 붙으면 문제가 다르다. 둘이면서 하나인 관계가 묘합이다. 필자는 초의의 다도철학이 한국사상의 전통을 잘 계승한 것으로 평가한다. 우연의 일치냐, 아니면 의식적인 것이냐 하는 점은 부차적인 문제라고 본다. 초의의 다도철학에서 한국철학의 원형과 특질을 읽어 낼 수 있다는 점이 본고의 주지主旨이다.

초의의 『동다송』을 보면 다도의 정신적 경지가 겉으로 잘 드러나지는 않는다. 이 때문인지 '관념을 걷어냈다'고 평가하는 이도 있다. 그러나 물질 차원의 차를 논하는 데 그칠 뿐이라면 차는 하나의 음료에 불과하다. 거기에 무슨 철학이 필요할 것인가. 정신의 차원으로까지 승화되어야 비로소 다도를 말할 수 있고 다도철학을 논할 수 있는 것이다.

초의의 다도철학을 '차'라는 틀 속에 가두어 두어서는 안 될 것이다. 그것은 다도철학이면서 정치철학, 사회철학으로서의 기능까지 할 수도 있다. 초의가 부르짖었던 묘합의 정신으로 온갖 대립과 갈등을 해소하며, 정신에는 관심이 없고 온통 물질에만 마음이 쏠려 있는 현대의 난맥상을 바로잡아야 할 것이다. 이것이 '현대의 실학'이라고 본다. 초의가 『동다송』을 통해 나타내려 한 '말 밖의 생각'(言外之意)을 잘 읽어 내어야 할 것이다. 이것은 후학들의 몫이다.

제2부 도학·리학의 수용과 사상계의 변화

제1장 고려 중기 북송성리학의 수용과 그 의의

1. 머리말

1980년대 이전까지 학계에서 성리학은 고려 충렬왕 16년(1290)에 회헌晦軒 안향安珦(1243~1306)에 의해 최초로 전래되고,[1] 이어 백이정白頤正·박충좌朴忠佐(1287~1349) 등에 의해 본격적으로 수용·발전되어 왔다고 보는 것이 통설이었다.[2] 이 설대로라면 성리학의 도입은 북송성리학의 발흥으로부터 2세기 정도가 지난 뒤의 일이다. 일찍이 아정雅亭 이덕무李德懋(1741~1793)는 다음과 같이 말한 바 있다.

> 대개 우리나라의 문교를 중국과 비교하면 언제나 수백 년이 지난 뒤에야 조금 진보한다. 우리나라에서 처음으로 성황을 이룰 때 중국에서는 이미 쇠퇴기에 접어들어 염증을 느낀다. 비유하자면, 새벽닭이 울고 아침 해가 떠올라도 하계지인

---

1) 『高麗史』, 권105, 「安珦列傳」, "晩年常掛晦庵先生眞, 以致景慕, 遂號晦軒."
『晦軒實記』, 권3, 「安子年譜」, 선생 48세(庚寅)조, "留燕京, 手抄朱子書. 又摹寫孔子朱子眞像.……時朱子書, 未及盛行於世, 先生始得見之, 心自篤好, 知爲孔門正脈, 手錄其書. 又寫其孔朱眞像而歸. 自是講究朱書, 深致博約之工."(『家乘』)

2) 『高麗史』, 권106, 「白文節傳 附白頤正」, "時程朱之學, 始行中國, 未及東方. 頤正在元, 得而學之東還, 李齊賢朴忠佐, 首先師受."
『櫟翁稗說』 前集(二), 10a~10b, "…… 其後白彝齋, 從德陵留都下十年, 多求程朱性理之書以歸. 我外舅政丞菊齋權公, 得四書集註, 鏤板以廣其傳, 學者又知有道學矣."

下界之人이 아직 꿈속에 있는 것과 같으며, 또 아미산峨眉山의 눈(雪)이 5월이 되어서야 녹는 것과 같다.[3)]

이는 성리학의 도입·전개와 관련하여 기존의 통념을 다시 생각해 볼 수 있게 한다. 그런데 1980년대 초에 접어들면서 11세기 무렵부터 이미 북송의 신유학 즉 성리학이 여·송 간의 학문 교류를 통해 고려에 전래되었다고 하는 주장들이 몇몇 학자에 의해 제기되기 시작하였다.[4)] 이제는 이러한 주장이 학계에서 주목을 받고 있는 실정이기도 하다.

그러나, 개연성 내지 가능성의 제기에 머물지 않고 더욱 설득력을 가지려면 이를 뒷받침할 만한 신빙성 있는 자료가 많이 확보되어야만 한다. 그렇지 않고서는 추론이나 가설에 그치고 만다. 북송성리학의 도입 문제에 대한 해결은 한국성리학사의 상한선을 그만큼 끌어올린다는

---

3) 李德懋, 『靑莊館全書』, 권68, 「寒竹堂涉筆(上)」, "大抵東國文敎較中國, 每退計數百年後, 始少進. 東國始初之所嗜, 卽中國衰晚之始厭也. 如岱峯觀日鷄初鳴, 日輪已騰躍, 而下界之人, 尙在夢中, 又如峨眉山雪, 五月始消."

4) 필자가 알기로 이 문제에 대해 큰 관심을 가진 학자는 유명종이었다. 유명종은 1981년에 나온 『한국사상사』 제7장 제1절(北宋 楊龜山과 仁宗代의 儒學, 140~146쪽)에서 12세기 당시에 북송성리학이 고려에 도입되었음을 주장한 이래, 1985년 「고려유학 연구 서설」(『石堂論叢』 제10집, 동아대학교)에서도 자료를 보완하여 같은 논의를 부연 전개한 바 있다. 그의 주장을 요약하면, 고려유학은 초기의 經史儒學과 예종·인종 이후의 북송성리학 그리고 말기에 수용된 정주학으로 세 차례 轉變하였다는 것이다. 이전에 보기 드문 중요한 연구성과이다. 그러나 단편적인 기록들을 모아 개연성을 제기하는 데 그치고 만 것은 유감이라 할 것이다. 이후 문철영이 「麗末 新興士大夫들의 新儒學 수용과 그 특징」(『한국문화』 제3집, 서울대학교, 1982)에서 여말 신유학 수용을 논하는 가운데 '고려 중기 사상계의 동향과 신유학'(99~109쪽)이라는 一節에서 이 문제를 논하였고, 이어 윤사순의 「주자학 이전의 성리학 도입문제 – 崔冲의 九齋와도 관련하여」(『崔冲硏究論叢』, 경희대학교, 1984) 및 李源明의 「고려중기 북송성리학의 전래와 性格考 – 11·12세기 학문성격을 중심으로」(『서울여대논문집』 제18집, 1989, 79~94쪽) 등이 발표되어 같은 관점을 취한 바 있으나, 크게 보아 유명종이 제기한 개연성을 확인하는 수준에 그친 듯하다. 최근 들어 변동명이 자신의 박사학위논문을 단행본으로 발표한 『고려후기 성리학 수용 연구』(일조각, 1995)에서 성리학 수용 문제에 대하여 광범위하게 논하였으나, 북송성리학의 도입 문제와 관련해서는 역시 종래 제시된 자료의 범위에서 벗어나지 못하였다.

외면적인 의미가 있을 뿐만 아니라, 그동안 잘못 인식되어 왔던 우리나라 유학사의 한 흐름을 바로잡을 수 있다는 데 중요한 의의가 있다고 할 것이다.

필자는 그간 여러 자료를 통해 한국성리학의 시발이 적어도 13세기보다 훨씬 이전이라는 점을 확인하고 개인적으로는 확신에 가까운 소신을 취할 수 있었다. 다만 이를 뒷받침할 만한 자료들이 대부분 단편적인 기록들이거나 다소 애매한 것들이어서 그러한 확신을 개인적인 소신으로 간직해야만 했었다. 북송성리학이 이미 고려 중기에 전래되었음이 분명함에도, 현재까지 남아 있는 당시의 자료들을 검토해 보면 어찌 그렇게도 철저하게 망실되었는지 의아심이 들 만큼 북송성리학의 전래와 수용에 관한 내용들은 찾아보기 어려웠다.

그러던 차에 필자는 『동문선東文選』을 열람하면서, 무신집정기에 정의鄭義라는 학자가 '부賦'라는 문학형식을 통해 성리학에서의 리기론을 응용한 작품을 쓴 것을 확인하게 되었다. 이 자료는 필자가 1994년에 펴낸 『한국유학사상사』 제1권 고대편(아세아문화사)에서 간략히 소개한 바도 있다. 이어서 정의와 비슷한 시기에 살았던 문호文豪 이규보李奎報에게서도 성리학의 편린들이 있어서 중요하게 다루기도 하였다. 그러나 아직 우리 학계에서는 이들 자료에 대해 주목하는 것 같지 않다. 이에 필자는 새로 발굴된 이들 자료의 중요성을 부각시키고 그 이후에 수집된 관련자료(특히 금석문자료)들을 곁들여 보완함으로써 지금까지 논의된 이 문제에 대한 필자 나름의 답안을 제시하고자 한다.

이 문제의 해명은 역사적 고증을 위주로 한 것이다. 11세기부터 13세기에 이르는 시기의 성리학의 수용·전개에 대한 여러 각도에서의 분석이 필요하지만 금후의 과제로 남겨 둔다.

2. 고려유학의 변천과 북송성리학의 위치

고려유학사를 통관通觀할 때, 대체로 12세기 이전까지는 신라시대 경우와 마찬가지로 경사經史·사장詞章 중심의 유학풍이었다고 할 수 있다. 그러다가 예종·인종으로부터 의종 대에 이르는 시기(1106~1170)를 고비로 북송의 학술문화를 수용함으로써 뚜렷한 사상적 변화를 보이기 시작하였다.

먼저, 요堯·순舜과 주공·공자를 중심으로 하면서 인仁·효孝를 유학의 근본사상이라고 여겨 왔던 고려 초기까지의 고대유학이, 예종·인종·의종의 3대를 고비로 하여 인仁·의義를 부르짖는 공맹학으로 서서히 변화했던 점을 들 수 있겠다. 『논어』와 함께 『맹자』의 위치가 한층 부각되기 시작했던 것이 대체로 이 시기였다. 「법천사지광국사현묘탑비法泉寺智光國師玄妙塔碑」(1085)를 보면 "師不觀孔孟之方, 尙鄙老莊之槊, 錙銖軒冕, 糠粃膏粱"[5] 운운하는 대목에서 유학을 '공맹지방孔孟之方'이라 일컬었다. 이러한 사실은 당시의 금석문을 비롯한 많은 자료에 나타난다.

고대유학의 핵심이 인·효 중심이었음은 신라 때 국학에서의 필수과목이 『논어』와 『효경』이었던 것으로도 짐작할 수 있다. 최치원의 「대숭복사비명大崇福寺碑銘」에 있는 다음 기록이 이를 뒷받침한다.

> 왕자王者가 조종祖宗의 덕을 기본으로 후손을 위한 계책을 준엄히 할 적에, 정치는 인仁으로써 하고 예교禮敎는 효로써 우선을 삼는다 한다. 인으로써 대중을 구제하려는 정성을 보이고, 효로써 어버이를 높이는 전례를 거행하며, 『서경』 「홍범洪範」에서 '치우침이 없는 것'(無偏)을 본받지 않음이 없고, 『시경』 「주시周詩」에서 '효자가 다하여 없어지지 않는다'는 것을 따르지 않음이 없어야 한다.[6]

---

5) 허흥식 편, 『韓國金石全文(中世上)』(아세아문화사, 1984), 519쪽.

6) 최영성, 『역주 최치원전집(1)』, 193~194쪽, 「初月山大崇福寺碑銘」, "王者之基祖德, 而峻孫謀也, 政以仁爲本, 禮以孝爲先. 仁以推濟衆之誠, 孝以擧尊親之典, 莫不體無偏於夏範, 遵不匱於周詩."

최치원보다 훨씬 후대인 고려 현종 때의 학자 주저周佇가 비문을 짓고 채충순蔡忠順이 음기陰記를 덧붙인 「현화사비명玄化寺碑銘」에 의하면 "옛날의 성군은 요·순이 그 사람이니, 도덕으로 나라를 다스리고 인·효로써 인민을 교화했네. 순은 효로써 다스리고 요는 인으로써 다스리니……"7)라고 하였고, 또 "유학에서는 인·효보다 앞서는 것이 없다"8)라고 하였다. 이는 분명 유학의 핵심을 인효지도仁孝之道로 파악한 것이다. 그러던 것이 예종 이후 공맹학으로 변화하였으니 예사로 보아 넘길 일이 아니다. 다음은 이규보의 말이다.

> 맹자는 공자에게 미치지 못하였고 순자荀子·양자揚子는 맹자에 미치지 못하였다. 공자 뒤에는 공자와 크게 같은 이가 없었지만 맹자 홀로 본받아 거의 공자에 가까웠고, 맹자 뒤에는 맹자와 같은 이는 없었지만 순자와 양자가 그에 가까웠다.9)

이규보는 공자의 정통을 맹자가 계승한 것으로 파악하였다. 이것은 분명 북송도학北宋道學의 수용으로 인한 사상적 변화의 일단이다. 이러한 변화는 금석문을 비롯한 당시의 여러 가지 자료에서 폭넓게 증명된다.10) 주공지도周孔之道로부터 공맹지학孔孟之學으로의 변화와 관련하여 중국 학자 모종삼牟宗三(1909~1996)은 다음과 같이 말하였다.

> 흔히 송명리학宋明理學을 논할 때는 모두들 공자를 추대하여 유가의 대종사大宗師로 모시지만, 당·송 이전에는 모두가 주공과 공자를 함께 불렀다. 이를 '주공병칭周孔竝

---

7) 『朝鮮金石總覽』(조선총독부, 1919) 권상, 246쪽, 「靈鷲山大慈恩玄化寺之碑銘」, "古之聖君, 堯舜其人, 道德理國, 仁孝化民. 舜理以孝, 堯理以仁."

8) 『朝鮮金石總覽』 권상, 247쪽, 「靈鷲山大慈恩玄化寺之碑陰記」, "所以於儒, 則無先其仁孝."

9) 『東國李相國全集』 前集, 권26, 5b, 「答全履之論文書」, "且孟子不及孔子, 荀揚不及孟子. 然孔子之後, 無大類孔子者, 而獨孟子效之, 而庶幾矣. 孟子之後, 無類孟子者, 而荀揚近之. 故後世或稱孔孟, 或稱軻雄, 荀孟者, 以效之而庶幾故也."

10) 이에 관한 논증은 유명종, 「고려유학 연구 서설」(『石堂論叢』 제10집, 동아대학교 석당전통문화연구원, 1985)에서 적지 않게 이루어졌다.

稱'이라고 한다. 그러나 공자는 결코 요·순·우·탕·문·무·주공의 계통 안에서 그들의 꼬리 노릇을 한 것이 아니다. 송대의 유학자들에 이르러 비로소 공자의 독립적인 가치를 이해하고 그가 문화발전상에 독특한 지위가 있음을 이해하였다. 송대 유학자들의 공헌은 여기에 있는 것이다. 송대의 유학은 그 시초에서부터 주공과 공자가 아닌 공자와 맹자를 함께 불렀다. 이는 전과 매우 다른 것이다. 이 시대가 한 발 앞섰음을 나타내며, 이것은 하나의 전환의 관건이 되는 것이다.[11]

한편, 이 시기에는 학문·사상적으로 북송의 도학뿐만 아니라 왕안석王安石(1021~1086) 일파의 신학新學까지 수용되었으며, 문학 면에서도 정취情趣를 중시하는 당대唐代의 문풍文風을 대신하여 철학적 이취理趣를 중시하는 송대宋代의 문풍이 수용되었다. 이인로李仁老·이규보李奎報·최자崔滋 등 고려 중기의 저명한 문학유文學儒의 시문론詩文論을 보면, 그들이 소식蘇軾(1036~1101), 황정견黃庭堅(1045~1105) 등의 이취주의 문학이론을 주도적으로 수용하였음을 확인할 수 있다.[12]

북송시대의 성리학은 남송(1127~1279) 중엽 주희朱熹에 의해 집대성된 성리학(이른바 주자학)의 원류이다. 즉, 주희 이전에 주돈이周惇頤(濂溪), 장재張載(橫渠), 소옹邵雍(康節) 등으로부터 그 사상적 윤곽이 드러나고 정호程顥(明道)·정이程頤(伊川) 형제에 이르러 크게 성숙됨으로써 일단락을 보았던 학문체계이다. 주희에 의해 집대성되기 이전의 북송성리학이 12세기 초를 전후한 시기에 고려 학계에 도입되었다는 것은, 후일 13세기 말에서 14세기 초에 걸쳐 안향과 백이정 등에 의해 원나라로부터 주자학이 도입된 사실과 관련하여 중요한 의의를 지닌다.

성리학은 남송대 주희에 의해 집대성되었지만, 그것은 당나라 말의 한유韓愈·이고李翺 등으로부터 북송의 주周·장張·소邵·이정二程의 북송오

11) 牟宗三, 정인재·정병석 공역, 『중국철학특강』(형설출판사, 1991), 433쪽.
12) 유명종, 『한국사상사』(以文社, 1981), 147~164쪽 참조.

군자北宋五君子 등에 이르기까지의 여러 학자들에 의한 이론 축적과 심화 과정이 없었다면 불가능한 일이었다. 특히 정호·정이 형제에 의해 일단락이 지어졌기 때문에 집대성될 수 있었다. 그 성숙도의 측면에서 볼 때 당말송초의 이른바 '생성기의 성리학'은 크게 주목의 대상이 될 수는 없겠으나, 11세기 북송성리학의 윤곽을 뚜렷이 드러낸 주·장·소씨의 성리설은 주목하지 않을 수 없다. 물론 북송성리학을 마무리 지은 이정의 성리설은 말할 나위도 없다.

이렇게 볼 때, 고려의 유학은 경사·사장유학으로부터 북송성리학의 도입을 거쳐 정주학의 수용에 이르기까지 세 번의 큰 변화를 거쳤다고 할 수 있다. 일반적으로 고려의 유학사상사를 논하면서 무신의 집정과 그 뒤를 이은 정주학의 도입을 하나의 분수령으로 하여 전·후기로 나누고 있지만, 사실 전·후기로 가를 만큼의 사상사적 변화는 이미 12세기 예종·인종시대에 북송의 학술을 도입함으로부터 그 시단을 열었다고 하겠다.

3. 북송성리학의 수용 양상과 그 성격

1) 사행을 통한 학술교류

북송성리학의 도입과 관련한 단서로 연대가 빠른 것은 최충崔冲(984~1068)이 세운 구재학당九齋學堂의 명칭이라 할 수 있다. 즉, 구재의 명칭(樂聖·大中·敬業·誠明·造道·率性·進德·太和·待聘) 대부분이 『중용』·『대학』 및 『주역』에 나오는 용어이거나 그와 유사한 것이라는 점이다. 당시 북송에서는 최충과 동시대의 인물인 범중엄范仲淹(989~1052)이 일찍부터 『중용』을 중시하여 장재張載에게 권면한 바 있다. 또 사마광司馬光(1019~1086)이 『대학광의大學廣義』를 저술하였으며, 이후로 인종(재위: 1022~1067)은 『예기』에서 『대학』과

『중용』을 독립시켜 유신儒臣들에게 읽기를 권장함으로써 사서四書 성립의 실마리를 드러내었다. 구재학당의 명칭 역시 북송성리학자들의 『주역』·『중용』 중시의 경향과 같은 연관성을 시사하는 단서로서, 최충 당시에 북송 초기 성리학의 학풍이 고려의 학계에 어느 정도 알려져 있었으리라는 짐작을 가능하게 한다.[13)]

북송성리학의 수용 배경을 살펴볼 때, 무엇보다도 북송과의 국가간 또는 개인 사이의 친교관계를 통한 활발한 학술교류를 들지 않을 수 없다. 학술교류에는 학술서적의 유통과 학자간의 접촉이 있는데, 후자의 경우 주로 사행使行을 통한 예가 많았다. 위서僞書 여부를 두고 논란이 적지 않은 『화해사전華海師全』(范世東 편)이나 『동국명현언행록』(李炳觀 편)을 보면, 비록 신빙성에는 의심의 여지가 적지 않지만, 사행을 통한 학술교류의 사례를 구체적으로 적었다는 데서 눈여겨볼 만하다. 『동국명현언행록』에 의하면, 문종 27년(1073)부터 이듬해에 걸쳐 사신으로 송나라에 다녀온 김양감金良鑑은 송나라의 태묘太廟와 태학太學을 그려오는 한편, 정자程子 문하에 참학參學하여 송학宋學의 대의大義를 전수받았다. 그는 일찍이 "나의 심오소수心悟素守는 우리나라 스승에게서 얻은 것이지만, 그 박문약례博文約禮와 미언오의微言奧義는 송나라 정문程門에서 직접 전해 받은 것이다"라고 술회하였다 한다.[14)] 또 숙종 3년(1098)에 송나라에 들어간 윤관尹瓘이 정이程頤와 함께 『주역』을 논하여 그의 칭송을 받았고, 인종 6년(1128)에 송나라에 들어간 윤언이尹彦頤가 이정二程의 문인들과 주역을 강론하였음도 기록되어 있다.[15)] 당시 사행을 통한 북송성리학의 도입과 이해를

---

13) 이 점은 李丙燾의 『韓國史－중세편』(을유문화사, 1961), 226～232쪽에서 언급된 이래 유명종·문철영을 거쳐 윤사순의 「주자학 이전의 성리학 도입문제」(1984)에 이르기까지 대부분의 학자들이 거론하였다.

14) 『東國名賢言行錄』(京城: 大成學會, 1927), 22～23쪽 참조. 崔子全의 門人條에서는 김양감을 '東國理學之宗'이라 하였다.

15) 『東國名賢言行錄』, 27쪽 참조.

대강 짐작할 수 있다. 이는 고려 인종 1년(1123)에 고려에 온 송사宋使 노윤적路允迪과 부묵경傅墨卿(자는 國華)에게 인종이 이정의 문인인 구산龜山 양시楊時(1053~1135)의 안부를 물었던 사실[16]로 볼 때 더욱 확실히 증명된다고 하겠다. 양시는 정문程門의 고족高足이다. 정이의 학문이 그를 통해 주희에게 전승되었으므로 주자학파에서 그를 매우 경중敬重하였다. 그러나 당시에는 71세의 일개 이름 없는 사인士人이었기에 노·부 두 사신은 그의 존재를 알지 못하였다. 그들은 고려 인종이 양시를 경중하는 것을 보고, 귀국한 뒤 그를 등용토록 했다고 한다. 결국 양시가 벼슬길에 나아간 것은 고려 인종의 안부에서 비롯된 셈이다.

2) 학풍의 변화

다음으로는 예·인·의종 3대를 고비로 강경풍講經風이 고조되었던 사실과의 연관성을 살펴보기로 한다. 인종 1년에 송나라 사신 노윤적을 따라온 서긍徐兢의 『선화봉사고려도경宣和奉使高麗圖經』에서는 당시의 학풍에 대하여 "대저 성률聲律을 숭상하여 경학에는 아주 공교하지는 못하다. 그 문장을 보니 당나라의 여폐餘弊를 방불하게 한다"[17]라고 하였다. 이것은 학계의 외면적인 기풍, 특히 과거제도에서 나타난 문제점 등만을 보고 기록한 것으로, 전체 속사정을 깊이 파악하지는 못한 듯하다. 위의 3대 당시에는 강경풍이 실로 상당하였다. 임금이 주재한 강경만 하더라도 약 40여 회였다. 예종 1년(1116)에 설치한 청연각淸讌閣은 강경의 전당이었다.

---

16) 『宋史』, 권428, 列傳 187, 「道學(二)」, "會有使高麗者, 國主問龜山安在. 使回以聞, 召爲秘書郞."; 『宋元學案』, 권25, 「龜山學案」, '文靖楊龜山先生時', "會傳國華使高麗, 高麗國王問, 龜山先生今在何處. 國華還以聞, 召爲秘書郞, 還著作郞."; 『高麗史節要』, 권9, 仁宗 9년 癸卯條, "宋遣禮部侍郞路允迪, 中書舍人傅墨卿."

17) 『高麗圖經』, 권40, 「同文」, '儒學', "大抵以聲律爲尙, 而於經學未甚工, 視其文章, 彷彿唐之餘弊."

특히 예종 연간에는 강경이 24회에 달하였고, 청연각뿐만 아니라 국학國學과 경연經筵 등에서도 강경과 문난問難이 활발하게 전개되었다. 40여 회의 강경 가운데서는 『서경』이 22강, 『예기』가 11강, 『주역』이 9강, 『시경』이 5강이었는데, 특히 『주역』을 강경할 때 문난의 열기가 가장 치열하였다. 『역해易解』와 『월령구의月令口義』의 저자인 윤언이의 경우 경연에서 진강進講을 특별히 잘하여 인종으로부터 보대寶帶를 하사받은 것이 여러 번이었다.[18] 『고려사』에는 다음과 같은 기록이 있다.

> 하루는 임금이 국자감에 나아가 김부식에게 『주역』을 강론케 하고 윤언이로 하여금 문난케 했는데, 윤언이가 자못 역학에 정통하여 그 변문辨問이 종횡무진한지라 김부식이 응답에 궁색하여 땀으로 얼굴을 씻었다.[19]

당시 경학의 정심精深 정도가 어떠했는지를 짐작할 수 있게 한다.

그런데, 『예기』의 강론 중에서 『중용』 강의가 4회에 달하였다는 점이 중요한 의미를 지닌다. 『예기』의 한 편인 『중용』이 『주역』과 함께 중시되었다는 사실은 성리학의 학문경향과 상통하는 바 있으며, 또 유학을 철학적으로 이해하기 시작했다는 증거로 볼 수 있기 때문이다. 김연金緣(仁存)이 찬한 「청연각기淸讌閣記」의 다음 기록 또한 당시 청연각에서의 강경 내용이 성리학적 색채를 띤 것이었음을 시사하고 있다.

> 한곳(청연각)에 주공·공자·맹자·양웅 이래의 고금 서적을 모아놓고, 날마다 노사숙유老師宿儒와 토론하시고 선왕의 도를 부창敷暢하셨다. 서적을 수장收藏하고 학문을 닦고 쉬고 놀고 하는 것이 이 한 건물에서 벗어나지 않았으나, 삼강오상지교三綱五常之敎와 성명도덕지리性命道德之理가 사방 이르는 곳마다 충일充溢하였다.[20]

---

18) 허흥식 편, 『韓國金石全文(中世上)』, 693쪽, 「尹彦頤墓誌」, "甲寅會枯旱, 上命作月令口義, 講之發明大義, 天乃雨. 每於經筵進講, 仁宗賜寶帶, 非一也."

19) 『高麗史』, 권96, 「尹瓘傳 附」 참조.

김연은 『논어신의論語新義』의 저자이기도 하다. '신의'라는 책이름으로 보아 이것이 단순히 문자치레에서 비롯된 것은 아니라고 생각된다. 왕안석의 『삼경신의三經新義』에서 일정한 영향을 받은 듯하다. 또 이전의 주해註解와는 상당히 다른 일면을 지니고 있었을 것이라는 추론이 가능하기에 더욱 그러한 생각을 갖게 된다. 한편, 김부의金富儀(1071～1136)의 「사지공거표辭知貢擧表」에서도 역시 "예종대왕께서 한 세상을 새롭게 만드시고 삼한에 학풍을 붇들어 일으키시니…… 필력을 분발하는 자는 다투어 성명도덕지묘性命道德之妙를 궁구하고자 한다"[21]라고 하였고, 최사추崔思諏(1034～1115)의 묘지명에서도 "공은 어려서 학문에 들어 경사자집에 널리 통하였으며, 글을 지을 적에는 반드시 인의성명지설仁義性命之說에 근본하였다"[22]라고 하는 등, '성명도덕' 또는 '인의성명'이라는 말이 자주 보인다. 또 『주역』에 뛰어났고 해동공자海東孔子로 일컬어졌던 윤언이(1090～1149)의 「묘지명」에서는 "성명지리性命之理와 도덕지원道德之原을 누가 우리 공처럼 무소불통無所不通하랴"[23]라고 하여 '성명도덕'이라는 말이 보인다. 이 시기에는 송나라에서 신유학이 학계의 대세를 이루면서 이정의 문인들이 활동하고 있었으며, 고려의 학계에서도 강경풍이 고조됨과 아울러 유학의 심성화心性化 경향이 차츰 심화되고 있었던 것이다.

이뿐만이 아니다. 무신집정기의 학자인 권돈례權敦禮(생몰년 미상)는 성리학의 도입·발전과 관련하여 중요한 위치를 차지하는 인물이다. 권돈례는 그의 전기적 자료가 대부분 인멸되어 행적을 자세히 알 수 없다. 다만

---

20) 『東文選』, 권64, 「淸讌閣記」, "一以集周孔軻雄已來古今文書, 日與老師宿儒討論, 敷暢先王之道, 藏焉修焉息焉游焉, 不出一堂之上, 而三綱五常之敎, 性命道德之理, 充溢乎四履之間."

21) 『東文選』, 권42, 「辭知貢擧表」, "伏遇睿宗大王……作新一代, 風動三韓……奮筆者爭欲性命道德之妙."

22) 허흥식 편, 『韓國金石全文(中世上)』, 554쪽, 「崔思諏墓誌銘」, "公幼而入學, 博通經史子集, 而爲文必本於仁義性命之說."

23) 허흥식 편, 『韓國金石全文(中世上)』, 693～694쪽, 「尹彦頤墓誌銘」, "學窮六經, 乃至諸史, 一經于心, 輒誦於口. 性命之理, 道德之原, 孰如我公, 無所不通."

몇 가지 자료들을 종합해 보면, 그는 자가 불화不華이며 한림학사 권적權適(1094~1146)의 장남이다.[24] 권적은 일찍이 송나라 국학에 들어가 유학하고 이어서 빈공진사賓貢進士가 되어 천자로부터 가상嘉賞을 받은 학자이다. 진락공眞樂公 이자현李資玄이 평생의 도우道友로 허여할 정도로 교계交契가 깊었다고 한다.[25] 권적이 왕명으로 중국에 유학하면서 자신의 은문恩門(座主)인 박학사에게 올린 계啓에서 "한이부韓吏部(韓愈)가 처음으로 고학古學을 부르짖음에 당나라의 문물이 찬연하고, 왕승상王丞相(王安石)이 퇴풍頹風을 크게 변화시킴에 송나라의 유술儒術이 일어났다"[26]라고 운운한 것을 보면, 그는 중국 유학에 앞서 이미 당시 송나라 학계 및 정계의 사정을 비교적 잘 알고 있었던 것 같다. 이러한 그가 송나라 국학에서 수학修學하였던 만큼 송학과 관련이 있으리라는 추정은 설득력이 적지 않다고 본다.

권돈례는 이처럼 명문벌족에서 태어나 어사御史를 지냈으며 학문으로 일세에 이름이 있었다.[27] 무신의 정변 이후로는 강원도 원주에 은거하면서 한 번도 세상에 나오지 않고 도학을 몸소 실천하였으며 많은 학자들을 교도敎導하였다.[28] 세상에서는 '북원권선생北原權先生'이라고 일컬었으며, 당금當今의 위대한 인물로 여겼다. 당세의 많은 고인高人·승사勝士가 그에게 가서 의탁하였는데, 그 문하에 종유한 사람들 중에는 명유名儒가 많았다고 한다.[29] 이와 같이 무신의 난 이후 은거하면서 학자들을 양성한 또

24) 허흥식 편, 『韓國金石全文(中世下)』, 954쪽, 「朴仁碩墓誌」, "……聞北原民俗頗淳, 古宜於人, 迺往卜居, 與前御史權不華, 窮山水之遊."

25) 허흥식 편, 『韓國金石全文(中世上)』, 669쪽, 「權適墓誌」, "遊於淸平山文殊寺, 謁居士李公資玄, 許爲平生道友. 嘗於密室中, 授以禪訣, 及與衆僧談理, 皆所推伏."

26) 『東文選』, 권45, 「入宋船次上朴學士啓」, "韓吏部首唱古學, 李唐之文物粲然, 王丞相大變頹風, 聖宋之儒術興矣, 網羅千載, 澄汰一時."

27) 崔滋, 『補閑集』 권하, "權學士適, 入中朝擢甲科, 天子嘉之, 道除華貫. 學士有二男一女, 女則吾祖母也.……長子權公敦禮, 傳官誥, 次子爲浮屠."

28) 北原 雉岳山에 있던 開善寺는 그의 부친 권적과 인연이 깊은 곳이다. 허흥식 편, 『韓國金石全文(中世上)』, 669쪽, 「權適墓誌」 참조.

29) 『西河集』, 권4, 「代李湛之寄權御史敦禮書-答同前書」 참조.

다른 학자로는 신준神駿(白雲子)과 오생悟生이 있었다. 이들은 유학으로 입신한 학자들이었지만, 무신란을 피해 은거한 이후부터는 상문桑門에 들어 가사袈裟를 입고 남은 생애를 보냈다. 권돈례의 집안도 불교에 대한 조예가 있었다. 그의 부친은 말할 것도 없고 그의 아우들은 실제 승려의 길을 걸었다. 그러한 가정적 배경만 보더라도 권돈례 역시 불교에 조예와 관심이 있었을 것임은 말할 것도 없다.

평소 권돈례의 높은 학문과 고절高節을 흠앙해 마지않았던 임춘林椿은 이담지李湛之를 대신하여 권돈례에게 보낸 서한에서 권돈례에 대해 다음과 같이 칭송하였다.

> 첫겨울이 몹시 쌀쌀한데 선생의 도체道體가 청승淸勝하시온지,…… 난리를 만난 즈음으로부터 세상의 어진 선비들치고 초야에 잠복하여 한때의 화를 피하지 않는 이 없습니다. 그러나 한번 명리名利에 유혹되었다가 산의 신령으로 하여금 속가俗駕를 만회挽回케 한 자도 많은 형편입니다. 지금 합하께서는 기미를 보고 행동하여 방외方外를 고답高踏하고 작위를 더럽게 여기어 산림과 정이 깊으니 천금의 재물로도 능히 그 재주를 초빙하지 못하고 만승萬乘의 지위로도 그 절조를 누르지 못하는지라, 참으로 이른바 "이미 총명하고도 슬기로워 자기 몸을 보전한다"는 것입니다.…… 합하께서 바야흐로 대기大器를 품고 대도大道를 간직하신 채 돌을 베개 삼고 맑은 물로 양치질하며 높이 누워 나오지 않으시니, 그 청풍고절淸風高節은 백이·숙제 이후로 합하 한 분일 따름입니다.[30]

칭송 위주의 글인지라 권돈례의 진면목을 파악하기에는 다소 어려움이 있다. 그러나 일단 이로써 그의 고매한 인격과 높은 절개를 짐작할 수 있고, 그의 처세에 선고先考의 도우인 청평산거사淸平山居士 이자현의 영향이 적지 않았을 것임도 엿볼 수 있겠다. 임춘의 서한에서 정작 중요하게 간취할 수 있는 것은 그의 학문이 이자현 등과는 달리 유학자로서의

30) 『西河集』, 권4, 「代李湛之寄權御史敦禮書」 참조.

기풍이 확고하다는 점이다.

특히 임춘은 같은 서한에서 "이로써 현자賢者는 조정에 처해 있어도 산림간山林間에 있는 것과 다르지 않음을 알겠습니다. 이는 궁리진성窮理盡性의 묘이니, 이를 체득하고 행하시는 분이 합하가 아니면 그 누구이겠습니까?"[31]라고 하여, 『주역』「설괘전」에 나오는 '궁리진성'이란 말을 사용하기도 한다. 임춘 자신이 『성리종회性理宗會』·『삼재상수三才象數』와 같은 성리학 관계 저술을 한 학자이고 보면, 그 누구보다도 권돈례의 학문경향을 잘 알았을 것이고 의기가 상통하는 바 적지 않았을 것이다. "궁리진성窮理盡性, 이지어명以至於命"이라는 말은 "사물의 이치를 궁구하고 타고난 본성을 다함으로써 천리에 이른다"[32]라는 뜻이다. 여기서 그 의의에 대해 장황하게 설명할 겨를은 없으나, 어찌되었든 송대 성리학에서 격물치지를 학문의 방법론으로 채택하면서 새롭게 중요한 의의를 부여받게 되었던 것이 '궁리진성'임에는 분명하다. '궁리진성'의 학풍으로 미루어 볼 때, 권돈례는 성리학의 대체를 알았을 뿐만 아니라 이를 독실하게 실천하는 학자였음도 짐작할 수 있을 것 같다. 더욱이 그의 부친 권적이 송나라 태학에 들어가 고금의 학문을 널리 연마하고 과거에 급제한 뒤 귀국하여 대학사大學士로 대접을 받았던 처지이고 보면, 부친을 통한 성리학의 전수傳受도 상정해 볼 수 있지 않을까 한다.

이상에서 소개된 '성명도덕'·'인의성명'·'궁리진성' 등은 모두 『주역』「설괘전」에 나오는 말들로,[33] '성명리기지학性命理氣之學' 즉 성명과 리기의

---

31) 『西河集』, 권4, 「代李湛之寄權御史敦禮書 – 答同前書」, "以此知賢者之處乎廟堂也, 無異於山林間矣. 斯乃窮理盡性之妙, 其體而行之者, 非閤下而誰耶."

32) 『周易正義』에서는 "能窮極萬物深妙之理, 究盡生靈所稟之性, 物理旣窮, 生性又盡, 至於一期所賦之命, 莫不窮其短長, 定其吉凶"이라 하고, 주희의 『易本義』에서는 "窮天下之理, 盡人物之性, 而合於天道"라 하여, '以至於命'에 대한 해석을 각기 달리한다.

33) 『周易』, 「說卦傳」, 제1장, "和順於道德而理於義, 窮理盡性, 以至於命."; 제2장 "昔者聖人之作易也, 將以順性命之理, 是以立天之道, 曰陰與陽, 立地之道, 曰柔與剛, 立人之道, 曰仁與義."

관계를 철학적으로 설명하는 성리학에서 중시하는 명제들이다.

물론 '궁리진성'이라는 말을 놓고 유·불이 상당한 논쟁을 벌여 왔음은 중국철학사를 통해서도 잘 알 수 있다.[34] 일찍이 중국 동진 때의 고승 도안道安(314~385)은 "예문藝文 가운데 훌륭한 것으로는 『역경』이 제일이다"(「二敎論」)라고 하였고, 또 유교·도교를 능가하는 가르침으로서의 불교를 정의하여 "불교는 궁리진성의 격언이며 속세를 벗어나 진제眞諦에 들어가는 궤철軌轍이다"[35]라고 하였다. 여기서 도안이 '궁리진성'이라는 『역경』의 말을 사용한 것은 단순한 수사적 장식이 아니라, 역易의 철학을 염두에 두면서 불교야말로 완전한 의미에서 '궁리진성'의 교학敎學임을 과시한 것이다. 불교에서는 이후로도 이 용어를 빈번히 사용하였으며, 나중에는 역의 철학과 관련 없이 어휘만을 차용하여 불교 나름의 의미를 취하기도 하였다. 그러다가 송대에 들어 신유학이 유행하게 된 이후부터 이 말을 둘러싸고 유교와 불교의 논쟁이 자못 격렬해졌다. 따라서 여러 학자들이 '궁리진성' 등을 강조했다고 해서 이들의 학풍을 반드시 성리학의 관점과 관련시켜 보는 데에는 무리가 있다. 실제 고려 중기 고승들의 비문을 보면 불교를 '궁리진성'의 학문으로 묘사하는 경우가 없지 않다. 대표적인 예로 의종 7년(1153)에 세워진 「홍원사洪圓寺 초오승통超悟僧統 교웅敎雄 묘지墓誌」를 보면 "진일성지종盡一性之宗, 궁만상지리窮萬相之理"[36]라는 말이 나온다. 이 역시 '궁리진성'이 아니고 무엇인가.

그러나, 유학의 심성화 경향 등 고려 중기의 여러 가지 정황에 비추어 볼 때, 위에서 소개한 심성학적 명제들은 당시 학계에서의 성리학 이해 내지 성리학적 학풍을 알려 주는 것으로 보는 것이 타당할 듯하다. 그들의

---

34) 金谷治 외, 조성을 역, 『중국사상사』(이론과 실천, 1994), 189쪽 참조.
35) 『廣弘明集』, 권8, 「二敎論」, '歸宗顯本第一', "佛敎者, 窮理盡性之格言, 出世入眞之軌轍."
36) 허흥식 편, 『韓國金石全文(中世上)』, 720쪽, "超然與無㝵智國師, 遊太伯山, 遂以盡一性之宗, 窮萬相之理, 而名益著."

이른바 '궁리진성'을 중시하는 학문경향은 격물치지와 성의정심誠意正心을 바탕으로 지천명知天命(以至於命)에 이르는 것으로서, 불교에서 흔히 차용하는 불성佛性 위주의 돈오상달頓悟上達적 '궁리진성'과는 구별되어야 한다. 이것은 이미 임춘의 증언에 나타난 권돈례의 예에서 확인할 수 있고, 또 이규보의 다음과 같은 일문에서도 엿볼 수 있을 것이다.

> 노흡주盧歙州(盧肇)만이 단연코 의혹을 풀고 이르기를 "조수潮水의 진퇴는 해에 관련되어 있으니, 그 차고 줄어드는 것이 달과 더불어 동체同體가 된다"라고 하였다. 그리고 14개의 질문을 설정하고는 물음에 따라 이를 해석하니, 궁리진성함이 묘하게도 호망毫芒함에 들었는데, 그 법이 역상易象·혼천의渾天儀와 꼭 들어맞았다.[37]

또 12세기 당시에 성리학을 연구하여 전문 저술까지 남겼던 경우로는 임춘의 예를 들 수 있다. 임춘의 『서하집西河集』 권두에 실린 정해상鄭海尙의 서문(1865년)을 보면, 임춘의 저술 중에는 『성리종회性理宗會』 10편과 『삼재상수三才象數』 20편이 있었다고 한다. 정해상은 『성리종회』를 직접 보고 고구考究한 적이 있다고 밝히면서, "대체로 논한다면 공의 리학理學의 글은 낙건학洛建學(정주학)으로 거슬러 올라가고, 역수易數의 설은 낙와樂窩(邵雍)의 뜻을 힘써 따랐다"(摠以論之, 公理學之文, 泝流乎洛建, 易數之說, 輿衛乎樂窩)라고 평하였다. 물론 이에 대해 후세인의 위작이요 부회附會라 할 수도 있다.[38] 그러나, 유·불이 서로 갈등 없이 교섭할 수 있었던 당시에도 유학에 경도되었을 정도로

---

37) 『東國李相國全集』 前集, 권26, 3b, 「寄吳東閣世文論潮水書」, "盧歙州獨判然決疑, 以潮之進退, 因乎日, 其盈其縮, 與月同體. 因自設十四問, 隨而釋之, 窮理盡性, 妙入毫芒, 其法與易象渾天脗合."

38) 정해상의 증언을 전적으로 신빙해야 할지는 의문이다. 『성리종회』가 후인의 위작일 가능성이 없지 않기 때문이다. 현재 전하는 『서하집』은 물론 그 밖의 자료들을 보더라도 이를 뒷받침해 줄 만한 증거가 거의 없다. 또한 임춘의 학문적 본령은 아무래도 문인이라는 느낌이 너무 강하다는 것도 숨길 수 없는 지적이다. 『성리종회』에 대해서는 후일을 기대해 볼 수밖에 없다.

유학적 관점을 취했던 임춘의 학문관과, 또 그가 권적의 문인이었던 숙부 임종비林宗庇에게 수학하여 송학적 의취意趣를 띠고 있었음에 비추어 본다면 반드시 허구라 하기도 어렵다. 정해상의 증언을 수용한다면, 이 시기에도 성리학이 일부 학자들 사이에서 상당히 심도 있게 연구되었다는 말이 될 것이다.

요컨대, 12세기를 전후한 시기에 이미 북송의 성리학이 고려의 학계에 도입되어 그 내용이 비교적 폭넓게 이해되었다고 생각해도 지나침은 없을 듯하다.

3) 북송 학술의 수용

북송의 학술과 사상의 수용은 도학뿐만 아니라, 도학과 대립했던 신학新學 등에 이르기까지 폭이 넓었다. 고려 중기에 중국으로부터 전적을 수입해 오는 일은 특히 북송의 신종·철종 대(1068~1100)를 중심으로 크게 성행하였다. 이때 왕안석의 『삼경신의』가 고려에 들어왔다. 신학의 주창자인 왕안석은 신법당의 영수로서, 신종의 즉위와 동시에 월차중용越次重用되어 부국강병을 위한 여러 가지 개혁정치를 건의, 실시토록 하였다. 희령熙寧 6년(1073)에는 경의국經義局을 두어 『시경』·『서경』·『주례』에 대한 『삼경신의』를 찬정撰定, 반행頒行함으로써 경의에 대한 통일된 표준 해석을 시도함과 동시에 자신의 개혁정치를 뒷받침하려고 했다. 그의 학문을 '신학'이라 하고 그가 입안한 청묘법靑苗法·보갑법保甲法 등을 '신법'이라 하는데, 사마광·정호·정이 등 도학파 계열의 구법당 학자들은 왕안석의 신학·신법에 반대하고 신법당과 대립하였다. 어쨌든 왕안석의 『삼경신의』가 북송 휘종과 신종의 반사頒賜로 고려에 들어왔는데,[39] 이 책이 고려에서 일대

39) 『朱子語類』, 권133, 「本朝(七)」, '夷狄'條에 의하면, 1117년에 주희의 부친 朱松(1097~1143)과 同榜인 고려의 權適 등이 上舍 급제하고 귀국할 때 송나라 휘종이 『삼경신의』

성행하였던 것은 임춘의 증언이 있다. 즉 "왕개보王介甫가 삼분오전三墳五典을 조술하여 선성先聖의 도를 밝혔다'[40]라고 한 바와 같이 『삼경신의』는 경학의 온오蘊奧를 천명하여 성문聖門에 공이 있는 것으로 인식되었다. 당시 고려 조정에서 왕안석이 제정한 묵의墨義의 법(科擧法의 일종)을 받아들여 시행한 것과 맞물려 학계에 상당한 영향을 끼쳤던 것으로 보인다.

한편, 이제현李齊賢(1287～1367)의 『역옹패설櫟翁稗說』에는 다음과 같은 기록이 있다.

> (A) 일찍이 보건대, 신효사神孝寺의 당두堂頭(주지) 정문正文은 나이가 80세로 『논어』·『맹자』·『시경』·『서경』을 잘 강론하였다. 유자인 안사준安社俊에게 배웠다고 한다. 전에 한 선비가 송나라에 들어갔다가 형공荊公(왕안석)이 금릉金陵으로 물러갔다는 말을 듣고 그곳을 찾아가 『모시』를 배웠는데, 이로부터 7대를 전하여 사준에게 이르렀다. 그러므로 『시경』은 오로지 왕씨의 해설을 썼다.
>
> (B) 그런데 『논어』·『맹자』·『서경』의 해설은 모두 주자의 장구와 채씨蔡氏의 전傳을 합한 것이었다. 당시에는 주자장구와 채씨전이 우리나라에 들어오기 이전이었는데, 사준이 그 해설을 어디서 얻었는지 알 수 없다.[41]

(A)단의 내용은 왕안석의 신학이 한 사인士人에 의해서도 도입되었음을 말하는 것이다. 왕안석은 중용된 지 9년 만인 희령 9년(1076)에 보수파의 반대로 하야하여, 이후 10년간 금릉에 은거하면서 저술에만 힘썼다. 그러

를 하사했다고 한다. 『高麗圖經』 권40, 「同文」, '儒學'條에서는 "神宗皇帝憫俗學之弊, 命訓釋三經(三經新義를 지칭)以發天下蔽蒙, 特詔賜其書本, 俾之獲見大道之純全"이라 하여, 神宗 역시 하사했던 것으로 되어 있다.

40) 『西河集』, 권4, 11b～12a, 「答靈師書」, "近古又有歐陽永叔, 尙古文以排諸子, 至號今之韓愈, 王介甫祖述墳典, 明先聖之道, 蘇子瞻牢籠百氏, 以窮著作之源, 亦眞名儒也. 無名儒之實, 而竊其名者, 亦吾道之罪人也."

41) 『櫟翁稗說』 前集(二), 10a～10b, "嘗見神孝寺堂頭正文, 年八十善說語孟詩書, 自言學於儒者安社俊. 昔一士人入宋, 聞荊公退處金陵, 往從之受毛詩, 七傳而至社俊. 故詩則專用王氏義, 語孟及書所說, 皆與朱子章句·蔡氏傳合. 當是時二書未至東方, 不知社俊何從得其義."

므로 (A)단에 의하면, 고려의 문종 30년(1076)으로부터 선종 2년(1085)에 이르는 10년 사이에 왕안석의 신학이 도입되고 이로부터 7대를 전수하여 약 2백 년 뒤 안사준에게로 전해졌다는 말이 된다. 이러한 이제현의 말은 연대상으로도 부합하는 만큼 신빙성이 높다고 하겠다.

이 밖에 고려의 군신君臣 상하가 북송 신종 대의 구법당·신법당 학자들에 관해 관심을 갖고 거론하였던 사실도 간과할 수 없다. 『고려사』를 보면 김부일이 변방의 일에 대한 임금의 물음에 답하면서, 문언박文彦博·왕안석의 대화를 인용하여 맹자가 말한 '자치自治'를 강조하는 내용이 보인다.[42] 또 「김부식열전」에 다음과 같은 기록이 있다.

> 왕이 일찍이 김부식을 불러 사마광의 유표遺表와 훈검문訓儉文을 읽게 하고 오랫동안 탄미하면서 "사마광의 충의가 이와 같음에도 당시 사람들이 간당奸黨이라 논한 것은 무엇 때문인가"라고 하니, 김부식이 대답하기를 "왕안석과 뜻이 맞지 않았기 때문일 뿐입니다"라고 하였다.[43]

이처럼 11세기 후반 북송의 학계와 정계를 이끌었던 신법당·구법당의 학자들이 고려 학계에서 모두 거론되고 있었고, 또 남송 이래 청말에 이르기까지 비난과 악평의 대상이었던 왕안석의 신학까지 수용되어 상당 기간 관심 있게 연구되었던 것을 미루어 보면, 그 정심精深의 정도는 차치하더라도 북송의 도학이 고려 학계에서 상당히 폭넓게 이해되었을 것임은 거의 의심의 여지가 없다. 다만 현재까지의 기록으로 볼 때, 이정二程에 대한 평이나 논의가 거의 없었던 것은 자못 의심스러운 일이다.

다시 이제현의 증언으로 돌아가자. (B)단에 의하면 이제현보다 약 1세기 가량 앞서 살았던 안사준이 '주자장구'와 '채씨전'에 의거하여 경전을

42) 『高麗史』, 권97, 「金富佾傳」 참조.
43) 『高麗史』, 권98, 「金富軾傳」 참조.

해석하였다고 한다. 이는 이미 13세기 초를 전후한 시기에 남송으로부터 주자학이 전래하여 재야의 학자 또는 일부 승려들 사이에서 연구되었음을 나타내는 중요한 단서이다. 『고려사』나 『역옹패설』 등의 기록에 의하면, 13세기 말에서 14세기 초 사이에 안향과 백이정이 원나라에서 주자학을 도입한 것이 우리나라 주자학 전래의 시초라고 하면서, 그 이전에는 주자학이 들어오지 않았다고 한다. 그러나 이는 어디까지나 개연성의 차원에서 말한 것으로 봄이 타당할 듯하다. 앞의 안사준의 예는 분명 '정주학의 전래와 수용'이라는 차원에서 논할 수 있는 좋은 증거로서, 정주학의 도입 시기에 대하여 재고할 필요성을 높여 준다.

이로써 볼 때, 경사經史·사장詞章 중심의 유학이라 할 수 있는 고대유학은 사실상 정주학의 도입에 앞서 고려 중기 예종·인종시대를 전후하여 이미 서서히 종언을 고하였음을 알 수 있겠다.

4. 13세기 학계에서의 성리학의 전승과 그 묘맥

1) 정의의 「도열일화괴귤합위형제부」에 대한 분석

북송성리학은 종래 '유학의 암흑기'라 일컬어졌던 무신집권기에도 일부 학자들에 의해 전승되어 마침내 송학에서 중시하는 리기론이 전개되기에 이른다. 고려 고종(재위: 1214~1259) 때의 학자 정의鄭義가 지은 「도열일화괴귤합위형제부道閱一和槐橘合爲兄弟賦」(도가 일화를 모으니 홰나무와 귤나무가 합하여 하나로 됨)에서 그 단적인 예를 볼 수 있다. 유감스럽게도 정의는 전기적 자료가 거의 전하지 않아 그의 생애와 학술 등에 대해서는 자세히 알 수 없다. 그가 남긴 글로 『동문선』에 부賦 1편, 책冊 2편, 비답批答 2편이 전한다. 사직을 청하는 최안崔安(崔滋)과 임경숙任景肅에게 왕을 대신하여 불윤비답不允批答을 지은 것을 보면 그가 고종 때 학자였음은 분명하다.[44] 이것마저 알 수 없었던들, 중요한 단서를 제공하는 이 부 1편은 여러 호한浩瀚한 글들에 묻혀 전혀 주목을 받지 못했을 것이다.

소개한 부는 대우對偶가 잘 맞고 전고典故와 성운聲韻 등이 조화를 잘 이룬다. 이 작품에는 성리학에서의 리기론과 함께 노장사상 등이 한데 잘 어우러져 무르익은 감을 준다. 그러나 가장 특징적인 것은, 이전에 찾아보기 어려운 내용의 것으로서, 리와 기가 서로 대비적으로 설명되고 있다는 점이다. 그는 이 부 첫머리에서 다음과 같이 말하였다.

> 일화一和가 모임은 대도大道의 베푼 것이니, 짐짓 홰나무와 귤나무처럼 서로 다른 것들로 하여금 합하여 형제가 되어 친하게 지내도록 하는 것이다. 우주의 큰 추기樞機가 균조鈞造의 근원을 머금었으니 리로 말하자면 모여드는 것들이 모두 같고(理同戢戢), 각기 서로 뿌리가 다른 것들이 천생天生의 친척임을 완연하게 하니 의義로 말하자면 모든 즐거워하는 것들에 들어맞는다(義協怡怡). 대개 홰나무가 나는 곳은 낙북洛北이 그 본향이요 귤이 생산되는 곳은 강남江南이 그 명소이다. 꽃은 같은 때에 피지 않고 품격 역시 같이 말하기 어려운데 이들을 가지고 형이니 아우니 함은 무슨 이치일까? 따라서 아비와 어미를 미루어 보면 도가 허락한 바이니, 이를 대개 억지로 이름하여 '묘妙'라 하는 것이요 그 작위를 헤아릴 수 없다.[45]

마치 "민오동포民吾同胞, 물오여아物吾與也"를 외치는 장재의 『서명西銘』을 연상시키는 듯한 내용이다. 여기서 '리동즙즙理同戢戢'이니 '의협이이義協怡怡'니 하는 것은 『이천역전伊川易傳』 곤괘坤卦 「단전彖傳」에서 말한 "사물에

44) 『東文選』, 권30, 「崔安讓試殿中少監寶文閣待制知制誥不允批答」·「任景肅讓試中書舍人知制誥餘如故不允批答」 참조.

45) 『東文選』, 권2, 「道閼一和槐橘合爲兄弟賦」, "一和之閼, 大道所施, 故敎槐橘之異者, 合爲兄弟以親之. 大機含鈞造之原, 理同戢戢, 殊根宛天生之戚, 義協怡怡. 原夫槐之生洛北是鄕, 橘之産江南其所, 花不待共時而發, 品又難同日而語, 以此爲兄也爲弟也, 理則伊何? 因而推父兮母兮, 道之所許, 此蓋强名曰妙, 叵測其爲."

있는 것을 리라 하고 사물에 대처하는 것을 의라 한다"(在物爲理, 處物爲義)와 같은 맥락에서 보아야 할 것 같다. 정이程頤의 이 말은 다름이 아니다. 리는 사물의 객관적인 원리요 법칙이며, 의는 그 원리·법칙에 따라 사물을 주체적으로 타당성 있게 처리함을 말한다. 따라서 리와 의는 서로 체용관계에 있다고 말할 수 있다. 『성리대전』을 보면 다음과 같은 대목이 있다.

> 대저 모든 사물에는 반드시 소이연所以然의 까닭이 있고, 또한 반드시 소당연所當然의 법칙이 있다. 소이연자所以然者는 리요 소당연자所當然者는 의이다. 정자가 말하기를 "사물에 있는 것을 리라 하고, 사물에 대처하는 것을 의라 한다"라고 하였다. 리에 의가 있는 것은 형체에 그림자가 생기고 소리에 메아리가 따르는 것과 같다. 세상에 어찌 의 없는 리가 있겠는가.[46]

위의 말에 비추어 볼 때 '리동즙즙'이니 '의협이이'니 하는 말은, 곧 이 세상 모든 것들이 하나의 우주 속에서 생겨났으므로 비록 현상적으로는 이품이형異品異形으로 '물유만수物有萬殊'일지라도 논리적으로는 형제지의兄弟之義가 있다는 의미일 것이다. 성리학에서 말하는 리와 의의 관계를 '리일理一'의 차원에서 비유적으로 설명하고 있다 하겠다.

다음에서는 리와 기의 개념을 이끌어서 설명하는 것이 돋보인다.

> 혹 (도[理]가) 만화萬化에 충만해 있고, 혹 양의兩儀를 포함하고 있으며, 무방무체無方無體의 신령한 근원으로서 기를 머금고 기를 만들어 내는데, 저 이품이형異品異形의 식물들이 가지에 가지를 이은 듯하다.[47]

---

46) 『性理大全』, 권34, 「性理(六)」, "夫凡物必有所以然之故, 亦必有所當然之則. 所以然者理也, 所當然者義也. 程子曰: 在物爲理, 處物爲義. 理之有義, 猶形影聲響也, 世豈有無義之理哉."(景文社 영인본, 1981, 573쪽)

47) 『東文選』, 권2, 「道閱一和槐橋合爲兄弟賦」, "或磅礴乎萬化, 或包含乎兩儀, 以無方無體之靈原, 包氣作氣, 彼異品異形之植物, 若枝連枝."

여기서 '무방무체'란 『주역』「계사상」의 "신무방神無方, 역무체易無體"에서 나온 말이다. 방위와 형체가 없다는 것은 곧 형기形器의 구애를 받지 않는다는 뜻이다. 그렇다면 여기서 '무방무체의 신령한 근원'이란 근원적 진리로서의 '태극太極'(理)이 아니고 무엇이겠는가. 태극 자체가 음양의 불측不測한 변화를 내함內含한다는 데서 '무방'이라 하고, 또 고정된 것이 아니라 시공을 초월하는 무제한의 변동력을 지닌다는 데서 '무체'라 하는 것이다. 리기론을 원용한 진술은 계속해서 이어진다.

> 논하건대, 기가 모인 것은 같거나 다름이 있지만 리가 주관(主宰)하는 바는 비록(物이) 다르더라도 반드시 같은지라, 저 두 가지(槐橘)의 것이 합하여 일화一化의 혼융한 상태로 돌아가야 되리라.[48]

이 글의 전체 내용을 보면, 조정에서 성인의 지극한 도를 밝혀 '일시동인一視同仁'으로 백성들을 순화시켜 대화합을 이루게 한 것을, 마치 개개의 생령生靈들이 도의 지대한 조화에서 벗어나지 않는다고 하는 것에 비유한 줄거리로 되어 있다. 이는 글의 말미에서 다음과 같이 말한 것으로도 알 수 있다.

> 우리 조정에서 성인을 장엄하게 받들고 이 지도至道를 빛나게 하사, 하늘의 화로(天爐)를 덮어 만물을 융화시키고 법풍法風을 부채질하여 민초民草들이 그 바람에 눕도록 하였다. 그러므로 우북한 만 가지 함령含靈들이 모두 다 원조元造에서 벗어나지 않는다.[49]

이는 정이程頤가 말한 '리일분수'의 논리를 연상케 한다. 주로 '리일'의

---

48) 『東文選』, 권2, 「道閱一和槐橘合爲兄弟賦」, "議夫氣之所鍾, 有同而異, 理之所管, 雖異必同, 宜彼二般之合, 歸于一化之融."

49) 『東文選』, 권2, 「道閱一和槐橘合爲兄弟賦」, "本朝皇矣聖人, 赫玆至道, 覆天爐而化物, 扇法風而偃草, 故林林萬種含靈, 皆不出於元造."

측면에서 논한 것이라 하겠다. 세련미가 적고 소박하여 원숙기의 성리학과 같은 차원에서 논하기는 어렵지만, 철학논문이 아닌 '부'라는 문학형식에서까지 리기론이 응용되었다는 것은 예사로 보아 넘길 일이 아니다. 이는 당시에 성리학 이론이 어느 정도 보편화되었는지, 그 수준은 어느 정도였는지를 가늠할 만한 시사적인 것이 아닐 수 없다. 당시의 성리학-특히 리기론- 이해의 수준과 정도를 짐작할 수 있게 하는 좋은 자료라 하겠다.

2) 이규보의 성리학 이해[50)]

성리학에 대한 이해의 편린은 정의鄭義와 비슷한 시기에 살았던 백운거사白雲居士 이규보李奎報(1168~1241)의 예에서도 찾을 수 있다. 전후집前後集 수십 권에 달하는 호한한 그의 문집 속에는 성리학에 관계된 내용의 글 한 편이라도 있을 법한데, 성리학에 대해 논한 논설이나 가벼운 글조차도 쉽게 찾아보기 어렵다. 문장가로서의 체질적 성격 탓은 아닐까. 그러나 전집을 천착해 보면 이규보는 성리학의 대체를 이해하고 있었던 것 같다.

종래 북한의 『조선철학사』에서는 고려 전 시기를 통해 관념론을 배격하고 유물론적 철학사상을 제기한 대표적인 학자로 이규보를 들었고, 이러한 사상적 경향을 진보적인 것으로 상당히 높이 평가해 왔다.[51)] 그에 합당한 글로 먼저 꼽히는 글이 「문조물問造物」이다. 그는 이 글에서 다음과 같이 말하였다.

> 사람과 만물이 생겨나는 것은 모두 명조冥兆에서 정해지고 자연自然에 발로된 것이다. 하늘도 알지 못하고 조물주 역시 모른다. 대저 뭇 사람이 생겨나는 것은

50) 본 항은 노평규의 「李奎報의 철학사상 연구」(성균관대학교 박사학위논문, 1990), 38~82쪽에서 참고한 바 많음을 밝혀 두며, 연구자의 노고에 謝한다.

51) 정성철 외, 『조선철학사(상)』 및 최봉익, 『조선철학사개요』 등 참조.

본디 스스로 생겨날 뿐이요 하늘이 시켜서 생겨나는 것이 아니며, 오곡과 상마桑麻가 생겨나는 것도 본디 스스로 생겨남이요 하늘이 시켜서 생겨난 것이 아니다.…… 원기가 처음으로 갈라짐에 위는 하늘이 되고 아래는 땅이 되며, 사람이 그 가운데 있어 삼재三才라 하는데, 이 삼재는 한 가지 도(一揆)인 것이다.[52]

여기서 '명조'는 만물이 아직 구체적으로 모습을 드러내기 이전의 세계를 말하는 것이다. 태초에 시원적인 '원기'(근원적인 물질)가 있음을 의미한다. 이 원기가 갈라지면서 하늘과 땅, 그리고 사람을 비롯한 만물이 생겨났다고 보았다. 또 이 세상 모든 것은 조물주가 창조한 것이 아니라 자기원인에 따라 자연적으로 생겨나는 것이며, 생성한 뒤 변화하는 것 역시 마찬가지라는 것이다. 생성·변화에 어떤 초자연적인 원인이 있다는 견해를 철저하게 부정한 것이라 하겠다. 그의 말을 더 보자.

대저 도에 말미암아 명관冥觀하여 만 가지 형체를 일제히 없애면, 저 이른바 '통색通塞'이라는 것은 결국 볼 수가 없다. 그러나 천도로써 논한다면, 일월·성수星宿·산천·구릉丘陵은 비록 만물 가운데 큰 것이나 영허盈虛·소식消息·비태否泰·통색의 변화를 면치 못하니, 그것은 '음양의 수'를 떠나지 못한 데 연유한 까닭이다. 하물며 그 나머지임에랴.[53]

즉, 만물은 음양에 의한 영허·소장·통색 등의 변화를 면치 못한다는 것이다. 여기서 주목되는 것은 '음양의 수'이다. 이는 다름 아닌 '음양의 분수分數'라 할 수 있다. 이 분수란, 예컨대 목석木石에 대해 묘정원명妙精元明

52) 『東國李相國全集』 後集, 권11, 16b~17a, 「問造物」, "人與物之生, 皆定於冥兆, 發於自然, 天不自知, 造物亦不知也. 夫蒸人之生, 夫固自生而已, 天不使之生也, 五穀桑麻之産, 夫固自産也, 天不使之産也.……元氣肇判, 上爲天, 下爲地, 人在其中, 曰三才, 三才一揆."

53) 『東國李相國全集』 前集, 권23, 5a, 「通齋記」, "夫由道以冥觀, 齊泯萬體, 則夫所謂通與塞, 了不可得見者也. 然以天道論之, 日月星宿山川丘陵, 爲物之巨者也. 然未免盈虛消息否泰通塞之變者, 由未嘗離陰陽之數故也. 況其餘哉."

함을 잃고 완연頑然한 데 떨어졌다고 한 것이라든지, 하늘이 호랑이에게 날개는 달아 주지 않았다는 것, 그리고 사람만이 매우 신령하다고 한 것 등이다.[54] 음양에 의한 일기一氣의 변화는 요술놀이나 격구擊毬놀이를 보고 지은 시에서도 잘 나타난다.

人緣一氣成蚩蠢	사람은 일기로 말미암아 꿈틀거리며 사는데
氣出還同罷幻歸	기가 빠지면 도리어 요술을 끝마친 것과 같네.[55]

氣滿成毬體	기가 차서 공이 되었을 때는
因人一蹴沖	사람이 한 번 차니 공중에 높이 난다.
氣收人亦散	기가 빠지자 사람 역시 내버리니
縮作一囊空	오그라들어 빈주머니가 되었구나.[56]

造物亦蹴汝	조물 또한 너를 차서
飛到九天涯	구천의 하늘가로 날아갔건만
如今蹴已罷	이제 차는 일 끝내나니
氣縮是其時	기가 빠진 것은 이때일세.[57]

그는 일기의 영축盈縮을 논하면서 궁극적으로 사람의 생사존망도 기가 차거나 줄어드는 데 따른 것으로 보았다. 이것은 그를 기론자氣論者로 볼 수 있는 중요한 단서들이 된다. 그러나 이러한 것들을 가지고 기론자로 단정하는 것은 재고의 여지가 있다. 그의 다른 글들을 보면, 만물의 음양변화 속에 '소이연자로서의 리'가 있다고 설파하는 대목들이 있다.

---

54) 『東國李相國全集』 前集, 권37, 7a, 「祭李平章光挺文」, "大抵人之賦分, 不可多得.……譬之於虎不傅以翼."; 後集, 권11, 15b, 「答石問」, "汝之爲物, 何自而成, 佛書亦云, 愚鈍癡頑, 精神化爲木石. 然則汝旣喪其妙精元明, 落此頑然者也."

55) 『東國李相國全集』 後集, 권3, 3b, 「觀弄幻有作」.

56) 『東國李相國全集』 後集, 권6, 1a, 「偶見氣毬因寓意」.

57) 『東國李相國全集』 後集, 권6, 1a, 「氣毬答」.

물의 변태만이 이럴 뿐 아니라, 천상의 일월도 이지러지기도 하고 온전케 되기도 한다. 만물이 차고 줄어듦이야 진실로 당연한 이치(常理)이다. 이는 천수天數(천명)라, 이에 치우치는 것은 아니다.[58]

여기에 나오는 '리理'·'상리常理'·'천수天數' 등으로 미루어 보면, 이규보는 성리학의 대체를 알고 있었던 듯하다. 다만 그가 말하는 '리'의 의미는 기의 내재적 원리 이외의 것은 아닌 것 같다. 다음은 「병중病中」이라는 시이다.

聖人能物物	성인은 물物을 물로 대할 수 있어
未始爲物使	애초부터 물의 부림이 되지 않는데,
我爲物所物	나는 물이 부리는 바 되어
行止不由己	행동을 내 마음대로 하지 못하고,
遭爾造化手	네 조물의 손에 걸려
折困致如此	꺾이고 곤困함이 이와 같구나!
……	……
我皆堆自然	내 모든 것이 자연으로 뭉쳐졌고
因性循理耳	본성에 따라 천리를 좇을(因性循理) 뿐이니,
咄彼造物兒	아! 저놈의 조물아造物兒야
何與於此矣	어찌 여기에 관여하랴.[59]

여기서의 '인성순리因性循理'[60]는 다름 아니라, 성리학의 대명제인 '성즉리性卽理'의 관점에서 말한 것이다. 『주역』 「설괘전」에서 말하는 "궁리진성

58) 『東國李相國全集』 前集, 권16, 14b, 「又樓上觀潮贈同寮金君」, "不獨水中變態如此耳, 天上日月有虧全, 物之盈縮固常理, 此是天數非妶偏."

59) 『東國李相國全集』 後集, 권1, 18b~19a, 「病中」.

60) '因性循理'는 이규보의 말이 아니다. 북송 程子의 문인 游酢(1053~1123)의 『中庸輯略』, 권7, 제32장에 "廣平游氏曰, 經綸者, 因性循理而治之, 无汩其序之謂也"라고 하여 나온다. 이규보가 자신과 거의 동시대 사람인 유작의 글을 인용한 것에 유의할 필요가 있다.

窮理盡性, 이지어명以至於命"이나 『중용』 수장首章의 "천명지위성天命之謂性, 솔성지위도率性之謂道"와도 통한다. 이를 미루어 볼 때, 이규보는 단순한 기론자가 아니요 유기론자·유물론자는 더욱더 아니라고 하겠다.

5. 맺음말

우리나라 유학사에서 성리학의 전래 내지 도입은 정주성리학 이전의 북송성리학으로부터 비롯되었다. 1980년대 초부터 이를 뒷받침할 만한 단편적인 자료들이 상당수 제시되어 그 개연성을 보여 주었으나, 그것을 명증明證하기에는 다소 어려움이 있었다. 그러나, 필자가 제시한 바와 같이 적어도 정의鄭義의 부賦 1편과 이규보의 성리학 이해에 관한 내용들은 종래의 단편적인 근거 제시의 한계성을 일정 부분 극복하고 그 뒷받침을 분명히 한다고 믿는다.

돌이켜 보건대, 고려에서는 적어도 무신의 난 이전까지는 중국 송나라와 긴밀한 관계를 유지하였고 중국의 문물을 빠른 시일에 수용할 수 있었다. 북송성리학의 전래 가능성도 여러 가지로 증명된다. 구재학당을 세워 후진을 가르쳤던 최충과 구원丘園에 묻혀 수신양성修身養性에 힘썼던 진락공 이자현의 예에서 이미 성리학이 수용될 만한 실마리를 발견할 수 있었고, 이후 김양감·윤관·윤언이·권돈례 등 여러 학자들에게서도 북송성리학과 관련된 학문적 성향을 살필 수 있었다. 그러던 것이 인종 8년(1130) 이래로 정치적 사건으로 여·송 간의 교류가 단절된 데다 무신의 난(1170)이 일어나 문교의 암흑기를 맞음으로써 북송에서 남송으로 이어지는 성리학을 비롯한 학술문화 전반이 제대로 전승되지 못하였다. 이 때문에 무신란 직전부터 정주성리학이 도입되기 이전 시기까지의 성리학에 관계된 상세한 자료는 거의 찾아보기 어려웠다. 그러나, 그 희한稀罕한 자료들 속에 정의의 부 1편과 같은 역사 교과서의 내용을 수정해야 할 만한 단서가 숨어 있었던 것이다.

한편, 고려 학계에 일찍부터 성리학이 수용·전개된 이면에는 불교와의 관계성이 고려되어야 할 것이다. 특히 고려 중기 이후 불교계 내부의 사상적 동향을 주목하지 않을 수 없다. 돌이켜 보면, 송대 성리학의 성립에서 『능엄경』과 『원각경』이 심성론적 측면에서 지대한 영향을 끼쳤음은 주지의 사실이다. 이 두 경전은 이미 고려 중기 대각국사 의천이나, 고려 후기의 보조국사 지눌, 진각국사眞覺國師 혜심慧諶, 정명국사靜明國師 천인天因 등도 매우 중시하였으며, 또 진락공 이자현[61], 백운거사 이규보 등이 대단히 중시하였음은 잘 알려진 사실이다. 특히 고려 후기로 접어들면서 불교계에서 심성론이 중시되어 하나의 사상적 경향마저 띠게 되는데, 지눌에게서 볼 수 있는 세련된 불교심성론은 그 결정체라 하기에 충분하다. 이러한 사상계의 동향 속에서 유학자들 대부분이 불교에 대해 높은 관심과 상당한 조예를 보였음은 간과할 일이 아니다. 불교의 심성론은 유학자들에게 성리학에 대한 관심을 갖도록 하는 데 적지 않은 영향을 끼쳤을 것이다. 이에 대한 연구도 착실히 이루어져야 하리라 본다.[62]

그런데, 한 가지 분명한 것은 이상에서 논술하였던 성리학 연구의 학풍이 크게 위축되어 제대로 지속되지 못했다는 사실이다. 공교롭게도 고려의 무신집정기(1170～1270)와 남송(1127～1279)이 마주하는 시기에 고려에서는 안팎의 여러 가지 좋지 않은 여건 때문에 북송시대의 성리학이나

---

61) 허흥식 편, 『韓國金石全文(中世上)』, 588쪽, 「眞樂公重修淸平山文殊院記」, "嘗謂門人曰: 吾窮讀大藏, 偏閱群書, 而首楞嚴經, 乃符印心宗, 發明要路, 而禪學人未有讀之者, 良可歎也."

62) 이러한 경향을 기반으로 성리학 수용에서 불교사상과 불교계의 동향이 어떠한 영향을 끼쳤는지도 아울러 해명되어야 할 것이다. 이에 관해서는 채상식, 「고려 후기 天台宗의 白蓮社結社」(『한국사론』 제5집, 1979) 및 길희성, 「知訥의 心性論」(『역사학보』 제93집, 1982) 참조.

주희에 의해 집대성된 남송성리학의 내용이 일부 소수의 학자들에 의해 전해졌을 뿐이었다. 12세기 말, 고려는 무신집정기를 맞아 이후로 거의 1세기 동안 유학이 쇠퇴기에 처해 있었다. 많은 문사文士들이 삼제芟除를 당하였고 겨우 목숨을 건진 선비들은 불가에 투탁投託, 중(僧) 행세를 하면서 잔명을 부지하다가 일생을 마쳤다. 고려의 문교는 상당 기간 쇠퇴기에 빠지고 말았다. 게다가 문치를 베풀 만한 여건이 다소 갖추어진 13세기 말에는 군사력의 과도한 징발 때문에 글 읽는 선비들의 자취가 거의 끊어지다시피 했다. 삼별초의 난(1270～1273) 평정과, 원나라의 강요에 의한 두 차례의 일본정벌(1274, 1281), 원나라에서 일어난 내안대왕乃顔大王의 난 때의 군사파견(1287) 등이 바로 그것이다. 이에 대해 이제현은 다음과 같이 증언하였다.

> 국가가 반역한 탐라를 정벌하고 동왜東倭에게 죄를 물으며 정해년의 근왕勤王과 경인년의 어왜御倭 때문에 군사를 동원한 것이 거의 20년이나 되어, 선비들이 모두 갑옷과 투구 차림으로 활과 창을 잡으니, 책을 끼고 다니며 글을 읽는 자는 열에 한둘도 안 되었다. 그리고 선배와 노유老儒들이 모두 죽어서 육경이 실낱같이 겨우 전해질 뿐이었다.[63)]

또 국제적으로 볼 때도, 이 시기에는 북방 이민족에 의해 남방으로 쫓긴 중국의 남송과 고려 사이의 교섭은 침체 상태에 놓여 있었다. 이것은 각기 정국의 불안정으로 인한 내부적 요인이 주된 이유였지만, 여기에는 금나라(1115～1234)와 몽골(1206～1368)의 강성으로 인한 국제적 역학관계도 크게 작용하여 교류에 장애가 되었다. 남송은 고려에 능동적으로 학술을 전파하기 어려웠고, 고려는 이를 적극 수용할 만한 처지에 있지 못하였다.

---

63) 『櫟翁稗說』 前集(二), 9b, "國家伐叛耽羅, 問罪東倭, 丁亥之勤王, 庚寅之禦寇, 用兵幾二十年. 士皆衽金革操弓戈, 挾策而讀書者, 十不能一二. 而先輩老儒物故且盡, 六籍之傳, 不絶如線."

이와 같은 내외의 여건 때문에 고려에서는 정주학이 원나라로부터 전래되기 이전에 이미 북송시대에 들어와 있었던 성리학적 학문경향이 거의 사라져 버렸고, 정주학이 전래될 당시에는 학자들이 마치 처음 접하는 학문인 양 받아들이게 되었다. 『고려사』와 같은 관찬 사료에서도 이와 같은 견해를 보이고 있다. 그러나, 우리나라 성리학사의 초두가 북송성리학의 도입으로부터 출발했다는 것만큼은 분명한 사실이라고 하겠다.

북송성리학의 도입은 우리 학계에 당장 참신한 기풍을 조성하기에는 여러 가지로 어려움이 많았다. 그러나 무신의 난으로 문신들이 거의 도륙을 당했음에도 그것은 모래 밑으로 흐르는 지하수처럼 일부 학자들에 의해 은밀하게 전승되었으니, 앞에서 살펴 본 임춘·정의·이규보·안사준의 예가 이를 입증한다. 안향이 고려 충렬왕 16년(1290)에 연경에서 『주자문집』을 처음 보고 내심 스스로 돈독히 좋아하면서 그것이 공문孔門의 정맥임을 알았다고 하는 것이 『회헌실기晦軒實記』에 실린 내용이다. 이때 안향이 성리학에 대한 기본 소양이나 기반이 전혀 없었다면 주자학의 진가를 쉽게 알기 어려웠을 것이다. 주자학이 아무리 유학의 한 갈래라 하더라도 그 학문체계를 처음 접하고 이내 '심자독호心自篤好'하기란 어려웠을 것이다. 이미 13세기 초를 전후한 시기에 남송의 정주학이 전래되었다는 사실은 안사준의 사례에서 확인되었다.

이처럼 13세기 이전 북송성리학의 전래는 마침내 13세기 후반 원나라로부터 전래된 정주학을 이 땅에서 착실히 뿌리내리게 하는 구실을 하였다. 그 의의가 적지 않다고 하겠다.

제2장 정신보와 남송성리학의 고려 전래

1. 머리말

고려 고종 24년(1237) 한반도의 서산 간월도看月島에 정착하여 고려 학인들에게 이정二程의 성리학을 전수하였던 남송 출신의 학자 정신보鄭臣保의 행적이 학계에 알려지게 된 것은 근자의 일이다. 남송 말기 형부원외랑刑部員外郞을 지낸 정신보가 바다를 건너 고려로 올 수밖에 없었음은 당시의 정황으로 보아 이해할 수 있다. 또 그가 남송의 명문 포강정씨浦江鄭氏 가문의 후예라는 점에서, 당시 남송 학계를 주도했던 성리학으로 무장하였을 것이며 동래東來한 뒤에도 성리학을 이 땅에 전파하였을 것임은 미루어 짐작할 수 있다고 본다.

정신보의 아들인 정인경鄭仁卿과 사돈 관계였던 첨의밀직사사僉議密直司事 채모蔡謨(1229~1302)는 「원외랑묘갈명」에서 "公以性理之學, 教誨生徒, 東方之人, 始得覩兩程之書"라 하여, 정신보가 정호·정이 형제의 학문을 고려에 처음으로 전하였음을 밝혔다. 현재 학계에서는 성리학의 최초 전래시기를 고려 충렬왕 16년(1290)으로 잡고 있다. 안향安珦이 충렬왕 15년에 왕을 따라 연경燕京에 갔다가 주자서朱子書를 접하게 되고, 이듬해 귀국하면서 이를 가져와 주자학을 전파했다는 기록에 따른 것이다.

그러나 이는 주자성리학의 전래를 말한 것이다. 정신보가 고려로 올 때는 중국에서 주자학이 널리 전파되기 이전으로, 이정二程의 학문이 더 알려졌던 시절이었다. 고려 중기에 고려의 학인들 중에는 이정의 명성을 접한 사람들이 있었고, 이들 가운데 일부는 중국에 사신으로 가서 이정의 안부를 묻기도 했다 한다. 고려 인종은 송나라에서 파견한 사신에게 이정의 제자인 구산龜山 양시楊時의 안부까지도 물을 정도였다는 것이다. 사정이 이렇다면, 당시 중국 남방에 널리 알려진 이정의 학문이 정신보에 의해 고려에 들어왔다는 것은 늦은 감이 있다고 할 것이다.

현재 정신보가 이정의 성리학을 고려에 전파했다는 것을 증명할 수 있는 것으로는 「원외랑묘갈명」 등 주로 서산정씨 집안에 내려오는 구전舊傳 자료가 있을 뿐이다. 여러 방증 자료들이 없지는 않지만, 이 역시 사실을 실증하는 데는 한계가 있다. 사정이 이렇다 보니 학계에서 정신보의 성리학 전파를 공인받는 데는 어려움이 있다. 이에 필자는 우선 '정신보는 과연 어떤 인물인가'라는 점부터 조명하면서, 사료를 더 발굴·보완하는 것이 병행되어야 한다고 생각한다. 정신보의 발자취에 대한 연구조차 제대로 되어 있지 않은 상태에서 그의 성리학 전파를 주장하는 것도 무리가 있어 보인다. 본고에서 정신보의 위인爲人에 대해 좀 더 자세하게 고찰하려 한 까닭이 여기에 있다.

2. 고려 학풍의 변화와 성리학 전래의 과정

필자는 일찍이 성리학의 전래와 수용까지의 고려 학풍의 변화 과정에 주목하여 연구를 수행한 바 있다.[1] 그 결과, 13세기 말 주자성리학이

1) 최영성, 「고려 중기 북송성리학의 受容과 그 양상 – 북송성리학의 전래 시기와 관련

원나라로부터 들어오기 이전 12세기부터 이미 북송의 도학이 고려에 전래하였고, 무신정권 시기에도 일부 학인들에 의해 성리학의 전통이 전해졌음을 밝혀 낼 수 있었다. 중국 학풍의 변화가 큰 시간적 거리 없이 고려 학계에 전해졌음을 알 수 있다. 따라서 이덕무李德懋(1741~1793)의 다음과 같은 지적은 재고의 여지가 있다.

> 대개 우리나라의 문교를 중국과 비교하면, 언제나 퇴보하여 수백 년이 지난 뒤에야 조금씩 진보한다. 우리나라에서 처음으로 유행하는 것은 중국에서는 이미 쇠퇴기에 접어들어 염증을 느낀 것들이다. 비유하면, 대봉岱峯에서 해돋이를 봄에 있어, 새벽닭이 울고 아침 해가 이미 떠올랐건만 하계下界의 사람들이 아직 꿈속에 있는 것과 같다. 또 아미산의 눈이 5월이 되어서야 녹는 것과 같다.[2)]

돌이켜 볼 때, 고려의 유학은 초기의 경사經史·사장詞章 중심의 유학으로부터 중기의 북송성리학의 도입을 거쳐 말기의 주자학의 수용에 이르기까지 세 번의 변화를 거쳤다고 할 수 있다. 고려유학사를 논함에 전·후기로 가를 만큼의 사상사적 변화는 12세기 예종·인종시대 북송 학술의 수용으로부터 그 시단을 열었다고 하겠다. 이 시기에는 북송의 도학뿐만 아니라 왕안석王安石 일파의 신학新學까지 수용되었다. 문학 면에서도 정취情趣를 중시하는 당대 문풍文風은 물론 철학적 이취理趣를 중시하는 송대 문풍도 수용되었다. 주희에 의해 집대성되기 이전의 북송성리학이 12세기 초를 전후한 시기에 우리 학계에 도입되었다는 것은, 후일 13세기 말에서 14세기 초에 걸쳐 원나라로부터 주자학이 도입된 사실과 관련하여 중요한 의의를 가진다.[3)]

하여」, 『대동문화연구』 제31집(성균관대학교, 1996) 참조.

2) 『青莊館全書』, 권68, 「寒竹堂涉筆(上)」, '崔孤雲論儒釋', "大抵東國文教, 較中國, 每退計數百年後, 始少進, 東國始初之所嗜, 卽中國衰晩之所厭也. 如岱峯觀日, 鷄初鳴, 日輪已騰躍, 而下界之人, 尙在夢中. 又如峨眉山雪, 五月始消."(문집총간 259, 245쪽)

북송성리학의 도입과 관련한 단서로는, 최충崔沖(984~1068)이 세운 구재학당九齋學堂의 명칭 대부분이 『중용』·『대학』 및 『주역』에 나오는 용어이거나 그와 유사하다는 점을 들 수 있다. 다음, 요·순과 주공·공자를 중심으로 하면서 인仁·효孝를 유학의 근본사상이라고 여겨 왔던 고려 초기까지의 고대유학이, 예종·인종·의종의 3대를 즈음하여 인仁·의義를 부르짖는 공맹학孔孟學으로 서서히 변화한 점을 들 수 있다. 이것은 금석문을 비롯한 당시의 여러 자료에서 폭넓게 증명되고 있다.

북송과의 활발한 학술교류 역시 빼놓을 수 없다. 『화해사전華海師全』, 『동방연원록東方淵源錄』 등을 보면, 김양감金良鑑·윤관尹瓘·윤언이尹彦頤 등이 송나라에 사신으로 가서 이정二程 또는 그의 문인들과 학문적으로 교유했던 사례를 구체적으로 적고 있다. 이것은 인종 1년(1123)에 고려에 온 송사宋使 노윤적路允迪과 부묵경傅墨卿에게 인종이 구산龜山 양시楊時의 안부를 물었던 사실(『宋史』 「道學傳二」)로도 증명된다. 양시는 이정의 문인으로 당시 무명의 선비에 불과하였다.

다음, 예종·인종·의종 3대를 기점으로 강경풍講經風이 고조되었던 사실과의 연관성을 들 수 있다. 당시 강론에서 『예기』의 한 편인 『중용』이 『주역』과 함께 중시되었다는 사실은 성리학의 학문경향과 상통하는 바 있다. 이것은 유학을 철학적으로 이해하기 시작했다는 증거로 볼 수 있는 만큼 주목할 필요가 있다. 당시 청연각淸讌閣에서의 강경 내용이 성리학적 색채를 띤 것이었음을 증언한 자료도 있다.[4]

한편, 11세기 후반 무렵, 당시 북송의 학계와 정계를 이끌던 사마광司馬光·왕안석王安石·문언박文彦博 등 구법당·신법당 학자들 모두가 고려 학인들에게 관심의 대상이 되었다. 북송 학술의 수용은 도학뿐만 아니라 도학과

---

3) 이하는 拙著, 『한국유학통사』 상(심산, 2006), 245~252쪽을 요약 정리한 것이다.
4) 『東文選』, 권64, 「淸讌閣記」 참조.

대립하였던 신학新學 등에 이르기까지 폭이 넓었다. 북송도학의 수용에 따른 성리학의 이해는 무신집권기에도 일부 학자들에 의해 전승되어, 마침내 리기론理氣論이 전개되기에 이른다. 고종 때의 학자 정의鄭義의 「도道가 일화一和를 모으니 홰나무와 귤나무가 합하여 하나로 된다」(道鬩一和槐橘合爲兄弟賦)라는 제목의 부賦를 보면, '부'라는 장르에 리기론이 등장한다.

> 논하건대, 기氣가 모인 것은 같거나 다름이 있지마는, 리理가 주관하는 바는 비록(物이) 다르더라도 반드시 같은지라, 저 두 가지(槐橘) 것이 합하여 일화一化의 혼융한 상태로 돌아감이 마땅하리라.
>
> 議夫氣之所鍾, 有同而異, 理之所管, 雖異必同, 宜彼二般之合, 歸于一化之融. (『東文選』, 권2)

조정에서 성인의 지극한 도를 밝혀 백성들을 순화시킴으로써 모두 화합을 이루게 한 것을, 마치 개개의 생령生靈들이 도의 지대한 조화에서 벗어나지 않은 것에 비유한 내용이다. 성리학에서 말하는 '리일분수理一分殊' 가운데 '리일'의 측면을 강조한 것으로 이해된다.

또 이제현李齊賢의 『역옹패설櫟翁稗說』에서, 이제현보다 약 1세기 정도 앞서 살았던 안사준安社俊이 '주자장구朱子章句'와 '채씨전蔡氏傳'에 의거하여 경전을 해석하였다고 증언한 것은, 이미 13세기 초를 전후하여 정주성리학이 전래되었음을 알리는 중요한 단서라 할 수 있다. 이를 볼 때, 경사·사장 중심의 유학이 주자학의 도입에 앞서 고려 중기 예종·인종시대를 전후로 서서히 종언을 고했음을 알 수 있겠다. 그러나, 북송성리학의 학풍은 이후로 지속되지 못하였다. 공교롭게도 고려의 무신집정기(1170~1270)와 남송(1127~1279)이 마주하는 시기에 고려에는 안팎으로 여러 가지 좋지 않은 사정이 계속되었다. 그래서 북송시대의 성리학이나 주희에 의해 집대성된 남송성리학의 내용은 임춘林椿·권돈례權敦禮·정의 등 소수의 학자들에 의해 전해졌을 뿐이다. 무신란 이후, 문치文治를 베풀 만한 여건이 다소 갖추어진 12세기 말에도 상황은 그리 호전되지 못하였다.

고려 말 주자성리학의 전래는 어느 날 갑자기 이루어진 것이 아니다. 12세기부터 일부 학자들 사이에 수용되기 시작했던 성리학의 여맥餘脈이 잔존하지 않았다면 성리학의 진가를 알기 어려웠을 것이다. 성리학에 대한 예비적 지식 없는 상태에서 그것의 전래와 수용이 가능했을까? 당시 고려의 학술적 정황을 고려할 때, 고려 고종 24년(1237)에 남송에서 망명한 학인에 의해 이정의 성리학이 동방에 전해졌다는 것은 그다지 이상한 일이 아니라고 본다. 또 일방적인 전래가 아닌 주체적인 '수용'일 수도 있음에 유의해야 할 것이다.

3. 정신보의 가계와 포강정씨

조선 말기의 문인 운양雲養 김윤식金允植(1835~1922)은 한 시에서 다음과 같이 읊은 바 있다.

約遵藍田呂	향약은 남전여씨藍田呂氏를 따르고
義效浦江鄭	충의는 포강정씨를 본받으려네.[5]

중국 남송 때의 명문 포강정씨가 남전여씨와 함께 조선조 말기까지 사인士人들 사이에서 '본받아야 될 집안'의 대명사로 널리 알려져 왔음을 짐작하게 한다.

'누세동거累世同居'로 유명한 포강정씨의 문풍門風은 종족 간의 돈목敦睦

5) 『雲養集』, 권3, 「省掃海州羅峙洞先墓, 夜與諸宗數百人, 會于丙舍作」 참조.

을 중시했던 조선시대 유자들에게 기림의 대상이 되어 왔다. 정씨 가문에 내려오는 가범家範은 예학적 차원에서 연구 대상이 되기도 하였고, 포강정씨 가문에서 실천한 지도층의 정신적 의무(Noblesse Oblige)는 지난날 중국은 물론 우리나라 지도급 인사들에게 본보기가 되어 많은 영향을 끼쳤다.[6)]

정신보는 본디 중국 남송 말기 사람이다. 포강정씨의 후예이다. 그의 출자出自가 중국 강남의 명문 포강정씨라는 사실은 그동안 학계에 널리 알려지지 못했다. 아는 사람도 드물었지만,[7)] 안다고 하는 사람들도 그의 가계에 대해 의문을 표하는 경우가 대부분이었다. 서산정씨 족보에는 정신보의 증조부까지만 실려 있고, 그나마 그를 입증할 수 있는 자료가 없었기 때문이다. 근자에 중국과의 교류가 활발해지면서 포강정씨의 원류源流가 밝혀졌고, 정신보와 관련한 역사적 사실도 전에 비해 신뢰도가 높아지게 되었다. 그러나 정신보의 가계와 생애는 아직도 분명하지 않은 것이 상당하다. 자료 발굴과 철저한 고증이 필수적이다.

정신보의 고향은 절강성浙江省 금화부金華府 포강현浦江縣이다. 그의 가문은 '포강정씨'로 널리 알려졌으며, 포강의 북쪽에 모여 산다고 하여 '포양정씨浦陽鄭氏'라고도 일컬어졌다. 또 남송 이래 '의義'를 중시하는 대표적인 가문이라 하여 '의문정씨義門鄭氏'라 불리기도 한다.[8)] 남송대부터 명대에

---

6) 田愚, 『艮齋集』 續集, 권6, 「樂圃徐公行狀」, "昔宋靖康時年饑, 浦江鄭淮, 鬻田千餘畮, 以活貧民. 其後孫自宋至明, 凡十五世同居, 家衆三千, 多賢且顯達, 爲天下第一義門. 今公之祖考, 以仁聲義聞, 著於州郡. 而公又以儒術敎其子, 有名士林間, 天之報施, 其將權輿於斯歟!"

7) 서산정씨의 대표적 인물인 내암 정인홍은 자신의 조상이 義門鄭氏 가문에서 나왔음을 짐작했던 것 같다. 『선조실록』을 보면, 임진왜란 때 援軍으로 조선에 온 절강성 출신 陳剛·茅國器는 정인홍을 鄕長으로 인정했고 鄭軾·鄭輅는 같은 성씨로 자칭했으며, 정인홍은 절강 사람을 동향인의 의리로 대우했다고 한다. 『宣祖實錄』 35년(1602) 9월 25일(甲申)조, "臣竊聞之, 仁弘之先鄭臣保, 浙之浦江人也. 仕宋爲刑部尙書, 宋亡不事元, 元謫我海西. 其子仁卿, 事高麗, 遂爲瑞山人, 原其本, 則實浙之著姓. 故頃者天兵之來, 有陳剛·茅國器, 許仁弘爲鄕長, 有鄭軾·鄭輅, 自稱爲姓末, 而仁弘之待浙人, 竝許以同鄕之義."

8) 남송시기의 대표적 儒門으로는 東陽許氏 집안이, 義門으로는 포강정씨 집안이 유명하여, 세상에서는 동양허씨를 그냥 '동양'이라 하고 포강정씨를 '포강'이라 일컬었다 한다. 동양과 포강은 절강성을 대표하는 유명한 고을이다. 『方麓集』, 권14, 「喜許侯內

이르기까지 15대에 걸쳐 '누세동거累世同居'한 것으로 유명하여,9) 후일 명나라 태조 홍무제洪武帝가 '강남제일가江南第一家'라는 친필 편액을 하사하였다고 한다(1385).

이처럼 '포강의문'은 중국 천하에 알려진 명문 가운데 명문이다. 뒷날 치가지례治家之禮와 목린지법睦隣之法의 본보기를 찾는 사람들은 북송시기 남전여씨의 '향약'과 함께 남송시기 의문정씨의 '가범'을 꼽았다. 세칭 의문정씨는 '의문정씨가의義門鄭氏家儀' 또는 '의문정씨가범義門鄭氏家範'을 만들어 이를 가규家規로 받들어 왔다. 처음 58조였던 가규는 후대로 가면서 증손增損을 하여 168조에 이르렀다. 명나라 건국 뒤 법률제도를 만들 때 남본藍本이 되었다고 한다.

다음, 의문정씨의 내력과 정신보의 조상에 대해서 살피기로 한다. 『의문정씨족보』에 따르면, 정씨는 춘추시대 주周나라 선왕宣王이 이복동생인 왕자 우友를 '정鄭'지역의 제후로 봉한(BC 806) 데서 비롯되었다고 한다. 왕자 우가 바로 정나라10) 환공桓公이다. 후일 환공의 자손들은 나라 이름을 따서 성씨로 삼아 왔으며, 주로 정주鄭州 형양滎陽11)에 세거하였다. 이런 연유로 정씨의 출자出自를 '형양'이라 하는 경우가 많다.

후일 북송 때 안휘성安徽省 흡현歙縣의 현령을 지냈던 응도凝道(字 伯定)라는 사람이 정주 형양으로부터 흡현으로 옮겼고, 이어 응도의 아들로 전중시어사殿中侍御史를 지낸 자유自牖(號 孟納)가 흡현에서 다시 엄주嚴州 수안현遂安縣으로 이사하였다. 그리고 자유의 손자인 회淮(字 巨淵)가 남송 철종 원부元符

召歌」, "義門鄭氏稱浦江, 儒門許氏稱東陽."

9) 지금의 중국 浙江省 浦江縣 鄭宅鎭 上鄭村에 있는 江南第一家의 「景區簡介」에 의하면, 의문정씨는 송·원·명 세 왕조를 거치면서 十五世가 한 집에서 同居하였는데, 동거 기간이 330년이며 한때는 식솔이 3천여 명이나 되었다 한다. 가족 구성원 가운데 170여 명이 관리로 배출되었으며, 청렴과 孝風으로 이름을 떨쳤다.

10) 정나라는 지금의 開封·鄭州 지역에 해당한다.

11) 지금의 중국 호남성 형양시. '榮陽'으로 표기된 것은 잘못이다.

2년(1099)에 정악鄭渥·정세鄭涗 두 형과 함께 수안현에서 포강현으로 옮겨 갔다. 그들이 자리를 잡은 곳은 금화부 포강현 감덕향感德鄉 인의리仁義里 백린계白麟溪였다. 당시 고을 사람들은 정회 삼형제가 함께 옮겨 와 서로 화목하게 사는 것을 보고는 '훈지상응塤篪相應'이라 칭송하였으며, 또 '포양삼정浦陽三鄭'이라 일컫기도 하였다 한다.

포강정씨는 이후 정회의 셋째 아들 정조鄭照를 거쳐 조의 두 아들 온緼(沖應)과 기綺(沖素)의 대에 이르러 '천하제일의문'으로서의 첫발을 내딛게 되었다. 정온은 정신보의 증조부이다. 중국 의문정씨의 시조인 정기는 방증조부가 된다. 정온·정기 형제는 건염建炎(1127~1130) 초에 오늘의 '강남제일가'에 터를 잡아 살면서 의문義門을 일구었다. 이들이 동거제일세조同居第一世祖이다.

『의문정씨종보義門鄭氏宗譜』에 따르면, 형 정온은 자가 종순宗醇이다. 15세에 이미 문학적 명성을 날렸으나 20세에 요절하였다. 뒷날 그가 남긴 글들을 모아 『충응집』 3권으로 엮었다고 하는데 오늘에 전하지는 않는다. 부인은 응림應霖이며 자세한 인적 사항은 알 수 없다. 아우 정기의 생몰연대가 '1118~1193'(향년 76세)인 점으로 미루어 정온이 태어난 해를 어림짐작할 수 있겠다.

정온이 20세에 세상을 떠난 것을 고려할 때, 그가 남송 조정에서 3품직인 판장작감사判將作監事를 지냈다는 것은 사리에 맞지 않은 것 같다. 조년등과早年登科한 사례가 적지 않지만, 오늘날 건설부에 해당하는 장작감의 장관직을 약관의 나이에 지냈다는 것은 믿기 어렵다.

위 『종보』에 의하면, 충응처사 정온은 후사를 두지 못하여 아우 정기의 장남 한閑을 입적시킨 것으로 되어 있다. 종법을 중시했던 의문정씨 가문에서 적적상승嫡嫡相承을 위한 출계出系는 당연한 일이었을 것이다.

『서산정씨족보』 및 그에 근거한 『증보문헌비고』의 기록을 보면 "정신보의 증조부 정응충鄭應冲은 송나라에 벼슬하여 판장작감사를 지냈고, 조부 정의鄭儀는 상서좌복야尙書左僕射, 아버지 정수거鄭秀琚는 호부원외랑戶部員外郞을 지냈다"[12]라고 되어 있다. 정신보의 증조부를 '정응충'이라 기록한 것은 중국의 의문정씨와 서산정씨가 한 뿌리임을 증명할 수 있는 중요한 단서가 된다고 본다.

『서산정씨족보』 등에 '정응충'이라고 기록되어 있는 것은 잘못이다. 위 『족보』에서는 '應冲'이라 적었고, 서산정씨대종회 홈페이지 <원시조元始祖> 항에는 "원외랑공의 증조부 휘諱 온縕, 호 충응沖應은 송나라 조정에서 종삼품인 판장작감判將作監을 지냈다"라고 되어 있다.[13] 이 밖에 '忠應', '衝應' 등으로 적은 사례도 있다. '온'이라는 휘를 쓰지 않고 '충응처사沖應處士'라는 호를 휘자諱字처럼 쓴 것은 이례적이다. 게다가 그마저 '應冲', '忠應', '衝應' 등으로 잘못 적음으로써 조상에게 큰 실례를 범하였다.

정온의 아우 정기는 자가 종문宗文이고 호가 충소처사沖素處士이다.[14] 정온이 죽은 뒤 의문정씨 가문의 치가治家를 주도하였다. '충소처사'라는 호는 남송 효종 건도乾道 연간(1165~1173)에 황제가 내린 사호賜號라고 한다.[15] '충'은 『노자』에서 중요하게 다루어지는 철학적 개념이다. "텅 빈 충만"이란 의미의 대영약충大盈若沖에서 따온 것이라 생각된다. 마음을 비우고 비워서 더 이상 비울 것이 없을 때 세상 모든 것이 내 소유가 된다는 역설의 진리를 담은 것이다. '충沖자를 마음의 바탕으로 삼으라'(以沖素之)라는 의미인데, 마찬가지로 정온의 호 '충응' 역시 '이충응지以沖應之'의 의미를 지니고 있다. 두 형제가 모두 노자의 '비움'의 철학을 담은 '충' 자로 호를 삼은 점이 예사롭지 않다. 황제의 사호는 그의 호를 국가에서

12) 『增補文獻備考』, 권43, 「氏族(三)」, '瑞山鄭氏'.
13) 이것은 근래에 들어 중국에서 나온 의문정씨의 족보를 참조한 것으로 보인다.
14) 『宋史』, 권456, 列傳 215, 「孝義」, '鄭綺' 참조.
15) 朱彛尊, 『經義考』, 권186, 「鄭氏(綺)穀梁合經論」, "處士諱綺,……乾道中, 賜號曰沖素處士."

공인하면서 '충소처사'라 한 데 의미가 있다.

충응처사 정온의 후사는 공식적으로 양자를 통해 이어 왔다. 한국 서산정씨의 뿌리가 되는, 정온 → 정의 → 정수거 → 정신보로 이어지는 일계一系는 위 『종보』에 기록되어 있지 않다. 있는 사실 그대로를 기록한 것일까, 아니면 특수한 사정 때문에 빠진 것일까? 현재로선 어느 쪽이라고 분명히 말하기 어렵다. 의문정씨에 대한 연구를 계속해 온 절강대학 모책毛策 교수도 이 점에 대해서는 언급을 하지 않은 채 『서산정씨족보』에 실린 위 일계를 소개하였을 뿐이다.[16]

그러나 의문정씨 가규를 보면 짐작되는 바 있기는 하다. 가규에 따르면 철저하게 종자宗子 중심, 가장家長 중심의 종법宗法질서를 추구하고 있다.[17] 가규에 적서嫡庶에 대한 명문규정은 없지만, 『예기』 「상복喪服」편 등에 규정된 종법질서 자체가 '적서'의 구별을 전제로 한 것이기 때문에 정씨 가문에서도 이를 준용했을 것임에 분명하다. 게다가 남송시기에 봉건강상封建綱常을 강조했던 춘추학이 일세를 풍미했던 점도 적지 않은 영향을 끼쳤을 것이다.[18] 더욱이 정신보가 살았던 절강지역의 학풍이 도통道統을 중시하여 거의 종법처럼 받들었고, 성리학의 리일분수설理一分殊說로 사회를 해석하면서도 '분수'에 중심을 두었던 것도 예사로 보아 넘길 일이 아니다. 그것이 후일 금화학파의 학풍이 되었음에 비추어 볼 때,[19] 당시 이미 종법질서가 자리를 잡았을 것으로 짐작된다. 정온이 20세에 적자嫡子 없이 요절하자 입후入后하여 대를 잇게 한 사실은 이와 관련이 있을 것이다.[20]

---

16) 毛策, 『孝義傳家』(浙江大學出版社, 2009), 254~258쪽 참조.

17) 『정씨규범』 중에서 이른 시기의 규정으로 보이는 제7조에는 다음과 같은 내용이 있다. "宗子는 위로 祖考를 받들고 아래로는 宗族을 하나 되게 한다. 家長은 힘을 다해 敎養해야 된다. 만약 不肖하다면 張橫渠의 설을 따라 次賢者를 선택하여 바꾸어야 될 것이다."(宗子上奉祖考, 下壹宗族. 家長當竭力敎養. 若其不肖, 當遵橫渠張子之說, 擇次賢者易之.)

18) 侯外廬 주편, 『宋明理學史』 상권(北京: 人民出版社, 1997), 233~235쪽 참조.

19) 侯外廬 주편, 『宋明理學史』 상권, 655~663쪽 참조.

이렇게 볼 때, 정온 → 정의 → 정수거 → 정신보로 이어지는 계통은 적통이 아닐 가능성이 높고, 그 때문에 빠졌을 것이다. 빠진 사유를 단언할 수는 없지만, 정신보가 고려에 귀화함으로써 그 일계가 독립하게 되었으니 『예기』에서 이른바 "별자別子가 따로 시조가 된다"(別子爲祖)거나 "별자를 계승하여 종파를 따로 연다"(繼別爲宗)라고 한 설[21]들을 현실에서 구현한 것으로 보는 편이 설득력이 있을 듯하다.

1998년판 『서산정씨대동보』를 보면, 정온(정충응) 이상은 실려 있지 않다. 정온의 대수代數도 자세하지 않다고 한다. 이것은 가승家乘의 미비일까? 『서산정씨족보』에 실린 원조元祖(정신보) 이상의 계통은 전적으로 정신보의 증언을 따라 기록한 것이라고 볼 수 있다. 정신보의 증조부 정온까지만 계통이 밝혀져 있는 데에는 누락이나 미비보다도 '의도적' 성격이 강하다고 생각한다. 정신보가 증조까지의 계통만 밝힌 것은, 고국인 송나라를 떠나 고려에서 새로운 삶을 펼쳐야하는 자신의 입장을 간접적으로 드러내려 한 것이라고 본다. 자신의 뿌리가 의문정씨 동거 제1세인 정온에 닿는다는 점을 시사하면서도 '별자위조'의 관점에서 위로 증조까지 자신의 직계만을 수록한 것이라 생각한다. 또 정신보가 남송에 처자를 두고 왔을 가능성이 높음에도 그와 관련하여 한마디 단서도 남기지 않은 것 역시 이와 무관하지 않을 것이다. 이렇게 볼 때, 서정瑞鄭의 후손들이 정신보를 '동천조東遷祖'라 일컫는 것은 조상의 유의遺意를 잘 읽은 것이라 하겠다.

정신보의 본래 이름이 '표彪'[22]였다는 사실도 상기할 필요가 있다. 고친

---

20) 중국 당송시기에는 嫡庶의 차별이 별로 없었다. 한 예로 북송 때 韓琦·范仲淹 등은 庶出로서 재상에 오른 경우이다.

21) 『禮記』, 「喪服小記」 참조.

22) 이것은 국립중앙박물관에 소장된 「묘지명」 및 『가승』에 실린 政案 가운데 "臣保古名彪" 운운한 대목이 뒷받침한다. 『서산정씨가승』 상, 10a~10b 참조.

이름인 '신보'는 "신하의 절개를 보전한다"(保其臣節)라는 의미일 터이니, 고려로 온 뒤에 개명한 것으로 짐작된다. 정신보는 새로 고친 이름에도 남송에 대한 충절을 담았다. 의문정씨 후예답다고 할 것이다. 고려에서 새 삶을 펼치려는 마당에 마음가짐을 확실히 하겠다는 의미에서 개명을 했다고 볼 때, 정신보가 '새로운 출발'에 큰 의미를 부여하였음을 짐작할 수 있겠다.

4. 정신보의 동래와 그 원인

정신보는 1237년(고종 24)에 고려에 들어온 것으로 『가승家乘』 등에 기록되어 있다.[23] 또 고려에 들어온 이유에 대해 『가승』 등에서는 '정치적 망명'으로 기록하였다. 어떤 기록에는 남송이 멸망한 뒤 고려로 망명했다고 한 것도 있다. 그러나 남송이 멸망한 해는 1279년이다. 정신보의 동래東來를 남송의 멸망 뒤라고 말한 것은 역사적 사실에 대한 분명한 착오이다.

이제 1237년 무렵의 정황을 보기로 하자. 1115년 여진족이 세운 금나라는 1125년 거란족이 세운 요遼나라를 병합한 뒤 북쪽의 몽골, 남쪽의 남송과 대치하면서 왕조를 유지하다가 1234년 몽골과 남송의 협공에 무너지고 말았다. 이후로는 몽골과 남송 사이의 전선이 자연스럽게 이루어졌다. 문치文治를 기조로 한 남송은 세력이 강한 몽골의 적수가 되지 못하였다. 몽골의 잦은 침략에 맞서 남송은 때로는 화의和議를 통해, 때로는 항전抗戰을 통해 사직을 지켜 내었다.

정신보가 주로 활동했던 때는 남송의 제5대 황제 이종理宗(재위: 1224~1264)

23) 『서산정씨세보』, 권7, 1a, 「編年圖」, "大宋理宗嘉熙元年, 高麗高宗二十四年, 員外公, 自浙江東來, 居瑞山."; 『서산정씨가승』 상, 4a, 「원외랑 · 양렬공 합전」(睦萬中), "翌年丁酉, 遂浮海東來, 泊于湖西路瑞山郡之看月島."

연간이다. 그 시기 북쪽의 몽골고원에서는 몽골제국이 급속도로 세력을 키워나갔다. 1234년 몽골은 남송과 연합하여 금나라를 멸망시켰다. 그 뒤 몽골이 일시 북쪽으로 물러나고 남송군이 북상, 낙양洛陽과 개봉開封을 점령하였다. 몽골은 남송이 평화조약을 위반하였다면서 여러 번 남송을 침공하였으나, 남송의 명장 맹공孟珙에게 고전하는 등 일진일퇴를 거듭했다. 1260년에는 몽케 칸의 친정군親征軍이 침공해 왔지만, 전투 중에 몽케가 죽음으로써 몽골군은 회군해야만 했다.

전후 50여 년에 걸친 남송의 항거는 끈질겼다. 역사가들은 대개 남송을 약체로 평가하지만, 남송보다 강성했던 금나라도 30년을 버티지 못하였음을 감안하면 약체로만 보기는 어렵다고 하겠다. 정신보가 동래한 1237년은 남송의 멸망과는 거리가 있는 시점이다. 따라서 그가 남송이 멸망할 기미를 파악하고 신절臣節을 지키기 위해 고려로 망명했다는 '정치적 망명설'은 설득력이 높지 않다.

그렇다면 동래의 이유는 무엇이었을까? 다산 정약용은 정신보가 표류漂流했다고 하였다.[24] 또 평소 정신보에 관심이 많았던 석재碩齋 윤행임尹行恁(1762~1801)은 정신보가 가족을 이끌고 바다를 건넜다고 하였다.[25] 그러나 이 '표류설'과 '정치적 망명설'은 사실과 다르다.

정신보의 현손 정제鄭儕가 찬한 「양렬공실기」에는 다른 자료에서 볼 수 없는 내용이 들어 있다. 「실기」는 정신보·정인경과 시간상으로 가까운 위치에 있었던 현손이 직접 찬술한 것이라는 점에서 신빙성이 높다고 할 수 있다. 위 「실기」에 의하면, 정신보가 원나라 세력에 의해 고려국 서산 간월도에 귀양 보내졌고, 이후 정신보가 고려에 눌러 있으면서 정착하게 되었다는 것이다.[26] 「실기」에는 간월도를 '적소謫所'라고 못

24) 『與猶堂全書』 제1집, 권15, 「海防考敍」, "鄭臣保漂至瑞山."
25) 『碩齋稿』, 권9, 「海東外史·文可尙」, "臣保挈家渡海."
26) 『서산정씨가승』 상, 7b, 「襄烈公實記」(鄭儕), "元世(太?)祖, 混一天下, 流刑部於海外萬里,

박고 있다. 이 '귀양설'은 후일 정신보의 후예로 조선 광해군 때 영의정을 지낸 내암來庵 정인홍鄭仁弘이 뒷받침함으로써 무게를 실어 주었다.[27]

정인홍은 광해군 9년(1617)에 유근柳根 등이 왕명을 받아 『동국신속삼강행실도』를 편찬하는 데 상당한 영향력을 행사한 것으로 보인다. 그의 노력에 의해 자신의 선조 정신보의 충절을 담은 '신보도해臣保渡海'조가 '몽주운명夢周殞命'·'길재항절吉再抗節'조와 함께 당당히 입전立傳될 수 있었을 것이다. 그런 정인홍이 '귀양설'을 근거 없이 내세우지는 않았을 것으로 보인다. 더욱이 중국에서 자기 나라 사람을 주변국인 고려 등 외국으로 귀양을 보낸 사실이 있었던 점에 비추어 '귀양설'은 설득력이 있다. 역사적 사례를 보면, 충렬왕 6년(1280)에 원제元帝가 황태자 애아역愛牙亦을 대청도大青島로 귀양 보낸 일이 있다.[28] 또 충렬왕 18년(1292) 3월에는 원나라에서 반란사건의 일당인 합단하哈丹下·아리독阿里禿 대왕을 잉분도芿盆島로 귀양 보냈다. 이어 4월에는 탑야속塔也速을 백령도로, 도길출闍吉出을 대청도로, 첩역속帖亦速을 오야도烏也島로 각각 귀양 보냈고, 며칠 뒤에는 합단하 대왕을 다시 영흥도靈興島와 조월도祖月島에 귀양 보냈다고 한다.[29] 비록 원나라 시기에 이루어진 일이기는 하지만, 이것은 정신보가 원의 세력에 의해 고려국으로 강제추방된 사실을 방증하는 데 도움이 될 수 있을 것으로 본다.

정신보가 고려 간월도에 정배된 이유는, 그가 원나라의 회유에 응하지

乃高麗國馬韓瑞州南去(看?)月島, 其謫所也."
이 「실기」는 오자가 散見되고, 또 후인이 붙인 주석이 혼란을 불러일으키기도 한다. 한 예로 '高敞縣'을 "지금의 山德(德山?)이다"라고 한 것이나, 오늘의 서산시 海美인 '餘美'를 "지금의 부여이다"라고 주석한 것이 그런 예이다.

27) 『來庵集』(문집총간 43), 권13, 「高祖考務安縣監府君墓銘」, "公諱成儉, 字□□, 其先浙江人也. 浙江之鄭, 實出滎陽, 以國氏也. 八世祖諱臣保, 仕宋爲刑部員外郎. 宋亡, 元人謫刑部于高麗瑞州月島, 始爲國人."

28) 옹진군향리지 편찬위원회, 『甕津郡鄕里誌』(인천광역시 옹진군, 1996) 참조.

29) 『高麗史』, 권30, 충렬왕 18년(1292) 3월 무오조; 4월 계해조 및 경오조 참조.

않고 남송에 대하여 고절苦節을 지키려 한 데 있었다. 관신공寬愼公 채모蔡謨가 찬한 「원외랑묘갈명」에 의하면, 당시 원나라 태조는 정신보의 고명高名을 듣고 낙양 출신 요추姚樞(1202~1279)를 시켜 그를 만단으로 회유하였는데, 정신보가 원나라의 신하가 되지 않겠다고 하자 그 절의를 가상히 여겨 더 이상 강요하지 않았다고 한다. 그러나 원태조는 그릇이 큰 인물이라 정신보의 기개를 높이 샀지만, 그 휘하 사람들은 정신보를 위험인물로 여기고 제거하려 들었을 것이다. 정신보의 유배는 남송 조정에 의한 것이 아니고, 원태조 휘하에 있는 사람들에 의해 은밀하게 이루어졌을 것이다. 사실상의 강제추방이다. 당시 덕안德安에 살던 명유 조복趙復이 원나라의 침략 당시 포로가 되어 북원北元으로 끌려감으로써 정주의 성리학을 북쪽에 전파한 최초 학자가 된 것과 대비가 된다.

정신보가 강제추방될 당시 나이는 대개 30대 중반이었을 것이다.[30] 이전에 그는 남송 조정에서 형부원외랑을 역임하였다. 원외랑은 육부에 소속된 6품직의 벼슬이었다. 30대라는 나이에 비해 빠른 편은 아니었던 것 같다.

도해渡海 이전 정신보는 가정을 이루었을 것임에 분명하다. 그러나 고려로 올 때 가족들을 데리고 왔다는 기록은 없다. 고려에 온 뒤 고려 출신 오영로吳永老의 딸 고창오씨高敞吳氏를 만나 아들 인경과 준경을 낳아 오늘날 '서정瑞鄭'의 기원을 이루었다. 그가 설가挈家를 하지 않은 것은 자의에 의한 '정치적 망명'이 아니었음을 뒷받침해 준다. 유배가 아닌 계획적 망명이었다면 그가 가족들을 데리고 오지 않을 이유가 없었을 것이다.

---

30) 의문정씨 동거 제1세조 정기의 생년은 1118년이다. 그의 형 정온(충응거사)이 그보다 2~3세 위일 것으로 추정할 때, 정온의 증손 정신보는 대체로 1205년을 전후한 시기에 태어났을 것으로 짐작된다(1대 30년 기준). 원나라를 섬긴 요추와 동년배였을 것이다.

한편, 정신보의 며느리이자 정인경의 부인인 복주진씨福州陳氏는 위위윤衛尉尹을 지낸 진수陳琇의 딸이다. 정인경의 묘지를 보면 "공은 처음 예빈윤禮賓尹 진수의 큰 딸에게 장가들어 아들 하나를 낳았고, 뒤에 그 둘째 딸에게 장가들어 4남 2녀를 낳았다"라고 하였다. 정인경의 전처와 후처가 친자매임을 알 수 있다. 정인경의 장인 진수는 본디 남송 사람이며 고려에 귀양 온 '폄적인貶謫人'[31]이라 한다. 조선 정조 때의 학자 여와餘窩 목만중睦萬中(1727~1810)도 「원외랑·양렬공 합전」에서 진수를 '천인遷人'[32]이라 하였다. 진수가 고려에 귀양 온 이유는 무엇일까? '북로北虜'인 원나라에 협조하지 않고 남송에 신절臣節을 지키다가, 저들의 미움을 사서 천리타향인 고려로 귀양을 오게 된 것이라 생각한다. 정신보가 같은 폄적인 출신을 가려 혼인관계를 맺었던 것은 '의리사상'이라는 연결고리가 있었기 때문이다. 더욱이 진수의 큰 딸이 죽자 작은 딸을 후처로 맞아들인 데서 정신보와 진수 집안의 가도家道가 엄격하고 철저하였음을 엿볼 수 있다. 이를 통해 당시 남송 사람들의 고려 이주 사례가 적지 않았음과, 이주민들이 혼맥 등을 통해 하나의 집단으로 뭉쳐 일정한 세력을 형성하였을 가능성을 엿볼 수 있겠다.

5. 귀화와 이후의 활동

정신보가 간월도에 오기까지의 역정이라든지, 간월도에 도착한 이후 어떤 생활을 했는지에 대해서는 자세히 알 수 없다. 다만, 그가 소주蘇州·항주杭州를 출발, 절강성의 대표적 항구인 영파寧波를 통해 물길을 거슬러

---

31) 『서산정씨가승』 상, 8a, 「襄烈公行狀」(鄭僑), "妻陳氏, 乃唐福州人, 衛尉尹致仕陳琇女也. 此亦宋州(朝)貶謫人也."

32) 『서산정씨가승』 상, 6a; 『餘窩集』, 권16(문집총간 속집 90, 310~320쪽) 참조.

한반도의 서산까지 왔을 것이라는 윤용혁 교수의 선행 연구가 설득력이 있다고 본다. 영파를 통한 항해는 당시 고려와 송나라 사이의 일반적인 노선이었다. 그러나 사실상의 강제추방인 만큼 정상적인 항로가 아닐 가능성도 배제하지는 못한다.

간월도에서의 정신보의 생활은 간난의 연속이었을 것이다. 만리타향에서 생활하면서 말이 통하지 않아 겪었을 어려움이 컸을 것이다. 그러나 평소 도학道學으로 자임했던 정신보는 간월도에서 강학활동을 펴기 시작하였다. 대사동大寺洞으로 옮겨 간 뒤에는 더욱 활발하였을 것이다. 당시만 하더라도 고려는 불교를 숭상하여 성리학에 대해서는 아는 사람이 매우 드물었다. 이때 그는 생도를 모아 성리학을 가르치기 시작하였다고 한다. 남송시기 성리학의 온실이요 금화학파의 본거지였던 절강[33] 출신 정신보가 고려에서 뿌리를 내리는 과정에서 가장 먼저 해야 할 일이 정주성리학의 전파였는지도 모른다. 이와 관련하여 채모는 「원외랑묘갈명」에서 "동방 사람들이 이정二程의 저술을 비로소 보게 되었다"라고 하였고, 목만중은 「원외랑·양렬공 합전」에서 정신보의 성리학 창도倡導를 '개황지공開荒之功'에 비하였다. 이때는 안향이 연경으로부터 성리학을 들여왔던 1290년에 비해 약 50년이 앞선다.

강학활동을 하는 과정에서 정신보의 명성이 고려의 사인士人과 관인官人들 사이에 알려졌고, 마침내 그들의 인정을 받은 것 같다. 고창오씨 집안의 저명한 인사로 위위승동정衛尉丞同正을 지낸 오영로[34]가 그를 눈여겨보게

33) 朱熹·張栻과 함께 東南三賢으로 꼽혔던 呂祖謙(東萊, 1137~1181)은 절강성 金華府 출신이다. 이후 절강성은 金華學派의 본거지가 되었다. 黃榦(주희의 문인)의 계통을 이은 何基·王柏·金履祥·許謙은 금화학파를 대표하는 학자로, 세칭 '金華四先生'이라고 불린다.

34) 1292년에 작성된 정인경의 准戶口에 의하면 오영로의 古名은 '愈然'이다(『서산정씨가승』). 정인경의 증손 儕가 찬한 「양렬공행장」에서는 "오영로는 고창현 사람이다" 하였고, 同註에 "고창은 지금의 山德(德山의 오기인 듯)이다"라고 하였다. 후손들은 이에 근거하여, 정신보가 당시 충청도 덕산에 살던 오영로의 딸을 아내로 맞았다고

되었고, 마침내 정신보를 사위로 삼기에 이르렀다. 오영로는 고려 의종·명종 때의 석학이자 유명한 문장가였던 현정玄靜 오세재吳世才(1133~1187)의 손자이다. 1292년에 작성된 정인경의 준호구准戶口에 따르면, 당시 정인경의 모친 고창군부인 오씨의 나이가 72세로 되어 있다. 서기로 환산하면 1221년생이다. 정신보와는 15세 가량 차이가 났을 것으로 추정된다.

동래한 지 5년째 되던 고종 28년(1241, 辛丑) 8월 정신보의 장남 인경이 태어났다.[35] 그로부터 10년 뒤인 고종 38년(1251, 辛亥) 2월, 마침내 간월도 생활을 청산하고 서주瑞州 대사동大寺洞으로 거처를 옮겼다. 비로소 고려에 정착하게 된 것이다. 정신보는 대사동에 살면서 늘 망운望雲의 심사를 달랬다. 뒷날 정인경이 망운대望雲臺를 쌓고 부친의 뜻을 이었으니, '기부기자其父其子'라 할 것이다. 망운대는 당나라 때 공신 적인걸狄仁傑의 고사를 딴 것이다.[36]

정신보가 생각한 고려는 일찍이 공자가 '승부부해乘桴浮海'[37]하려 했던 곳이었다. 또 몽골의 침략에 맞서 수십 년 동안 끈질긴 항쟁을 하면서 국맥國脈을 유지해 온 나라였다. 이에 그는 조국 남송을 사랑하는 마음을 고려로 돌려 귀화인으로서의 새로운 삶을 살게 되었다. 후학들의 교육에 힘쓰면서 한편으로는 노구老軀를 이끌고 국가에 봉사하였다. 원종 10년

말하기도 한다. 그러나 근거가 충분한 것 같지 않다.

35) 『고려사』 권107 「정인경열전」 및 「정인경묘지」, 『서산정씨족보』 등에서는 정인경의 생년을 1237년이라 하였고, 1292년에 작성된 호구단자 및 鄭僐의 「행장」에서는 1241년생이라 하였다. 관찬 사료에 신빙성을 부여하는 것이 학계의 통례이지만, 정신보가 渡東하던 해 아들을 낳았다는 것은 사리에 맞지 않다. 중국인 부인과 함께 고려로 왔다면 문제가 없지만, 고려 출신 여인을 만난 뒤 낳은 아들이라면 전후 정황으로 보아 무리가 많다. 『족보』는 오탈자가 많고 전후의 기록에 차이 나는 것이 적지 않다. 눈 밝은 이들이 眞僞를 잘 분별해야 할 것이다.

36) 적인걸(630~700)은 당나라 초기의 공신으로 후일 梁國公에 봉해져 狄梁公으로도 불렸다. 일찍이 태항산에 올라 흰 구름이 외롭게 떠가는 것을 보고 "내 어버이 집이 저 아래에 있다"며 구름을 슬프게 바라보았다는 '白雲故事'가 있다.

37) 『論語』, 「公冶長」, "子曰, 道不行, 乘桴浮于海. 從我者 其由與!"

(1269)에는 육십 대의 나이에 지금의 의주義州인 인주麟州의 태수가 되어[38] 국토방위의 일선에 나가기도 하였다.

정신보는 성리학으로 아들 정인경 및 후학들을 가르쳤다. 남송성리학은 북방 오랑캐의 잦은 침략 속에서 체계화되었기 때문에 '의리사상'이 유난히 강렬하였다. 이 의리사상은 『춘추』의 '복구復仇사상'과 '존왕양이尊王攘夷'의 정신을 기반으로 하였다.[39] 정신보의 집안이 본디 춘추학을 가학으로 하였던 만큼(이하 後述함), 춘추대의는 정신보 교학사상의 중심이 되었을 것이다. 정인경이 열 살 때 지었다고 하는 시를 보면 부사父師의 가르침이 어떠하였는지를 엿볼 수 있을 것 같다.

胡塵漲宇宙	오랑캐 먼지가 온 천지에 가득한데
萬里落孤臣	만리에 유락한 외로운 신하.
何日乾坤整	어느날 이 세상 바르게 되어
重回趙氏春	또다시 우리 조씨趙氏의 봄이 돌아올거나.[40]

『동사강목東史綱目』에서는 "정인경은 처음에 통역으로 이름이 알려졌다"[41]라고 적고 있다. 이를 통해 정인경이 가학으로 중국어(몽골어)를 습득하였음을 짐작할 수 있다. 중국어뿐이겠는가? 중국의 학술과 문화에

38) 『高麗史節要』, 권18, 원종 10년(己巳)조 참조.
목만중이 찬한 「원외랑·양렬공 합전」 및 「연보」 등에서는 "정인경이 辛酉年에 親喪을 당하여(丁憂) 고향에 돌아갔다. 잇달아 상을 당하여 廬墓살이를 했다"라고 적고 있는데, 신유년은 1261년이다. 그런데, 『고려사』에 의하면 정신보는 1269년에 인주 태수로 재임하였고 부인 오씨는 1292년 호구단자 작성 당시 72세로 생존해 있었다. 위 「합전」 및 「연보」 등의 내용은 遵信하기 어려운 점이 있다. 서산정씨대종회 홈페이지에서는 정신보의 졸년을 1271년이라 적고 있다. 어디에 근거한 것인지 알기 어렵다.

39) 절강성 항주에는 복수와 원한의 화신 伍子胥의 사당이 있다. 오자서는 남송인의 복수정신에 큰 영향을 끼쳤을 것이다.

40) 李睟光, 『芝峯類說』, 권12, 文章部(五), 「元詩」.

41) 『東史綱目』, 권13, 忠烈王 31년(1305) 12월조, 정인경의 卒記 참조.

대해 폭넓게 공부하였을 것이다.

정신보와 인경 부자에게서 공통적 특징을 찾을 수 있다면 '문'과 함께 '무武'를 중시했다는 점일 것이다. 이것은 무비武備를 소홀히 하다가 몰락의 길을 걸었던 남송의 역사를 귀감으로 삼은 것이라 하겠다. 정신보 자신이 말년에 국경지방의 태수로 근무한 것이라든지, 정인경이 어려서부터 무예를 익혀 무공으로 이름을 날린 것은 우연이 아닐 것이다.

정인경과 사돈관계에 있었던 채모는 정인경의 부탁[42]으로 찬한 「원외랑묘갈명」에서, 정호·정이의 저술이 고려에 처음 들어온 것이 정신보에 의한 것임을 분명히 밝혔다. 채모는 정신보의 학행을 직접 보고 들을 수 있었던 만큼 이 증언은 신빙성이 높다고 할 수 있다.[43] 이 「묘갈명」에는 정신보가 유고를 남긴 것(奉遺稿, 以示余)으로 되어 있으나 오늘날에는 전하지 않는다.[44] 남송 말기의 충신이자 문인화가인 정소남鄭所南(1241～1318)이 『심사心史』를 지어 망국의 한을 문자에 부쳤던 것과 지취志趣가 같았으리라고 짐작된다.

정신보가 가르친 성리학의 내용은 이정을 주로 한 것이다. 남송성리학의 의리사상을 빼놓고는 설명하기 어렵다. 이단배척도 남송성리학의 특징 가운데 하나이다. 정신보의 성리학은 가학으로 이어져 아들 정인경에게 전해졌다. 정인경은 불교가 성행하는 현실을 개탄하고 제자들을 성리학으로 가르쳤으며, 그가 가르친 후학들의 책상에는 언제나 이정의

---

42) 편자 미상의 『원외랑집』과 『가승』 등에는 채모가 정인경에게 보낸 서한이 있다. 정인경이 채모에게 묘갈명을 부탁했음을 짐작하게 한다. "春府丈, 節義道德, 如星斗嶠嶽, 非余淺見薄識, 所敢撰揚其萬一者……."

43) 족보에 실린 이 묘갈명은 당시의 것을 직접 탁본해서 전재한 것이라는 점에서 신뢰도가 높다. 탁본을 전재했음은 군데군데 결자가 있는 것으로 알 수 있다.

44) 국립중앙도서관에 편자 미상의 필사본 『원외랑집』 상·하 2책(87면)이 소장되어 있음을 확인하였다. 확인 결과, 정신보가 직접 저술한 시문은 한 편도 없고 대부분 『가승』 등에 실린 것을 옮겨 적은 것이었다. 하책에 합천 출신 정신보 후예들의 행적이 다수 실려 있어 編者의 출신을 짐작할 수 있었다.

책이 놓여 있었다고 한다.[45]

그런데, 정인경은 부사父師인 정신보뿐만 아니라 당시의 대표적 '원나라통'이었던 한자희韓自熹(韓浚)를 사사師事하여 그 학통을 후세에 전하였다고 한다.[46] 한자희는 원나라에 오래 머물렀으며, 원도元都에 사저私邸가 있을 정도였다고 한다. 『청주한씨 평장사공 파보』에 의하면, "한자희는 중형仲兄 영永(正惠公)을 따라 원나라에 벼슬하여 문하평장사에 이르렀는데, 뒤에 본국으로 돌아왔다"[47]라고만 되어 있다. 한자희에 대해 자세히 논구할 수 없음이 아쉽다. 정인경은 한자희의 문하에 왕래하면서 그의 가르침을 받는 한편 정신보의 학문을 한자희에게 전하는 역할을 하였다. 「양렬공실기」에 나오는 '왕래전학往來傳學'이라는 말은 이를 의미하는 듯하다.

그렇다면 정인경은 의리를 중시하는 남방성리학(二程의 학문)과 함께 소학小學 류의 도덕실천을 중시하는 북방성리학을 함께 전해 받은, 고려에서 거의 유일한 학자라 할 수 있다. 그가 남북의 성리학을 아우른 것이 부친 정신보의 가르침을 좇은 것인지, 아니면 시대의 변화에 따라 주체적으로 수용한 것인지는 분명하지 않다. 다만, 후일 정몽주鄭夢周 단계에 이르러 남방의 의리지학이 적극 수용되어 북방성리학 중심의 고려 학계가 새롭게 사상적 전환을 하고 이것이 배원향명排元向明정책을 뒷받침하였던 사실에 비추어 볼 때,[48] 정인경의 선구적인 위상은 새롭게 평가되어야 할 것이다.

---

45) 『서산정씨세보』, 권7, 「양렬공연보」, 56세조, "麗俗專尙佛敎, 士大夫家大小祥, 設齋于山寺. 往往有卿相致仕, 妥佛軀. 或影幀于別堂籠室, 以崇奉之. 先生大加非斥之, 每以性理之學訓敎, 後進案上, 只有兩程之書."

46) 『서산정씨가승』 상, 「襄烈公實記」(鄭僐), "承業於門下侍郎韓自熹之宅, 往來傳學."

47) 『淸州韓氏平章事公派譜』, "九世浚: 謝奇三子. 初名涉, 又改自熹. 從仲兄永仕元, 官至門下平章事. 後還本國."

48) 윤남한, 「유학사」, 『한국문화사신론』(중앙문화연구원, 1975), 468쪽 참조.

6. 정신보 가문의 학풍

정신보의 직계조상인 정온(정충응)은 『의문정씨종보』를 제외한 중국 측 사서史書에 기록된 바가 없다. 그 아우 정기는 의문정씨 창세조創世祖라는 위상을 반영이라도 하듯 기록이 많은 편이다. 정기에 대한 기록을 통해 포강정씨 가문의 가풍家風 및 가학연원, 정신보의 학풍 등을 유추해 보기로 한다.

돌이켜 보면, 중국 당나라 말기부터 학계·사상계에 중요한 움직임이 대두하였다. 불교와 노장사상이 주류를 이루었던 사상계의 흐름을 거부하면서 중국 정통사상인 유교의 권위를 세우기 위해 철학적으로 재무장하려는 움직임이 바로 그것이다. 대개 당대 한유韓愈 등의 고문古文운동으로부터 촉발된 이런 움직임은 북송 때까지 지속되면서 큰 발전을 가져왔다. 송유들은 유교를 철학적으로 무장하여 성리학을 탄생시켰다. 그들은 북방의 강성한 이민족으로부터 정통 왕조인 송나라를 지켜 내기 위해 의리사상을 부각시켜야만 했고, 자기의 주체성을 확립하고 이단사상을 물리치기 위해 불교와 노장사상을 초월, 극복하지 않으면 안 되었다. 송유들이 『춘추』를 중시한 이래 『춘추』의 대일통大一統사상은 동양의 정치·문화의 질서를 지배하는 강력한 이데올로기가 되었다. 유교 경전 가운데 『춘추』는 군신 간의 명분과 의리를 중시하며 중화中華를 높이고 이적夷狄을 양척攘斥하는 점에서 특성을 보인다.

일본의 저명한 한학자漢學者 혼다 시게유지(本田成之, 1882~1945)는 명저 『중국경학사』에서, 송대의 경학은 춘추학에서 특징을 보였으며 괄목할 만한 성과를 내었다고 강조하였다. 송학을 창시한 호원胡瑗(安定, 993~1059)과 함께 송대 초기 '삼선생'의 한 사람인 손복孫復(992~1057)은 『춘추존왕발미春秋尊王發微』 12권을 지어 송대 춘추학의 신기원을 열었다. 호원의 문인

존각尊覺도 공양전을 기초로 『춘추경해春秋經解』 15권을 찬술했다. 송대 학자들의 『춘추』 중시의 기풍이 시대사조처럼 된 것은 손복으로부터 영향을 받은 바 크다고 하겠다. 혼다 교수는 송대 학인들이 춘추학을 중시하여 춘추학에서 가장 많은 성과를 낸 이유를 북적北狄인 금나라를 증오했던 데서 찾았다. 유덕柔德한 송나라는 북적을 두려워하면서 증오심과 복수심을 고취하여, 이것이 한 시대의 풍조를 이루었다. 이런 시대적 분위기를 타고 『춘추』의 '존왕양이尊王攘夷'나 '복수復讐'를 기치로 한 저술들이 속출하였다. 그 지도적 위치에 있는 저술이 호안국胡安國(1074~1138)의 『춘추호씨전春秋胡氏傳』 30권이다. 『공양전』에 바탕을 둔 『호씨전』은 시대 분위기에 편승하여 경전을 주관적으로 해석했다는 비판을 받기도 했다. 심지어 "송나라에 아첨했다"라는 비판까지 받았다. 그러나 춘추를 의리학적·복수적 관점에서 해석하여 '남송의 춘추'로 불리게 된 것은, 그 시대와 관련하여 경학이 현실에 응용되고 구현될 수 있는 가능성을 보여 준 사례라고 할 수 있다.[49)]

청대 학자 주이준朱彝尊(1629~1709)의 『경의고經義考』에 의하면, 정온의 아우 정기는 3만 언에 달하는 『곡량합경론穀梁合經論』(失傳)을 저술했다고 한다. 그는 가학을 계승하여 『춘추』를 경전 가운데 으뜸으로 여겼다. 그가 독실하게 좋아한 책은 『춘추곡량전』이었다고 한다.[50)] 원나라 때의 학자이자 시인인 게혜사揭傒斯는 이 책에 대해 "경전의 미사오지微辭奧旨를 밝혀낸 것이 많다"[51)]라고 평한 바 있다.

『춘추』라는 책은 '의리'의 대명사이다. 춘추삼전春秋三傳 가운데 특히 『곡량전』은 '의리'와 '명분'을 주제어 삼아 풀어낸 책이다. 정기의 집안에서

49) 本田成之, 서경요 역, 『중국경학사』(도서출판 문사철, 2011), 350~354쪽 참조.
50) 『經義考』, 권186, 「鄭氏(綺)穀梁合經論」, "傳家學, 以春秋爲宗. 其所篤好, 獨在穀梁氏, 撰穀梁合經論三萬言."
51) 『經義考』, 권186, 「鄭氏(綺)穀梁合經論」, "揭傒斯曰, 處士穀梁合經論, 多發摘微辭."

『춘추』를 가학으로 하였고 의리와 명분으로 춘추를 해석한 『곡량전』을 중시하였다는 점에서, 정온의 학문 성격이 어떠했을지도 미루어 짐작할 수 있다. 정온의 후손 정신보가 '의리' 두 글자로 삶을 일관한 것은 그 정신적 연원이 어디에 있는지를 엿보게 하는 것이라 하겠다.

정신보의 의리정신은 『삼강행실도』에 실릴 정도이니 더 말할 나위 없다. 정인경 역시 난세에 출사하여 여러 벼슬을 역임하였고 또 사행使行으로 원나라에 여러 차례 다녀오기도 했지만, 한결같이 '의리' 두 글자를 신조로 올곧게 처신하였다. 1269년 무신집정자 임연林衍이 원종을 폐립廢立하고 원나라에서 귀국 길에 오른 세자를 죽이려 할 때, 정인경은 죽음을 무릅쓰고 무신세력에 협조하지 않았다. 그는 당시 세자를 모시고 원도元都에 다시 돌아가 원종의 복위를 강력하게 주청, 일을 성사시켰다.[52] 이것은 그의 처신의 일단을 보여 주는 사례라 하겠다.

정신보의 5세손으로 서산정씨 김산金山(지금의 김천) 입향조入鄕祖인 부성부원군富城府院君 정윤홍鄭允弘은 고려 말에 나라의 운세가 다함을 한탄하며 김산 봉계리鳳溪里에 은거함으로써 불사이군不事二君의 대의를 지켰다. 그는 당시의 동지였던 백귀선白貴璇 · 김효신金孝信과 함께 '김산삼절金山三節'로 일컬어진다. 정윤홍의 출처대의는 정신보 이래 서산정씨의 가풍에서 연원한다고 할 것이다.

7. 학통의 전승 및 후세에 끼친 영향

정신보→ 정인경의 학통이 어떤 경로로 후세에 전승되었는지는 자료가 없어 명확히 고찰하기는 어렵다. 후세에 끼친 영향도 방증을 통해 짐작할

52) 『高麗史』, 권107, 「鄭仁卿列傳」 참조.

수 있을 뿐이다. 앞으로 자료가 발굴되기를 기대하면서 몇 가지 추정을 하기로 한다. 먼저 인척관계를 통한 전승을 유추해 본다.

정신보는 슬하에 인경과 준경 두 아들을 두었고, 장남 인경은 5남 2녀를 두었다. 5남 2녀 가운데 제5남인 신수信綏는 검교첨의평리檢校僉議評理를 지낸 유자우庾自禹(1260~1313, 본관은 茂松)의 셋째 사위가 되었는데, 그의 둘째 동서同壻가 이임종李林宗이다.[53] 이임종은 『제왕운기帝王韻記』의 저자인 동안거사動安居士 이승휴李承休(1224~1300)의 맏아들이다. 이승휴와 정인경은 조정에 있으면서 이런저런 관계가 있었던 것 같다. 일찍이 사행使行으로 중국에 동행한 경험[54]이 있었으며, 자식들이 서로 동서지간이 되는 등 유대관계가 보통 이상이었을 듯하다.

정인경의 장녀는 채모의 아들 종서宗瑞와 혼인하였고, 차녀는 김태현金台鉉(1261~1330)의 아들 광식光軾에게 시집갔다. 채모는 정신보의 묘갈명을 찬할 정도로 정신보·정인경 부자와 친밀한 관계에 있었다.[55] 김태현은 고려 말 광산김문光山金門을 대표하는 저명한 학자로, 우리나라 역대 문인들의 시문을 모아 『동국문감東國文鑑』을 엮은 바 있다. '사대모화事大慕華'의 시대적 분위기 속에서 '동국'의 위상, '동인東人'의 존재감을 부각시키려 한 점에서 주체의식의 발로를 엿볼 수 있다. 고려 후기 주체적 역사의식의 산물인 오세문吳世文[56]의 「역대가歷代歌」, 이승휴의 『제왕운기』, 김태현의

53) 김용선, 『역주 고려묘지명집성』 하(한림대학교 출판부, 2001), 「通憲大夫檢校僉議評理庾公墓誌銘」 참조.

54) 고려 원종 14년(1273), 원나라에서 황후와 황태자를 책봉할 때 이승휴는 賀進使 順安公(王悰)을 따라 서장관으로 入燕하였다. 당시 사행의 일원으로는 宋松禮·李汾成·정인경 등이 있었다. 일정은 윤6월 9일에 개경을 출발하였고 7월 29일에 귀환하였다. 『動安居士行錄』, 권4, 「賓王錄幷序」 참조.

55) 당시 사람들은 채모가 정신보의 묘갈명을 찬한 것을 두고 "潞公(文彦博)이 정명도의 묘비명을 쓴 것과 같다"라고 말했다고 한다. 『서산정씨대동보』 제1권, 56쪽, "人謂潞公之題程墓也."

56) 吳世才의 형이다.

『동국문감』 등이 정신보·정인경 부자와 직접·간접으로 연관되어 있다는 점은 주목할 만한 일이다.

앞서 말한 김태현·김광식 부자는 고려 문종 때의 학자 김양감金良鑑의 후손으로 알려져 있다.[57] 범세동范世東의 『동방연원록東方淵源錄』[58]에 의하면, 김양감은 일찍이 최충의 구재학당에 들어가 수학하였고, 문종 28년(1074) 북송에 사신으로 들어가 태묘太廟와 태학太學을 모사摹寫하여 가지고 돌아와 고려 문묘의 제도를 중국식으로 고치는 데 기여하였다. 또 정호와 정이를 직접 만나 성리학의 미사오지微辭奧旨를 전수받았다. 그는 뒷날 "내가 마음으로 깨달아 평소 지켜 온 것은 동사東師의 유운遺韻에서 얻은 것이지만, 박약博約의 은미하고 심오한 말은 황송皇宋의 정문程門에서 친히 받은 것이다"라고 하였다 한다.[59] 이 밖에도 북송에 사신으로 가서 이정 또는 그의 문인들과 학문적으로 교유했던 사람으로는 윤관·윤언이 부자가 있다.[60] 이렇게 볼 때, 정신보가 교수敎授하였던 이정의 학문은 정신보·정인경 부자가 고려 학인들과 교유하는 데 매개체 구실을 했을 수도 있다. 정인경과 김태현이 사돈관계를 맺은 이면에 두 집안에 전수되어 온 가학의 영향이 있었다면, 고려 말기의 학술사는 지금까지 알려진 것과는 꽤 다른 방향으로 전개되었을 법하다.

한편, 정인경의 셋째 아들로 신구信丘가 있다. 신구는 출가하여 상문桑門

57) 「金義元墓誌」에서는 김양감의 본관이 전라도 光陽이라고 하였으나, 광산김씨 문중에서는 光金의 선조로 받들고 있다. 허흥식 편, 『韓國金石全文(中世上)』, 712쪽 "公諱義元, 羅州光陽縣人也.……考諱良鑑……"; 같은 책, 706쪽, 「崔允儀配金氏墓誌」, "夫人金氏, 其先光陽人, 則金紫光祿大夫戶部尙書三司使金公義元之長女也."

58) 元天錫의 『華海師全』과 함께 僞書의 시비가 있는 고려 말 역사서이다. 그러나 『동방연원록』은 상대적으로 위서 시비의 정도가 덜하며, 또 시비를 판단할 기준이 많지 않다. 이에 본고에서는 이를 인용하되 후세의 눈 밝은 이들의 고증을 기대한다.

59) 『東方淵源錄』, "金文安則入使皇宋, 微辭奧旨, 受於程門, 耳提面命. 是以, 金文安嘗曰: 「吾之心悟素守, 得於東師之遺韻, 其爲博約微奧, 親受於皇宋程門之下矣."(李炳觀 편, 『東國名賢言行錄』, 京城: 大成學會, 1927, 23쪽 참조)

60) 『東國名賢言行錄』 참조.

에 들었다고 한다. 일부 학인들은 「인각사보각국사탑비麟角寺普覺國師塔碑」 '선사질禪師秩'에 "형원사瑩原寺의 신구信丘"라는 이름이 들어 있는 것을 근거로 정인경과 『삼국유사』의 저자 일연一然 스님의 관계를 말하기도 한다.[61] 그러나 필자가 보기에는 근거가 충분하지 않은 것 같다. 동명이인일 가능성이 높다고 생각한다.

다음, 정신보·정인경이 학문의 터전을 일구었던 '서산'을 중심으로 추정해 보기로 한다. 정신보가 이정의 성리학을 가르쳤다고 할 때, 그 첫손에 꼽히는 대상은 서산을 중심으로 한 충남 서부지역의 사인士人들이었을 것이다. 최근 필자가 확인한 국립중앙도서관 소장 『원외랑집』에 의하면, '양렬공문생襄烈公門生 도학고명제자道學高名弟子 팔현八賢'이라는 긴 제목 아래 정인경의 문인으로 도학에 이름 있는 제자 여덟 사람의 이름이 열거되어 있다.[62]

밀직부사密直副使 유실柳實
태재선생泰齋先生 유방선柳方善
대사간大司諫 유윤겸柳允謙
홍문관대제학弘文館大提學 유백순柳伯淳
서령부원군瑞寧府院君 유성간柳成澗
서성군西城君 한홍서韓洪瑞
판서判書 한정덕韓正德
사인舍人 한광안韓光顔

이 자료에 거론된 인물은 대부분 조선 초기의 사람들로, 정인경과는 연대상으로 거리가 있다. 또 유실은 유성간의 후손이고, 유방선(유실의 아우)과 유윤겸은 부자간이다. 원조遠祖와 후손 또는 아버지와 아들이

61) 서산정씨대종회 홈페이지 참조.
62) 『원외랑집』, 54~55쪽. 이 가운데 일부 오자를 바로잡았다. 瑞城君→ 西城君.

제자열에 함께 들어 있음은 문제가 아닐 수 없다. 그러나 문제점이 있기는 하지만 이 자료가 내함內含하는 의미는 취할 필요가 있다고 본다. 즉, 정신보 → 정인경의 학통이 서산지역의 대표적 문벌귀족인 서산유씨와 청주한씨 가문을 통해 전해졌음을 시사한다는 점에서 그렇다.

청주한씨의 경우, 거론된 세 학자 모두 한자희의 후손이다. 한홍서는 한자희의 장손으로, 충선왕 때 과거에 급제하여 벼슬이 판도판서版圖判書, 추밀원직학사樞密院直學士에 이르렀다. 하정사賀正使 사절로 원나라에 들어갔다가 연경의 집에서 세상을 떠났다.[63] 한홍서의 아들 한정덕은 전리典理 벼슬을 지냈다. 고절高節이 있었고 학행學行으로는 비할 사람이 없었다 한다. 여말의 어지러운 정국을 한탄하고 서산의 사지촌蛇池村에 은거하면서 세상을 마쳤다.[64]

정인경이 한자희와 사제의 연을 맺은 이후,[65] 두 가문은 학문적으로 교류하면서 조선 초기까지 내려왔던 것 같다. 학통전수의 개연성이 농후하다. 그러나 그와 관련된 자료는 아직까지 알려진 바 없다. 서산유씨 집안의 경우도 마찬가지이다. 시조 유성간은 출생연대를 추정할 때 정신보에 가까운 사람이므로 정인경의 문인이라 보기는 어렵다. 다만 그의 자손들이 정신보의 학통을 계승하였을 가능성은 있다고 본다. 유성간의 후손 가운데에는 태재 유방선(1388～1443)이 저명하다. 금후 유방선의 성리

63) 『湖山錄』, 「古今人物」, "韓洪瑞, 門下平章事韓自喜之孫, 淸州上黨君韓蘭之後也. 高麗忠宣朝登第, 官至版圖判書樞密院直學士. 以賀正使入元朝, 卒于燕京邸." 『청주한씨 평장사공 파보』에도 같은 내용이 실려 있다. 『湖山錄』은 조선 중기의 학자 韓汝賢이 편찬한 서산 읍지이다.

64) 『湖山錄』, 「古今人物」, "子正德典理, 家在開城府南大門外. 淸修苦節, 學行無比. 又有高世之見, 知世之不可爲, 來居本邑蛇池村, 自稱煙波釣徒, 不巾不帶於滄浪江湖, 潛光晦跡, 永絶往來於城市者三十餘年."

65) 인척관계도 유지되었다. 한자희의 현손 彪(洪瑞의 손자, 正粹의 아들)가 정인경의 후손에게 장가들었고, 근년까지 한표 내외의 묘가 정인경의 묘역 부근에 있었다. 정신보의 증손 儕는 「양렬공실기」에서, 한표가 정인경의 舊基를 정성껏 돌보아 준 것에 대해 칭송하였다. '표'라는 이름은 정신보의 초명과 같다.

학에 끼친 정신보·정인경의 사상적 영향이 어떠했는지가 밝혀지기를 기대한다.

혼맥을 통한 학술전승의 본보기 가운데 점필재佔畢齋 김종직金宗直(1431~1492), 매계梅溪 조위曺偉(1454~1503)의 경우도 빼놓을 수 없다. 양인의 지명도로 보아 관련 자료만 확보된다면 조선 초기 학술사는 새로 써야 할지도 모른다.

앞서 소개한 바 있는 부성부원군 정윤홍은 정인경의 5세손이다. 지금의 김천인 김산金山에 처음으로 터를 잡은 사람이다. 정윤홍의 사위인 조심曺深은 매계 조위의 조부로, 조선 건국 뒤 정치적 연좌連坐[66]를 피해 처향인 김천으로 내려왔다. 조심의 낙향에는 장인 정윤홍의 영향도 적지 않았을 것이다. 한편, 조심의 아들이 조계문曺繼門인데, 그는 1남 1녀를 두었다. 아들이 매계 조위이고 사위가 김종직이다. 조위는 김종직의 처남이자 문인이다. 조위의 묘는 현재 김천시 인의동仁義洞 정윤홍 묘역 안에 있다. 서산정씨 가문과 조위 가문 사이의 유대관계를 엿볼 수 있는 부분이다.

정윤홍과 조심이 낙향한 김산 봉계리 일원은 현재 인의동, 예지동禮智洞, 신동信洞으로 나누어져 있다. 오늘날까지도 서산정씨의 영향력이 있는 곳이다. 1914년 행정구역 개편 당시 지난날 이곳에서 세력이 컸던 정윤홍의 다섯 아들[67]의 이름을 딴 것이라고 한다. 조위 집안의 사위가 된 김종직 역시 정신보 → 정인경으로 이어지는 서산정씨의 가학 내력에 대해 직·간접으로 접하였을 것이다. 서산정씨 집안에서도 김종직과의 관계를 일정하게 유지해 나갔던 흔적이 있다. 한 예로 정인경의 8세손 정희鄭僖[68]가 김종직의 문인이 되었던 것에서 찾을 수 있다.

김종직은 정몽주 → 길재 → 김숙자의 학통을 이은 동국도학東國道學의

66) 조심은 이성계의 반대파인 曺敏修의 조카이다.
67) 斯仁·斯義·斯禮·斯智·斯信.
68) 자는 無悶. 연산군 2년(1496)에 式年試 丙科 19위로 급제하였다.

적전嫡傳이다. 이들의 학문은 『소학』을 중시하여 일상에서의 도덕적 실천에 힘쓰는 경향이 다분하였다. 원유元儒 노재魯齋 허형許衡 일파의 영향이 크다고 할 수 있다. 그러나 의리정신이 빠져 버린 원나라 유학과는 달리 정몽주 계통의 학자들은 의리정신으로 충만하였다. 정몽주가 의리정신을 뼈대로 하는 남송성리학을 수용하여 절원귀명絶元歸明을 외친 이래 성리학의 학풍이 일변하였다.[69] 여말선초의 유학이 중국의 북방성리학과 남방성리학의 영향을 고르게 받았던 배경에는 이런 사정이 깔려 있다.

『점필재집』과 『매계집』에는 정신보·정인경 부자와 관련한 내용이 실려 있지 않다. 그러나 이들 문집이 사화士禍 때문에 온전하지 못한 것임을 고려할 때, 문집 이외의 방증 자료를 수집蒐集할 필요성을 느낀다. 현재로는 추정에 그칠 수밖에 없지만, 남송 의리학과 사림파 사이의 관계를 밝힐 수 있는 정황들이 드러나고 있다. 정몽주 이전에 한반도 서부지역에 들어온 남송성리학이 고려 학계에 어떤 영향을 끼쳤는지, 학술사에서 어떤 의미를 갖는지에 대해 논할 수 있는 확실한 자료가 발굴되기를 바라는 바이다.

8. 맺음말

남송 이종理宗(재위: 1224~1264) 연간에 활동했던 정신보는 남송 조정에서 형부원외랑을 지냈으며 도학군자로 저명하였다. 나중에 원나라 초대

69) 『호산록』에는 신라의 최치원이나 고려의 정몽주가 使行을 하면서 서산항을 경유하였다고 서술되어 있다. 정몽주가 과연 서산을 통해 중국에 다녀왔는지의 여부, 서산을 통한 이유가 무엇이었는지 등에 대해 제대로 밝혀지면 정신보 학통과의 관련성도 유추해 볼 수 있을 듯하다. 『湖山錄』, 「海浦」, "高麗鄭夢周, 新羅崔致遠, 皆自西南, 舟通中國, 朝天貢獻. 今則大明龍興, 日月所照, 霜露所墜, 盡爲臣妾, 則我國朝天之路, 自義州過遼東, 直抵燕京, 何必取路於無邊大洋之中哉?"

황제가 된 쿠빌라이로부터 회유를 받았으나 이를 거절하고, 1237년 고려국 서산의 간월도에 귀양을 오게 되었다. 그가 정치적 망명이 아닌, 귀양을 왔음은 정신보의 후예인 정제鄭儕 · 정인홍 등의 기록이 뒷받침한다. 또 그가 남송을 떠날 때 중국의 가족을 데리고 오지 않은 것도 방증의 하나라 할 수 있다.

동래 이후 고려국 여인과 재혼한 정신보는 고려에 귀화하여 제이의 인생을 살았다. 그는 이정의 저술을 가지고 고려 학인들에게 남송의 성리학을 전수하였다. 안향에 의해 연경으로부터 주자학이 전래된 1290년보다 50여 년이 앞선다. 이에 앞서 12세기 당시 이미 북송의 도학이 고려에 전래하였고 무신정권시기에도 일부 학인들에 의해 성리학의 전통이 전해졌음을 상기할 때, 당시 정신보에 의해 전래된 이정 중심의 성리학은 전혀 생소한 학문은 아니었다.

정신보는 남송시기 절강지방의 명문인 포강정씨의 후손이다. 포강정씨는 누세동거로 유명하며 최근세까지도 '의문정씨'로 불릴 정도로 동북아시아에서 그 명성이 대단하다. 의문정씨 집안에 내려오는 가범은 북송 시기 남전여씨 집안의 여씨향약과 함께 조선조 학인들에게 널리 알려졌다.

정신보는 포강정씨 동거 제1세인 충응거사 정온의 증손이다. 포강정씨 집안의 『종보』에 의하면 정온이 아들이 없어 사후에 아우 기綺의 아들로 후사를 세웠다고 한다. 이로 미루어 정신보 일계一系는 적통은 아니었을 것으로 추정된다. 정신보가 고려에 귀화하여 그 일계가 독립함으로써 별자別子가 따로 종파를 열어 시조가 된다는 '별자위조別子爲祖', '계별위종繼別爲宗'의 정신을 현실에서 구현하였던 것이다. 다시 말해서 정신보의 후예들이 '새로운 출발'에 남다른 의미를 부여하였다고 할 수 있다.

정신보는 동래 이후 남송의 성리학으로 아들 정인경 및 후학들을 가르쳤다. 북방 오랑캐의 잦은 침략 속에서 체계화되었던 남송성리학은 '의리사상'이 강렬하였다. 남송의 의리사상은 『춘추』의 '복구復仇'사상과 '존왕양이尊王攘夷'의 정신을 두 축으로 하였다. 정신보의 집안이 본디 춘추학을 가학으로 하였음은 이런 사정과 직결되어 있다. 춘추대의는 정신보 학문의 핵심이었을 것이다. 정신보가 '의리' 두 글자로 일생을 마친 것은 그 정신적 연원이 어디에 있는지를 엿보게 한다.

정신보 → 정인경의 학통은 여러 경로를 통해 후세에 전승되었을 것이다. 본고에서는 방증 자료를 기초로 몇 가지 추정을 하였다. 먼저 인척관계의 측면에서 보면, 정신보는 해좌칠현의 한 사람인 오세재의 증손녀와 혼인하였고, 정인경은 『제왕운기』의 저자 이승휴, 『동국문감』의 편자 김태현 등과 혼맥을 통해 교유하였다. 이들 가문은 고려가 내우외환으로 신음하고 있을 때 민족주체성의 깃발을 높이 들었다는 점에서 공통적 성격이 있다. 특히 김태현의 집안은 일찍이 그의 선조 김양감이 북송에 사신으로 가서 정호·정이를 직접 만나 가르침을 받고 돌아왔다는 점에서 정인경의 집안과 가학상으로 통하는 바 많았으리라고 본다.

혼맥을 통한 학술전승의 본보기 가운데 김종직과 조위의 경우는 주목할 만하다. 조위는 서산정씨 김천 입향조 정윤홍의 사위인 조심(창녕조씨 김천 입향조)의 손자이고, 김종직은 조위의 처남이자 스승이다. 정윤홍과 조심이 낙향한 김산 봉계리 일원은 오늘날까지도 서산정씨의 영향력이 있는 곳이다. 조위의 묘도 정윤홍의 묘역 안에 있다. 서산정씨 가문과 창녕조씨 가문 사이의 유대관계를 엿보게 한다.

김종직은 정몽주 이래 동국도학의 적통이다. 동국도학의 적통을 이은 김종직의 학풍은 『소학』을 중심으로 도덕적 실천에 힘쓰는 것이었다. 그러면서도 다른 한편으로는 의리정신을 뼈대로 하는 남송성리학을 수용하여 중국의 북방 성리학과 남방 성리학의 영향을 고르게 받았다.

정몽주 이전 한반도 서부지역에 들어온 남송성리학이 고려 학계에 어떤 영향을 끼쳤는지 조명할 필요가 있다고 본다.

그 밖에 정신보·정인경 부자가 학문의 터전을 일구었던 '서산'을 중심으로 학문이 전승되었을 개연성이 높다. 서산이 배출한 여말선초의 명유들이 거의 다 정신보·정인경의 학문적 영향을 받았다고 해도 과언이 아니다. 특히 서산지역의 대표적 문벌귀족인 서산유씨와 청주한씨 가문을 통해 전해졌을 가능성이 높다. 서산유씨 태재 유방선의 가문과 청주한씨 한자희의 가문은 정신보의 가문과 직·간접의 학문적 교류가 있었다. 향후 이에 대한 후속 연구가 뒷받침된다면 한국성리학사는 새로 써야 할지도 모른다.

정신보는 서산이라는 지역의 테두리를 넘어서 한국 정신사에 기록될 만한 역사적 인물이다. 새로운 자료가 발굴되면 될수록 한국성리학사에서의 정신보의 위상은 더욱 확고해질 것으로 생각한다.

제3장 야은 길재와 그 문생들의 도학사상

1. 머리말

야은 길재에 대한 연구 성과는 한국유학사에서 그가 차지하는 위치나 명성에 비해 초라할 정도이다. 내용 역시 차별성이 없어 보인다. 그의 도학적 삶과 유학사에서의 위상을 다룬 것들이 대부분이다. 그 이유는 무엇일까? 필자는 그것이 '자료난'에 기인한다고 본다.

길재의 『야은집』이 전하고는 있지만 정작 그의 글은 손가락으로 꼽을 정도이다. 후학들의 제가기술諸家記述과 추모의 글, 추숭追崇과 관계된 글들이 원집原集의 두세 배에 달한다. 또 길재의 글이라고 하는 것도 학문과 사상을 살필 수 있는 것들이 아닌, '도학적 삶'이라는 주제 속에 수렴될 수 있는 시문 몇 편이 전부이다. 문인들의 경우는 자료난이 더욱 심하다. 유문遺文을 남긴 학자가 거의 없기 때문이다. 사정이 이렇다 보니 길재의 학문과 사상, 나아가 그의 문인들까지 연구하겠다고 선뜻 나서는 것이 주저될 만도 하다.

길재의 '도학적 삶'은 선유들이 남긴 수많은 상론尙論에서 이미 자세하게 다루어졌고, 이후에 나온 논고에도 부족하지 않을 정도로 정리되어 있다. 유학사에서 차지하는 길재의 위상 역시 되풀이해서 발표할 필요가 없을 정도이다. 따라서 이제는 길재의 학문에서 이론적인 부분을 좀 탐구해 볼 필요성을 느끼지만, 문제는 자료난이다. 자료가 있었다면 사정은 달라졌을 것이다.

이 글은 길재의 도학적 삶에 논점을 맞추었다.[1] 선택의 여지가 별로 없기 때문이다. 다만 길재의 도학적 삶이 지닌 의미, 그리고 그 특성이 무엇인지를 탐색함으로써, 길재 이후 김숙자 → 김종직으로 이어지는 사림파의 학문 전통이 자연스럽게 드러나도록 하였다. 사실 지금까지 사림파의 학문 전통에 대해서는 말만 많았지 그 실상은 분명하게 밝혀지지 못한 측면이 있다.

정치상의 목적이 개입된 동국도통론 차원에서의 길재의 위상에 대한 언급은 되도록 자제하려 한다. 이미 많이 다루어졌기 때문이다. 동국도통이 확립되면서 묻혀 버린 역사적 사실들에 대해서는 특정한 한 인물이나 한 학파에 대한 잘못된 인식을 바로잡는다는 차원에서 지면이 허락하는 대로 소개하려 한다.

자료는 제1차 자료를 기본으로 하였다. 길재의 삶과 학문에 대한 전반적인 내용은 그의 수제자首弟子의 한 사람인 박서생朴瑞生이 찬撰한 「야은선생행장」에 근거하였다. 후학들의 관련 기술을 보면 중요한 사항에서 이동異同이 있고, 이 때문에 자료상의 혼선을 초래하기도 한다. 이런 혼선과 논란을 해소시키기 위해서는 스승 길재에 대해 누구보다 잘 알았을 박서생의 「야은행장」을 제1급 자료로 취급해야 할 듯하다.

문인들에 대한 고찰은 저간의 성과가 미미한 점을 감안, 분량을 다소 할애하였다.

1) 길재에 관한 전반적인 내용은 최영성, 『한국유학통사』 상권에 실린 것을 재정리하였음을 밝혀 둔다.

2. 길재의 고절과 도학적 삶

야은 길재(1353~1419)는 이색·정몽주·권근의 문인이다. 정몽주의 뒤를 이어 동국도통의 정맥을 계승하였다. 18세 때(1370) 상산商山(尙州)의 사록司錄 박분朴賁에게 나아가 『논어』·『맹자』를 배웠고, 또 부친을 따라 개경으로 가서 정몽주·권근 등의 문하에 출입하면서 성리학을 수학하였다. 22세 때 국자감에 들어가 생원시에 급제하였으며, 31세 때 사마감시司馬監試에 급제, 이로부터 학문과 덕행이 더욱 무르익었다. 권근은 그에게 큰 기대를 걸면서 "내 문하에서 학문을 이어받은 사람치고는 길재가 독보이다"라고 칭찬하였다 한다.

34세 때(1386) 과거에 급제하여 성균박사成均博士에 보임되었다. 2년 뒤 위화도회군이 일어나자 고려의 멸망을 짐작하고 "몸은 비록 중인衆人 같아 기특한 것 없다마는, 뜻만은 백이·숙제처럼 마치고 싶구나"[2)]라는 시를 지어 종생終生의 뜻을 나타내었다. 창왕 2년(1389) 문하주서門下注書에 승진하였으나, 이듬해 노모 봉양을 구실로 사직한 뒤 낙향하여 금오산에 은거하면서 독서함양讀書涵養과 후진 양성에 힘썼다.

조선이 개국한 뒤, 정종 2년(1400) 태종 이방원이 동궁東宮으로 있으면서 동학同學의 구의舊誼를 생각하여 조정에 천거하고 이어 태상박사太常博士에 제수토록 하였다. 이에 길재는 자신의 심정을 이밀李密의 「진정표陳情表」에 견주면서, 충신불사이군忠臣不事二君의 절개를 이룰 수 있게 해 달라는 글을 올리고 끝내 지조를 바꾸지 않았다. 정종은 그의 뜻을 빼앗지 않고 우례優禮로 대접하여 돌려보냈다. 세상 사람들은 태종이 길재를 초빙함을 후한 광무제光武帝(劉秀)와 엄광嚴光(字는 子陵)의 고사에 비유하기도 하였다.

---

2) 『冶隱言行拾遺』 권상, 5a, "龍首正東傾短墻, 水芹田畔有垂楊. 身雖從衆無奇特, 志則夷齊餓首陽."

세종이 즉위한 뒤 상왕인 태종의 권유로 길재의 절의를 가상嘉尙하여 그의 아들 사순師舜을 등용하였다. 나라의 부름에 응해 벼슬길에 나가는 아들에게 길재는 다음과 같이 간곡히 타일렀다.

> 임금이 먼저 신하를 부른 것은 삼대三代 이래 별로 들어보지 못한 일이다. 초야에 묻혀 있는 너를 임금이 먼저 부르시니, 그 은혜와 그 의리는 보통 신하에 비할 바 아니다. 너는 내가 고려에 기울인 마음을 본받아 조선의 임금을 섬겨야 될 것이다.[3]

이를 보면, 고려 유신遺臣으로서의 그의 충정忠貞과 함께 군신·부자간의 명분과 한계에 조연照然한 인품을 짐작할 수 있겠다.

길재는 자질이 아름답고 학문이 순수하며 충효를 겸전하였다. 왕조가 뒤바뀌는 전환기에 살면서도 고결한 지조와 절의를 의연히 지킴으로써 이후 일세의 사표가 되었다. 일찍이 16세 때 「술지述志」라는 시를 지었는데, 내용은 다음과 같다.

臨溪茅屋獨閑居	시냇가 오막살이에 홀로 한가히 지내니
月白風淸興有餘	달 밝고 바람 맑아 흥겹구나.
外客不來山鳥語	바깥 손은 오지 않고 산새만 지저귀는데
移床竹塢臥看書	대숲에 평상을 옮기고 누워서 책이나 볼거나.[4]

후일 망국대부亡國大夫로서 일민逸民적 삶을 살았던 자신의 일생을 예견이라도 한 듯하다. 30세 이전에 지은 것으로 보이는 「산가서山家序」[5]에서도 「술지」에 보이는 지취志趣를 엿볼 수 있지만, 도잠의 「귀거래사歸去來辭」에

3) 『冶隱言行拾遺』 권상, 19b, 「行狀」(朴瑞生 撰).
4) 『冶隱言行拾遺』 권상, 4b, 「遺詩」.
5) 퇴계 이황은 이 「山家(居)序」의 내용에 불만을 표시하면서, 다른 사람의 저작이거나 아니면 소싯적의 저술일 것이라고 하였다. 『退溪文集』, 권22, 19b, 「答李剛而」, "其中所錄山居序者, 甚不滿人意. 恐或他人所作, 或少作, 皆未可知, 而刊入流傳, 甚未安."

서 느낄 수 있는 완전한 해탈감은 찾아보기 어렵다. 어떤 나그네가 속세를 초탈하여 유유자적한 삶을 사는 그에 대해 '근심이 없는 사람'이라고 하자, 그는 "어찌 근심이 없겠는가. 묘당廟堂에서는 백성을 걱정하고 멀리 강호江湖에 처해서는 임금을 걱정하는 것이니, 나는 백성을 근심하고 임금을 근심한다"라고 하였다. 그러다가 이윽고 자신이 포의布衣의 처지임을 생각하여 "낙천지명樂天知命이라, 내 무엇을 근심하리요"라고 말머리를 돌렸다. 이것은 그가 세상 밖의 청고淸高한 삶을 희구하면서도 우국우민憂國憂民하는 유자의 본령을 지켰음을 나타내는 것이다.

「후산가서後山家序」에 의하면, 그가 어려운 가정환경 속에서도 주경야독으로 형설십년螢雪十年의 공을 쌓은 뜻은 오로지 '치군택민致君澤民'하는 데 있었다고 한다. 그러나 불행히도 자신의 뜻을 펼쳐보기도 전에 나라가 망하는 슬픔을 만나 십 년의 공이 무너지고 말았다는 것이다.

> 아아! 하늘이 이렇게 하였으니 탓해 무엇 하랴. 이에 방황하며 탄식하다가 번연翻然히 마음을 바꾸었다. 은연자회隱然自晦하여 나월蘿月에 관冠을 걸고 청풍에 시를 읊조리며, 천지간에 부앙俯仰하고 한 세상을 소요逍遙하여 시대를 감당하는 책임을 받지 않고 길이 성명性命의 정正을 보전하련다. 이렇게 하면 하늘을 뚫고 올라가 우주 바깥으로 나갈 수 있으니, 어찌 천사만종千駟萬鍾의 부귀가 부럽겠는가.[6]

어찌 보면 중장통仲長統의 「낙지론樂志論」을 연상시킨다. 그러나 이는 노장의 초탈超脫과는 차원이 다르다. 그는 자신의 비운을 초속적인 삶 속에 달래면서, 그러한 삶을 '낙천지명'의 경지로 승화시켰다.

길재는 벼슬길에서 물러나 금오산 아래에 사숙私塾을 열고 후학을 교도하면서, 그들을 재주에 따라 인도하며 토론하는 데 게으르지 않았다. 매양 도학을 밝히고 이단을 물리치는 것으로 자기의 임무를 삼았다.

---

6) 『冶隱言行拾遺』 권상, 9a, 「遺文」.

경서를 강론함에 정주程朱의 유지遺旨에 맞도록 힘썼다. 늘 사람들에게 "사람이 낮에 언행에 잘못이 있는 것은 밤에 존심공부存心工夫를 하지 않았기 때문이다"라고 하였는데, 밤이 되면 모든 생각을 잠재우고 정좌불언靜坐不言하였으며 한밤중이 되어서야 잠자리에 들고 때로는 이불을 껴안은 채 밤을 새우기도 하였다.7)

길재의 학문은 진지眞知와 실득實得을 중시하였다. 항상 충효와 예의를 앞세워 일언일행이라도 이에 근거하지 않음이 없었다. 그의 가르침은 쇄소응대灑掃應對로부터 답무영가踏舞詠歌하는 데 이르렀는데, 결코 단계를 건너뛰지 못하게 하였다. 상제喪祭에 극진하여 부모의 상을 당하였을 때 삼년복을 입었다. 또 장자 사문師文이 죽었을 때에도 참최斬衰의 복을 입었다. 한결같이 『주자가례』를 준행遵行하여 풍속을 개혁하는 데 몸소 본보기를 세웠으니, 임종 시에도 "상사喪事는 모두 『주자가례』를 따르라!" 라는 유언을 남길 정도였다. 그리고 57세와 64세 때 스승인 권근·박분이 세상을 떠나자 사생師生의 예로써 각각 심상心喪 3년을 입었다. 늙어서도 예의를 독실하게 행함이 이와 같았다. 이러한 그의 학행에 감오感悟하여 승려 가운데 환속하여 부모를 봉양한 자가 수십 명이었다. 그의 아우 구久도 깨달은 바 있어 불설佛說을 버리고 유학으로 돌아와 생원시에 급제하였다고 한다.

길재는 충효를 겸전하고 거기에 동방리학의 정맥을 이어받아 정신적·실천적 측면에서 유학에 큰 공이 있었다. 특히 여말에 이미 사직을 부지扶持할 수 없음을 알고 이내 물러나와 천추에 청절淸節을 드리웠으니, 『주역』의 이른바 "견기이퇴見幾而退" 바로 그것이었다고 하겠다.

양촌 권근은 길재가 거취를 결정한 뒤에 더욱 그의 도학과 절의에 미치지 못함을 탄식하였다. 또 자신에게 사사한 길재를 '선생'이라 일컬으

7) 『冶隱言行拾遺』 권상, 附, 「行狀」.

며 높였다. 조정의 진신縉紳들이 길재의 의리와 풍도를 흠모하여 시를 지어 주자, 거기에 서문을 써서 다음과 같이 말하였다.

> 고려 오백 년에 교화를 배양하여 사림의 기풍을 격려한 효과가 선생의 한 몸에 모여 거두어졌으며, 조선 억만 년에 강상綱常을 부식扶植하여 신절臣節의 근본을 밝힘이 선생의 한 몸에서 기틀이 잡혔다. 그가 명교名敎에 공헌한 바가 매우 크다.8)

당시 세상에서는 이를 적절한 평이라 했다. 후일 이색·정몽주와 함께 '여말삼은'의 한 사람으로 추앙되었고, 김숙자 → 김종직 → 김굉필 → 조광조로 학통이 이어짐으로써 조선 도학의 연원을 이루었다. 그리고 그의 영향을 받은 영남사림이 중심이 되어 기성 훈구파에 맞서는 비판세력이 형성되었다. 조선의 사림파는 길재로부터 시발하여 성종조 이후 정계에서 큰 영향력을 발휘하였다. 길재의 도학과 절의는 조선 초기 실천유학의 정향定向을 가늠하는 기준이 되었고, 이후 성리학이 만개하는 데 그 초석이 되었다고 하겠다.

3. 길재 문인들의 도학적 삶

길재의 문인은 몇 명이나 되는지 정확히 알기 어렵다. 필자가 여러 사서史書 등을 열람한 결과 강호江湖 김숙자金叔滋, 율정栗亭 박서생朴瑞生, 모암慕菴 김극일金克一, 김치金峙, 정재靜齋 조상치曺尙治, 응계凝溪 옥고玉沽, 최운룡崔雲龍, 길구吉久, 송운松雲 길사순吉師舜 등 9명을 확인할 수 있었다.9)

---

8) 『陽村集』, 권20, 8a, 「題吉再先生詩卷後序」, "嗚呼! 有高麗五百年, 培養敎化, 以勵士風之效, 萃先生之一身而收之, 有朝鮮億萬年, 扶植綱常, 以明臣節之本, 自先生一身而基之, 其有功於名敎甚大."

9) 박세채의 『東儒師友錄』 및 편자 미상의 『儒林考』(9책, 필사본, 奎7797), 『유학연원록』

강호 김숙자(1389~1456)는 12~3세에 길재의 문하에 들어가 배웠다. 또 별동別洞 윤상尹祥이 황간현감黃澗縣監으로 있을 때 찾아가 『주역』을 배운 뒤 일취월장하여 역학에 정통하였다.[10] 세종 1년(1419) 증광문과增廣文科에 급제하여 벼슬이 성균사예成均司藝에 이르렀다. 세조가 즉위하자 밀양에 내려가 후진을 양성하였다.

그는 천성이 염담恬淡하여 소쇄小瑣한 일에 구애받지 않았다. 또 '졸拙'한 성격을 자신이 지닌 보배로 생각하여 평생토록 허위와 가식 없이 살고자 하였다 한다.[11] 지극히 효성스러웠으며, 어버이 섬기는 것을 『소학』에 의해 행하였다. 후진을 교도敎導하면서는, 애친愛親·경장敬長·융사隆師·친우親友의 도를 익혀 본원本源을 함양한 뒤 경사經史의 순서를 밟도록 하여 엽등獵等을 경계하고 육예六藝를 모두 갖추도록 하였다.[12] 그의 학문은 정주학을 본령으로 하되 이론보다는 실천궁행實踐躬行을 주로 하였고, 이러한 학풍은 그의 아들 김종직에게 이어졌다.

김숙자의 삶과 행적은 김종직이 편찬한 『이준록』에 자세하다. 그의 학문과 삶은 『소학』으로 시작하여 『소학』으로 마쳤다고 할 수 있다. 『소학』의 기본정신으로 율기律己와 치인治人에 힘썼으니, 행동 하나하나가 모두 『소학』에서 나온 것이었다. 도학자이면서도 훌륭한 목민관, 관료가 될 수 있었음은 그 내원來源이 있다고 하겠다.

김종직은 김숙자의 저술이 '간결정치簡潔精緻'하다고 하였다. 그러나 오늘날 전하는 것은 없고, 후대에 편집한 『강호선생실기江湖先生實記』가 있을 뿐이다. 이 가운데 「척불소斥佛疏」와 「척불의斥佛議」에서 불교를 배척하고 사림이 취할 바를 논하였는데, 정도전의 척불론에 비해 치졸한

에서는 길재의 문인으로 김숙자·김치·박서생·길구 4인을 들었다.

10) 『彝尊錄』(『佔畢齋集』에 수록) 하, 「先公事業」 참조.

11) 『彝尊錄』 하, 「先公事業」, "嘗言, 世人以我爲拙, 安知拙者誠吾之大寶? 予因樂受而無辭焉."

12) 『江湖先生實記』, 권1, 17a~17b, 「學規」 참조.

편이다. 그의 성리학에 대한 조예는 정확히 알기 어렵다. 다만 그가 역학에 정통하였다는 점, 평소 아들들에게 성리학에 종사할 것을 강조한 점, 주희의 『중용혹문』과 『대학혹문』을 필독하도록 강조한 점 등[13]으로 보아, 성리학의 이론 탐구에서 일정한 경지에 올랐던 것 같다.

율정 박서생(?~?)의 자는 여상汝祥이고 호는 율정이며, 중랑장中郞將 점漸의 아들이다. 선산의 율곡에 살았다. 뒤에 비안박씨庇安朴氏의 중시조로 받들어졌다. 길재가 낙향한 뒤 그의 문하에 나아가 제자가 되었다. 음보蔭補로 성균학정成均學正이 된 뒤 태종 1년(1401) 증광문과에 병과로 급제하였다. 동 7년(1407) 문과중시에 을과로 급제하였고, 성균관 대사성, 집현전 부제학, 공조참의, 병조참의, 판안동대도호부사判安東大都護府事 등의 벼슬을 역임하였다. 세종 10년(1428) 11월 역사상 최초로 일본통신사가 되어 도일渡日하였다가 이듬해 12월에 돌아왔다. 동 15년에는 통신사로 일본에 갔을 때 보았던 수차水車를 사용할 것을 조정에 건의하였으나, 시험한 결과 효과가 없어 채택되지 못하였다.[14] 세종 때 청백리에 녹선錄選되었고, 은퇴한 뒤 길재의 구거舊居에 살면서 후학들을 양성하였다.[15]

박서생은 스승 길재를 위해 세종 4년(1422) 「행장」을 찬하였고 이후 『야은언행록』도 엮었다. 그는 「행장」에서 스승이 견지했던 충절과 효성, 학자적 면모를 부각시키는 데 초점을 맞추어 서술하였다. 『동유사우록』에 인용되어 전하는 「가장家狀」[16]을 보면, 그는 길재의 삶의 궤적을 답습한 것 같은 인상을 준다. 「가장」에서 "천리가 독실하며 야은의 학통을 전하였다"(踐履之篤實, 傳冶隱之統)라고 한 것은 그의 학문과 삶을 잘 요약하였다고

13) 『彝尊錄』 하, 「先公事業」 참조.
14) 『世宗實錄』, 15년(1433) 4월 8일 辛卯條.
15) 2009년 4월 28일에 전국문화원연합회 경북도지회 주관으로 "율정 박서생 선생의 업적 및 생애" 학술대회가 의성군 탑산약수온천 대연회장에서 열린 바 있다.
16) 『東儒師友錄』, 권3, 「吉冶隱門人」, '朴大憲'(불함문화사 영인본, 67~69쪽) 참조.

본다. 그 가운데 담박淡泊한 삶을 살았고 청백리에 녹선된 점은 길재의 학풍과 관련하여 주목할 바라 하겠다.

모암 김극일(1382~1456)은 본관이 김해로 경상도 청도 사람이다. 어떤 경로로 길재의 문인이 되었는지는 자세하지 않다. 그는 성품이 지극히 효성스러워서 어릴 때부터 조부모와 부모를 지성으로 봉양하였다. 장성한 뒤에는 장인이 벼슬길에 나갈 것을 간곡하게 권유하였으나, 양친 봉양을 구실로 거절하고 성심으로 봉양을 다하였다. 할머니가 등창이 나자 종기의 고름을 입으로 빨았고, 할아버지의 병간호를 하면서 유검루庾黔婁의 '상분嘗糞' 고사를 따라 설사 똥을 맛보기도 하였다. 양친이 돌아가신 뒤에는 전후 6년 동안 여묘살이를 했다.[17]

세종 때부터 효행이 조정에 보고되었다. 단종 2년(1454) 팔도관찰사가 효자·절부를 보고할 때에도 그의 사친극효事親極孝의 실상이 보고되었으며,[18] 세조 10년(1464) 효자 정문旌門이 세워지기에 이르렀다. 이후 효행이 『신증동국여지승람』[19], 『속삼강행실도』(1514), 『동국신속삼강행실도』(1617) 등에 실렸다. 이덕무는 『청장관전서』에서 김극일의 효행을 특필하면서 사람됨을 다음과 같이 말하였다.

> 성품이 평온하고 조용해서 벼슬하기를 바라지 않았다. 장인인 부윤府尹 이간李暕이 벼슬길에 나가기를 권하였으나 어버이가 늙었다는 이유로 사양하고 하루도 어버이 곁에서 떠나지 않으려 하였다. 항상 방을 깨끗이 청소하고 관을 바로 쓰고 똑바로 앉아서 『소학』을 읽었다. 자제들을 가르칠 때는 반드시 장공예張公藝의 고사를 들어 권면하였다.[20]

---

17) 『佔畢齋集』, 권3, 「金處士孝門銘」; 『國朝人物考』, 권40, 「士子」 참조.
18) 『端宗實錄』, 2년(1454) 8월 17일 丙申條.
19) 『新增東國輿地勝覽』, 권26, 「경상도 · 청도군」, '효자'조.
20) 『靑莊館全書』, 권69, 「寒竹堂涉筆下」.

죽은 뒤 청도의 자계서원紫溪書院에 제향되었으니, 후학들이 선생을 기리는 뜻에서 사시私諡를 올려 절효節孝라 하였다. '사시'는 조선 전 시기를 통틀어 몇 안 되는 드문 일이다.[21]

김극일은 세조 2년(1456) 6월 사육신이 화禍를 당하자 시국을 개탄하며 식음을 끊었고, 그해 11월에 75세를 일기로 별세하였다. 그의 절효를 몸소 보고 들은 자손들이 성장하여 학식과 절행으로 이름을 날렸다. 아들 맹孟(南溪)과 손자 준손駿孫·기손驥孫·일손馹孫이 그들이다. 김일손 삼형제는 모두 문과에 급제하였고 서로 갑을甲乙을 다투었다. 다 같이 김종직의 문하에 들어가 일급 문인이 됨으로써 다시 한 번 길재의 학통을 확고히 지키려 했다.

김치金峙(?~?)의 자는 기보基甫, 본관은 선산善山이다. 선산 영봉리迎鳳里에서 동문 김숙자와 이웃에 살았다. 우왕 때 과거에 급제한 뒤 세종 1년(1419)에 지사간知司諫으로 참시관參試官이 되었고, 김해부사金海府使에 이르렀다.[22] 은퇴한 뒤에는 영봉리에 살면서 자제들을 가르치고 마을 사람들을 교화시켰다.

김종직은 『이준록』에서 김숙자의 은문恩門 및 수업受業·사수師授한 사람 19명을 소개하였다.[23] 김치는 그 가운데 한 사람이다. 그는 길재·조용·윤상 등과 함께 김숙자를 가르친 스승에 해당된다. 그렇다면 김숙자에게는 스승이면서 동문이 된다. 김치가 길재의 문인이었다는 것은 의문의 여지가 있지만 현재로선 이를 확인할 자료는 없다.

최운룡은 본관이 탐진으로, 고려 장경공莊景公 사전思全의 후예이다.

---

21) 李裕元, 『林下筆記』, 권16, 「文獻指掌編」, "'玄靜'은 고려의 及第 吳世才의 사시이고, '廉義'는 고려의 형부상서 鄭云敬의 사시이며, '節孝'는 본조의 처사 金克一과 급제 成守琮의 사시이고, '篤誠'은 본조의 처사 金翼虎의 사시이다."

22) 『彝尊錄』 상, 「先公師友第三」 참조.

23) 『彝尊錄』 상, 「先公師友第三」, "已上皆先公恩門, 及嘗所受業學文者. 其他師授, 亦多有之. 孤所不及聞知, 故不能錄也."

벼슬은 좌랑을 지냈다고 한다. 일설에는 금남錦南 최보崔溥의 증조부라고 하지만 이것이 사실인지는 단언하기 어렵다. 최보가 갑자사화 때 비명에 간 뒤 후사가 끊어져 그의 조부 이상의 세계世系를 밝혀 줄 증거가 없었는데, 조선 말에 족보를 편찬하면서 일부 후손들이 무계誣系함으로써 많은 논란이 있었기 때문이다. 다만 최운룡이 증조부가 아닌 방계 조상이라 할지라도 그가 길재의 문인이었다는 사실은 중요한 의미가 있다. 길재의 학문이 호남지방에 이어질 수 있는 씨앗을 뿌렸다는 점에서 그렇다. 최보 또한 이 사실을 잘 알았기 때문에 과거에 급제한 뒤 자연스럽게 길재 학통의 적전이라 할 수 있는 김종직의 문하에 나갈 수 있었을 것이다. 그 뒤 최보의 학통은 외손 미암眉巖 유희춘柳希春으로 이어져 호남사림의 정신적 기반의 하나가 되었다.

정재 조상치(?~?)의 자는 자경子景, 본관은 창녕昌寧이다. 세종 1년(1419) 증광문과에 장원으로 급제, 사간원 정언 등을 거쳐 집현전 부제학에 이르렀다. 세종·문종·단종 3대를 섬기면서 성삼문·박팽년과 함께 총애를 받았다. 세조가 왕위를 찬탈하자 벼슬을 버리고 경상도 영천永川에 낙향하였으며, 남은 생애 동안 서쪽을 향해 앉지 않았다고 한다. 또 자신의 사후 비석에 "노산조魯山朝 부제학副提學 포인逋人 조상치지묘曺尙治之墓"라 새겨 줄 것을 당부하면서, "'노산조'라 한 것은 오늘의 신하가 아님을 밝힌 것이고, 벼슬의 품계를 쓰지 않은 것은 임금을 구제하지 못한 죄를 드러낸 것이며, 부제학이라 한 것은 사실을 그대로 쓰기 위함이요, '포인'이라 한 것은 세상을 피해 숨은 사람임을 말한 것이다"라고 하였다 한다. 후일 의절신義節臣으로 높이 평가받아 시호가 내려지고 포증褒贈이 이루어졌다.

조상치는 임종 시에 시문을 모두 소각하여 오늘날 전하는 것이 없다. 다만 이긍익의 『연려실기술』에 「조상치유사曺尙治遺事」와 「취원당조광원

수록聚遠堂曺光遠手錄」이 실려 조상치 부자의 출처의리를 엿볼 수 있게 한다.[24] 이에 의하면, 조상치의 부친 조신충曺信忠은 우왕 9년(1383)에 과거에 급제한 뒤 이숭인·이색·하륜과 친하게 사귀었다. 그러다가 우왕과 창왕이 잇달아 폐위되자 스스로 불안하게 여겨 영천으로 낙향하였다. 고려가 망한 뒤 수상으로 있던 하륜이 그에게 장수의 재능이 있다 하여 천거하였지만 사양하고 끝내 취임하지 않았다. 그 뒤 아들 상치가 과거에서 장원하자 태종이 눈여겨보면서 "네가 왕씨의 신하 조신충의 아들이냐?" 묻고 곧 정언 벼슬을 주었다 한다. 또 일찍이 조신충이 조상치에게 말하기를 "나는 전조前朝 재상의 아들로 과거에 올라 녹을 먹었으니 수절하여 도연명의 절의를 지켜야 되겠지만, 너는 나라가 바뀐 뒤에 났으므로 숨어 살 의리가 없다. 힘쓰라!" 하였고, 이에 상치가 뜻을 굽혀 과거에 급제하였다 한다. 전후 사정을 살펴보면 길재가 생각하는 출처의리와 같다. 길재와의 사상적 연관성을 살필 필요가 있다고 본다.

응계 옥고(1382~1436)는 자가 대수待售, 본관은 의령이다. 군위에 살았다. 일찍 부친을 여의고 모친의 가르침을 따라 길재의 문하에 나가 학문에 힘썼다.[25] 정종 원년(1399) 18세 때 문과에 장원급제하여 집현전에 들어갔고, 이어 성균관에 배치되어 박사·전적 겸 교수 등을 지내면서 사도師道를 엄히 하고 후진교육에 힘썼다. 박팽년·성삼문 등이 당시 그에게 교육을 받은 생도였다. 그가 성균관 교수가 되어 제생에 대한 교도를 게을리하지 않았다는 점과 박팽년·성삼문 같은 이가 당시 성균관의 생도로 그의 교화를 입었을 것이라는 점[26]을 생각할 때, 육신의 절의에 미친

24) 『燃藜室記述』, 권1, 「太祖朝故事本末」, '曺信忠' 참조.

25) 옥고는 閔霽의 門生이기도 하다. 『태종실록』 8년(1408) 9월 25일 庚午條를 보면, 閔無疾(민제의 아들)의 옥사 때 그와 왕래하였다 하여 곤욕을 치룬 것으로 되어 있다.

26) 『凝溪先生實紀』, 권2, 7b, 「遺事」, "嘗爲館學敎授, 師道甚嚴, 禮法自持, 訓誨不倦. 勉以格致誠正之工, 明太學敎養之本, 而深斥其從事章句之末者. 學中諸生, 知所趨向, 多有成就. 如朴彭年成三問等, 皆其時生徒也."

길재의 정신적 영향을 추측해 봄직하다.

이후 정언·정랑·장령과 안동통판安東通判 등을 거쳐 대구부사에 이르렀다. 5년 동안 대구부사로 재임하면서 치적을 쌓고 선정을 베풀었으며 청백리로 존경을 받았다. 세상을 떠난 뒤 안동 묵계서원默溪書院에 제향되었다. 『세종실록』에 실린 졸기卒記를 소개한다.

> 장령 옥고가 죽었다. 특별히 관棺과 쌀·콩 10석을 내렸다. 이에 앞서 병에 걸렸을 때 임금이 의원을 보내 치료하게 하였다. 옥고는 어버이를 섬김을 긴급히 여겼다. 일찍이 이조정랑으로 있다가 승진되었으나 사직하고 돌아가 어머니를 봉양하니, 한때의 사림士林이 탄상歎賞하지 않는 이가 없었다. 세 고을의 수령을 거쳤는데, 청렴하고 근검근신勤儉謹愼하여 아전이 간사하게 굴지 못하였다.[27]

저술로 문집 『응계집』 2권과 『행적行蹟』 1권이 군위 종손 집에 보존되어 왔으나, 병란 때 모두 인멸되었다고 한다. 현재 그의 학술과 사상을 살필 수 있는 문헌으로는 『응계선생실기凝溪先生實紀』가 있다.[28] 이 가운데 「인심선악상반도人心善惡相反圖」와 「음양변역성괘지도陰陽變易成卦之圖」 두 편은 치사致仕한 뒤 만든 것으로 저자의 성리학에 대한 조예를 알려 주는 좋은 자료이다. 나아가 조선 초기 성리학의 수준을 고찰하는 데 참고 자료가 된다. 「인심선악상반지도」는 양촌 권근의 「천인심성합일지도天人心性合一之圖」를 바탕으로 하면서 인간의 심성 문제를 더욱 깊이 파고들어 간 것이다. 그는 이 도를 항상 벽에 걸어 놓고 자경잠自警箴으로 삼았다 한다.[29] 「음양변역성괘지도」는 '일본이만수지리一本而萬殊之理'를 밝히기 위해서

---

27) 『世宗實錄』, 16년(1434) 6월 1일 丙午條.

28) 이 밖에도 權斗經, 『蒼雪齋集』, 권14, 「司憲府掌令凝溪先生玉公墓碣銘」; 李栽, 『密庵集』, 권17, 「凝溪玉先生墓誌銘」; 李光庭, 『訥隱集』, 권11, 「玉凝溪遺墟碑銘」 등의 자료가 있다.

29) 『凝溪先生實紀』, 권1, 2b, 「人心善惡相反圖」, "此謹依陽村先生天人心性合一之圖, 作爲是圖, 而頗詳於陽村之圖. 揭諸窓壁, 以爲平日自警之箴云."

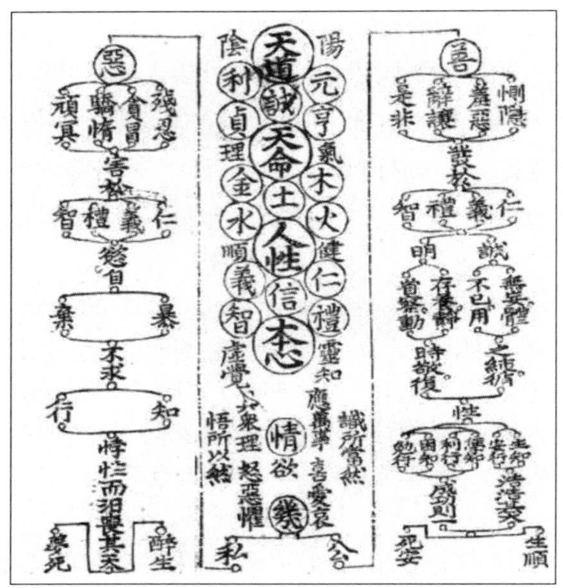

人心善惡相反圖

陰陽變易成卦之圖

만든 것이다. 저자의 『주역』에 관한 조예가 돋보인다. 길재 문하의 학자들이 대개 역리易理에 밝았다고 하는데, 이것은 성리학과 관련하여 주목할 만한 것이다.

이 두 편의 도에 대해 이광정李光庭(1674~1756)은 "선생은 길야은 선생에게 배워 성명의 온오蘊奧를 궁구하고 조화의 묘妙를 천명하였다. 선생이 만든 두 도圖를 통해 평상시 용공用工의 실상을 볼 수 있으니, 선생이 학문을 쌓아 도를 응축시킨 것을 알게 된다"[30]라고 평하였고, 권두경權斗經(1654~1725)은 "주염계·소강절의 유의遺義에 계합한다"[31]라고 하였다.

길구는 길재의 아우이다. 본디 출가하여 승려로 있다가 형 길재의 가르침을 받고 깨달아 유가儒家로 돌아왔다. 이후 생원시에 급제하였으며, 해평海平 향교의 학장으로 있으면서 후학들을 지도하는 데 힘썼다.[32] 이 밖의 사실은 문헌이 무징無徵하여 알 수 없다.

송운 길사순은 길재의 아들이다. 세종이 절사節士의 자손이라 하여 사순을 한양으로 불러 관직을 제수하고, 집과 가재도구를 마련해 주어 혼인하여 살아갈 수 있도록 배려하였다.[33] 벼슬은 판관을 지냈다. 세종 14년(1432), 효령대군이 한강에서 7일 동안 수륙재水陸齋를 개설하자 글을 올려 재를 중지시킬 것을 청하였다.[34] 비록 오랜 관습이고 임금의 친형에 관계된 일이라 받아들여지지는 않았지만, 도학을 밝히고 이단을 배척하는 것을 유자의 기본 임무로 삼았던 길재의 유훈이 잘 지켜졌음을 엿볼 수 있다.

---

30) 『訥隱集』, 권11, 「玉凝溪遺墟碑銘」, "先生學於吉冶隱先生, 究性命之蘊, 而闡造化之妙. 其所作二圖, 可見其平日用功之實, 則其積學以凝道者可知."

31) 『蒼雪齋集』, 권14, 「司憲府掌令凝溪先生玉公墓碣銘」, "可見其資深析微, 契乎周邵之旨者矣."

32) 『新增東國輿地勝覽』, 권29, 「경상도·선산도호부」, '학교'조.

33) 『世宗實錄』, 즉위년(1418) 12월 29일 甲辰條.

34) 『世宗實錄』, 14년(1432) 2월 14일 癸卯條.

4. 길재 계열 도학사상의 특성과 의의

길재의 학문은 소학풍小學風의 원대성리학을 기반으로 한다. 길재는 16세기 중반까지 지속되었던 소학풍의 실천유학의 시단始端을 연 학자로 평가된다. 이는 길재로부터 이후 김종직을 거쳐 조광조에 이르기까지 지속됨으로써 사림파의 사상적·정치적 기반이 되었다. 길재를 학문 연원으로 하는 사림파는 『소학』 책을 성인聖人을 만드는 근기根基로 보고, 또 그 학풍을 이끌었던 원유元儒 노재魯齋 허형許衡을 높이 평가하였다. 그들은 『소학』을 기초로 본원本源을 함양하는 것을 진덕進德의 기반으로 삼고, 성리를 탐구하는 것을 수업修業의 근본으로 삼았다. 기실 후자보다 전자에 더 비중이 있었다. 이런 생각은 16세기를 살았던 남명南冥 조식曺植(1501~1572)에게까지 이어진다. 조식은 "정주이후程朱以後 불필저술不必著述"이라는 태도를 견지하면서, 정·주 이후 학자들에게 남은 것은 천리踐履일 뿐이라고 하였다.

길재 계열의 성리학은 허형 계열의 주자학과 달리 춘추의리春秋義理와 명분론이 강조되었다. 이것은 주희가 강조하던 인仁과 의義의 균형이 사라지고 애국적 대의大義도 거세된 채 형식적인 의례만이 숭상되던 원대의 주자학과 차이를 보인다. 즉, 안향·백이정 등에 의해 전래·수용된 제1단계 정주학은 조복趙復·허형許衡 등 원나라 하북河北 정주학풍과 연결되었지만, 정몽주가 선도한 제2단계 정주학은 절강浙江·금화金華를 중심으로 하는 남방 정주학의 의리학풍과 연결되었기 때문에 반원향명反元向明 노선으로 전화轉化할 수 있었던 것이다.[35] 친명노선으로의 전환은 정치·학술·문화 등의 측면에서 의의를 부여할 수 있다. 정치상으로는 13세기

35) '絶元歸明'을 외치면서 對明 외교정책을 首倡했던 정몽주는 1372년 명나라에 다녀와 親明士類의 지도급 인사가 된 이래 전후 3차에 걸쳐 명나라에 다녀왔다. 1384년에는 명나라와 국교 문제를 타결하여 고려 정국의 방향을 새롭게 돌려놓았다.

말 이래 계속된 원나라의 압제에서 벗어나는 계기가 되었고, 학술상으로는 중국 남방계 정주학풍이 학계에서 주류로 정착하는 계기를 조성하였다. 정주학통의 교체는 고려·조선의 왕조교체와도 연결된다. 길재의 의리사상은 이런 학술계의 변화와도 긴밀한 관계가 있다.

길재 학통의 학인들은 역리易理에 밝았다. '역'은 성리性理의 근원이다. 역리에 밝다는 것은 곧 성리학에 밝다는 말과 통한다. 한편으로 '역'의 가르침은 선비가 출처진퇴出處進退를 정하는 데 중요한 가치기준이 되었다. 유자儒者의 출처진퇴에 대해서는 유교의 모든 경전에서 중요한 문제의 하나로 다루었는데, 특히 『주역』에서는 출처진퇴의 도가 철학적 차원에서 논의되었다. 『주역』에는 '진퇴'란 말이 7회나 나온다. 또 군자는 기미를 알고 행동하는 것이 중요하다고 하는 뜻에서 '견기見幾', '연기硏幾', '지기知幾' 등의 말이 주요 단어로 등장한다.[36] 유교 경전에서 유자의 출처진퇴를 중시하는 것은, 사회의 지성인으로서의 유자는 나아가거나 물러나거나 간에 그 어떤 경우에도 절실한 임무와 역할이 부여된 중요한 존재이기 때문이다. 다시 말해서, 유자의 출처거취는 그 자신 한 사람의 문제에 그치는 것이 아니라, 한 나라 한 시대의 풍화風化와 흥망성쇠에 끼치는 영향이 지대하기 때문인 것이다.[37]

길재 학통은 출처진퇴의 문제에서 상당히 융통성이 있었다. 흔히 출처진퇴의 문제는 경직된 경우가 많은데 그와는 대조적이다. 길재의 아들 사순이 세종의 부름을 받고 한양으로 떠날 때 길재가 "너는 내가 고려를 잊지 못하는 그 마음을 본받아서 네 조선의 임금을 섬겨야 된다"라고 한 것이라든지, 문인 조상치의 부친 조신충이 아들에게 "나는 전조前朝의

36) 『周易』, 「繫辭上」, "夫易聖人之所以極深, 而硏幾也" 및 「繫辭下」, "子曰, 知幾其神乎"; "其知幾乎"; "君子見幾而作."

37) 최영성, 「조남명의 학문정신과 출처관 연구」, 『남명학연구』 제4집(남명학연구원, 1996), 37쪽.

녹을 먹었으니 절의를 지켜야 되겠지만, 너는 숨어 살 의리가 없다"라고 한 것은 마치 한입에서 나온 말과 같다. 출처진퇴 문제를 자손이나 문하 제자들에게까지 요구하지 않고 자신에게 국한시켜 융통성을 발휘한 것은 그 예가 흔치 않다. 박서생이 찬한 「행장」을 보면, 길재는 문인들이 벼슬길에 나아가는 것을 힘써 권하였다(力勸仕進)고 한다. 공자의 이른바 "남의 아름다운 일을 이루어 주는 것"(成人之美)과 "세상에 나아가 천하를 구원하는 것"(兼善天下), 그리고 "각자의 위치에서 자기의 소임을 다하는 것"(盡己之謂忠)을 문인, 후학들의 출사 명분으로 터 준 것은 아닐까?

길재의 독특한 출처관은 후대에 큰 영향을 끼쳤다. 문인들은 대체로 스승의 출처관에 구애받지 않고 과거 등을 통해 벼슬길에 나갔다. 출처 문제 때문에 벼슬길에 나가지 않고 입산자정入山自靖한 사람은 없다. 김숙자·박서생·옥고·조상치 등은 과거에 급제하여 능력 있는 관료, 선정을 베푼 목민관으로 활약하였으며 청백리로 칭송을 받았다. 이것은 지금까지 정몽주·길재의 후예들이 조선왕조의 개창에 반대하고 향촌에 물러가 후진 양성에만 힘썼다고 하는 일반적 인식을 바꿀 수 있는 근거가 된다. 성종 때 사림파의 영수 김종직이 정계에 진출하여 강력한 세력을 형성할 수 있었던 것은 이전에 쌓아온 정치적 기반이 있었기 때문에 가능한 것이었다.

길재 계열의 두드러진 특징 가운데 하나는 후진 교육에 남달리 힘썼다는 점이다. 이것은 뒷날 사림파가 정치적으로 성장하는 데 큰 배경이자 동력이 되었다. 길재가 향리에 머물며 후진을 양성하자, 원근 사방에서 수백 명에 이르는 많은 학자들이 모여들었다. 길재는 제자를 지도함에 주희의 학규學規를 철저히 준수하였으며, 쇄소응대灑掃應對에서 무도영가舞蹈詠歌에 이르기까지 순서를 뛰어넘지 않게 하였다. 또 학문은 정주程朱의 본지에 합치되도록 힘쓰고, 언필칭 충효忠孝를 위주로 하였다. 자제 교육에서 충효를 최우선으로 한 것은 길재 학통의 두드러진 특성이다.

길재는 학문을 강설함에 의심되는 점을 변론하며 온종일 지칠 줄을 몰랐고, 이단의 글은 듣거나 보지 않았다. 그가 무도와 영가를 중시한 것이 돋보인다. 도학자는 흔히 궁리진성窮理盡性에 치중한 나머지 고무진신鼓舞盡神의 묘妙를 놓치는 경우가 많다는 점에 비추어 볼 때 이채가 아닐 수 없다. 길재의 후학들도 스승의 가르침을 따라서 한결같이 사문斯文을 진작시키고 후학을 가르쳐 인도하는 것을 자신의 책임으로 삼았으며, 이로 말미암아 쇄소灑掃의 예를 행하고 육예六藝를 두루 갖춘 제자들이 양성되었다.

길재 학통에서는 교육 방법에서 독특한 일면이 있었던 것 같다. 길재는 남을 가르침에 아무리 우매하고 노둔한 자일지라도 반드시 이모저모 자세히 타일러서 개오開悟시킴으로써, 회초리 없이 사람마다 즐겁게 배울 수 있도록 유도하였다고 한다. 이른바 '감발흥기感發興起'를 연상케 하는 교육 방법이다. 김숙자의 경우 동몽童蒙들을 가르침에 먼저 『동몽수지童蒙須知』·『유학자설幼學字說』·『정속편正俗篇』을 가르쳐 주고[38] 이것을 배송背誦하게 한 다음, 『소학』을 가르쳐서 애친愛親·경장敬長·융사隆師·친우親友의 도리를 알게 하였다. 이어 『효경孝經』을 거쳐 사서四書와 오경五經을 차례로 읽게 하였고, 그 다음에야 『통감通鑑』 및 제사諸史와 백가百家를 각자 마음대로 읽도록 하였다. 학문에 철저를 기하기 위해 엽등獵等을 금지시킨 것이 특징이다. 또 활쏘기, 글씨 쓰기, 산가지 놓는(握算) 방법 등에까지도 두루 통하게 함으로써 육예에 능통한 전인교육을 중시하였다. 이 밖에 권과강독勸課講讀과 향음주의鄕飮酒儀 등을 통해 유학 교육의 체계화에 힘썼던 것도 빼놓을 수 없다.

38) 이들 교재는 중종 때 治道에 관계있는 11종의 책을 교과서용으로 펴낸 것의 근간을 이룬다. 이 가운데 『童蒙須知』는 正蒙養을 위해, 『口訣小學』은 培根本을 위해, 『諺解正俗』·『諺解呂氏鄕約』는 正鄕俗을 위해 펴낸 것이다. 姜渾, 「二倫行實圖原序」 참조.

교육을 통한 감화 또한 특기할 만하다. 길재와 그 문인들은 국가 정책의 입안과 시행에 깊숙이 간여할 정도의 위치에 있지 않았지만, 각자 자신의 위치에서 제자들과 백성들을 교화시키고 감화시키는 일에 앞장섰다. 길재의 경우 그의 가르침에 감화된 승려 수십 명이 유학으로 되돌아왔고, 마을의 부녀자들까지도 감오感悟하여 예禮로써 자기 몸을 지킬 줄 알았다고 한다. 한 예로 길재와 같은 마을에 살던 약가藥哥라는 미천한 여인은 길재로부터 "충신은 두 임금을 섬기지 않고 열녀는 두 남편을 섬기지 않는다"라는 말을 자주 들은 나머지 그 말을 입에 달고 살다시피 했으며, 길재 집안의 노비들은 『시경』과 『서경』의 구절을 외면서 절구질을 할 정도였다고 한다. 학업을 받는 자들이 스스로 감발흥기할 수 있도록 이끌었던 것은 이후 사림파의 중요한 교육 방법으로 정착되었다. 이런 교육 방법이 있었기에 문하에서 효자·충신·인인지사仁人志士·청백리 등 명사들이 배출될 수 있었을 것이다.[39]

길재 학통의 학인들은 결속력이 강하였다. 길재 문인의 자손들이 나중에 김종직의 문인이 됨으로써 동문의식同門意識을 다시 한 번 확인한 바 있다. 김극일의 손자인 김일손 삼형제가 김종직의 문인이 된 것이라든지, 최운룡의 증손인 최보가 호남 출신임에도 김종직 문하에 나갈 수 있었던 것은 은연중 가학연원과 동문의식이 있었기 때문이라 하겠다.

길재 학통은 "충신불사이군忠臣不事二君, 열녀불경이부烈女不更二夫"[40]의 의리정신을 생활화하여 유학의 의리정신을 조선에 토착화하는 데 크게 기여했다. '두 임금을 섬기지 않는다'는 말은 우리나라에서 대개 고려

---

39) 길재의 딸(幼學 李孝誠 妻)의 효행담도 실록에 올라 있다. 『端宗實錄』, 3년(1455) 2월 29일 乙巳條.

40) 중국 전국시대 齊나라 사람 王蠋이 한 말이다. 연나라가 제나라를 침략하였을 때 연나라 대장 樂毅가 왕촉의 명성을 듣고 부르자 왕촉은 "충신은 두 임금을 섬기기 않고 열녀는 지아비를 바꾸지 않는다"라는 말을 남기고 스스로 목숨을 끊었다고 한다. 『史記』, 권82, 「田單列傳」 참조.

말에 부각되었고, 정몽주·길재 계열과 두문동杜門洞 72현 사이에서 많이 인용되었다. 정몽주는 사직과 함께 죽음으로써 이를 적극적으로 실천하였고, 길재는 교육을 통해 이 정신이 후세에 길이 뿌리내리도록 했다. 이 의리정신의 실천에는 길재가 강학을 했던 선산 출신 학인들이 앞장섰다.[41] 길재와 동시대를 살았던 농암聾巖 김주金澍를 비롯하여 강호 김숙자, 단계丹溪 하위지河緯地 등이 대표적인 인사들이다. 사육신의 한 사람인 하위지는 길재가 살았던 영봉리 출신이다. 이러한 정신은 김종직에게 이어져 그가 「조의제문弔義帝文」을 지어 충분忠憤을 표했던 사상적·이념적 바탕이 되었다. 김종직은 성종의 탑전榻前에서 성삼문을 충신이라 했고, 혹여 임금에게 변고가 있으면 자신은 성삼문이 될 것이라고 한 바 있다.[42]

길재의 문인 조상치는 세조의 찬위簒位에 항거, '불사이군'의 정신을 적극 실천했다. 사육신인 성삼문·박팽년은 일찍이 성균관에서 길재의 문인 옥고로부터 교도敎導를 받았고, 하위지는 길재가 살던 마을에서 생장하여 길재의 절의정신에 큰 영향을 받았다. 이렇게 본다면, 길재의 불사이군의 정신은 고려 멸망 이후 세조의 찬위과정에서 다시 한 번 점화되었고, 이런 절의정신이 조선의 국맥을 유지하는 원동력이 되었다. 육신 등의 절의를 이른바 관학파 내부의 일로 인식하는 것은 재고의 여지가 많다.

5. 길재의 학통과 출처의리

세종은 백성들의 심성을 순화시키기 위해 교육용으로 펴낸 『삼강행실

41) "조선 인재의 반은 영남 출신이고 영남 출신의 반은 선산 출신이다"라는 말이 있을 정도로 선산은 인재의 고장이었다.

42) 『栗谷全書』, 권29, 98a, 「經筵日記(二)」 참조.

도』에 '포은운명圃隱殞命'과 '길재항절吉再抗節'이라는 항목을 넣도록 하였다. 중국의 고사가 중심이 된 이 책에 전조前朝의 절신節臣 두 사람을 특별히 넣은 것은 나름의 필요에 따른 것이었다. '통합'과 '소통'의 리더십이라는 측면에서 볼 수도 있지만, 역시 절의는 국맥을 부지하는 데 원동력이 되기 때문이었을 것이다. 그런 점에서 조선 후기 학자 안방준安邦俊(1573~1654)의 다음과 같은 말은 지언至言이라고 생각된다.

> 국가에게 있어 절의는 사람의 원기元氣와 같다. 사람에게 원기가 있으면 비록 심한 병이 들었더라도 죽음에 이르지는 않듯이, 나라에 절의가 있으면 비록 큰 변이 있더라도 망하는 데까지는 이르지 않는다. 나라의 존망은 절의가 얼마만큼 부식扶植되어 있느냐 여하에 달려 있을 따름이다.[43]

> 대저 절의는 국가의 원기이다. 사람은 원기가 없으면 죽고 나라는 원기가 없으면 망한다. 옛날에 창업을 했거나 중흥을 이룩한 군주가 모두 절의를 기리고 높이는 것으로써 급선무를 삼았던 것은 진실로 이 때문이다.[44]

세종이 정몽주·길재의 충절을 『삼강행실도』에 편입함으로써 길재의 행실은 범국가적으로 공인을 받았다. 후세 사람들이 길이 추앙할 수 있는 길이 열린 것이다. 중종 때 조광조 등 지치주의 도학파가 집권하면서 도통道統 수립의 차원에서 이들에 대한 추숭작업이 이루어졌다. 여기에는 도통론을 배경으로 사림파의 정치적 위상을 높이려는 복선이 깔려 있었다. 중종 12년(1517) 정몽주가 문묘文廟에 종사從祀된 뒤 이후 1백여 년 동안 도통론에 입각한 문묘종사운동이 계속된 끝에 광해군 2년(1610)에 동방오현(김굉필·정여창·조광조·이언적·이황)이 종사되기에 이르렀다.

---

43) 『隱峯全書』, 권3, 5b, 「與延平李相公別紙」, "節義之於國家, 猶元氣之於人也. 人有元氣, 則雖甚病, 不至於死. 國有節義, 則雖大亂, 不至於亡. 故國之存亡, 惟在於節義之扶植如何耳."

44) 『隱峯全書』, 권2, 28a, 「言事疏」, "夫節義國家元氣, 人無元氣則死, 國無節義則亡. 是以古之創業中興之君, 莫不以褒崇節義爲急先之務者, 良以此也."

도통론의 시각에서 조선유학사를 보는 것은 대개 조광조 당시부터 시작되었고, 선조 즉위 이후 사림이 집권하면서부터는 아예 공론화의 길을 밟았다. 그런데, 기실 도통론의 계보에 든 이들의 생각은 사림의 공론과 다른 측면이 있다. 한 예로 김숙자의 경우, 아들 김종직이 『이준록』에서 길재에게 배웠다는 사실만 기록했을 뿐 도통의 체계는 거론하지 않았다.[45] 김종직 또한 자신의 학통에 대한 자부심을 크게 드러내지 않았다. 도통 체계는 16세기 사림의 필요에 의해 제기된 시대적 산물이다. 당시 확립된 도통 체계가 후대 학자들에게 지대한 영향을 끼쳤던 것이 사실이지만, 이것을 근거로 소급하여 정몽주나 길재를 연구하는 데에는 일정한 한계가 있다.

길재의 학문 과정을 보면, 처음 상산商山에서 사록으로 있던 박분朴賁에게 『논어』 등의 기초 교육을 받았다. 박서생이 찬한 「행장」을 보면 이때 처음으로 성리학에 대해 들은 것(始聞性理之學)으로 되어 있다. 이후 개경에 가서 정몽주·이색·권근의 문하에 나아가면서 성리학에 대해 보다 심도 있는 공부가 이루어졌으며,[46] 생원시·사마감시에 급제한 뒤로부터 "학익취學益就, 도익명道益明"의 경지에 이르렀다고 한다.

그런데 길재가 정몽주에게 수학했던 사실을 구체적으로 증명할 만한 단서는 없다. 성리학의 이론적 측면에서는 권근의 영향을 더 많이 받았던 것 같다. 이것은 권근이 "내 문하에 들어와 학문을 계승한 사람이 몇 있지만 길재가 독보이다"(踵余門而承學者有幾, 吉再父其獨步也)라고 평한 것으로도 짐작할 수 있다. 더욱이 길재는 권근과 박분이 죽었을 때 각각 심상心喪 3년을 입었다. 심상은 스승을 위해 입는 복이다. 이에 대해 남계 박세채는 "길재가 박분의 상에 심상을 입은 것은 각별한 정의를 고려한 것이지

---

45) 『彛尊錄』 상, 「先公師友第三」에서 門生 및 師授한 사람 19명을 적었는데, 길재를 趙庸·尹祥과 함께 김숙자의 스승 가운데 한 사람으로 기록하였을 뿐이다.

46) 「행장」에서는 "비로소 지론을 듣게 되었다"(始聞至論)라고 하였다.

예법에 맞는 것은 아니다"[47]라고 하여 사실상 '연정실례緣情失禮'라 하였다. 그러나 포저浦渚 조익趙翼은 다른 차원에서 사실을 해석하였다.

> 박분의 학문과 덕행은 세상에 전하지 않는다. 야은이 소싯적에 배운 것을 감안한다면 아마도 구두句讀나 떼어 주는 선생 정도가 아니었을까 한다. 포은이나 목은은 당시의 현대부賢大夫였다. 그러나 그들의 문집 속에 의리義理를 논한 내용은 보이지 않는다. 양촌은 비록 글을 지어서 의리를 논했다고 하지만, 그가 만든 『입학도설』을 보면 정밀하게 논한 내용은 보이지 않고 천착穿鑿한 듯한 측면이 많다. 양촌의 학문은 조예가 깊지 못했던 것 같고, 또 큰 절조節操를 완전하게 지키지도 못하였다. 야은은 포은과 목은에 대해서는 거상居喪을 하지 않았던 반면 박과 권을 위해 거상을 했다. 이것을 보면 야은이 수업受業한 것은 오로지 박과 권을 통했을 가능성이 높다. 그러나 박과 권은 학문의 조예가 깊지 못했으므로, 야은이 보여준 드높은 행의行義는 스스로 터득한 것이라 할 것이다.[48]

정몽주와 길재 사이에는 전도수업傳道授業의 실상을 논하기에 어려운 측면이 있음을 넌지시 밝힌 것이다. 필자는 조익의 이 말에 주목한다. 길재는 절조의 측면에서는 정몽주와 가는 길을 같이했지만 성리학의 이론적 측면에서는 권근에게 의지한 바 더 컸다고 생각한다. 이것은 길재의 문인 옥고가 만든 두 편의 도설圖說을 통해서도 엿볼 수 있다. 「태극도설」에서 시작된 도설은 우리나라에서 권근의 『입학도설』(1390)로 이어졌다가 이후 중종 32년(1537) 정지운鄭之雲의 「천명도설天命圖說」이 나오기까지 한동안 이렇다 할 도설이 나오지 않았으나, 그 사이 옥고와 같은 이들에 의해 도설의 전통이 이어졌음은 주목할 만한 사실이다.

한국유학사에서 길재의 위치는 확고하다. 절의지인節義之人뿐만 아니라

47) 『南溪集』, 권54, 編錄, 「隨筆錄」, '丁未十二月十二日(始錄)', "幼年受業如冶隱之於朴賁者, 恐亦只得別以情義處之也. 心喪三年, 似非其倫矣."

48) 『浦渚集』, 권27, 「冶隱先生言行拾遺跋」 참조.

동국도통의 전수자傳授者로서의 위치는 부동의 것이라 하겠다. 그런데 길재는 정몽주와 함께 일부 후학들로부터 출처진퇴에 문제가 있다는 비판을 받기도 하였다. 정몽주의 경우, 왕씨와 함께 신씨辛氏를 섬겼다는 것이 비판의 주된 요지이다. 문제를 제기한 대표적 인물로는 남명 조식과 그의 문인 한강 정구를 들 수 있다. '동방리학지조東方理學之祖'요 충의忠義의 화신으로 추앙을 받던 정몽주에 대한 비판은 정명론正名論에 초점이 맞추어져 있다.

> (정포은은) 우왕과 창왕이 신씨辛氏인지 왕씨王氏인지 변설辨說하지 아니하였다. 그때로 말하면 신돈辛旽이 조정을 더럽히고 어지럽히며 최영崔瑩이 상국上國을 침범하는 등, 군자라면 벼슬살이를 하지 않을 때인데도 도리어 떠나지 아니하였으니, 이는 매우 의심스러운 것이다.49)

> 조남명이 일찍이 정포은의 출처에 대해 의심을 하였습니다. 저의 생각으로도 정포은의 한 번 죽음은 자못 우스운 것이었습니다. 공민왕조에서 대신 노릇을 삼십 년이나 하였으니, '불가하면 벼슬을 그만둔다'는 (옛 성현의) 도리에 부끄러운 일입니다. 또 신우辛禑 부자를 섬겨 그들을 왕씨 출생이라고 여기면서도 다른 날 추방하는 데 참예參預한 것은 무슨 이유에서였을까요? 십 년을 신하의 위치에서 섬기다가 하루아침에 추방하고 살해하였으니, 이것이 될 일입니까? 만일 왕씨에게서 출생한 것이 아니라면 그것은 곧 여정呂政(秦始皇)이 제위帝位에 오름으로써 영씨嬴氏가 이미 망한 것과 같은 것입니다. 그런데도 아무렇지도 않게 종사하여 그 녹을 먹었습니다. 이와 같은 일이 있은 뒤에도 다른 임금을 위하여 죽었으니, 저로서는 깊이 깨닫지 못하는 바가 있습니다.50)

---

49) 『南冥別集』, 권2, 18a, 「言行總錄」, "先生嘗論圃隱出處曰: 禑昌之是辛是王, 不容辨說, 其時, 辛旽穢亂朝家, 崔瑩侵犯上國, 非君子仕宦時, 而猶不去, 是甚可疑."

50) 『退溪文集』, 권39, 12b, 「答鄭道可逑問目」, "南冥曺先生, 嘗以鄭圃隱出處爲疑. 鄙意鄭圃隱一死, 頗可笑. 爲恭愍朝大臣三十年, 於不可則止之道, 已爲可愧. 又事辛禑父子, 謂以辛爲王出歟, 則他日放出, 己亦預焉, 何也? 十年服事, 一朝放殺, 是可乎? 如非王出, 則呂政之立, 嬴氏已亡, 而乃尙無恙, 又從而食其祿, 如是而有後日之死, 深所未曉." 『南冥別集』, 권2, 18b에 실린 原文과는 다소의 출입이 있다.

이에 대해 정몽주를 옹호하는 편에 섰던 퇴계 이황은, 정몽주의 성덕成德과 대절을 보아야 할 것이요 조그만 허물을 먼저 보아서는 안 될 것이라고 하였다. 또 "왕위를 계승한 사람은 비록 신씨였으나 왕씨王氏의 종사가 망하지 않았기 때문에 포은이 여전히 섬긴 것이다. 그것은 마치 저 진秦나라의 여씨呂氏나 진晉의 우씨牛氏와 같은 것이니, 『자치통감강목』에서도 왕도王導의 무리를 배척하여 말하지 않았다. 포은은 진실로 이 뜻을 얻었다 할 것이다"라고 변설하였다.[51] 이황은 일찍이 선조 1년(1567) 명나라 사신이 와서 동국의 명유名儒를 물었을 때 16명의 명유를 꼽으면서 길재를 그 가운데 포함시킨 바 있다.[52]

길재에 대한 비판은 정몽주에 대한 비판의 연장선상에서 나온 것이지만 내용은 좀 다르다. 『동국여지승람』을 보면, 길재는 자신을 조정에 부른 태종에게 글을 올려 "신조辛朝에서 과거에 급제하여 첫 벼슬을 하다가 왕씨王氏가 복위復位함에 미쳐 즉시 고향에 돌아가(及王氏復位, 卽歸于鄕) 몸을 마치려고 하였습니다. 이제 옛정을 기억하고 부르심에 뵙고 즉시 돌아가자는 것이지 벼슬하는 것은 나의 뜻이 아닙니다"[53]라고 하였다 한다. 여기서 '신조辛朝', "왕씨가 즉위함에 미쳐" 운운한 것에 대해 후학들의 기평譏評이 있었다. 위 인용문은 길재 자신이 우왕(1365~1389) 때 벼슬하였고 또 신씨 한 성만을 섬기겠다는 의지로 물러났는데 어찌 조선왕조를 섬길 수 있겠느냐는 의미로 해석될 수 있다. 그러나 길재가 위조僞朝로 일컬어지는 우왕 때 벼슬을 한 데다가 우창비왕설禑昌非王說이 비등하고 이성계 등에 의해 폐가입진廢假立眞이 논의되던 시기에 왕씨인 공양왕이

---

51) 『退溪言行錄』, 권5, 「類編 · 論人物(李德弘 記)」 참조.

52) 弘儒侯 薛聰, 文昌侯 崔致遠, 文憲公 崔冲, 文成公 安裕, 祭酒 禹倬, 文忠公 鄭夢周, 文貞公 李穡, 冶隱 吉再, 別洞 尹祥, 佔畢齋 金宗直, 文敬公 金宏弼, 文獻公 鄭汝昌, 文正公 趙光祖, 文敬公 金安國, 文元公 李彦迪, 花潭 徐敬德.

53) 『新增東國輿地勝覽』, 권29, 「경상도 · 선산도호부」, '인물'조.

즉위하자 즉시 벼슬을 버리고 낙향한 것은, 신씨 성의 우왕이나 창왕 개인에 대한 충성은 될지언정 고려조에 대한 충성이 되기에는 부족하다는 비평이 있을 수도 있다. 즉, 길재의 낙향이 조선왕조 건국과 직접적인 관계가 없이 이루어졌는데, 곧바로 왕조가 바뀌면서 '충신불사이군'의 과대한 칭송이 그에게 부여되었다는 논리이다.

추강秋江 남효온南孝溫은 금오산金烏山을 지나면서 지은 시에서, "신조辛朝의 주서 길야은은 서리보다 차고 물보다 맑다"(辛朝注書吉冶隱, 秀於嚴霜淸於水)라고 하면서 다음과 같이 읊었다.

鴻毛命輕義山重	목숨은 기러기 털보다 가볍고 의義는 산보다도 무거움을
公與達可知此理	공(길재)과 달가達可가 이 이치를 알았네.
達可身經二姓王	달가는 몸소 두 성 임금을 거쳤으니
杞梓寸朽鑑中玭	좋은 재목이 한 치가 썩고 거울에 티 있는 듯.
公身所委惟一君	공의 몸 맡긴 곳은 한 임금뿐이니
眞知獨行誰與比	참으로 알고 홀로 행한 건 누가 이에 비기랴.54)

위에서 '달가신경이성왕達可身經二姓王'은 정몽주가 신조辛朝와 왕조王朝에 벼슬한 것을 기롱한 것이며, '공신소위유일군公身所委惟一君'은 길재가 신우辛禑에게 충성을 다하려고 낙향한 것을 꼬집은 것이다. 실제로 길재는 우왕이 이성계에 의해 살해당했다는 말을 듣고 방상方喪 삼년을 행한 바 있으므로, 이런 기롱이 나올 법도 하다.

그런데, 박서생이 찬한 「야은행장」을 보면 길재의 상서上書 가운데 논란이 된 부분이 "위조僞朝에 벼슬하였으니 다시 성조盛朝를 섬기는 것은 마땅치 않다"라고 되어 있고, 『삼강행실도』에는 "신조辛朝에서 과거에 급제하였다. 신하에겐 두 임금이 없는 법이다"라고 되어 있다. 이 밖에

---

54) 『秋江集』, 권2, 「過金烏山」.

길재의 상서를 인용한 문헌이 적지 않지만, 대체로 「행장」에 근거한 것들이고 "왕씨王氏가 복위하자 즉시 고향으로 돌아갔다"라는 대목은 없다. 『동국여지승람』에서 「행장」의 내용을 일부 추술追述한 것인지, 아니면 『동국여지승람』 이후에 나온 기록에서 "왕씨 복위……" 운운한 부분을 제거한 것인지는 정확히 알 수 없다. 다만 남효온은 문제의 대목을 사실로 인정한 듯하다.[55] 길재가 '신조'니 '위조'니 했을 리 없다는 해명도 있는데,[56] 누구보다 스승의 마음을 잘 헤아리고 스승을 선양하고자 했던 일급 제자 박서생이 「행장」에서 상서문을 인용하면서 '위조'라 한 것까지 추술로 단정하기는 어려울 성싶다.[57] 그렇다면 우왕의 방상까지 입은 길재가 후일 우왕의 조정을 '신조'니 '위조'니 하면서 말을 바꾼 것은 비판을 면하기는 어렵지 않을까 한다. 사필史筆이 엄정하기로 이름난 순암 안정복이 이에 대해 다음과 같이 읊은 것은 일리 있다고 하겠다.

先生苦節儘崢嶸	선생의 굳은 절개 참으로 우뚝하니
王氏綱常隻手擎	왕씨 강상을 한 손으로 치켜들었네.
最恨言辭隨世異	가장 한스러운 건 세상 따라 말이 달랐으니
辛朝二字可無評	'신조'라는 두 글자 그냥 넘길 것이랴.[58]

이에 대해서는 추후 학계에서 조금도 기휘忌諱 없이 논의되기를 바라는 바이다.

---

55) 『靑莊館全書』, 권69, 「寒竹堂涉筆下」, '秋江論冶隱圃隱' 참조.

56) 『冶隱先生言行拾遺』 권중, 附錄, '輿地勝覽', "按陽村詩敍及行狀, 稱臣稱僞朝. 三綱行實, 稱名而又稱辛朝. 輿地勝覽, 稱臣稱辛朝. 此乃先生辭職一疏之辭, 而散出諸書者若此其不同, 何也.……恐非先生本語, 而特出於撰者之追述也. 或者以此爲先生措語未瑩, 則不亦遠乎."

57) 『東儒師友錄』, 권3, 「吉冶隱門人」, '朴大憲', "冶隱之子師舜, 泣請於先生曰, 先親之門人雖多, 而先親之素心, 重莫如執事. 先親行狀, 非執事, 莫可撰出. 先生辭之, 不得而撰之."

58) 『順菴集』, 권1, 「讀麗史有感」.

6. 길재 연구와 관련한 한 제언

필자는 2011년 9월 29일 한 심포지엄에서 "국사교과서 이대로 좋은가"라는 주제로 현행 국사교과서의 문제점을 진단한 바 있다. 문제점 가운데 이분법적이고 대립적인 서술은 정도가 심각하였다. 사림파와 관학파의 대립은 그런 서술 가운데 중요한 것의 하나이다.

사림파와 관학파는 정치적·이념적으로 성향을 달리한 측면이 있다. 그러나 학문적으로는 대립·갈등하지 않았다. 길재의 문인 가운데 관학파 학자들과 뚜렷하게 대립각을 세운 사람은 없는 것 같다. 오히려 상호교류에 힘쓴 측면이 더 강하다고 본다.

또 조선성리학은 동국도통의 시조이자 선구자인 정몽주·길재 계열이 주도한 것은 사실이다. 다만 성리학의 이론적 탐구 측면에서는 권근 계열이 앞서 갔던 일면이 있다. 길재와 권근은 정치적으로 길을 달리했지만 학문적 교유를 지속했고, 이것은 후대에도 이어졌다. 그리고 김종직의 단계에 와서 하나로 만나게 된다. 또 성리학은 초창기 영남 출신 학자들이 주도하였지만, 곧 이어 호남으로도 전파되어 상당한 결실을 맺기에 이른다. 길재 계열과 권근 계열의 성리학의 전통이 하나로 만난 예를 조선 성종 때 전라도 화순和順에 살았던 일송一松 홍치洪治(1441～1513)를 통해 엿볼 수 있다.

필자는 근자에 화순 출신의 홍치라는 이름 없는 한 시골 선비가 혼신의 힘을 다해 엮은 『심학장구집주대전心學章句集註大全』(2권 1책)이란 책을 발굴한 바 있다. 그 내용을 보면, 유가 경전과 주희의 『장구章句』, 『집주集註』 등에 흩어져 있는 심학心學 관계 글을 모은 뒤 거기에 동문들과 토론한 내용 등을 소개하고, 안설按說을 붙여 자신의 견해를 제시하였다. 그는 성리학을 심학으로 보고 이 심학을 정착시키려는 일념에서 책을 저술하였으며, 특히 이 책이 임금에게 헌상되어 임금이 성왕지학聖王之學을 연마하는 데 도움이 되었으면 한다는 소원을 피력하였다. '조선판 심경心經'이라고 할 만한 책이다.[59]

『심학장구집주대전』에는 저자 홍치가 배우고 사귀었던 사우師友들의 학설이 다수 인용되어 있다. 그 사우들은 저자의 스승이었던 고은皐隱 안지安止를 비롯하여, 최보崔溥 · 이목李穆 · 권오복權五福 · 이계맹李繼孟 · 신영희辛永僖 · 허반許磐 등 김종직의 문인들, 그리고 그 계열의 조유형趙有亨 · 박은朴誾, 관학파 계열의 임수겸林守謙 · 최담崔潭, 인근 영암 출신 박권朴權 등 모두 12명이다. 저자가 관학파 계열의 학자 안지의 문인이면서도 사림파의 영수 김종직의 문인들과 깊숙이 사귀었다는 점이 이채롭다. 홍치가 김종직의 문인들과 학문적 교류를 하게 된 배경은 현재로선 자세히 알기 어렵지만, 해남 출신인 금남 최보가 교량 역할을 하였을 것으로 짐작된다. 『심학장구집주대전』을 보면 최보와의 만남이 가장 빈번한 것으로 드러난다.

홍치는 21세가 되던 세조 7년(1461)에 전라도 김제 출신 안지의 문하에 나아가 성리학을 연마한 것으로 알려진다. 안지는 권근의 아우 매헌 권우의 문인으로, 동문 정인지와 함께 용비어천가를 찬진撰進하고 한글 창제에도 간여한 당대의 대학자였다. 그는 권우로부터 성리학을 체계 있게 배웠다. 특히 『주역』의 요체를 전수 받아 실제 사실이나 사물에서 천지자연의 수를 알아내고 사물을 접할 때마다 이치를 관찰하는 '촉물관리觸物觀理'의 정신을 발휘하였다.[60] 그가 수리에 밝아 산법算法 연구에

---

59) 이 책의 제3부 제1장 「이황 사칠리기호발론의 연원적 배경」 참조.

60) 安止, 『皐隱集』, 권1, 「梅軒先生集跋」, "時余受易于先生函丈之下. 一日先生論奇偶之數而曉譬之曰, 此易知也. 人每當飯, 先執匙後下筯, 匙單而筯雙, 此其數也. 但人自不察耳. 余雖愚昧, 竦然聞之, 怳如有得, 私竊以爲厥工豈知有陰陽之理寓於日用之間先後之中? 然既有天地自然之數, 故雖陶冶之賤, 亦不得不爲之然也. 自是以後, 因事知數, 觸物觀理者, 蓋亦不少."

힘쓴 것이라든지, 한글 창제에 직·간접으로 참여한 것은 모두 『주역』에 밝았기 때문이라고 할 수 있다.

홍치의 『심학장구집주대전』은 성균관을 중심으로 한 관학파 학자들의 성리학에 대한 이론적 탐구와 길재를 선구로 한 사림파 학자들의 실천 중시의 경향이 하나로 만나 이루어진 중요한 성과라고 생각한다. 특히 두 학파의 학문 전통이 '호남'에서 하나로 만나 또 다른 전통을 만들어 내었다는 점은 간과하기 어렵다. 이 점은 길재와 그 문하의 학문·학통(도통)을 연구할 때 중요하게 고려해야 할 사항이라고 생각한다.

길재의 절의정신은 '원대성리학의 영향'이라는 틀만 가지고는 제대로 이해되기 어렵다. 남송성리학의 영향도 아울러 보아야 한다.

현재 학계에서는 안향이 원나라로부터 『주자전서』를 필사하여 가지고 들어온 충렬왕 16년(1290)을 주자학 전래의 시발로 본다. 그러나 주자학이 아닌 성리학의 시발로 말하자면, 무신의 난 이전에 고려 학자들이 북송의 도학에 접한 단서가 적지 않다. 이규보 등 일부 학자들의 글에서는 성리학의 편린이 나타나기도 한다. 고종 때 학자 정의鄭義는 부賦 작품에서 성리학의 리일분수理一分殊 이론을 말할 정도였다.[61] 그동안 문헌이 뒷받침되지 못하여 추정에 그쳤던 사실들이 역사적 사실로 드러나고 있다. 고려유학사를 다시 써야 할 필요성까지 제기된다.

남송성리학의 유입 역시 고려 말 친명배원 노선으로의 회귀와 관련시켜 보기도 하지만, 사실 그보다 유입 시기가 훨씬 빠르다. 그 한 예로 남송 때 형부원외랑刑部員外郞을 지낸 절강성浙江省 포강현浦江縣 사람 정신보鄭臣保(?~1271)를 들 수 있다. 정신보는 1237년에 지금의 서산시 간월도看月島로 귀양 와서 후학들에게 이정二程의 책으로 성리학을 강학하였다고 한다.[62]

---

61) 자세한 논의는 최영성, 『한국유학통사』 상권, 245~252쪽 참조.
62) 『瑞山鄭氏家乘』 권상, 「追封金紫光祿大夫門下侍郎平章事判禮賓事行尙書刑部員外郞浙江鄭公墓碣銘」(蔡謨), "時麗俗專尙佛敎, 公以性理之學, 敎誨生徒. 東方人, 始得覩兩程之書."

이것은 고려 충렬왕 때 상장군을 지낸 채모蔡謨의 「원외랑묘갈명」과 조선 정조 때의 학자 여와餘窩 목만중睦萬中(1727～1810)의 「충신송상서형부원외랑忠臣宋尙書刑部員外郞 정공신보鄭公臣保 고려중찬高麗中贊 양렬공襄烈公 인경仁卿 합전合傳」에서 확인된다.[63] 정신보가 가르친 성리학의 내용은 이정을 주로 한 것으로, 남송성리학의 의리사상을 떼어놓고는 설명하기 어렵다. 정신보가 고려에 온 시기는 남송 이종理宗 가희嘉熙 1년이요 고려 고종 24년인 1237년이다.[64] 안향이 주자학을 전래한 1290년에 비해 50여 년이 빠르다.

정신보의 절의는 『동국신속삼강행실도』라는 관찬서官撰書에서 공식 확인하고 있으므로[65] 이에 대한 이의가 있기 어렵다. 다만 그가 후학들에게 성리학을 가르쳤다는 사실은 사찬서私撰書에 실려 있으므로 신빙성에 의문이 제기되기도 한다. 그러나 채모가 찬한 묘갈명은 자료적 가치가 적지 않다. 비록 『가승』에 실려 있기는 하지만, 정신보와 같은 시기에 살았던 채모가 직접 찬술한 것이고 또 묘갈에서 직접 탁본을 하여 『가승』에 실었다고 믿어지기 때문이다.[66] 문제는 성리학 전래보다도 그것이 후학들에게 어떻게 전수되었느냐 하는 점이다. 아쉽게도 오늘날에는 문헌적 뒷받침이 될 만한 것이 거의 없다. 정신보의 아들 정인경鄭仁卿(1241～1305)이 불교가 성행하는 현실을 개탄하고 제자들을 성리학으로 가르쳤으며, 그가 가르친 후학들의 책상에는 언제나 이정의 책이 있었다는 사실이 『서산정씨세보』에 실려 전할 뿐이다.[67] 그러나 정인경이 『고려사』 「열전」

이것은 『湖山錄』, 「古今人物」에서도 재차 확인된다.

63) 『餘窩集』, 권16(문집총간 속집 90, 310～320쪽); 『瑞山鄭氏家乘』 권상 참조.

64) 『瑞山鄭氏世譜編年圖』 참조.

65) 『東國新續三綱行實圖』, 「忠臣篇」, '鄭臣保'.

66) 묘갈명에는 중간에 缺字 표시가 더러 있다. 이것은 탁본을 한 뒤 실었다는 증거이다.

67) 『세보』, 권7, 「양렬공연보」, 56세조, "麗俗專尙佛敎, 士大夫家大小祥, 設齋于山寺. 往往有卿相致仕, 妥佛軀. 或影幀于別堂籠室, 以崇奉之. 先生大加非斥之, 每以性理之學訓敎, 後進案上, 只有兩程之書."

에 실릴 정도의 비중 있는 인물임에 비추어 볼 때 그의 성리학이 후학들에게 적지 않은 영향을 끼쳤을 것으로 생각된다. 이와 관련된 문헌적 뒷받침이 절실히 요구된다.

필자는 근자에 지구知舊를 통해 1931년 편찬된 『서산정씨세보』를 입수하였다.[68] 거기에 보면, 서산정씨의 시조 정인경의 5세손에 부성부원군富城府院君 정윤홍鄭允弘이라는 이가 있다. 윤홍은 서산정씨 영남 입향조入鄕祖인 윤숭允崇의 아우이다. 정윤홍의 사위 가운데 한 사람이 매계梅溪 조위曺偉(1454～1503)의 조부인 조심曺深이다. 조심의 아들이 조계문曺繼門이고, 조계문은 1남 1녀를 두었으니, 아들은 매계 조위이고 사위는 김종직(1431～1492)이다. 조위는 김종직의 처남이자 문인이다. 조위의 묘는 현재 김천시에 있는데, 부성부원군 정윤홍의 묘역 안이다. 서산정씨 가문과 조위 가문 사이의 유대관계를 엿볼 수 있는 대목이다. 서산정씨와 긴밀한 관계에 있는 조위 집안의 사위가 된 김종직 역시 정신보 → 정인경으로 이어지는 서산정씨의 가학 내력에 대해 직·간접으로 접하였을 것이다.[69] 『점필재집』이나 『매계집』에 이와 관련한 내용이 실려 있지는 않지만, 이들 문집이 사화 때문에 온전하지 못한 것임을 감안할 때, 문집 이외에 방증 자료가 될 만한 것들을 수집할 필요성을 느낀다.

현재로는 비록 추정에 그칠 수밖에 없으나, 남송성리학과 사림파 사이의 관계를 밝힐 수 있는 정황들이 드러나고 있다. 앞으로 이에 대한 자료가 발굴되어 새로운 사실로 확인되기를 바란다.

---

68) 자료를 제공해 주신 李恩雨 선생께 감사한다.

69) 조선조에 들어 정인경의 8세손 鄭僖가 김종직의 문인이 되었던 것도 이와 무관하지는 않은 것 같다. 정희는 자가 無悶으로, 연산군 2년(1496)에 式年試 丙科 19위로 급제하였다.

7. 맺음말

야은 길재는 정몽주와 함께 조선 도학의 정맥正脈을 일군 선구자이다. 그러나 세상에서는 그의 절의와 선비정신은 알지만 도학에 대해서는 잘 알지 못한다. 절의가 도학을 가린 점이 있다. 그는 평소 "도학을 밝히고 이단을 물리치는 것"(明道學闢異端)으로 자임하였다. 이단을 배척하고 성리학적 교학教學 풍토를 정착시키려는 그의 노력은 평생토록 계속되었고, 문인 후학들에게 이어져 커다란 학풍을 이루었다.

길재는 이론적 측면보다 실천에 치중하였다. 그의 학문은 '천리독실踐履篤實', '충효위선忠孝爲先'으로 요약할 수 있다. 『소학』으로 본원을 함양하여 도학자가 되는 근본으로 삼고, 율기律己를 미루어 치인治人의 단계에까지 나갔으니, 그의 문하에서 충효지인, 양리良吏, 청백리가 많이 배출되었음은 물론이다. 자신은 고려 유신으로 남았지만 제자들에게는 벼슬길에 나갈 것을 권유하였고, 갈고 닦은 학문을 바탕으로 치세治世를 이루는 데 앞장서도록 하였다. 이것은 후일 사림파가 집권하여 성리학을 정교의 이념으로 삼아 5백 년의 국맥을 유지하는 데 원동력이 되었다.

길재는 임하林下에서 후진을 양성하는 일에 매진하면서 교육을 통한 유교입국儒教立國을 기약하였다. 그러기에 '교육' 면에서 철저한 점이 있었다. 그의 교과 과정은 체계적이었고 주밀하였다. 감화와 교화를 통한 교육 방법은 이성을 중시하는 성리학의 학풍에 새바람을 불어 넣었다. 궁리진성과 함께 고무진신의 측면을 아우르고 '육예'에 두루 통하는 전인교육을 지향하였다. 이것은 오늘날의 교육 풍토에도 시사하는 바가 크다.

길재의 문인들은 스승의 유지를 받들어 신생 조선이 이념적·사상적으로 조속히 뿌리를 내릴 수 있도록 노력하였다. 문인들의 도학적 삶은 일사불란한 감이 있다. 길재의 그것을 전적으로 계승하면서 각 부문별로 확대 발전시켜 나갔다고 할 수 있다. 그들은 의리사상을 바탕으로 남다른 동문의식을 발휘하였으며 강한 결속력을 보여 주었다. 현실대응 양상에서도 소극적이지 않았다.

『소학』은 그들에게 이념적·실천적 기반이 되었고, 『주역』은 성리학의 철학적 이해와 현실에 대한 예지력, '견기이작見幾而作'할 수 있는 판단력을 배양하는 데 바탕이 되었다. 이런 학문적·사상적 기반이 견고하게 구축되었기 때문에 뒷날 '문기팔대지쇠文起八代之衰'로 평가를 받는 김종직 계열이 학계·정계에 진출할 수 있었고, 마침내 훈구파에 필적할 만한 존재감을 드러낼 수 있었던 것이다.

사림파는 관학파와 정치적·이념적으로 길을 달리하기는 했지만, 학문적으로 대립하거나 갈등으로 점철된 것은 아니다. 어느 면에서는 사림파가 관학파와의 소통을 추구한 측면도 있다. 이 점은 길재 및 그 문인에 대한 연구에서 중요하게 고려되어야 할 사항의 하나다. 또 민족주의적 색채, 절의중시적 성격이 도태된 원대성리학의 영향만으로는 길재와 그 학파의 절의정신을 제대로 연구하기 어렵다. 남송성리학과의 연관성을 탐색할 필요가 있다. 이에 대해 학계에서 육속 연구가 이어지기를 기대하는 바 크다.

제4장 한국사상사에서의 정도전의 위상

1. 머리말

1398년(태조 7년) 8월, 삼봉三峯 정도전鄭道傳(1342~1398)이 비명에 쓰러졌다. 야망에 불탔던 이방원李芳遠에 의해 제거된 것이다. 역사는 승자의 입장에서 서술되기 마련이다. 정도전에게는 '간신奸臣'이라는 누명이 씌워졌고, 그가 죽음을 당한 이유는 변란 내지 반란 기도로 기록되었다. 후일 고종 2년(1865) 9월, 신원伸冤의 명이 내려지기까지 467년이 걸렸다.[1] 조선왕조를 설계한 정도전을 철저하게 버린 조선왕조였지만, 경복궁을 재건하는 과정에서 정도전의 학문과 업적, 공로를 재평가하고 그를 되살리기에 이른 것이다.

고금의 역사를 보면 늘 반복된다는 느낌이 든다. 후대 사람이 선대 사람을 감계鑑戒로 삼기 때문일 것이다. 당 고조와 당 태종, 조선의 태조와 태종은 정치적 발자취가 흡사하다. 중국 당황조의 실질적인 건국자가 당 태종 이세민인 것처럼 조선왕조를 건국한 실력자도 태종 이방원이라는 점에서 그렇다. 두 태종은 골육상잔을 통해 즉위하였다. 고조와 태조가 '집터를 닦은' 정도였다면 두 태종은 '집을 세운' 것으로 평가할 수 있다. 창업군주보다

1) • 고종 2년(1865), 9월 10일(임신), "정도전의 勳封을 복구하고 시호를 내리게 하다."
• 고종 5년(1868), 7월 2일(정축), "정도전의 묘에 지방관을 보내 제사 지내게 하다."
• 고종 8년(1871), 3월 16일(병오), "정도전의 시호를 文憲으로 하다."

후계자가 영명하여 왕조의 기틀을 탄탄하게 다진 사례이다. 공통점이 크지만 다른 점은 없을까? 당 태종이 위징魏徵이라는 간세間世의 현상賢相을 두어 '정관貞觀의 치治'를 이룩할 수 있었던 데 비해, 태종 이방원은 위징에 비할 만한 신하를 두지 못했다. 있다 하더라도 '믿어 의심하지 않을' 그가 아니었다. 위징은 본래 당 태종의 반대세력으로, 태종이 황제가 되는 것을 막는 쪽에 섰던 인물이었다. 그런 위징을 발탁하여 절대적 신임을 보여주었던 태종의 도량과, 지난날의 의심을 충성으로 갚은 위징의 사람됨을 새삼 되새겨보게 된다. 역사에 가정이란 없다지만, 필자는 정도전이 태종 이방원의 위징이 되지 못하고 비명에 쓰러진 것을 아쉬워한다.

정도전은 그릇이 큰 인물이다. 왕조교체기에 목숨을 걸고 활동했던 열혈 혁명가요, 조선왕조를 설계한 불세출의 경세가이다. '살아서 6년, 죽어서 육백 년을 다스린 남자'라고 하는 정도전 관련 뮤지컬 광고 문구가 마음을 움직인다. 근자에 들어 정도전에 대한 재조명이 퍽 활발하다. 이제 재조명의 과녁을 학술과 사상 쪽으로 돌릴 수는 없을까? 필자에게 부여된 논제가 신호탄이라도 된 듯하다.

본고에서는 지금까지 발표된 논고들의 성과를 종합하여 한국사상사에서 그가 차지하는 위상, 후세에 끼친 영향 등에 대해 고찰하려 한다. 거시적 관점에서 작성된 것이므로, 세부적인 주제를 가지고 논한 것과는 성격이 다르다는 점을 밝혀 둔다.

2. 도학의 선구 : '도학자가 진유'

정도전은 조선 초기의 경세가이다. 그의 경세적 관점과 범위는 대국大局적이다. '제례작악制禮作樂'으로 표현되는 경우가 있고 보면 그 이상의 언급은 곤란할 듯하다. 이에 앞서 학문과 사상 쪽을 먼저 다루기로 한다.

정도전을 사공파事功派로 지목하는 학자들이 적지 않다. 여기서 '공功'이란 공적 또는 공로功勞를 말한다.[2] 또한 공리功利를 의미하기도 하지만,[3] 사공파라 할 때는 전자의 개념으로 일컫는다. '공업功業'을 일컫는 경우가 많다.

공업은 학문, 공리는 의리義理의 상대 개념이다. 학문 없는 공업이란 있을 수 없고, 의리 없는 공적은 사리私利로 흐르기 쉽다. 대개 실제적인 이익이나 효과를 중시하는 것을 '공리적'이라고 한다. 현실생활에서 이해利害의 문제는 중요하다. 그렇다고 시비是非와 같은 가치의 문제를 소홀히 할 수는 없다. 이해·시비의 문제는 사공파와 의리학파義理學派가 갈라지는 분기처分岐處이다. 시비와 이해를 절중折中하여 합의合宜를 이끌어 내는 것이 중요하다. 정주 계통의 의리학파에서는 사공파를 배척한다. 경세적 수완이 있는 사람들 중에는 권력지향적이고 이기적인 이들이 많다는 이유에서 경세론자들을 비속하다고 비판하였다. 또 '유사공리惟事功利', 즉 공리功利만을 일삼을 가능성이 있다고 하여 이들을 사공파로 지목하였다. 이후 사공파는 상대학파를 폄하할 때 주로 사용하는 용어가 되었다.[4] 이런 용어는 사용하는 데 조심성을 기할 필요가 있다.

정도전의 집안은 본디 성리학과 관련이 깊었던 것으로 짐작된다. 아버지 운경云敬은 본디 사학십이도私學十二徒에 들어가 공부하였으며, 이후 원나라 제과制科에 급제한 이곡李穀과 윤안지尹安之를 도반道伴 삼아 학문을 닦았다. 원나라 유학생들을 통해 성리학을 공부했을 가능성이 크다. 당시 그가 글을 읽었던 삼각산三角山은 역사적으로 중요한 의미가 있다.

---

2) 『周禮』, 「夏官 · 司勳」, "事功曰勞."

3) 『歷代名臣奏議』, 권96, 「上殿箚子」(葉適), "王之望 · 尹穡, 翕然附和, 更爲務實黜虛, 破壞朋黨, 趨赴事功之說."

4) 조선조에는 王安石과 같은 부류의 俗儒를 지칭할 때도 '사공파'라 하였다.

후일 아들 도전이 그곳에 삼봉재三峯齋를 짓고 학문을 연마하였고,[5] 거기서 새 왕조를 구상하고 설계하였다.

정운경은 세 명의 아들을 두었다. '도전道傳', '도존道存', '도복道復'이라는 세 아들의 이름을 통해 도를 전하고 보존하고 회복시키려는 강렬한 의지를 읽을 수 있다. 기실 '운경云敬'이란 이름을 통해서도 '왈성왈경曰誠曰敬'하는 성리학에서의 수양론을 엿볼 수 있다.

정도전은 자신이 도학의 전통을 계승한 것으로 자부하였다. 학문적·정치적 동지 권근權近이 찬한 『심기리편心氣理篇』 「후서後序」에 따르면, 정도전은 항상 다음과 같이 말하였다고 한다.

> 노불老佛의 간특한 해로움을 분별하여 백세토록 어두웠던 도학을 열며, 시속의 공리설功利說을 꺾어 도의道誼의 바른 데로 돌아가게 한다.

정도전은 송대 성리학자들의 도통관을 전적으로 수용하면서[6] 자신이 도통 연원을 계승하였다고 인식하였으며, 도학자가 곧 진유眞儒라고 생각하였다. 권근은 정도전에 대해 "맹자는 '삼성三聖의 계통을 잇는다'고 하였는데, 선생 역시 맹자를 계승한 분이시다"라고 칭송하였다.[7] 송대 도학자들에 의하면, 복희씨伏羲氏로부터 요·순·우·탕·문·무·주공·공자·맹자로 이어지던 도통은 맹자에 와서 단절되었다가, 1천 년 뒤 염계濂溪 주돈이周敦頤가 끊어진 통서統緖를 잇고 이어 이정二程을 거쳐 주희에 의해 크게 드러났다고 한다. 한편, 권근은 13세기 말 고려에 수용된 주자학이

---

5) '三峯'이란 호는 삼각산에서 유래한 것이다. 단양의 도담삼봉과는 관련이 없다. 『三峯集』, 권14, 「事實」, 丁巳年 7월조, "遂結廬于三角山下講學, 學者多從之(按公講書于三峯齋, 四方學者多從之)."

6) 『三峯集』, 권11, 「經濟文鑑」 別集下, '君道', 宋 神宗, "當神宗朝, 濂溪周子倡明道學, 兩程夫子從而和之, 道學之盛益大以肆, 上以續孔孟千載不傳之祕, 下以開後人萬世無窮之學, 實光前而絶後也. 同時如康節邵子, 橫渠張子, 司馬溫公, 又爲理學之淵藪, 卓卓乎其不可及者."

7) 『三峯集』, 권5, 「佛氏雜辨後序」.

이제현李齊賢·이색李穡에 이르러 정대정미正大精微한 경지에 이르렀으며, 이색의 문하에서 정몽주·이숭인·정도전·박상충朴尙衷 등이 나와 한 시대의 위관偉觀을 보였다고 평하였다.8) 그럼에도 정도전은 도학의 정통 계보에서 제외되었을 뿐만 아니라 도학자의 대열에서도 빠져 있다. 이것은 16세기 중엽, 명종 말년부터 사림파가 집권하면서 명분론과 강상론에 입각하여 자파 위주로 도통 연원을 수립해 나간 데서 비롯된다. 정도전을 부정적 시각에서 바라보는 것은 사림파의 일반적인 행태이다. 김종직金宗直의 시 한 수를 보자.

誰謂宗之夔契倫	누가 정도전을 고기皐夔와 직설稷契의 무리라 하였던가
崎嶇平地竟阽身	공연히 평지에서 험하게 행동하여 끝내 몸을 위태롭게 하였네.
謾煩父老東門諭	부질없이 동문에서 부로父老들에게 유시諭示하는 것이
爭似三緘隱會津	어찌 잠자코 회진현에 은거하는 것만 하리오.9)

정도전은 일찍이 원나라 사신의 목을 베라고 주장하다가 전라도 회진현으로 귀양을 갔는데, 유배 도중 나주의 동문루東門樓에 올라 그곳의 부로들을 유시하는 글(諭父老書)을 지은 바 있다. 김종직이 이를 읊은 것이다. 김종직은 정도전이 참사斬使와 유서諭書의 일에서 부질없이 입을 놀려 위험을 자초하거나 주제넘은 일을 한 것으로 폄하하였다. 평소의 감정이 그대로 묻어난다.

이제 일방적인 평가와는 궤를 달리하여 역사적 사실을 직시해 보기로 한다. 조선왕조 건국과 함께 정몽주 → 길재 → 김숙자金叔滋로 이어지는 사림파는 영남지역을 중심으로 향촌에 은거하였다. 후일 성종 때 김종직이 정계에서 큰 영향력을 발휘하면서 사림파의 정계진출이 본격화하기 시작하였다. 이때까지 사림파는 향촌에서 후진 양성에 매진하면서 주로

8) 권근, 「三峯集序」 참조.
9) 金宗直, 『佔畢齋詩集』, 권22, 「錦城錄 其六」 참조.

행의行誼에 힘썼다. 성리학에 대한 이론적 탐구보다도 '경敬'과 '소학小學'을 화두로 실천에 힘썼다. 이에 비해 정도전·권근을 대표로 하는 참여파 학자들은 사실상 조선 초기 성리학 내지 주자학의 이론적 탐구를 독당하다시피 하였다. 정도전의 『불씨잡변』과 『심기리편』, 권근의 『입학도설』, 『오경천견록五經淺見錄』 등은 조선 초기 성리학의 이론적 탐구 양상과 경지를 보여 주는 좋은 성과이다. 이후 관학官學에서 성리학의 이론적 탐구는 꾸준히 이어졌다. 당시 성균관을 중심으로 이루어졌던 성리학 강의는 우리가 생각하는 것 이상이었던 것 같다. 『성리대전』이 한글 창제를 비롯한 세종조 문화사업에 끼친 영향을 생각한다면 과소평가는 곤란하다고 본다.

조선 초기 성리학은 명분상으로 정몽주·길재 계열이 주도권을 쥐었지만, 이론적 탐구 측면에서는 권근 계열이 앞서 갔던 것이 사실이다. 길재와 권근은 정치적으로 길을 달리했지만 학문적 교유를 지속했고, 이것은 그의 후대에도 이어졌다. 그러다가 김종직의 단계에 와서 하나로 만나게 된다. 길재의 문인 응계凝溪 옥고玉沽(1382~1436)는 집현전 학사 출신으로 일찍이 「인심선악상반도人心善惡相反圖」와 「음양변역성괘지도陰陽變易成卦之圖」를 완성하였다. 이 가운데 「인심선악상반지도」는 권근의 「천인심성합일지도天人心性合一之圖」를 바탕으로 하여 인간의 심성 문제를 더욱 깊이 파고 들어간 것이다. 권근의 「입학도」와 그 아우 권채權採의 「작성도作聖圖」를 시발로, 성리학의 이론을 도설圖說로 나타내려는 노력이 관학에서 지속되었음을 엿보게 한다.[10)]

한편, 조선 초기 성리학은 영남 출신 학자들이 주도하였지만, 곧 이어 호남으로도 전파되어 상당한 결실을 맺기에 이른다. 길재 계열과 권근

10) 최영성, 「야은 길재와 그 문생들의 도학사상」, 『한국학논집』 제45집(계명대학교 한국학연구소, 2011) 참조.

계열의 성리학 전통이 하나로 만난 예를 조선 성종 때 전라도 화순和順에 살았던 일송一松 홍치洪治(1441~1513)를 통해 엿볼 수 있다. 홍치는 '조선판 심경心經'이라 할 수 있는 『심학장구집주대전心學章句集註大全』(2권 1책)을 이룩하였다. 내용상으로 보면 임금을 성왕聖王으로 만들기 위한 교재로서의 성격이 짙다. 성왕지학聖王之學은 이후 명종·선조 무렵에 부각되었다. 약칭 『심학』에는 명맥이 시들해진 도설이 다시 등장하여 이목을 끈다. 「심성정도心性情圖」 같은 것은 이황의 『성학십도』 가운데 「심통성정도心統性情圖」와 통하는 측면이 있다. 더욱이 사단과 칠정을 리기理氣에 분속分屬시키면서 "사단지정四端之情, 리발이기수지理發而氣隨之, 칠자지정七者之情, 기발이리승지氣發而理乘之"라고 규정한 것은 이황과 똑같다.[11]

이런 도설류는 대부분 권근으로 대표되는 관학파 계열에서 나왔으며 호남과 관련이 있다.[12] 홍치 또한 그 계통을 이은 것이다. 후일 중종 말기에 나온 정지운鄭之雲의 「천명도설天命圖說」 역시 그의 스승 김안국金安國(1478~1543)이 성균관 대사성으로서 관학의 전통을 계승할 만한 위치에 있었던 것과 무관하지 않다. 이런 사정을 고려한다면, 관학파와 사림파를 대립적으로만 보는 것은 온당하지 않다.[13]

도학은 대개 성리학과 같은 개념으로 사용되었다. 이 밖에 의리학義理學, 성명학性命學, 송학宋學 등으로도 일컬어졌다. 그러나 도학은 범위가 넓다. 또 도통을 중시하기 때문에 도통과 연결되지 않으면 도학이라 하기 어렵다. 조선시대 도학을 비유하자면, 대개 '의리학'을 척추로 삼아 직립直立하였고, '성리학'을 이목耳目 삼아 방향을 가늠하였으며, '예학'을 수족手足

11) 최영성, 「야은 길재와 그 문생들의 도학사상」(『한국학논집』 제45집) 참조.

12) 권근은 일찍이 전라도 익산에서 귀양살이를 할 때 『입학도설』을 편찬하여 교재로 삼았으며, 그의 아우 권채는 만년에 태인에 定居하였다. 권채의 문인 安止(호는 皐隱)는 김제에서 만년을 보냈다.

13) 최영성, 「퇴계 사단칠정 리기호발론의 연원에 대한 일고찰」, 『한국철학논집』 제37집(한국철학사연구회, 2013) 참조.

삼아 움직였고, '벽이단론'의 지팡이를 휘둘러 길을 헤쳐 나갔다고 할 수 있다.[14] 도학은 간단한 학문이 아니다.

율곡 이이는 주저主著인 『성학집요』 「제5 성현도통聖賢道統」에서 도학자의 중요한 기준으로 ① 도학(도통) 연원을 계승함, ② 성현상전聖賢相傳의 심법心法을 체득함, ③ 학문에다 경제經濟의 재능을 겸비함, ④ 출처진퇴出處進退에 하자가 없어야 함을 제시한 바 있다.[15] 그는 이 기준에 어긋나면 도학자로 인정하지 않았다. 이를 본다면 성리학을 공부했다고 해서 도학자라고 할 수는 없는 것이다.

자신을 도학의 전도자傳道者로 자부하면서 사실상 조선 초기 도학의 선구자 구실을 한 학자, 나아가 도학으로 조선 5백 년의 학문적 기초를 다진 큰 학자를 도학자의 대열에서 제외시키고 일방적으로 사공파로 지목하는 것은 문제가 있다. 현대적 의미에서 재평가가 필요한 이유의 하나가 여기에 있다.

3. 주리론의 선구 : '조선 성리학의 정향定向'

정도전·권근에 대해서는 아직까지 선입견이 말끔하게 해소되지 않은 것 같다. 부정적 평가는 차치하더라도 기초적인 사실부터가 잘못 알려진 경우가 많다. 필자는 사림파와 참여파에 대한 이분법적인 이해가 큰 몫을 담당했다고 본다. 즉, 사림파가 『춘추』의 강상론綱常論을 중시하고 백이·숙제를 바람직한 인간상으로 여기며 성리학에서 말하는 '리理'를 중시하여 태극太極·인극人極·황극皇極의 세 표준을 세운다고 생각하는 데 비해, 참여파는 『주역』의 변화론變化論을 중시하고 이윤伊尹을 높이

14) 금장태, 『유교와 한국사상』(성균관대학교 출판부, 1980), 247쪽.
15) 『栗谷全書』, 권26, 「聖學輯要」 8, '第五 聖賢道統' 참조.

평가하며 '기氣'를 중시하여 현실에서의 변화에 주목한다고 한다.[16] 『주역』과 '기'중시적 경향은 서로 통하는 바가 있다. 상황과 변화의 논리라는 점에서 그렇다. 그럴 듯한 해석이요 분류이다. 그러나 결론적으로 말하자면 허구에 가깝다.

정도전이 『주역』과 『춘추』를 어떻게 보았는지에 대해서는 자세히 알 수 없다. 그의 피화避禍와 함께 많은 저술들이 회신灰燼되었기 때문이다. 다만 그가 정이程頤의 『역전易傳』에서 오위효상五位爻象을 뽑아 정리해 놓은 것이 있어[17] 상황과 변화를 중시하는 그의 관점을 추측할 수는 있다. 권근의 경우, 경학 관계 저술을 풍부하게 남겨 그의 경학관을 확실하게 엿볼 수 있다. 그는 『입학도설』에서 『주역』과 『춘추』를 오경의 두 축으로 삼아 "『주역』은 오경의 전체요 『춘추』는 오경의 대용"이라고 하면서 다음과 같이 말하였다.

> 『주역』은 오경을 전체적으로 망라한 것이고, 『춘추』는 오경의 대체적인 활용이며, 『서경』은 정사政事를 말하였고, 『시경』은 성정性情을 말한 것이며, 『예기』는 절도節度와 문식文飾으로 행동을 삼가도록 한 것으로, 각기 한 가지 일을 오로지하고 있다. 그러나 『주역』과 『춘추』는 체體와 용用이 되므로 각기 갖추어지지 않는 바가 없는 것이라 하겠다.[18]

이로써 『주역』이 경전 가운데 경전의 위치에 있음과, 권근이 『주역』과 『춘추』를 양익兩翼 삼아 경학을 연구하였음을 짐작하겠다. 한편 권근은 『입학도설』에서, 『춘추』의 전체全體를 '도道'로, 대용大用을 '권權'으로 규정하고, '도'를 '천지의 이치에 근본하는 것'(本乎天地之理), '권'을 '성인의 마음에

---

16) 류승국, 『한국의 유교』(세종대왕기념사업회, 1980), 181쪽 참조. 이 책에서는 위에 소개한 내용을 '하나의 경향성'으로 소개하였지만, 실제로 이런 선입견이 많다고 본다.
17) 乾卦부터 萃卦까지만 있고 나머지는 일실되었다.
18) 『入學圖說』, 권1, 24b, 「五經體用合一之圖」, "愚按: 易五經之全體也, 春秋五經之大用也. 書以道政事, 詩以言性情, 禮以謹節文. 雖各專其一事, 而易春秋之體用, 亦各無所不備焉."

서 유행由行하는 것'(行於聖人之心)이라 하였다. 『춘추』의 큰 활용(大用)을 '권權'으로 규정한 것이 이채롭다. 그가 권변權變에 대해 '성인의 마음에서 유행하는 것'이라는 전제를 달기는 하였지만, 조선조에 참여, 두 왕조를 섬겼던 그의 사상적 이면을 탐색하는 데 일정한 단서가 될 수 있을 것 같다.[19] 이를 보면, 조선왕조에 참여할 명분을 『춘추』에서 찾은 셈이 된다.

도식적인 이해로 정도전이나 권근의 학문과 사상에 접근할 수 없음은 위의 경학관만으로도 대강 짐작할 수 있다. 그들의 성리학에 대해 살피고 나면 그런 생각이 더하리라고 본다. 정도전은 성리학 관계 전문 저술로 『학자지남도學者指南圖』와 『불씨잡변佛氏雜辨』, 『심기리편心氣理篇』, 『심문천답心問天答』 등을 남겼다. 『학자지남도』는 오늘에 전하지 않지만 권근의 서문을 보면 성리학 관계 저술임이 분명하고,[20] 권근의 『입학도설』에 큰 영향을 끼쳤을 것으로 짐작된다.[21] 『불씨잡변』은 불교 비판 전문서이지만 비판의 목적이 유학 특히 성리학을 옹위하고 현창하는 데 있으므로 성리학 관계 저술로 보아 무방하다.

『심기리편』 3편은 불가와 도가에 대한 유가(성리학)의 우위성을 철학적으로 전개하는 내용이다. 첫째는 「심난기心難氣」이니 불가의 수심修心의 요지를 논하여 도가를 비난한 것이고, 둘째는 「기난심氣難心」이니 도가의 양기養氣의 법을 논하여 불가를 비난한 것이며, 셋째는 「리유심기理諭心氣」이니 유가의 의리의 바름을 논하여 도·불의 편벽성을 깨우치려는 것이다. 그 내용은 대체로 다음과 같이 요약할 수 있다.

> 유가에서는 리를 주로 하여 심과 기를 다스리니, 그 하나에 근본하여 그 둘을 기르는 것이다. 도가에서는 기를 주로 하여 양생養生으로써 도를 삼고, 불가에서는

---

19) 최영성, 『한국유학통사』 상권(심산출판사, 2006), 447~449쪽 참조.

20) 『陽村集』, 권16, 8b, 「三峯集序」, "先生著述有學者指南圖若干篇, 義理之精, 瞭然在目, 能盡前賢所未發."

21) 이병도, 「鄭三峯의 儒佛觀」, 『白性郁博士頌壽紀念論文集』(1959), 665쪽.

심을 주로 하여 부동不動으로써 종宗을 삼으니, 각기 그 하나를 지키고 그 둘을 버리는 것이다.[22)]

정도전은 도가에서는 기가 리에 근본하고 있음을 알지 못하고 기로써 도를 삼고 있으며, 또 불가에서는 리가 심에 갖추어져 있음을 알지 못하고 심으로써 종宗을 삼았다고 비판하면서, "내(理)가 너의 심에 주재하고 있으면 형철瑩澈하고 허명虛明할 것이요, 내가 너의 기를 기르면 호연지기가 생길 것이다"[23)]라고 하였다. 이 『심기리편』은 『불씨잡변』에 비해 도·불을 비판하는 심도와 열의가 미약할 뿐 아니라, 얼핏 보면 유교의 입장에서 도·불을 포괄하여 삼교회통을 지향하는 인상마저 없지 않다. 이에 대해 권근은 「심기리편후서」에서, 이 글을 삼교일치의 취지로 알고 이해하는 것은 잘못이라고 지적하였다.[24)]

정도전은 『심기리편』에서 "심이 있고 내(理)가 없으면 이해利害에만 달려갈 것이요, 기만 있고 내가 없으면 고깃덩이처럼 지각도 없이 금수와 한 길로 돌아갈 것이다. 아아, 그 중에서 조금 다를 자가 몇 사람이나 될 것인가"[25)]라고 하였다. 즉 심이나 기는 리에 근거하여야 이해의 추구에 사로잡히거나 육체적 본능에 빠지는 것을 방지할 수 있다는 것이다. 여기서 리는 의리를 말한다. 의리는 인간과 금수를 구별하여 인간을 인간이게 하는 근거이며, 생사를 넘어서 지향하는 근본적 가치기준을 이루는 것이다. 그러기에 "죽을 자리에 죽는 것은 의義가 몸보다 소중하기 때문이다. 군자는 제 몸을 희생하여 인仁을 이룬다"라고 하였다.[26)] 철저할

---

22) 『三峯集』, 권6, 9b, 「心氣理篇後序」.

23) 『三峯集』, 권6, 8b, 「心氣理篇」, '理諭心氣', "我存爾心, 瑩澈虛明, 我養爾氣, 浩然而生."

24) 『三峯集』, 권6, 11b, 「心氣理篇後序」, "抑或有人, 徒見其不斥也, 以爲三敎一致, 故先生作此, 以明其道之同耳, 則非知言者也."

25) 『三峯集』, 권6, 6a~6b, 「心氣理篇」, '理諭心氣', "有心無我, 利害之趨, 有氣無我, 血肉之軀, 蠢然以動, 禽獸同歸, 其與異者, 嗚呼幾希."

26) 『三峯集』, 권6, 7b, 「心氣理篇」, '理諭心氣', "可死則死, 義重於身, 君子所以殺己成仁."

정도로 가치론적 관점에서 주리론의 입장에 입각했음을 볼 수 있다. 정도전 자신의 혁명이 단순한 상황논리에 따른 것이 아닌, '리'의 명명明命[27]에 따른 것임을 짐작할 수 있게 한다. 성리학에서의 의리 문제는 잘라 말하기 어렵다. 다만 정도전이 생각하는 대의란 철저할 정도로 '민民'에 기준을 두었다는 점이다. '위민爲民, 중민重民이야말로 대의 가운데 대의'라는 인식이 강하다. 이것은 『삼봉집』 전편에 흐르는 기조라 하겠다.

『심문천답』은 성리학의 이론을 문답체로 알기 쉽게 서술한 것이다. 『심기리편』이 유·불·도 삼교의 비교를 통해 유학(성리학)의 우위를 드러내려는 데 비해, 『심문천답』은 선악·보응報應의 더디고 빠른 이치를 밝혀 사람들에게 공리功利를 추구하는 데 빠지지 말고 바른 도리로 나갈 것을 권면하는 내용으로 되어 있다. 그 이면에 담긴 정신을 한마디로 말하자면, 가치론적으로 '리'를 높이고(尊理) '기'를 억제하는(抑氣) 것이라 할 수 있다. 즉 리가 기를 눌러야 나라가 다스려지고 세상이 편안해진다는 인식이다. 정도전이 공리를 비판한 사실은 그를 사공파로 지목하는 데 문제가 있음을 잘 보여 준다.

이상 소개한 저술의 내용과 성리학적 경향을 통해 정도전이 주리론의 기치를 높이 들어 조선유학의 방향을 선명하게 제시했음을 알 수 있다.[28] 조선조 성리학의 기초가 주리적 성향이었고, 또 그것이 후일 조선성리학의 정맥을 이루었다는 사실은 정도전과 관련하여 중요한 의미를 지닌다. 당시 성리학의 주리적 가치를 정도전처럼 체계적으로 정리하여 전파한 사람은 찾아보기 어렵다. 권근이 그에 추수追隨할 정도였다. 여기서 그의 선구적 위치를 찾을 수 있다. 이후 주리론은 관학官學으로 계승되었다.

---

27) 정도전은 『심문천답』에서 '의리의 명'(義理之命)이라 하였다.

28) 북한의 『조선철학사』에서는 정도전·권근 등의 철학사상에서 氣論만을 부각시켜 그들이 기학파인 것처럼 사실을 왜곡하였다. 어느 한 측면만을 부각시켜 정치적 목적에 이용하려는 연구 방식은 반드시 지양되어야 한다.

관학파 학자들이 보는 '주리'의 의미는 '인간이 인간답게 사는' 이상세계의 구현이었다. 사림파 학자들이 주리적 입장에서 정도전을 변절자로 매도하였던 것은 역사적 아이러니이다. '주리파'가 '주리파'를 공격하는 '이리치리以理治理' 바로 그것이었던 것이다. 같은 주리적 입장이라 하더라도 '리'에 대한 해석에서 차이가 있음을 놓쳐서는 안 될 것이다.

4. 벽이단의 선구 : '동방의 맹자'

이단을 배척하는 일은 도학을 밝히고 옹위擁衛하는 일과 별개의 일이 아니다. 마치 동전의 양면과 같은 것이다. 척사斥邪가 곧 위정衛正이요 위정이 곧 척사인 것이다. 정도전은 고려 말기 이래 벽이단론의 선구자이다. 어떤 면에서는 '선구자'라는 표현이 그의 위치를 제대로 나타내지 못한 일면이 있다. 벽이단론, 특히 불교 비판의 이론을 체계적으로 정립한 것으로 치면, 중국이나 조선에서도 그 선례를 찾아보기 어렵다. '조선의 한퇴지韓退之', 나아가 '조선의 맹자'라 일컬어지는 것도 과언은 아니라고 본다.

대개 종교로서의 체계가 확고하거나 세勢가 강할수록 자교自敎를 옹위하는 경향이 강하다. 자교를 지키기 위해 이단을 배척하며, 타교他敎의 공격으로부터 방어하려는 경향이 현저하다. 불교의 파사현정론破邪顯正論이 그 가운데 하나이다. 파사의 결과는 현정으로 나타나며, 현정을 위해서는 파사가 필수적이다. 파사가 현정에 앞선다는 것은 외부의 비판과 공격에 대한 대응적 성격이 강하다. 중국불교사에서 호법론護法論이 대대로 대두되었던 것은 그만큼 불교를 비판하는 세력이 끊이지 않았음을 의미한다.

일본에서 간행된 『대정신수대장경大正新修大藏經』 제52권에는 중국불교와 관련하여 사전류史傳類의 꽃이라 할 수 있는 『홍명집弘明集』과 『광홍명집廣弘明集』이 들어 있다. 이 두 책에는 불교 입장에서 자교를 옹호하고 타교와의 우열을 논하며 나아가 이단을 비판한 글이 다수 실려 있다. 호교론에 초점이 맞추어져 있다. 중국 북주北周 때의 도안道安이 지은 「이교론二教論」은 불교와 도교의 우열을 논하여 불교가 수승殊勝함을 주장한 것이다. 당나라 때 법림法琳이 지은 『파사론破邪論』(2권)과 『변정론辯正論』(8권)은 도교계의 배불론을 반박하고 불교의 본질을 천명한 것이다. 역시 당나라 때 현의玄嶷가 저술한 『견정론甄正論』(3권)은 불교와 도교의 본질을 문답체로 비교하여 논술한 것이다. 북송 때의 학자 장상영張商英(1042~1122)이 지은 『호법론護法論』은 유교와 도교 측의 불교 비판에 맞서 불교를 지키기 위해 펴낸 것이다. 이러한 호교론적 저술들은 고려조 이래로 우리나라에 끼친 영향이 컸다.

이처럼 불교계의 호교론 관련 저술은 그 수가 적지 않다 그러나 이단비판과 관련한 유학계의 전문 저술은 사실상 전무한 현실이다. 유가의 척사위정사상을 드러낸 문자로는 당나라 때의 문인 한유韓愈(768~824)의 「원도原道」와 「논불골표論佛骨表」, 북송 때의 문인 구양수歐陽脩(1007~1072)의 「본론本論」 등이 유명하다. 「원도」는 '본래적 의미의 도道란 무엇인가'를 주제로 '유가의 도'를 논한 글이요, 「논불골표」는 불교가 이적의 도임을 논하면서 제왕이 불사리佛舍利를 봉영奉迎함이 잘못임을 황제에게 상주上奏한 글이다. 한유는 이들 논저에서 노·불을 이단으로 배척하여, 불사佛寺와 도관道觀을 여염집으로 만들고 승려와 도인들을 보통 사람들로 편입시켜야 된다고 주장하였다. 당시 유학자들은 한유의 주장을 전폭적으로 지지하며 그를 유교계의 종주宗主로 받들었다. 한유는 팔대에 걸쳐 쇠퇴한 문학을 일으킨(文起八代之衰) 대문호이다. 그는 장적張籍·황보식皇甫湜 등으로부터 배불론과 관련한 전문 저술을 권유 받았으나 끝내 착수하지 못하였다. 그런데 송대에 가서는 한유의 때와는 상황이 달라졌다. 배불론에 대한 반박이 이어지고 호불의 논리가 더욱 가다듬어지면서, 이제 학술적 뒷받침 없이는 불교를 비판하기가 어렵게 되었다. 구양수는 유가의 근본을 공고하게 하는 것이야말로 불교를 배척하는 최상의 길이라는 인식을 가졌다. 그리하여 그는 한유의 「원도」와 「논불골표」를 의식하면서 「본론」을 찬술하였다. 「본론」은 유가의 본질을 논하여 불교와 대비시킨 것이다. 이 글이 논리와 체계를 갖추게 되자, 이후 배불 문자에서 「원도」를 인용하는 사례가 거의 없어지게 되었다고 한다.

그런데 배불론 관련 문자들은 불교가 초래한 정치·사회적 말폐를 가지고 불교를 배척하는 것이 다수였고, 불교의 본질을 논하여 정면 비판한 것은 찾아보기 어려웠다. 그것도 단편에 그쳤을 뿐, 전문 저술 형태로 나온 것은 전무하다시피 했다. 중국에서 이럴 정도라면 고려 말 당시에 전문 저서를 기대한다는 것은 난망한 일이 아닐 수 없다. 신진사대부들의 수많은 배불 문자가 나왔지만 대체로 한유의 수준을 넘어서지 못하는 것이었다. 이런 상황에서 정도전의 『불씨잡변』(1398)과 같은 저술이 나왔다는 것은, 그 내용의 질적 수준을 따지기에 앞서 평가하지 않을 수 없는 일이다. 더욱이 배불서와 함께 유교의 호교론에 해당하는 『심기리편』(1394), 『심문천답』(1375)까지 갖추었다는 것은, 정도전이 조선에서 처음으로 '척사위정'의 논리를 제대로 갖춘 학자라 평가하는 데 부족함이 없다고 하겠다.

『삼봉집』을 보면 승려와 교유한 흔적이 많다. 창수唱酬한 시문이 적지 않다. 그러나 어디까지나 개인적·인간적 차원의 사귐이었지 종교적·사상적 차원의 교유는 아니었다. 정도전은 불설佛說이 세상 사람들을 미혹시키는 것을 근심하였다. 그는 불교의 고묘高妙한 언설이 성명性命·도덕道德

에까지 미치고 있어 양주楊朱·묵적墨翟에 비교할 수 없을 만큼 사람들을 심하게 미혹시킨다고 진단하였다. 그러나 1천 년 이상 우리의 정신적 지주가 되어 왔던 불교를 일조一朝에 배척하기란 쉬운 일이 아니었다. 정도전은 자신의 주위에 있는 인사들마저 불교에서 벗어나지 못하는 것을 안타까워하였다. 그는 불교 비판과 함께, 학문과 덕망으로 세상 사람들의 신복信服을 받는 처지에 있으면서도 불교를 믿거나 불서佛書를 읽는 지도자들을 비판하는 것도 빼놓지 않았다. 정몽주가 『능엄경楞嚴經』을 읽는다는 소식을 듣고는 서한을 보내 넌지시 충고한 일이 있었다.

> 요즈음 오가는 말을 들으니 "달가가 『능엄경』을 읽어 부처에게 아첨하는 것 같다"라고 합니다. 나는 "달가가 『능엄경』을 보지 않으면 어찌 불설佛說의 사망邪妄함을 알 것인가. 달가가 『능엄경』을 보는 것은 그 속의 병통을 알아서 약으로 쓰려는 것이지, 그 도를 좋아하여 정진精進하려는 것이 아니다"라고 했습니다.…… 백성들은 어둡고 어리석어서 미혹되기는 쉽고 깨치기는 어려우니, 부디 잘 생각해 보시기 바랍니다.[29]

목은 이색의 경우, 스승으로 섬기는 처지였음에도 정도전은 스승의 신불信佛 행태에 대해서는 노골적으로 비판하여 마지않았다.

> 명색이 대유大儒로 받들어지는 분까지도 도리어 찬송하고 노래 불러서 성세聲勢를 도와 고무鼓舞하고 진동시킵니다. 달자達者가 좋아하는 것만을 따르는 저 어리석은 백성들이 어떻게 되겠습니까?[30]

도학을 밝히고 이단을 배척함에 있어 지도자의 처신이 얼마나 중요한가를 일깨우는 것이라 하겠다.

---

29) 『三峯集』, 권3, 「上鄭達可書」.
30) 『三峯集』, 권3, 「上鄭達可書」.

정도전은 성리학의 이론을 기초로 불교를 비판 배척하였다. 배불의 이론적 근거는 송대 성리학자들의 불교관을 원형으로 삼았다. 돌이켜 보면, 주자학 전래 이전의 고려유학은 훈고訓詁와 사장詞章 중심이어서 불교를 철학적 차원에서 극복하고 논파할 수 있는 저력을 지니지 못하였다. 주자학이 전래되고 그것이 심화되는 과정에서 정도전과 권근에 의해 비로소 불교를 이론적으로 극복할 수 있는 단계를 맞았다. 정도전은 스스로 자신을 불교 비판의 적임자라 여겼고, 다른 사람들도 이를 인정하였다. 그는 고려 말부터 기회가 있을 때마다 상소와 저술 등을 통해 척불斥佛을 외쳤으며, 유교의 이념에 입각한 정책을 국가 전반적으로 시행하도록 강력히 선도하였다. 척불은 정도전에게 제일의 과제에 속하였으며 필생의 신념이었다. 정도전의 척불 주장을 뒷받침한 사람은 김자수金自粹·김초金貂·박초朴礎 등 당시 연소기예年少氣銳한 학자들이었다. 이들은 정도전의 행동을 본받았고, 과격한 척불소斥佛疏를 올려 물의를 빚기도 하였다. 이때 박초는 상소에서 척불을 위해 헌신하는 정도전에 대하여 다음과 같이 칭송하였다.

> 겸 대사성 정도전은 천인성명天人性命의 연원을 밝히고, 공자·맹자·정자·주자의 도학을 창명하여, 불교의 뿌리 깊은 허망한 말을 배격하고 우리나라의 오랜 미혹을 깨뜨렸습니다. 이단을 배척하고 그 사설邪說을 종식시켜, 천리를 밝히고 인심을 바로잡았는데, 우리나라에서 진유眞儒는 정도전 한 사람일 뿐입니다. 이는 상천上天이 전하에게 고요皐陶·이윤伊尹·부열傅說 같은 왕좌지재王佐之材를 주어, 중흥한 오늘에 요·순 삼대三代의 훌륭한 정치를 이룩하게 하려는 것입니다.[31]

권근은 정도전을 중국 전국시대에 양주·묵적을 배척하여 유교의 정통을 확립한 맹자의 공로에 비유하여 "삼봉선생은 맹자를 계승한 분이시다.

---

31) 『高麗史』, 권120, 「金子粹傳(附)」.

장자張子(張載)가 말한 '독립불구獨立不懼하고 정일자신精一自信하여 남보다 훨씬 뛰어난 재주가 있는 인재'에 해당할 만하다"라고 평하면서, 스스로 공경하고 복종하여 배우고자 한다고 밝혔다.[32]

정도전의 척불 관련 3부작 가운데 『심문천답』, 『심기리편』이 벽이단론의 총론 격이라면 『불씨잡변』은 불교에 대하여 집중적으로 비판한 것이다. 배불 이론을 집대성한 것은 실로 한국사상사에서 전무후무한 일이다. 권근은 이 세 저술에 주해와 후서後序를 붙여 정도전의 설을 선양하는 데 힘썼다. 그는 「심문천답후서」에서 "도가 밝혀지지 않은 것은 이단이 해롭게 한 까닭이다. 이단을 물리친 뒤라야 우리 도가 밝아질 수 있다"[33]라고 하였다. 이는 이단배척을 급선무로 하는 정도전의 학문적 특성과 역정을 대변하는 것이라 하겠다.[34]

정도전의 벽불론은 불교를 온전히 이해하지 못했다는 비판에서 자유롭지 못하다. 불교를 상식선에서 감정적으로 비판한 것이 대부분이고 비판 내용 역시 불교의 본질에서 벗어난 것으로, '헛수고에 불과하다'는 혹평도 있다.[35] 이런 평가는 일정하게 설득력이 있는 것이 사실이다. 그러나 정도전의 벽불론은 그 시대적 배경을 떠나서는 온당하게 이해하기 어렵다. 당시 벽불이 시대적 요구였고 도학으로 불교를 대신하겠다는 정도전의 의욕과 자부가 남달랐다는 점을 고려 대상에 넣지 않고서는 도식적인 비판, 자기중심적인 비판이 될 수밖에 없다.

정도전의 벽불론 관련 저술은 중국과 우리나라를 통틀어서 획기적인 의미를 갖는다. 이전에는 그에 대비될 만한 체계적인 저술을 찾기 어렵다.

---

32) 『三峯集』, 권5, 「佛氏雜辨後序」 참조.
33) 『三峯集』, 권6, 19b~20a, 「心問天答後序」.
34) 최영성, 『한국유학통사』 상권, 431~432쪽 참조.
35) 이종익, 「정도전의 벽불론 비판」, 『불교학보』 제8집(동국대학교, 1971), 251~301쪽 참조.

이후 무학無學(自超)의 제자인 함허당涵虛堂 득통得通(1376~1433)에 의해 『현정론顯正論』이 나왔다. 득통은 척불론의 홍수 속에서 불교의 본질을 강조하고 유교와 불교의 융합을 주장하였다. 이 『현정론』은 정도전의 『불씨잡변』에 대항하기 위해 집필된 것으로, 『불씨잡변』은 이 책의 저술에 결정적 계기가 되었다. 배불론과 호법론을 대표하는 이들 양서兩書 이후로 그런 전문 저술은 다시 나오지 않았다. 두 책이 갖는 역사적 의의는 인정되어야 할 것이다.

정도전의 척불론은 이후 대대로 척사위정의 선구가 되었다. '사邪'의 대상은 노·불로부터 양명학 → 서학 등으로 시기마다 바뀌어 갔지만 그 정신은 연면히 이어졌다. 정도전은 '조선의 한퇴지' 또는 '조선의 맹자'라 일컬을 수 있음직하다.

5. 경세유의 표본 : '조선의 주공'

"정도전은 조선왕조의 설계자"이고 "조선은 정도전의 나라"라고 해도 크게 지나친 말은 아니라고 본다. 조선의 문물제도의 기초를 놓은 사람이 정도전이기 때문이다. "법을 만들고 기율紀律을 정하며 '제례작악制禮作樂' 한 것이 모두 공의 손에서 나왔다"[36]라고 한 후손의 말처럼 조선의 문물제도 하나하나에 정도전의 생각이 배어 있지 않은 것은 없다고 본다. 도학을 밝히고 이단을 배척하며 조선성리학의 기본 틀을 만들어 주리론을 성리학의 정통으로 확립시킨 것이 학문적·사상적 차원에서 유교국가의 토대를 닦은 것이라면, 문물제도를 마련한 것은 법적·제도적 차원에서의 기반을 마련한 것이라 하겠다.

36) 『三峯集』, 권8, 「重刊三峯集跋(丁未)」(鄭文炯).

정도전은 『경제문감』 별집 상·하에서 군도君道를 집중적으로 다루면서 중국과 우리나라 역대 정치의 득실을 논하였다. 이 과정에서 많은 인물들을 소개하였고, 중국 정통 왕조와 우리나라 역대 임금을 낱낱이 평가하였다. 그는 제도를 만드는 데 심혈을 기울이면서도, 그에 못지않게 인물 연구에 힘을 쏟았다. 정치는 제도가 뒷받침되어야 하지만 궁극적으로는 인간이 하기 때문이다. 이 점 주의 깊게 보아야 할 대목이다.

정도전은 역사상의 인물로 이윤伊尹과 주공周公을 존경하였던 것 같다. 중국 하나라를 멸하고 은나라를 세운 탕왕湯王과 그를 도운 재상 이윤, 은나라를 멸하고 주나라를 세운 무왕武王과 그를 도와 주나라 문물을 완성한 주공을 이상적인 인간상으로 상정하였던 것 같다.[37] 특히 주공의 경우, 조카인 성왕成王을 도와 예악을 제정하고 법도를 세워서 주나라의 기반을 닦았으니 실로 모델로 삼았음직하다.

정도전은 이른 시기에 도략을 품고 경제經濟에 뜻을 두었다. 그는 학문과 경제를 병행했던 경세유經世儒의 선구자였다. 그와 관련하여 정총鄭摠은 『경제문감』 발문에서 다음과 같이 말하였다.

> 공은 기필코 요순이 백성을 다스린 것과 같이 하고야 말리라는 마음에서 책을 저술하게 되었다. 요순의 도를 행함에 한 올이라도 다하지 못한다면 그 가운데 실로 모자람이 있을 것이기에 그렇게 한 것이지, 저술을 위해 집필한 것은 아니다.

정도전은 하·은·주 삼대의 정치를 이상적인 것으로 여겨 그 성치盛治를 회복하고자 했다. 아울러 주례周禮에 기초하여 조선왕조의 천년대계를 꿈꾸었다. 삼대의 정치는 인간의 본성에 기초한 것이다. 후세의 성학聖學은 여기에 연원한다. 정도전은 요순의 성학을 기초로 하면서 삼대지치三代之治를 이루기 위해 주례를 본으로 삼아 문물제도를 체계화하였다. 그가

---

37) 『三峯集』, 권11, 「經濟文鑑」 別集上, '君道', 夏桀·殷湯 참조.

지은 『조선경국전』은 사실상 조선왕조 최초의 법전이다. 개인이 저술했다고는 믿기 어려울 만큼 규모가 크고 체계가 정밀하다. 겉으로 드러난 형식적인 면만 보면 법전이지만, 그 이면에 흐르는 정신적 기조는 '이상적 유교국가의 완성'이다. 그에 대한 염원이 엿보인다. 『조선경국전』의 서문을 쓴 정총은 『중용』 구경九經에 나오는 "그 행하는 방법은 하나이다"(其所以行之者一也)라는 말을 인용하면서, 『조선경국전』을 일관하는 정신이 '성誠'이라고 하였다.[38] 그 '하나'는 바로 '유교국가의 완성'에 대한 순성純誠이었다고 생각한다.

필자는 조선시대 전체를 통틀어 빼어난 경세 문자로 정도전의 『조선경국전』과 성종 대에 완성된 『경국대전』, 유형원柳馨遠의 『반계수록磻溪隨錄』, 정약용丁若鏞의 『경세유표經世遺表』 이 네 가지를 꼽는다. 이들의 성격을 보면 역사적으로 각각 기起·승承·전轉·결結의 의미를 지닌다고 생각한다. 『조선경국전』이 조선왕조의 기본 틀을 짠 것이라면, 『경국대전』은 주례의 기본 틀에다 조선의 현실을 반영하여 조선조 5백 년을 반석 위에 올려놓은 것이라고 할 수 있다. 『반계수록』은 임진·병자 양란 이후 붕괴되거나 이완된 정치체계를 주례 중심으로 되돌려 복고개혁復古改革을 추구했다는 데 의미가 있고, 『경세유표』는 주례의 정신으로 돌아가 조선의 문물제도를 완성하려 했다는 데서 의의를 찾을 수 있다. 그 역사적 의미에 차이가 있고 국가 구상의 내용에서 세부적인 이동異同은 있지만, 다 같이 『주례』에 기반하여 삼대의 지치至治를 이루려 했다는 점에서 공통적 특성을 찾을 수 있다.

『조선경국전』은 『주례』의 육관六官제도를 기본으로 삼았다. 우리나라에서 『주례』를 전문적으로 연구한 경우는 매우 드물었다. 『주례』를 기반으

38) 『三峯集』, 권8, 「朝鮮經國典序」, "若視爲文具, 則書自書人自人矣, 何益於治道哉. 子思之作中庸也, 論九經曰, 其所以行之者一也. 一者何, 謂誠也. 臣於是書, 亦以此言焉."

로 사실상의 법전을 펴낼 수 있었던 것은 경세에 대한 관심이 어느 정도 지극하였는지를 보여 준다. 정도전이 『조선경국전』을 저술할 당시 참고서를 보면, 고려 사람의 것으로는 김지金祉(자는 敬叔[39])의 『주관육익周官六翼』이 있다. 『주관육익』은 현재 전하지 않아 그 내용을 자세히 알 수는 없다. 다만 목은 이색의 「주관육익서」에 따르면 고려조의 각종 문물제도의 연혁을 주례에 견주어 집대성한 책으로 짐작된다. 『주관육익』이 고려 말 문물제도 정비를 목적으로 한 종합 보고서 성격을 띤다는 점에 비추어 보면, 『조선경국전』에 적지 않은 영향을 끼쳤을 것이 분명하다. 참고 도서로서의 가치가 컸을 듯하다.

정도전은 『주관육익』뿐만 아니라 중국의 역대 자료를 두루 참고하여 반영하였다. 주희를 비롯한 송대 성리학자들의 견해와 학설을 주로 인용하면서, 도학파와 길을 달리했던 이들의 학설도 다수 소개하였다. 대표적인 예가 왕안석王安石의 『주례신의周禮新義』이다. 그는 왕안석에 대해 "하늘이 왕안석을 중간에 내지 않고 여러 군자들이 천자를 도와서 큰일을 하도록 했더라면 세도世道를 당우唐虞의 시대로 끌어올렸을 것이다"[40]라고 몰아붙였다. 송유들의 비판적 관점을 그대로 보여 준 것이다. 그런 그가 왕안석의 저술을 인용한 것은 인간적 국량局量이 작지 않음을 시사한다. 그는 이 밖에도 남송 때의 학자 왕여지王與之의 『주례정의周禮訂義』, 장여우章如愚의 『산당고색山堂考索』,[41] 진덕수眞德秀의 『서산독서기西山讀書記』, 송말원초의 학자 마단림馬端林의 『문헌통고文獻通考』[42] 등의 설도 다수

39) 김지의 저술로는 『주관육익』 외에도 『選粹集』이 있다. 그와 관련된 내용은 목은 이색이 지은 「周官六翼序」, 「贈金敬叔秘書詩序」, 「選粹集序」 등에 보인다. 『증보문헌비고』, 『해동문헌총록』 등에서는 『주관육익』의 저자를 金九容이라 하였다. 김지의 字 敬叔과 김구용의 字 敬之를 혼동한 것으로 보인다. 『세종실록』 25년 (1443) 11월 2일(계축) 조 기사에는 金祉가 찬한 것으로 되어 있다.

40) 『三峯集』, 권12, 「經濟文鑑」 別集下, '君道', 宋 神宗 참조.

41) 원명은 '山堂先生群書考索'. 전집 66권, 후집 65권, 속집 56권, 별집 25권이다.

42) 1307년에 저술한 백과전서. 총 348권.

인용하였다.[43] 이 가운데 왕여지나 장여우는 도학파와 상대적 위치에 있었던 사공파 계열의 학자로 알려져 있다. 다만 정도전이 이들의 학설이나 견해를 인용한 것은 대개 주자학과 배치되지 않는 범위 내에서였다. 단순하게 사공파 계열 학자들의 저술을 인용하였다고 해서 정도전의 학문적·정치적 성향을 곧장 '사공파'와 연결시키는 것은 무리라고 본다. 정도전이 정통 주자학을 자기 정체성의 기반으로 하였던 점에서 보면 그리 놀라운 일은 아니다. 경세와 사공은 서로 통할 수 있는 공통분모가 없지 않지만, 실제적 효과를 중시하는 실용적 성향의 사공학事功學과 도학적 차원의 경세학은 상거相距가 크다고 본다.

정도전은 '도학적 경세유'의 선구이자 표본이다. 도학과 경세가 둘이 아니라 체용體用관계로 긴밀하게 연결되어야 함을 잘 보여 준 학자라 하겠다. 도학적 경세유로는 이전 시기 포은 정몽주를 빼놓을 수 없다. 이와 관련하여 양자는 공통점이 많다. 정몽주의 경우, 정치·외교상의 숱한 공적은 말할 것도 없고 사회·교육·문화 등에서도 큰 업적이 있었다. 먼저 불교에 대한 비판·배척을 통해 성리학의 근본이념이 학계·정계로부터 민간의 풍속이나 신앙·복제服制 등에 이르기까지 고루 젖어들게 하여, 종래 불교가 차지하고 있던 지위를 대체할 수 있게 하였다. 도성都城의

---

43) 정도전은 『조선경국전』의 「治典」을 보완하기 위해 별도로 『경제문감』을 만들었다. 『경제문감』에는 왕안석의 『주례신의』, 왕여지의 『주례정의』, 장여우의 『산당고색』, 진덕수의 『서산독서기』, 마단림의 『문헌통고』 등을 인용하였는데, 이들 책에서 인용한 분량이 전체의 60% 이상을 차지한다. 인용 출처가 없어 표절한 것으로 비판을 받기도 한다.(도현철, 「鄭道傳의 사공학 수용과 정치사상」, 『韓國思想史學』 21, 한국사상사학회, 2003 참조) 그러나 『삼봉집』 자체가 그의 被禍로 말미암아 문제점을 안고 출발한 만큼 표절 여부는 아량을 가지고 볼 필요가 있을 것 같다. 정도전을 위해 변명을 하자면, 후인이 정도전의 저술을 수집하고 편집하는 과정에서 編書 차원의 것을 著書로 만들었을 가능성을 배제하기 어렵다. 즉, 저술을 위해 자료를 모아 놓은 것을 곧장 정도전의 글로 오인했을 가능성이 있다는 것이다. 왕여지의 『주례정의』에서 인용된 '呂氏曰'(呂東萊의 말)과 '愚按'(王與之의 말) 등이 『경제문감』에서 '近按'(권근의 말)이나 '道傳按'(정도전의 말)으로 바뀌어 있는 것도 후대 편집자의 착오이지, 고의적인 표절은 아니라고 본다.

5부에 각각 학당을 세우고 지방의 작은 고을까지 향교를 설치토록 하여 유학과 문풍의 진작을 도모하였으며, 『주자가례』에 의거하여 관혼상제를 행하도록 하였다. 또 당시 몽골 양식이 섞여 있던 고려의 복제服制를 중국식으로 고치고자 노력하였다. 의창義倉을 설치하여 가난한 백성을 구휼하고 수참水站을 두어 조운漕運에 편리하도록 한 것 등도 그의 건의에서 나온 것이었다. 이뿐 아니라 역사 바로 세우기 차원에서 『통감강목通鑑綱目』의 체례體例에 따라 사실史實을 찬수하도록 건의한 것이라든지(未實現), 『대명률大明律』과 『지정조격至正條格』, 고려의 법령을 참작·산정刪定하여 신률新律을 찬진撰進한 것 등도 빼놓을 수 없다. 이를 보면, 도덕·학문·공업을 완전하게 겸한 간세間世의 대유大儒요 왕좌지재王佐之材라 하겠다.[44]

정도전은 전문 저술까지 펴낼 정도의 강력한 배불론을 통해 이단을 배척하고 유학을 정교政教의 이념으로 수립하였다. 또 『조선경국전』·『경제문감』 등을 통해 조선왕조 5백 년의 왕업을 다졌다. 『고려사』를 저술하여 고려 5백 년의 역사를 정리하고 역사 편찬의 기준을 제시하였으며, 「납씨곡納氏曲」·「정동방곡靖東方曲」·「몽금척夢金尺」 등 여섯 편의 악장樂章을 지어 조선왕조의 정통성을 세웠다. 이것만으로도 도학과 경세를 완전하게 갖춘 도학적 경세유라 일컬을 수 있겠다. 다만 정몽주의 경세학이 도학에 가려졌듯이, 정도전의 경우 반대로 경세학이 도학을 덮은 감이 있다.

정몽주는 조선의 건국을 반대하다가 죽음을 맞았다. 그러나 조선조 5백 년 내내 의리의 화신이요 도학의 정통으로 받들어져서 후세에 영명令名을 드리웠다. 이에 비해 정도전은 도학과 경세로 조선왕조 세우기를 독당하다시피 하였으면서도 왕조가 끝날 무렵까지 신원伸冤되지 못하였다. 정치적 이유라고는 하지만 실로 아이러니가 아닐 수 없다. 정몽주와 정도전이 비명에 간 뒤 도학적 경세유의 전통은 사실상 단절되었다.

---

44) 최영성, 『한국유학통사』 상권, 366쪽 참조.

약 1세기가 지난 뒤 정암靜菴 조광조趙光祖의 단계에 이르러서야 오랜 단절을 딛고 도학적 경세학의 전통이 부활되었고, 율곡 이이에 이르러 활짝 꽃피우게 되었다. 도학 계보의 같고 다름에 상관없이, 도학적 경세학의 전통이 부활되어 수기치인修己治人이라는 유교의 기본이념이 구현될 가능성을 높여 주었던 것은 평가할 만한 일이라 하겠다.

6. 맺음말

정도전은 조선왕조의 설계자이다. 조선은 정도전의 나라라 해도 크게 지나친 말이 아니다. 정도전이 세운 기본 틀을 토대로 조선이 운영되었기 때문이다. 정도전은 학술과 정치가 같이 가야 삼대의 지치를 이룰 수 있다고 보았다. 성리학을 정교政敎의 기본이념으로 삼고, 성리학에 뿌리를 둔 경세학을 통해 조선왕조를 가장 이상적인 유교국가로 만들고자 하였다. 이런 관성款誠이 있었기에 세종시대의 찬란한 유교문화가 꽃을 피울 수 있었고 조선왕조가 반석을 다질 수 있었음은 물론이다.

정도전은 조선 도학의 선구자이다. 그는 도학자가 진유眞儒라는 사고를 가진 전형적인 도학자요, 성리학을 통치이념으로 삼고 주리론을 성리학의 기본으로 확립한 선구자이다. 정도전은 팔대에 걸쳐 쇠퇴를 거듭했던 학계를 일으켜 세운(文起八代之衰) 한유韓愈의 위치에 비유할 수 있다. 이런 그를 사공파로 지목하는 것은 잘못된 인식이 아닐 수 없다.

정도전은 주리론의 기치를 높이 들어 조선유학의 방향을 선명하게 제시했다. 당시 성리학의 주리적 가치를 정도전처럼 체계적으로 정리하여 전파한 사람은 찾아보기 어렵다. 조선조 성리학의 기초가 주리적 성향이었고, 또 그것이 후일 조선성리학의 정맥을 이루었다는 사실은 정도전과 관련하여 중요한 의미를 지닌다. 조선왕조의 개창에 참여한 정도전·권근 등을 주기主氣적 경향의 학자로 보는 것은 잘못된 선입견이다.

정도전은 벽이단의 선구이다. 그는 도학을 정학으로 여기고, 정학과 배치되는 이단사설을 배척하는 데 여력을 남기지 않았다. 특히 불교의 고상하고 미묘한 언설이 양주·묵적에 비교할 수 없을 만큼 사람들을 심하게 미혹시킨다고 판단하였다. 그의 벽이단사상은 체계적이었다. 이단에 대한 체계적인 비판은 이전에 보기 드문 일이었다. 벽이단과 관련한 3부작의 저술은 그를 '동방의 맹자'라고 일컬을 수 있게 하는 중요한 문자라 하겠다.

정도전은 도학적 경세유의 표본이다. 그는 '조선의 주공'이라 일컬을 만하다. 도학과 경세가 둘이 아니라 체용體用관계로 긴밀하게 연결되어야 함을 잘 보여 준 학자라 하겠다. 그가 『조선경국전』을 저술하여 조선의 기틀을 잘 닦았기 때문에 『경국대전』이 나와 조선조 5백 년의 기본 법전으로 발전할 수 있었고, 이후 정치의 초점을 학문과 교육으로 돌려 찬란한 유교문화를 이룩할 수 있었다. 조광조가 삼대지치三代之治를 내걸고 도학적 왕도정치를 염원했던 것이라든지, 이이가 변법경장變法更張을 내세우며 시대정신을 강조할 수 있었던 것도 기실 정도전이 세운 유교적 이상국가의 기본 틀 위에서였다고 본다.

정도전은 정치적인 이유로 조선조 말까지 5백여 년 동안 복권되지 못하였다. 복권된 뒤에도 그에 대한 선입견과 부정적 시각은 완전히 걷히지 않았다. '복권'이란 정치적 차원의 것이다. 명실상부한 복권은 학술 연구를 통해 이루어져야 할 것이다. 학술을 통한 복권이야말로 여러 시비是非를 해소할 수 있는 지름길이기 때문이다.

제3부 16세기 사상계의 동향과 성리학의 착근

제1장 이황 사칠리기호발론의 연원적 배경
-홍치의 『심학장구집주대전』과 관련하여-

1. 머리말

1970년대 이후 본격화한 한국유학에 대한 연구 성과가 이제는 괄목할 만큼 집적되었다. 성리학에 대한 시각도 부정일변도로부터 많이 변하였다. 40여 년이 지난 오늘에는 성리학의 이론이 현대의 병폐를 극복하는 데 일정한 대안이 될 수 있다고 생각하는 이들이 늘었다. 큰 변화라 하겠다.

한국유학의 범주 안에서 가장 많이 연구된 분야는 성리학과 실학인 것 같다. 다만 근자에 들어 실학 연구는 다소 주춤한 듯한데, 그것은 이유가 있다고 본다. 실학은 한 시대를 움직였던 사상운동임에 분명하지만, 시대를 초월한 보편적 이념을 제시하거나 일관된 사상체계를 구축하는 데 한계가 있었기 때문이다. 그 점에서 성리학과 대비된다고 할 것이다.

그동안 퇴계학에 대한 연구는 한국유학 연구의 성과를 재는 척도라고 할 정도로 진척되었다. 철학·문학을 기본으로, 연구되지 않은 분야가 거의 없을 정도이다. 어떤 학자가 어떤 논문을 발표했는지 제대로 검색하기가 어려운 실정이다. 그러는 가운데 '역사의식' 부분에 대한 탐구가 눈에 띄지 않는다. 자료난 때문일까? 퇴계학의 외연이 현대적 의미를 넘어서 '정신치료'의 차원에까지 확대된 현실에 비추어 볼 때 의아한 일이다. 앞으로 역사의식 부분에 관심이 필요하다고 하겠다.

그동안 리기호발론은 이황의 성리학에서 초미의 관심사였다. 관심에 걸맞게 수다한 논고가 나왔다. 다만 그 연원에 대해 자세하게 다룬 논고는 드물었다. 이황의 리기호발론이 조선의 성리학 풍토에서 배양된 것이라고 할 때 그 학문적 맥락과 연원을 살피지 않을 수 없을 터인데, 이에 대한 탐토가 적었던 것 같다. 대체로 주희의 이른바 "사단리지발四端理之發, 칠정기지발七情氣之發"에 선을 대는 경우가 많았고, 조선의 선유先儒 중에서는 양촌陽村 권근權近(1352~1409)이 『입학도설』에서 사단·칠정과 관련하여 각각 '리지원理之源'·'기지원氣之源'이라 말한 데서 영향을 받은 것으로 보는 학자들이 있었다.

본고에서는 이황 리기호발론의 내원來源에 대해 고찰하려 한다. '성리학사'의 발전 과정 속에서 호발론을 이해하려는 데 목적이 있다. 종래 연구에서는 철학적 분석이 주된 내용이었지만, 본고에서는 성리학사 차원의 연구를 진행하려 한다. 철학적 차원의 연구는 기다幾多한 선학들의 선행 업적에 미루고, 철저하게 고증적 차원에 국한할 것임을 밝혀 둔다.

본고를 초하게 된 것은 필자가 근년에 『심학장구집주대전心學章句集註大全』[1)]을 입수한 것이 계기가 되었다. 이 책을 통해 이황 호발론의 연원을 다시 생각해 볼 수 있었다. 『심학』은 조선 초기 전라도 화순 출신의 학자

1) '心學要覽'이라고도 한다. 이하 '심학'이라 약칭한다. 필자는 2011년 「冶隱 吉再와 그 門生들의 도학사상」이란 글을 발표하면서 『심학』을 간략하게 소개하였다. 그런데 당시 한국학중앙연구원에서 펴낸 『한국민족문화대백과사전』(2009)을 미처 참조하지 못하고 '발굴' 운운하는 실수를 범하였다. 이에 본고를 통해 바로잡는다. 백과에 실린 '심학장구집주대전' 항목의 일부 서술은 다음과 같다. "이 책에는 圖像이 두 점 수록되어 있다. 「心學次第圖」는 원나라 程復心의 「심학도」와 유사하고, 「心性情圖」는 李滉의 『성학십도』의 「心統性情圖」와 비슷한 점이 많다. 도설에서는 七情의 發을 氣發而理乘之라 정의하여 이황의 견해와 일치하고 있는 점이 주목된다."

일송一松 홍치洪治(1441~1513)[2]가 저술한 것이다. 홍치는 이황보다 60년 전에 태어난 초야의 이름 없는 선비이다. 그의 『심학』에는 사화士禍 등으로 저술이 인멸되었던 조선 초기 학자들의 학설이 적지 않게 들어 있다. 심지어 리기호발론의 선구라 할 수 있는 대목이 들어 있어 우리의 눈길을 끈다. 이제 학계에 정식 소개함으로써 공의共議에 부치고자 한다.

본고는 학계에 새로운 자료를 소개하는 데 주안이 있다. 『심학』 책과 그 내용에 대해 적지 않은 분량을 할애하려 한다. 이 논고에서 분량 관계로 다루어지지 못하거나 미진한 부분은 후속 연구에 의해 보완되기를 기대한다.

2. 사단칠정의 리기분속과 호발설의 연원

이황의 학술 활동은 대체로 오십대 이후에 이루어졌다. 사칠논변四七論辨은 이황의 나이 59세 때 시작되었다. 그 이전에는 이황이 사칠 리기분속理氣分屬에 대해 남다른 관심을 기울여 연구한 것 같지는 않다. 그가 기대승에게 보낸 서한(1560)을 보면, "성과 정에 대한 변론은 선유先儒들이 드러내 밝힌 것이 자세합니다. 그러나 사단칠정에 대해서는 '정'이라고만 하였을 뿐 리와 기로 나누어서 말한 사람은 없었습니다"라고 하면서 추만秋巒 정지운鄭之雲의 「천명도」(1543)를 개정하는 것을 계기로 자신이 사단칠정의 리기분속 문제에 직접 나서게 되었음을 시사한 바 있다.[3]

이황은 1553년에 정지운과 함께 「천명도」를 개정하면서 본래 "사단발어

---

2) 인권 변호사로 유명한 翠英 洪南淳(1912~2006)의 조상이다.

3) 『退溪文集』, 권16, 8a~8b, 「答奇明彦論四端七情第二書(改本)」, "性情之辯, 先儒發明詳矣. 惟四端七情之云, 但俱謂之情, 而未見有以理氣分說者焉. 往年鄭生之作圖也, 有四端發於理, 七情發於氣之說. 愚意亦恐其分別太甚, 或致爭端, 故改下純善兼氣等語."

리, 칠정발어기"라고 되어 있던 것을 "사단리지발, 칠정기지발"로 고쳤다. 그 이유를 자세히 밝히지 않아 정확히 알기는 어렵지만, 대개 '정의 근원을 나누어 보는 것이 너무 심하다'(分別太甚)는 비판의 소지 때문이었던 것 같다. 당시 이황은 "리에서 발한다", "기에서 발한다"라고 하여 '어於'자를 쓰는 것보다 "리가 발한 것이다", "기가 발한 것이다"라고 하여 '지之'자로 표현하는 것이 비판의 여지를 줄일 수 있으리라 생각했던 것 같다.[4)]

이후 이황은 기대승과 논변하면서 리기불상리理氣不相離를 강하게 내세우는 기대승의 논리에 몰려, 당초에 "사단리지발, 칠정기지발"이라고 했던 것을 제이서第二書에서 "사단리발이기수지四端理發而氣隨之, 칠정기발이리승지七情氣發而理乘之"라고 수정하였다. 이에 기대승이 "정지발야情之發也, 혹리동이기구或理動而氣俱, 혹기감이리승或氣感而理乘"이라고 하면 어떻겠느냐고 물었지만, 이황은 이를 수용하지 않았다. 그러다가 『주자어류』에서 "사단시리지발四端是理之發, 칠정시기지발七情是氣之發"[5)]이라고 한 대목을 찾아내고는, 이에 자기의 초견初見이 틀림없다고 확신하여 고칠 의사가 없음을 분명히 하였다.[6)] 이때만 하더라도 이황은 『주자어류』에서 위의 말을 미처 못 보았던 것 같다.

『주자어류』의 "사단리지발" 운운한 대목은 사칠리기호발론의 선하先河라고 할 수 있다. 그럼에도 이 대목을 미처 못 본 데에는 곡절이 있었던 것 같다. 당시까지만 하더라도 『주자어류』의 보급 상태가 그리 좋지 않았다.[7)] 게다가 주희의 문인이 기록한 것이므로 교과서처럼 참고할

4) 유정동, 『동양철학의 기초적 연구』(성균관대학교 출판부, 1986), 488쪽 참조.

5) 『朱子語類』, 권53, "四端是理之發, 七情是氣之發."(廣錄)

6) 『退溪文集』, 권16, 12a, 「答奇明彦」, "近因看朱子語類·論孟子四端處末一條·正論此事. 其說云: 四端是理之發, 七情是氣之發. 古人不云乎? 不敢自信而信其師. 朱子吾所師也, 亦天下古今之所宗師也. 得是說, 然後方信愚見不至於大謬, 而當初鄭說, 亦自爲無病, 似不須改也."

7) 『주자어류』는 성종 7년(1476)에 謝恩使 鄭孝常이 명나라로부터 들여와 조정에 바쳤고(『成宗實錄』, 7년 5월 13일 乙卯), 이후 중종 10년(1515)에 임금이 교서관에 명하여 『주자어류』를 편찬하게 했다 한다(『中宗實錄』, 10년 11월 2일 甲申).

필요가 없다는 학계 일부의 인식도 한 몫 하였던 것 같다.[8] 또 권질卷帙이 호번浩繁하여 열람하기가 쉽지 않았던 것도 하나의 원인이 되었음직하다. 그래서 그런지, 이황 이전까지 『주자어류』의 "사단리지발" 운운한 대목을 직접 인용한 학자는 없었던 것 같다.[9] 사칠논변의 한쪽 당사자인 기대승 역시 이황의 서한을 접한 뒤 『어류』의 이 대목을 비로소 확인한 듯하다. 기대승이 이황에게 한 말이 인상적이다.

> 사단과 칠정을 리와 기로 나누어서 말한 것은 이전에는 대개 미처 보지 못하였습니다. 이제 보내신 변론을 받아 보니 곧 『어류』의 말씀을 인용하셨더군요. 그렇다면 선유가 이미 말씀하셨는데, 다만 학문이 고루한 까닭에 아직 보지 못하였을 뿐입니다.[10]

자신의 학문이 고루함을 탓하면서 아울러 이황의 고루함도 겨냥하고 있는 것이다.

『주자어류』의 내용이 중요하게 인식되기 시작한 것은 사칠논변이 진행된 뒤 필요에 따라 이루어진 것이라 해도 잘못된 말은 아닐 것이다. 위에서 이황과 기대승이 "미견未見", "미지견未之見" 운운한 것은 '관심을 가지고 제대로 보지 못했다'는 의미일 것이다.

그러나, "사단칠정을 리기로 나누어 말한 것을 보지 못했다"는 이황, 기대승의 말과는 달리 이황 이전의 학자들 중에서도 사단칠정 리기분속과 관련한 견해나 학설을 내놓은 사례가 적지 않다. 그에 관한 관심도 상당하

---

8) 『高峯集』, 권3, 「答先生問目」, "盧丈(盧守愼)以朱子語類, 爲門人所著, 不必觀. 此言大有病痛."

9) 유숭조의 『성리연원촬요』(1511)에도 인용되지 않았다. 정지운이 「천명도」에서 "발어리, 발어기" 운운한 것도 許謙의 "人心發於氣, 道心發於理"라는 말을 원용하여 사단칠정의 경우에 대입한 것이라 하겠다.

10) 『高峯集』, 「兩先生四七理氣往復書」, "以四端七情, 分理氣爲說者, 前此盖未之見. 今奉來辯, 乃引語類云云. 然則先儒已嘗言之矣, 特以孤陋之學, 未之見耳."

였던 것 같다. 그렇다면 이황 이전의 학자들은 그와 관련한 학술적 근거들을 어디서 취했을까? 필자의 관견으로는 주로 조선 초에 보급된 『성리대전性理大全』을 통해 송유宋儒나 원유元儒들의 설을 접했던 것 같다. 『성리대전』은 17세기 『주자대전』과 『주자어류』가 학계에 널리 보급된 뒤까지도 그 영향력이 적지 않았다.

사칠 리기분속은 주희가 그 정점에 있었다. 주희는 「중용장구서中庸章句序」에서 인심·도심을 설명하면서 "어떤 것은 형기의 사사로움에서 생겨나고, 어떤 것은 성명의 바름에서 근원하기도 한다"(或生於形氣之私, 或原於性命之正)라고 하여 심의 유래를 두 갈래로 나누어서 본 바 있다. 또 『주자어류』에서 "사단리지발" 운운함으로써 호발론의 기원을 이루었다.[11] 여기서 이른바 '발發'의 설이 처음 나오게 된 것이다.

이후 주희의 문인 면재勉齋 황간黃榦(1152~1221)은 성性이 발하여 정情이 됨에 두 가지 경우가 있다고 하면서 "혹기동이리수지或氣動而理隨之", "혹리동이기협지或理動而氣挾之"라고 하였다.[12] 이 두 구절은 후학들이 사단과 칠정을 리와 기에 분속시키는 기본 틀이 될 정도로 영향력이 컸다. 홍치나 이황이 "리발이기수지, 기발이리승지" 운운한 것도 황간이 제시한 인식 틀에 기초한 것이라고 할 수 있다. 황간은 주희가 말한 '발'자를 쓰지 않고 '동動'자를 사용하였다. 여기에는 이유가 있을 것이다. '발'의 의미가 분명하지 않아 오해의 소지가 있다고 여겼을 수 있다.[13] 후일 조선에서 사실상 이 '발'자 때문에 학파가 갈라질 정도로 문제가 되었던 사실에

---

11) 그 밖에 『장구』와 『집주』 등에도 유사한 내용들이 많다.

12) 『性理大全』, 권31, 2a~2b, 「性理三」, '氣質之性', "勉齋黃氏曰: 性固爲氣質所雜矣. 然方其未發也, 此心湛然, 物欲不生, 則氣雖偏而理自正, 氣雖昏而理自明, 氣雖有嬴乏, 而理則無勝負. 及其感物而動, 則或氣動而理隨之, 或理動而氣挾之. 由是, 至善之理, 聽命於氣, 善惡由之而判矣"; 『勉齋集』, 권8, 「復李公晦書」 所收.

13) 기대승이 처음 '發'자 대신 '感'자와 '動'자를 사용한 것은 황간의 말을 의식한 것이라고 생각한다.

비추어 본다면 황간이 말한 이 이구二句는 그 의미가 심장하다고 하겠다.

이어 주희의 문인으로 『성리자의性理字義』(北溪字義)의 저자인 북계北溪 진순陳淳(1159~1223)은 도심과 인심을 나누어 각각 '지각이 천리로부터 나오는 것'과 '지각이 형기를 따라 나오는 것'으로 보았다.[14] 또 원나라 때의 학자로 '동양허씨東陽許氏'라 불렸던 백운白雲 허겸許謙(1270~1337)은 주희가 「중용장구서」에서 '혹생或生', '혹원或原'이라 한 데서 한 걸음 더 나아가 "인심은 기에서 발하고 도심은 리에서 발한다"[15]라고 하였다. "발어리·발어기"란 말이 선을 보이기 시작한 것이다.

『사서장도四書章圖』의 저자로 성리학의 이론을 도설로 만드는 데 선구적 구실을 한 임은林隱 정복심程復心(1279~1368)은 「리기설理氣說」이라는 논문에서 심귀보沈貴珤(또는 沈汝礪)[16]의 이른바 "사단자리지발四端者理之發, 칠정자기지발七情者氣之發"이라는 말을 인용하였고,[17] 그 자신은 "리발위사단理發爲四端, 기발위칠정氣發爲七情"이라 정의하였다.[18] 또 주공천朱公遷(?~?) 역시 『사서통지四書通旨』에서 사단을 '발어리'라고 하였음을 볼 수 있다.[19] 이처럼 사단칠정의 리기분속은 그 유래가 오래되었다. 이러한 학설은 모두 『성리대전』에 실려 있는 것들이다. 『성리대전』은 이황 성리학의 배경이 되는 교과서 겸 참고서의 하나로 꼽힌다.[20] 그런 만큼 위에서 소개한 학설들을

---

14) 『北溪字義』 상권, '性', "知覺從理上發來, 便是道心, 若知覺隨形氣上發來, 便是人心"; 『性理大全』, 권32, 24b, 「性理四」, '心' 참조.

15) 『退溪文集』, 권37, 「答李平叔」, "人心爲七情, 道心爲四端, 以中庸序朱子說及許東陽說之類觀之, 二者之爲七情四端, 固無不可"; 『退溪先生文集攷證』, 권6, 「第三十七卷書·答李平叔」, "許東陽說註: 人心發於氣, 如耳目口鼻四支之欲, 是也. 道心發於理, 如惻隱·羞惡·辭遜·是非之端, 是也."

16) 중국 남송 때의 유학자로 자는 誠叔, 호는 毅齋이다. 番陽 출신이므로 '番易沈氏'라고도 한다. 사서를 비롯하여 여러 경서를 해설했다. 저서로 『正蒙疑解』가 있다.

17) 『性理淵源撮要』, 54쪽, "感通之謂情, 則四端者理之發, 七情者氣之發."

18) 『性理淵源撮要』, 13쪽 참조.

19) 『四書通旨』, 권2, '情' "惻隱之心, 仁之端也.……右專指其發於理者言之."(公孫丑上·告子上)

20) 이상은은 퇴계성리학의 배경을 이루는 저술로 『心經』·『性理大全』·『朱子大全』을 꼽았다. 『퇴계의 생애와 학문』(서문당, 1974) 참조.

이황이 보지 못했을 리 없다고 생각한다.

이황 이전 조선의 선배 학인들도 대체로 사단과 칠정의 갈래가 다름을 강조하고 리와 기로 이분하여 설명하였다. 대표적인 학자로 권근, 이파李坡(1434~1486),[21] 유숭조, 정지운 등을 들 수 있다. 권근은 『입학도설』「천인심성합일지도」에서 사단과 칠정을 준별峻別하려는 의도를 분명히 하면서 "사단은 '리의 원源' 곧 성性의 발發이니 순선純善한 것이고, 칠정은 '기의 원源' 곧 심心의 발發이므로 선악을 겸유兼有한 것이다"라고 하였다. 사단을 성발, 칠정을 심발로 본 것은 뒷날 비판을 받지만, 조선에서 사단칠정을 리기로 나누어 설명한 최초의 사례이다 보니, 후세에 끼친 영향이 적지 않았다.

이황은 권근의 『입학도설』에 대해 두찬杜撰과 견강부회를 지적하여 다음과 같이 평하였다.

> 양촌은 학술이 깊고 넓으니 이 도설을 지음에 상당한 증거가 있었을 것이다. 후학으로서 어찌 감히 그 잘되고 잘못된 것을 함부로 비평할 수 있겠는가. 다만 선현의 설을 가지고 헤아려 보건대, 아마도 배우는 사람들에게 천착穿鑿·부회附會하는 병폐를 열어 주게 되는 결과를 면치 못하게 될 뿐인가 한다. 그러나 그것 역시 쉽게 말할 수 있는 것은 아니다.[22]

그런데 사계沙溪 김장생金長生은 이황의 사단칠정리기호발론이 권근의 『입학도설』에서 나왔다고 지적하였다.[23] 또 남당南塘 한원진韓元震은 이황

21) 배종호 교수는 이 대열에 서는 학자로 松菊齋 李坡를 꼽았으나(『한국유학사』, 연세대 출판부, 1974, 72쪽), 필자는 그 구체적인 학설 내용을 아직 보지 못했다.

22) 『退溪文集』, 권28, 1b, 「答金惇敍」, "陽村學術淵博, 爲此圖說, 極有證據, 後學安敢妄議其得失. 但以先賢之說揆之, 恐不免啓學者穿鑿傅會之病耳. 雖然, 此亦未易言也."
『退溪文集』, 권2, 4b~5a, 「閒居, 次趙士敬具景瑞金舜擧權景受諸人, 唱酬韻十四首(其十六)」에서는 "陽村圖說儘爲奇, 狀到天人合一時. 秖恐猶多强牽綴, 恨無眞眼訂吾詩"라 하고 同註에서 "入學圖說, 說道理儘細密. 但以心字, 狀天人合一之理, 巧則巧矣, 恐未免杜撰牽合之病, 其畫卦自外始, 亦不可曉"라 하는 등 더욱 비판적 입장을 취하였다.

의 리기호발론을 비판하면서 "권양촌의 도설을 보니 심성리기를 판연히 이물二物로 생각하여 다시금 혼융무간渾融無間의 묘妙를 보지 못하게 하였으니, 그가 후학들을 그르침이 크다고 하겠다"[24]라고 하였다. 이황이 겉으로는 권근을 비판하면서도 사실상 적지 않은 영향을 받았을 것으로 본 것이다. 유숭조는 「명명덕잠明明德箴」에서 "정情은 성性에서 움직이니 순선純善하여 잡됨이 없으며, 의意는 심心에서 발하니 기幾에 선악이 있다. 리가 움직이면서 기를 끼는 것이 사단의 정情이며, 기가 움직임에 리가 따르는 것이 칠정의 싹이다"[25]라고 하였다. 이는 면재 황간의 설을 인용한 것이다. 이에 비해 정지운은 백운 허겸의 설에 영향을 받아 「천명도」에서 "사단발어리" 운운하였다.

이상 소개한 세 학자의 설을 보면 미묘한 차이가 감지된다. 그 하나는 사단과 칠정, 인심과 도심을 이분하여 설명하면서 주희가 말한 '발'자를 그대로 사용한 점이요, 다른 하나는 둘로 나누어 설명하면서도 '정'의 근원을 지나치게 둘로 나누어 본다는 비판을 의식한 듯 각기 '리'나 '기'를 주로 하여 설명하는 방식을 택하고 아울러 오해의 소지가 있는 '발'자 대신 '동動'자를 사용한 점이다. 이러한 문제의식은 이후의 성리학자들에게로 이어졌다. 기대승 같은 이도 논변 초기에는 '발'자를 피하고 '리동理動'이니 '기감氣感'이니 하는 표현을 사용한 바 있다.

'발'이라는 용어는 『중용』 수장首章에서 나온 말이다.[26] 인간의 기본

---

23) 『沙溪全書』(1922년 돈암서원판), 권17, 38a~38b, 「近思錄釋疑」, "退溪先生, 四端七情互發之說, 其原於權陽村入學圖說, 其圖中, 四端書於人之左邊, 七情書於人之右邊. 鄭秋巒因陽村而作圖, 退溪又因秋巒而作圖, 此互發之說所由起也. 退溪曰: 四端理發而氣隨之, 七情氣發而理乘之, 是陽村書左右之意."

24) 『南塘集』 拾遺, 권4, 29b, 「退溪集箚疑」, "按陽村圖說, 以情意人道四七, 分屬心性理氣, 使理氣判爲二物, 而不復見其渾融無間之妙, 其誤後學也大矣. 先生旣以淵博許之, 又以爲極有證據, 竊恐未安."

25) 『大學三綱八目箴』, 14쪽, 「明明德箴」, "情動於性, 純善無雜, 意發於心, 幾善與惡, 理動氣挾, 四端之情, 氣動理隨, 七情之萌."

감정인 희노애락이 겉으로 드러나기 이전과 이후, 즉 '정靜'의 상태와 '동動'의 상태를 이어주는 것이 '발'이다. 그런데, 이 '발'은 인간의 성정性情 문제를 다룰 때에는 상대적으로 논란이 적지만, 리기 문제와 결부될 때에는 문제가 심각해진다. 리와 기를 어떻게 이해하느냐에 따라 '발'의 의미가 달라지기 때문이다.[27] 퇴고논변에는 이런 문제의식이 고스란히 담겨 있다.

'발'자는 발생發生, 발출發出, 발현發見, 발동發動, 발용發用 등 다양한 의미가 담겨 있다. 허다한 학자들이 리발과 기발을 말하였지만 '발'자를 모두 같은 의미로 사용한 것은 아니다. 조선의 많은 성리학자들이 "발어리"와 "리지발"을 사실상 같은 것으로 해석하였으나, 율곡 이이는 다른 차원의 논리라고 말한 바 있다. 즉, '발어리'는 성즉리性卽理의 측면에서 '성발위정性發爲情'의 논법에 따라 사단의 내원來源을 말하는 것이기 때문에 굳이 부정하지 않지만, '리지발'은 무위무조작無爲無造作한 리가 능발能發한다는 것이니 있을 수 없다고 보았다.[28]

이처럼 '발'자에는 논란의 여지가 담겨 있었지만, '발'자는 경전적 근거를 지니고 있는 데다가 이미 주희가 '리지발, 기지발'이라는 파급력이 큰 정의를 남긴 바 있으므로, 이제 리발이니 기발이니 하는 말은 피할 수 없는 단계에 이르렀다. 남은 것은 '정'의 근원을 둘로 나누어 보는 것을 어떻게 하면 완화시키느냐 하는 문제이다. 이런 문제의식은 홍치와 이황의 이른바 "리발이기수지, 기발이리승지" 두 구절에 녹아 있다. '발'자의 문제에 대해서는 정면으로 접근하면서도 사단칠정을 양기兩岐로 보는 데서 오는 지나침을 해소하기 위해 황간이 말한 사유의 틀을 아울러 수용한 것이다. 이런 사정은 학문의 발전 과정으로 볼 때 자연스런 추세라

---

26) 『中庸』, 제1장, "喜怒哀樂之未發, 謂之中, 發而皆中節, 謂之和."
27) 유정동, 『동양철학의 기초적 연구』, 511~512쪽 참조.
28) 『栗谷全書』, 권10, 6a, 「答成浩原」, "且所謂發於理者, 猶曰性發爲情也."

고 할 수 있을 것이다.

홍치가 선보인 사유의 틀은 이황의 호발론에 1주갑 정도 앞선다.[29] 당시의 성리학 수준에 비추어 볼 때 시대를 앞선 것이라 하지 않을 수 없다. 다만 여기서 홍치의 성리설을 정면으로 소개하기는 어렵고, 문제가 되는 대목만 논하기로 한다. 홍치는 『심학』 상편 첫머리에 「심성정도心性情圖」를 놓고 이를 설명하면서 다음과 같이 말하였다.

> 심은 성과 정을 통섭한다. 그러므로 그 미발 시에는 오성五性을 구비하고 오기五氣의 빼어남(秀)을 품득稟得하며 적연부동寂然不動하여 심의 체가 된다. 그 이발 시에는 그로부터 칠정이 나와 사단지심을 애연藹然하게 하며 감이수통感而遂通하여 심의 용이 된다. 칠정의 발로 말하자면 '기'가 발함에 '리'가 타는(乘) 것이니, 그러므로 형기形氣의 사사로움(私)에서 발생한 것은 인심이 되고 성명性命의 바름(正)에 근원한 것은 도심이 된다.[30]

칠정을 '정'의 총칭으로 보고, '기'가 발함에 '리'가 타는 것이라 하였다. 그러면서도 그 갈래를 나누어 '형기지사形氣之私'와 '성명지정性命之正'으로 양분하였다. '기발리승' 운운한 대목은 배경 설명 없이 나온 단도직입적인 말이어서 독자를 좀 당황하게 만들지만, 『심학』 하편 제2장의 이발지정已發之情을 논하는 대목에서는 다시 사단과 칠정으로 분류한 후 다음과 같이 말하였다.

> 사단의 정은 리가 발함에 기가 따르는 것이요, 칠자七者의 정은 기가 발함에 리가 타는 것이다. 혹시라도 리가 제대로 발현되지 못하여 기에 엄폐揜蔽되거나 기가

29) 『심학』에 1496~1497년의 일이 실려 있는 것을 보면, 저술을 완료한 시점은 그 이후로 판단된다.

30) 『心學章句集註大全』, 권1, 1b, "心統性情, 故其未發也, 五性具焉, 稟得五氣之秀, 寂然不動, 爲心之體矣. 其已發也, 七情出焉, 藹然四端之心, 感而遂通, 爲心之用矣. 七情之發也, 氣發而理乘之, 故生於形氣之私者爲人心, 原於性命之正者爲道心."

발현됨이 중도中道에 맞지 않아 천리를 멸하게 하는 경우는 다 불선不善이 되는 것이다.[31]

이 말은 이황의 「진성학십도차」에 나오는 말과 거의 같다.[32] 우연의 일치라고 보기가 어려울 정도이다. 홍치와 이황의 학술적 상관관계를 입증하는 중요한 대목으로 볼 수도 있을 듯하다.

홍치는 왜 앞사람이 말한 바 없는 "리발이기수지, 기발이리승지" 두 구를 던지고도 부연 설명을 하지 않았을까? 이는 위서僞書 시비와도 직결될 수 있는 문제이기 때문에 그렇다. 다만, 이해하는 측면에서 보자면, 위 사유의 틀은 사실상 학계에서 일정 부분 공감대를 이룬 것에 기초한 것이라 할 수 있다. 우선 '○發而○○之' 운운하는 기본 틀은 이미 황간의 말에서 선보인 바 있고[33] 조선의 성리학자들도 이 틀을 가지고 심성리기를 논한 바 있기 때문에 새삼스러운 것은 아니다. 이어 '리승지理乘之'의 경우, 주희가 「태극도설」 주해에서 "대개 태극은 본연의 묘이고 동정은 타는 바의 기틀이다"[34]라고 하여 태극은 본연한 것이지만 동정은 태극을 타고 온갖 변화를 이끌어 내는 것이라고 규정한 바 있고, 또 리기관계를 '인승마人乘馬'에 비유한 선례[35]가 있기 때문에, '승'자를 사용하는 것이 가장 적절하고 친근하게 인식되었을 법하다.[36] '기수지氣隨之'의 경우는, 종래의

31) 『心學章句集註大全』, 권2, 7a, "其所不善者, 四端之情, 理發而氣隨之, 七者之情, 氣發而理乘之. 若或有理發未遂, 而爲氣所揜者, 焉亦或有氣發不中, 而以滅其理者, 皆所以爲不善也."

32) 『退溪文集』, 권7, 24a~24b, 「聖學十圖」, '心統性情圖說', "如四端之情, 理發而氣隨之. 自純善無惡, 必理發未遂, 而掩於氣, 然後流爲不善. 七者之情, 氣發而理乘之, 亦無有不善. 若氣發不中, 而滅其理, 則放而爲惡也."

33) 주희가 『中庸章句』 '天命之謂性'조에서 "氣以成形, 理亦賦焉"이라고 주석한 것도 '氣發而理乘之'의 틀이 짜이는 데 큰 구실을 했을 것으로 본다. 홍치, 『心學章句集註大全』, '心性情圖' 참조.

34) 『性理大全』, 권1, 15b, 「太極圖說」 朱子註, "蓋太極者, 本然之妙也. 動靜者, 所乘之機也."

35) 『性理大全』, 권1, 21a, 「太極圖說」 朱子註 "理搭在陰陽, 如人跨馬相似. 馬所以載人, 人所以乘馬."

"리승기理乘氣, 기우리氣寓理"라는 표현을 좀 바꾸어 사용한 것이라 생각한다. 역시 주희가 '호연'장의 해석에서 '기수지'의 선례[37]를 남긴 바 있으므로 생소한 느낌은 들지 않았을 것이다.

이렇게 본다면, "리발이기수지, 기발이리승지" 운운한 것은 기실 새로운 것이 아니면서도 새로운 것이라 할 수 있다. 학계의 공감대가 없었다면 배경 설명 없이 곧장 본론으로 들어가기는 어려웠을 것이다. 이 점 이황도 마찬가지였으리라고 본다. 이제 이황보다 60년 전에 나서 조선성리학사에 중요한 논점을 제시한 홍치에 대해 살피기로 한다.

3. 홍치의 『심학장구집주대전』과 리기호발의 문제

이황의 성리학이 16세기 조선의 학술사의 전개와 밀접한 관련이 있다고 할 때, 그의 사단칠정리기호발론 역시 연원이 있을 것이다. 학문 세계에서 완전한 독창이란 있을 수 없다는 것이 필자의 생각이다. 이황보다 60년 앞서 살았던 학인이 이황과 같은 학설을 내놓았다면 관심거리가 되지 않을 수 없다. 이제 홍치 학설의 신뢰도를 검증하기 위해 그의 이력과 『심학』에 대해 살펴보기로 한다.

홍치의 자는 여평汝平, 호는 일송一松, 본관은 풍산豊山이다. 십여 세 때 부친 계桂에게 수업受業하였으며, 21세 되던 세조 7년(1461)에는 전라도 김제에서 은거 중이던 고은皐隱 안지安止(1377~1464)의 문하에 나아가 성리학을 연마하였다. 이후 성종 말년에 전라감사 박처륜朴處綸(1445~1502)의

36) 이 밖에 '리'의 작용적 측면을 말할 때 '리가 기를 타고 유행한다'(理乘氣流行)는 말이 이미 오래 전부터 사용되어 왔던 점도 고려 대상이었을 것이다. 『朱子大全』, 권62, 21b, 「答杜仁仲」, "神是理之發用, 而乘氣以出入者."(보경문화사 영인본, 中卷, 483쪽)

37) 『朱子語類』, 권52, 제135칙 '公孫丑上之上', <其爲氣也, 配義與道>, "配作隨底意思, 以氣配道義, 必竟以道義爲主而氣隨之, 是氣常隨着道義."

추천으로 후릉참봉厚陵參奉이 되었으나, 연산군이 즉위한 뒤 은거하던 나주에서 능주綾州로 거처를 옮기고 자정自靖으로 일관하였다. 중종반정 뒤 여러 차례 벼슬이 주어졌으나 일절 응하지 않았다. 금오산金鰲山 아래에 있는 일송정사一松精舍는 후학들을 가르치던 강학공간이며, 『심학장구집주대전心學章句集註大全』은 당시 교재였다고 한다.[38] 홍치의 삶과 학문을 서술한 「행장」·「묘갈명」 등에서는 한결같이 "전심성리지학專心性理之學", "잠심성리지공潛心性理之工"이라 하여 학문 본령이 성리학이었음을 밝히고 있다.

「묘지명」[39]에 따르면 홍치는 성동成童의 시기에 이미 학문하는 요령을 알아 성리학에 잠심潛心하였고 아주 미세한 부분까지 반드시 분석하였다. 안지의 문하에 나아가 배운 뒤로는 더욱 충양充養되었다. 또 금남錦南 최보崔溥(1454~1504)와 도의지교를 맺고 강론하기를 게을리 하지 않았다. 최보는 늘 사람들에게 "우리 무리 중에서 심학에 정통한 사람으로는 여평을 제일로 꼽아야 된다"라고 하였다 한다.[40]

홍치는 '평지돌출'형의 학자는 아닌 것 같다. '부친에게 수업했다'는 것으로 보아 그의 부친 홍계 역시 성리학에 밝았을 것으로 짐작된다.[41] 홍계(?~1458)는 영월군수를 지냈다. 계유정난癸酉靖難(1453) 이후 원종공신原從功臣에 녹훈된 바 있으나,[42] 1456년 사육신의 단종복위사건이 일어나자 중형 수樹(府使)를 따라 나주로 피신하여 이름을 욱손旭孫이라 고치고 숨어

38) 『心學章句集註大全』, 卷首, 3b, 「師友錄」, "嘗著此篇, 教訓後學."

39) 조선 고종 때 이조판서, 의정부우찬성 등을 지낸 李承輔(1814~1881)가 撰한 「묘지명」이 내용을 잘 갖춘 것으로 평가된다.

40) 『豊洪寶鑑』, 「一松洪先生墓誌銘」(李承輔), "公自成童, 已知爲學之要, 潛心性理, 毫縷必析. 從于皐隱安文靖公止之門, 益自充養, 以得宗見許. 錦南崔公溥, 相與爲道義之交, 講論不怠. 常於人曰, 吾黨中, 精於心學, 當推汝平爲第一云."

41) 『心學章句集註大全』, 권2, 17b, 「求放心」 小序, "余年甫十餘歲, 受業於家嚴. 歲辛巳冬, 往從文靖先生門, 問君子所以修己治人之道, 何者爲至要. 先生曰: 主敬行恕而已."

42) 『世祖實錄』, 1년(1455) 12월 27일(무진)조 참조.

살았다. 나주는 부친 이伊가 일찍이 현령을 지낸 곳으로 구연舊緣이 있었다. 그 이듬해 금성대군錦城大君과 경상도 순흥부사 이보흠李甫欽(1397~1457)의 주도로 제2차 단종복위사건이 일어났을 때, 연좌되어 옥에 갇혔다가 1458년 6월 옥사하였다. 세조의 즉위에 공이 있는 원종공신이 단종복위사건에 연루되어 목숨을 잃은 것은 실로 아이러니이다. 홍계가 계유정란 당시 세조의 즉위에 어느 정도 기여하였는지는 자세히 알기 어렵다. 다만, 녹훈의 이면에 '회유懷柔'의 성격이 강하게 담겨 있음을 감안할 때, 홍계의 실제 활동과 무관하게 녹훈이 이루어졌을 수도 있다. 이것은 사육신의 대표격인 성삼문이 계유정란 직후 공신에 책록된 사례에서도 엿볼 수 있다.

홍치가 어떤 계기로 고은 안지를 찾아가 사제師弟의 인연을 맺었는지는 문헌이 인멸되어 알 길이 없다. 안지가 세상을 떠나기 3년 전 쯤에 찾아가 배웠으니 수업한 햇수는 많지 않다. 후학들의 표현에 따르면 "그가 안지로부터 성리학의 종지宗旨를 얻었다"[43]고 하는데, 이는 당시 안지가 85세의 노경老境이었음을 고려한 것 같다.

스승 안지는 권근의 아우인 매헌梅軒 권우權遇(1364~1419)의 문인이다. 동문 정인지鄭麟趾와 함께 『용비어천가』를 찬진撰進하고 한글 창제에도 참여한 당대의 대학자였다. 그는 권우로부터 성리학을 체계 있게 배웠던 것 같다. 특히 『주역』의 요체를 전수 받아, 실제 사실이나 사물에서 천지자연의 수를 알아내고 사물을 접할 때마다 이치를 관찰하는 '촉물관리觸物觀理'의 정신을 발휘하였다.[44] 그가 수리에 밝아 산법算法 연구에 힘쓴 것이라

---

43) 『心學章句集註大全』, 卷首, 3b, 「師友錄」, "師皐隱安文靖公止, 得其宗旨" ; 『豐洪寶鑑』, 「參奉洪公墓表」(李喬榮 撰) "師事皐隱安先生止, 傳其衣書之托."

44) 安止, 『皐隱集』, 권1, 「梅軒先生集跋」, "時余受易于先生函丈之下. 一日先生論奇偶之數而曉譬之曰, 此易知也. 人每當飯, 先執匙後下筋, 匙單而筋雙, 此其數也. 但人自不察耳. 余雖愚昧, 竦然聞之, 怳如有得, 私竊以爲厥工豈知有陰陽之理寓於日用之間先後之中? 然旣有天地自然之數, 故雖陶冶之賤, 亦不得不爲之然也. 自是以後, 因事知數, 觸物觀理者, 蓋亦不少."

든지, 한글 창제에 직·간접으로 참여한 것은 모두 『주역』에 밝았기 때문이라고 할 수 있다.

안지는 군자의 수기치인의 요체를 묻는 홍치에게 "경敬과 서恕일 뿐"이라고 하면서, 늘 구방심求放心 공부에 힘쓸 것을 당부했다고 한다. 홍치가 『심학』의 마지막을 「구방심시求放心詩」와 「야기명夜氣銘」으로 장식한 것은 스승의 유의遺意를 받든 것이라고 할 수 있다. 성리학에 대한 안지의 성취 정도를 직접 확인할 수 있는 자료는 찾기 어렵다. 그의 문집 『고은집』은 시문 일색이다. 그러나 『고은집』은 사실상 습유拾遺에 불과하다. 자료가 없다고 해서 그들의 수준을 낮추어 보는 것은 금물이라 하겠다. 당시 성균관을 중심으로 이루어졌던 성리학 강의는 오늘날 우리가 생각하는 것 이상이었던 것 같다. 『성리대전』이 한글 창제를 비롯한 세종조 문화사업에 끼친 영향[45]을 생각한다면 과소평가하기는 어렵다고 본다.

『심학』을 보면, 저자 홍치가 관학파 계열의 권우 → 안지의 학통을 계승했으면서도 사림파의 영수 김종직金宗直(1431~1492)의 문인들과 학문적으로 깊숙이 교유한 점이 두드러진다. 그 배경을 정확히 알기는 어렵지만, 성종 18년(1487) 김종직이 전라도관찰사 재직 당시 영·호남 학자들 사이에 있었던 학술교류가 계기가 되었음직하다.[46] 이 과정에서 해남 출신 금남 최보가 교량 역할을 하였을 것으로 짐작된다.

---

45) 최영성, 『한국유학통사』 상권(심산출판사, 2006) 참조.

46) 김종직이 성종 18년(1487) 5월, 전라도관찰사 겸 순찰사, 전주부윤이 되어 이듬해 5월까지 1년간 재직한 것은 그가 호남지방의 학자들과 교유하는 데 중요한 계기가 되었을 듯하다. 김종직의 도임 직후 寒齋 李穆이 及門한 것이라든지, 김제 출신 李繼孟이 김종직의 문인록에 이름을 올릴 수 있었던 것도 김종직이 전라도관찰사로 부임한 덕분이다. 김종직이 재임할 당시 영남 출신 門人들이 전주에 내려와 호남의 학자들과 교유하는 機緣을 만들고 이후 연산군 1년(1495)에 김종직의 처남이자 제자인 梅溪 曺偉가 전라도관찰사가 되어 전주로 내려옴으로써 호남 학자 상당수가 김종직의 문하에 진출하였고, 이어 영·호남 사림의 학문적 교유가 활발하게 이루어졌다. 최영성, 『국역 한재집』(문사철, 2012), 427쪽 참조.

호남 출신 학자 가운데 김종직의 문인으로는 단연 최보를 첫손에 꼽을 수 있다. 그는 성종 8년(1477) 진사시에 급제한 뒤 성균관에 들어가 신종호申從濩 등과 교분을 맺었다. 이어 성종 11년(1480) 6월 무렵, 여러 생도들과 함께 한훤당 김굉필의 집에 모여 정지교부계情志交孚禊를 조직하였고, 마침내 김종직의 문하에 입문하였다. 이후 무오사화 당시 김종직의 『점필재집』을 소장했다는 죄목으로 고신栲訊을 받고 함경도 단천端川에 장류杖流되었다가 갑자사화 때 사형을 당하였다. 『심학』을 보면 홍치는 최보와의 만남이 가장 빈번했던 것 같다. 홍치가 김종직의 문인들과 직접 사귀거나 그들의 학설과 접할 수 있었던 것은 최보를 통해서 이루어졌을 것이다.

관학파 계열의 학자가 사림파 학자들의 학문성과를 적극 수용한 것은 조선유학사에서 흔치 않은 경우이다. 『심학』에서 관학파와 사림파를 구분하려는 의식은 찾기 어렵다. 관학파의 학문 경향은 탄력적이고 유연성이 있었으며, 사림파의 학문은 의리 중심의 순수성이 있었다. 그 두 흐름을 하나로 만나게 한 것이 성리학이었다. 관학파 학자들의 성리학 수준은 상당하였고, 성리학의 이론을 국정 운영에 반영하고 학술문화의 기반으로 삼았다. 그러나 저들은 시문 중심의 문집을 남겼을 뿐 성리학에 관한 전문 저술을 거의 남기지 않았다. 사림파 학자들은 성리학에 전념하였지만 이론보다 실천을 중시하였고, 남긴 저술들도 여러 차례 사화를 겪으면서 거의 인멸되었다. 그러다 보니 사림파의 영수 김종직까지도 사장학으로 비판받을 정도였다. 퇴계 이황 같은 홍유鴻儒가 "김종직은 학문하는 사람이 아니다. 종신사업이 단지 사화詞華 상에 있을 뿐이니, 그의 문집을 보면 알 수 있다"[47]라고 한 이후로는 아예 문장가로 굳어지다시피 하였다. 그러나 이런 가혹한 평가는 당시의 전후 사정을 도외시한

47) 『退溪言行錄』, 권5, 「論人物」, "金宗直非學問底人, 終身事業只在詞華上, 觀其文集可知."

데서 비롯된 것이 아닐 수 없다.

이런 분위기 속에서 홍치는 심학을 연찬하여 『심학』 한 책을 남겼다. 이 책에 실린 내용은 성종 대까지의 성리학에 대한 연구의 동향과 수준을 보여 주는 것으로서, 조선 초기의 유학사를 연구하는 데 있어 중요한 사료로 평가 받을 수 있다고 본다. 이제 『심학장구집주대전』(2권 1책)[48]에 대해 살펴볼 차례이다.

이 책 첫머리에는 6세손 천윤天潤이 현종 7년(1666)에 찬한 서문이 있고, 이어 「심학편제心學篇題」, 「사우록」(후손이 첨부), 「심학차제도心學次第圖」가 실려 있다. 본편은 상·하 2편이며, 각 편마다 8장의 조목을 두었다. 조목 끝에는 주희의 『장구』의 예를 따라 각 장의 대지大旨를 설명하는 글을 붙였다. 내용은 주로 사서와 오경 등 유교 경전에서 '존심存心'과 관련한 글 72조목(상편 41조목, 하편 31조목)을 뽑고 주희의 『장구章句』와 『집주集註』 등에서 주희 및 염락제현濂洛諸賢의 주석을 이끌어 실었다. 또한 당시 저자와 교유했던 열두 학자들의 학설 또는 토론 내용을 주석에다 비중 있게 실었으며, 필요에 따라 자신의 견해를 덧붙이거나 논지를 정리한 '우안愚按'을 붙였다.

이 책의 편찬 동기는 그 범례라 할 수 있는 「심학편제」를 통해 짐작할 수 있다. 「심학편제」에 따르면, 학문의 과목으로 박학博學·심문審問·신사愼思·명변明辨·독행篤行의 다섯 가지가 있지만 그것들은 모두 '존심' 두 글자로 귀결되므로 책 이름을 '심학'이라 했다 한다. 또 하편 제7장과 8장에 「구방심시求放心詩」와 「야기명夜氣銘」을 특별히 부록으로 붙인 것을 보면 『심학』의 편찬이 치심공부治心工夫에 목적이 있었음을 알게 한다. 홍치는 「구방심시」의 소서小序에서 자신의 평생 학문의 대강이 스승 안지

48) 이 책은 현재 국내 각급 도서관에는 소장되어 있지 않다. 근자에 풍산홍씨 문중에서 韓裝本으로 다시 찍어낸 바 있다.

가 말한 '경敬'과 '서恕'에 있음을 전제한 뒤, '경'과 '서'는 존심공부가 아니면 안 되고 존심공부의 급선무는 '구방심' 세 글자에 있다는 스승의 말을 인용, 강조하였다.[49]

홍치는 『심학』에서 성리학의 핵심 내용을 심학으로 보고, 이 심학을 조선에 정착시키려는 일념에서 이 책을 저술하였음을 시사하였다. 특히 이 책이 임금에게까지 헌상되어 성왕지학聖王之學을 연마하는 데 도움이 되었으면 하는 소원을 피력하였다.

> (A) 내가 이에 사람이 태어날 때 품부받은 이치, 성정性情의 미발未發과 이발已發의 기미를 취하여 이 그림을 만들었다. 이는 학자들의 감계鑑戒만을 위한 것이 아니라, 또한 임금으로 하여금 좌우座右에 비치하여 조심操心의 방범防範이 되게 하려는 것이다.…… 이는 송경宋璟의 「무일도無逸圖」, 이덕유李德裕의 「단의육잠丹扆六箴」, 진덕수眞德秀의 「빈풍칠월도豳風七月圖」와 서로 표리가 될 수 있을 것이다. 초망지신草莽之臣으로서 위로 임금에게 등용되어 근포芹曝의 정성을 다할 수 없기에 단지 의논의 체계를 세운 것이다.……[50]

> (B) 최군崔君 연연淵淵(崔溥)이 일찍이 사간원으로부터 집으로 귀성歸省[51]을 하다가 나에게 말하기를 "현재 조정이 초창기를 이어 단지 기강紀綱과 문장文章[52]으로 사무를 삼는 까닭에, 안타깝게도 군덕君德을 보양輔養할 줄 모른다"라고 하였다. 이에 내가 "그대의 말이 참으로 옳다. 금상今上(연산군)께서 새로 즉위하셨으니

49) 『心學章句集註大全』, 권2, 18a, "又問行之何先. 先生曰: 敬與恕, 非心存而理得, 則不能也. 存心之工, 莫先於求放心."

50) 『心學章句集註大全』, 권1, 2a, '愚按', "余乃取其人生稟賦之理 · 性情未發已發之幾, 而著爲此圖. 不徒學者之監戒, 而且使人主置之座右, 以爲操心之防範.……此與宋璟無逸之圖 · 李德裕丹扆六箴 · 眞德秀豳風七月之圖, 相爲表裏矣. 余以草莽之臣, 無由以上達天聰 · 以盡芹曝之誠, 只爲立論……."

51) 최보는 연산군 2년(1496) 11월 30일자로 사간원 사간에 임명되었으나 極諫 때문에 이듬해 파직되었다. 『성종실록』 참조.

52) 기강과 문장의 중요성은 程子의 말에서 인용한 것이다. 『孟子』, 「離婁上」, 28, "離婁之明, 公輸子之巧"의 集註에 "程子嘗言, 爲政須要有綱紀 · 文章 · 謹權 · 審量 · 讀法 · 平價, 皆不可闕"이라는 말이 있다.

> 비유하자면 물이 출렁이지 않고 거울에 먼지가 묻지 않은 때와 같다. 만약 이런 때 부지런히 좋은 말을 베풀어 모름지기 군심君心이 항상 스스로 정돈되어 성성요요惺惺了了하게 하고,…… 이것이 곧 경敬이 주가 되어 서恕가 사람들에게 미치는 것이다. 기강과 문장 같은 것은 보치補治하는 방법일 뿐 출치出治의 근본은 아닌 것이다"라고 하였다.[53)]

조선유학사의 전개 과정을 보면, 선조가 즉위하고 사림파가 집권한 이후로 조선의 유학은 성학聖學의 방향으로 발전하게 된다. 이황의 『성학십도』와 이이의 『성학집요』가 나옴으로써 절정에 달한 감이 있었다. 이때의 '성학'은 '성왕을 배우는 학문' 또는 '성왕이 되는 학문'을 의미한다. 성학은 '성인의 덕을 갖춘 왕자王者'를 양성하는 데 목표가 있었다. 성학은 제왕학이었던 것이다. 성학의 근본은 '격군심格君心' 즉 임금의 마음을 바로잡는 데 있다. 조선시대 성리학자들은 군주의 한 마음이 치란治亂과 직결되는 것으로 보았다. 이황이 『성학십도』를 올리면서 한 다음의 말이 이를 대변한다고 하겠다.

> 임금 된 이의 한 마음은 만기萬機가 나오는 곳이요 백 가지 책임이 모이는 곳입니다. 중욕衆欲이 서로 침해하면 군사群邪가 번갈아 모이게 되니, 만약 조금이라도 태만하고 소홀하여 방종이 따르게 되면 산이 무너지고 바다가 들끓는 것처럼 될 것입니다. 누가 이를 막을 수 있겠습니까? 옛날의 성제聖帝·명왕明王들은 이 점을 걱정하였습니다.…… 성문聖門의 학은 마음에서 구하지 않으면 어두워져 얻는 것이 없습니다.[54)]

53) 『心學章句集註大全』, 권2, 17a~17b, '愚按' 夾註, "崔君淵淵, 嘗自諫院, 歸省于家, 而言於余曰: 今朝廷承草刱之後, 但以綱紀文章爲務, 而惜不知輔養宸德. 余曰: 善哉, 子之言! 今上新登九五, 如水未波, 如鑑未塵. 若於此時, 孜孜陳善, 須令君心常自整頓, 惺惺了了……此乃敬爲之主, 而恕及於人者也. 其如綱紀文章, 補治之法, 非出治之本也."

54) 『退溪文集』, 권7, 5a~7b, 「進聖學十圖箚」, "人主一心, 萬機所由, 百責所萃, 衆欲互攻, 群邪迭鑽. 一有怠忽, 而放縱繼之, 則如山之崩, 如海之蕩, 誰得而禦之. 古之聖帝明王, 有憂於此, 是以兢兢業業, 小心畏愼, 日復一日猶以爲未也.……蓋聖門之學, 不求諸心, 則昏而無得."

이렇게 볼 때 성학은 다름 아닌 심법지학心法之學(心學)이라 할 수 있다. 홍치와 같은 무명의 사인士人까지도 '경'과 '서'를 출치出治의 근본으로 삼아 군덕君德의 함양에 힘써야 한다고 주장한 것은 성학으로서의 심학의 맹아萌芽가 성종조 무렵부터 있었음을 증명하는 바라 하겠다. 조선유학사의 전개와 관련, 중요한 시사를 던지는 것이다.

홍치의 『심학』은 '조선판 심경心經'이라고 할 만한 책이다.[55] 북송 때 진덕수가 편찬한 『심경』이 이미 있음에도 이 책을 편찬한 것은, 당시까지 진덕수의 『심경』이 학계에 거의 알려지지 않았기 때문인 듯하다. 『심경』을 평생 신명처럼 받들었다는 이황도 성균관 유학 당시에 『심경』 책을 구할 정도였으니,[56] 이황보다 60년을 앞서 살았던 그가 이 책을 접했을 리 없을 것이다. 그럼에도 홍치가 성리학을 심학으로 규정한 것이라든지, 심학을 '성학'으로 이끌어 올리려 했던 것은 주목받을 만하다.

『심학』에는 권근의 「입학도」와 그 아우 권채의 「작성도作聖圖」, 응계凝溪 옥고玉沽(1382~1436)[57]의 「인심선악상반도人心善惡相反圖」·「음양변역성괘지도陰陽變易成卦之圖」 이후 명맥이 시들어진 도설이 다시 등장하여 이목을 끈다. 『심학』 상편에 수록된 「심성정도心性情圖」 같은 것은 이황의 『성학십도』 가운데 「심통성정도心統性情圖」와 통하는 측면이 있다고 본다. 그런데 이런 도설류는 대부분 권근으로 대표되는 관학파 계열에서 나왔으며

55) 중종 6년(1511)에 성균관 대사성 柳崇祖가 임금에게 올린 『성리연원촬요』는 홍치와 같은 목적에서 편찬된 것이다. 홍치의 『심학』이 선구적 구실을 했다고 할 수 있다.

56) 『退溪全書』, 권41, 「心經後論」 참조.

57) 길재의 문인으로, 대구부사를 지냈다. 일찍이 성균관 교수로 있으면서 師道를 엄히 하고 후진 교육에 힘썼다. 저술로 『凝溪先生實紀』(국립중앙도서관 소장)가 전한다. 이 가운데 「人心善惡相反之圖」와 「陰陽變易成卦之圖」 두 편은 조선 초기 성리학의 수준을 고찰하는 데 참고 자료가 된다. 「인심선악상반지도」는 양촌 권근의 「天人心性合一之圖」를 바탕으로 하면서 인간의 심성 문제를 더욱 깊이 파고 들어간 것이다. 「음양변역성괘지도」는 '一本而萬殊之理'를 밝히기 위해서 만든 것으로, 저자의 『주역』에 관한 조예가 돋보인다. 최영성, 「야은 길재와 그 문도들의 도학사상」, 120~123쪽 참조.

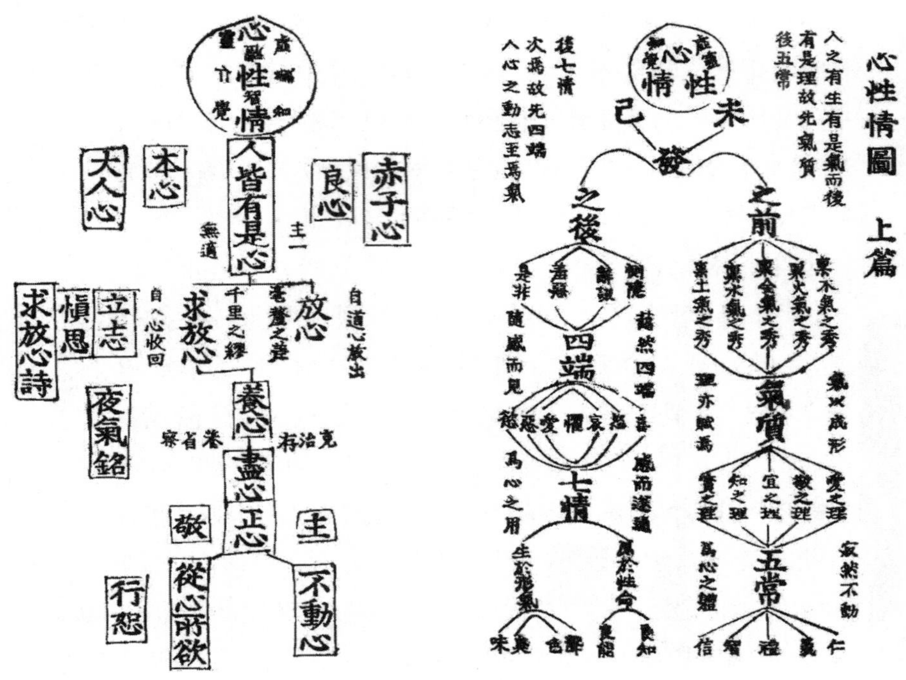

『심학장구집주대전』 소재 「심학차제도」(좌)와 「심성정도」(우)

호남과 관련이 있다.[58] 홍치 또한 그 계통을 이은 것이다. 후일 중종 말기에 나온 정지운의 「천명도설」 역시 그의 스승 김안국金安國(1478~1543)이 성균관 대사성으로서 관학의 전통을 계승할 만한 위치에 있었던 것과 무관하지 않다. 이런 사정을 고려한다면, 관학파와 사림파를 대립적으로만 보는 것은 온당하지 않다.

한편, 『심학』의 증주增註에는 홍치가 사귀면서 토론하였던 사우師友들의

58) 권근은 일찍이 전라도 익산에서 귀양살이를 할 때 『입학도설』을 편찬하여 교재로 삼았으며, 그의 아우 권채는 만년에 태인에 定居하였다. 권채의 문인 안지는 김제에서 만년을 보냈다.

학설이 다수 인용되어 있다. 무오사화와 갑자사화를 입어 문집 자체가 전하지 않거나, 전하더라도 정치적·학문적 내용이 없는 김종직 문인들의 성리학에 대한 이해 정도를 보여 주는 내용이 상당하다. 허반許磐·신영희辛永僖처럼 문집 자체가 전하지 않는 학자들의 학설이 실려 전할 수 있었던 것[59]은 시골에 묻혀 살았던 홍치의 이력과 관련이 있다.

피화被禍의 위험 속에서도 사우들과 토론한 내용을 실어 밝은 세상에 전하려 했던 우의友誼가 돋보인다. 더욱이 사우들 다수가 홍치 자신보다 연치가 낮음에도 그에 구애됨이 없었다는 점에서 저자의 구도정신을 엿보게 한다. 토론 내용은 김종직의 문인들이 천리踐履에만 힘쓴 것이 아니고 이론 탐구에도 높은 경지에 이르렀음을 보여 주는 중요한 자료라는 점에서 학술사적 의의가 적지 않다.

『심학』에 인용된 한재 이목의 설은 『심학』이 위서僞書가 아니라는 점을 밝혀 주는 하나의 단서라고 본다. 『심학』을 보면 '언입지장言立志章'에 송유宋儒 호안국胡安國(1074～1138)이 아들에게 준 편지가 인용되어 있다. "뜻을 세우되 정명도程明道와 범희문范希文(범중엄)으로써 스스로 기대하라"[60]라는 내용이 그것이다. 이에 대해 이목은 다음과 같이 해설하였다고 한다.

> 배우는 사람들이 성현의 글을 읽을 때에는 한 바탕의 이야기를 만들어 내는 데 그칠 것이 아니다. 성현이 후인들을 가르치는 대목에서는 마땅히 오늘의 내가 그들의 가르침을 직접 받는 것처럼 생각하는 것이 옳다. 예를 들어 호공이 그 아들에게 입지立志를 가르치는 것은 오늘의 나에게 입지를 몸소 가르쳐주는 것으로

59) 남효온이 『秋江集』에서 "허반은 성리학에 뜻을 두었다"라고 말한 것이 의례적인 修辭가 아님을 『심학』을 통해 엿볼 수 있다. 『秋江集』, 권7, 「師友名行錄」, "許磐, 字文炳. 癸卯年, 進士. 志於性(理)學, 恬於進取, 欲事事師古. 師友大猷, 大猷服其端雅出於天性."

60) 『心學章句集註大全』, 권2, 「言立志」, "胡文定公與子書曰: 立志以明道希文自期待." 이는 『胡氏傳家訓』에 나오는 말로 『小學』, 「嘉言」, '廣立敎'에도 실려 있다.

여겨야 될 것이니, 반드시 명도·희문 두 분으로써 스스로 기대하는 것이 옳다.[61]

이목이 범중엄의 사람됨과 경륜을 우러러보았음은 다른 자료도 증명한다. 계곡谿谷 장유張維가 찬한 「한재묘지명」이 바로 그것이다. 그에 따르면 "공은 글 중에서는 『좌씨춘추』를 좋아하였고, 옛사람 중에서는 범문정范文正(범중엄)의 사람됨을 사모하였다"[62]라고 한다. 중국 북송 때의 명재상 범중엄은 천하를 걱정하는 우환의식憂患意識의 대명사이다. 그는 「악양루기岳陽樓記」에서 올바른 정치가의 처신을 말하면서 '선우후락先憂後樂'을 강조했다. 천하의 문젯거리는 남보다 먼저 걱정하고, 천하의 즐거움은 남보다 뒤에 기뻐하라는 것이다.

이제 앞서 말한 사우의 면면을 살피기로 한다. 「사우록」에는 저자의 스승이었던 고은 안지를 비롯하여, 최보·이목·권오복權五福·이계맹·신영희·허반 등 김종직의 문인들, 그리고 그 계열의 조유형趙有亨·박은朴誾, 관학파 계열의 임수겸林守謙·최담崔潭, 인근 영암 출신의 박권朴權 등 모두 12명의 약전이 실려 있다. 해남 사람인 최보는 같은 시기 화순에 살았던 홍치와 도의지교道義之交를 맺었다. 이목·권오복·허반은 김종직의 문인으로 무오사화 때 함께 사형 당하였다. 관학파 계열의 임수겸은 집현전 직제학을 지낸 김문金汶의 문인이고, 최담은 경암 허조許稠의 문인이다. 이계맹과 박권[63]은 화순과 가까운 김제·영암에 살았던 인연으로 만났던 것 같다. 나이가 가장 적은 박은은 최보의 문인이었던 관계로 학술교류에

---

61) 『心學章句集註大全』, 권2, 「言立志」, "李仲雍曰: 學者讀聖賢文字, 不止但作一場話說, 其於敎人處, 當爲今日吾所受敎, 可也. 如胡公敎子立志, 當爲今日敎我立志, 必以二公自期待焉, 可也."

62) 『국역 한재집』, 346쪽, "公少從佔畢金公受業, 力學工文詞. 於書嗜左氏春秋, 於古人慕范文正之爲人."

63) 성종 23년(1492) 식년시에 급제, 벼슬이 사간원 정언에 이르렀다. 直諫으로 유명하였다. 1498년 무오사화 때 길주에 유배되었으며, 1504년 갑자사화 때 해남으로 移配되었다가 풀려나지 못하고 죽었다.

참여할 수 있었다. 조유형(자는 泰而)은 김굉필과 친하게 지냈다는 기록[64]으로 보아 김종직 → 김굉필 계열로 추정된다. 그는 1498년 식년시에 급제하여 예빈시禮賓寺 정正을 지냈으며, 저술로 『계몽도서절요啓蒙圖書節要』[65]가 있다. 이질姨姪인 김안국 형제에게 학문적으로 상당한 영향을 끼쳤다. 연산군 때 직언으로 죄를 얻었지만 수壽를 누리고 74세로 죽었다. 뒤에서 다시 말하기로 한다.

4. 리기호발론의 전승 과정에 대한 추론

홍치의 『심학』에서 "사단은 리발이기수지, 칠정은 기발이리승지"라고 한 구절이 두 군데 보인다. 이황의 사단칠정 리기분속과 일치된다. 이것을 어떻게 해석해야 할까? 실로 쉽지 않은 일이다. 우연상부偶然相符라 치부하면 문제는 간단하게 끝나고 만다. 이황 이전에도 사단칠정의 리기호발을 주장했던 학자가 있었다는 식으로 간주하고, "당시로선 이채라 할 수 있다"라고 평가하는 선에서 끝낼 수 있을 것이다. 그러나 필자는 우연상부라고는 보지 않는다. 사단칠정의 리기호발론은 일조일석에 갑자기 나올 수 있는 것이 아니라고 생각한다. 홍치와 이황 이전 중국과 우리나라 학자 가운데 "리발이기수지", "기발이리승지"란 학설, 아니면 그와 유사한 사유의 틀을 제시한 학자가 있었는지를 탐색하는 일이 중요하다.

홍치는 이황보다 60년 선배이다. 후배 학인이 선배 학인의 학설을 참고할 수는 있어도 선학이 후학의 설을 참고할 수는 없다. 그렇게 본다면,

---

64) 『儒林考』에는 정여창의 문인으로 되어 있다.

65) 김안국 형제에 의해 전수되었다. 이규경의 『오주연문장전산고』 등에는 김안국의 저술(『역학계몽도서절요』)로 되어 있으나 잘못이다. 현재 국립중앙도서관, 성균관대학교 존경각, 한국학중앙연구원 도서관 등에 소장되어 있다.

홍치의 설이 이황에게 어떤 식으로든 영향을 끼쳤을 가능성을 배제할 수 없다. 그러나 조선학술사에서의 이황의 위상을 생각한다면 실로 가볍게 판단할 수 없다.

사단칠정 리기분속과 관련하여, 이황은 처음 '리지발', '기지발'이라 하였다가 기대승으로부터 '정'의 근원을 지나치게 나누어 보려 한다는 지적을 받고 '리발이기수지', '기발이리승지'로 고쳤다. 이후 논변의 당사자인 기대승은 물론 역대 후학들은 대개 이 설을 이황의 독창적 입론으로 알아 왔다.66) 또 주희 이론의 미비점을 이황 나름대로 보완하려 한 것으로 이해한 학자도 있었다. 이황의 문인 황준량黃俊良(1517~1563)은 이황이 이 설을 발명한 것이라 하면서 "후성後聖을 기다려도 의혹되지 않을 것"이라고 평가하였다.67)

焉曰喜怒哀懼愛惡慾夫人有是性動必爲情
故性無不善而情亦皆指其善者言如子思所
言中節之情孟子所言是豈人之情也之情程
子所言何得以不善名之之情朱子所言從性
中流出元無不善之情是也其所不善者四端
之情理發而氣隨之七者之情氣發而理乘之
若或有理發未遂而爲氣所揜者焉亦或有氣
發不中而以滅其理者皆所以爲不善也要之
性發爲情之際乃一心之妙而善惡之幾也學
者誠能明辨於理欲之分而省察於已發之際

『심학장구집주대전』 상편 2장의 "四端之情理發而氣隨之, 七者之情氣發而理乘之" 구절(제5~6행)

66) 이이는 이황이 주희의 '리지발, 기지발' 설에 근거해서 리기호발론을 주장했다고 하여 '因此而立論'이라 하고, 또 '리지발, 기지발'의 설로써 주장을 하고 그것을 伸長시켰다고 해서 '主張而伸長之'라고도 하였다. 『栗谷全書』, 권10, 5a~5b, 「答成浩原」, "朱子發於理發於氣之說……退溪因此而立論曰, 四端理發而氣隨之, 七情氣發而理乘之"; 같은 곳, 6a "竊詳退溪之意……以朱子發於理發於氣之說, 主張而伸長之, 做出許多葛藤." 또 다른 자료를 보면 이이는 선유 가운데 이황과 같은 말을 한 사람은 일찍이 없었다고 하기도 했다. 朴汝龍, 『松崖集』, 권1, 9b, 「石潭語錄」, "先生曰:……聖學十圖云, '四端理發而氣隨之, 七情氣發而理乘之', 其分爲二物明甚. 蓋理氣元非二物, 各在一處, 先儒說無有如此者矣."

조선 후기에 이황의 사칠리기호발론에 대해 비판을 한 학자는 있었지만, 그에 미친 선학들의 영향에 대해서 직접적으로 거론한 학자는 없었던 것 같다. 사정이 이렇다 보니 설령 홍치의 『심학』에 실린 내용을 안다 하더라도 이황을 의식하지 않을 수 없었을 것이다. 일부는 이황의 권위에 눌려 말을 삼갔을 것이고, 또 후세의 가필 정도로 보아 무시했을 가능성도 있다. 한 예로 조선 말기의 학자 노백헌老柏軒 정재규鄭載圭(1843~1911)는 홍치의 일송정을 기리는 「일송정기一松亭記」를 찬한 바 있는데, 그는 이 글에서 다음과 같이 말하였다.

> 공은 일찍이 안고은安皐隱에게 배웠다. 그가 지은 저술로 『심학』 한 책이 있다고 한다. 재규가 이 글을 깊이 음미하고 오랜 세월이 지난 뒤에야 비로소 그 말의 뜻을 알았다. 대개 '일一'이란 수의 근본이니 '만萬'도 '일'에서 벗어날 수 없다. 마음은 오직 하나임에 둘로 하지 말아야 만법이 다 갖추어질 수 있는 것이다. 그렇다면 역시 공이 마음에서 터득한 것을 소나무에 부친 것은 아닐까.[68]

정재규의 스승 기정진이 호남 장성 사람이니, 그가 호남에 자주 출입하였을 것임은 짐작할 수 있다. 그런데, 그는 홍치의 『심학』을 오랫동안 음미했다고 하면서도 홍치가 말한 "리발이기수지, 기발이리승지" 운운한 대목은 언급조차 하지 않았다. 수백 년 동안 이황이 처음 말한 것으로 굳어져 온 이 문구에 대해 함부로 언급하기 어렵다고 생각했음일까, 아니면 홍치의 후예들이 조상을 높이기 위해 이 문구를 고의로 집어넣었다고 여긴 것일까?

---

67) 黃俊良, 『錦溪集』, 권7, 「答退溪先生論四七辨書」, "謹按, 四七之說, 朱夫子所云, 四端理之發, 七情氣之發, 言約而盡矣. 而先生又發明之曰, 四端理發而氣隨之, 七情氣發而理乘之. 此數語, 發揮詳盡, 明白簡約, 可謂俟後聖而不惑矣."

68) 鄭載圭, 『老柏軒集』, 「一松亭記」, "公嘗學於安皐隱, 而所著有心學一篇云. 載圭沈吟良久, 而後得其說. 盖一數之宗, 萬不外一. 心一而不二者, 萬法咸備. 抑公得之心, 而寓之松歟?"

『심학』은 널리 알려지지 않은 책이지만 '위서僞書' 운운할 정도로 전수傳授 경위가 분명하지 않은 책은 아니다. 반명班名 있는 풍산홍씨 군수공파郡守公派 후예들이 누대에 걸쳐 간직해 온 책이다. 문제가 된 "리발이기수지" 운운한 대목은 전후 맥락에 비추어 돌출한 느낌이 없지는 않지만, 『심학』은 퇴고논변류와 같은 변증辨證의 글이 아니다. 자신이 평생 공부하여 얻은 내용을 결론 삼아 엮은 것이다. 이황의 『성학십도』와 성격이 비슷하다. 뚜렷한 증거 없이 후세의 가필로 보는 것은 풍산홍씨 가문을 욕보이는 것이 될 수 있다.

『심학』이 간행된 1666년 무렵으로 말하면, 이황은 '완인完人'으로서 조선 사림의 존숭을 받으며 부동의 위상을 굳힐 때였다. 이황이 남긴 글은 조선의 선비라면 필독하지 않을 수 없던 시기였다. 이런 즈음에, 자신의 조상을 높이려고 남의 글을 표절하여 가필한다는 것은 상상하기 어려운 일일 것이다. 그런 속 좁은 행위는 조상이 남긴 저술의 신뢰성을 떨어뜨려 폐기물로 만들 것이 자명하기 때문이다.

문제의 문구가 『심학』에 그대로 실려 있는 것은 원저原著에 대한 후손들의 굳은 믿음에서 비롯된 것이라고 본다.[69] 선조의 학문에 대해 한없이 신뢰를 하면서도 공개적인 논의에 부치지 못한 후손들의 심정을 이해할 수 있을 것 같다. 이황의 권위에 눌려 그동안 할 말을 못하였던 후손들의 입장도 이해 못할 바는 아니다. 그러나 연원 없는 학문이란 있을 수 없다. 설령 이황이 선학으로부터 영향을 받았다고 한들 그의 성덕盛德과 학문적 권위에 무슨 손상이 있을 것인가?

이황은 기대승의 비판을 받은 뒤 "리지발", "기지발"을 "리발이기수지", "기발이리승지"로 고치면서 그 고치게 된 배경을 설명하였다. 다만 그것이

69) 홍치 卒後 150여 년 만에 『심학』을 정식 출판한 이면에는 선조의 학설에 대한 자부심도 있었지만, 퇴계의 위상에 가려져 가는데 대한 후손들의 초조감이 반영되었으리라고 본다.

선학들의 입론에서 영향을 받은 것인지의 여부는 말하지 않았다. 그래서 후학들은 그것을 이황의 새로운 입론으로 생각하여 왔던 것이 사실이다. 그러나 이황이 자신의 창견創見이라고 말하지 않았다고 해서 창견이 아닐 수 없듯이, 그가 언급을 하지 않았다고 해서 선학으로부터 영향을 받은 바 없다고 단언하기도 어렵다.

이황은 과연 홍치의 『심학』을 전혀 알지 못했을까? 현재로선 이를 분명하게 증명할 자료는 없는 것 같다. 그렇다면 추론까지도 불가능할까? 건전한 추론은 후일의 연구자들에게 적지 않게 도움을 주기도 한다. 이황이 홍치의 설을 접했을 가능성이 있는지를 추론해 보는 것도 의미가 있을 성싶다.

홍치는 관학파와 사림파 학자를 가리지 않고 사귀었기 때문에 시골에 묻혀 지낸 선비치고는 인맥이 상당하다. 또 당시 호남에서 이루어진 인맥도 무시할 수는 없을 정도였다. 이승보가 찬한 「묘지명」을 보면, 당시에 '호남삼걸'[70]로 불렸던 귤정橘亭 윤구尹衢(1495～1549),[71] 신재新齋 최산두崔山斗(1482～1536)[72] 및 하천霞川 고운高雲(1479～1530)[73] 등이 만사를 지어 그의 학덕을 기렸다고 한다. 또 홍치의 손자 진縝(1522～1565)은 송천松川 양응정梁應鼎(1519～1581)의 문인이 되어 고봉 기대승, 제봉霽峯 고경명高敬命, 기봉岐峯 백광홍白光弘(1522～1556) 등과 도의지교를 맺었다고 한다.[74] 이로

70) 魚叔權, 『稗官雜記』, "광양 사람 新齋 崔山斗, 해남 사람 橘亭 尹衢와 懶齋 柳成春이 한 때 명성이 나란하였으므로 사람들이 '湖南三傑斗衢春'이라 일컬었다."

71) 해남윤씨의 宗祖 尹孝貞의 아들로, 금남 최보의 제자이자 동서이다. 윤선도의 증조부이다. 1516년 식년문과에 급제, 賜暇讀書를 지내는 등 벼슬길이 순조로웠으나 1520년 조광조 일당이라 하여 해남에 유배되었다. 풀려난 뒤에는 벼슬에 나가지 않고 해남에서 후진 양성에만 힘썼다. 저술로 『귤정유고』가 있다. 안현주, 「귤정 윤구의 생애와 '귤정유고'에 관한 연구」(『서지학연구』 통권 43, 2009) 참조.

72) 조광조의 문인. 기묘사화 때 홍치가 살았던 同福에 귀양 갔다.

73) 자는 彦龍, 호는 霞川이며 본관은 長興이다. 고경명의 증조부이다. 당대의 문장가로 이름이 있었으며 虎圖를 잘 그렸다. 박병익, 「하천 고운의 문학에 나타난 사유」(『고시가연구』 제23권, 한국고시가문학회, 2009) 참조.

미루어 볼 때, 홍치의 명성과 『심학』의 존재는 어떤 경로로든 학계에 알려졌을 가능성이 있다.

추론 과정에서 가장 먼저 떠오르는 인물은 기대승이다. 그는 이황과의 접촉 빈도가 매우 높은 사람이다. 또 지역 연고로 보더라도 홍치의 유저에 접했을 가능성이 높다. 따라서 사칠논변 당시 기대승에 의해 『심학』이 이황에게 전해졌을 가능성을 점치는 것도 큰 무리는 아닌 성싶다. 그러나 『고봉집』을 비롯한 기대승 관련 자료를 보면 그가 『심학』 책을 접한 흔적을 찾기는 어렵다. 기대승은 이황이 리기호발을 말하면서 "리발이기수지" 운운한 것에 대해 이황의 새로운 입론으로 평가하였다.[75]

다음, 홍치의 『심학』에 소개된 조유형에 의해 학계에 전해졌을 가능성이다. 조유형은 김안국·김정국 형제의 이모부로, 일찍 부모를 잃은 그들 형제를 양육하였으며 김굉필의 문하로 인도하는 데 기여하였다.[76] 그는 역학에 정통하였다고 하며, 남긴 저술로 『계몽도서절요』가 있다.[77] 도식圖式이 돋보이는 책이다. 이는 권근 이후 일련의 도설에서 영향을 받은 것으로 보인다. 이황이 이 책을 평가하여 발문을 붙였고,[78] 이황의 문인 한강寒岡 정구鄭逑가 이 책의 중요성을 인정, 발문을 붙여 필사(1607)하였다.[79] 16세기 중엽 조선 성리학계를 달구었던 사칠논변의 단초를 제공한

---

74) 『豊洪寶鑑』, 「一松先生墓誌銘」(李喬榮 撰), "一子縝, 早師梁松川, 而與奇高峯·高霽峯·白岐峯爲道義之交." 『岐峯集』 권5 附錄에 洪縝이 故友 백광홍을 위해 지은 挽詞(문집총간 속집 3, 270쪽)가 있다.

75) 『退溪文集』, 권17, 「答奇明彦論四端七情第三書」 '附錄', "且四則理發而氣隨之, 七則氣發而理乘之. 兩句亦甚精密."

76) 김정국은 이모부 조유형의 공덕을 길이 기리기 위해 두 아들의 이름을 '嗣趙', '繼趙'라 하였다.

77) 朴世采, 『東儒師友錄』, 권5, 「一蠹先生從遊(一)」, '墓碣銘'(金安國), "晩年益嗜易, 手抄圖書, 常置几案."

78) 『退溪文集』, 권43, 13a, 「書啓蒙圖書切要後」, "右圖, 得於思齋金公嗣子繼趙處. 思齋門人鄭之雲云, 慕齋思齋兩公, 傳此於趙公有亨. 趙登戊午第, 官至三品, 蓋兩公從母夫也. 今詳此圖, 皆因啓蒙等諸書而撰成, 非自爲說, 而可爲初學之指南, 故傳之爾. 嘉靖三十三年甲寅仲秋. 滉謹識."

「천명도설」 등 일련의 도설이 김안국·김정국의 학통과 밀접한 관련이 있고, 그 배경에 조유형이 있었다는 사실은 주목할 만한 일이다.

김안국과 김정국은 문장가·행정가로 알려져 왔다. 저들의 문집만 보면 그런 평가가 잘못된 것이 아니다. 그러나 같은 시기를 살았던 학자들이나, 김안국 형제의 학문 경지를 잘 알았던 후학들의 평가는 이와 사뭇 다르다.

> 모재 김안국 형제가 전후로 성균관을 맡아서 후진들을 부지런히 가르치니, 그가 이르는 곳마다 문하의 학도들이 무리를 이루었다. 그는 『소학』과 사서오경, 『성리대전』으로 과정을 삼았으며, 한때 사류를 도야陶冶한 공이 매우 많았다. 기묘년에 교화를 일으킬 당시 조정암과 뜻이 같았으나, 개혁을 너무 급하게 서두르지 않으려고 경상감사로 나갔다. 그의 박학함과 문장을 되돌아 볼 때, 요약을 지키는 공부(守約工夫)가 적은 듯하고 또 스스로 표방하지 않았기 때문에 후대의 의론이 조정암의 심학心學을 정종正宗으로 삼은 것과는 같지 않다. 그러나 실상 모재는 간세間世의 이인異人이다. 지금 정지운의 「천명도」를 상고해 보면 상달처上達處에서도 부족한 점을 보지 못하겠다. 모재는 쉽게 당할 수 없다.[80]

> 공이 여주에 물러가 살면서 학도를 교수하여 도학을 일으키는 것으로써 자기의 책임을 삼으니, 선비들의 기대가 매우 무거웠다. 조정에 돌아오자 조광조 등 제현의 원통함을 씻어서 선류善類들이 크게 의지하였으나, 얼마 안 되어 병으로 죽었다. 조야에서 모두 우러러 사모하여 문묘에 종사하려는 의론이 있었지만, 이황이 김굉필·정여창·조광조·이언적을 사현四賢으로 추존한 뒤부터 선비들이 거의 모재가 어떤 사람인지도 모르게 되었다.[81]

> 김모재가 태학사로 있을 당시 사대교린事大交隣의 응제문자應製文字가 모두 그의 손에서 나왔다.…… 문장이 전아典雅하고 명쾌하여 당시 중국에서도 일컬어졌다.

---

79) 『寒岡集』, 권9, 「書啓蒙圖書節要後」 참조.
80) 李植, 『澤堂別集』, 권15, 8a~8b, 「雜著·示兒代筆」.
81) 朴世采, 『南溪集』 正集, 권57, 15a, 「記少時所聞」.

> 다만 그의 박학능문博學能文으로도 수약공부守約工夫에 부족함이 있었다. 그러므로 후세의 논자들이 비록 조광조에 미치지 못하는 것으로 여겼으나, 그가 성균관에서 주자冑子를 교도敎導하면서 사도師道로 자임하여 한때의 사류가 그의 훈도를 입었던 점은 도리어 조광조가 양보해야 할 것이다.[82]

이로써, 김안국 형제의 학문 조예와 조선유학사에서의 위상을 짐작할 수 있겠다. 회재 이언적과 퇴계 이황 같은 이들도 때로 그를 찾아가서 성리학에 대해 질의하여 계발을 받은 바 있었다고 하였으니,[83] 이러한 증언은 새겨 볼 만한 대목이다.

무엇보다도 우리를 주목하게 하는 것은 「천명도」를 발표하여 조선 성리학을 한 단계 높은 수준으로 이끌어간 정지운·김인후가 김안국 형제의 문인이었다는 점이다. 정지운이 「천명도」를 제작하게 된 배경을 말하면서 "지난날 모재와 사재 두 선생의 문하에서 배울 적에 그 이론을 듣고 물러나와서 아우 모某와 함께 그 뜻의 귀추(旨歸)를 강구하였다"[84]라고 한 것은 단순한 수사修辭는 아니라고 하겠다.

김안국의 이모부 조유형은 성종 때부터 강관講官·언관言官으로 이름을 날린 학자다. 조카 형제를 친아들처럼 보살폈던 조유형은 자신의 저술 『계몽도서절요』를 물려주었고, 김안국 형제는 이를 후세에 전했다. 형제가 조유형의 교도敎導를 받고 자라난 만큼 그로부터 적지 않은 도서를 물려받았을 것이고, 학계의 정보를 접할 수 있었을 것이다. 그런데 이황은 김안국 형제에게 문학問學한 바 있으며, 그들의 후손으로부터 도서와 학술 정보를 입수하기도 하였다. 『경서석의經書釋義』를 엮을 때 김정국의

82) 正祖, 『弘齋全書』, 권171, 2b~3a, 「日得錄」, '人物'.

83) 許筠, 『惺所覆瓿藁』, 권23, 5b~6a, 「惺翁識小錄(中)」, "靜庵被禍之後, 人無敢言窮理盡性之學, 獨慕齋退居驪江, 逢士人則輒引聖賢事業, 論說不怠. 李晦齋自嶺南往來, 必質問辨難, 而退溪赴丹陽日亦過公廬, 始聞性理淵源, 慕齋之於二公有啓益之功, 而人不知也."

84) 『退溪全書』, 권41, 1b, 「天命圖說後敍」 참조.

아들 김계조金繼趙의 설을 인용한 바 있으며,[85] 조유형의 『계몽도서절요』 역시 김계조로부터 입수하기도 하였다. 입수 시점이 1554년 무렵으로 추정되고 보면, 정지운과 함께 「천명도」를 개정하는 과정에서 김안국·김정국 집안에 내려오는 전배의 저술 상당수가 이황에게 알려졌을 가능성이 있다. 홍치의 『심학』이 이황에게 알려졌다면 대개 이 무렵이 아닐까 추측한다.

이상 추론을 거듭하였으나 더 이상의 추론은 어려울 것 같다. 여기서 한 가지 의문점이 여전히 남는다. 이황이 홍치의 『심학』을 보았다면, "리발이기수지" 운운한 대목이 홍모의 저술에 보인다는 사실을 왜 밝히지 않았을까? 우연히 서로 문합吻合한 것이라고 여긴 것일까? 여기에는 이유가 있을 것이다. 현재로선 분명히 증명할 길은 없다. 다만, 앞서 말한 바와 같이 리발과 기발, 그리고 '기수氣隨', '리승理乘'이라는 정의에 대해 학계의 공감대가 어느 정도 형성되어 있었기 때문에 굳이 누구의 설이라는 것을 밝힐 필요가 없었으리라고 짐작할 뿐이다.

5. 맺음말

이상에서 논한 내용을 간략히 요약하여 맺음말에 대신하려 한다.

본고는 홍치의 『심학장구집주대전』을 입수한 뒤 이황의 사칠리기호발론의 연원을 재검토할 필요가 있다는 문제의식에서 기필起筆되었다. 리기호발론의 선구가 되는 이론을 홍치가 먼저 내세웠다는 점에서, 이황의 성리학에 끼친 선대 학자들의 영향에 대해 다시 한 번 고찰할 필요성을

85) 安鼎福, 『順菴集』, 권13, 4b, 「橡軒隨筆下」, '前輩著述', "退溪先生經書釋義, 雜引諸家訓義而折衷之. 若金繼趙·李克仁·孫暻·李得全·李忠綽·申駱峯·李復古諸說, 是也."

느꼈다. 이황보다 60년 전 사람인 홍치가 이황과 똑같은 리기호발론을 제시한 것은 조선성리학사상 의미가 적지 않다고 본다. 이황의 리기호발론이 홍치의 영향을 받은 것인지는 확실하지 않지만, 그 문제가 나중에 학파가 갈릴 정도로 중대한 것이었음을 생각할 때 그 선구적 의의는 인정해야 되지 않을까 한다.

홍치의 『심학』은 여러 측면에서 이황에게 학문적 선구가 된다고 할 수 있다. 홍치는 이 책을 통해 유학의 정화精華는 성리학이고 성리학은 '존심출치存心出治'의 학문임을 누누이 강조하였다. 이황이 선조에게 올린 『성학십도』의 바탕에 '존심출치' 넉 자가 깔려 있음을 생각할 때 『심학』의 선구적 위치를 인정하지 않을 수 없을 듯하다. 이황이 『성학십도』에서 제왕학으로서의 '성학'을 외쳤던 사고가 홍치의 『심학』에 고스란히 담겨 있다. 홍치의 「심성정도」와 이황의 「심통성정도」 사이의 관련성도 검토할 필요성을 느낀다. 이런 것들은 우연의 일치라고 치부할 수도 있겠지만, 『심학』의 내용 가운데 일부가 『성학십도』와 거의 일치되고 있다는 점은 '우연'으로만 이해하기 어렵게 한다. 혹자는 홍치의 후손들이 선조의 명성을 높이기 위해 표절하거나 가필했을 가능성을 점치기도 할 것이다. 그러나 선입견은 금물이다. 필자는 이 논고의 발표를 계기로 『심학』의 진위 여부를 가릴 것을 학계에 공개 제안한다.

홍치의 『심학』은 조선 초기의 성리학 수준이 상당하였음을 보여 주는 유수한 학술 보고서이다. 이 책에서는 초기 성리학을 관학파가 주도하였고, 또 관학파 학자들과 사림파 학자들이 이념을 달리하면서도 학문상으로 상호 교류하였음을 밝혔다. 그리고 그런 학문 전통이 김종직에 와서 하나로 만날 수 있었음을 증명하였다. 또 제왕학으로서의 성학을 강조하는 전통이 성종조 무렵부터 일기 시작하여 조광조의 지치주의至治主義 유학으로 이어지게 되고, 이 과정에서 '격군심格君心'을 위한 제왕학 교과서의 필요성이 대두되었음을 시사하였다. 홍치의 『심학』은 이황의 『성학십도』가 출현하기까지 그 사이에서 관절적關節的 위치에 있었다고 평가할 수 있겠다.

필자는 홍치의 『심학』이 퇴계에게 전해졌을 가능성을 조심스럽게 추측하여 보았다. 홍치와 친교가 있던 조유형을 통해 그의 이질姨姪인 김안국·김정국 형제에게 전해졌을 가능성을 제기하였고, 아울러 김안국 형제에게 문학한 바 있고 그들 사후에도 사자嗣子와 교유하였던 이황에게 입수되었을 것으로 추정하였다. 현 단계에서는 추론에 불과하지만, 차후 자료가 발굴되어 사실 여부가 확증되기를 바라는 바이다.

제2장 남명 조식의 정주학 수용 양상

1. 머리말

1980년대 이래로 남명학에 대한 여러 각도에서의 조명이 이루어져 그 실체가 어느 정도 파악되었다고 본다. 다만 남명 조식의 학문 규모와 영역이 크고 학문 방법이 예사롭지 않다 보니 아직까지 남명학의 학문 성격을 놓고 설왕설래하는 것이 사실이다. 성리학자의 범위에서 논하는 견해가 다수를 이루는 가운데 정통 성리학의 범위를 벗어났다고 주장하는 학자들도 있다. 후자의 경우 주로 남명학에서의 ① 노장적老莊的 요소, ② 양명학적 경향, ③ 횡거橫渠 장재張載의 영향 등을 두고 지적한 것이라고 생각한다.

그러나, 조식의 기상과 체질, 생활 태도, 학문 역정이 남다르고 학문 방법에서 중층적 성격을 보였다 하더라도 그는 '성리학'의 테두리를 벗어난 학자는 아니었다. 작은 물줄기를 가지고 큰 물줄기로 오인할 수 없고, 일부분이나 일요소를 가지고 거시적인 것과 함께 논할 수 없다고 본다. 남명학의 경개梗概는 역시 성리학이라고 할 것이다. 이런 점에서 학술대회 주최 측에서 '정주학 수용 양상'이라는 제목을 가지고 남명학의 실체를 규명하려 한 것은 이해할 수 있고 공감되는 점이라 할 것이다. 다만, 큰 틀에서는 '정주학'에 수용될 수 있다 하더라도, 그 내면을 들여다보면 세부적으로 조식만의 특징적인 측면이 없지 않다. 이 점에 주목하여 남명학이 지닌 성격의 일단을 논하고자 하는 것이 본고의 목적이다.

'정주학의 수용 양상'에서 드러나는 남명학의 성격은 어떠할까. 앞서 그 요점을 말한다면 실천궁행을 중시하는 남명학의 성격상 명도明道 정호程顥와 그 계열의 영향을 많이 받았다고 추론할 수 있겠다. 이 점은 남명학의 성격을 기본적으로 파악하고 나면 일단 개연성의 면에서 충분히 공감할 수 있는 문제이기도 하나, 새삼스러울 것 없는 이 문제를 논증하는 데 난점이 적지 않다. 우선 『남명집』에서 찾을 수 있는 자료가 매우 적다. 『학기유편學記類編』이 있어 도움이 되지만 책의 성격상 일정한 한계가 있다. 이런 점에서 '자료난'을 극복하는 것이 본고의 성패를 가늠한다고 하겠다.

『학기유편』은 조식이 선성현들의 글을 읽으면서 학문하는 데 절실한 말들을 뽑아 엮은 것이다. 엄밀히 말해서 학문 업적이라고 보기는 어렵다. 다만 독서차기讀書箚記하는 과정에서 자신의 생각과 부합되는 것을 취사선택하여 엮었기 때문에 조식의 주관이 많이 반영되어 있다. '신필기록信筆記錄'했다는 말은 겸사일 뿐이다. 더욱이 이 책에 함께 실린 도상圖像 24개 가운데 17개가 조식이 친히 고안한 것이고 보면, 도설圖說이 없는 것을 약점 내지 한계로만 볼 수는 없다. 『학기유편』과 「학기도」의 자료적 가치는 적지 않다.[1] 본고에서 『학기유편』을 기초 자료로 이용한 것은 이러한 이유에서이다.

본고는 남명학의 실체를 이모저모 밝히는 데 주안을 두지 않았다.

1) 조식의 「학기도」에 대해 금장태는 "오늘에 전하는 문집에서도 남명의 학설을 폭넓게 찾아보기 어려운 현실에서, 그의 사상을 이해하고 체계를 구성할 수 있는 자료는 「학기도」가 중심을 이루고 있다. 「학기도」는 圖象 체계이기에 그의 사상을 풍부하게 연역하고 확장시킬 수 있는 가능성이 열려 있는 것으로 보인다"라고 하였다. 금장태, 「남명의 학기도에 관한 연구」, 『남명학연구논총』 제2집(남명학연구원, 1992), 124쪽.

정주학의 수용 양상을 밝히는 데 국한시켜 다루었으며 '고증'에 초점을 두었음을 밝혀 둔다. 「학기도」에 대한 철학적 분석을 통해 논의를 이끌어 낼 필요성도 있지만, 도설이 곁들여 있지 않기 때문에 연구자에 따라 견해 차이가 적지 않을 것으로 판단, 후일로 미루었다. 본고에서는 관련 자료의 제시를 통해 '정주학 수용 양상'의 일단면을 미루어 보는 선에서 자족하겠다. 미진한 문제들은 차후 더욱 보완되기를 바란다.

본고에서 사용한 『남명집』 저본은 1982년 아세아문화사에서 영인한 『남명집』(附 『학기유편』)이다.

2. 조식의 학문 역정과 성리학 입문 과정

일정한 사승 없이 학문에 정진하였던 조식은 자신의 타고난 기질과 성품에 대하여 다음과 같이 술회한 적이 있다.

> 나는 애초에 타고난 자질이 매우 둔한 데다 사우師友의 규계規戒도 없어서, 오직 남에게 오만한 것으로 고상함을 삼았다. 사람들에게 오만하였을 뿐 아니라 세상에 대해서도 오만함이 있어서, 부귀와 재리財利를 마치 지푸라기나 진흙처럼 멸시하였다. 사람됨이 가벼워 진실되지 못하였으니, 호쾌히 휘파람을 불기도 하고 팔을 걷어붙이기도 하였으며 항상 세상사를 잊고 살 듯한 기상이 있었다. 이 어찌 돈후敦厚·주신周信·박실朴實한 기상이겠는가.[2)]

겸사가 섞인 것이라 하더라도, '오물위고傲物爲高', '호소양비浩嘯攘臂', '유세지상遺世之象' 운운한 것은 조식의 타고난 기질 또는 성품과 관련하여

2) 『南冥集』, 권2, 30a, 「書圭菴所贈大學冊衣下」, "余初受氣甚薄, 又無師友之規, 唯以傲物爲高. 非但人有所傲 於世亦有所傲, 其見富貴貨利, 蔑如草泥, 僄忽矯擧, 浩嘯攘臂, 常若遺世之象焉. 斯豈敦厚周信朴實底氣乎."

시사하는 바가 적지 않다. 이러한 성품이었기에 조식은 일찍부터 노장학의 '초탈불기超脫不羈'한 경지를 동경하였던 것 같다. 특히 '남명南冥'이라는 호가 시사하듯 『장자』「소요유逍遙遊」에 보이는 거대한 정신세계 특히 자유정신에 심취하였던 것 같다. 조식의 학문적 성장 과정이 '인문입도因文入道'라 할 수 있음은 그가 『장자』의 문학세계에 매료되었을 뿐만 아니라 좌구명左丘明 · 유종원柳宗元의 문장에 경도되었던 사실로도 알 수 있다.

조식은 처사處士로 일생을 마쳤지만 처음부터 과거를 멀리했던 것은 아니었다. 30세 무렵까지 몇 차례 과거에 응시했으나 초시에서 성과가 있었을 뿐, 대과에는 끝내 급제하지 못하였다. 몇 차례 낙방을 거친 뒤 25세 때(1525) 『성리대전性理大全』을 처음 접하였는데, 어느 날 원유元儒 허형許衡(魯齋, 1209～1281)의 이른바 "이윤伊尹이 뜻한 바에 뜻을 두고 안자顔子가 배운 바를 배워, 나아감에 한 일이 있고 들어앉아서는 지킴이 있게 한다. 대장부는 마땅히 이와 같이 해야 할 것이다. 나아가 벼슬해서도 한 일이 없고, 들어와서도 지키는 바 없다면, 뜻하고 배운들 장차 무엇하리"[3]라고 한 대목을 읽고는 척연계오惕然契悟한 끝에 진리탐구에 뜻을 두어, 사서오경을 정독하고 주周 · 장張 · 정程 · 주朱의 성리설을 탐독하였다고 한다.

위에 소개된 허형의 말은 주돈이의 『통서通書』에서 인용된 것이다.[4] 위기지학爲己之學을 하면서도 경세제민經世濟民의 임무를 저버리지 말아야 한다는 말이다. 조식이 소의所依로 했다는 이 허형의 말을 통해 조식의 학문 자세와 출처관을 엿볼 수 있다. 조식의 말대로 '일생을 그르칠 뻔한 상태'에서 그를 새로운 길로 이끌어 준 것이 허형의 말이요, 허형의 말이 『통서』에 실렸음은 지나쳐 볼 것만은 아니다. 실제로 조식은 『성리대전』 가운데 『통서』에서 적지 않은 영향을 받은 바 있다.[5] 조식 성리학의

---

3) 『南冥集』, 권2, 30b, 「書圭菴所贈大學冊衣下」, "始取性理大全讀之 一日閱至許氏之說 有曰 出則有爲 處則有守 大丈夫當如此 出無所爲 處無所守 所志所學將何爲."

4) 『性理大全』, 권2, 「通書」, '志學' 참조.

기반 가운데 하나가 『통서』라고도 할 수 있음직하다.

『성리대전』을 접한 뒤 조식은 학문의 방향을 놓고 상당히 고민하였던 것 같다. 그에 의하면 "글짓기(爲文)가 정식程式에 맞지 않을까 염려하면서도 다시 평이하고 간실簡實한 책을 구하여 보다가 처음으로 『성리대전』을 가져다 읽었다"[6]라고 한다. 위에서 말한 '정식'은 과거 답안 작성법을 가리킬 것이다. 조선시대 과거의 답안 작성은 논술로 이루어졌다. 정해진 규칙이 퍽 까다로웠다. 이런 까닭에 조식은 『성리대전』을 처음 접할 당시만 하더라도 거기에 실린 글들이 과거 시험에서 요구하는 문체들과 달라 지장이 있을까 걱정했던 것이다. 이 말은 그가 『성리대전』을 접하고 나서 곧바로 과거공부에 대한 미련을 버렸던 것이 아님을 증명한다.[7]

그러다가 31세 때(1531) 친한 벗 동고東皐 이준경李浚慶(1499~1572)이 서산西山 진덕수眞德秀의 『심경』을 보내오고, 이듬해(1532)에는 존경하는 선배 규암圭菴 송인수宋麟壽(1487~1547)가 『대학』을 선물로 부쳐 왔다. 이것은 조식이 학문 방향을 완전히 선회하는 데 큰 계기가 되었던 것 같다. 조식은 '이로 말미암아 제 길을 가게 되었다'고 하면서 당시의 심정을 다음과 같이 술회했다.

---

5) 김충렬의 논문 「남명 성리학의 특징 1」(『남명학의 재조명』, 예문서원, 2006) 중에 있는 '(5) 『통서』의 중시와 誠의 본원성 확인' 참조.

6) 『南冥集』, 권2, 30b, 「書圭菴所贈大學冊衣下」, "又慮爲文不中程式, 更求平易簡實之書, 觀之, 始取性理大全讀之." 한형조 교수는 "남명이 과거시험의 문체를 닦기 위해 손에 든 책이 그의 인생진로를 바꾸어 놓았다"라고 했는데(박병련 외, 『남명 조식』, 청계출판사, 2001, 29쪽), 이 해석의 원인 제공은 『교감국역 남명집』(이론과실천사, 1995) 196쪽의 번역이 아닌가 한다. 과거시험에 치중하느라고 성리서를 읽지 않아 양식 있는 선비들의 우려를 자아냈던 것이 조선조 선비사회의 한 단면이기도 했음을 상기할 필요가 있다. 조식의 문장이 奇古하여 時文을 연마하기 위해 『성리대전』을 접하게 되었다는 해석에 대해서는 동의하기 어렵다.

7) 학계에서는 조식이 25세 때 처음으로 『성리대전』을 접함으로써 인생의 일대 전환을 맞은 것으로 이해하는 이들이 많다. 그러나 조식은 "과거를 보다가 30세를 넘겼다"(或進或出, 年已三十餘矣)라고 분명히 밝힌 바 있다. 25세 때 『성리대전』을 접한 것과 30세 이후까지 과거를 본 것은 별개의 일이다.

과거공부에 싫증이 나서 다시 이를 포기하고, 학문에 전념하여 점점 근본적인 데(本地家鄕)로 나아가게 되었다. 이는 꼭 어려서 부모를 잃고 어디로 가야할지 모르다가, 하루아침에 문득 자애로운 어머니의 얼굴을 뵙고 자기도 모르게 손을 흔들고 발을 구르며 춤을 추는 것과 같았다. 나의 벗 원길原吉(이준경의 字)은 이를 보고 기뻐하여 『심경』을 주었으며, 미수眉叟(송인수의 字)는 이 책(『대학』)을 주었다. 이때를 당해서는 마치 저녁에 죽더라도 유감이 없을 듯하였다.…… 당시에 뜻을 얻었더라면 자신을 그르쳤을 뿐 아니라 응당 나라도 그르쳤을 것이니, 비록 나이 들어 뉘우침이 있다한들 잘못을 만회할 수 있겠는가.[8]

이정 형제가 도를 체득한 뒤 기쁜 나머지 자신도 모르게 손으로 춤추고 발로 스텝을 밟았다고 하는 "부지수지무지不知手之舞之, 족지도지足之蹈之"의 경지[9]에서 나아가 공자의 "조문도석사가의朝聞道夕死可矣"의 경지를 느꼈음을 실토할 정도라면, 사실상 종교적 체험에 가까웠다고 할 수 있을 것이다.

조식의 학문에 영향을 많이 끼친 책으로는 『성리대전』·『심경』·『대학』·『근사록』을 들 수 있을 것 같다. 『학기유편』을 보면, 인용 빈도수에서 『성리대전』과 『근사록』이 단연 우위를 차지한다. 이것은 그의 학문 성향과 무관하지 않을 것이다. 『심경』에 대한 견해는 이림李霖과 이준경으로부터 각각 『심경』 한 책을 선물 받은 뒤 쓴 제발題跋을 통해서 엿볼 수 있다. 그는 『심경』에 대해 다음과 같이 말하였다.

이 책은 바로 한낮의 북적대는 시장 속의 평천관平天冠과 같은 것이다. 평천관은 사람이 사지 않을 뿐만 아니라, 혹 이를 머리 위에 써 보기라도 하면 참람하다고 주벌誅罰을 받는다. 이 때문에 사람들이 이 책을 싫어하여 평천관 정도로 보는 데서 그치지 않고 자신을 죽이는 도구로까지 보고 있다. 그래서 만고에 마음을

8) 『南冥集』, 권2, 30b~31a, 「書圭菴所贈大學冊衣下」.
9) 『이정전서』에서 모두 4회 언급하였다.

밝힌 일들이 영원히 캄캄한 밤처럼 되고 사람의 윤리가 짐승처럼 되어도 다만 묵묵히 일생을 보낼 따름이다.10)

그는 사화士禍 특히 기묘사화 이후 『소학』과 『심경』 등이 화를 불러들이는 책으로 인식되어 사실상 금서로 내려왔음을 안타까워하였고, 마음공부의 중요성을 강조하여 "마음은 죽고 육체만 걸어 다닌다면 금수가 아니고 무엇이겠는가?"라고 하였다.11) 조식은 평소 리理를 많이 언급하지 않았다. 리보다는 심心을 중시했다. 실천에 앞서 주체의 문제를 놓고 심각하게 고민했고, '심'을 확고하게 수립하는 것을 강조하였다.12) 심을 중시하는 경향은 「심위엄사도心爲嚴師圖」가 잘 보여 준다. 여기에는 『심경』의 영향이 적지 않을 것이다.

조식은 『대학』에 대해 "『대학』은 여러 경전의 강령綱領이니, 모름지기 『대학』을 읽어서 훤히 꿰뚫어 알게 되면 다른 글을 보기가 쉬워질 것이다"라고 하면서 주희의 "평생 정력을 기울인 것이 모두 『대학』에 있다"라는 말을 이끌어 강조하곤 하였다.13) 김효원金孝元에게 보낸 서한에서는 다음과 같이 말하기도 하였다.14)

물 뿌리고 비질하고 응대應對하는 것은 어려서부터 익힌 일입니다. 공부가 이미 육분六分의 길로 향하고 있으니, 이제 『대학』을 가지고 공부를 하며 틈틈이 『성리대전』을 한두 해 탐구하십시오. 항상 『대학』 한 집에 출입하게 되면, 연燕나라에 가고 초楚나라에 가더라도 본가로 돌아와 머물게 될 것입니다. 성인이 되고 현인이 되는 것이 모두 이 집 안에서 벗어나지 않습니다. 회암晦菴이 평생 힘을 얻은

10) 『南冥集』, 권2, 32a, 「題李君所贈心經後」.
11) 『南冥集』, 권2, 32b, 「書李君原吉所贈心經後」.
12) 그의 관점에 대해 김충렬 교수는 "남명은 주리론자나 주기론자가 아니요 주심론자이다"라고 한 바 있다. 김충렬, 「남명 성리학의 특징 2」, 『남명사상의 재조명』, 107쪽.
13) 『南冥集』, 권2, 23b, 「示松坡子」.
14) 『南冥集』, 권2, 19a~19b, 「答金仁伯」.

것도 모두 이 책에 있었다고 하니,[15] 어찌 후인을 속이는 말이겠습니까.

이 밖에도 남명학의 실천궁행적 성격과 관련하여 『소학』이 기초적이고 중심적인 구실을 하였음은 더 말할 나위 없겠다.

퇴계 이황이 학문하는 과정에서 『심경부주心經附註』·『성리대전』·『주자대전』으로부터 큰 영향을 받았음은 주지의 사실이다.[16] 그런데 조식의 경우, 『학기유편』을 보면 『성리대전』에서 중요한 대목을 뽑아 엮었을 뿐 『주자대전』이나 『주자어류』 같은 책은 두루 열람하지 못한 듯하다. 『남명집』에서도 예외가 아니다. 문집에서는 '주자'가 세 차례 인명이 인용되어 있을 뿐 구체적인 언설은 인용된 바 없다. 『주자어류』의 경우 '난해하다'고 하여 한 군데 언급했을 뿐이다.[17] 우리나라에서 『주자대전』은 중종 38년(1543)에 왕명으로 편찬되었다고 하는데, 혹여 조식이 『주자대전』을 구해 보지 못할 이유라도 있었던 것일까. 송유宋儒는 물론 원명元明 제유의 언설까지 두루 열람하고[18] 인용한 조식이 『주자대전』을 끝내 구해 보지 못했을 리는 없다고 본다. 『주자대전』에 대한 소개나 인용이 없는 것은 우연일 수도 있겠으나, 조식의 학문 경향과도 무관하지 않은 것 같다. 이황이 그토록 중시했던 주자서朱子書가 정면으로 거론되지 않은 것[19]도 마찬가지일 것이다. 조식이 『근사록』을 즐겨 보았던 것은 주희

---

15) 『朱子語類』, 권14, 제50칙, '賀孫錄', "或問朱敬之, 有異聞乎. 曰: 平常只是在外面聽朋友問答, 或時裏面亦只說某病痛處得. 一日, 教看大學. 曰: 我平生精力盡在此書, 先須通此, 方可讀書."
『朱子語類』, 권14, 제51칙, '友仁錄', "某於大學用工甚多. 溫公作通鑑, 言臣平生精力, 盡在此書, 某於大學亦然. 論孟中庸, 卻不費力."

16) 李相殷, 『퇴계의 생애와 학문』(서문당, 1974), 118~141쪽 참조.

17) 『南冥集』, 권2, 20a, 「奉謝金進士肅夫」 참조.

18) 『學記類編』 「聖賢相傳」에서는 元儒로 白雲 許謙을, 明儒로 陳眞晟·蔡淸·陳獻章(白沙)·夏欽을 소개하였다. 나머지는 대부분 송유들이다.

19) 극히 소수이긴 하지만 주희가 知舊門人에게 보낸 서한이 인용되었고, 또 주희의 『或問』이 인용되기도 하였다. 그러나 이러한 것들은 『성리대전』에도 실려 있기 때문에,

이전의 북송대 유학자들, 특히 이정二程의 학문 노맥路脈을 중시하는 학문 경향과 통하는 바 있다고 할 것이다. 이 점에서 조식의 고제高弟 정인홍이 『학기유편』을 『근사록』의 체제에 따라 편집한 것은 스승의 학문과 사상 경향을 잘 읽었기 때문이라고 할 것이다.

3. 조식의 학문 경향과 노맥

일본의 학자로 중국사상사 연구의 권위인 시마다 겐지(島田虔次)는 다음과 같이 말한 바 있다.

> 명대 초기에는 사상계가 극단적으로 활기를 잃고 있었다. 이미 주자학 일색이 되어서, 진리는 일찍이 주자에 의해서 궁구되었으므로 남은 것은 실천뿐이라는 경향이 지배적이었다.[20]

어찌 보면 이것은 16세기 조선 학계의 동향을 요약한 것이라고 할 수 있다. 조선 유학계의 사정을 개관하면, 사실 명종·선조 연간에 와서야 문운의 융성에 힘입어 이전과 구별될 만한 발전을 보였지만 역시 주된 흐름은 사장풍詞章風이었다. 성리학의 경우 초기적 단계를 거쳐 16세기 중엽 이후 이황과 이이가 출현하여 그 이론적 기틀이 마련되었고, 이후 그들의 문인·후학들에 의해 학파가 성립되기에 이르렀다. 이러한 학계의 사정으로 미루어 본다면, 이황의 단계에 와서 성리학이 이론적으로 탐구되기 시작한 것은 중국에 비해 상당히 늦은 감이 있다.

주자서에 대한 조식의 공부는 대체로 『성리대전』과 『근사록』을 통해 '제한적으로' 이루어졌다고 할 수 있겠다.

20) 島田虔次, 김석근·이근우 譯, 『주자학과 양명학』(도서출판 까치, 1990), 144쪽.

그런데, 당시 영남학파의 두 종장이었던 이황과 조식은 '시대적 요구'가 무엇인가를 놓고 관점과 입각지를 달리하였다. 즉, 시대정신을 달리 읽었던 것이다. 이황은 도술道術이 제대로 밝혀지지 않았다고 보고 이것을 밝히는 것이 학자의 급무라고 하였다. 이에 비해 조식은 실천을 등한히 하고 이론 탐구에 치중하는 학계를 비판하면서 이 세폐世弊를 구하는 것을 임무로 여겼다. 후일 순암順菴 안정복安鼎福은 이황의 관점에서 다음과 같이 말한 바 있다.

> 대저 학문을 할 적에는 당시의 폐단을 살펴보아야 된다. 오늘날 학자들은 대체로 형이하학을 탐탁하지 않게 여기고 한갓 성명性命, 리기理氣, 사단칠정의 분변에만 마음을 쏟아, 오늘 배우고는 다음날 문득 그 도리에 대해 말들을 한다. 비록 스스로 자신의 학문이 천인天人을 관통했다고 말하더라도 그 귀결점을 살펴보면 창가娼家에서 예경禮經을 외우는 것과 다름이 없다. 과연 무슨 유익함이 있겠는가. 퇴계 당시에는 이 도의 근원이 본디 밝혀지지 않았으므로 반드시 주염계의 「태극도설」을 우선으로 삼았다. 시의時義가 그러했기 때문이다. 당시 조남명이 "손으로 쇄소응대灑掃應對하는 범절도 모르면서 입으로는 천리天理를 말한다"라고 비판하였는데, 이것은 노선생(퇴계)의 본의를 몰라서 그런 것이다. 그러나 지금 세상을 당해서는 의리義理의 설이 이미 난만爛漫하므로 배우는 사람들이 행할 바가 실로 남명의 말에서 벗어나지 않는다.[21]

어찌 되었든지 '시대가 요구하는 학문이란 어떠해야 되는가' 하는 문제를 놓고 양인의 학문이 분기分岐하게 된 것이다. 각자의 학문관, 학문 방법에 따른 차이가 가는 길을 달리하게 만들었다 하겠다.

조식은 항상 배우는 사람들에게 다음과 같이 경계하였다.

> 학문한다는 것은 처음 어버이를 섬기고 이어 형을 존경하며 어른을 공경하고 어린이를 사랑하는 것에서 벗어나지 않은데, 혹 여기에 힘쓰지 않고 문득 성명性命의

---

21) 『順菴集』, 권8, 35b~36a, 「答南宗伯漢朝書」(문집총간 229, 513쪽) 참조.

심오함만 탐구하려 한다면 이는 인사상人事上에서 천리를 구하지 아니하여 마침내 실득實得이 없을 것이다. 깊이 경계할지어다.[22]

또 문인 하항河沆·유종지柳宗智 등이 매양 성명지리性命之理를 담론하면서 부지런히 힘쓰자 "하학상달下學上達에 절로 계제階梯가 있거늘, 제군들은 아는가 모르는가"라고 힐책하였다 한다.[23] 인사를 통해 천리를 추구하는 것은 유학에서 말하는 '하학상달'의 학문 방법이다. 조식은 당시 학자들의 학문하는 태도와 방법이 옛사람들과 전혀 같지 않다고 염려하곤 하였다. 실천을 멀리한 채 이론 탐구에만 매달렸기 때문이었다. 그는 강론講論·변석辨釋과 같은 이론 탐구보다 실천을 중시하였으며,[24] 이론 위주의 학문을 구이지학口耳之學으로 배격하였다.

조식은 이황에게 보낸 서한에서 당시 학자들이 성명·리기를 논하고 고담준론高談峻論으로 세상을 속이며 이름을 도적질하는 '기세도명欺世盜名'의 세태를 풍자하면서, 사풍士風을 바로잡아야 할 위치에 있는 이황의 역할을 촉구하였다.

근래에 보니 학자들이 손으로는 쇄소灑掃하는 범절도 모르면서 입으로는 천리를 담론하여, 이름만 도적질하고 이로써 사람을 속이려 하다가 도리어 상처를 입고 또 다른 사람에게까지 해를 미치게 하니, 선생 같은 장로長老께서 이것을 꾸지람해서 말리지 않는 때문입니까. 저 같은 사람은 마음속에 있는 것이 황폐하여 찾아와 보는 사람도 드물거니와, 선생이라면 윗자리에 올라 있으므로 우러러 보는 이가 참으로 많을 터이니 십분 억제하고 규계規戒하심이 어떠할까 합니다.[25]

---

22) 『南冥集』, 권5, 19a~19b, 附錄, 「墓碣銘」(成運 撰), "常語學者曰: 今之學者, 捨切近趨高遠. 爲學初不出事親敬兄悌長慈幼之間. 如或不勉於此, 而遽欲窮探性命之奧, 是不於人事上求天理, 終無實得於心, 宜深戒之."

23) 『南冥別集』, 권2, 18a, 「言行總錄」, "先生常患世之學者, 捨人事而談天理. 河公沆柳公宗智諸人, 天資高敏, 每談性命之理, 亹亹不厭. 先生曰: 下學上達, 自有階梯, 諸君知未."

24) 『宣祖修正實錄』, 5년(壬申) 正月 戊午條, "植之爲學, 以得之於心爲貴, 致用踐實爲急, 而不喜講論辨釋之言, 未嘗爲學徒談經說書."

또 문인 덕계德溪 오건吳健에게 보낸 서한에서는 보다 적극적으로 이황의 책임을 거론하였는데, 책임 추궁이 자못 신랄하였다.

> 요즘 사람들이 숭상하는 것을 자세히 보니, 겉과 속이 다르게 헛된 이름을 추구하는 것이 고질이 되었습니다. 세상이 온통 그러하여 이미 혹세무민惑世誣民을 걱정할 정도입니다. 비록 대현大賢이 있다 하더라도 이미 구제할 수 없는 지경입니다. 이는 실로 사문斯文의 종장인 분(이황)께서 상달만을 주장하고 하학을 강구하지 않아 구제하기 어려운 습관이 되었기 때문입니다. 일찍이 그(이황)와 논난論難하는 서한을 주고받았지만 그는 방향을 돌리려고 하지 않았습니다.[26] 공께서는 이러한 폐단이 회복하기 어렵다는 사실을 알아야 할 것입니다.[27]

이황이 궁리窮理에 힘쓰다 보니 후학들에게 영향을 끼쳐 큰 유폐流弊를 초래하였다는 것이다. 학계를 향해 경성警省을 요구하는 조식의 회초리는 실로 매서웠다.

> 연소한 사람들이 성리性理를 말하며, 문득 그를 자임하고 종장이 된 사람처럼 말을 합니다. 이름이 갑자기 무거워져 사람들이 모두 그를 보중保重하니, 달아나려 해도 갈 곳이 없게 되었습니다. 마치 풀어놓은 돼지새끼를 뒤쫓듯 대중이 모두 그를 쫓고 있으니, 끝내 어느 곳에다 몸을 두겠습니까.
> 성性과 천도天道는 공자 문하에서 드물게 말하던 것입니다. 화정和靖(尹焞)이 이에 대해 설을 내자 정선생程先生(程頤)은 경박한 설을 함부로 내지 말라고 말렸습니다. 그대는 요즈음 선비들을 살펴보지 않았습니까. 손으로 물 뿌리고 비질하는 절도도 모르면서 입으로는 천리를 말하는데, 그들의 행실을 공평히 살펴보면 도리어

---

25) 『南冥集』, 권2, 1b, 「與退溪書」, "近見學者, 手不知洒掃之節, 而口談天理, 計欲盜名, 而用以欺人, 反爲人所中傷, 害及他人, 豈先生長老, 無有以訶止之故耶. 如僕則所存荒廢, 罕有來見者, 若先生則身到上面, 固多瞻仰, 十分抑規之如何."

26) 『退溪文集』, 권10, 5b, 「答曺楗仲 甲子」, "抑不知公所指者, 是何等人耶.……又豈敢强作氣勢, 反加訶抑於彼耶."

27) 『南冥集』, 권2, 13b, 「與吳子强書」, "熟看時尙, 痼成麟楦驢鞹. 渾世皆然, 已急於惑世誣民. 雖有大賢, 已不可救矣. 此實斯文宗匠者, 專主上達, 不究下學, 以成難救之習. 曾與之往復論難, 而不肯回頭. 公今不可不知此弊之難收矣."

> 무지한 사람만도 못합니다. 이 점에 대해서 반드시 다른 사람의 꾸지람이 있어야 한다는 것은 의심할 나위도 없습니다. 이런 때에 과연 현자賢者의 지위를 외람되게 차지하고서 허위의 우두머리가 되어야 하겠습니까.[28]

그러면서 조식은, 성훈聖訓은 선유들이 다 밝혀 놓았으니 배우는 사람은 그 알지 못하는 것을 근심할 것이 없고 다만 그 행하지 못함을 걱정해야 할 것이라고 하였다.

> 한漢·당唐 때의 유학자들은 도덕의 행실이 대강 있기는 하였지만 도덕의 학문을 강구하지 않았습니다. 염락濂洛의 제현이 나온 이후로 저술과 집해輯解에 계제階梯와 노맥路脈이 해와 별처럼 밝아, 초학자들도 책을 펴면 이치가 환하게 드러났습니다. 따라서 고명한 스승이 귀를 당겨 일러 준다 하더라도 전현前賢들의 가르침보다 조금도 더하지 못할 것입니다.[29]

> 송나라 때 군현群賢이 강명講明해 놓은 것이 갖추어지고 극진해서, 물을 담아도 새지 않는 그릇처럼 빈틈이 없습니다. 후세의 학자들은 그것에 힘을 쓰는 것이 느슨한가 맹렬한가에 달려 있을 뿐입니다.[30]

조식은 성리학을 하면서도 그에 매몰되지 않았다. 성리학의 중심 과제인 리기론에 대해서도 자신의 견해를 별로 남기지 않았다. 위에서 말한 것처럼 송대의 염락제현에 이르러 의리지학이 해나 별처럼 분명하게 밝혀졌으므로 배우는 사람들은 정성스럽게 학문을 구하기만 하면 될

---

28) 『南冥集』, 권2, 7a~8a, 「與吳御史書」, "年少談理, 奄然當之, 若爲貴宗匠然者. 名旣忽重, 人皆保之, 逃無所往. 如追放豚, 衆皆逐之, 畢竟置身於何地耶. 性與天道, 孔門所罕言. 和靜(靖)有說, 程先生止以莫要輕說. 君不察時士耶. 手不知洒掃之節, 而口談天上之理, 夷考其行, 則反不如無知之人. 此必有人譴無疑矣. 當此時, 果儼然冒居賢者之位, 以作虛僞之首耶."

29) 『南冥集』, 권2, 19b~20a, 「奉謝金進士肅夫」, "漢唐諸儒, 粗有道德之行, 而未講道德之學. 濂洛諸賢以後, 著述輯解, 階梯路脉, 昭如日星, 初學小生, 開卷洞見, 雖明師提耳, 萬不能略加於前賢指南."

30) 『南冥集』, 권2, 19a, 「答仁伯書」, "每念今之學者, 全與古人不同. 宋時群賢, 講明備盡, 盛水不漏. 後之學者, 只在用力之緩猛而已, 寧有一毫不分門路, 誤陞階梯事乎."

뿐 반드시 따로 저술할 필요는 없으며, 저술이 많다고 해서 반드시 도에 밝게 통했다고 볼 수 없다는 것이 조식의 지론이었다. 그래서 마침내 "정주 이후에는 꼭 저술할 필요는 없다"(程朱以後, 不必著書)[31]라는 결론에 이르게 된 것이다.

혹자는 조식의 언설들을 오해하여 조식이 한갓 실천유자였을 뿐 성리학에는 볼 만한 것이 없다고 말하기도 한다. 그러나, 조식은 고원한 진리의 탐구를 배척하고 비근卑近한 말절末節에만 힘썼던 것이 아니다. 그는 궁리窮理를 부정하거나 배척하지 않았다. 『학기유편』에서 "궁리란 사물의 소이연所以然과 그 소당연所當然을 알고자 함일 뿐이다. 그 소이연을 아는 까닭에 그 뜻이 미혹되지 않고, 그 소당연을 아는 까닭에 행동이 잘못되지 않는다"[32]라는 주희의 말을 인용한 것을 보면, 그는 올바른 실천과 행동을 위해 궁리를 중시하였음이 분명하다.

이와 관련하여 『논어』「자장子張」편의 다음 대목을 주목할 필요가 있다.

> 자유子游가 말하기를 "자하子夏의 문인들은 쇄소응대진퇴灑掃應對進退의 범절에서는 볼 만한 것이 있지만, 그런 것들은 말단에 속하는 것이다. 근본이 되는 학문이 없으니 이를 어찌할 것인가"라고 하였다. 자하가 이 말을 듣고 "아아, 자유의 말이 잘못되었다. 군자의 도는 어느 것이 중요하다 하여 먼저 전하고 중요하지 않다 하여 뒤로 미루어 게을리 할 것인가. 군자의 도, 이것은 초목이 종류에 따라 여러 가지로 구분되는 것에 비유할 수 있다. 군자의 도를 어떻게 곡해할 수 있겠는가. 처음과 끝을 완전히 갖춘 사람은 아마도 성인뿐일 것이다"라고 하였다.[33]

---

31) 鄭蘊이 「學記類編跋」에서 한 말이다.

32) 『南冥集』, 권4, 3a, 「學記類編(下)」, '致知', "窮理欲知事物之所以然與其所當然而已. 知其所以然, 故志不惑, 知其所當然, 故行不謬."

33) 『論語』, 「子張」, "子游曰: 子夏之門人小子, 當灑掃應對進退則可矣, 抑末也. 本之則無, 如之何. 子夏聞之曰: 噫! 言游過矣. 君子之道, 孰先傳焉, 孰後倦焉. 譬諸草木, 區以別矣. 君子之道, 焉可誣也. 有始有卒者, 其惟聖人乎."

즉, 군자의 도는 초목과 마찬가지로 여러 종류이면서도 각각 동등한 존재 이유를 갖고 있으며, 또 능력의 대소를 구별하지 않고 고상한 이치만 강조하는 것으로 곡해할 수 없다는 말이다.[34] 필자는 자하의 이 말을 조식의 학문적 소의처所依處 가운데 기본을 이루는 것이라고 생각한다.

자유의 지적에 대해 정호는 "쇄소응대는 곧 형이상자形而上者이니, 이는 리理에 대소가 없는 까닭이다"[35]라고 하였고, 정이는 같은 취지에서 다음과 같이 부연하였다.

> 무릇 물物에는 본말이 있는데, 본말을 나누어 두 단의 일로 할 수 없다. 쇄소응대가 그러한 것이니, 반드시 소이연所以然이 있다.[36]

> 성인의 도는 다시금 정조精粗가 없으니, 쇄소응대(粗)로부터 정의입신精義入神(精)에 이르기까지 단지 일리一理로 관통된다. 비록 쇄소응대라 하더라도 단지 소이연자所以然者가 어떠한가를 보아야 할 것이다.[37]

풍우란馮友蘭은 정호가 형이상과 형이하의 분별을 중시하지 않았다고 하였으나,[38] 정호가 형이상과 형이하의 분별을 말하지 않은 것은 아니다. 분별보다도 양면을 동시에 추구하려 했던 학자가 정호였다고 보아야 할 것이다.[39]

조식의 기본 관점은 본과 말을 아울러 갖추어야 한다는 것이었다.

---

34) 안병주, 「논어 역주」, 『世界의 大思想』 제4권(휘문출판사, 1981), 184~185쪽.

35) 『二程全書』, 권13, 「明道語錄」, "灑掃應對, 便是形而上者, 理無大小故也. 故君子只在愼獨." 이 말은 『論語』 「子張」편의 朱子註에도 인용되었고, 또 『南冥集』, 권3, 41b, 「學記類編(上)」, '爲學之要'에도 실렸다.

36) 『二程全書』, 권15, 「伊川語錄」, "凡物有本末, 不可分本末爲兩段事. 灑掃應對, 是其然, 必有所以然." 이 말은 『論語集註』에도 인용되었다.

37) 『二程全書』, 권15, 「伊川語錄」, "聖人之道, 更無精粗. 從灑掃應對, 至精義入神, 通貫只一理. 雖灑掃應對, 只看所以然者如何."

38) 馮友蘭, 『中國哲學史』, 開明書店, 877쪽.

39) 勞思光, 정인재 역, 『중국철학사: 송명편』(탐구당, 1989), 255쪽.

조식의 실천 중심의 학문이 단순한 소학小學적 실천의 단계에 머무는 것이 아니라, 성리학의 체용·본말의 논리에 바탕한 것임은 더 말할 나위 없다. 그가 성리학의 이론적 탐구보다 실천을 더욱 중시하였던 것은 당시의 세폐世弊를 구제하려는 의도였다고 할 것이다. 조식이 "입으로 천리를 말하고자 한다면 내 어찌 뭇사람만 못하겠습니까마는, 그래도 그에 대해 말하는 것이 기껍지 않습니다"[40]라고 하거나 또 "의리에 관한 학문은 강론한 바가 아니다"[41]라고 한 것은 이런 차원에서 이해되어야 할 것이다.

위에서 말한 조식의 학문 경향은 마치 원대에서 명대 초기의 사상계 동향과 비슷하다. 그러나, 조식은 원·명대의 학풍을 수동적으로 받아들이지 않았다. '시대가 요구하는 참다운 학문'이란 어떤 것인가, '진유眞儒'란 어떤 존재인가 등에 대한 오랜 고민이 실천궁행을 기치로 한 학문을 부르짖게 하였다. 이황과 문로門路를 달리하게 된 것은 바로 이 때문이다. 이들 양인의 학문적 이면에 그 학문의 연원이나 소종래에 차이가 있음을 추적할 단서는 적지 않다. 이제 조식 성리학의 연원을 소구遡求하여 살피기로 한다.

4. 남명학의 연원과 이정의 학풍

조식은 학문 범위와 규모가 크고 넓은 학자였다. 성리학은 물론 육왕학까지 그 대체를 파악하였을 뿐만 아니라, 도가를 비롯하여 법가法家와 병가兵家 등 제자백가에 대해서도 포용적인 태도를 보였다. 물론 이 점은

40) 『南冥集』, 권2, 8a, 「與吳御史書」, "口欲談理, 豈下於衆人乎, 猶不肯屑有辭焉."
41) 『南冥續集』, 「答李芑」, "義理之學, 非所講也."

남명학의 외연적 측면에서 이해할 수 있는 것들이기는 하지만, 박문博文과 박학博學을 추구했던 조식의 학문 경향과 통한다고 할 것이다.

그러나 조식의 학문은 박문의 차원에 머무르지 않았다. 그는 유가의 '박문약례博文約禮'에 충실했던 학자였다. 흔히 박문에는 볼만한 것이 있지만 약례에서는 보잘것없는 학자가 많다. 약례는 박문보다 성취하기가 어렵기 때문이다. 율곡 이이 같은 이도 그의 수제자인 김장생金長生으로부터 '약례에 미진함이 있었다'고 지적을 받을 정도이니,[42] 양면을 균형 있게 학문한다는 것이 지난至難함을 짐작할 수 있겠다. 조식의 참다운 면모는 실천궁행이라는 약례의 측면을 통해 완성되었다. 그의 학문이 두드러져 보이는 이유가 여기에 있다고 할 것이다.

김충렬 교수는 조식의 성리학 세계에 대해 다음과 같이 말하였다.

> 남명 조식은 북송 초기 성리학의 생성부터 원대의 성리학에 이르기까지, 정이와 주희 계열의 리학이나 정호와 육구연 계열의 심학 어디에도 치우치지 않고 두루 섭렵하였으며, 그 바탕 위에 스스로 깨달은 내용을 보태어 새롭게 성리학 이론을 구축하였다.[43]

이러한 분석은 『남명집』만으로는 불가능하며, 『학기유편』에 의지하지 않으면 안 된다. 그런데 『학기유편』을 언뜻 보면 위 분석을 그런 대로 수긍할 수 있지만, 좀 더 파고들면 양상은 달라진다. '정주학 수용 양상'과 관련하여 이 점을 좀 더 고구해야 된다고 본다.

『학기유편』을 통해서 본 조식의 성리학은 『성리대전』·『근사록』의 단계에 머물러 있다고 해도 과언이 아니다. 이론에 대한 정밀한 분석이 없고, 이정二程의 영향이 많은 것이 특색이다. 특히 조식 사상의 연원을 추측하기

42) 『沙溪全書』(1922년 돈암서원판), 권45, 7b, 「語錄」, "余所見, 栗谷於博文之功最多, 而於約禮猶有所未至也."

43) 김충렬, 「남명 성리학의 특징 1」, 『남명사상의 재조명』, 25쪽.

에 적당한 『학기유편』「성현상전聖賢相傳」편을 보면, 두 정씨程氏에 관한 기록이 많고 학문 방향과 관련하여 주희의 말이 비교적 적은 것이 주목된다. 또 「역행」편에서는 정이의 말도 인용되었지만 전체적으로 정호의 말이 비중 있게, 빈도수 있게 인용되었다. 조식의 관심이 정호 쪽에 더 기울었음을 알 수 있다.

조식은 두 정씨의 말을 뽑아 실으면서 정호의 말인지 정이의 말인지 분명한 것은 밝히고, 분명하지 않은 것은 '정자왈程子曰'이라고 적었다. 그는 될 수 있는 대로 정호와 정이를 구별하려 했다. 이것은 '학문의 소의처'와 관련이 있기 때문이라고 본다. 조식이 주희보다 이정을 존숭하였고, 또 정호와 정이의 언론마저도 구분하여 정호 쪽에 더 기울고 있음은 조식 사상의 연원을 탐구하는 데 중요한 점이라 하겠다.

두 정씨의 이론은 같은 점도 있고 다른 점도 있다. 이정의 학문은 후학들에게 전수되는 과정에서 두 갈래로 분화되어 갔다. 사설師說의 차이에 따른 것이 그 절반이요, 후학들의 재주와 식견, 기질의 차이로 인해 학문의 방향이 달라진 것이 그 절반이라 할 수 있을 것이다.[44] 주희와 육구연陸九淵 사이의 분기는 이미 두 정씨의 구별점에서부터 그 단서가 열려 있었다. 주희는 정이에, 육구연은 정호에 접근하였다는 것이 통설이다.[45]

총 50권의 『이전정서』로 편찬되기 이전에 주희가 이정의 어록을 중심으로 엮은 『하남정씨유서河南程氏遺書』는 총 25편이다. 제1편에서 제10편까지는 '이선생어二先生語'라고 하여 구별 없이 기록되어 있고, 제11편에서 제14편까지는 '명도선생어明道先生語', 제15편에서 제25편까지는 '이천선생어'로 되어 있다. 정이의 어록 분량이 훨씬 많다. 문집 분량도 비슷한

44) 勞思光, 정인재 역, 『중국철학사: 송명편』, 313쪽.
45) 趙吉惠 외, 김동휘 옮김, 『중국유학사』 제2권(신원문화사, 1997), 394쪽.

양상이다. 정호의 말과 학설은 정이의 것과 비교적 다른 점이 있기 때문에 그 근본을 알면 어느 것이 정호의 말이고 어느 것이 정이의 말인지 판단하는 것이 그다지 어렵지 않다.[46)]

『학기유편』의 내용 구성을 보면, 전체 약 900여 항목 가운데 주희의 말이 약 350항목, 정이의 말이 약 200항목, 정호의 말이 약 100항목으로, 이 세 학자의 말이 전체의 3분의 2 이상을 차지한다. 이 밖에 장재의 말이 35항목, 북계北溪 진순陳淳의 말이 25항목, 서산 진덕수의 말이 20항목, 강절 소옹, 면재勉齋 황간黃榦, 노재 허형, 임천臨川 오징吳澄, 상채上蔡 사양좌謝良佐 등의 말이 각각 10항목 씩이다.[47)] 인용 빈도수로만 본다면 조식의 학문적 소의처는 역시 주희이고 나아가 이정이라고 할 수 있다. 그러나, 인용 빈도가 높은 것과 학문적 상관관계가 반드시 일치하는 것은 아니다. 우리가 선인들의 글을 보면, 한 마디의 말이지만 체용이 해비該備된 경우도 있고 여러 말을 했지만 단지 일단一端을 말하는 데 그친 경우도 있다.[48)] 단 한 마디 말이지만 후학들의 인생관, 학문관을 뒤바꾸어 놓는 엄청난 영향을 끼치는 것이 있는가 하면, 수천 언이 인용되었더라도 중요도가 떨어지는 경우가 허다하기 때문이다. 한 예로 『학기유편』에 인용된 다음의 한 구절은 조식에게 학문의 길을 제시해 준 것으로, 그 무게를 가늠할 수 없다고 생각한다.

> 어떤 이가 묻기를 "무엇이 도입니까"라고 하니, "오륜 가운데서 찾으라"라고 답하였다. – 명도[49)]

---

46) 勞思光, 정인재 역, 『중국철학사: 송명편』, 236쪽.

47) 허권수, 「이론의 탐구보다는 실천을 걱정해야 한다」, 『학기유편』(한길사, 2002), 13쪽.

48) 『栗谷全書』, 권19, 12b, 「聖學輯要」, "聖賢之說, 或橫或竪, 有一言而該盡體用者, 有累言而只論一端者."

49) 『南冥集』, 권3, 57a, 「學記類編(上)」, '爲學之要', "問: 如何是道. 曰: 於五倫上求"; 『二程全書』, 권37, 「傳聞記」, "有人問明道先生, 如何是道. 明道先生曰: 於君臣父子兄弟朋友夫婦上求."

『학기유편』은 상·하로 분권되어 있다. 분량 안배도 고려되었겠지만, 내용을 중시한 편집이라고 본다. 상권에 실린 「논도지통체論道之統體」와 「위학지요爲學之要」는 사실상 총론 격에 해당되고, 하권은 각론 격에 해당된다. 「논도지통체」를 중심으로 남명학의 특성을 성리학에서 찾는 이도 있으나,[50] 필자는 「위학지요」 및 『유편』 하권에서 찾아야 한다고 본다. 남명학의 특성은 성리학에 대한 이론보다 학문관, 학문 방법, 학문 경향 등에서 타와 뚜렷이 구별되기 때문이다.

1) 이정의 학문 방법과 조식

조식의 기질을 말할 때 대개 "추상열일秋霜烈日, 벽립천인壁立千仞"으로 표현되는 강직하고 결연하고 엄격한 측면을 먼저 꼽는다. 사람의 기질은 타고나는 것이기 때문에 후천적인 '변화기질變化氣質' 노력만으로 결정되는 것은 아니다. 기질상으로만 본다면 조식은 아무래도 정호보다는 정이 쪽에 가깝다고 해야 할 것이다. 선유들은 정호를 광풍제월光風霽月에 비하고 정이를 초립고봉峭立孤峯에 비하였다. 정호의 온화하고 화평한 기상[51]은 분명 조식과 차이가 있어 보인다. 그러나 학문 경향, 학문하는 방법론, 생활 태도 등에서는 조식과 흡사한 모습이다.

조식의 성격은 일도양단一刀兩斷이라 할 만큼 직선적이다. 명쾌하고 간이직절하다. 이러한 성격은 화법에도 그대로 이어졌다. '직설적'인

50) 2007년 10월 13일, 제31회 남명선비문화축제 학술대회에서 천병돈(경희대)은 「남명철학과 정명도의 一本論」을 발표, 실천궁행을 중시하는 조식의 철학이 정호의 一本論에서 많은 영향을 받았을 것이라고 주장하였다. 천병돈은 '三才一太極圖', '太極與通書表裏圖' 등 「학기도」의 '論道之統體'에 실린 圖를 분석한 결과, 조식이 心과 性과 天을 하나로 보았음이 분명하다고 하였다. 그리고 心과 性과 天이 하나일 때 卽工夫卽本體의 논리가 성립되는데, 이것이 정호의 一本論의 핵심이라고 하였다. 정호와 조식의 관계를 살피는 데 적지 않은 시사가 되리라 생각한다.

51) 『宋元學案』, 권14, 「明道學案下」, "明道終日坐, 如泥塑人. 然接人渾是一團和氣, 所謂望之儼然, 卽之也溫."

것은 조식의 특징이다. 두루뭉술하고 아주 고차원적이라서 배우는 사람들이 알기 어려웠다는 정호의 언설[52]과는 차이를 보인다. 이 점에서는 오히려 정이에 가깝다.[53]

그러나 조식은 직설적이면서도 때로는 은유와 풍자를 잘하였다.

> 비유에 뛰어나 사물을 이끌어 연결시켰다. 명상明爽하고 평범하지 않아 역시 영기英氣가 지나치게 드러난 곳이 있으며, 익살스런 말과 조롱·풍자하는 말을 섞었다.[54]

이에 대한 실례는 많지만 「언행총록」과 『해동잡록』에 나오는 한두 가지 에피소드를 통해 보기로 한다.

> 남명이 항상 보도寶刀를 차고 있었다. 정승 이양원李陽元(1533~1592)이 본도의 감사가 되어 선생(남명)을 찾아뵙고 곧 칼을 가리키며 "이 칼이 무겁지 않으신지요?"라고 하였다. 이에 남명이 "무엇이 무겁겠습니까? 내가 생각하니 상공相公의 허리 아래 금대金帶가 더 무거울 것 같소"라고 하니, 이양원이 사례하며 "재주는 없고 임무가 무거우니 감당하지 못할까 두렵습니다"라고 하였다.[55]

> 일찍이 문인에게 말했다. "천하의 제일 철문관鐵門關이 있으니 화류관花柳關이다. 너희들이 이것을 뚫을 수 있겠느냐. 이 관문은 금석도 녹여 버리는 것이니, 평소에 조행操行이 있더라도 여기에 이르게 되면 모두 흩어져 사라지고 남는 것이 없을 것이다."[56]

---

52) 『南冥集』, 권4, 53a, 「學記類編(下)」, '聖賢相傳', "明道說渾淪煞高, 學者難看"; 『朱子語類』, 권93, 55칙, "明道說話渾淪, 煞高, 學者難看. 淳錄."

53) 『宋元學案』, 권14, 「明道學案下」, "明道先生與門人講論, 有不合者, 則曰更有商量, 伊川則直曰不然."

54) 金宇顒, 『東岡集』, 권17, 22b, 「南冥先生言行錄」, "長於譬諭, 引物連類. 明爽不凡, 亦有英氣太露處, 雜以諧謔嘲諷之言."

55) 『南冥別集』, 권2, 9b~10a, 「言行總錄」.

56) 『大東野乘』, 권21, 「海東雜錄(三)」(權鼈), '曺植' 참조.

조식이 유머와 풍자에 능했다는 것은 정호와 통한다. 왕빈王蘋(信伯)에 의하면 "명도는 그래도 우스갯소리를 한 적이 있지만 이천은 전혀 없었다"[57]라고 하였다. 일찍이 장재가 "농담을 하는 것은 일을 해칠 뿐만 아니라 의지(志)도 기에 부림을 당하게 된다. 농담을 하지 않는 것은 역시 기를 지키는 한 가지 방법이 된다"[58]라고 경계한 바 있지만, 농담과 풍자는 각박하고 무미건조한 생활 속에서의 여유이기도 하다. 그런데 도학자일수록 이런 여유가 없었던 것이 사실이다. 특히 문인을 접할 때 대단히 엄격했던 정이의 경우 유머와 풍자를 찾아볼 수 없었음은 더 말할 나위 없다.

이론을 세우는 것보다 실천궁행을 중시한 조식이었기에 저술하는 것을 그다지 좋아하지 않았음은 어쩌면 당연하다. 주희나 이황이 입언수후立言垂後를 중시하여 많은 저술을 남긴 것과는 대조적이다. 조식은 저술을 부득이한 경우에 한정시켰다. 이러한 학문 경향에 대해 어떤 학자는 조식을 가리켜 '글을 쓰지 않는 유학자'라 하였고, 또 '철학은 도학의 타락이다'라고 하면서 철학적 담론을 멀리했던 것이 조식 학문의 중요한 축을 이룬다고 풀이하기도 하였다.[59]

조식이 평생토록 저술을 적게 남겼던 것은 이정과 흡사한 측면이 있고, 실제 그들의 영향이 컸던 것 같다. 정이가 말했듯이 저서를 하면 말이 많을 수밖에 없고 말이 많으면 도를 해친다는 이유에서였다. 정호와 정이는 다음과 같은 말들을 남겼다.

(A) 정명도가 말하였다. "'덕이 있는 사람은 반드시 말이 있다'라고 한 것과 '나는

57) 『南冥集』, 권4, 54a, 「學記類編(下)」, '聖賢相傳', "王信伯曰: 明道猶有諧語, 伊川則全無."(『二程全書』, 권37, 「傳聞記」)
58) 『南冥集』, 권4, 8a, 「學記類編(下)」, '存養', "張子曰: 戱謔不唯害事, 志亦爲氣所流, 不戱謔, 亦是持氣之一端."
59) 한형조, 「남명, 칼을 찬 유학자」, 『남명 조식』(청계출판사, 2001), 38~52쪽 참조.

사명辭命에 능하지 못하다'라고 한 것은 말을 숭상한 것이 아니다. 『주역』에서 말한 '말을 숭상하면 궁하게 된다'라는 의미이다.60)

(B) 말이 많다고 해서 반드시 도에 밝은 것은 아니다. 말은 간략한 것을 귀하게 여긴다.61)

(C) 나는 평소에 시를 짓지 않았는데, 이러한 한어閑語(넉넉하고 여유 있는 말)를 하지 않기 위해서이다.62)

(D) 내가 구산龜山(楊時)에게 저술하지 말라고 했던 것은, 저술을 하면 말이 많아지고, 말이 많아지면 도를 해치기 때문이다.63)

(E) 이천이 말하였다. "나는 40세 이전에는 경서를 읽었고, 50세 이전에는 그 뜻을 궁구하였으며, 60세 이전에는 반복해서 생각하고 정리하였다. 60세 이후에는 저술을 했다."64)

정호는 문인 사양좌가 오경 가운데 중요한 말들을 뽑아 한 책으로 엮자, 이에 대해 '완물상지玩物喪志'라고 질책하기도 했다.65)

이정은 경전이나 선유의 저술을 실낱같이 분석하여 이해하는 것을 좋아하지 않았다. '불구심해不求甚解' 넉 자를 특징으로 꼽을 수 있다. 이정은

60) 『南冥集』, 권4, 46b, 「學記類編(下)」, '戒謹', "程子曰: 有德者必有言, 而曰我於辭命不能者, 不尙言也. 易所謂尙口乃窮也. －明道."

61) 『南冥集』, 권4, 46b, 「學記類編(下)」, '戒謹', "程子曰: 言愈多, 於道未必明, 故言以看爲貴. －伊川."(『二程全書』, 권18)

62) 『南冥集』, 권4, 47a, 「學記類編(下)」, '戒謹', "程子曰: 某素不作詩, 不欲爲此閑言語. －伊川."(『二程全書』, 권18)

63) 『南冥集』, 권4, 47a, 「學記類編(下)」, '戒謹', "程子曰: 某每勸楊時勿著書, 著書則多言, 多言則害道. －伊川."; 『心經附註』, 권3, 「仁人心章」, "頤每勸楊時, 勿好著書, 好著書則多言, 多言則害道, 學者要當察此."

64) 『南冥集』, 권4, 53b, 「學記類編(下)」, '聖賢相傳', "伊川曰: 吾四十以前讀誦, 五十以前硏究其義, 六十以前反覆紬繹, 六十以後著書."(『二程全書』, 권23, 「伊川先生語十」)

65) 『宋元學案』, 권14, 「明道學案下」, "良佐昔錄五經語作一冊, 伯淳見之, 謂曰玩物喪志."

글을 봄에 장구章句에만 얽매이지 않고 그 근본 취지를 이해하여 실천에 힘썼다.

> (A) 책에 주석을 달아 설명해 주는 것이 꼭 옛사람들의 뜻은 아니요, 도리어 사람을 경박하게 만들 수 있다. 배우는 사람은 반드시 마음을 기울이고 생각을 계속해서 함양하여 스스로 이해해야 한다.[66]

> (B) 내가 처음에 『논어』·『맹자』에 관한 글을 썼는데, 쓴 뒤에 생각해 보니 지나친 행위인 것 같았다. 백순伯淳(정호)은 시를 담론하는 데 역시 한 글자도 훈고하지 않았다.[67]

이 밖에도 송유 범조우范祖禹의 증언에 따르면 "명도는 경전을 볼 때 풀고 분석하며(解析) 지엽적인 글을 짓는 데 힘쓰지 않았다. 요점은 활용하는 것이 자기에게 있고 천도를 아는 데 대해 분명하다는 것이었다"[68]라고 한다. '장해구석章解句釋'을 하지 않은 것이 정호의 독서법이었다.[69]

조식의 독서법 내지 강학법을 보면 이정과 전적으로 합치된다. 조식은 책에 나오는 내용을 이론적으로 파고들어 섬세하게 분석하기보다, 한 가지라도 절실한 내용을 실천에 옮기고자 하였다. 따라서 글을 읽을 때에는 자연히 전체의 대의를 파악하는 것을 주로 하였다.[70] 이황을 비롯한 조선조 대부분의 성리학자들이 변석辨析과 주해註解를 중시하였던

---

66) 『南冥集』, 권4, 43a, 「學記類編(下)」, '敎人', "說書必非古意, 轉使人薄, 學者必潛心積慮涵養, 而自得之."(『二程全書』, 권15, 「伊川語錄」)

67) 『南冥集』, 권4, 6b, 「學記類編(下)」, '致知', "某始作論語孟子文字, 旣而思之, 又似剩. 伯淳談詩, 亦不下一字訓詁."(『近思錄』, 권3)

68) 『南冥集』, 권4, 53a, 「學記類編(下)」, '聖賢相傳', "華陽范氏曰: 明道於經, 不務解析爲枝詞, 要其用在己而明於知天."(『二程全書』, 권42, 附錄, 「門人朋友述序」)

69) 『宋元學案』, 권14, 「明道學案下」, "上蔡曰: 先生善言詩, 他又不曾章解句釋. 但優游玩味, 吟哦上下, 便使人有得處."

70) 『南冥別集』, 권2, 2a, 「言行總錄」, "先生讀書, 不曾章解句折, 或十行俱下, 到切己處, 便領略過."

것과는 대조적이다. 이것은 다음의 말로도 짐작할 수 있다.

『어록』(주자어류)과 『역경』에는 난해한 곳이 있는데, 나는 그 한어閑語의 뜻을 죄다 알려고 억지로 노력하지는 않습니다. 이 또한 우물을 팔 때처럼, 처음에는 간혹 더럽고 흐리지만 다 파고 난 뒤에는 은빛 물결이 또렷하게 빛나는 것과 같습니다. 한 번에 다 얻으려 하지 말고 여러 해 공력을 쌓아 날로 터득함이 있도록 하십시오.[71)]

선생은 늘 『논어』·『맹자』·『중용』·『대학』·『근사록』 등의 책을 연역演繹하여 그 근본을 북돋우고 그 지취를 넓혔다. 그 가운데 절기처切己處에는 다시금 완미玩味를 가하였으며, 이를 들어서 사람들에게 알려 주었다. 구차하게 박흡博洽하다는 소문이 나도록 하지는 않았으며, 또 자가의 편의대로 강설을 하여 외부 사람들의 논의를 야기시킨 적이 없었다.[72)]

조식의 실천유학이 이정의 영향을 받았음은 앞서 소개한 「오건에게 보낸 편지」 가운데 "성性과 천도天道는 공자 문하에서 드물게 말하던 것입니다. 윤화정尹和靖(尹焞)이 이에 대해 설을 내자, 정선생程先生이 경박한 설을 함부로 내지 말라고 말렸습니다" 운운한 대목에서도 엿볼 수 있다. 조식은 『학기유편』에서 실천유학과 관련하여, 이정의 말은 물론이고 그 후대 학자들의 말 가운데에서도 절실한 것들을 다수 인용하였다. 몇 가지만 들어 보기로 한다.

(A) 자계 황씨가 말하였다. "예전 사람들의 학문은 몸소 실천함을 근본으로 했다."[73)]

---

71) 『南冥集』, 권2, 20a, 「奉謝金進士肅夫」, "語錄易經難解處, 吾亦不强求盡其閑語. 且如穿井初間汙濁, 掘盡澄澈, 然後銀花子歷歷. 請勿欲一跳盡得, 累以歲月, 日有所得." '穿井'의 비유는 『近思錄』, 권3, 「致知」, "致思如堀井, 初有渾水, 久後稍引動得淸者出來" 참조.

72) 『南冥別集』, 권2, 13b, 「言行總錄」, "先生常繹語孟庸學近思錄等書, 以培其根, 以廣其趣. 就其中切己處, 更加玩味, 仍擧告人. 未嘗苟爲博洽, 以徇聽聞之美, 未嘗便爲講說, 引惹外人論議."

73) 『南冥集』, 권3, 65b, 「學記類編(下)」, '爲學之要', "慈溪黃氏曰: 古者爲學, 以躬行爲本."

(B) 황돈 정씨가 말하였다. "이치를 말로 떠드는 자는 마음으로 얻은 자가 아니다."[74]

(C) 낙암 이씨가 말하였다. "지금 사람은 인륜에서 찾지 아니하고, 다만 말로만 '내가 도를 배운다'고 하니 또한 잘못된 일이다."[75]

이와 관련하여 정인홍의 「남명행장」에서는 오늘날까지 사람들의 입에 자주 오르내리는 조식의 말을 인용하고 있다.

지금의 학자들은 고원高遠한 척 성명性命을 말하기만 하고 실행은 부족하다. 이것은 마치 저잣거리를 지날 때 진기한 보배를 구경만 하고 쓸데없이 비싸다고 하는 것과 같아서, 실제 한 마리 생선을 사는 것만 못하다.[76]

그런데 이것은 일찍이 정호가 왕안석王安石에게 한 다음의 말을 연상하게 한다.

그대가 도에 대해 말하는 것은 13층 탑 위의 상륜부를 바라보면서 "탑의 상륜부는 이러이러하다"라고 하는 것과 같아서 아주 분명하기는 하다. 다만 그 도를 말할 때 이미 도와 떨어져 있으니, 그 도를 말하는 순간 이미 도가 아니다. 내 경우로 말할 것 같으면, 우직하게 곧장 탑 안으로 들어가서 탑의 상륜부를 찾아 힘들여 오를 것이다.[77]

---

74) 『南冥集』, 권3, 65b, 「學記類編(下)」, '爲學之要', "篁墩程氏曰: 騰理於口舌, 非得於心者."

75) 『南冥集』, 권3, 64b, 「學記類編(下)」, '爲學之要', "樂庵李氏曰: ……今人更不去人倫上尋討, 但曰吾學道, 亦惑矣."

76) 『南冥集』 附錄, 「南冥先生行狀」(鄭仁弘 撰), "又曰: 遨遊於通都大市中, 金銀珍玩, 靡所不有, 盡日上下街衢而談其價, 終非自家家裡物, 却不如用吾一匹布, 買取一尾魚來也. 今之學者, 言談性理, 而無得於己, 何以異此."

77) 『南冥集』, 권4, 53b, 「學記類編(下)」, '聖賢相傳', "明道語介甫曰: 公之談道, 正如說十三級塔上相輪對望, 而談曰相輪者如此如此, 極是分明. 只佗說道時, 已與道離, 佗不知道, 只佗說道時, 便不是道. 如某戇直直入塔中 上尋相輪, 辛勤登攀, 邐迤而上"; 『二程全書』, 권1, 7a, 「二先生語錄」, '端伯傳師說'.

표현만 다를 뿐 강조하는 내용은 너무도 비슷하다. 「행장」에 인용된 조식의 말은 정호의 말을 조식류로 바꾸어 말한 것이라고 보아도 지나치지 않을 듯하다.

2) 정호의 영향

조식은 평생 유학에 치력하면서도 육왕학 및 노장 등 이른바 '이단'으로 일컬어지던 다른 학문에 대해서도 개방적 자세를 취하여 그들 학문의 장점을 유연하게 수용, 섭취하고자 하였다. 연단鍊丹수양과 관계있는 『참동계參同契』를 자못 즐겨 보면서, 그 가운데 좋은 대목은 학문하는 데에 보탬이 될 것이라고까지 하였다.[78] 조식은 천문·지리·음양·의약醫藥·수학數學·궁마弓馬·행진行陣·관방關防·진수鎭戍 등에도 밝았다. 이것은 박학을 중시하는 그의 학풍에서 나온 것이다. 정인홍·정구鄭逑·정탁鄭琢 등 그의 문인들이 대체로 이러한 경향을 지녔는데, 스승 조식의 영향이 적지 않았던 것 같다.

박학을 추구하는 조식의 학문이 범위가 넓고 포용적 성격을 지녔다는 것은 앞서 말한 바 있다. 이 점은 정이보다는 정호와 합치된다. 잘 알려진 바와 같이 일찍이 정이는 『장자』와 『열자』도 읽지 않았지만,[79] 정호는 읽지 않은 책이 없었다. 불가의 책은 물론 『노자』와 『장자』·『열자』 등 도가의 책에 이르기까지 사색하고 연구하지 않은 것이 없었다.[80] 정호는 노장과 불교의 학문을 접한 것이 수십 년이었다고 한다.[81] 남명학의 포용적 성격에 정호의 영향이 적지 않았을 것임을 짐작하게 한다.

---

78) 『東岡集』, 권17, 19a, 「南冥先生行狀」, "頗喜看參同契, 以爲極有好處, 有補於爲學."
79) 『性理大全』, 권39, 639장b, 「諸儒」.
80) 『南冥集』, 권4, 53a, 「學記類編(下)」, '聖賢相傳', "明道於書, 無所不讀. 自浮屠老子莊列, 莫不思索窮究."
81) 『南冥集』, 권4, 53a, 「學記類編(下)」, '聖賢相傳', "伊川曰: 先生出入老釋者, 幾十年."

조식의 박학적 학풍과 경세적 역량이 후학들에게 계승되어 조선 후기 실학사상의 형성, 발전에 영향을 끼쳤음은 전배들에 의해 논의된 바 있다. 그런데, 경세의 측면에서 정호와 정이는 대조적인 면을 보였다. 정호는 논도論道는 물론 논사論事에도 관심이 많았지만 정이는 논사에 그다지 적극적이지 않았다. 이정의 문인 사양좌는 다음과 같이 말했다.

이천이 군실君實(사마광)과 하루 종일 대화를 나누었지만 한마디도 뜻이 맞는 것이 없었는데, 명도가 그와 말할 때에는 바로 말이 술술 풀렸다.[82]

사마광司馬光(1019~1086)은 북송 때의 명신으로 뛰어난 정치가이며 사학가史學家였다. 공업功業으로 일세에 유명하였지만, 도학자들은 그가 도학자가 아니라는 이유로 그다지 높게 평가하지 않았다. 위에서 정호가 사마광과 의견이 잘 통하였다는 것은 일차적으로 그가 외골수의 편협한 도학자가 아니었음을 알게 한다. 다음의 인용문은 두 사람이 잘 통하는 이유가 경세 문제에 있었으리라는 짐작을 가능하게 한다.

장횡거가 말하였다. "예전에 명도가 이천보다 낫다고 말한 적이 있다. 지금 와서 보니 과시 그러하다. 세상을 구제하고자 하는 뜻이 참으로 간절한 까닭에, 역시 오늘날의 천하의 일에 대해서 모두 잘 알고 있었다."[83]

앞서 말한 바와 같이 조식은 『성리대전』에 실린 허형의 말을 보고 난 뒤 안연의 학문을 준칙으로 하고 이윤이 뜻한 바를 표적으로 삼았다고 했다. 일찍이 강화학파江華學派의 학인 영재寧齋 이건창李建昌(1852~1898)은

---

82) 『南冥集』, 권4, 54b, 「學記類編(下)」, '聖賢相傳', "伊川與君實, 語終日, 無一句相合. 明道與語, 直是道得下. －上蔡語錄."

83) 『南冥集』, 권4, 54a, 「學記類編(下)」, '聖賢相傳', "張子曰: 昔嘗謂伯淳優於正叔, 今見之, 果然. 以其救世之志誠切, 亦於今日天下之事, 儘記得熟."(『二程全書』, 권10, 「洛陽議論」)

「남명연보서」에서 조식의 학문정신과 출처관을 간명하게 요약하였다.

> 선생께서 말씀하시기를 "나는 이 세상을 잊지 못하는 사람이며, 바라는 바는 공자를 배우는 것이다"라고 하였다. 이를 보면 선생의 뜻을 알 수 있을 것이다.[84)]

조식은 단순한 은사隱士가 아니었다. 유자의 본령에서 벗어나지 않았으며 경세에 대한 관심이 많았다. 이 점에서도 조식은 정호 쪽에 가까웠다. 정호의 「진치법십사陳治法十事」와 조식의 「을묘사직소乙卯辭職疏」·「무진봉사戊辰封事」는 명체달용明體達用이라는 측면에서 상통하는 바가 적지 않다고 할 것이다.

혹자는 조식이 제가諸家의 장처長處를 고루 섭취했음을 지적하여 장자의 소요逍遙적, 육구연의 대간大簡적, 주희의 독실篤實적, 맹자의 대장부大丈夫적 풍격을 고루 갖추었다고 평하기도 한다.[85)] 그런데, 위의 평에 대한 당부當否는 차치하더라도 남명학의 간이簡易한 성격은 기실 육구연보다 정호로부터 영향을 받은 것이라고 해야 할 것이다. 이정의 문인 후사성侯師聖은 『아언雅言』에서 정호의 성품을 '평화간이平和簡易' 넉 자로 요약하였다.[86)] 조식의 성격을 '평화'로 규정할 수 있을지는 의문이지만 '간이'한 것만은 사실이다. 조식의 공부법은 실로 '간이직절簡易直截'하다. 이것은 상산학 내지 양명학의 특징 가운데 하나이기도 하지만, 그 연원을 말하자면 정호로부터 나왔다고 할 수 있다. 남명학을 양명학과 관련시키는 이들이 남명학의 간이직절한 점을 크게 부각시키는 감이 있는데, 사실

84) 『明美堂全集』, 권10, 12b, 「南冥年譜序」, "先生之言曰: 我未忘斯世者也, 所願學孔子也. 又深惜世之君子, 出爲世用, 不知與元豊大臣, 同之之義. 觀乎此則可以見先生之志矣."

85) 장영준, 「남명선생의 理學造詣와 인격성취」, 『남명학연구논총』 제1집(1988), 206~207쪽.

86) 『南冥集』, 권4, 57b, 「學記類編(下)」, '聖賢相傳', "明道先生, 平和簡易, 惟劉絢庶幾似之. —侯子雅言."

연관을 시키려면 왕수인 쪽보다는 정호 쪽이 되어야 할 것이다.

경敬과 의義는 조식 사상의 요체라 할 수 있다. 『주역』 곤괘에 "경이직내敬以直內, 의이방외義以方外"라는 말이 처음 보인다. '경'이 심의 수양과 관련이 있는 것이라면 '의'는 수양의 사회적 구현이라 할 수 있다. 정주학에서는 경의협지敬義夾持라 하여 양자의 겸비 내지 일체화를 강조하는데, 불교에는 '경이직내'에 해당하는 것만 있고 '의이방외'에 견줄 만한 것이 없다는 것이 유학자들의 비판이다.[87] 성리학에서의 '경'사상의 연원을 살펴보면 주돈이의 '주일主一'로부터 시작하여 정호의 '주정主靜'을 거쳐 정이의 '주경主敬'에 이르렀다는 것이 통설이다. '경'을 말하는 경우가 정호는 열에 한 번이었고 정이는 열에 아홉 번이었다고 한다. '정靜'자를 강조하다 보면 자칫 불설佛說에 빠질 수 있다는 것이 정이의 생각이었다.[88] 주희는 "정선생이 후학에게 가장 공이 있는 것은 '경'이라는 한 글자가 가장 힘 있다"라고 한 바 있다.[89]

그런데, 정호의 '주정'과 정이의 '주경'은 이름만 다를 뿐 내용은 같은 것이다. 하나의 맥락에서 볼 수 있다. 조식이 말하는 거경居敬은 동아시아 성리학의 전개상에서 하나의 보편성을 띤 것으로, 여느 성리학자들이 말하는 것과 다를 것이 없다. 그에게서 돋보이는 것은 역시 '행의行義'의 부면이다. 물론 성리학 내지 주자학에서 '의'를 강조하지 않거나 소홀히 한 것은 아니지만, 당시 조식이 생존한 시대를 고려하면 '행의'의 부면이 지닌 의미가 상대적으로 컸다는 말이다.[90]

---

87) 『南冥集』, 권4, 50a, 「學記類編(下)」, '辨異端', "佛氏敬以直內有之, 義以方外, 未之有也."(『二程全書』, 권4, 「游定夫所錄」)

88) 『南冥集』, 권4, 10b, 「學記類編(下)」, '存養', "凡言敬, 明道什一, 伊川什九, 周先生只說一箇一字. 明道說靜字, 伊川謂才說靜, 便入於釋氏之說, 只用敬字則已, 慮靜之爲有偏矣."

89) 『南冥集』, 권4, 10b, 「學記類編(下)」, '存養', "程先生有功於後學, 最是敬之一字有力."(『朱子語類』, 권12, 제83칙)

90) 이동희, 「남명의 한국사상사적 위치」, 『남명학연구』 제4집(경상대학교, 1994), 9쪽.

조식 경의사상의 내원은 여러 각도에서 찾을 수 있을 것이나, 필자는 이 역시 정호의 사상과 관련이 깊은 것으로 판단한다. 잘 알려지다시피 『장자』「천운天運」편과 「재유在宥」편을 보면 "시거이용현尸居而龍見, 연묵이뇌성淵默而雷聲"이란 말이 나온다. "주검처럼 조용히 있으면서도 용의 기상이 번득이고, 깊은 연못처럼 담연하면서도 우렛소리가 난다"라는 의미이다. 정호는 『장자』의 이 말을 퍽 좋아했으며,[91] 자신의 수양법으로 발전시켜 나갔다. 조식 역시 이 말을 매우 좋아하였던 것 같다. 그는 삼가현三嘉縣 토동兎洞에 강학공간을 만들고 위의 말을 따서 '뇌룡정雷龍亭'이라 부르기도 하였다. 조식은 『장자』에 나오는 이 말의 출처를 밝히면서 굳이 '정명도'라고 명시하였다. 주목할 만한 것이다. 시거尸居와 연묵淵默을 '경'에 배치한다면 용현龍見과 뇌성雷聲은 '의'에 비유할 수 있기에 더욱 중요하다고 하겠다.

조식이 성성자惺惺子라는 쇠방울과 경의검敬義劍이라는 칼을 차고 수양하였음은 잘 알려진 사실이다. 그는 「패인명」에서 "안으로 마음을 밝히는 것은 경敬이요 밖으로 행동을 결단하는 것은 의義이다"[92]라고 하였다. 조식은 「학기도」 속에 「심위엄사도心爲嚴師圖」를 두어 역행力行의 뿌리로서의 '심'을 중시하였고,[93] 『학기유편』「존심」편에서는 나의 마음을 항상 깨어 있게 하는 환성공부喚醒工夫로서의 '상성성常惺惺'을 강조하였다. '상성성'은 경의 자각 상태를 말한다. '경공부敬工夫'를 강조하는 학자치고 '상성성'을 말하지 않은 사람은 드물겠지만, 정호의 문인 사양좌의 경우 남다른 바 있었다. 그러기에 '상성성법'은 사양좌의 공부법, 수양법으로 알려질 정도이다. 조식은 『학기유편』에서 사양좌를 여러 번 인용하면서 그의 '존심공부'에 관심을 보인 바 있다. '성성자'라는 쇠방울의 유래를 말하자

91) 『南冥集』, 권4, 16b, 「學記類編(下)」, '存養'; 『二程全書』, 권3, 「謝顯道記憶平日語」, "尸居卻龍見, 淵默卻雷聲."

92) 『南冥集』, 권1, 32a, 「佩劍銘」, "內明者敬, 外斷者義."

93) 김충렬, 「남명성리학의 특징 2」, 『남명사상의 재조명』, 107쪽.

면 멀리 중국 고대까지 거슬러 올라가 옛사람이 옥을 차고 그 소리를 들으며 경계와 반성을 했던 '패옥佩玉'의 고사라든지, 연평延平 이동李侗이 쇠방울을 차고 수양하였다는 데서도 찾을 수 있겠지만, 그것을 특별히 성성자라고 한 데에는 사양좌의 영향이 없지 않았을 듯하다.

조식에게서 '칼'이 갖는 이미지는 매우 크다. 이것은 그의 성격이나 기질과도 잘 통한다. 그는 일찍이 과거에 급제한 문인 조원趙瑗(1544~?)에게 칼을 내리면서 칼자루에 다음과 같은 오언절구를 새겨 준 바 있다.

离宮抽太白	불 속에서 하얀 칼날 뽑아 내니
霜拍廣寒流	서리 같은 빛 달에까지 닿아 흐르네.
斗牛恢恢地	견우성·북두성 떠 있는 넓디넓은 하늘에
神游刃不游	정신은 놀아도 칼날은 놀지 않는다.[94]

그런데 조식에 앞서 칼과 같은 첨물尖物을 방 안에 놓고 수양을 했던 선배가 있었다. 바로 정호이다. 그는 다음과 같이 말한 적이 있다.

> 눈은 뾰쪽한 물건을 두려워한다. 이것은 그냥 놓아둘 수 없으며, 문득 더불어 잘 처리해야 한다. 방안에 날카로운 물건을 놓아두고 모름지기 이치로써 그것을 이겨내야 한다. 뾰쪽하다고 해서 반드시 사람을 찌르는 것은 아니다. 무슨 두려움이 있겠는가.[95]

정호의 이 말은 조식의 수양론에 '칼'이 등장하는 것과 연결시켜 볼 수 있는 좋은 사례가 아닐까 한다.

94) 『南冥集』, 권1, 「書釰柄贈趙壯元瑗」 참조.
95) 『南冥集』, 권4, 20b~21a, 「學記類編(下)」, '力行'; 『二程全書』 권2下, 「二先生語二下」, '附東見錄後', "目畏尖物. 此事不得放過, 便與克下, 室中率置尖物, 須以理勝他. 尖必不刺人也, 何畏之有."

5. 맺음말

흔히 남명학을 '실천유학' 또는 '실천성리학'이라고들 규정한다. 이 말이 타당한지 여부는 차지하더라도 '실천'이란 두 글자는 남명학의 특성을 논하는 데서 빠뜨릴 수 없는 중요한 단어임에는 틀림없다. 그렇다면, '조식의 정주학 수용 양상'이라는 본고의 논제는 '실천'을 중시했던 조식 성리학의 연원과 노맥을 밝히는 방향으로 전개될 수밖에 없다고 본다.

조식은 저술을 많이 남기지 않았다. 또 뚜렷한 사승연원이 없으며 그에 대해 뚜렷이 밝힌 바도 없다. 이것을 추적하고 탐색하는 문제는 전적으로 후학들에게 달렸다. 본고는 조식의 저술에서 주희보다도 이정이 중시되었던 점에 착안하여 문제를 풀고자 하였다. 또 '실천유학'이라 규정되는 남명학의 특성으로 인해 주희보다 이정이 중시되었고, 특히 정호가 중시되었음에 주목하였다.

남명학의 연원을 거슬러 올라가자면, 일차적으로 안연顔淵 이래의 고사高士적 기풍과 접할 수 있다. 이어 북송대의 유학, 특히 이론보다 실천을 중시하였던 이정의 학문과 접하게 된다. 이후 원대 이래의 실천유학적 경향과 만나게 됨은 더 말할 필요도 없다. 이 세 가지 학풍과 접하면서 하나로 만날 수 있었던 기초는 '실천궁행' 넉 자였다고 할 수 있다. 조식의 실천유학은 조선의 선유先儒 즉 한훤당 김굉필, 일두 정여창 등으로부터 계승된 측면이 적지 않지만, 보다 직접적으로는 북송대의 이정, 특히 정호에게서 영향을 받은 바 크다고 할 것이다. 조식은 종래의 '소학적 율기律己' 단계로부터 성리학적 실천유학으로 한 단계 발전시킨 학자였다.

이황이 정이와 주희를 잘 배운 학자라면 조식은 이정 특히 정호의 사상을 잘 체득한 학자라고 할 수 있겠다. 이것은 조식이 일찍이 공자·주돈이·정호·주희의 상을 모사摹寫하여 사첩 병풍으로 만들고 때때로 경모하는 마음을 부쳤다고 하는 사실로도 증명된다.[96] 유학자가 경모하는 대상에서 공자와 주희는 빠질 수 없을 것이고, 주돈이는 송학의 시조이자 이정에게 학문을 전수해 준 학문 연원으로서 빼놓을 수 없었을 것이다. 명나라 때의 학자 일암一菴 당추지唐樞之는 정호를 주돈이의 적파嫡派라고 하였다.[97] 조식이 두 정씨 가운데 형 정호만을 받들었다는 것은 그의 학문 연원과 관련하여 예사로 보아 넘길 일이 아니다. 남명학에 내포된 노장적 요소, 횡거적 요소, 양명학적 요소 등 정주학 이외의 여러 이학異學적 요소는 정호의 사상을 그 가운데 놓고 이해하면 그 매듭이 풀린다고 본다. 정호의 사상은 이들 이학적 요소의 공통분모적 구실을 한다.

96) 『南冥別集』, 권1, 「年譜」, 25세조, "手摹大聖及濂溪明道晦庵像, 帖爲屛四疊, 時展几案, 肅容以對, 屛至今存焉."

97) 『宋元學案』, 권14, 「明道學案下」, "明道之學, 嫡衍周派."

제3장 이황의 조식 비판과 그 의미

1. 서론

1) 이황과 조식의 신교

퇴계 이황과 남명 조식은 16세기 조선의 학계·사상계를 대표하는 학자이자 당대의 사표師表로서 후일 영남학파의 양대 산맥이 되었다. 두 사람은 1501년 같은 해에 태어나 같은 영남지방에 살면서 직접 상면한 적은 한 번도 없었지만, 수차에 걸쳐 서한을 주고받으면서 학문을 논하였다. 또 문하를 드나드는 학자들을 통해 서로 소식을 전해 들으면서 깊은 존경심을 표하였다. 이황은 조식에게 "나와 남명은 정신적으로 사귄 지가 오래이다. 지금 남쪽지방의 고사高士로는 이 한 사람을 꼽는다"라고 추허推許하였다. 조식 역시 이황에게 "평소 북두성처럼 우러러보았다"라고 하면서 조석으로 만나는 사이와 같다고 친밀감을 표하였다.

그러나 두 사람은 타고난 기질, 학문 경향, 학문하는 태도, 출처관 등에서 너무 다른 모습을 보였다. 공통점을 발견하기 어려울 정도로 학문 태도와 삶의 방식이 달랐다. 이황이 학자이면서 관료로서의 삶을 병행했다면, 조식은 고결한 선비의 풍모를 지켰던 전형적인 처사형 선비였다. 이황이 일생토록 주자학의 이론적 심화에 힘쓴 데 비해 조식은 "정자程子와 주자朱子

이후에는 꼭 저술할 것은 없다"(程朱以後, 不必著述)라는 신념 아래 유학사상의 실천에 치중하였고 윤리와 강상綱常, 대의명분을 목숨처럼 중시했다. 두 사람은 서한을 통해 서로 예우와 존경의 마음을 다하였고 '천리신교千里神交'의 아쉬움을 토로하였지만, 근본적으로 학문 태도와 삶의 방식이 다르다보니 상대의 학문을 인정하지 않거나 삶의 태도를 만족스럽게 여기지 않았다. 이것은 후일 이황 계열과 조식 계열의 불화로 이어졌고, 나아가 학파와 당파로 분화하게 됨으로써 조선 후기 사상사·정치사에 큰 영향을 끼치게 된다. 이런 점에서 양자가 상대방을 어떻게 이해하고 평가하였는지는 중요한 의미를 지니는 것이라 할 수 있다.

필자는 한국유학사를 전공하면서 조선 중기 학파의 분화에 관심을 가지고 관계 논문을 발표한 적이 있다. 주로 퇴계학파와 율곡학파의 분화·대립에 관한 것이었고, 두 학파가 상호 난만동귀爛漫同歸할 수 있는 가능성을 타진하는 것이었다. 그런데 대립과 갈등으로 치면 퇴계학파와 남명학파의 경우도 가볍게 보아 넘길 수준은 아니다. 두 학파의 대립에는 정치적 입장의 차이가 크게 개재하지만, 그에 못지않게 두 학파의 학문 성향과 개성의 차이가 크게 작용하였다. 그 맥락을 따라 올라가면 이황·조식과 만나게 된다. 이황과 조식은 두 학파의 대립과 갈등, 분화에 직·간접으로 원인을 제공한다.

2) 이황과 조식의 인간적 면모

본고에서는 퇴계학파·남명학파의 대립 분화와 관련하여, 이황과 조식 양인의 삶과 학문, 사상에서 드러난 차이점을 고찰해 보려 한다. 특히 이황이 조식을 어떻게 보았는지, 그의 학문을 어떻게 평가하였는지를 중점적으로 살피고 그 의미를 새기고자 한다.

한국유학사에서 이황과 이이의 위상은 부동의 것이라 할 수 있다. 그런 만큼 그들이 남긴 인물평은 짤막한 것이라도 중요하게 인용되곤 한다. 잘 알려진 바와 같이 율곡 이이는 『경연일기』(석담일기)를 남겨 역대 인물에 대한 포폄과 사건에 대한 시비를 논정하였다. 자신과 같이 활동했던 사람들에 대한 평가가 다수를 이루는데, 전체 내용 가운데 6~7할이 인물평이다. 등장하는 유자儒者만 하더라도 67명에 달한다. 율곡학파에서는 『석담일기』에서의 포폄은 지극히 공정하여 견줄 만한 것이 없다고 한다. 그러나 "율곡의 사필史筆 앞에 성한 사람이 없다"라는 혹평이 있을 정도로 '폄만 있고 포는 없다'는 볼멘소리가 많았다. 전반적으로 포폄참반褒貶參半인 경우, 폄 일색인 경우가 대부분이다. 칭예를 받은 예로는 조광조·이황·성혼·박순朴淳·정구鄭逑 정도이고, 조식은 당시 사론에 비해서는 비교적 호평을 했다고 할 수 있다. 이황 같은 대유大儒도 추중推重은 하면서 '특별한 저서가 없다'(無別著之書)고 하여 완인完人으로 인정하지 않으려는 속내를 드러내 보였으니, 다른 인물들이야 더 말할 나위 없다. 이준경李浚慶·노수신盧守愼·허엽許曄·기대승 같은 당대의 거물들은 이이의 가혹한 비판에서 벗어나지 못하였다. 본디 이이는 이들을 경세제민으로 기대하였다. 그 기대에 크게 어긋났기 때문에 비판이 혹독했던 것이다.[1)]

이황의 경우, 조직적이고 체계적인 인물평을 남기지는 않았지만 제자들과 주고받은 서한 등을 통해 조선유학사에 저명한 학자들에 대한 묵직한 평을 다수 남겼다. 이황의 평은 이이와는 달리 후한 편이다. 학문상으로는 비판하면서도 인격상으로는 인정을 하거나 문학적 성취 등을 평가하는 경우가 많았다. 이황의 가장 큰 잣대는 학문이었다. 그의 평가는 학문의 순정성醇正性에 초점이 맞추어졌다. 이황은 성리학의 전파와 이단 배척을 자신의 임무로 여겨, 성리학을 밝게 강론한 선유의 업적을 기리고 학문이 순정하지 못하거나 이단의 학문을 한 사람으로 인정되는 경우

1) 최영성, 「『석담일기』의 역사의식과 서술방법」, 『율곡사상연구』 18집(율곡학회, 2009), 19~22쪽.

지위의 고하나 친소親疎를 따지지 않고 비판하였다. 이황은 평소 성격이 원만하였지만 이단을 배격하는 데에는 엄격했다. 비판의 내용이나 강도는 얼핏 보면 온건한 것 같지만, 그 내용을 새겨 보면 상당히 강렬하고 무게가 있었다.

이황은 동시대의 인물 가운데 회재 이언적과 화담 서경덕, 남명 조식에게 특별한 관심을 보였다. 관심이 큰 만큼 그들에 대한 평가도 남달랐다. 이언적의 경우, 조정에 있을 때는 진면목을 알지 못하다가 세상을 떠난 뒤 「행장」을 찬하면서 비로소 동방 도학에 큰 공을 세운 사람임을 알게 되었는데, 특히 조한보曺漢輔와의 논변 내용을 보고는 찬탄을 금치 못하였다고 한다. 그는 이언적에 대해 심조정미深造精微한 저술로 후학을 계도한 공이 큰 학자로 평가하면서 그의 입언수후立言垂後의 공을 높이 샀다. 화담 서경덕에 대해서는 "우리 동방에서 이보다 앞서 논저를 내어 이렇게까지 한 사람이 없었다. 리와 기를 밝히는 데는 이 사람이 처음이다"[2]라고 하면서 조선 성리학사에서의 위치를 인정하였다. 그러나 "화담의 저술을 보면 한 마디 말에도 병통이 없는 것이 없으니, 그의 인품과 학술은 이것만으로도 알 수 있다"라고 하여 그의 자질과 학문에 대하여 심하게 공격하였다. 또 다음과 같이 말함으로써 그 학설이 정주程朱의 설과 다르다고 비판하였다.

> 화담의 설을 가지고 성현의 설을 헤아려 보면 하나도 부합되는 것이 없다. 매양 생각하건대, 화담이 일생동안 이 일에 힘쓰면서 '궁심窮深하고 극묘極妙하다'고 했지만, 결국 리란 글자를 투철하게 알아내지 못하였다. 비록 죽을힘을 다하여 기이한 것을 말하고 묘한 것을 말하였지만, 형기形氣의 조천粗淺한 일변으로 떨어짐을 면치 못하였다. 애석한 일이다.[3]

---

2) 『退溪言行錄』, 권5, 「論人物」, "吾東方, 前此未有論著至此者, 發明理氣, 始有此人耳."
3) 『退溪文集』, 권41, 22a~22b, 「非理氣爲一物辨證」 참조.

이황은 서경덕의 제자들이 스승을 추켜 높이는 것이 지나친 나머지 장재에 비하고 그 저술을 『정몽正蒙』에 비하는 것을 못마땅해하였다. 그 과정에서 서경덕의 문인이면서 자신에게서도 배웠던 초당草堂 허엽許曄에 대해 "학문을 하지 않았더라면 좋았을 사람"이라고 평하기도 했다.

이황은 조식의 학문과 삶의 태도를 비평하는 데 적극적이었다. 그는 조식에게 세 통의 서한을 보냈다.[4] 또 문인 제자들과 주고받은 많은 서한들 속에서도 조식의 학문과 삶의 태도에 대해 논하였다. 조식의 경우 이황에게 보낸 두 통의 서한 이외에는 특별히 이황에 대해 비평한 것이 없다.[5] 조식에 대한 이황의 비평은 천금의 무게를 지니는 것으로서 후일 지대한 영향을 끼쳤다.

필자는 이 글을 통해 이황의 '이황다움', 조식의 '조식다움'이 더 드러나기를 바란다. 아울러 완인完人으로서의 퇴계와 남명의 거룩한 면모가 아닌, 한 인간으로서의 이황과 조식의 면모가 좀 더 새롭게 드러났으면 한다. 자세한 분석은 후일을 기대하고 본고에서는 자료의 충실한 섭렵에 그치고자 한다. 자료는 『퇴계문집』과 『남명집』에 보이는 서한을 중심으로 하고, 문인· 후학들의 제가기술諸家記述은 제한적으로 인용하였다. 이황과 조식 양인의 직접적인 언급을 통해 그들의 본래 생각이 어떠했는지를 엿보기 위함이다.

2. 이황과 조식의 정신적 교유와 학문상의 포용성

이황은 영남좌도, 조식은 영남우도 출신이다. 영남의 많은 준재들이 이들의 문하에 들어가 수학하였다. 오건吳健 · 정구 · 정탁鄭琢 · 김우옹金宇

4) 『退溪文集』, 권10 참조. 한 통은 이황이 먼저 보낸 것이고 두 통은 답서이다.
5) 『남명집』 이외에 문인, 후학들의 전언을 통해 전해 오는 것들이 더러 있다.

顒 같은 이들은 조식의 문인이면서 동시에 이황의 문하에 들어가 배웠다.[6] 조식의 문인을 받아들인 이황은 물론, 이황에게 배우는 것을 인정한 조식의 포용성과 유연성이 돋보인다. 이황은 조식과 한 번도 만나지는 못했지만 종유從遊하는 많은 사람들을 통해 간접적인 교유를 비교적 원활하게 하였던 것 같다. 이황은 시골에 머물 때에도 여러 경로를 통해 조식의 안부와 활동상을 접했다. 때로는 가까운 사람들에게 조식에 관한 사실들을 알려주기를 부탁하기도 하였다.

> 남명은 틀림없이 덕산德山으로 돌아갔을 것입니다. 요즘 경연석상에서 다시 부르자는 청이 있었지만, 남명의 심사心事를 잘 아는 사람이 분명하게 논한 덕분에 그만두게 되었습니다. 남명을 위해서 깊이 축하할 일입니다.[7]

> 남명이 절에서 모인 일은 매우 좋은 기회입니다. 무슨 기담이론奇談異論이 있었는지 모르겠습니다. 혹여 풍편風便에라도 그 내막을 들을 수 있다면 다행이겠습니다.[8]

> 들으니 남명이 지나가면서 서로 만났다고 하는데, 무슨 기특한 의논이라도 있었습니까?[9]

> 조남명의 상소문과 처음 내린 비답을 우연히 얻어 보았노라. 옥당玉堂에서 그를 신구伸救하려 올린 차자箚子와 비지批旨는 지금 비로소 보았노라. 산속에서 사는 처지에 시사時事를 모른다고 해도 관계없겠지만, 이런 일에 대해서야 몰라서 되겠느냐? 나중에라도 중요한 기별이 있으면 인편을 통해 대충이나마 알려주는 것이 좋겠다.[10]

---

6) 서경덕의 문인 朴淳·許曄·南彦經·洪仁祐 등도 이황의 문하에서 배우거나 이황과 從遊했다.

7) 『退溪文集』, 권12, 29b, 「答李君浩」, "南冥必已還德山矣. 近日經席, 又有請召致者, 賴復有知南冥心事者, 方便論白, 故得停, 爲南冥深賀."

8) 『退溪文集』, 권22, 2a, 「答李剛而」, "南冥蕭寺之會甚適, 不知有何奇談異論, 幸可因風得聞緖餘否耶?"

9) 『退溪文集』 續集, 권3, 20b, 「答李君浩」, "聞南冥經由相款, 不知有何奇論耶?"

이러한 것들은 이황이 조식에게 얼마나 관심이 많았는지 짐작하게 한다. 이황은 조식의 「계부당명鷄伏堂銘」, 「유두류록遊頭流錄」 같은 글을 얻어 읽고 독후감과 비평을 남기기도 하였다. 당시 사림 사이에 양인의 서한문까지도 베껴서 돌려볼 정도였다는 점을 생각하면 새삼스러울 것도 없다.

조식은 이황에게 보낸 서한에서 "책 속에 있는 성현처럼 까마득히 만나기 어렵다고 생각했습니다"(「答退溪書」)라고 하면서 안타까움을 절절히 토로하였다. 명종 19년(1564) 64세 때 보낸 편지에서는 다음과 같이 말하기도 하였다.

> 평생 마음으로만 사귀면서 지금까지 한 번도 만나질 못했습니다. 앞으로 이 세상에 머물 날도 얼마 남지 않았습니다. 결국 정신적 사귐으로 끝나고 마는 건가요? 인간의 세상사에 좋지 않은 일이 많지만 어느 것 하나 마음에 걸릴 것이 없는데, 유독 이 점이 가장 한스러운 일입니다. 선생께서 한 번 의춘宜春(宜寧: 이황의 처가)으로 오시면 쌓인 회포를 풀 날이 있으리라 생각하곤 하였는데, 아직까지도 오신다는 소문이 없으니 이 또한 하늘의 처분에 모두 맡겨야 하겠습니다.[11]

조식의 진정이 느껴지는 진솔한 내용이다. 이에 비해 이황은 일찍이 조식이 살던 삼가三嘉와 김해金海를 지나면서도 조식의 집에 들르지 못한 것을 고백하면서, 덕 있는 사람 만나는 데 게으른 자신을 반성한다고 하였다.

> 저는 집이 예안禮安에 있습니다. 영남 남쪽지방을 왕래할 적에 귀댁이 삼가에 있기도 하고 김해에 있기도 하다는 것을 들은 적이 있습니다. 이 두 곳은 제가

10) 『退溪文集』 遺集, 권5, 21a, 「答子寯」, "曺南冥上疏及初下旨, 偶見之. 玉堂救箚及旨, 今始見之. 山中雖未知時事不妨, 然如此等事 豈可不知. 後亦有關重, 奇別因便略報爲佳."

11) 『南冥集』, 권2, 「與退溪書」 참조.

일찍이 경유한 적이 있지만, 아직 한 번도 형문衡門(은사의 집)에 나아가 훌륭한 모습을 접하지 못하였습니다. 이는 제가 스스로 몸을 닦을 뜻이 없어서 덕 있는 이를 사모하는 데 게으른 탓이올시다. 나중에 생각해 보니 내 스스로 형편없어 매우 부끄럽게 여깁니다.[12)]

학계 일부에서는 '천리신교千里神交', '백년신교百年神交'니 하는 표현을 들어 두 사람이 처음부터 만날 생각이 없었다고 보기도 한다. 그러나 동시대에, 그것도 멀리 떨어지지 않은 곳에 살면서 만나지 못함을 안타까워하는 함축적인 표현으로 보아야 할 듯하다.

이황은 "멀리서 마음으로 사귀는 것은 옛사람도 숭상한 바입니다. 어찌 꼭 잠시라도 만난 뒤라야 옛 친구처럼 친해지겠습니까"라고 하였다. 그에게 조식은 직접 만나 흉회胸懷를 터놓고 대하기 어려운 상대였던 것 같다. 이것은 두 사람의 명성이 최고조에 이른 뒤였기 때문에 그런 측면이 있지 않았을까 한다. 다시 말해서 이황과 조식이 각각 커다란 문파를 형성하여 자신을 따르는 세력이 작지 않았고 또 그 명망이 너무 중하여 세상의 이목이 집중될 수 있는 만큼, 만난 뒤 수많은 의혹과 유언流言이 생길 수 있다는 점 등이 고려되었을 것이다.[13)] 이황 쪽에서 상대적으로 만남에 적극성을 띠지 않은 것도 매사에 조심을 기하고 의심을 받거나 오해를 살 만한 일을 하지 않는 그의 성격과 무관하지 않을 것이다. 실제 두 사람은 개성이 달랐기 때문에 만났다 하더라도 의례적인 만남으로 끝날 가능성이 컸다. 그렇다면 굳이 만나서 실망을 하거나 호사자의 입방아에 오르내릴 것이 없지 않았을까. 두 사람이 서로 만나 쌓인 회포를 풀 수 없었던 주위 환경이 아쉽다.

1570년 이황의 부음을 접한 조식은 "이 사람이 세상을 버렸다 하니,

12) 『退溪文集』, 권10, 2a, 「與曺楗中」 참조.
13) 이런 판단의 단서가 될 만한 것이 『退溪文集』, 권15, 「答金敬夫(丙寅)」이다.

나 또한 세상에 살아 있을 날이 오래지 않겠구나!"라고 하였다 한다. 이는 이황의 죽음을 애도하는 말이면서 학문적으로 라이벌 관계에 있던 이황이 세상을 떠나 한 축이 무너진 상황에서 삶을 오래 지탱하기 어렵다는 의미를 함축하는 것이기도 하다.

그러나 두 사람은 자신을 따르는 제자들에게 각각 이황과 조식을 존경하도록 하였고, 양문에서 수학하는 것을 문제 삼지 않고 각각의 장점을 배우도록 권면하였다. 이것은 양인의 그릇의 크기를 말해 주는 것이라 할 수 있다.

이황은 조식의 학문을 높이 평가하지 않았지만, 그의 탈속한 기상과 준결峻潔한 지행志行은 칭도稱道해 마지않았다. 문인 성재惺齋 금난수琴蘭秀가 31세(1560) 때 남유南遊 길에 올라 단성丹城에서 세모歲暮를 당하여 시를 부쳐 왔을 때, 이황은 방장산인方丈山人(조식)을 찾아보라는 내용의 시 한 수를 지어 보낸 적이 있다.[14] 금난수는 이 당부대로 이듬해 4월 뇌룡정雷龍亭으로 가서 조식을 찾아뵙고 가르침을 받았으며, 「남정南征」이라는 시의 소서小序에서 '일찍이 남명의 행의行義를 들은 적이 있노라'고 하면서 "두류산의 노선백老仙伯이 사람들의 경모심을 자아낸다"[15]라고 술회하였다. 금난수가 조식의 탈속한 기상과 행의를 우러르고 또 그를 '선백'이라 칭한 점, 조식과 자신을 천연天淵에 비하면서 조식의 은륜을 배우겠노라(學隱淪)고 한 점[16] 등은 그의 출처진퇴관 형성과 관련하여 조식의 영향이 적지 않았음을 짐작하게 한다.

양문에 종사했던 한강 정구는 호매豪邁하고 강의剛毅한 기질의 소유자였

14) 『退溪文集』, 권3, 27b, 「琴聞遠自丹城書來却寄一絶」, "歲暮難堪憶故人, 平安書到雪溪濱. 南行莫負酬心事, 方丈山中訪隱淪."

15) 『惺齋集』, 권1, 6b, 「南征」, "頭流老仙伯, 令人起景慕."

16) 『惺齋集』, 권1, 7b, 「丹城客中 伏次退溪先生寄詩一絶」, "奔走風波患失人, 安閒不似退溪濱. 何當遊歷還歸早? 更向天淵學隱淪."

다. 조식의 고풍高風과 호걸적 체질에 부합되는 면이 많았다. 일반적으로 이러한 기질을 가진 사람은 이굴理窟에 침잠하기 쉽지 않다. 그러나 정구는 “침잠하는 성격을 지닌 사람은 강기剛氣로써 일을 치러야 하고 강의한 체질을 타고난 사람은 침잠에 힘써야 크게 성공할 수 있다”라고 하면서 각고면려하였다. 그리하여 항상 자로子路의 의용義勇 있는 기상을 본받고자 노력하는 한편으로 ‘정靜’자·‘경敬’자 상의 공부에 면려를 가함으로써[17] 심학·예학의 거봉으로 평가받는 대유大儒가 되었던 것이다.

3. 이황과 조식의 개성상의 차이

이황과 조식은 당대의 홍유鴻儒이기 전에 한 사람의 인간이었다. 이들에게도 상대를 의식하는 경쟁심이 있었을 것이다. 두 사람의 경쟁심은 각기 퇴계학파와 남명학파의 종사宗師로서의 이미지가 강화되던 16세기 중반 이후부터 표면화되기 시작했다. 현격하게 다른 학문 태도와 삶의 방식은 자존심 또는 라이벌 의식과 접합되면서 서로에 대한 비판과 풍자로까지 비화하기도 했다.

이제 개성상의 차이를 보기로 한다. 이황과 조식은 성격이 판이하게 달랐다. 한 예를 들어 보자. 이황이 강학하던 도산서원 앞강에서는 은어가 많이 잡혔다. 은어는 진상품이었다. 고을에서는 여름이 되면 이곳에다 어량魚梁(통나무 발)을 쳐 두었다. 성격이 매우 조심성 있고 남에게 추호도 의심 받을 만한 일을 하지 않았던 이황은 해마다 음력 6월부터 은어잡이가 끝나는 때까지 도산서원에서의 강학을 중지하고 상계上溪 자택으로 철수하곤 하였다. 이 말을 들은 조식은 웃으면서 “어찌 그리 자질구레한

17) 『寒岡言行錄』, 권1, 5a, 「學問」, “至於靜字敬字上工夫, 益加勉勵.”

일에 신경을 쓴단 말인가(何其屑屑也)? 내가 그런 일을 하지 않으면 그만이다. 관官에서 어량을 쳐 놓았다고 한들 무엇을 혐의嫌疑하며 무엇을 피한단 말인가"라고 하였다 한다.[18] 소신이 분명하고 행동이 단호한 조식의 일모를 엿보게 한다.

이황과 조식은 글 짓는 스타일에서도 현격하게 차이를 보였다. 이황은 구암龜巖 이정李楨이 그의 부친 이담李湛의 비문[19]을 조식에게 받은 뒤 자신에게 글씨를 부탁하자, 비문을 일독한 뒤 축조 비평하면서 이정을 통해 조식에게 수정을 요구하기도 하였다.

> 징사徵士의 문장은 창고蒼古하고 준위峻偉하여 매우 높일 만합니다. 다만 가다가다 격식과 전례를 따르지 않는 곳이 있습니다. 이는 산림에 있는 처사가 세상에서 좋아하는 것을 따르지 않는 뜻이기는 합니다만, 무릇 각명刻銘은 후세까지 전하는 것입니다.…… 생각건대 예로부터 고사高士는 으레 기이한 것을 좋아하고 자기 지혜를 쓰는 사람이 많습니다. 남명이 나의 말을 본 뒤 꾸짖고 비웃으면서, 말속末俗의 진부한 것은 따를 것이 못된다고 여길까 염려됩니다.[20]

이황은 조식의 문장이 고문古文인 데다가 격식과 전례에서 벗어난 곳이 많은데, 이것은 기이한 것을 숭상하는 그의 기질에서 비롯되었다고 보았다. 이런 비평에는 시문時文의 중요성을 인식했던 자신의 견해와 거리가 있다는 점이 작용하였을 것이다. 그러나 그보다는 정법正法을 따르지 않고 기이한 것을 추구하는 조식의 글쓰기 스타일이 조식 자신의 위상에 걸맞지 않다는 점이 더 고려되었을 듯하다. 뒤에 이황은 조식이

---

18) 『退溪先生文集攷證』, 권5, 「第二十卷書·答黃仲擧」, "吳曹兩君之評(言行錄)南冥聞先生避魚梁, 暑月必居溪上. 笑曰: 「何屑屑也? 我自不爲, 雖有官梁, 何嫌何避」云云. 吳似是德溪, 而無所考據."

19) 『南冥集』에는 「贈嘉善大夫戶曹參判兼同知義禁府事李公神道碑銘」이라는 표제어로 되어 있다.

20) 『退溪文集』, 권21, 26a~29a, 「答李剛而」 참조.

지나친 간섭이라 여기거나 기분 상해할 수 있다고 생각한 끝에 "남명은 내가 지적한 곳에 대해 무어라 했습니까? 만약 고칠 수 없다고 했으면 그의 뜻을 따라야 될 것입니다"[21]라고 하여 한 걸음 물러났다. 자기 스타일의 글을 쓰는 사람은 남의 말을 잘 듣지 않을 것이라는 점에서였다.

진주 음부사건淫婦事件(1566)에 대한 견해와 일처리에서도 양현의 대조적인 성격을 엿볼 수 있다. 구암 이정은 경상우도 사천泗川 사람으로, 일찍이 조식의 풍의風誼를 사모하여 그를 종유하였다. 조식이 복거卜居하던 지리산 자락 덕산동德山洞에 집을 짓고 조식과 함께 '세상 밖의 반려'(世外之侶)에 비긴 바 있었다. 그러나 말년에 뜻하지 않게 하종악河宗岳의 후처 실행사건失行事件과 그 일로 파생된 진주유생옥사 때문에 두 사람은 절교하게 되었고, 끝내 관계를 회복하지 못한 채 잇달아 세상을 떠났다.

음부사건이란 진주의 진사 하종악의 후처가 음행을 저지른 사건이다. 하종악은 조식의 조카사위였다. 음행사건은 윤리와 강상을 중시했던 조식에게는 그냥 지나칠 수 없는 '강상綱常의 변變'이었다. 악을 원수처럼 미워했던 조식은 이를 중대 사건으로 규정하고 특유의 강단剛斷을 발동, 문도들에게 하종악의 집을 부수고 음부를 다른 고을로 내치도록 하였다. 이 사건은 조정에까지 알려져 옥사로 비화되는 등 큰 물의가 있었다. 음부를 내치는 과정에서 조식은 이정에게 여러 번 자문을 구하고 자신의 뜻에 동의해 주기를 요구했다. 그런데 음행 여부를 놓고 견해가 달랐던 이정은 입장을 분명히 표하지 않고 미적지근한 태도를 보였다. 이에 불만이 쌓인 조식은 이정을 의심하였고, 나아가 이정이 옥사 때 진술을 여러 번 번복하자 "성현의 글을 담론하고 경의敬義를 말하던 자가 할 일이 아니다"라고 하면서 마침내 절교를 선언하기에 이른다.[22] 이 사건이

---

21) 『退溪文集』 續集, 권4, 15b, 「答李剛而」, "曺楗中以其指點處, 謂之何耶? 若以爲不可改, 則只當從其意."

22) 조식이 이정과 결별하게 된 사정은 『南冥集』 권2 「與子强子精書」에 자세하다. 이정에

경향 간에 알려지자 이황도 자신의 견해를 표명하기에 이르렀다. 이황은 "여인의 실행사건은 남명과 구암 사이에 직접적 관계가 없는 일인데, 저명한 선비 두 사람이 등을 돌리기에 이르렀다. 세상에 비웃지 않는 사람이 없다. 나는 두 사람을 안타깝게 생각한다"라고 하였다. 그러고는 이정에게 서한을 보내 다음과 같이 말하였다.

> 남명 조군은 일세의 고사高士인지라, 나는 천하 만물이 그 마음을 얽어매지 못할 것이라고 생각하였습니다. 저 여염 부인네의 실행 여부는 속세 더러운 일의 하나에 불과합니다. 설사 이 사람이 이 일과 관련하여 구실을 들었더라도 귀를 씻고 못들은 체해야 옳거늘, 자기 스스로 고절高節을 내려깎고 손상시켜 가면서까지 남과 시비를 다투느라 심기를 소진하고 여러 해 동안 그칠 줄을 모릅니다. 참으로 이해하지 못할 일입니다. 공은 불행하게 이 변을 만났지만 분소分疏(조목조목 변명함) 할 필요가 없습니다. 또 상심하며 탄식할 필요도 없습니다. 오직 스스로 반성하면서 마음을 굳게 먹고 전연 못들은 척 처신하는 것이 좋을 것입니다. 또 예전처럼 교분이 온전해지기를 기대해서도 안 될 것입니다.[23]

당시 사림의 생각은 "남명이 음부의 집을 훼철하는 데까지 이르렀는데, 이는 선비의 임무가 아니다"라는 것이었다. 이황의 생각도 이와 같았다. 기대승 등 여러 사람들이 조식을 비판하자, 조식과 그 문인들은 기대승 등 청의淸議를 내세우는 무리들이 외척과 결탁하였다고 공격하는 등 조정이 상당 시간 시끄러웠다.[24]

조식이 절교를 선언한 데에는 이정이 평소 이황과도 깊숙한 교분을 나눈 것이 하나의 원인遠因이 되었음직하다. 이 사건 뒤로 이정은 이황에게 더욱 가까이 다가가게 되었고, 이황 역시 조식의 태도와 일처리를 비판함

대한 조식의 怨心이 매우 컸던 것 같다.

23) 『退溪文集』, 권22, 31a~32b, 「答李剛而(庚午)」 節譯.

24) 『沙溪遺稿』, 권3, 「與辛用錫李玉汝」 참조.

으로써 이황과 조식 사이에 불화가 깊어지게 되었다. 이후 조식의 영향권이었던 영우嶺右지역에서 이정이 크게 배척을 당하였고, 사천이 영우지역이었음에도 조식의 문인은 한 사람도 배출되지 못하였다. 이처럼 하종악의 처 실행사건은 퇴계학파와 남명학파가 대립, 분열하는 중요한 계기가 되었다.[25)]

4. 양인의 학문관과 이황의 조식 비평

이황과 조식은 학문 방법과 태도에서 가장 대조적인 면모를 보였다. 이들의 학문관은 두 사람의 사이를 갈라놓는 중요한 원인이 되었다. 이황은 궁리窮理를 중시하였고, 이에 비해 조식은 천리踐履를 중시하였다. 이황이 순정醇正함으로 일관하였다면, 조식은 유학사상을 중심으로 하면서 여타의 학문사조에 대해서도 포용적이고 융통적인 태도를 보였다. 이황이 정이와 주희를 잘 배운 학자라면 조식은 정호 계통의 정주학을 하였다. 이황은 수양론에서 '천리踐理'를 중시하고 '양기養氣'에 대해서는 대체로 우려의 뜻을 나타냈다.[26)] 반면에 조식은 '경의협지敬義夾持'를 부르짖으면서 호연지기를 통한 집의集義 공부를 중시하였다. 조식의 문인 정구가 '집의集義' 공부를 체계화하기 위해 「양호첩養浩帖」을 엮은 것도 그런 맥락에서 이해할 수 있다. 이러한 것들은 이황과 조식의 학문 노맥이 다를 수밖에 없음을 보여 준다.

---

25) 정만조, 「宣祖初 晉州淫婦獄과 그 파문」, 『한국학논총』 제22집(국민대 한국학연구소, 2000); 이은식, 「구암과 晉州獄事」, 『구암 이정 선생의 생애와 학문』(사천문화원, 2002), 59~85쪽; 이수건, 「구암 이정의 생애와 학문 및 退南과의 관계」, 『구암 이정 선생의 생애와 학문』, 37~55쪽 참조.

26) 『退溪全書』, 권12, 24a~24b, 「與朴澤之」, "人之一身, 理氣兼備, 理貴氣賤. 然理無爲而氣有欲, 故主於踐理者, 養氣在其中, 聖賢是也. 偏於養氣者, 必至於賊性, 老莊是也."

남명학의 연원을 살필 때면 안연 이래의 고사高士적 기풍, 북송대의 유학 특히 이론보다 실천을 중시한 이정二程의 학문, 원대 이래의 실천유학적 경향과 만나게 된다. 이들 세 학풍의 밑바탕은 '실천궁행' 넉 자였다. 조식은 이정 특히 정호의 사상을 잘 체득한 학자이다. 이것은 그가 일찍이 공자와 주돈이, 정호, 주희의 상을 모사하여 사첩 병풍으로 만들고 경모하는 마음을 부쳤다고 하는 사실로도 증명된다.27)

조식은 "정주이후程朱以後 불필저술不必著述"이라는 태도를 견지하면서, 학자들에게 남은 것은 천리踐履뿐이라고 하였다.

> 송나라 때 군현群賢이 강명講明해 놓은 것이 갖추어지고 극진해서, 물을 담아도 새지 않는 그릇처럼 빈틈이 없다. 후세의 학자들은 그것에 힘을 쓰는 것이 느슨한지 맹렬한지에 달려 있을 뿐이다.28)

> 한·당 때의 유학자들은 도덕의 행실이 대강 있기는 하였지만 도덕의 학문을 강구하지 않았다. 염락濂洛의 제현이 나온 이후로 저술과 집해輯解에 계제階梯와 노맥路脈이 해와 별처럼 밝아져서, 초학소생初學小生들도 책을 펴면 이치가 환하게 드러난다. 비록 고명한 스승이 귀를 당겨 일러 준다 하더라도 전현들의 가르침보다 조금도 더하지 못할 것이다.29)

이러한 사고는 중국 원대 후반으로부터 명대 초기까지 대세를 이루었던 노재魯齋 허형許衡류의 『소학小學』 중시적 실천유학풍의 연장선상에서 나온 것이다. '동방의 한퇴지韓退之'로 불리는 김종직이라든지 김굉필·정여창, 나아가 조광조 등도 이 단계에서 벗어나지 못했던 것에 비추어 보면

---

27) 『南冥別集』, 권1, 「年譜」, 25세조.

28) 『南冥集』, 권2, 19a, 「答仁伯書」, "宋時群賢, 講明備盡, 盛水不漏. 後之學者, 只在用力之緩猛而已."

29) 『南冥集』, 권2, 19b~20a, 「奉謝金進士肅夫」, "漢唐諸儒, 粗有道德之行, 而未講道德之學. 濂洛諸賢以後, 著述輯解, 階梯路脉, 昭如日星, 初學小生, 開卷洞見. 雖明師提耳, 萬不能略加於前賢指南."

이 학풍의 영향력을 짐작할 수 있다. 그러나 서경덕·이언적으로부터 일기 시작한 정주학의 이론적 심화 바람은 조선 성리학의 기풍과 수준을 이전과 사뭇 다르게 바꾸어 놓았다. 이황은 이 시대의 요구와 흐름을 정확하게 읽고 자신의 학문세계를 일구어 나갔다. 유학이 송대에 이르러 철학적·이론적으로 재무장되고 주희에 이르러 집대성되었지만, 조선에서는 유학의 정맥을 이은 송대 성리학, 나아가 주자학이 아직 체계적으로 연구되지 않고 있기 때문에 유학의 발전에 큰 지장이 있다는 것이 이황의 생각이었다. 이런 까닭에 이황은 주자학의 천명을 학문의 제일의第一義로 삼았다.

그러나 조식은 "천리天理를 말하고자 하면 어찌 남들보다 못하겠는가마는 그 점은 기꺼이 말하고 싶지 않다"[30]라고 하였다. 또 이황이 신진학자인 고봉 기대승과 여러 해 동안 사칠논변四七論辨을 벌인 것을 두고는 천리보다도 궁리에 힘쓴다고 비판하였고, 나아가 그 유폐流弊를 경계하였다. 이황에게 보낸 서한에서는 성명리기性命理氣를 논하면서 고담준론高談峻論으로 세상을 속이고 이름을 도적질하는 당시 학자들의 '기세도명欺世盜名'하는 세태를 꾸짖으면서, 사풍士風을 바로잡아야 할 책임 있는 위치에 있는 이황의 역할을 촉구하였다.

> 근래에 보니 학자들이 손으로는 쇄소灑掃하는 범절도 모르면서 입으로는 천리를 담론하여 이름만 도적질하고, 이로써 사람을 속이려 하다가 도리어 상처를 입고 또 다른 사람에게까지 해를 미치게 하니, 선생(이황) 같은 장로長老께서 이것을 꾸지람해서 말리지 않는 때문입니까.…… 선생이라면 윗자리에 올라 있으므로 우러러 보는 이가 참으로 많을 것입니다. 십분 억제하고 규계規戒하심이 어떨까 합니다.[31]

30) 『南冥集』, 권2, 8a, 「與吳御史書」, "口欲談理, 豈下於衆人乎, 猶不肯屑有辭焉."
31) 『南冥集』, 권2, 1b, 「與退溪書」, "近見學者, 手不知洒掃之節, 而口談天理, 計欲盜名, 而用以欺人, 反爲人所中傷, 害及他人, 豈先生長老, 無有以訶止之故耶. 如僕則所存荒廢, 罕有來見

또 문인 덕계 오건에게 보낸 서한에서도 이를 부연하면서, 사풍이 바람직하지 못한 방향으로 흐른 데는 이황의 책임이 크다고 강조하였다.

> 겉과 속이 다르게 헛된 이름을 추구하는 것이 고질이 되었습니다. 세상이 온통 그러하여 이미 혹세무민을 걱정할 정도입니다. 비록 대현大賢이 있다 하더라도 이미 구제할 수 없는 지경입니다. 이는 실로 사문斯文의 종장宗匠인 분(이황)께서 상달上達만 주장하고 하학下學을 강구하지 않아 구제하기 어려운 습관이 되었기 때문입니다. 일찍이 그(이황)와 논난論難하는 서한을 주고받았지만, 그는 방향을 돌리려고 하지 않았습니다. 공께서는 이러한 폐단이 회복하기 어렵다는 사실을 알아야 할 것입니다.32)

> 젊은 사람들이 성리性理를 말하면 문득 그를 자임하고 종장이 된 사람처럼 말을 합니다. 명망이 갑자기 무거워져 사람들이 모두 그를 보중保重하니, 도피하려 해도 도피할 곳이 없게 되었습니다.……
> 성性과 천도天道는 공자 문하에서도 드물게 말하던 것입니다. 그대는 요즈음 선비들을 살펴보지 않았습니까. 손으로 물 뿌리고 비질하는 절도도 모르면서 입으로는 천리를 말하는데, 그들의 행실을 공평히 살펴보면 도리어 무지한 사람만도 못합니다. 이 점에 대해서 반드시 다른 사람의 꾸지람이 있어야 한다는 것은 의심할 나위도 없습니다. 이런 때에 과연 현자賢者의 지위를 외람되게 차지하고서 허위의 우두머리가 되어야 하겠습니까.33)

이러한 염려는 곧 하루아침에 성리지학으로 명망을 얻은 나머지 조용히 실천궁행에 힘쓸 기연機緣을 영영 잃어버리게 됨은 물론, 마침내 학문을

者, 若先生則身到上面, 固多瞻仰, 十分抑規之如何."

32) 『南冥集』, 권2, 13b, 「與吳子强書」, "熟看時尙, 痼成麟楦驢鞹. 渾世皆然, 已急於惑世誣民, 雖有大賢, 已不可救矣. 此實斯文宗匠者, 專主上達, 不究下學, 以成難救之習. 曾與之往復論難, 而不肯回頭, 公今不可不知此弊之難收矣."

33) 『南冥集』, 권2, 7a~7b, 「與吳御史書」, "年少談理, 奄然當之, 若爲貴宗匠然者. 名旣忽重, 人皆保之, 逃無所往, 如追放豚, 衆皆逐之, 畢竟置身於何地耶. 性與天道, 孔門所罕言. 和靜(靖)有說, 程先生止以莫要輕說. 君不察時士耶. 手不知洒掃之節, 而口談天上之理, 夷考其行, 則反不如無知之人, 此必有人譴無疑矣. 當此時, 果儼然冒居賢者之位, 以作虛僞之首耶."

망치게 됨을 경고한 것이라 하겠다. 조식이 성명지리性命之理에 힘쓰던 문인 하항河沆, 유종지柳宗智 등에게 "하학상달下學上達에 절로 계제階梯가 있거늘, 제군들은 아는가 모르는가"라고 힐책하였던 것[34]도 이런 이유에서였던 것이다.

'세상을 속이고 선비의 이름을 도둑질한다'는 추상같은 비판에 직면한 이황은 크게 당황하였던 것 같다. 그는 이정李楨·정유일鄭惟一·이덕홍李德弘 등에게 보낸 서한에서 "남명의 말은 진실로 우리들에게 약석藥石이 될 만하다. 그의 비판은 두려워해야 할 것이다",[35] "우리가 성현의 말씀을 강론하면서 궁행이 미치지 못한다면 '세상을 속인다'는 그 말씀이 옳지 않겠는가? 남명의 말씀은 어찌 기명언奇明彦(기대승) 혼자만이 경계하고 두려워할 바이겠는가?"[36]라고 하였다. '실천궁행'이라는 지언至言 앞에서는 일단 머리를 숙일 수밖에 없었을 것이다.

그러나 이황에게도 불만이 없었던 것은 아니었다. 위에서 '젊은이'는 기대승을 가리키고 '사문의 종장' 또는 '현자'는 이황을 가리킨다. 기세도명의 당사자로 지목된 기대승의 불만은 말할 것도 없겠지만 이황의 불만 또한 작은 것이 아니었다. 이황은 조식에게 보낸 서한에서, 조식이 지목하는 사람이 누구인지 정확히 모르겠다, 자신은 남을 꾸짖고 경계할 만한 책임 있는 위치에 있지 않다, 도를 지향하는 젊은이들의 의지를 꺾거나 길을 끊어 버릴까 염려된다는 등의 취지로 답하였다.[37] 또 문인에게 보낸 서한에서는 "남명은 자신은 하지 않으면서 남에게 책임을 지우려 한다. 무슨 까닭인지 모르겠다"고 불만을 표하면서 "예로부터 제 밭은

34) 『南冥別集』, 권2, 18a, 「言行總錄」, "先生常患世之學者, 捨人事而談天理. 河公沆柳公宗智諸人, 天資高敏, 每談性命之理, 亹亹不厭, 先生曰: 下學上達, 自有階梯, 諸君知未."

35) 『退溪文集』, 권21, 40b, 「答李剛而」; 『退溪文集』, 권26, 6b, 「與鄭子中」; 『退溪文集』, 권35, 27a~27b, 「答李宏仲 別紙」 참조.

36) 『退溪文集』, 권21, 43a~43b, 「答李剛而」 참조.

37) 『退溪文集』, 권10, 4b~6a, 「答曺楗仲(甲子)」 참조.

묶혀 놓고 남의 밭을 매는 이치란 없다"라고 하였다.[38]

위에서 조식이 말한 '기세도명'은 『중용』 제11장 "子曰, 素(索)隱行怪, 後世有述焉, 吾弗爲之矣"에 대한 주희의 주註에 나오는 말이다. 주희는 편벽된 것을 추구하고 괴이한 일을 벌이는(索隱行怪) 것을 기세도명하는 행위라 규정하고, 이는 행동이 지나쳐서 그 중도中道를 쓰지 않기 때문(行之過而不用其中)이라고 하였다. 이황은 이 주석의 취지를 이끌어 "남명은 기이한 것을 숭상하고 좋아하여 중도(時中의 道)를 가지고 요구하기가 어렵다"라고 비판하곤 하였다.

조식은 이황의 비판을 어떻게 받아들였을까. 혹여 이황이 조식을 색은행괴하는 사람으로 보지는 않았을까? 두 사람의 심중이야 정확히 알 길이 없지만, 조식이 기세도명 운운한 것은 색은행괴에 대한 주희의 주 내용으로 비판한 것에 대한 대응적 성격이 짙다고 생각된다. 그렇다면 두 사람이 모두 같은 논리로 상대방의 학문을 비판한 셈이다.

이황은 조식의 학문이 순정하지 못하다(未醇)고 비판하였다.[39] 이황은 순수주자학자, 순정도학자의 길을 걸었다. 조식은 평생 실천유학에 치력하면서도 노장 및 육왕학 등 다른 학문에 대해서도 개방적인 자세를 취하면서 장점을 유연하게 수용, 섭취하고자 하였다. 특히 노장사상의 경우 '남명'이란 아호를 『장자』 「소요유」편에서 취할 정도로 몹시 경도되었던 듯하다.[40] 사람의 흉회를 툭 트이게 하는 노장의 거대한 정신세계는 조식의 학문과 사상 형성에 큰 영향을 주었으며 문학작품에 무르녹아 있다. 이황은 조식이 장자의 학문을 창도唱導한다고 단언하면서 우려를

38) 『退溪文集』, 권27, 5a, 「答鄭子中」, "自古安有舍其田而能芸人田之理? 不自量而妄作, 誠亦爲難.……南冥不自爲而欲責人, 亦何耶?"

39) 『退溪文集』, 권19, 32a, 「答黃仲擧」, "但鄙人於花潭南冥, 皆素所慕用之深, 豈敢妄肆詆斥? 惟不欲阿私所好而溢爲稱譽, 故有下帷之評, 未醇之論."

40) 조식의 강학처였던 鷄伏堂·雷龍亭 등도 『莊子』에서 그 뜻을 취한 것이다.

표하였다.[41] 그는 "남명이 본 것은 실로 장주莊周와 같다"[42]거나 "남명은 실로 장주가 본 것에다 한 단계를 더하였다"[43]라고 하였고, 「계부당명」 같은 것은 그 내용이 노장서老莊書 중에서도 보기 어려울 정도로 광탕현막曠蕩玄邈한 것이라고 평하였다.[44]

조식은 『참동계』를 자못 즐겨 보았으며, 그 가운데 좋은 대목은 학문하는 데 보탬이 될 것이라고까지 하는 등 포용성을 보였다.[45] 또 조식이 남긴 시문과 『학기유편』 등을 보면 육왕학 특히 육구연의 대간大簡적 기질과 방불한 데가 있다. 그가 정호의 학문을 좋아했던 것도 육왕학에 호의적인 것과 무관하지 않다. 한국양명학의 선구인 경안령慶安令 이요李瑤가 조식의 문인이었음은 우연만이 아닐 것이다. 조식이 여느 편협한 성리학자들과 달리 '동방미유東方未有의 인호人豪'(鄭逑)로 일컬어질 수 있었던 것은 폭넓은 학문 추구와 네 차례에 걸친 학문적 전변轉變을 겪었기 때문이라고 할 것이다.[46]

이황은 조식에 대해 "그 사람이 진실로 심상尋常하지 않고 그의 학문은 배우기 어렵다"[47]라고 하였다. 또 이황과 조식의 양문을 사사師事한 정구는 두 스승을 비교하여 "남명은 홀로 우뚝 서 자기 길을 가므로 배우는 사람들이 요령을 잡기가 어렵고, 퇴계는 단계가 분명하여 찾아들기 쉽다"[48]라고 하였다.

---

41) 李德弘, 『艮齋集』, 권6, 13a, 「溪山記善錄(下)」, "問: 今世誰能學問? 先生曰: 未見其人.……只有曺南冥, 唱南華之學, 盧蘇齋守象山之見, 甚爲懼也"; 『退溪言行錄』, 권5, 「崇正學」 참조.

42) 『退溪言行錄』, 권5, 「崇正學」, "先生嘗曰, 南冥所見, 實與莊周一串."(鄭惟一)

43) 『艮齋集』, 권6, 12b, 「溪山記善錄(下)」, "先生嘗言曰: 曺南冥實加莊周所見一層."

44) 『退溪文集』, 권20, 15b, 「答黃仲擧」, "鷄伏堂銘, 深荷錄示. 但其說曠蕩玄邈, 雖於老莊書中, 亦所未見."

45) 金宇顒, 『東岡集』, 권17, 19a, 「南冥先生行狀」, "頗喜看參同契, 以爲極有好處, 有補於爲學."

46) 김충렬, 「생애를 통해서 본 남명의 爲人」, 『大東文化硏究』 제17집(성균관대학교, 1983) 참조.

47) 『退溪文集』, 권20, 15b, 「答黃仲擧」, "其人固非尋常, 而其學又難學也."

48) 『寒岡年譜』, 권1, 6b, "問: 李滉曺植氣像與學問何如. 對曰: 李滉德器渾厚, 踐履篤實, 工夫純

조식의 개방적인 학문 경향은 문인 후학들에게 지대한 영향을 끼쳤다. 그러나 이황은 조식의 학문이 순정하지 못하다고 늘 비판하면서, 조식이 의리지학義理之學에 투철하지 못한 것은 노장이 빌미가 되었기 때문이라고 하였다.

> 남명은 의리에 투철하지 못합니다. 이런 사람들은 노장이 빌미가 되는(老莊爲祟) 경우가 대부분인지라 오학吾學(성리학)에 용공用工함이 의례히 깊지 않으니, 그 투철하지 못한 것을 괴이하게 여기겠습니까. 그 장점만 취하면 될 뿐입니다.[49]

이 말은 예사 비판이 아니다. 이황은 조식의 학문을 인정하지 않았다. 그는 조식의 고결한 인품과 우뚝한 지조를 우러르면서도, 학자는 물론 유자儒者로도 보지 않았다. 조식의 '소장처所長處'를 말하면서 그를 처사處士, 고사高士로만 보려는 의도를 내비쳤다. 이황의 이러한 비평은 후일 조식의 학문과 사상에 대한 비판적인 시각의 선구가 되었다.

조식에게 학문은 곧 천리지학踐履之學을 의미하였다. 조식은 이황이 중시하는 의리지학을 '구구한 문자의 학문' 정도로 평가절하하였다. 그러나 이황은 의리의 탐구와 실천의 문제를 나누어 보았다. 조식이 성리학에 대한 용공과 조예가 깊지 않다고 비판하면서 학자로서의 자질을 높이 평가하지 않았다. 그는 또 "사람들은 흔히 남명을 고집 세고 혼자 고상해 하는 사람이라고 하는데, 학문에서 공부를 쌓은 것이 아니기 때문에 진취적인 사업이 없는 것이다"[50]라고도 하였다. 의리지학을 해야 그 진취의 정도가 날로 드러나는데, 한 번 은사隱士로 이름을 얻은 뒤 그

熟, 階級分明, 學者易以尋入. 曺植器局峻整, 才氣豪邁, 超然自得, 特立獨行, 學者難以爲要."

49) 『退溪文集』, 권19, 10a, 「答黃仲擧」, "其於義理未透. 此等人多是老莊爲祟, 用工於吾學, 例不深邃, 何怪其未透耶? 要當取所長耳."

50) 『退溪言行錄』, 권5, 「論人物」, "先生曰: 人多謂狷介高尙底人, 非學問上恁地做工夫, 故無進就事業."(洪仁祐)

단계에 계속 머물러 있는 조식에게는 일신우일신日新又日新의 면목을 찾아보기 어렵다는 것이다. 학문에 대한 이러한 견해 차이는 양현은 물론 그 후학들에게 갈등 요소로 작용하였다.

이황이 조식을 비판하는 가운데 '노장위수老莊爲祟'라 지목한 것만큼 격한 반발을 불러일으킨 것도 없을 성싶다. 이는 조식의 문도들에게는 자기 스승의 인격을 모독하고 학문을 왜곡한 것으로 인식되었다. 후일에도 정인홍이 「회퇴변척소」에서 이 문제와 관련하여 조목조목 반박하면서 "퇴계의 식견이 투철하지 못한 것이 아니라면 사사로운 뜻에 가리거나 미혹되었음이 분명하다. 퇴계가 자신을 살피는 데 어둡고 남을 책망하는 것은 심하니 어찌 군자의 심사라고 하겠는가"[51]라고 공격한 바 있거니와, 이황의 서한이 공개되자마자 이황에 대한 의혹과 비방이 일어나는 등 물의物議가 비등하고 유언비어가 난무하였다.[52] 특히 김우옹의 형인 개암開巖 김우굉金宇宏은 이황에게 서한을 보내어 조식 비판과 관련한 의혹을 제기하면서 '노장이 빌미가 되었다'라는 말에 대한 해명을 요구하였다. 김우굉은, 조식의 학문은 하학이상달下學而上達을 주로 하여 인사人事에 나아가 천리天理를 구하는 것으로서 한 마디 말도 허무虛無에 가까운 점이 없는데, "노장이 병통이 되어 학문이 깊지 못하다"라고 하는 등 거리낌 없이 꾸짖고 배척(詆斥)하여 이단에 비하는 지경에까지 이르니 의혹이 없을 수 없다고 하였다.[53] 이에 이황은 "나 자신도 허술하고 박덕하거늘 남을 배척할 수 있겠는가. 다른 사람에게도 그렇게 하지 못할 터인데 남명을 배척하겠는가. 남명이 이 말을 들었다면 범연히 흘려듣고 개의치 않았을 것인데, 공은 무엇 때문에 유언流言에 신경을 쓰면서 이렇게까지 하는지 모르겠다",[54] "내가 평소 화담·남명을 앙모하여 왔거늘, 어찌

51) 『光海君日記』, 권39, 3년 3월 26일 丙寅條.
52) 저간의 사정은 『退溪文集』, 권15, 29a~30a, 「答金敬夫(丙寅)」에 자세히 실려 있다.
53) 김우굉의 서한 내용은 『성호사설』 제9권, 「人事門」, <退溪南冥> 참조.

거리낌 없이 비난할 이치가 있겠는가? 다만 좋아한다 하여 아첨을 하거나 지나친 칭찬을 하지 않는 까닭에 '하유下帷'[55]와 '미순未醇'의 평이 있게 된 것이다"[56]라고 하였다. 그러나 시원스런 해명은 되지 못하였다.

한편, 조식은 '노장위수'에 대한 김우옹의 질문에 "퇴계가 나를 일러 노장이라고 하였던가. 필시 내 어려서 학문하지 않았을 때 세상을 가볍게 보고 거만하게 굴었던 일을 보았을 것이야"[57]라고 하였다 한다. 이것은 조식 자신의 변명이기에 주목할 필요가 있다. 그러나 이황은 조식에 대한 의혹을 여전히 거두지 않았다. 그는 조식의 두류산 유람록을 읽고 짤막한 평문을 남겼는데, 전반부에서 조식의 기개와 사람됨을 칭찬하면서도 후반부에서는 그의 학문에 알 수 없는 대목이 있다고 꼬집었다.

> 어떤 이는 남명이 기이한 것을 숭상하고 좋아하여 중도로써 요구하기가 어려울 것이라고 의심을 한다. 아아! 예로부터 산림의 선비는 대개 이러하였다. 이와 같지 않다면 족히 남명이 되지 못했을 것이다. 그러나 그 절박기미節拍氣味의 소종래와 같은 것은 약간 알 수 없는 부분이 있으니, 후세 사람 중에 반드시 분변할 자가 있을 것이다.[58]

54) 『退溪文集』, 권15, 29a~30a, 「答金敬夫(丙寅)」 참조.

55) 『退溪文集』, 권2, 17a, 「徐處士讀花潭集後」 第三首에 "似董潛猶下帷讀, 如曾狂不倚門歌" 운운하는 구절이 있다. 『한서』 「董仲舒傳」에 "장막을 내리고 경서를 講誦하여 제자들이 차례로 受業하는데, 어떤 때는 서로 얼굴도 못 보는 일이 있었다"고 하였다. 깊숙이 들어앉아 글만 읽고 외간의 일에 신경을 쓰지 않는 것을 下帷攻讀이라 한다.

56) 『退溪文集』, 권19, 32a, 「答黃仲擧」, "但鄙人於花潭南冥, 皆素所慕用之深, 豈敢妄肆詆斥? 惟不欲阿私所好而溢爲稱譽, 故有下帷之評, 未醇之論. 今數公徒以所尊所師之故, 猶懷不滿於此言. 然則其意必欲推而上之, 以躋於孔孟程朱之列, 而後爲足耶."

57) 曺庸相, 『弦齋集』, 권6, 4a, 「書後」, "曰: ……退溪以我謂老莊耶. 必見吾年少不學時, 輕世傲物之事也." 조용상(1870~1930)은 조식의 후손으로 남명학에 대한 정당한 평가와 조식·이황의 학문적 만남을 위해 노력한 학자이다.

58) 『退溪文集』, 권43, 17a, 「書南冥遊頭流錄後」, "曺南冥遊頭流錄, 觀其遊歷探討之外, 隨事寓意, 多感憤激昂之辭, 使人凜凜猶可想見其爲人. 其曰一曝之無益, 曰向上趨下只在一擧足之間, 皆至論也. 而所謂明哲之幸不幸等語, 眞可以發千古英雄之歎, 而泣鬼神於冥冥中矣. 或以其尙奇好異, 難要以中道爲疑者. 噫! 自古山林之士, 類多如此. 不如此, 不足以爲南冥矣. 若其節拍氣味所從來, 有些子不可知處. 斯則後之人必有能辨之者."

호협한 체질의 조식이 중도에만 맞게 행동하였다면 오히려 그답지 못했을 것이라고 변호하는 듯하지만 실상은 은근히 비판한 것이다. 더욱이 '절박기미節拍氣味'(리듬과 박자, 맛과 냄새) 운운한 것은 조식의 학문에 노장적 색채와 기미가 여전함을 다시 한 번 강조한 것이다. 이황이 여러 오해를 무릅쓰면서까지 지적했던 것은 사실과 어긋나지는 않다고 본다. 한 예로 조식의 「계부당명」 곧 「신명사도神明舍圖」 같은 것은 노장적 색채가 짙어 뒷날 후학들이 『남명집』을 간행하는 과정에서 여러 차례 수정을 가하였다. 정인홍은 「회퇴변척소」에서 조식의 고고孤高한 행의를 오직 '자기 일을 고상하게 여기는'(高尙其事) 것에 연결시켰지만, 이는 짐짓 조식을 변호하기 위해 사실의 한 측면만 말한 것이다. 조식의 초탈불기超脫不羈한 행동과 드넓은 정신세계는 분명 장자의 소요유 정신에 연결된다. 이것은 정인홍도 잘 알고 있었을 것이다.

위에서 "남명이 기이한 것을 숭상하고 좋아하여 중도로 요구하기가 어려울 것"이라고 한 것도 두고두고 말이 많았다. 조식을 이해하는 사람들은 그처럼 기절氣節 있는 선비가 소신껏 거리낌 없이 행동하는 것은 칭송받을 일이라 한다. 매사 남의 눈치나 보고 머뭇거린다면 어찌 "불사왕후不事王侯, 고상기사高尙其事"(『주역』, 蠱卦, 上九)에 비견되는 학자라 할 수 있겠느냐는 것이다. 그러나 비판하는 사람들은 조식의 기습氣習이 한편으로 치우쳐 중도와 규구規矩를 잃고 과격한 행동을 일삼는다고 비판하였다.[59] 위에서 "기이한 것을 숭상하고" 운운한 것은 사실상 조식을 색은행괴하는 무리로 본 것이나 다름이 없다고 할 것이다.

조식의 행동이 과격하다는 것은 여러 학자들이 지적하여 왔다. 한 예로 조식은 유명한 「을묘사직소乙卯辭職疏」에서 시폐時弊를 통론痛論하는

59) 奇大升, 『論思錄』 上篇, 17a "曺植氣節磊落, 可謂壁立千仞, 可以激頑立懦, 而學問則有不循規矩之病矣."

과정에서 "대왕대비께서는 깊은 궁궐의 한 과부에 지나지 않습니다" 등의 과격한 표현을 사용한 바 있고, 이 때문에 임금의 역린逆鱗을 샀다. 이황은 이를 두고 "남명이 리학理學으로 자부하고 있지만 그는 단지 한 사람의 기이한 선비이다. 항상 신기한 것을 숭상해서 세상을 놀라게 하는 주장에 힘쓰니, 어찌 참으로 도리를 아는 사람이라 하겠는가"[60]라 하였다. 또 "남명의 소장疏章은 요새 세상에 참으로 얻어 보기 어려운 것이지만, 말이 정도를 지나쳐 일부러 남의 잘못을 꼬집어 비방하는 것 같다. 임금께서 보시고 화를 내는 것도 무리는 아니다"라고 비판하였다.[61] 또 조식의 사직소에서 사기지간辭氣之間에 억양抑揚이 지나치다는 점도 많은 학자들이 지적하였다. 그의 지우知友인 성수침成守琛까지도 미진함이 있다고 지적할 정도였다. 조식은 이 일로 인해 한층 더 '교격지사矯激之士'로 인식되었다. 『맹자』에 "직언을 하지 않으면 도가 드러나지 않는다"[62]라고 하였지만, 직언을 하면서 중도를 얻기란 매우 어려운 일이다. 그러기에 직언을 두고 논란이 있었을 것임은 충분히 예상되는 일이기도 하다. 다만 직언을 하면서도 표현을 어떻게 하느냐의 문제는 조식의 기질과 연관이 있다고 하지 않을 수 없다.

5. 이황과 조식의 출처관 및 시국 인식의 차이

학문관 못지않게 견해차가 컸던 것이 출처관과 시국 인식에 대한 것이다. 조식은 명종 8년(1553)에 성수침·이희안李希顔 등과 함께 유일遺逸로

60) 『退溪言行錄』, 권5, 「論人物」, "先生語人曰: 南冥雖以理學自負, 然直是奇士, 其議論識見, 每以新奇爲高, 務爲驚世之論, 是豈眞知道理者哉."(鄭惟一)

61) 『退溪言行錄』, 권5, 「論人物」, 참조.

62) 『孟子』, 「滕文公上」, "不直則道不見."

천거되어 전생서典牲署 주부主簿에 임명되었지만 이를 사양하였다. 이에 이황은 출사를 권유하는 편지를 보냈다. 이황은 위에서 현자를 알아주지 않는 것도 아니요 나아갈 시기가 아닌 것도 아닌데, 나아가지 않는 것은 출처出處의 도리에 맞지 않다고 지적하였다. 이에 조식은 답서에서 다음과 같은 말로써 오히려 이황에게 현실을 인식하고 판단하는 안목이 부족함을 은근히 꼬집었다.

> 공은 무소의 뿔(犀角)을 태우는 명철함이 있지만 저는 동이를 이고 있는 듯한 탄식이 있습니다. 게다가 눈병까지 있어 흐릿하여 사물을 제대로 보지 못한 지 여러 해 되었습니다. 명공明公께서 발운산撥雲散(眼藥)으로 눈을 밝게 열어 주시지 않겠습니까.[63]

이에 이황이 놀라 "나 자신도 당귀當歸를 구할 수가 없거늘 어찌 공을 위해 발운산 구하기를 도모하겠습니까? 공은 북쪽으로 올 뜻이 없지만 저는 조만간 남쪽으로 내려갈 것입니다"[64]라고 하였다. 자기 자신도 향리로 돌아가지 못하는 형편에 어찌 조식의 처세處世에 대해 충고할 수 있겠느냐고 자세를 낮춘 것이다. 발운산이라는 안약과 당귀라는 약초를 가지고 상대를 공격하고 응수하는 모습이 예사롭지 않다. 날선 풍자 속에서도 기지와 여유가 엿보인다.

이황은 평소 세상을 외면하고 타협을 거부하는 조식의 태도에 불만을 가졌다. 학문적으로도 찬동하지 않는 점이 많았다. 조식은 세상에 대한 미련을 버리지 않는 이황을 못마땅해하였다. 조식의 이황에 대한 언급은 문집에서 찾을 수 없지만, 그의 의중을 잘 대변한 문인으로 인정되는

---

63) 『南冥集』, 권2, 「答退溪書」, "公有燃犀之明, 而植有戴盆之嘆, 猶無路承敎於懿文之地, 更有眸病, 眯不能視物者有年, 明公寧有撥雲散以開眼耶?"

64) 『退溪文集』, 권10, 4a~4b, 「答曺楗仲」, "示索撥雲散, 敢不欲勉. 但僕自索當歸而不能得, 何能爲公謀撥雲耶? 公則無北來之志, 僕之南行, 早晩必可得也."

정인홍은 「회퇴변척소」에서 "퇴계는 과거로 출신하여 완전히 나가지도 않고 완전히 물러나지도 않은 채 세상을 기롱하면서 스스로 중도라 여겼다"라고 하였다.

출처대의는 본디 유가의 학인들이 목숨처럼 여기는 소중한 가치라 할 수 있다. 또 선유先儒들의 출처는 후학들에게 귀감이 된다. 그러기에 선유의 출처에 대한 상론尙論이 있어 왔고, 후학들이 이를 거울로 삼아 자신의 처신處身에 경계를 하였음은 물론이다. 출처대의의 문제에서도 이황과 조식은 극명하게 대조를 보였다. 선대의 우뚝한 유자들의 출처대의를 문제 삼은 사람은 조식이었고, 이황은 이를 변호하는 것으로 응수하였다. 조식은 출처대절을 명교名敎와 직접 연결시켜 파악하였다. 선비의 출처는 명교와 관계가 있고, 명교는 국가기강과 세풍世風을 좌우하므로 출처대절을 중히 여기고 그것을 실천하는 것이 선비의 임무라고 하였다.[65] 그는 성현의 허물까지도 용납하지 않고 날카롭게 비판할 정도로 강직한 성격의 소유자였다. 그런 만큼 선유에 대한 상론에서 일호一毫의 기휘忌諱가 없었음은 더 말할 것도 없다. 그는 자신의 출처진퇴관에 비추어 동국 도통道統의 주맥인 정몽주·김종직·이언적 등의 출처대의에 문제가 있다고 비판하였고, 김굉필·조광조 등도 선견지명이 부족하였다고 일침을 가하였다.

그는 먼저 '동방리학지조東方理學之祖'요 충의忠義의 화신으로 추앙을 받아 온 포은 정몽주의 출처대의에 흠이 있다고 하면서, 정명론正名論적 명분론의 입장에서 비판하였다.

> (정포은은) 우왕과 창왕이 신씨辛氏인지 왕씨王氏인지 변설辨說하지 아니하였다. 그때로 말하면 신돈辛旽이 조정을 더럽히고 어지럽히며 최영崔瑩이 상국上國을

65) 김충렬, 「생애를 통해서 본 남명의 爲人」, 위의 논문, 101쪽.

침범하는 등 군자라면 벼슬살이를 하지 않을 때인데도 도리어 떠나지 아니하였으니, 이는 매우 의심스러운 것이다.[66]

이것은 짤막하여 그 내용 전체를 제대로 알 수는 없으나, 조식에게 배운 정구가 이황에게 같은 내용을 가지고 질문하였던 것을 미루어 짐작할 수 있다.

조남명이 일찍이 정포은의 출처에 대해 의심을 하였습니다. 저의 생각으로도 정포은의 한 번 죽음은 자못 우스운 것이었습니다. 공민왕조에 대신 노릇을 삼십 년이나 하였으니, '불가하면 벼슬을 그만둔다'는 (옛 성현의) 도리에 부끄러운 일입니다. 또 신우辛禑 부자를 섬겨 그들을 왕씨 출생이라고 여기면서도 다른 날 추방하는 데 참예參預한 것은 무슨 이유에서였을까요? 십 년을 신하의 위치에서 섬기다가 하루아침에 추방하고 살해하였으니, 이것이 될 일입니까? 만일 왕씨에게서 출생한 것이 아니라면 그것은 곧 여정呂政(秦始皇)이 제위帝位에 오름으로써 영씨嬴氏는 이미 망한 것과 같은 것입니다. 그런데도 아무렇지 않은 듯 종사하여 그 녹을 먹었습니다. 이와 같은 일이 있은 뒤에도 다른 임금을 위하여 죽었으니, 저로서는 깊이 깨닫지 못하는 바가 있습니다.[67]

조목조목 빈틈없이 논리를 갖추어 비판한 데 대해 이황으로서도 어느 정도 인정하지 않을 수 없었을 것이다. 『성호사설』에 의하면 이황도 처음에는 송유宋儒 호치당胡致堂(胡寅)의 논의를 이끌어 정몽주의 출처에 의문을 표하였다고 한다.[68] 그러나 정구에게는 정몽주의 성덕成德과 대절

66) 『南冥別集』, 권2, 18a, 「言行總錄」, "先生嘗論圃隱出處曰: 禑昌之是辛是王, 不容辨說, 其時, 辛旽穢亂朝家, 崔瑩侵犯上國, 非君子仕宦時, 而猶不去, 是甚可疑."

67) 『退溪文集』, 권39, 12b 「答鄭道可逑問目」, "南冥曺先生, 嘗以鄭圃隱出處爲疑. 鄙意鄭圃隱一死, 頗可笑. 爲恭愍朝大臣三十年, 於不可則止之道, 已爲可愧. 又事辛禑父子, 謂以辛爲王出歟, 則他日放出, 己亦預焉, 何也? 十年服事, 一朝放殺, 是可乎? 如非王出, 則呂政之立, 嬴氏已亡, 而乃尙無恙, 又從而食其祿, 如是而有後日之死, 深所未曉." 『南冥別集』, 권2, 18b에 실린 原文과는 다소의 출입이 있다.

68) 『星湖僿說』, 권22, 「經史門」, <牛繼馬> "如曺南冥謂: 鄭圃隱一死, 頗可笑. 退溪亦引致堂之

을 먼저 보아야 할 것이요 조그만 허물을 먼저 보아서는 안 될 것이라고 답하였다.

> 정자程子의 말씀에 "사람은 허물이 있는 가운데서 허물이 없기를 구해야 하지, 허물이 없는 가운데서 허물이 있기를 구하는 것은 옳지 않다"라고 하였습니다. 정포은의 정충대절精忠大節은 천지天地에 경위經緯가 되고 우주에 동량棟梁이 된다고 할 수 있습니다. 그런데 세상에서 의론을 좋아하고 남을 공박하기 좋아하는 사람들은 남의 미덕을 이루어 주는 것을 즐겨하지 않아 겁내고 꺼려하여 마지않으니, 나는 매양 귀를 막고 그런 말을 듣지 않으려 합니다. 그대 역시 그런 병통이 있는 것이 아닙니까?[69]

단아하고 온건하며 아랫사람의 허물까지도 감싸주는 이황의 성격이 잘 드러난 대답이지만, 정구의 의미 있는 문제 제기를 다소 싱겁게 일축해 버린 듯한 감이 있다. 정구가 일세 사림의 추앙을 받는 거유의 출처에 의문을 제기한 것이 단순히 남의 허물을 들추어내려는 데 목적이 있는 것이 아님은 이황도 잘 알고 있었을 것이다. 그럼에도 질문한 정구에게 '병통' 운운하며 정색한 것은 정구가 조식의 의중을 대변한 것에 대한 대응적 성격이 짙다고 할 것이다.

당시까지 정몽주의 출처대의를 정식으로 문제 삼고 나선 학자는 없었다. 율곡 이이가 정몽주에 대해 "정포은을 리학지조理學之祖라고 하는데, 내가 보기에는 사직을 편안케 한 신하이지 유자는 아니다"[70]라고 하여 유자(道學者)로서의 자격에 의문을 제기한 적은 있지만, 출처대의를 문제

論, 又疑圃隱之出處. 然先生有答寒岡論, 有掩耳不欲聞之語, 此爲定論耳."

69) 『退溪文集』, 권39, 12b~13a, 「答鄭道可逑問目」, "程子曰: 人當於有過中求無過, 不當於無過中有過. 以圃隱之精忠大節, 可謂經緯天地, 棟梁宇宙. 而世之好議論, 喜攻發, 不樂成人之美者, 嘵嘵不已. 滉每欲掩耳而不聞, 不意君亦有此病也."

70) 『栗谷全書』, 권31, 59b, 「語錄(上)」, "鄭圃隱號爲理學之祖, 而余以觀之, 乃安社稷之臣, 非儒者也."

삼은 것은 아니었다. 조식과 정구의 문제 제기가 학술사적으로 의미가 있어 보이지만, 동국 도통에서의 정몽주의 위치에 눌려 제대로 조명되지 못한 것은 다소 아쉽다고 하겠다.

조식은 김종직에 대해 "점필재의 행실은 후세에 의논이 없을 수 없다"(『要尊錄』)라고 하였고, 또 「서경현록후書景賢錄後」에서는 "(한훤당) 선생이 스승인 점필재에게 다른 마음을 품은 것은 훗날 논의가 있을 것이다. 그러나 이는 실로 선생으로서는 부득이한 경우라고 하겠다"[71]라고 하였다. 김굉필과 김종직의 사이가 벌어진 이유는 정확히 알기 어렵지만, 대개 김종직이 중망衆望과는 달리 지나치게 현실타협적인 처세로 일관하자 이에 불만을 가진 김굉필이 "난초도 속된 것을 따라 결국 변하는 것이라면(蘭如從俗終當變), 어느 누가 소는 밭 갈고 말은 타는 것이라고 믿을 수 있으리(誰信牛耕馬可乘)" 하는 시를 보냄으로써 틈이 생기게 되었다고 한다.[72] 조식의 비판적 태도에 이황은 "점필옹에게는 과연 남명이 말한 것과 같은 점이 있다"라고 일단 인정하면서도, "사문斯文을 붙들어 세운 데서 공이 매우 많으니 어찌 심하게 배척할 수 있겠는가"[73]라고 하였다. 김종직에 대해 "점필재는 학문하는 사람이 아니다. 종신사업이 단지 사화詞華에 있을 뿐이니 문집을 보면 알 수 있다"[74]라고 심하게 비판한 적이 있는 이황이었지만, 다른 한편으로 그는 김종직이 문장을 통해 도학에 들고(沿文泝道) 뭇사람의 혼미함을 일깨운(喚起群昏) 공이 있다고 인정하면서 김종직의 사상사적·문학사적 위치를 '문기팔대지쇠文起八代之衰'로 평가받는 한유韓愈에 비하기도 하였다.[75] 공과 한계를 아울러 보는 이황다운 후덕함이다. 이황의 입장은

---

71) 『南冥集』, 권4, 補遺, 「書景賢錄後」, "先生之貳於佔畢齋, 亦不得無議於他日, 此實先生不得不貳之地也."

72) 『退溪文集』, 권22, 20a~21b, 「答李剛而別紙」

73) 『退溪文集』, 권35, 5b, 「答裵汝友」, "佔畢翁果有如南冥所云. 然亦甚有扶植處, 何可深斥."

74) 『退溪言行錄』, 권5, 「論人物」, "金宗直非學問底人, 終身事業只在詞華上, 觀其文集可知."

75) 『退溪文集』, 권1, 「和陶集飮酒二十首」, <其十六> "吾東號鄒魯, 儒者誦六經. 豈無知好之,

기본적으로 출처진퇴만 가지고 선유를 평할 수 없다는 것이었다. 태산북두와 같은 점필재를 비난만 한다면 어디서 제대로 된 사람을 구할 수 있겠느냐는 것이다.[76]

조식은 회재 이언적이 벼슬에 연연하다가 끝내 권간權奸에 의해 쫓겨나 죽었다 하여 진정한 유자로 인정하지 않았다. 일찍이 이언적은 조식을 조정에 추천한 적이 있었다. 이때 조식은 "나는 그와 하룻밤도 다정히 보낸 적이 없는데, 남의 말만 듣고 나를 칭찬하였다면 또 남의 말을 듣고 나를 비난할 것이다" 하면서 호의를 거절한 적이 있었다. 이후 이언적이 경상감사가 되어 조식에게 만나보기를 청하였을 때에도 "나는 상공相公께서 벼슬에서 물러나 고향으로 갈 날이 멀지 않았다고 생각합니다. 그때 제가 각건角巾을 쓰고 안강리安康里 댁으로 찾아뵈어도 늦지 않을 것입니다"라고 하면서 거절하였다. 겉으로는 거자擧子 신분으로 감사를 만날 수 없다는 구실이었지만, 기실 이언적이 벼슬에 연연하는 것을 기롱한 것이었다. 이후에도 조식은 「해관서문답解關西問答」을 지어 이언적의 출처진퇴를 비판하였다. 이 글의 저술 목적은 이언적과 그 아들 이전인李全仁의 문답인 『관서문답』에서 잘못 기록된 것을 바로잡는다는 것이었으나, 내면적으로는 이언적의 학문과 식견, 처신을 비판하려는 것이었다.

나는 일찍이 복고가 성현의 도를 배웠으면서도 치지致知의 소견이 분명치 못함을 안타깝게 여겼다. 당시에는 대윤大尹과 소윤의 싸움이 곧 일어날 듯하여 나라의 형편이 위태롭기 그지없다는 사실을 어리석은 아낙네도 알고 있었다. 그럼에도 복고는 낮은 관직에 있을 때 일찍 물러나지 않다가, 중망衆望을 입어 그만둘 수 없는 지경에 이르러 낯선 땅에 유배되어 죽고 말았다. 명철보신明哲保身의

何人是有成. 矯矯鄭烏川, 守死終不更. 佔畢文起衰, 求道盈其庭. 有能靑出藍, 金鄭相繼鳴. 莫逮門下役, 撫躬傷幽情."

76) 『退溪文集』, 권20, 11a, 「答黃仲擧」, "佔畢出處, 雖亦似然. 然亦難以是議其人, 其人於本朝, 有山斗之望. 亦欲加詆, 則更於何處得人來耶?"

식견에는 모자람이 있었던 듯하다.

이것은 이후에 나온 율곡 이이의 이언적 비판과 맥락을 같이한다. 그러나 이황은 이와 반대로 「회재행장」에서 이언적을 '선생'이라 일컬으며 그의 학문을 극구 칭송하였다. 이황은 이언적의 『대학장구보유大學章句補遺』·『구인록求仁錄』·『중용구경연의中庸九經衍義』 등을 통해 그 학문을 엿볼 수 있지만 특히 망기당忘機堂 조한보曺漢輔와 무극태극無極太極을 논한 글 4~5편에 정밀한 식견과 독득獨得의 묘리가 잘 드러나 있다고 하면서, 이 서한의 글은 유도儒道의 본원을 천명하고 이단의 사설을 막은 것으로서 한결같이 정도正道에서 나왔다고 강조하였다.[77] 이언적에 대한 이황의 존숭은 일반의 예상을 뛰어넘는 것이었다. 광해군 2년(1610)에 이르러 문묘에 종사된 것도 이황의 이와 같은 표장表章에 힘입은 것이라 하겠다. 이렇게 볼 때 뒷날 후학들이 이황의 학통을 이언적에게 연결시켜 회퇴학파晦退學派라 한 것도 무리는 아니다. 또 이황의 문하 제자들이 이언적을 동방사현의 한 사람으로 받들어 모신 것 역시 이황의 뜻을 잘 이어받은 것이라 할 수 있다.

조식은 인물 평가에서 출처진퇴를 큰 가치기준으로 삼았다. 이 문제가 잘못되면 학문을 이루지 못하고 인생까지 망치게 된다는 것이다. 이에 비해 이황은 처세, 처신의 문제보다도 학문(理學·道學)과 성덕成德에 더 중점을 두고 평가하였다. 여기서 선현에 대한 두 사람의 평가 기준이 어떻게 다른지를 엿보게 된다. 이언적에 대한 평가를 놓고 벌어진 조식과 이황 사이의 견해 차이는 눈에 보이지 않는 갈등의 요소가 되었다. 뒷날 양문의 경쟁의식과 맞물려 갈등이 점차 심화되었고, 이언적과 이황의 문묘종사를 계기로 최고조에 달하였다.

77) 『退溪文集』, 권49, 「晦齋先生行狀」 참조.

6. 결론

조선유학사에서 이황과 조식의 위상은 췌언贅言을 필요로 하지 않는다. 영남지역에서 두 사람이 신명처럼 받들어져 왔다는 점도 부언할 것 없다. 사람들은 두 사람을 '동도동경同道同庚'의 인연이라고 했다. 그러나 두 사람 사이에는 공통점보다 차이점이 더 많았고, 학파의 규모나 비중이 대등하다 보니 상대편을 의식하지 않을 수 없었다. 나중에는 그들을 따르는 문인 후학들 사이에서 경쟁의식이 생겨났던 것이 사실이다.

이황과 조식은 상대에 불만을 가지면서도 자잘한 비난을 삼가며 거유巨儒로서의 품격과 위엄을 잃지 않았다. 두 사람 사이의 이질성이 상존함에도 문호는 개방되어 있어, 당대에는 심각한 상황으로 비화되지 않았다. 그러나 후일 정치적 입장 차이가 더해지면서 구거溝渠가 깊어지게 되었다. 뒷날 이를 의식한 두 학파의 후학들은 학파 간의 화해를 주선하기도 하고, 두 사람의 학문이 본질적으로 차이가 없음을 애써 강조하기도 했다. 이러한 기조는 오늘날에도 이어지고 있는 것 같다.

그러나 퇴계학파와 남명학파의 분파가 정치적 이유 때문만이 아니라는 점은 인정해야 될 것이다. 분파에 이르게 된 데에는 이황과 조식 사이에 놓인 수많은 차이점이 작용하였음은 부인하기 어렵다. 필자는 두 학파가 서로 특성을 달리한다는 점을 더 중요하게 생각한다. 드러난 그대로 보고 평가하는 것이 더 바람직하다.

이황과 조식은 타고난 성격, 기질, 학문 태도, 학문적 지향점, 출처진퇴관 등 여러 면에서 큰 차이를 보였다. 두 사람 모두 자신의 길을 일관되게 갔고 자신이 생각하는 학문 본령을 충실하게 지켰다는 공통점은 있다. 그렇지만 보기에 따라서는 같은 점을 찾아보기 어려운 것이 사실이다. 순수 학자형과 호걸형이 같은 길을 갈 수는 없었을 것이다.

두 사람은 상대의 위상을 인정하고 더할 수 없는 존경의 염을 표했다. 인간적으로는 매우 성숙한 모습을 보여 주었다. 그러나 상대의 학문과 출처진퇴 등에 대해서는 비판을 아끼지 않았다. 비판은 주로 이황의 주도로 이루어졌고, 조식은 대체로 소극적 대응에 그쳤다. 이황이 조식을 비판한 것은, 경쟁의식이 전혀 없었다고 하기는 어렵지만, 『춘추』에서 말하는 책비責備[78]의 의미가 크다. 그것도 문하 제자들의 교육을 위한 것이었다고 할 수 있다. 다만 조식의 학문에 대한 배려와 이해는 부족한 점이 있는 것 같다. 또 나의 단점을 남의 장점으로 보완하는 측면에서도 흡족하지 못한 부분이 있다고 본다. 이것은 이황이 리학의 천명과 이단의 배척을 자신의 임무로 삼았기 때문에 불가피한 측면은 있다.

이황은 조식의 사람됨이 심상하지 않다고 하여, 조식이 호걸형·고사형高士型 학자임을 인정하였다. 그리고 조식이 여러 학문을 섭렵하여 순정醇正하지 못한 데다가 특립독행特立獨行으로 일관하여 후학들이 배우기 어렵고 자칫 이학異學의 유혹에 빠질 가능성이 많다고 보았다. 또 여기에는 노장의 학문이 빌미가 되는 경우가 많다고 하였다. 뿐만 아니라 상기호이尙奇好異하여 파격과 과격을 예사로 하기 때문에 중도中道를 가지고 요구하기가 어렵다고 하였다. 이황은 학문을 곧 실천으로 보는 조식과 달리 학문과 실천을 별개의 것으로 보고, 독실한 실천을 위해서는 철저한 궁리가 필요하다고 보았다. 이런 맥락에서 이황은 조식이 의리에 투철하지 못하여 진취적인 사업에서 볼만한 것이 없다고 하였다. 이를 보면 이황은 조식의 드높은 기개와 절조는 인정했지만 일세의 표준이 될 만한 학자로는 인정하지 않았다. 조식이 이황을 내려다본 듯한 일면이 있는 것처럼 이황 역시 조식을 높게 평가하지 않았다.[79] 이런 것들은 일차로 양인의

78) 賢者에게 모든 것을 구비하기를 責한다는 의미이다. 『春秋』의 筆法에서는 보통 사람은 여간해서 잘못을 비판하지 않지만, 현자의 경우 조그만 허물이나 실수라도 비판하여 완전하게 되기를 요구한다.

학문관에서 비롯되었다고 할 수 있다.

이황의 평가 내지 비평에 대해 조식의 역비판도 있을 법하지만, 조식은 그와 관련한 문자를 남기지 않았다. 조식의 평소 성격으로 보아 범연하게 흘려버리고 개의하지 않았을 수도 있을 것이다. 이에 대해 성호 이익은 "퇴계만 덕이 순수하여 하자瑕疵가 없었던 것이 아니라 남명 역시 한 점의 시기나 혐오가 없었음을 볼 수 있다. 본받을 만하다"[80]라고 하였다. 그러나 조식은 이황의 비평에 대해 관심을 보였고, 이황의 비판에 대한 응수라고 할 만한 언급들을 제자들에게 남겼다. 그냥 넘기지는 않았던 것이다.

조식의 입장에서는 이황의 비판을 겸허하게 받아들이기 어려운 점이 있었을 것이다. 그러나 이황의 비판이 사실과 거리가 있는 것은 아니었다. 비판 가운데 조식의 학문이 순수하지 못한 것에 대한 비판은 조식을 겨냥한 것인 동시에 그 후학들에게서 나타날 여폐餘弊에 대한 염려였던 것이다. 그것은 다음에 소개하는 이황의 시를 통해 엿볼 수 있음직하다.

立脚能堅不轉機	입각지를 굳건히 다져 변치 않게 한다면
借虛喩實未爲非	'허'를 빌려 '실'을 설명해도 잘못될 것 없다네.
恐君未到程朱域	그대 아직 정·주의 경지에 못나갔거니
欲攻異端終誤歸	이단을 공부하려다가 잘못될까 걱정일세.[81]

일찍이 서경덕의 문인 남언경南彦經이 이황에게 "정자·주자는 노자·장자의 말이라도 이치에 맞는 것이면 인용하는 것을 꺼리지 않았다"라고

79) 의례적인 표현에서도 조식에 대한 이황의 의식이 묻어난다. 조식은 이황에게 '선생' 또는 '斯文의 宗匠', '賢者' 등으로 불렀지만 이황은 조식을 '公'이라 하거나 '남명'으로 호칭하는 데 그쳤다.

80) 『星湖僿說』, 권9, 「人事門」, '退溪南冥' 참조.

81) 『退溪文集』 外集, 권1, 「次韻答士炯時甫」.

하자 이에 대해 준엄하게 규계規戒한 것이다. 이황은 조식에 대해 "이단에 물들었다"고 직접적으로 비판하기보다 "노장이 빌미가 되었다"고 다소 조심스럽게 말했지만, 조식의 문인들은 이를 심각하게 받아들였다. 그런데 사실 여부와는 별개로 이황의 염려가 사실로 드러났다는 것이 퇴계학파 학인이나 기호학파 학인들의 공통된 견해인 듯하다. 조식의 학문이 불순정하여 유학에서 벗어났기 때문에 정인홍처럼 명교名敎에 득죄得罪한 사람이 나왔다는 것이다. 택당澤堂 이식李植(1584~1647)의 비판을 들어보기로 한다.

> 퇴계는 남명의 의론議論과 기습氣習이 후폐後弊가 있을 것이라 생각하였다. 이른바 "기절氣節을 숭상하고 이상한 것을 좋아하여 중정中正한 도리로 요구하기는 어렵다"는 등의 말은, 대개 도가 행해지지 않아 현명한 사람이 중도에서 지나쳐 다른 가닥으로 빠질까 두려워했을 따름이었다.…… 퇴계가 속으로 근심하였던 것이 정인홍에 이르러 비로소 드러났으니, 역시 후학의 귀감이 될 만하다.[82]

이황과 조식의 학문관·출처관 등의 견해 차이에서 비롯된 두 학파의 대립 갈등은 여러 가지 부정적 측면을 초래하였다. 그러나 긍정적으로 이해할 측면이 없는 것은 아니다. 이황과 조식의 견해 차이를 통해 두 학파의 성격이 뚜렷하게 부각되었고, 상대의 장점을 취할 수 있는 기연이 조성되어 갔다. 상대를 의식하고 행동함으로써 학파가 정화淨化되는 등 순기능도 작지는 않았다고 본다. 특히 이황이 "남명의 장점을 취하라"고 한 것과 같이 여러 학자들이 양문을 함께 출입하면서 두 사람의 장점을 모두 취하여 성덕군자成德君子가 되었음에 주목해야 될 것이다. 그 중에서도 「독서첩讀書帖」과 「양호첩養浩帖」을 지어 두 사람의 학문을 종합·계승하고자 했던 한강 정구의 사상과 위상을 간과해서는 안 될 것이다.

---

82) 『澤堂別集』, 권15, 15a~16a, 「追錄」 참조.

이황과 조식이 일생토록 한 번도 만나지 못했음을 후학들은 안타깝게 여긴다. 일찍이 이황은 서경덕을 추모하는 시에서 "그가 살았을 적에 한 번 만나보았더라면(當年如見得), 십 년 글 읽는 것보다 차라리 나았을 것을(勝讀十年書)"83)이라고 애달파하였다. 평생 정신적 교유로 끝나버린 조식에 대한 생각도 이와 다르지 않았을 것이다. 두 사람의 만남이 불발된 것은 주위 배경 탓이 크다고 생각한다.

83) 『退溪文集』, 권2, 17a, 「徐處士讀花潭集後」 第二首 참조.

제4장 『석담일기』의 역사의식과 서술 방법

1. 머리말

1970년대 이후로 오늘에 이르기까지 약 40여 년의 짧은 기간에 율곡 이이에 대한 연구는 괄목할 만한 성장을 하였다. 이제는 참신한 연구 주제를 정하기가 쉽지 않을 정도로 다방면, 다각도로 연구가 진행되었다. 그러는 중에도 이이의 『석담일기』[1]에 대한 연구는 전무한 실정이었는데, 필자가 2008년에 개괄적 내용의 연구 논문을 발표함으로써 적료寂寥함을 면하게 되었다. 『석담일기』가 이이의 입언대의立言大義가 담긴 역사서이자 경세에 관한 전문서로 평가받아 온 것에 비추어 볼 때, 저간에 그에 대한 연구가 없었다는 것은 의외의 일이 아닐 수 없다.

필자의 졸고는 『석담일기』에 대한 예비적·시험적 탐구였다. 『석담일기』에 대해 개괄적이고 종합적인 연구를 수행한 것이다. 다만 비교적 폭넓게 고찰하면서도 그 저술 의도와 목적에 논술의 초점을 두어, 『석담일기』가 경세의 비전을 담은 '기획된 저술'이라는 점을 부각시키려 하였다. 또

1) 『栗谷全書』에 실린 「경연일기」가 '今上實錄'이라는 原題에서 '경연일기'로 바뀌게 된 과정과, '석담일기'로 불러야 여타의 경연일기와 구별할 수 있다는 점은 필자가 발표한 「'석담일기'의 필법과 율곡의 경세사상」, 『유교문화연구』 제13집(2008), 62~64쪽 참조.

『석담일기』의 성격과 서술방법에 대해 살펴보고, 춘추필법春秋筆法[2]과 어떻게 같고 다른지, 그리고 특성과 의의, 한계는 무엇인지를 탐색하고자 하였다.

본고는 이미 발표한 논고의 후속편 성격을 띤다. 『석담일기』에 관한 경개梗槪는 앞서 발표한 글에 미루고, 여기서는 『석담일기』의 역사의식과 서술 방법에 논의를 집중시킴으로써 『석담일기』의 성격을 보다 분명하게 하고자 한다.

2. 『석담일기』의 저술 의도와 역사의식

『석담일기』는 『대동야승大東野乘』 같은 야사류 총집總輯에도 들어 있지만 예사 일기는 아니다. 조선조 선유先儒들 가운데 일기 특히 경연일기를 써서 남긴 이들이 상당수 있지만 이이처럼 십만 언이 훨씬 넘는 방대한 분량을 남긴 경우는 드물다. 또 내용 면으로 보더라도 기술의 상세함이라든지 주도면밀함에서 단연 첫손에 꼽힐 만하다. 야사 정도로 보기에는 역사의식과 서술 방법이 매우 분명하고 엄정하다. 그러기에 선유들도 『석담일기』를 이이의 사법史法이 들어 있는 저술로 평가하였다. 이이는 사건과 인물을 기술하면서, 경세에 대한 자신의 자임과 경세적 식견, 시국을 보는 통찰력, 학문과 사상 등을 전후 입체적으로 서술함으로써 '입언대의'가 잘 드러나도록 기획하였다. 그런 점에서 『석담일기』는 치밀하게 기획된 전심傳心의 역사서라 할 것이다.

---

2) '춘추필법'이란 말은 두 가지 의미를 동시에 지닌다. 하나는 인물과 사건을 객관적으로 기술하여 후세에 전한다는 역사의식 내지 역사정신이고, 다른 하나는 『춘추』에서 볼 수 있는 독특한 역사서술방법이다. 후자는 書法이라는 말로 사용되기도 한다. 여기서는 후자의 의미로 사용하였다.

『석담일기』는 실록의 구성 요소를 구비하였다. 편년체의 서술에다 기사 본문과 약간의 세주細註, 그리고 사론史論으로 구성되어 외양상 실록의 체재를 갖추었다. 내용 역시 실록에 실리는 내용을 망라하였다.[3] 원본에 '금상실록今上實錄 권지일卷之一' 운운한 표제가 있었던 것으로 보아, 이이 스스로 '실록'을 편수하는 사관史官을 자임하여 뚜렷한 목적과 역사의식을 가지고 이 일기를 작성하였던 것 같다. 사마천司馬遷이 국가의 공식 사관이 아니면서도 『사기』를 편수하였던 전례를 본보기로 삼은 듯하다.

『석담일기』에는 서문이나 발문, 범례가 없기 때문에 저자의 저술 의도와 목적 등을 분명히 알기가 어렵다.[4] 저자가 경세의 요전要典이요 전심傳心의 요결을 담은 저술로 기획했다면 자신의 심중을 은미하게나마 드러낼 수도 있었을 터인데, 철저하게 묻어 두었다. 친필 필사본을 지구知舊와 문제자門弟子에게 부촉咐囑하여 후세에 전하도록 한 것을 보면, 이이 자신이 일정 기간 공개를 꺼렸음이 분명하다. 이 일기가 이이 당대의 기록인 만큼 당대에는 용납되기 어려운 점이 있고,[5] 또 일정한 시일이 지난 뒤에야 공정한 평가를 받을 수 있다는 믿음에서였을 것이다. 이것은 일찍이 사마천이 『사기』를 엮고 나서 "명산에 감추고 후세의 성인군자를 기다린다"라고 한 것과 같은 심정이라고 생각한다.[6] 이이가 세상을 떠난

---

3) 전통적으로 역사서에는 統系, 歲年(紀年), 名號, 卽位, 改元, 尊立, 崩葬, 簒弑, 廢徙幽愁(폐위와 유폐), 祭祀, 行幸, 恩澤, 朝會, 封拜, 征伐, 廢黜, 人事, 災祥(日食·地震·災異) 등 약 20여 가지의 항목을 싣지만, 크게 보면 사마광이 『자치통감』에서 밝힌 바와 같이(「進書表」 참조) ① 군신의 事迹, ② 국가의 성쇠, ③ 生民의 休戚 이 세 주제에서 벗어나지 않는다고 본다. <참고> '존립'에 대해 『통감강목』 범례에서는 "尊은 太上皇·太皇·太后·皇太后를 높임을 말하고, 立은 황후·황태자를 세움을 말한다"라고 하였다.

4) 서문이나 발문, 범례는 고의로 쓰지 않았던 것 같다.

5) 정치적으로 민감한 내용이나 임금의 忌諱에 저촉되는 내용이 적지 않았던 만큼 당쟁에 악용될 소지가 있었고, 나아가 史禍를 야기할 수도 있었다. 이이의 후학들은 『석담일기』 때문에 이이가 泉壤之禍를 입을까 두려워하였고, 또 자파가 정치적으로 불리해지거나 곤경에 놓일까 염려하였다. 이런 까닭에 공개하는 것을 극도로 꺼렸으며 상당 기간 비장된 채 내려왔다.

6) 사마천의 말은 『春秋公羊傳』, 哀公 14년, '西狩獲麟' 대목의 말미 注에서 "制春秋之義,

지 1백 년이 다 된 숙종 8년(1682)에 문집에 실리게 된 것은 이이의 뜻을 반영한 것이라 할 수 있다. 다만 사마천이 당장의 공개를 꺼리면서도 자서自敍를 붙여 입언의 취지를 분명하게 밝힌 것과는 대조가 된다.

이이의 문집을 보면 지구문인知舊門人들에게 '고독', '안타까움'을 토로한 경우가 적지 않다. 그의 인품과 학문과 경륜을 몰라주고 온 조정이 그를 공격하자 그는 정치에 대해 실의를 느꼈던 것 같다. 특히 계미삼찬癸未三竄에 의해 집중 공격을 받은 것이 결정적 계기가 되었던 것 같다. 이이는 자신의 처지를 일찍이 주희가 위학僞學으로 배척당한 것에 은근히 비유하기도 하였다.[7] 『율곡어록』에 따르면, 주희가 신선술 내지 단홍술丹汞術의 원조로 알려진 『참동계參同契』를 발휘한 취지가 어디에 있느냐는 문인 박여룡朴汝龍의 질문에 대해 이이는 "굴원屈原이 당시 세태를 상심하여 『이소경離騷經』의 마지막 장에 신선이 되어 하늘로 올라가는 이야기를 실었다. 주자 또한 만년에 위학의 화를 만나 그러한 의사가 있었으며, 당시 제자의 말에도 그런 뜻이 보인다"라고 하였다. 이어 "그러면 어찌하여 그 뜻을 분명하게 말하지 않았느냐"라는 질문에 그는 "지금의 세상에 살면서 지금 시대를 상심하는 말을 분명히 할 수 없는 것이다. 『초사』를 주석한 것도 이런 뜻이다. 다만 『참동계』의 서문에서 '공동도사空同道士 추소鄒訢라도 이 뜻을 알지 못한다' 하였다"라고 답하였다.[8] 이것을 보면, 이이가 만년에 정치 현실에 실의한 뒤 『석담일기』를 정리한 것이라든지, 또 이것을 철저하게 비밀에 부친 채 후세의 공안公眼을 얻게 한 것은

以俟後聖, 以君子之爲, 亦有樂乎此也"라고 한 데 근거한 것으로 보인다.

7) 『栗谷全書』, 권11, 33b, 「答宋雲長」, "晦菴屢疏, 至於孝宗大怒, 欲治其罪, 而終至於時論斥以僞學, 則其辱無乃甚於今日乎."

8) 『栗谷全書』, 권31, 53b, 「語錄上」, '金振綱所錄', "因論神仙之說, 汝龍問朱先生發揮參同契者何意. 曰: 屈原傷時, 而離騷之卒章, 有登仙之語. 朱子晩遭僞學之禍, 有此意思. 當時弟子之言, 亦有此意. 曰: 然則何以不明言其意耶. 曰: 居今之世, 傷時之說, 不可明言也. 註楚辭亦此意. 但參同契序曰: 空同道士鄒訢, 未知此意."

주희의 유의遺意와 비슷한 점이 있다.

『율곡연보』를 보면 "선생은 출신出身한 뒤부터 조정의 정치에 대한 사의私議로, 대체大體에 관계되고 후세에 본보기가 될 만한 것을 항상 기록하였다"[9)]라고 한다. 또 일찍이 경연經筵에서 조종조祖宗朝의 역대 고실故實을 찬차纂次하여 일대 고거考據의 자료로 삼을 수 있도록 찬집청纂集廳을 설치할 것을 청하였다고 한다.[10)] 이런 점에 비추어 이이는 평소 당대의 역사 서술에 적지 않은 관심을 가졌고, 이것이 논사論思의 임무를 띠고 경연에 입시하거나 춘추관春秋館의 관직을 겸직하면서 심화되었을 것으로 짐작된다.[11)] 실제로 『석담일기』에는 그가 경연과 춘추관에 근무하던 시절에 접했던 각종 정보와 자료가 잘 반영되어 있다.

『석담일기』는 저술 의도가 '도덕'과 '경세'에 있다. 도덕사회를 건설하는 것이 이이의 궁극적 목표였고, 이를 성취하기 위해서는 경세적 역량이 무엇보다도 중시되었다. 그가 도덕과 경세라는 뚜렷한 목적의식을 가지고 관련된 사실들을 모아 논의를 이끌어서 이른바 '속사비사屬辭比事'[12)]했다는 점, 필삭筆削[13)]과 포폄褒貶의 원칙에 따라 자료를 취사하여 사실을 기술하고 후세에 감계鑑戒를 드리웠다는 점에서 『석담일기』는 『춘추』의 역사의식을 충실히 계승하였다고 할 수 있다.[14)] 사관史觀의 측면에서는 도덕사관이요 감계사관이라 할 수 있다.

---

9) 『栗谷全書』, 권34, 21b~22a, 「年譜」, 46세조 참조.

10) 『栗谷全書』, 권34, 31b, 「年譜」, 48세조 참조.

11) 「年譜」에 의하면, 이이는 33세 때인 선조 2년(1568) 겨울에 겸직으로 춘추관 기주관에 임명되었고, 40세 때인 선조 9년(1575) 7월에 홍문관 부제학으로 춘추관 수찬관을 겸하였으며, 46세 되던 1581년 11월에 知經筵春秋館事에 임명되었다. 『석담일기』는 1581년 11월에서 끝나 그 배경이 궁금하다.

12) 본디 글을 지어 사실을 배열함, 또는 문구를 계속 잇고 사항을 나열함의 의미이다.

13) 『춘추』에서 말한 필삭의 원칙에 따라 이이 자신의 心法과 經世大志를 전개하는 데 필요한 사료들을 추리고 追記한 뒤 詳略簡繁을 조절한 듯하다.

14) 필삭과 포폄을 가했다는 데서 『석담일기』는 『춘추』의 역사정신을 이었지만, 微言이 아닌 直言을 기본으로 한 점에서 서술방식 상의 차이가 있다.

『석담일기』는 이이 30세 때인 명종 20년(1565) 7월부터 시작되어 46세 때인 선조 14년(1581) 11월 기사를 마지막으로 끝을 맺었다. 진정한 사림정치의 시작을 선조 즉위 이후로 보아, 사실상 선조 즉위년(1567) 6월 이후를 기점으로 자세하게 기술하였다. 『석담일기』는 문정왕후의 발인 기사로부터 시작된다. 이것이 우연일까. 필자는 여기에 미언이 담겼다고 본다. 문정왕후의 죽음과 함께 정계가 사림으로 재편되기 시작했던 역사적 사실에 기초하여, 사림이 정계의 주축을 이루는 것을 '지치至治'의 시작으로 보려 했던 자신의 역사관을 반영한 것이다. 『석담일기』 시작 부분에서는 명종 20년(1565) 문정왕후의 죽음과, 동년 8월 폐신嬖臣 윤원형尹元衡의 삭탈관작 및 추방, 동년 11월 윤원형의 죽음, 명종 21년(1566) 3월 이황李滉의 대제학 임명, 동년 4월 양종兩宗 선과禪科의 폐지, 명종 22년(1567) 6월 명종의 죽음과 선조의 즉위 등, 2년 여 동안 전개되었던 굵직한 사건들을 대서특필하였다. 사림과 사림정치 나아가 도학정치에 대한 기대는 『석담일기』의 벽두에서부터 엿볼 수 있다.

『석담일기』 마지막 기사는 경세제민을 위한 국가적 기구인 경제사經濟司의 설치를 건의한 것이다. 이는 공자가 '획린獲麟'에서 절필絕筆한 것과 같이 '경제' 두 글자가 『석담일기』의 화두이자 구경의 목적임을 드러내는 것이라고 생각한다.15) 『석담일기』에는 점진적 개혁론자로서의 이이의 활동상과 경세사상이 16년여의 기록 속에 입체적으로 펼쳐져 있다. 『석담일기』는 이이의 '경제지지經濟之志'에 중점이 있기 때문에, 여기에서 입언대의를 찾아야 한다고 본다.16) 수많은 인물평에서 가장 큰 기준이 경세제민

15) 엄밀히 말하면 『석담일기』 마지막 기사는 우의정 卜相에 관한 것으로, 이이가 우의정 물망에 올랐다가 좌절된 내용이다. 이 때문에 실의하여 일기를 閣筆한 것으로 보는 이도 있을 법하다. 그러나 이이의 公心을 믿는 필자는 이 견해를 취하지 않는다.

16) 『석담일기』에서는 經濟之才, 經濟之志, 經世 등 經國濟世와 관련한 단어가 20여 회로 가장 많이 나오고 時弊, 救時之才, 救時之策, 變通弊法 등 救時, 變通, 時弊와 관련한 단어가 그 뒤를 잇는다. 그 밖에 識時務, 改革 같은 단어도 보인다.

의 재주와 역량이 있느냐 없느냐 하는 것이었음은 이 일기가 무엇을 목적으로 하였는지를 잘 보여 준다고 하겠다.

『율곡전서』에는 이이의 경세사상, 경세론과 관련하여 많은 논論·설說·소疏·차箚 등이 있고, 이것은 대개 「동호문답東湖問答」과 「만언봉사萬言封事」로 집약되었다. 이들은 '오래 누적된 폐단을 제거하여 백성의 고통을 덜어 주는 것이 개혁'이라는 데서 그 기본 취지가 같다. 다만, 「동호문답」이 '치국의 도'라고 하는 문제 중심의 문답체 기술로 '원론적 성격'이 강하다면, 「만언봉사」는 '정책론 중심'이라는 점에서 차이가 있다. 『석담일기』는 양자의 성격을 종합한 것으로, 이이의 경세사상과 정책론이 어떠한 과정을 거쳐 형성되었는지를 시간의 선후에 따라 종횡으로 입체적으로 엿볼 수 있다는 데 특성이 있다. 즉, 이이의 학문관·시국관·경세관 등을 당시의 구체적 사건과 인물을 중심으로 응용, 서술하는 방식을 취한 점에서 '응용적 성격'이 강하다고 할 것이다.

『석담일기』의 주제어는 구시救時, 변통變通, 시폐時弊와 같은 것이라 할 수 있다. 시의時宜를 중시하고 점진적 개혁을 강조하는 이이의 지론이 반영되어 있다. 이이는 민생의 안정을 해치는 폐법弊法을 개혁하고 백성을 안정시켜 나라의 기초를 굳건히 해야 한다고 역설하였다. 이이가 말하는 개혁은 고도古道, 고례古禮를 회복하자는 '복고復古개혁'이다. 그러나 '복고'란 그저 과거의 전통으로 되돌아가자는 것이 아니라, 옛것에 의탁하여 현재의 잘못을 비판하고 이상을 제시하기 위한 것이었다.[17] 이이는 현실을 무시한 채 이상정치만을 부르짖지는 않았다. 이상정치와 현실정치를 일정하게 구분해서 보았다. 이상정치를 지속적으로 추구해 나가면서도, 현실적으로 시급한 현안을 우선적으로 해결하는 것을 바람직한 개혁의 방안으로 보았다. 또 새로운 법과 제도를 만드는 것보다 누적된 폐단을

17) 『論語集註』, 「八佾」, '射不主皮' 注, "楊氏曰: 聖人言古之道, 所以正今之失."

고쳐 민생을 안정시키는 것이 시급하다고 보았다. 그러기에 '변통폐법變通弊法' 넉 자야말로 이이 경세론의 골자라 할 수 있다. 이이가 점진적 성향을 보인 데는 조광조 등의 지치주의운동이 실패로 돌아갔던 전사前事를 경계하여, 이를 되풀이할 수 없다는 다짐이 깔려 있기도 하다.

3. 『석담일기』의 성격과 의미

『석담일기』는 '일기'라는 이름을 표방하고 있지만 내용상으로는 실록의 형태를 띠고 있다. 실제로 『석담일기』의 많은 내용이 『선조실록』에 채록된 바 있다. 『석담일기』는 실록의 체재를 갖추고 『실록』에 실리는 내용을 싣고 있으면서도, 당시 정계의 동향과 정치적 쟁점 등을 주로 기술하였다. 또한 많은 부분이 경연에서의 강의와 토론 내용이고, 여기에다 이이 자신의 계사啓辭를 소개하는 등 경연에서 활동했던 것을 덧붙임으로써 일기형 실록의 성격을 띠고 있다. 왕조실록과 성격이 통하는 점도 있지만 다른 점도 있다. '실록'과 '경연일기'의 합성형이라고 보는 것이 어떨까 한다.

『석담일기』는 개인이 편찬한 사사私史이다. 그럼에도 명칭을 '실록'이라 하였다. 이는 단순히 서사敍史의 사실성을 강조하는 차원에서 사용한 말은 아니다. 실록의 체재를 갖춘 것은 은미한 뜻이 담겨 있을 것이다. 『대동야승』에는 야승류의 하나로 실려 있고, 『선조실록』에는 『석담일기』의 기사가 원형에 가깝게 실리기도 하였다. 한 예로, 선조 14년(1581) 10월 호조판서 이이가 경제사의 설치를 건의한 장문의 기사는 『선조실록』 권15에 전재되었다.[18] 이와 같이 한편에서는 야사로, 다른 한편에서는

---

18) 『栗谷全書』, 권30, 90a~93a, 「經筵日記(三)」 참조. "丙午, 上以天災延訪"으로 시작되어

정사正史에 준하는 역사서로 인정을 받은 것은 『석담일기』가 지닌 특성에서 기인한다. 사마천의 『사기』도 본디 사관이 아닌 개인이 편찬한 역사서였지만 나중에 정사로 받아들여졌다. 이이가 개인이 편찬한 역사서임에도 '실록'이라 한 것은 후일에 정사에 못지않게 인정받기를 염원했음을 짐작할 수 있으니, 사마천의 예를 본보기로 하였을 법하다.

『석담일기』는 독자들의 이해와 판단을 돕기 위해 사실을 비교적 상세하게 서술하였다. 또 60여 개의 '근안'이라는 사론을 통해 자신의 주관을 드러내었고, 이이 자신과 관계된 내용이 주를 이루고 있다. 『춘추』의 역사 서술 방식은 역사적 평가를 겉으로 드러나지 않게 한다. 사건이나 인물을 간결하게 객관적으로 서술하는데, 이 간결한 객관적 서술 속에 서술자의 판단과 평가가 포함되어 있다. 간결한 서술과 객관적 평가가 『춘추』의 생명이라고 할 때, 자세한 서술과 주관적 평가로 되어 있는 『석담일기』는 『춘추』의 필법과는 차이를 보인다고 할 것이다.

『석담일기』에서는 외면상으로 실록에 보이는 정사의 사법史法을 쓰고 있다. 그러나 술사자述史者 자신의 언행을 자세히 기술하거나, 자신과 관계된 사실에 대해 장황할 정도로 해명 또는 변명을 하거나, 자신의 정책 건의나 저서에 대한 평가를 스스로 내린 것 등은 전례를 찾을 수 없는 것으로서 후학들에게 의문시되기에 족하였다.[19] 그러기에 박세채가 송시열에게 의문을 제기한 바도 있다.

(A) 『석담야사』가 야사이면서도 정사의 법을 온전하게 썼고, 또 자기의 언행 등을 다수 기재한 것 등의 일은 고사古史에서 이끌어 증명할 만한 것이 없어 속마음을

"珥曰: ……不可遽加威怒也"로 끝나는 『선조실록』 권15, 14년(辛巳) 10월 16일(丙午) 첫 번째 기사는 「경연일기」에 실린 1,300여 자를 전재한 것이다. 다만 「경연일기」의 해당 기사 도중에 "左右以次各陳所懷, 皆庸瑣無可取, 惟李珥柳成龍所白, 能說爲治大體矣"라고 한 것은 주관이 개입된 것이므로 삭제하였다.

19) 최영성, 「'석담일기'의 필법과 율곡의 경세사상」, 『유교문화연구』 13집, 71~72쪽 참조.

알지 못합니다. 일찍이 함장函丈(송시열)께 받들어 아뢰었지만 여태 가르침을 받지 못했습니다.[20]

(B) 율곡의 『석담야사』는 본초本草의 겉면에는 '경연일기'라 일컬었고, 속면에는 '금상실록'이라 일컬었습니다. 또 자기의 언행을 상세하게 실은 것은 사리와 체면이 매우 다릅니다. 알지 못하겠습니다만, 이것이 옛 성현께서 대처하는 의리(所處之義)에서 과연 무엇을 준적準的으로 하였는지요?[21]

이 『석담일기』는 후대 사람이 전대의 역사를 기록한 것이 아니고 술사자 자신이 당대의 역사를 기록한 것이기 때문에, 자신과 관련된 일에 개인 의견이 개입될 수밖에 없었을 것이다. 그러나 개입이 불가피한 정도가 아니라 아예 술사자 중심으로 되어 있는 것이 『석담일기』이다. 이이 자신이 일기를 통해 자신의 이념과 사상, 학문과 경륜을 펴고, 또 당시 일어났던 수많은 문제에 대해 설명하고 해명하는 장場으로 활용하였다고 보아야 할 것이다.[22] 따라서 『석담일기』는 제삼의 위치에서 철저하게

20) 『南溪集』 外集, 권6, 7b, 「答宋敍九別紙」, "而石潭日記……唯其以野史, 而全用正史法, 及多載自己言行等事, 於古無可援證者, 未知其衷. 曾以奉告於函丈前, 尙未蒙敎"(문집총간 141, 345쪽); 『南溪集』, 권69, 15a, 「跋栗谷先生外集」, " 顧其全書體例, 殆鮮舊法之可據. 有非末學如世采者所敢輕論, 謹拱以俟後之君子云."(문집총간 140, 397쪽)

21) 『南溪集』 外集, 권3, 44b, 「答宋尤齋」, "栗老石潭野史, 本草外面稱以經筵日記, 內面稱以今上實錄. 又其詳載自己言行者, 事體殊異, 未知此於古聖賢所處之義, 果何準的耶."(문집총간 141, 292쪽)

22) 이이는 『석담일기』 등에서 우회적인 방법으로 자신의 出處를 설명하거나 변호하였다. 한 예로, 퇴계 이황이 蓄妾한 일과 회재 이언적이 을사년에 推官을 맡았던 일을 예로 들면서 이언적만을 허물하였다. 그 이유에 대해 그는 "대개 사람은 덕을 이룬 뒤와 이루기 전을 구분하여 보아야 한다. 퇴계의 실수는 젊었을 때 있었지만 회재는 늙어서 이런 실수가 있었으니 구별이 없을 수 없다"(「語錄下」)라 하고, 또 "사람이 대개 40세 전에는 광대나 배우의 놀이를 하더라도 해될 것이 없다"(「語錄下」)라 하였다. 이뿐만 아니라 金權이 그의 조부 金淣(己卯名賢)의 비문을 청했을 때 이이는 "죽을 때의 處義에 온당하지 못한 바가 있어 허락하지 않았다"(「語錄下」)라고 하였다. 이러한 것들은 만년의 처신과 지조가 중요함을 말한 것이기는 하지만, 이이 자신의 入山을 두고 한 말일 수도 있다. 이이는 입산의 잘못을 인정하면서도 사고가 제대로 형성되기 이전의 일이라 하여 변명하였다.

객관적이고 중립적으로 기록한 것과는 분명히 다르다. 이는 이이의 사필史筆이 유가의 술사述史 전통에서 상당히 벗어나 있고, 어떤 면에서는 자가류自家流의 성격이 강함을 말하는 것이기도 하다.

이이는 호변好辯의 기질에서 맹자를 닮았다. 논리가 분명하고 필세筆勢가 직선적이다. 그러나 호변은 역사 서술에서 장점으로만 연결되지는 않는다. 상략간번詳略簡繁에서 중도를 잃고 지리한 느낌을 주는 감이 없지는 않다.

『석담일기』의 중요한 특성 가운데 하나가 '주관성'이 강하다는 점이다. 본디 편년체 사서에서 역사 서술자는 사론을 통해 자기의 주장을 펼 수 있다. 그런데 이이는 '근안'이라는 사론을 통해 자신의 견해를 강하게 드러냈을 뿐만 아니라, 사론 이외에서도 자신의 말을 하였다. 예를 들어 "식자識者들이 부족하게 여겼다", "식자들이 단점으로 여겼다", "식자들이 취하지 않았다", "식자들이 전연 그르다고 하지 않았다" 등등의 우회적인 방식이다. '식자'란 종래의 역사서에서 '군자君子'라고 한 것에 비할 만한 표현이다. 결국 이이 자신을 가리키는 것이라 할 수 있다. 이이는 이처럼 우의적인 표현을 자주 구사하면서 사실상 자신의 주장을 전개하였다. 이러한 것들은 사론은 아니지만 사론에 못지않은 것이다.

『석담일기』에서 가장 특징적인 것은 자기주장의 장場인 '근안謹按'이라 할 것이다. 63개에 달하는 '근안'은 사론집을 연상하게 한다. 사론의 면모는 15세 때 지었다고 하는 「온교절거론溫嶠絶裾論」을 비롯하여 「이릉론李陵論」, 「일치일란론一治一亂論」을 통해서도 엿볼 수 있다.[23]

돌이켜 볼 때, 실록의 편찬 방법 가운데 가장 두드러진 것은 기사와 사론을 분리시켜 서술하는 점일 것이다. 본래 유교적 역사서의 전범으로 받들어지는 『춘추』에는 사론이 없다. 『춘추』의 기본정신은 필삭과 포폄을

23) 『栗谷全書』 拾遺, 권3, 44a~48b, 「論」 참조.

바탕으로 한 미언대의微言大義에 있다. '미언대의'란 은미한 말 가운데 큰 의미가 담겨 있다는 것이다. 『춘추』에는 사실에 대한 기록과 기록자의 평가가 하나로 녹아 있다. 이것을 '춘추필법'이라고 한다. 『춘추』의 은미한 말에 대한 해석은 역대로 문제가 되어 왔다. 『춘추』는 다양한 해석으로 말미암아 해석학의 차원에서 다루어져 왔고, 결국 역사서보다 경서로 받들어져 온 것이 사실이다. 그러나 역사 기록은 후세 사람들이 보고 바르게 판단할 수 있도록 분명하고 자세하게 하는 것이 기본이다. 그러기에 뒤에 가서는 『춘추』보다 『춘추좌씨전』의 서술방식이 대종을 이루게 되었다. 후일 『춘추좌씨전』은 역사 서술에 지대한 영향을 끼쳤다.

『춘추좌씨전』에서는 기사와 평가를 따로 나누고 이를 함께 싣는 방법을 제시하였다. 사론의 효시는 『춘추좌씨전』이라 할 수 있다. 『좌씨전』에 보면 '군자가 가로되'(君子曰), '군자가 말하기를'(君子謂), '군자는 이렇게 생각한다'(君子以爲) 등의 말이 도처에 있다. 여기서 군자는 『좌씨전』의 저자 자신을 가리킨다. 군자 이하의 말은 후대의 사론과 같은 것으로, 사마천의 『사기』에 계승되어 본보기가 된 뒤 기전체나 편년체 할 것 없이 하나의 전통을 이루었다. 『조선왕조실록』은 편년체이면서도 사론이 있는 실록으로서 동아시아에서 유일하다.

이이가 '근안'이라 한 것은 이유가 있다. 이이는 사관史官의 위치에서 『석담일기』를 편찬한 것이 아니었다. 참람되게 '사신왈史臣曰'이라 할 수 없었다. 또한 사마천이나 사마광司馬光에 빗대 '태사공왈太史公曰', '신광왈臣光曰' 운운하면서 사론을 전개하기 어려웠을 것이다. '근안'은 본디 '신이 삼가 살피건대'(臣謹按)라는 말에서 나왔다.[24] 이 '근안'이라는 말로 미루어

---

24) 이이가 엮은 개인의 전기로서 선조 15년(1582)에 왕명으로 편찬한 「金時習傳」(『栗谷全書』 권14 所收)이 있다. 이이는 이 글에서 김시습의 전기 사항을 列記한 뒤 말미에 '臣謹按'을 붙여 김시습의 학문과 사상, 절의에 대하여 평론을 가한 바 있다. 「김시습전」은 『석담일기』에 보이는 많은 인물평 내지 史論의 본보기가 될 만하다.

볼 때, 『석담일기』가 왕명으로 찬술된 것은 아니지만 언젠가는 임금이 을람乙覽할 것을 염두에 두었음은 말할 것도 없다.

이이는 이 '근안'을 통해 역사에 대한 자신의 견해를 개진하였다. 이것은 사실상 실록에서의 사론이요 사신평으로서 다른 일기류에서는 예를 찾아볼 수 없다. 이이가 사실상의 사론을 실은 것은 그가 역대 실록을 본떠 '금상실록'을 편찬하려 한 데서 비롯된다. 공동분찬共同分撰이 아닌 단독으로 찬술한 것이라는 데서 이이의 자임自任이 더욱 빛을 발한다고 할 것이다.

이이는 사건 기사 가운데 국가의 안위, 인민의 치란, 임금의 선악, 신자臣子의 현부賢否와 충사忠邪, 국사의 득실 등에 관계된 자료들을 엄격하게 선별하여 나열하고, 중요한 사건에는 안설按說을 붙여 자신의 견해를 표명하였다. 대체로 이이가 직접 목격한 사건을 중심으로 근안을 붙인 것 같다. 일기는 중간에 빠진 달이 적지 않지만 1565년부터 1581년까지 16년 동안 계속된다. 모두 157개월의 기사에 사론이 63개에 달한다. 2.5개월에 1개의 사론을 붙인 셈이다. 상당히 많은 숫자이다.[25] 이것만으로도 『석담일기』가 매우 주관성이 짙은 사서임을 엿볼 수 있다. 일차적으로 사료 배열을 통해 주관을 개입한 데다, "식자들이 ……하게 여겼다"라는 식으로 주관을 더 개입시키고,[26] 이어 '근안'이라는 사론을 통해 주관의 정도를 심화시켰다. 이렇게 볼 때 『석담일기』는 이이 개인의 이념과 주의·주장을 전개하기 위해 전편에 걸쳐 수미일관 주도면밀하게 짜인 것임을 알 수 있다.

25) 『삼국사기』의 사론이 모두 31개에 불과한 것과 대조를 보인다.

26) 識者不取焉, 識者笑之, 識者憂之, 識者短之, 識者鄙之, 識者嗤之, 識者歎之, 識者驚駭, 識者韙之, 識者是之, 識者譏其偏, 識者閔其騃, 識者所不取, 識者以爲的論 등등 '識者'를 이끌어 평을 내린 것이 많고, 이 밖에도 君子短之, 淸議得罪焉 등 君子와 淸議를 이끌어 쓴 것도 있다. 이런 예는 실록의 '人多稱之', '人皆非之' 운운한 예와 같은 것이라 하겠다.

4. 『석담일기』의 서술 방법과 특징

1) 인물평과 포폄의식

『석담일기』는 역대 인물에 대한 포폄과 사건에 대한 시비를 논정한 것으로 유명하다. 당대에 있었던 논란의 시비를 가리고 많은 인물들의 충사忠邪와 현불초賢不肖를 판정하여 후세에 강한 감계를 드리우고자 하였다. 『석담일기』에서는 당대 인물, 그것도 이이와 같이 활동했던 사람들에 대한 평가가 다수를 이룬다. 전체 내용 가운데 6~7할에 이를 정도로 인물평이 주를 이룬다.[27] 이것은 사람이 역사를 만들고 가꾸어 간다는 인식에 기초한다. 기전체 역사서에서 열전列傳이 갖는 의미와 기능을 생각하면 공감되는 바 있다고 할 것이다.

『석담일기』에서의 인물평은 이이의 경세론을 간접 제시하는 것으로 활용되었다. 인물평에서의 가장 큰 기준은 도학이요, 이와 함께 경세제민經世濟民의 역량과 시무에 대한 건백이 있느냐 없느냐 하는 것이었다.

율곡학파 학인들은 『석담일기』에서의 포폄은 지극히 공정하여 그에 견줄 만한 것이 없다고 하고, 또 이 일기를 통해 청천백일처럼 사심 없는 이이의 모습을 읽어야 한다고 한다. 그러나 포폄 특히 인물에 대한 포폄에 문제가 있다는 지적이 적지 않다. 남에 대한 평가에 인색하여 '폄만 있고 포는 없다'는 것이다.[28] 전반적으로 포폄참반褒貶參半인 경우와 폄 일색인 경우가 대부분이다. 칭예를 받은 예는 정광필鄭光弼·조광조·이황·성혼成渾·박순朴淳·정구鄭逑 정도이고, 남명 조식은 당시 사론士論에

27) 『석담일기』에 등장하는 儒者는 모두 67명이다. 이이는 이들 가운데 다수를 직간접으로 평하였다.

28) 『사기』의 사마천이 어떤 인간의 삶에 대해서는 냉혹하게 단죄하다가도 다른 어떤 인간의 좌절과 실패에 대해서는 무한히 동정하고 공명하는 등, 냉정한 이성과 예민한 감성을 고루 갖춘 것과는 대비가 된다. 이성규, 「史記의 역사서술과 文史一體」, 『중국의 역사인식』 상권(민두기 엮음, 창작과비평사, 1985), 281쪽 참조.

비해서는 비교적 호평을 했다고 판단된다. 포만 있고 폄이 없는 경우는 아주 드물었다. 이황 같은 대유도 추중推重은 하면서 '특별한 저서가 없다'(無別著之書)는 등 은연중 완인完人으로 인정하지 않으려는 속내를 드러내 보였으니,[29] 다른 인물들이야 더 말할 나위가 없다. 이준경李浚慶·노수신盧守愼·허엽許曄·기대승奇大升 같은 당대의 거물들은 이이의 가혹한 비판, 단죄에서 벗어나지 못하였다. 이들은 본디 이이가 경세제민으로 기대했던 인물이었다. 그 기대에 크게 어긋났기 때문에 비판이 가혹했던 것이다. 허엽의 졸일 기사 일부를 보기로 한다.

> 전에 이이와 서로 두텁게 지내더니, 동·서로 의견이 갈린 뒤로는 동인의 우두머리가 되었으며 의론이 괴벽乖僻하였다. 사류士類를 사주하여 이이를 공격하기까지 하였다. 사람들은 허엽을 묘지卯地라 하여, 동인의 종주가 된 것을 조롱하였다. 평소 스스로 여색을 가까이 하지 않는다고 말했는데, 영남에 있으면서 음란한 창기倡妓를 몹시 사랑하여 말하는 것은 다 들어 주니 열읍列邑의 뇌물이 창기의 집으로 몰려들었다. 노상에서 기생과 가마를 함께 타고 가기에 이르니 사람들이 모두 손가락질하며 비웃었다. 여색을 밝히다가 병을 얻었는데, 벼슬에서 갈린 뒤 미처 상경하지 못한 채 상주尙州에서 죽었다.[30]

『실록』의 졸기 역시 『석담일기』의 기사 내용을 윤색한 것으로 보인다.

> 허엽은 젊어서 사류로 이름이 있었다. 그는 한때의 원칙 없는 논의에 대해 비록 의사를 달리하지는 못하였으나 선류善類를 보호하려 하고 일에 따라 구제한 점에서는 칭찬할 만한 것이 있었다. 금상의 조정에서 간장諫長·관장館長에 오래 있으면서 직언을 잘하였지만, 일의 실정에는 절실하지 못했으므로 상이 그리 중하게 여기지 않았다. 관질官秩을 올려 경상감사慶尙監司를 삼았다가 즉시 판서의 물망에 올라 장차 크게 등용하려 했다. 그런데 말년에 매우 창기를 가까이 하였고, 조약燥藥을

29) 『栗谷全書』, 권28, 55a, 「經筵日記(一)」 참조.
30) 『栗谷全書』, 권30, 39a~39b, 「經筵日記(三)」.

복용하다가 병을 얻었다. 그 뒤로 성질이 편벽되고 조급해져서 형벌을 제대로 적용하지 못하는 것이 많아지자 선비와 백성들이 괴이하게 여겼다. 결국 병으로 해직되어 상경하다가 상주의 객관客館에서 세상을 떠났다.

허엽이 이황과 학문을 논의할 적에 고집스럽고 구차한 논란을 많이 하자, 이황이 "태휘太輝가 학문을 하지 않았더라면 참으로 좋은 사람이었을 것이다"라고 하였다. 그러나 경훈經訓을 독실하게 좋아하여 늙도록 게을리 하지 않은 점은 세상에서 훌륭하게 여겼다. 동·서의 당이 갈라진 뒤로 허엽은 동인의 종주가 되어 의론이 가장 엄격했다. 박순과는 동문수학한 친한 벗이었는데, 만년에는 색목이 달라 공박하는 일을 서슴지 않았다. 사람들이 묘지卯地라고 일컬었다. '묘'는 정동正東이 되기 때문이었다.[31]

이이의 인물평 가운데 기대승의 경우는 시종 비판적이었다. 이이는 기대승이 인순因循을 좋아하고 개혁을 싫어한다고 심하게 비판하였다. 보기에 따라서는 그 정도가 지나칠 정도였다. 일찍이 퇴계 이황이 사직하고 귀향하면서 "기대승은 학문하는 선비"라고 추천한 것에 대하여 이이는 과민반응을 보이면서 긴 사론을 붙인 바 있다. 그 일부는 다음과 같다.

기대승으로 말하면 재주는 호매豪邁하지만 기질이 거칠어 학문이 정밀하지 못하였다. 몹시 자부하며 선비들을 경시하여, 자기와 의견이 같지 않으면 미워하고 같으면 좋아하였다. 만약 임금의 신임하는 뜻을 얻었다면 그 집요한 병통이 나라를 그르치고야 말았을 것이다. 이문순李文純(李滉)의 현명함으로도 그를 추천하는 바가 이와 같았으니, 사람을 안다는 것이 어찌 어려운 일이 아니겠는가.[32]

이이 자신이 정여립鄭汝立을 박학다재한 인사로 적극 추천하였음을 상기할 때 사람을 알아보는 것 또는 선견지명에 대해 쉽게 말할 수 있는 것이 아님에도 이이는 이에 대해 서슴지 않았다. 기대승에 대한 논평의

31) 『宣祖修正實錄』, 13년 庚辰(1580) 2월 1일(辛未)조.

32) 『栗谷全書』, 권28, 31a, 「經筵日記(一)」, 今上二年己巳(1569) 3월조.

기조는 졸기와 그 사론에도 이어진다. 이이는 기대승의 죽음과 관련, 사론에서 남명 조식의 문인 최영경崔永慶의 말을 빌려 자신의 심중의 일단을 내비치기도 하였다.

일찍이 들음에, 어떤 사람이 최영경의 처소에서 기대승과 친한 사람에게 대승의 상喪을 조위弔慰하기를 "사문斯文이 불행하여 이 사람이 갑자기 죽었다" 하니, 영경이 불끈 낯빛을 변하고는 "기명언은 재학才學은 조금 있으나 큰 병통이 있었다. 을사년의 뭇 간인들을 공이 있다 했고 또 조남명이 조정을 요란하게 한다 했으니, 이러한 편견을 가지고 일을 했다면 반드시 정치에 해를 끼쳤을 것이다. 이 사람의 죽음이 사문에 해가 될 것이 무어란 말인가"라고 하였다 한다. 영경의 말이 비록 과하지만 식자들이 전연 그르다고 하지는 않았다.[33]

기대승 개인과 관련한 사론이 두 편이라는 것은 기대승에 대한 이이의 평소 감정이 개입된 것이라 하지 않을 수 없다. 특정 인물에 대해 시종일관 긍정적으로 보거나 부정적으로 본다는 것은 시각의 편향성 측면에서 비판의 소지가 있다.[34]

이이의 인물평을 대하면서 또 하나의 느낌은 그의 사필이 직설적이면서 엄정하다는 점이다. '직서直書', '직필直筆'은 『석담일기』를 평할 때 자주 인용되는 말이다. 그러나 사필이 아닌 일상 언사言辭까지도 그런 것 같지는 않다. 이이는 『석담일기』에서 우의정을 지낸 강사상姜士尙(1519~1581)에 대해 다음과 같이 적었다.

(A) 영중추부사 강사상이 죽었다. 사상은 집에서나 관官에서나 하는 일 없이 그저

33) 『栗谷全書』, 권29, 8a~9b, 「經筵日記(二)」, 今上五年壬申(1572) 10월, '高峯卒日記事'.

34) 이언적의 경우도 시종 평가에 인색하였다. 이이는 『석담일기』에서 이언적을 道學之人이 아닌 忠孝之人이라 하였고, 그가 을사사화 때 推官이 된 것을 큰 오점으로 평가하였다. 또한 이언적의 명저 『大學章句補遺』에 대해서는 "옛글을 널리 인용하였으나 도무지 경서의 뜻을 바르게 해석한 것이 없다"(『栗谷全書』, 권31, 56a, 「語錄上」)라고 혹평하였다.

술 마시기나 좋아하였다. 종일토록 말하지 않고 공사公事·사사私事가 다 마음에 들어오지 않았으며, 청검淸儉으로 스스로를 지켜 대문간에 추잡한 소리가 없었다. 다만 유자儒者를 좋아하지 않았으므로 식자들이 취取하지 않았다.[35)]

(B) 강사상을 의정부 우의정으로 삼았다. 그는 조정에 선 지 십 년 동안에 한 마디도 시사時事를 의논하지 않고 매양 "국가의 치란治亂은 하늘에 있는 것이요, 사람의 힘으로 되는 것이 아니다"라고 하였다. 직무에서는 공론을 펴지 않고 사정私情도 듣지 않았으며 자연에 맡길 따름이었다. 술을 좋아하였으나 취한 뒤에는 더욱 말이 없고, 매양 사람을 대할 때면 손으로 코만 만질 뿐이었다. 강사상이 정승이 되던 날, 정철의 조카 정인원鄭仁源이 술을 가지고 정철에게 권하며 "인생이 얼마입니까? 무슨 고생을 스스로 사서 한단 말입니까? 숙부께서도 부디 입을 열지 마시고 그저 코나 만져서 정승 자리를 얻어 저희처럼 궁한 일가一家나 살려 주십시오"라고 하였다. 이 말을 들은 사람들이 웃었다.[36)]

경세에 대해 전혀 무관심했던 무능한 관료로서의 강사상을 말한 것이다. 그러나 강사상이 죽은 뒤 지은 「만사輓詞」에서는 그의 덕을 다음과 같이 기렸다.

持身每守三緘戒	몸가짐은 매양 삼함三緘[37)]의 훈계를 지켰고
掌選曾無一宦私	인재를 선발함에 한 벼슬도 사사로움 없었네.
廊廟謀猷歸國乘	조정에서 계획한 일 국사國史로 돌리고
淸貧緖業屬家兒	청빈의 가업을 아들에게 전했다네.[38)]

고인의 덕을 기리는 만사라는 점을 감안한다 하더라도, 강사상이 조정에 있을 때 계획했던 일들이 국사에 기록될 정도라고 표현한 것은 이해하

35) 『栗谷全書』, 권30, 94a, 「經筵日記(三)」, 今上九年辛巳(1581) 10월조.

36) 『栗谷全書』, 권30, 24a, 「經筵日記(三)」, 今上六年戊寅(1578) 11월조.

37) 공자가 일찍이 后稷의 사당에 들어갔을 때 뜰 앞에 있는 세 金人의 입이 세 군데 꿰매어져 있었다는 고사. 대개 말을 삼간다는 의미이다.

38) 『栗谷全書』 拾遺, 권1, 59b, 「挽姜右相士尙(壬午)」.

기 어렵다. 혹자는 이 사례를 가지고 『석담일기』의 기사와 비교한 뒤, 이이가 사필史筆에서는 편사偏私 없이 엄정했다고 강변할지 모르겠다. 그러나 일상의 언사와 역사적 기록이 이처럼 상반되는 것은 어떻게 설명할 것인가. 『석담일기』가 개인의 감정에 치우친 '방서謗書'라는 일부의 비판은 이러한 데서 비롯된 것은 아닐까.

목릉성세穆陵盛世를 장식했던 일세의 명유들에 대한 가혹한 비판은 그 후손들이 보기에 민망할 정도라 할 수 있다. 후세에 감계를 드리우고 시비를 단정하려는 이이의 의도를 순수하게 받아들인다 하더라도 지나치게 박하다는 지적은 피할 길이 없어 보인다. 『석담일기』에서 이이 스스로의 반성과 비판을 찾아보기 어려운 데서 더욱 그렇다. 보기에 따라서는 이이 자신의 생각과 판단은 옳고 남은 부족하거나 그르다는 인식의 단서들이 적지 않다. 이런 까닭에 포폄이 공정하지 못하다는 말이 나오게 되고 남을 비방하려고 저술한 '방서'라는 비평을 받기도 하는 것이다. 주위의 모든 사람에 대해 사정私情을 두지 않고 비평을 가했던 이이가 정작 자신에게 관대했다는 것은 그의 사덕史德을 의심케 하는 점이다. '동방의 『춘추』'라는 평에 손색이 있음이 아쉽다고 할 것이다.[39]

2) 재이사상과 도학정치

중국에서는 고대로부터 자연과 인간, 곧 하늘과 사람 사이에 밀접한 관계가 있다는 사상이 있었다. 이것이 한 단계 발전하여 인간의 행위가 자연현상에 영향을 끼친다는 이른바 천인상관天人相關사상을 낳았다. 그리고 이것은 인간 행위의 선·악에 따라 자연의 재앙이나 이변을 가져온다는 재이災異사상으로 구체화되었다. 또 한나라 때에는 재이사상과 유가의 정치사상이 결합한 천인감응설天人感應說이 대두하여 이후 정치에 지대한

39) 최영성, 「'석담일기'의 필법과 율곡의 경세사상」, 『유교문화연구』 13집, 76~77쪽 참조.

영향을 끼쳤다. 이 천인감응설은 동중서董仲舒에 의해 주창된 것으로 '재이정치사상災異政治思想'이라 할 수 있다.

중국 고대사회에서는 임금은 하늘의 뜻을 따라 정치를 해야 하며, 하늘의 뜻은 자연현상을 통해 나타난다고 믿었다. 임금이 하늘의 뜻을 따르지 않을 때 재이로써 경고한다고 하였다. 그런 만큼 천재지변은 임금의 정치 행위에 대한 경고이자 심판으로 인식되었다. 이러한 재이사상은 우리나라에 들어와 삼국시대 이래 굳게 자리 잡았으며,[40] 이이 당시에도 그 영향력이 자못 컸다. 이이 역시 재이설을 도학정치의 테두리 안에서 신봉하였다. 이이는 "하늘은 친한 사람이 따로 있는 것이 아니라 덕이 있는 사람을 도와주므로, 덕을 따르는 사람은 길하고 덕을 거스르는 자는 흉하다. 하늘과 사람이 감응하는 이치를 여기서 알 수 있다"라고 하고, 또 "하늘과 사람은 똑같은 이치이므로 감응하는 것이 틀림이 없다. 참으로 인사를 다했다면 응하지 않을 천리가 없는 것이다"[41]라고 하여 천인감응설을 합리적 윤리적으로 이해하였다.

이이는 「천도책天道策」 말미에서 "천지가 제자리를 잡고 만물이 육성되는 것이 어찌 임금 한 사람의 수덕修德에 달린 것이 아니겠는가"라고 하여, 군주의 교화와 수양이 중요함을 강조하면서 천도와 인사의 관련성을 인정하였고, 그것이 재변과 상서로 나타남을 강조하였다. "하원군河原君이 얼굴이 예쁜 역관譯官의 딸이 있다고 천거하자, 주상께서 그를 궁중으로 들어오게 하였다. 이때부터 여러 날 동안 햇빛이 광채가 없었다"[42]라고 한 것은 재이에 대한 이이의 인식의 정도를 보여 주는 좋은 사례라 할 수 있다. 이러한 것은 일찍이 구양수歐陽修가 『신당서』를 개찬改撰하면서

40) 곽신환, 「삼국시대의 災異思想」, 『동방철학사상연구』(류승국 고희기념논문집, 1992) 참조.

41) 『栗谷全書』 拾遺, 권6, 「天道人事策」 참조.

42) 『栗谷全書』, 권30, 「經筵日記(三)」, 今上十三年庚辰(1580) 2월조 기사.

재이를 정치와 결부시키는 것을 비판한 것과 대조가 된다. 구양수는 재이설 비판의 정점에 있었다. 그는 『신당서』에서 단순히 자연이변만을 기록하였을 뿐 이에 대한 대응(事應)은 기록하지 않았다. 구양수의 이러한 관점은 후일 역대 정사 편찬에 큰 영향을 끼쳤다. 그런데, 이이는 “하늘과 사람 사이에는 착한 사람에게는 복을 주고 못된 사람에게는 재앙을 주는 이치가 있을 뿐이다. 도가 아주 없는 세상이라도 재변이 없다는 설은 옳지 않다”[43]라고 하여, 구양수의 관점을 따르지 않았다.

이이는 『석담일기』에서 재변災變에 대해 40여 회 가량 기록하였다.[44] 재변은 대부분 사실 그대로 기록하면서, 임금과 조신朝臣들이 재변에 대응한 양상을 중요하게 다루었다. 본디 역사서에서는 재상災祥 즉 재변과 상서를 함께 기록하지만, 이이는 재변만을 기록하였다. 상서가 없었기 때문일까. 이것은 이이가 당시 정치에 대해 긍정적으로 보지 않았다는 것을 의미하며, 또 임금의 공구수성恐懼修省을 강렬히 희구하였기 때문이라고 할 수 있다. 다시 말해서 도학정치를 희구하는 그의 염원이 재이사상에 반영되었다고 하겠다.

재이와 정치는 천도와 인사로 바꾸어 말할 수 있다. 양자의 관계에 대해 이이는 「천도책」에서 자신의 관점을 분명하게 밝혔다. 「천도책」은 재이사상의 사상적 기초를 체계적으로 서술한 것이다. 이이는 천재지변이 정치를 잘하느냐 못하느냐에 달렸다고 하면서 정치와 직결시켰다. 가뭄과 황충蝗蟲(누리) 같은 것은 억울한 사람의 원기怨氣가 쌓여서 그렇게 된 것이라는 인식을 보였다.[45] 그는 재변 가운데 ‘흰 무지개가 해를 꿰뚫고

---

43) 『栗谷全書』, 권32, 28a, 「語錄下」, “甲戌正月二十七日晝講, 宇顒曰: 大無道之世無災云者, 此恐別有一道耳, 非謂常常如是也. 其後, 承旨珥入侍, 上又問之. 珥曰: 天人之間, 只有福善禍淫之理. 大無道之世無災云者, 其說非是. 上以爲然.” <참고> 이 사실은 김우옹의 『東岡集』, 권12, 「經筵日記」, 갑술 정월 27일조에도 실려 있다.

44) 기록된 재이 가운데 이른바 怪力亂神의 ‘괴’에 해당할 만한 내용은 없고, 變故라 할 수 있는 것이 대부분이다.

가는'(白虹貫日) 것을 가장 중대한 현상으로 보았다.[46] 이것은 『석담일기』만의 특징은 아니다. 역대 사서들에서 한결같이 중요하게 다루는 현상이다. 흰 무지개가 해를 관통한다는 '백홍관일'의 고사는 본디 사마천의 『사기』에 처음 나왔다. 전국시대 위나라 자객이었던 형가荊軻가 연나라 태자 단旦을 위해 진왕秦王을 죽이려 할 때 그의 충정이 하늘에 닿아 흰 무지개가 해를 뚫었다는 고사에서 비롯된 것이다. 이후 지극한 정성이 하늘에 닿았음을 이르는 말로 사용되었다. 그러나 태양은 임금, 무지개는 군사를 상징하는 것이므로, 흰 무지개가 태양과 교차된다는 것은 임금의 신상에 해가 있거나 나라에 좋지 않은 일 또는 변란이 벌어질 징조로 해석되었는데, 후자의 의미로 사용되는 경우가 더 많았다. 흰 무지개가 해를 관통하는 것은 오늘날의 관점에서 볼 때 단순한 자연현상일 수 있다. 과학적으로는 일종의 착시현상이다. 그러나 임금의 수성修省과 근독謹獨을 요구하는 도학적 관점에서 이를 과학적·합리적으로 이해하는 것은 어려운 일이었고, 또 거기에까지는 생각이 미치지 못했을 것이다.

이이는 경사와 재앙은 반드시 미리 조짐을 보인다고 하였다.

> 산천의 기운이 위로 올라가서 구름이 되는 것이라면 경사와 재앙의 징험을 이로 말미암아 볼 수 있다. 그러므로 선왕이 영대靈臺(천문기상대)를 두어 운물雲物을 관찰하였으니, 여기서 길흉의 조짐을 상고한 것이다. 대개 경사와 재앙이 일어나는 것은 그것이 일어나는 날에 일어나는 것이 아니고 반드시 조짐이 있다. 그러므로 구름이 희면 반드시 유리遊離하여 흩어지는 백성이 있고, 구름이 푸르면 반드시 곡식을 해치는 벌레가 있는 것이다.[47]

중요한 것은, 위정자 특히 임금이 재이를 보고 그 조짐을 미리 알아

---

45) 『栗谷全書』, 권29, 52b~53a, 「經筵日記(二)」.
46) '白虹貫日'은 『석담일기』에 8회 나온다.
47) 『栗谷全書』, 권14, 57b, 「天道策」.

좋은 정치를 하도록 노력한다면 재변을 상서로 바뀌게 할 수 있다는 것이다.

> 재이는 반드시 치治와 란亂이 오려고 할 즈음에 일어나는 것이기 때문에 현명한 임금이라도 이를 피하지 못하는 것이다. 만약 재이로 말미암아 마음을 가다듬고 조심하여 반성한다면 재변은 도리어 상서로 변한다.48)

이이는 재변에 대한 대응에 대해 중요하게 적었다. 특히 흰 무지개가 해를 꿰뚫은 일이 있은 뒤의 대응방법으로, 임금이 정전正殿을 피하고 감선철악減膳撤樂(반찬을 감하고 음악을 거두는 것)하며, 또 사방에 구언求言하여 재앙을 막는 방도를 묻거나 원옥冤獄을 살피는 것 등을 들었다. 특히 자연재해가 있을 때에는 임금이 거의 어김없이 구언을 함으로써 그것이 하나의 정치 관례로 정착되었음을 시사하기도 하였다. 그런데 이이는 임금이 구언은 하지만 형식적인 데 그쳐 실효가 없음을 책하여 "근자에 여러 신하들에게 구언을 하셨으나 어떤 계책을 써서 어떤 폐단을 구제하였다는 말은 듣지 못하였습니다. 이렇게 되면 한갓 형식만 갖추었을 뿐, 무엇으로 천변天變에 응할 수 있겠습니까"49)라고 하기도 하였다.

3) 기전체·기사본말체 등의 영향

『석담일기』는 16년이라는 짧은 기간 동안의 역사적 사실을 기록한 것이기 때문에 편년체 서술이면서도 연대에 중점을 둘 이유가 없었다. 인물과 사건을 중시한 데 특성이 있음을 생각할 때, 기전체나 기사본말체紀事本末體50), 나아가 강목체綱目體의 특성을 잘 이용할 필요가 있었으리라고

48) 『栗谷全書』, 권30, 90a, 「經筵日記(三)」, "災異必作於將治將亂之際, 雖賢君亦不免災. 若因災惕念, 恐懼修省, 則災反爲祥."

49) 『栗谷全書』, 권30, 93b, 「經筵日記(三)」, "李珥白上曰: 日者, 延訪求言矣, 未聞用某策救某弊. 如此則徒爲文具, 何以應天變乎."

본다. 실제 『석담일기』에서는 이 점이 비교적 잘 드러나 있다.

기전체에서 가장 큰 비중을 차지하는 것은 본기와 열전이다. '기전'이란 어원도 여기에서 온 것이다. 특히 역사적 인물들의 삶의 궤적을 모아 놓은 열전이 갖는 비중은 막대하다. 그렇다면, 실록에는 기전체 사서에 보이는 열전의 요소는 없을까. 드러난 것으로 졸기卒記를 들 수 있다. 본디 열전이 없는 편년체 서술에서는 특정 인물의 생애를 졸기라는 형식을 통해서 나타낼 수밖에 없다. 졸기는 기전체에서 열전이 갖는 장점을 실록에 수용한 것이라 할 수 있다. 우리나라 조선 초기의 실록을 보면 기전체에서의 열전을 방불하는 상세한 졸기를 볼 수 있다.[51] 『석담일기』에서도 졸기는 중요하게 다루어지고 있으며, 모두 28건에 달한다. 선조시기의 제제다사濟濟多士가 망라된 느낌이다. 연도별로 보면 다음과 같다.

1565년: 윤원형

1566년: 윤개尹漑

1567년: 윤춘년尹春年

1570년: 이황

1572년: 조식, 이준경, 박응남朴應男, 기대승

1573년: 오상吳祥

1574년: 오건吳健

1576년: 박영준朴永俊, 이탁李鐸, 홍담洪曇

1577년: 유희춘柳希春, 공빈김씨恭嬪金氏

1578년: 윤현尹鉉, 이지함李之菡, 노진盧禛, 권철權轍, 이후백李後白

50) 기사편년체는 사건 별로 제목을 앞에 내세우고 관계된 기사를 한데 모아 서술하는 방법이다. 기전체와 편년체의 서술이 같은 사건에 대한 기록이 분산되거나 섞이고 중복되는 것이 있는 데 비해, 어떤 사건의 원인과 발단, 전개 과정, 후일에 미친 영향까지 일관되게 서술함으로써 대상 사건을 계통적·체계적으로 이해할 수 있는 장점이 있다. 어떤 시대를 전체적으로 개관하기보다는 특정 사건과 문제를 집중적으로 연구하고 서술한다는 점에서 의미가 있다고 하겠다.

51) 오항녕, 「조선초기 실록 편찬 체제의 변화에 관한 사학사적 고찰」, 『한국사학사학보』 제1집(한국사학사학회, 2000), 56쪽.

1579년: 이희검李希儉, 백인걸白仁傑

1580년: 허엽, 박계현朴啓賢, 숙의정씨淑儀鄭氏, 박응순朴應順

1581년: 박충원朴忠元, 강사상

분량을 보면 공동분찬인 실록의 졸기에 비해 긴 편이다. 이황·조식·기대승·이지함 등의 졸기는 거의 열전 수준이다. 이이는 자신과 가까운 사람들이거나 잘 아는 사이인 경우 대체로 자세하게 기술하였다. 졸기에 이어 '근안'이라는 사론까지 겸해진 경우가 3건 있다. 조식·이준경·기대승의 사례가 그것이다. 졸기로도 부족하여 사론까지 붙인 것은 졸기의 당사자에 대해 특별히 논평을 가할 필요가 있었기 때문일 것이다. 이들 세 사람은 이이가 평소의 감정을 드러낸 것으로 유명하다. 특히 기대승과 관련한 사론은 두 편인데, 하나같이 평가에 인색하였다. 그러기에 후대의 박세채는 "율곡이 조남명을 너무 추허推許하고 기고봉을 너무 폄하한 점, 그리고 동고 이준경을 지나치게 공격한 점 이 세 가지는 그것이 어떠한지를 잘 모르겠다"52)라고 한 바 있다.

한편, 편년체는 사건의 기록이 사건의 진행 과정에 따라 분산되므로 사실의 전말을 제대로 설명하기 어려운 약점이 있다. 그런데 『석담일기』에서는 사건의 원인으로부터 결과에 이르기까지 그 전말을 기술한 사례가 적지 않다. 어떤 한 사건을 놓고 '선시先是'(이에 앞서), '지시至是'(이에 이르러), '시시是時', '당초當初' 운운하면서 사건의 전후 맥락이 잘 통하도록 보충 설명하는 방식을 가미하였다. 이것은 기사본말체의 장점을 수용한 것으로 보인다.

『석담일기』는 편년체이다. 실록에서 흔히 볼 수 있는 사체史體이므로 실록체라고도 할 수 있다. 그런데 실록은 국왕의 재위기간을 단위로

52) 金榦, 『厚齋集』 別集, 권4, 12b, 「南溪先生語錄」, "先生曰: 栗谷過許曺南冥, 過貶奇高峯, 過攻李東皐(浚慶), 此三事未知其如何也."

하고 또 연대기적으로 엮어 나가므로, 포폄을 제일의第一義로 하는 강목체로 서술하는 것은 적합하지 않다. 강목체 서술은 대개 편년체 역사 서술을 밑바탕으로 하여 이루어진다. 편년체 역사서가 따로 없는 상태에서 사료를 취택取擇하여 포폄을 가할 경우, 취택되지 않는 사료의 멸실滅失로 이어질 수 있기 때문이다. 사마광의 『자치통감』을 저본으로 하여 주희가 『자치통감강목』을 엮었던 것은 단적인 사례라 할 것이다. 강목체는 사건의 표제가 되는 강綱과 그 내용을 담은 목目으로 이루어지기 때문에, 사건을 일목요연하게 정리할 수 있고 내용을 파악하는 데 편리한 서술상의 장점이 있다.

기록의 상세함은 『석담일기』의 장점이라 할 만하다. 이이는 인물이나 사건을 기록할 때 독자들의 객관적 판단을 유도하기 위해 중요한 사건의 경우 가능한 상세하게 서술하고자 하였다. 그러나 때로는 장황하다는 느낌을 주는 경우도 있다. 긴 기사의 경우, 먼저 그 사건의 요지를 뽑은 뒤 사건의 시종과 전말을 요령 있게 정리하여 열람에 편리하도록 하였더라면 하는 아쉬움이 있음도 사실이다. 이것은 자신과 관련된 사실의 해명과 설명에 급급하다 보니 요령을 얻지 못한 것이라 할 수 있을 것이다. 『석담일기』에서는 강목체의 장점을 수용하거나 가미한 흔적은 별로 보이지 않는다.

5. 맺음말

박세채는 "이 일기는 인욕人欲을 막고 천리天理를 보존함으로써 당시에 모범이 되고 후세에 가르침을 드리우는 데 입언대의가 있다"53)라고 하였

---

53) 『南溪集』, 권69, 15a, 「跋栗谷先生外集」, "若夫立言大義, 所以遏人欲於將逞, 存天理於未滅.

고, 이이의 도우道友 성혼은 "『석담일기』는 백세에 수시垂示하여 율곡이 청천백일임을 볼 수 있게 할 만하다. 관계되는 것이 매우 무거워 다른 글에 비할 바가 아니다"54)라고 하였다. 이런 관점에서 본다면, 『석담일기』는 이이가 나름의 목적의식을 가지고 당대의 역사를 『실록』 수준으로 정리한 역사서이며, 아울러 도덕사회를 지향하며 경세의 요법을 담은 것이라 할 수 있다. 『석담일기』는 이이의 역사의식, 경세관, 우국애민憂國愛民의 정신 등을 살피는 데 중요하지만, 역시 '경세서'라는 데서 그 의의를 찾아야 할 것이다. 이이 자신의 학문과 사상, 나아가 정치적 이념과 경세에 대한 비전 등을 종합적으로 담아 서술한 경세서인 것이다.55) 이 책은 이이 자신의 경세론, 경세사상을 구체적 사건과 인물을 통해 입체적으로 서술하여 후세에 알리는 데 저술의 목적이 있다. 이이는 실제로 자신의 학문관, 시국관, 경세관 등을 당시의 구체적 사건과 인물을 중심으로 응용, 서술하는 방식을 취하였다.

『석담일기』는 역사 서술로는 주관적 성격이 매우 강하다. 또 이이의 활동을 중심으로 이루어져 있다고 해도 과언이 아니다. 역사 서술은 자신과 시비이해是非利害의 관계가 없는, 제삼자의 위치에서 객관적으로 서술해야 한다. '자아'를 철저하게 배제해야 좋은 역사서로 평가를 받는다. 단순한 '일기'라면 전혀 문제될 것이 없고 문제 삼을 필요도 없겠지만, 입언대의가 담긴 사필史筆이라면 문제가 달라진다. 평가에 어려운 점은 『석담일기』에 보이는 주관적 성격을 어떻게 이해하느냐 하는 것이다. 유감스럽게도 사필로 보아야 할지, 일기로 보아야 할지 규정하기가 쉽지

作範當時而垂訓萬世者, 固自卓然."

54) 『栗谷全書』, 권34, 22a, 「年譜」, 46세조, "牛溪先生曰: 此編最多格言, 可以垂示百世, 見斯人之爲靑天白日. 極爲關重, 非他文比也."

55) 좀 더 적극적으로 의미를 부여하자면, 도덕과 경세에 주안을 둔 새로운 역사서의 출현을 希求한 나머지 그 본을 보인 것이라고도 할 수 있다.

않다. 술사자의 주관을 어떻게 이해하느냐 하는 것은 『석담일기』의 가치와 직결되는 문제이다.

이이 자신이 객관성을 유지하고자 노력한 것과 후세의 평가가 일치할 수는 없다. 한 가지 분명한 것은 사실에 대한 객관적 서술을 위한 이이의 노력과는 달리 『석담일기』가 기본적으로 자신의 경세사상을 세상에 알리기 위해 저술되었고, 그러다 보니 주관이 강하게 개입될 수밖에 없었으며, 특히 '근안'이라는 사론을 통해 자신의 주관을 지나칠 정도로 뚜렷하게 드러냄으로써 객관성에 의문을 초래하고 말았다는 사실이다. 이런 점에서 이이는 역시 역사가보다는 사상가요 경세가로 평가해야 할 듯하다.

『석담일기』는 개인의 일기 차원에서 본다면 여느 '경연일기'에서 볼 수 없는 다양한 내용을 담고 있다. 반면 실록과 비교해 본다면 기사가 정치적 내용에 치우쳐 다양성의 측면에서 부족하다는 평을 받을 수 있다. 또 개인의 활동상에 초점을 맞춤으로써 실록과 가까울 수 없는 간극이 보이는 것도 사실이다. 이것이 '실록'을 표방한 『석담일기』의 특성이자 또 하나의 한계이다. 일기와 실록의 중간 지점에서 그 위치를 찾아야 한다는 것이 필자의 생각이다.

제5장 정여립의 생애와 반주자학적 사상

1. 머리말

정여립鄭汝立은 왕조시대 기전체紀傳體 사서史書의 「반역열전」에 실릴 인물이다. 본디 「반역열전」을 둔 것은 후세 사람들을 징계懲戒하는 데 그 의도가 있지만, 오늘을 사는 우리는 「반역열전」에 실린 인물들을 통해 역사상 그 시대의 건전성과 퇴폐성, 시대의 문제점 등을 엿볼 수 있다. 그들은 비록 성공하지 못하여 반역자로 낙인은 찍혔지만, 기실한 시대를 고민하고 민중의 고통을 아파했던 이들이 다수였다.

일제강점기 때의 민족사학자 호암湖巖 문일평文一平(1888~1939)은 '역사상의 반역아叛逆兒'라는 논고를 발표한 바 있다. 이 글은 「반역열전」을 통해 우리 역사를 새롭게 보고자 한 것이다. 이 글의 집필 의도에 대해 "선생의 사관은 일관하여 내우內憂에서, 반역적인 데서 혁명적인 정신을 고취하였으니, 여기서 하나는 유약한 역사로 개도改塗된 것을 강건한 민족사로 바로잡으며"[1] 운운한 학자도 있지만, 문일평은 국가와 민생을 위해 일어선 진정한 의미의 반역아일수록 그를 통해 사회의 병폐와 결함이 그대로 드러난다고 하면서, 반역자들을 연구함으로써 그 시대와 사회를 잘 알

---

1) 홍이섭, 『한국사의 방법』(탐구당, 1968), 333쪽.

수 있으며 이것은 그대로 한국사 창조의 일대 동력이 된다고 주장하였다. 그런데 문일평에 앞서 단재丹齋 신채호申采浩(1880~1936)는 『조선상고사』(원제는 조선사)에서 정여립을 높이 평가하여 소책자에서 7회나 언급할 정도로 관심을 보인 바 있다.2) 아마도 문일평의 글은 『조선상고사』로부터 영향을 받은 것 같다.

기축옥사 칠주갑七周甲이 되는 해(2009)를 맞아 필자는 정여립의 사상에 대해 조명해 달라는 진주역사박물관 측의 부촉咐囑을 받고 그 필요성에 전적으로 공감하였다. 그러나 어떻게 실마리를 풀어야 할 것인지 막막하였다. 난제는 두 가지이다. 첫째는 자료난이다. 기축옥사에 관한 자료는 보기에 따라 넘칠 정도로 많지만, 정파에 따라 상반된 시각에서 기술된 것이어서 어려움은 가중된다. 이에 비해 정여립 자신에 관한 자료, 특히 그의 사상을 살필 수 있는 자료는 그가 평소 입버릇처럼 남긴 말이라고 전해지는 편언片言 몇 가지가 고작이다. 둘째는 신채호가 정여립을 혁명적 선각자로 규정한 이래 너무 앞서간 과대평가가 필자에게는 커다란 벽으로 다가왔다. 정여립의 역모사건이 그 실상에서 지나치게 부풀려져 있고, 정여립에 대한 후세인의 평가 역시 실정實情을 넘어 과도하다는 점이 연구의 난점이 되었다.

정여립에 대한 현대적 평가는 1930년대에 이미 내려졌고 사실상 재평가가 필요 없을 정도로 그 여류餘流가 오늘날까지 온존하고 있다. 현재적 시점에서 정여립의 사상에 대한 평가가 과대한 것이냐의 여부가 새삼 문제가 된다면, 이는 그동안의 연구가 기형적인 것이었음을 반증한다. 왜냐하면 애초에 많은 연구가 집적된 뒤에 평가가 내려지는 것이 정상적이기 때문이다.

---

2) 『조선상고사』는 1931년부터 1932년까지 ≪조선일보≫에 연재되었으며, 광복 뒤 단행본 소책자로 간행되었다.

신채호와 그의 아류에 속하는 논설들 특히 민중주의 역사관을 가진 논설들은 정여립의 언설이 갖는 전후의 맥락을 잘라 버리고 논리적 비약을 예사로 하면서 정여립의 사상에다 진보성이라는 미명 아래 각종 현란한 수식어를 동원하여 현대적 의미를 부여하였다.[3] 정여립에 대한 논의는 너무도 어지럽다. 시각에 따라 완전히 상반된 생각을 할 수는 있겠지만, 필자는 이러한 과대평가를 원점에서부터 재검토해야 정여립과 정여립 사상의 본래 모습이 보인다고 생각한다.

모든 것은 시대적 산물이다. 우리가 세습군주제를 비판하는 다산茶山 정약용丁若鏞(1762～1836)의 「탕론湯論」을 높이 평가하고 나아가 그 정치사상의 선구를 정여립으로 보기도 하지만, 그 사실 여부는 차치하더라도 「탕론」이 나온 19세기와 정여립의 시대는 3백 년 정도의 거리가 있다. 정약용보다 3백 년 전에 외부세계의 영향을 일절 받지 않고 일개인의 사색과 고민만으로 「탕론」의 수준을 훨씬 앞서는 정치사상을 전개한다는 것은 불가능에 가깝다고 본다.

정여립의 역모사건이 조작된 것이냐의 여부 등은 기축옥사 당시부터 지금까지 해결되지 않은 채 내려온 논안論案이다. 양측의 주장이 팽팽하다. 그런데 기축옥사 당시 우의정이었던 정언신鄭彦信이 '만무반리萬無叛理'라 하였듯이, 이 옥사가 정치적인 데서 비롯된 것이고 나아가 당쟁적 관점에서 조작되고 부풀려진 것이라고 보는 주장에 공감하는 학자들이 의외로 많은 것은 사실이다.

필자는 역사학자가 아니다. 기축옥사가 처음부터 끝까지 조작임을 밝혀 당시 죽은 분들의 원억冤抑을 풀어 줄 만한 능력도 없고 그럴 위치에 있지도 않다. 역사 인식의 문제는 역사학자들에게 맡기고, 여기서는

---

3) 洪起文(1903～1992)은 「申丹齋 학설의 비판」에서 "단재는 暢達健快한 동시 多分感情에 달리는 문장의 소유자"라고 하였다. 『홍기문 조선문화론 選集』(현대실학사, 1997), 178쪽.

철학 전공자로서 정여립 사상의 성격과 의미를 되새겨 보는 것에 국한시켜 고찰하고자 한다. 또한, 저간에 나온 추상적이고 관념적인 평가를 의식하여 철저하게 문헌 중심의 고증적 방법에 입각하여 살피려 한다. 이 소론小論이 앞으로 정여립의 사상을 재조명하는 데 일조가 된다면 망외望外의 보람이라 하겠다.

정여립과 관련된 자료는 기축옥사에 관한 것이 대다수일 뿐 정작 그 개인에 대한 것은 찾아보기 어렵다. 자살한 것으로 되어 있으므로 공초供草 또는 추국안推鞫案 같은 것이 있을 리 없다. 기축옥사의 광풍은 조선 전체를 공포 분위기로 몰아넣었다. 옥사가 얼마나 대대적이었고 그 여파가 얼마나 심각했는지는 우리의 상상을 초월한다.[4] 정여립과 조금이라도 알았다거나 편지를 주고받았다는 사실만으로도 고문을 받고 숨진 사람이 부지기수이다. 정여립 성명 석 자를 입에 올리는 것 자체가 금기시될 정도였으니, 그가 지은 문자는 물론이고 그에 대해 우호적인 내용이나 그와 주고받은 문자도 남아 있을 리 만무하다.

정여립의 생애와 사상의 일단을 엿볼 수 있는 것으로는 『선조수정실록』의 기사와 그 기사의 원본 구실을 한 은봉隱峯 안방준安邦俊(1573～1654)의 「기축기사己丑記事」(『은봉전서』 권5)가 잘 알려져 있다. 이 밖에 『대동야승大東野乘』이나 『패림稗林』 등에 실려 전하는 야사류野史類의 사료들이 있다. 이들은 주로 '옥사'에 초점이 맞추어져 있다. 돌이켜 볼 때, 『선조실록』은 임진왜란으로 춘추관 등에 보관된 국가 공식 사료가 불탄 뒤 개인이 편찬한 일기류 등의 저술이나 민간에 보관되어 있던 자료들을 다시

4) 기축옥사는 조선조 최대의 옥사다. 옥사에 연루되어 고문으로 죽거나 사형당한 사람이 1천 명 이상으로, 四大士禍 당시 죽은 사람의 숫자보다 많다고 한다. 옥사 당시 상상을 초월한 갖은 고문이 행해졌고 날조된 유언비어에 희생된 사람들도 많았다. 죽은 사람을 보면 이름 높은 학자로부터 이름 없는 백성에 이르기까지 다양하였다.

모아 편찬한 것이며[5] 『선조수정실록』[6]은 인조반정 뒤 서인집권 시에 당파적 시각에서 기획된 것이므로 신빙성에 의문이 있다. 안방준의 「기축기사」는 『선조수정실록』의 기사 내용과 대동소이하다. 『선조수정실록』의 편찬을 주도한 택당澤堂 이식李植(1584～1647)이 서한을 통해 안방준에게 실록 편찬과 관련한 내용을 묻고 옥사의 전말을 글로 서술해 줄 것을 요청한 것을 보면, 안방준의 「기축기사」가 실록의 기사로 채택되었으리라는 심증을 굳게 한다.[7] 이처럼 두 자료는 태생적으로 문제가 없지 않지만, 다른 자료가 전하지 않는 상태에서 이 자료들에 의거하지 않을 수 없다. 본고에서는 이들 자료에 나오는 몇 줄에 불과한 정여립의 어록과 그 밖의 관련 자료를 제한적으로 이용하기로 한다.

2. 정여립의 위인과 생애

정여립은 전주가 낳은 비운의 사상가이다. 그의 시체는 만조백관이 보는 앞에서 능지처참 당하였고, 그의 부모와 자식들도 교수형에 처해졌다. 정여립에 대한 선조의 증오는 유별났다. 그의 집터는 못(池)으로 변했고

5) 『선조실록』의 정여립 역모 기사는 선조 22년(1589) 10월 7일(辛巳)에 "의금부 도사가 정여립이 도주했다고 보고하다"라는 기사와 동 10월 27일(辛丑)에 "역적 정여립이 伏誅되었다 하여 權停禮로부터 축하를 받은 뒤에 百官에게 加資하고 죄인에게 사면을 행하였다"라는 기사 정도이다. 따라서 『실록』 기사의 보완이 불가피했다고 본다.

6) 인조 19년(1641) 대제학 李植의 상소로 수정을 결의하고 이식이 전담하여 수정하게 하였다. 그 뒤 우여곡절을 겪다가 효종 8년(1657) 9월에 최종 완성하였다. 인조반정으로 북인이 물러나고 서인이 정권을 잡으면서 이이·성혼·朴淳·鄭澈 등의 서인계와 남인인 柳成龍에 대하여 근거 없는 사실을 꾸며서 비방한 사실을 바로잡자는 취지에서 제안되었다.

7) 안방준의 『隱峯全書』, 권3, 「答李澤堂植」에 실린 이식의 서한과 問目을 보면, 실록 편찬에 중요한 내용들을 낱낱이 물었는데 그 중 다수가 기축옥사에 관한 것이다. 안방준의 「己丑記事」도 이식의 청에 따라 서술한 것임을 밝히고 있다. 『隱峯全書』 권3의 「答李澤堂植」, 「答李汝固問目」 등 참조.

동래정씨東萊鄭氏 일가는 전주에서 쫓겨나 전국으로 흩어졌다.[8] 후대에 만들어진 족보에도 정여립의 이름은 올라 있지 않다. 공사 간에 특별한 경우를 제외하고는 정여립 석 자를 거론하는 것 자체가 금기시되었다. '정적鄭賊'이라 불리는 경우가 더 많았다. 죽은 뒤에까지도 이처럼 혹독한 대우를 받은 경우는 찾아보기 어려울 것이다.

정여립(1546~1589)의 자는 인백仁伯, 또는 대보大輔이다. 명종 1년(1546)에 지금의 전라북도 완주군 상관면 월암리에서 동래정씨 집안의 후손으로 태어났다. 그의 아버지는 첨정僉正, 청도군수를 지낸 희증希曾[9]이며 어머니는 밀양박씨 찬纘[10]의 손녀였다. 조부 세완世玩은 등과를 하지 못한 채 유학幼學으로 지냈던 것 같으며, 증조부 극량克良[11]은 진사, 고조부 준俊은 서반의 수의부위修義副尉(종8품)를 지냈다. 이를 보면 현달한 집안이라 하기는 어려울 듯하다. 그의 몸에 무반의 피가 흐르고 있음이 주목된다.

정여립의 선대는 아버지 때까지 대대로 전주 동문 밖[12]에서 살았다고 한다. 그러다가 정여립이 금구金溝에 장가들어 그곳에서 살게 됨으로써 사실상 금구 사람이 되었다. 후일 정여립의 집은 '금구 정수찬 댁'으로 불렸다.

정여립의 생장 과정에 대해서는 사뭇 부정적인 내용만 전할 뿐이다. 승자의 관점에서 보면 '조선 역사상 가장 죄질이 나쁜 역적'이다 보니 그렇게 꾸밀 수밖에 없었을 것이다. 다만 그 기록의 이면 세계를 추리함으

---

8) 『宣祖實錄』 22년 12월 26일 己亥條에는, 전주에 있는 정여립 조부 이상의 분묘를 다른 곳으로 이장하고 족속들을 딴 고을에서 살도록 한 전교가 실려 있다.

9) 『國朝文科榜目』에 의하면, 정희증의 자는 宗道이다. 중종 38년(1543) 진사시에 급제한 뒤, 명종 8년(1553)에 별시문과 병과 제14위로 급제하여 첨정을 지냈다고 한다.

10) 『國朝文科榜目』에 의하면, 박찬은 성종 14년(1483) 식년문과에서 생원시 제3등 33위로 급제하였고, 이후 무관직으로 修義副尉(종8품)를 지냈다 한다.

11) 『國朝文科榜目』에 의하면, 정극량의 자는 子美이다. 연산군 7년(1501) 식년문과에서 진사시 제2등 제9위로 급제하였다 한다.

12) 안방준의 「己丑記事」에서는 '남문 밖'이라고 하였다.

로써 정여립의 사람 됨됨이를 다르게 그려볼 수도 있음직하다.

정여립을 잉태할 적에 그의 아버지는 고려 때 무신의 난을 일으킨 정중부鄭仲夫의 꿈을 꾸었다고 하며, 또 출산하는 날 밤에도 정중부를 만나는 꿈을 꾸었다고 한다. 그래서 이웃사람이 득남을 축하했지만 그의 아버지는 기뻐하는 기색이 전혀 없었다. 정여립은 장성하면서 체구가 장중하며 성격이 강퍅하고 잔인하였다고 한다. 나이 겨우 7~8세에 여러 아이들과 놀면서 까치 새끼를 부리에서 발톱까지 칼로 토막을 내 죽인 적이 있고, 또 이 사실을 그의 아버지에게 일러바친 어린 여종을 찔러 죽이고도 말씨가 태연할 정도로 보통사람과는 달랐다. 이에 어떤 사람들은 '비상아非常兒'라 하기도 하고, 또 '악장군惡將軍'이 나왔다고도 말하였다 한다. 이러한 이야기는 정여립을 역신 정중부의 후신으로 부각시키기 위해 지어낸 것으로 보인다.

정여립은 15~6세 때 부친의 임지를 따라다닐 적에도 항상 모든 일을 제 마음대로 처리하였다고 한다. 아버지가 익산현감益山縣監으로 있을 때 관청의 일을 제멋대로 처리하여 아전들이 여립의 말을 더 따를 정도였고, 그 아버지 역시 제지하지 못하고 혀를 차며 속으로 두려워할 뿐이었다 한다. 이것은 그가 발신發身하기 이전부터 상당히 이재吏才가 있었음을 알려주는 사실로, 그가 역적이 아니었다면 달리 서술되었음직하다. 또한 예로, 금구현에 사는 애복愛福이라는 수절과부가 남편이 죽은 지 1년도 채 안 되었는데, 정여립이 그녀의 미색을 소문으로 듣고 현령을 통해 그 부모와 형제자매에게 강요하여 마침내 그녀를 첩으로 취하였다. 제자들은 예법에 어긋나는 일인 줄을 알면서도 감히 간諫하지 못하였다고 한다. 거친 성격에 카리스마가 상당하였음을 짐작하게 한다.

총명이 발월發越했던 정여립은 22세 때인 명종 22년(1567)에 소과에 급제하여 진사가 된 뒤, 선조 3년(1570) 식년시에 을과 제2위로 대과에 급제하였다. 과거에 급제한 뒤에는 바로 벼슬길에 나아가지 않고 고향으로 돌아가 독서하는 사람으로 이름을 날렸다. 이어 성균관의 학유學諭, 예조좌랑 등 여러 벼슬을 거쳐 선조 17년(1584) 1월 홍문관 수찬(정6품)이 되었다. 그 뒤 경연에 참여하였고, 정개청鄭介淸 등과 함께 경서교정청經書校正廳에서 일하기도 했다.[13] 정개청은 후일 정여립에게 보낸 편지에서 "도를 보는 것이 높고 밝기로는 이 세상에 존형尊兄한 사람뿐이다"라고 칭송하였다 한다.[14]

『선조수정실록』을 보면, "정여립은 일세를 하찮게 보아 그의 안중에 완전한 사람이 없었다. 경전經傳을 거짓 꾸미고 의리를 속였는데, 논변이 바람이 날 정도로 잽싸서 당할 수가 없었다"라고 하였다. 다 믿을 수는 없다 하더라도 그의 사람됨과 언변과 처신이 어느 정도였는지 짐작할 만하다. 일개 6품직의 말단 벼슬아치가 조정에서 따르는 사람이 많아 왕통王通[15]이라 일컬어지고 자주 바람을 일으킬 정도였다는 사실은, 일단 그의 재주와 인간관계가 비범했음을 짐작할 수 있게 한다.

정여립은 당대에 많은 사람들로부터 '독서를 넓게 한 사람'으로 평가받았다. 당시 여러 사람들의 평을 종합하면 이구동성으로 정여립의 박학다재를 칭찬하였음을 볼 수 있다. 과거에 오른 뒤에는 한미한 가문 출신이라는 콤플렉스를 떨쳐버리기라도 하려는 듯 정여립은 당대의 이름난 학자들과 두루 사귀었다. 이것은 그가 조정에서 널리 알려지는 데 크게 기여하였다. 종유한 사람 중에는 율곡 이이와 우계 성혼 같은 거유도 있었다.

---

13) 이 사실은 『大東野乘』에 실린 『己丑錄(續)』에 보인다. "鄭介淸, 校正廳從仕之時, 適與汝立公座同校, 僅十餘日, 而卽歸林下, 豈有親厚交密之意也." 선조 18년(1585) 1월 校正廳을 설치하고 『經書訓解』를 교정하였는데, 당시 경술로 이름난 선비였던 崔永慶·洪晩全·韓百謙·정개청 등을 校正郞으로 삼았다.

14) 『隱峯全書』, 권5, 33b, 「己丑記事」, "且其書曰: 見道高明, 當世惟尊兄一人而已."

15) 중국 수나라 때의 학자. 자는 仲淹, 시호는 文中子이다. 經學에 밝아 儒家로 자처하며 강학을 자기의 소임으로 삼았다. 河汾에 살며 가르쳤는데, 수업 받는 자가 1천여 인에 달하여 인재가 성대히 배출되니 당시에 '河汾門下'라 일컬었다 한다.

정여립은 자주 이이와 성혼의 문하를 왕래하였다. 정여립 자신도 율·우의 문인으로 자임하였고 남들도 율·우의 문인으로 인식할 정도였다고 한다. 『선조수정실록』에서는 다음과 같이 말하였다.

> 정여립은 총명하고 재치가 있었으며 변설을 잘하였다. 오로지 박학과 종리綜理(종합 정리)에 힘썼는데, 특히 『시경詩經』의 훈고訓詁와 물명物名의 통해通解를 가지고 자부하였다. 성혼과 이이 두 사람이 불시에 만나, 간혹 그와 함께 평론하고 증명하였다(評證). 그가 박식하게 변증하는 것을 좋아한다 하여 조정에 천거해서 이름이 알려지게 했는데, 드디어 이발李潑 등과 교분을 맺었다. 성혼의 문인 신응구申應榘·오윤겸吳允謙 등은 한가할 때 같이 지내면서 정여립의 행동을 자세히 보고는 그 마음씀이 불측함을 논하여 데면데면 대하였으나, 역시 사문師門에서 감히 칭찬을 하거나 헐뜯지는 못하였다. 이이는 끝내 그 사람됨을 깨닫지 못하였다.

선조 16년(1583) 이조판서에 임명된 이이는 임금에게 사은숙배謝恩肅拜하는 자리에서 정여립을 등용하도록 추천하였다. 이이가 "정여립은 학문이 넓고 재주가 있습니다. 비록 남을 업신여기는 병통이 있기는 하지만 대현大賢 이하로서야 전혀 병통 없는 사람이 어디 있겠습니까. 매번 의망擬望을 하여도 낙점을 않으시니 혹여 무슨 참간讒間의 말이라도 있는 것입니까?"라고 하니, 이에 선조가 "여립을 칭찬하는 사람도 없지만 헐뜯는 자도 없으니 시험 삼아 써 본 뒤에야 알 수 있겠다" 하였다.[16)]

정여립은 조정에 있을 때 풍파를 몰고 다녔던 것 같다. 조사朝士 가운데 그의 거친 기질과 호세를 부리며 남을 침탈하는 것을 미워하여 상종하지 않는 사람들이 적지 않았는데, 정여립은 이들을 탄핵하거나 임금 앞에서 헐뜯어 작은 고을의 원님이나 말단 관직에도 있지 못하게 하는 등 갖은 보복을 가하였다고 한다.[17)] 율·우의 문인들은 그의 좋지 못한 성행性行을

---

16) 『宣祖修正實錄』, 16년(癸未) 10월 22일(庚午)조.
17) 『宣祖修正實錄』, 22년(己丑) 10월 1일(乙亥)조.

알면서도 스승에게 감히 말하지 못하고 그저 소원한 관계를 유지할 뿐이었다. 다만 조헌趙憲의 경우는 좀 남달랐던 것 같다. 조헌은 정여립이 이이를 배반하고 경박한 무리들과 간궤姦詭한 행동을 한다고 하여, 정여립을 말할 적마다 필시 반역을 도모할 것이라고 하였다. 조헌은 불원간 왜적이 침입할 것이라고 극론하였다가 함경도 길주로 귀양을 가게 되었는데, 중도에 정여립의 모반사건이 일어남에 따라 선견지명이 있다 하여 이내 풀려났다.

『실록』 등에는 이이가 정여립을 인정하고 조정에 추천한 이유가 '박학다재'에 있는 것으로만 되어 있다. 그러나 실상은 그렇지 않을 것이다. 이이는 인재를 천거할 때 학문을 중시했지만 경세적 역량을 더욱 중요하게 생각하였다. 이는 그의 『경연일기』 등이 증명하고 있다. 이것으로 본다면 이이는 정여립의 경세적 역량 내지 개혁적 성향을 높이 평가하여 추천했을 것으로 짐작된다. 단, 개혁의 방향과 정도, 질에서는 차이가 있을 수는 있다. 그러나 결과로 보면 정여립은 역신이고, 이이와 성혼은 한때나마 정여립을 칭허稱許하고 적극 추천한 바 있기 때문에 어떤 형태로든 그와의 교유에 대한 해명이 필요했을 것이다. 그 해명에 이이와 성혼의 문인들이 앞장섰다. 그들은 기축옥사가 서인 측에 의해 조작되었다는 동인 측의 비판에 적극 대응하지 않을 수 없었다. 또 우회적인 방법으로나마 이이와 성혼이 정여립을 추천한 데 대해 해명할 수밖에 없었다.

『선조수정실록』은 인조반정 이후 서인들에 의해 편찬된 것이다. 『선조수정실록』에서 기축옥사 관련 기사의 대본이 되다시피 한 안방준의 「기축기사」 역시 안방준이 서인이고 이이와 성혼의 문인이었던 관계로 서인 측의 시각을 그대로 반영하였다. 율·우의 문인들은 기축옥사 관련 기사에 신경을 쓸 수밖에 없었다. 이이가 사람을 알아보는 안목이 부족하다는 점을 자인하면서까지 정여립과의 관련성을 애써 희석시키려 하였고,

그를 추천한 이유가 단지 박학다재함에 있었음을 강변하였다. 그러나 정여립과 이이 사이의 관계로 보아 정여립의 개혁사상이 이이로부터 적지 않게 영향을 받았을 것으로 생각한다.

정여립은 선조 17년(1584) 4월, 자신을 조정에 천거한 이이를 배반했다는 탄핵을 받고 선조의 진노를 샀다. 이이의 문인 서익徐益은 정여립이 경연에서 이이를 비방·배척하였다는 말을 듣고는 상소하여 정여립을 비판하면서, 정여립은 사실상 이이의 문하생이나 다름없고 이이의 추천으로 벼슬길에 올랐는데, 그런 은인을 비판한다는 것은 있을 수 없는 일이라고 하였다. 그러면서 이이가 세상을 떠나기 3일 전에 보낸 편지에서 정여립이 "공자가 다 익은 감이라면 율곡은 반쯤 익은 감이다. 반쯤 익었다면 장차 다 익지 않겠는가. 율곡은 진실로 성인聖人이다"라고 했다는 사실을 공개하였다.[18] 이어 이이의 조카 경진景震이 상소하여, 정여립이 동인의 돌격장이 되어 이이를 비판한 것을 공격하면서, 일찍이 정여립이 이이에게 심복心服한다는 내용의 편지를 보낸 사실을 밝혔다. 이에 선조는 정여립을 반복무상反覆無常한 사람으로 낙인찍고 "오늘의 형서邢恕[19]"라고 하였다. 이러한 사실은 김시양金時讓(1581~1643)의 『부계문기涪溪聞記』에도 그대로 기술되어 있다.

적신賊臣 정여립은 두루 보고 잘 기억하여 경전을 관통하였다. 논의가 높고 격렬하며 의논이 과격하고 드높아 바람처럼 잽쌌다(踔厲風發). 율곡이 당시에 추앙받는 것을 보고 몸을 바쳐 제자의 예를 행하였다. '공자는 이미 익은 감이고, 율곡은 아직 익지 않은 감'이라는 말을 하기에 이르렀다. 율곡이 그의 재주를 기특하게 여겨 널리 칭찬함으로써, 드디어 높은 벼슬에 오르고 명성이 매우 높았다. 율곡이

18) 『宣祖실록』, 18년(乙酉) 5월 28일(戊戌)조.

19) 중국 북송 때 사람. 본래 程子를 師事하였으나 배반하고 司馬光의 문객이 되었으며, 얼마 뒤 사마광을 무함하고 章惇에 붙었으며, 다시 장돈을 배반하였다. 뒷날 '배반의 대명사'가 되었다.

죽은 뒤에 여립은 당시의 논의가 점점 변하는 것을 보고는, 드디어 율곡을 배반하고 이발李潑 형제에게 아첨해 붙었다. 하루는 주상께서 "이이는 어떠한 사람인가?"라고 물었다. 여러 신하들이 대답하기도 전에 여립이 이이의 단점을 여지없이 말하니, 주상이 매우 미워하여 "여립은 지금의 형서이다"라고 하였다.

선조의 눈 밖에 난 것을 감지한 정여립은 사직하고 낙향하였다. 그는 낙향한 뒤 지금의 김제시 금산면 청도리 동곡마을 모악산의 지맥인 제비산 아래에 터를 잡고 살았다.[20] 미륵신앙의 본거지인 금산사金山寺는 그 부근에 있었다.

정여립은 39세의 젊은 나이에 관직에서 떠났다. 그의 최종 관직은 6품직인 홍문관 수찬에 불과했다. 그러나 시골에 묻혀 있음에도 정여립의 명성과 영향력은 높아만 갔다. 멀리서 수많은 선비들이 찾아오고, 인근 고을의 관리들이 예방하곤 했다. 항상 문객門客이 끊이지 않았고, 문인 제자들의 내방도 줄을 이었다. 그의 조직력은 타의 추종을 불허하였다. 이것이 그를 불온시해 온 반대 측에게 현실에 불만을 품고 거사를 계획한 것으로 비쳐졌고, 그의 자살과 함께 역모는 사실로 굳어졌다.

정여립은 김제로부터 진안鎭安의 죽도竹島라는 곳으로 거처를 옮겼다. 죽도는 '산속의 섬'이라 불릴 정도로 지형지세가 특이한 곳이었다. 그는 이곳에 '죽도서당竹島書堂'을 짓고 제자를 모아 학문을 강론하면서, 무예를 가르치고 6백여 명 규모의 무사로 '대동계大同契'를 조직하였다. '죽도선생'이라는 별칭은 이 시기에 얻은 것이었다. 선조 20년(1587) 2월 전라도 손죽도損竹島에 왜적이 쳐들어왔을 때(丁亥倭變), 전주부윤 남언경南彦經의 요청으로 대동계 계원을 출동시켜 왜구를 소탕하는 데 크게 기여하기도 했다. 그런데, 지방관의 요청으로 왜구를 격퇴하는 데 대동계 계원이 공개적으로 참여했다면 대동계는 사실상 널리 알려진 친교 모임이자 민간방위조직

---

20) 현재 증산교 본부 건물이 자리 잡고 있다.

이었다고 할 수 있다.

『실록』에 의하면, 정여립이 대동계를 조직한 목적은 "국가에 장차 왜변倭變이 있을 것을 알고 때를 타서 갑자기 일어나려 한 것"이었다고 한다.[21] 이는 그가 모반거병에 목적이 있었음을 말하려는 것이지만, 그 이면을 보면 왜구의 침략, 더 나아가 왜란과 같은 국가적 변란에 대비하려는 뜻이 있었음을 간취할 수 있겠다. 그는 대동계를 조직한 뒤 매달 15일에 사회射會를 여는 등 세력을 확장하여 갔다. 그 뒤 황해도 안악安岳의 변숭복邊崇福·박연령朴延齡, 해주海州의 지함두池涵斗, 운봉雲峯의 승려 의연義衍 등 기인奇人과 모사謀士의 세력이 합세함으로써 대동계 조직은 전국적으로 확대되어 갔다. 정여립은 대동계 조직을 기반으로 치밀하게 역모를 꾀하다가, 선조 22년(1589)에 거사가 사전에 탄로 나자 조정의 체포령을 피해 죽도로 도망쳐서 그곳에서 자결했다고 한다.[22] 그러나 이미 공개된 조직이 역모를 도모했다는 것은 여러 가지로 이해되기 어려운 점이 있다. 1740년대에 나온 당쟁사 관련 사서인 남하정南夏正의 『동소만록桐巢漫錄』에서는 "조정에서 내려온 선전관宣傳官과 진안현감 민인백閔仁伯이 정여립을 죽이고는 자살로 위장했다"라고 기술하고 있다. 동인 측의 시각을 반영한 이 책에서는 서인 측이 사전에 치밀한 각본을 만들어 정여립을 죽이고 역모를 꾀한 것처럼 포장했다고 주장하였다.

3. 반주자학적 학문 성향

주자학은 대의명분을 중시하는 학문이다. 의리사상이라든지 정통론, 이단비판 등은 주자학의 특징을 상징적으로 보여 주는 것이라 하겠다.

---

21) 『宣祖修正實錄』, 22년(己丑) 10월 1일(乙亥)조 참조.
22) 당시 진안현감 閔仁伯의 『苔泉集』「討逆日記」에 討逆과 관련한 자세한 기록이 있다.

그런데 정여립의 아언雅言을 보면 그는 주자학이 완전히 뿌리를 내리지 못했던 당시에 이미 반주자학적 성향을 드러내고 있다. 그는 학도에게 항상 다음과 같이 말하였다고 한다.[23)]

(A) ① 사마온공司馬溫公(司馬光)의 『자치통감資治通鑑』에서는 위魏를 기년紀年을 삼았다. 이것이 직필直筆인데 주자는 그것을 그르게 여겼다.[24)] 대현大賢의 소견이 각각 다른 것을 나는 이해할 수 없다. ② 천하는 공공의 물건(公物)이거늘 어찌 정해진 주인이 있겠는가. 요堯임금, 순舜임금, 우禹임금은 (임금의 자리를) 서로 전수하였으니 성인이 아니던가.

(B) ③ 두 임금을 섬기지 않는다는 것은 왕촉王蠋[25)]이 한때 죽음에 임하여 한 말이지 성현의 통론通論은 아니다. ④ 유하혜柳下惠[26)]는 "누구를 섬긴들 임금이 아니겠는가"라 하였고 맹자는 제선왕齊宣王과 양혜왕梁惠王에게 왕도王道를 행하도록 권하였는데, 유하혜와 맹자는 성현이 아니던가.

위에 소개한 정여립의 말은 본래 두 가지이다. 그런데 저간의 연구자들은 (A)에서 "천하는 공물이거늘 어찌 정해진 주인이 있겠는가" 운운한 것과 또 (B)에서 "누구를 섬긴들 임금이 아니겠는가" 운운한 것을 앞의

---

23) 『宣祖修正實錄』, 22년(己丑) 10월 1일(乙亥)조, "常語學徒云: 「溫公通鑑, 以魏紀年, 是直筆, 朱子非之. 大賢所見各異, 吾所未解也. 天下公物, 豈有定主. 堯舜禹相傳, 非聖人乎.」 又曰: 「不事二君, 乃王蠋一時臨死之言, 非聖賢通論也. 柳下惠曰, 何事非君, 孟子勸齊梁行王道, 二子非聖賢乎.」"
『隱峯全書』, 권5, 「己丑記事」는 표현상의 차이가 약간 있다. "每與人言, 必曰: 「司馬公資治通鑑, 以魏紀年, 眞是直筆, 而朱子非之. 大賢所見, 非後生所敢知也. 天下公物, 豈有定主. 堯舜禹相傳, 堯舜非聖人乎.」 又曰: 「不事二君, 乃王蠋一時臨死之言, 非聖賢通論也. 柳下惠何事非君, 柳下惠非聖之和者乎. 孟子勸齊·梁行王道, 孟子非聖之亞者乎.」"

24) 사마광은 중국 史書 중 편년체의 대표로 꼽히는 『자치통감』 294권을 편찬하였다. 그는 三國 가운데 曹魏를 後漢을 이은 정통왕조로 인정하여 「魏紀」를 썼다.

25) 중국 전국시대 齊나라의 충신. 畫邑 사람. 연나라가 제나라에 쳐들어왔을 때 연나라 대장 樂毅가 그의 명성을 듣고 부르자 "충신은 두 임금을 섬기기 않고 열녀는 두 지아비를 바꾸지 않는다"(忠臣不事二君, 烈女不更二夫)라는 말을 남기고 스스로 목숨을 끊었다. 『史記』, 권82, 「田單列傳」 참조.

26) 기록에 따라 柳下惠 대신 伊尹으로 되어 있기도 하다.

말에 부속된 것으로 보지 않고 각각 별개의 것으로 보아, ①은 주희의 『자치통감강목』에 와서 완성된 정통론正統論을 정면으로 부정한 것, ②는 왕위세습의 불합리성을 인식하고 인물 위주의 평화적 정권교체 방식의 합리성을 주장한 것이자 혁명을 인정하는 사고라고 파악하였다. 그리고 ③은 군신강상설君臣綱常說을 부정한 것, ④는 ③과 표리를 이루는 것이자 평화적 정권교체의 당위를 말한 것이라고 이해하였다. 그러나 말의 앞뒤 맥락을 잘라 ① ② ③ ④로 나누면 단장취사斷章取捨한 것이 되어 본래의 입언 취지에서 크게 벗어난다. 연구자에 따라 해석이 천양지차로 다른 것은 이 때문이다. 위에 제시한 것처럼 (A)와 (B) 두 단락으로 나누어 보아야만 본지를 제대로 읽을 수 있다. 각주에 실은 원문에서는 '우왈又曰' 이전과 이후로 구분하여 두 문단임을 명확히 하고 있다. 위 제시문을 보면 혁명적 사고는 찾을 길이 없다.

'학도'들에게 강론하면서 한 말이라는 점, 정여립의 제자들이 "전성前聖이 말하지 못한 바를 말한 것"이라고 한 점, 또 정여립이 아닌 정개청의 글에 들어 있었던 말이라는 증언[27] 등으로 미루어, 그가 주자학적 명분론 내지 경학 체계를 반대하고 자가류自家流의 새로운 해석을 하는 과정에서 위와 같은 말이 부각되었던 것으로 보인다. 이처럼 경학에 대한 새로운 견해를 보인 것은 그가 일찍이 경서교정청에서 교정 업무를 볼 정도로 경학에 뛰어났음을 말해 준다.

이와 관련하여 『선조수정실록』과 「기축기사」에 보이는 기록을 좀 더 보기로 한다.

---

27) 閔仁伯에 의하면, 이러한 말들은 본디 정개청의 「排節義論」에 들어 있는데, 당시 사람들은 이것은 정여립이 지은 것이라고 여겼다 한다. 『苔泉集』, 권2, 27b~28a, 「討逆日記」, "鄭介淸, 谷城人也. 門地不甚蟬聯, 而早得學問之名. 其造詣淺深, 俱未之知, 而後生嗜學者, 多從之遊. 與汝立最親厚. 嘗著排節義論一篇, 其中有曰, 忠臣不事二君, 烈女不更二夫, 是王蠋偶發之言, 非聖人通論也. 伊尹曰, 何事非君, 何使非民, 此乃聖人通論. 時人以爲此論專爲鄭賊作也. 以此杖殞. 余常以爲汝立朝鮮之反賊, 介淸萬古之逆臣也."

정여립의 언론의 패역悖逆함이 이와 같았지만 문도들은 "이전의 성인이 미처 말하지 못한 뜻을 확장한 것이다"라고 칭찬하면서, 조금이라도 이를 어기거나 뜻을 달리하는 자가 있으면 곧 내쳐 욕을 보였다. 그래서 문하생들은 마음속으로는 그 그름을 알면서도 입으로는 다른 말이 없었다.(『선조수정실록』)

정여립의 이와 같은 논의는 매우 많은데, 사람들이 매우 기뻐하며 따랐다. 심지어 그의 제자 조유직趙惟直과 신여성辛汝成 같은 해괴한 무리들은 가는 곳마다 과장해서 말하기를 "우리 선생의 논의는 실로 고금의 선유들이 일찍이 말하지 못한 것이다"라고 하였다.(「기축기사」)

이를 보면, 정여립의 경전 해석에는 창견創見이 많았고 그에 대한 정여립의 확신 또한 강했음을 알 수 있다. 정여립을 따르는 무리들은 그의 명확한 해석과 설명에 쾌감을 느꼈고 그의 설을 교조적으로 받들었던 것 같다. 그렇다면 그가 종래의 경학체계 즉 관학官學인 주자학의 체계를 부정하고 원시유학의 이념으로 돌아가고자 했던 것은, 현실을 외면하고 대의명분만을 중시하는 학풍으로는 세상을 구제하기 어렵다고 보았기 때문일 것이다.

한편, 촉한이 아닌 위나라를 삼국의 정통으로 보았던 사마광의 필법을 직필이라고 한 것은 주자학의 명분론을 무너뜨리는 반주자학적 발상이다. 본디 정통론은 오행五行의 순환에 따라 왕조가 교체된다는 오행설과, 왕조가 동시에 여러 개 있어도 천하에는 오직 하나의 정통왕조만이 존재한다는 춘추대일통春秋大一統 사상에서 그 기원을 찾을 수 있다. 중국 사학사에서 정통왕조에 대한 최초의 논의는 진수陳壽의 『삼국지三國志』에서 이루어졌다. 진수는 위나라를 정통으로 보고 촉蜀을 윤통閏統(비정통)으로 보아 후세에 많은 논란을 불러일으켰다. 동진東晋 때 습착치習鑿齒는 『한진춘추漢晋春秋』를 지어 진수의 관점에 반대하고 촉한을 정통으로 보았다. 진수는 진晋나라 사람이고, 진나라는 위나라를 무너뜨리고 세운 왕조인 만큼, 진나라의 정통을 위나라에서 찾을 수밖에 없었다.

뒷날 사마광은 『자치통감』에서 위나라를 정통으로 보았다. 그 자신은 "이쪽을 높이기 위해 저쪽을 낮추거나, 정통과 윤통을 구별한 것이 아니다", "소열제昭烈帝가 황제였던 촉한왕조는 비록 중산정왕中山靖王(한나라 章帝의 아들)[28]의 후예라고는 하지만 그 계통이 오래되어 진정한 후예인지 구별하기가 어려워 한漢왕조가 남긴 정통을 잇게 할 수 없었다"라고 그 불가피성을 설명하였다. 그렇지만 사마광의 위정통론은 주희가 살았던 남송시기 이후로 의리론적·명분론적 측면에서 많은 비판을 받았다. 사마광 비판의 선봉에 선 사람이 주희이다. 주희는 『자치통감강목』을 편찬하여, 촉한의 소열제(劉備)를 후한 헌제獻帝의 뒤를 이어 한나라 유통遺統을 이은 것으로 기술하였다.

주희의 역사관은 이후 역대 왕조에 계승되어 촉한을 정통으로 보는 역사관이 주류를 이루었다. 그러나 사마광의 위정통론은 명분론을 초월하여 당시의 실질적 지배, 현실적인 역학관계를 고려한 비교적 공정한 것이었다고 할 수 있다. 대개 역사를 집필하는 사람은 자신이 속한 왕조의 이익을 대변하지 않을 수 없다. 국가적 차원의 공리公利와 공익公益은 곧 의義이기 때문에 자국의 이익을 정통론에 반영하지 않을 수 없었다.

촉한과 남송은 정치적으로 흡사한 측면이 있다. 위나라의 조비曹丕가 한나라 마지막 황제 헌제로부터 선양을 받아 위魏왕조가 정식으로 세워졌다. 그러나 조조曹操와 경쟁을 하던 촉蜀의 유비劉備는 조비가 헌제에게 강압적으로 선위禪位를 요구한 만큼 사실상 찬탈簒奪이라고 주장하며, 혈연적으로 같은 유씨인 자신이 한漢의 정통을 계승해야 마땅하다고 하면서 스스로 황제라 일컬었다.

유비의 혈통 중심의 정통론은, 여진족인 금나라가 북송을 멸망시키고

28) 120명의 아들을 둔 것으로 유명하다. 多子王이다.

중원을 차지한 처지에서 북송의 혈통을 계승한 남송이 정통이라는 혈연 중심의 정통론을 편 주희의 논리와 흡사하였다. 그러나 남송이 중국에서 정통을 주장할 근거는 별로 없었다.[29] 남송정통론은 당시의 현실적인 국제질서를 외면한 것으로 공정한 의론이라고 보기 어려운 점이 있었다.[30] 혈연 중심의 정통론은 주희에 의해 완성되었는데, 그는 『자치통감강목』에서 촉한의 유비에게 정통성을 부여하였던 것이다.

후세 중국이나 우리나라 할 것 없이 주자학이 지도이념이 된 이후로는 조비가 선양을 받은 것은 잘못이고 유비가 후한의 정통을 이어받은 것이 맞다고 보았다. 그러나, 헌제가 조비에게 선양한 절차와 과정에서 불법성이 있었는지는 몰라도 유씨가 계속해서 천하의 주인이 될 이유는 없다. 그러기에 정여립이 "천하는 공공의 물건이거늘 어찌 정해진 주인이 있겠는가"라고 하면서 요·순의 선양 사실을 들고, 한황실의 선양을 받아 새로운 왕조를 출범시킨 것이므로 위나라를 정통왕조로 인정하고[31] 위나라를 정통으로 본 것을 직필이라고 하였던 것이다.

이와 같이 정여립이 주자학적 명분론을 비판한 것은 조선유학사와 관련하여 시사하는 바가 크다. 특히 형해화形骸化한 숭명배청론과 북벌론이 한 시대의 국시國是가 되어 허다한 모순을 빚어냈던 조선 후기 사상계의 동향에 비추어 볼 때, 그 선구적인 사상의 진가가 더욱 빛을 발한다고 하겠다.

다음, (B)의 내용에 대해 살피기로 한다. 초점은 국가와 인민에 대한

29) 중국에서는 정통왕조의 기준으로 전국을 통일할 것, 이전 왕조로부터 선양을 받을 것, 바른 정치를 할 것, 오행론의 相生說이나 相剋說에 따라 자연의 질서에 부합할 것 등이 요구되었다.

30) 주자학의 명분론적 정통론은 특히 청나라 때 王夫之(「讀通鑑論」)나 章學誠(『文史通義』) 같은 학자에 의해 비판을 받았다.

31) 韓元震의 다음 말도 정여립과 같은 맥락이다. "天下公物也. 唐傳之虞, 虞傳之夏, 夏失之而殷得之, 殷失之而周得之."(『南塘集』, 권19, 10b, 「答姜養直論同異攷[丙辰九月]」)

책임의식에 있다. 역대 반역자들 가운데 간혹 "누구를 섬긴들 임금이 아니랴"라는 말을 내걸고 선동하는 경우가 있었지만, 본래 그런 차원의 말은 아니었다. 『맹자』를 보면 이 말을 한 이윤伊尹에 대한 이야기가 나온다.

> 이윤이 말하기를 "누구를 섬긴들 임금이 아니며 누구를 부린들 백성이 아니랴"라 하고, 나라가 잘 다스려질 때도 나아갔고 나라가 어지러울 때도 나아가 정치에 참여했다.…… 이윤은 천하의 백성들 가운데 한 지아비와 한 지어미라도 요순의 혜택을 입지 못한 자가 있으면 마치 자기가 구덩이 속으로 밀어 넣은 것처럼 생각하였으며, 천하의 중대한 책임을 자신의 임무로 여겼다.[32]

군주의 자질이나 능력, 도의 실현 여부 등 여러 조건을 따진 뒤 정치에 참여하는 것이 아니라 오로지 천하로써 자신의 책임을 삼았던 사람이 이윤이었다. 현실사회에 대한 강한 책임의식, 소명의식의 발로이다. 이윤은 군주에게 충성하는 것은 소절小節이요 국가와 인민에게 봉사하고 자신의 임무를 충실히 수행하는 것을 대절大節이라고 여겼다.

맹자는 양나라 혜왕惠王이 참주僭主였고 제나라 선왕宣王이 패주霸主의 후예였음에도 그들을 찾아가 왕도정치를 설하였다.[33] 양혜왕이 참주이므로 맹자가 만나서는 안 되는 일이었다고 한 사람들이 있었다.[34] 그러나

---

32) 『孟子』, 「萬章下」, "伊尹曰: 何事非君, 何使非民. 治亦進, 亂亦進.……思天下之民, 匹夫匹婦, 有不與被堯舜之澤者, 若己推而內之溝中, 其自任以天下之重也."

33) 『孟子』, 「梁惠王上」, "齊宣王問曰: 齊桓晉文之事, 可得聞乎. 孟子對曰: 仲尼之道, 無道桓文之事者. 是以, 後世 無傳焉. 臣未之聞也, 無以則王乎. 曰德何如, 則可以王矣. 曰保民而王, 莫之能禦也"; 朱子註 "齊宣王, 姓田氏, 名辟彊, 諸侯僭稱王也. 齊桓公, 晉文公, 皆霸諸侯者."

34) 그 예를 梅月堂 金時習(1435~1493)에게서 볼 수 있다. 『栗谷全書』, 권14, 25b~26a, 「金時習傳」, "金守溫知館事, 以孟子見梁惠王論, 試太學諸儒. 有上舍生見時習于三角山曰: 乖崖好劇, 孟子見梁惠王, 豈合論題. 時習笑曰: 非此老, 不出此題. 乃走筆成篇曰, 生員爲自製者, 試瞞此老. 上舍生如其言. 守溫讀未終, 遽問曰: 悅卿住京山何寺, 上舍生不能隱, 其見知如此. 其論大略, 以爲梁惠僭王, 孟子不當見云. 今逸不收."

맹자가 그들에게 유세遊說한 것은 오직 '왕도' 두 글자를 위해서였다. 이에 대해 일찍이 율곡 이이는 다음과 같이 변명한 바 있다.

> 맹자는 양나라에서는 경卿이 되지 않았고 제나라에서는 녹을 받지 않았기 때문에 여러 나라를 마음대로 두루 예방할 수 있었다.…… 아침에 제나라에서 신하노릇을 하고 저녁에 양나라에서 신하노릇을 한다면 그것은 결코 옳지 못하다.…… 두 임금을 섬기지 않는 의리는 천지의 강상이니 어찌 성인의 처지에서 이를 소홀히 하겠는가.……
>
> 만약 "성현은 백성들의 교화를 짊어져서 중인衆人들과 같지 않기 때문에, 중인은 두 임금을 섬길 수 없어도 성현은 두 임금을 섬길 수 있다"라고 말한다면 이는 매우 도리를 해쳐서 신하된 이의 불충의 길을 활짝 열어놓게 될 것이다. 이러한 의리에 대해 마땅히 선현의 의론이 있을 터인데 나는 아직 이를 보지 못했다. 다만 의리로써 미루어 본다면 이와 같은 데 지나지 않을 뿐이다.[35]

그러나 '불사이군不事二君'이 본래 성현이 말한 일반적이고 공통된 도리가 아니라 후대에 나온 것임은 더 말할 나위 없다. 그럼에도 후대로 가면서 왕촉의 말은 성현의 말 이상의 도리로 고착되었고,[36] 명분론이 유달리 강했던 조선에서는 불변의 강상으로 인식되었다. 정여립은 조선의 지식인들이 지나치게 의리론과 대의명분에 집착하여 현실사회를 등지고 산야山野에 숨는 것을 안타깝게 생각하였던 것 같다.

정여립이 말한 '하사비군何事非君'이란 말을 불온한 반체제적인 발언으로 해석하는 것은 잘못이다. 정여립을 대역죄인으로 몰기 위해 그처럼

---

35) 『栗谷全書』, 권10, 42a~42b, 「答成浩原」, "孟子於梁不爲卿, 於齊不受祿, 故可以歷聘而自在也.……朝臣齊而暮臣梁, 則決不可也.……若曰, 聖賢負生民之託, 與衆人不同, 衆人不可事二君, 而聖賢事二君, 則甚害理, 大啓爲臣不忠之路矣. 此等義理, 合有先賢議論, 而愚未之見, 但以義理推之, 不過如此耳."

36) 洪聖民, 『拙翁集』, 권7, 26b~27a, 「書王燭紀後」, "忠臣不事二君, 此語一出, 日月乎天地, 雷霆乎宇宙, 天下之爲君臣者定. 自齊以後, 革命易世之變, 歷千祀不絶. 而人臣之不辱其身者, 必擧王大夫之言以守之, 怯之者亦不能兵之."

해석한 것을 그대로 인정하는 것은 안 될 말이다. 그러나 정여립이 고성古聖의 유지遺旨를 발명發明하려는 목적에서 한 말이라 하더라도, 종래의 주자학적 풍토 속에서 이윤이 말한 '하사비군'이란 말이 일대 금기어가 되다시피 했음에 비추어 본다면, 그를 불온시했던 인물들에게 하나의 빌미를 준 것은 사실이다.

'하사비군'이란 말이 혁명을 정당화하는 말이 아니었음은 서인계 학자로 정여립과 반대당에 속했던 정관재靜觀齋 이단상李端相(1628~1669)의 상소문을 통해서도 엿볼 수 있다.

> 정개청이 정여립과 산사山寺에서 자주 만나 의론한 일이 있었습니다. 정여립이 "고금에 오직 이윤이 성인 가운데 통달한 분이시다. '누구를 섬긴들 임금이 아니며 누구를 부린들 백성이 아니겠는가'라고 했던 말은 아주 살아 움직이는 자리이니 후생이 가장 본받아야 될 만한 것이다"라고 말하자, 정개청은 "선비는 마땅히 인의중정仁義中正을 마음의 근본으로 삼을 것이니, 절의가 일변一邊으로 떨어져 동한 말엽에 나라가 망한 것이 이 때문이다"라고 하였습니다.[37]

전라도 사람들이 정개청의 사당을 세우고자 할 때 이를 반대하면서 정개청이 지난날 정여립과 매우 가까운 사이였음을 진술하는 가운데 나온 말인 만큼, 사실상 반대파의 증언을 통해 정여립의 무고함이 증명된다고 하겠다. 위의 증언의 취지는 출처진퇴의 기준을 성현의 '중용의 도리'에 두어 어느 한쪽으로 치우치면 안 된다는 것이다. 이 점에서 정여립과 정개청은 의견의 일치를 보았다. 특히 정개청은 후한시대 지식인들이 소보巢父·허유許由의 절의만을 사모하였고 진송晉宋 대에는 노자·장자를 숭상하여 청담淸談 쪽으로 흘러간 끝에 결국 나라가 망하는 데 이르렀다고

37) 『靜觀齋集』, 권4, 13a~13b, 「論鄭介淸書院事疏」, "介淸數與汝立, 會議於山寺. 汝立曰, 古今惟伊尹爲聖之通者, 何事非君何使非民之語, 十分活動, 在後生最可法. 介淸曰, 士當以仁義中正, 根於心, 節義落於一邊, 東漢之末亡國, 是也."

비판하면서, 은자들의 지나친 출세간적 태도가 빚어낼 여폐餘弊를 경계하기 위해 세칭 「절의청담설節義淸談說」을 지었던 것이다.[38] 서인 측에서는 이를 '절의를 배척한 글'(排節義說)이라 하여 두고두고 비난을 퍼부었지만, 그것이 정개청의 서투른 글 솜씨에서 비롯된 오해였음은 서인 안방준도 지적한 바였다.[39]

정여립이 '하사비군' 운운한 것이 결코 불온한 의도에서 나온 것이 아님은 반대당 사람들의 증언으로도 확인되었다. 이는 '출처진퇴'만을 앞세우며 국가와 인민에 대한 책임의식은 뒷전으로 돌리는 편협한 산림학자들을 겨냥한 것으로,[40] 그의 강한 현실참여의식을 드러낸 것이라 할 수 있다.

이 밖에도 '문文'을 중시한 조선사회에서 '육예六藝'를 구실로 '무武'까지 갖추었던 정여립의 학문 경향도 반주자학의 범주 속에 넣어 이해할 수 있음직하다.

> 정여립은 대동계를 조직하고 매월 15일에 일제히 한곳에 모여 과녁에 활을 쏘기도 하고 표적에 활을 쏘기도 하여 승부를 겨루었다. 그리고 말하기를 "활쏘기는 육예六藝[41]의 하나이니 폐할 수 없다"라고 하였다. 또 그 무리들은 서로 (정여립을) 칭송하면서 "우리 동방에 선유들이 많았지만 단지 예학을 할 뿐이었고, 활 쏘는 기예는 이제야 처음으로 있게 되었다"라고 하였다.[42]

---

38) 『困齋愚得錄』, 권1, 38b, 「東漢晉宋所尙不同說」 참조.

39) 『隱峯全書』, 권5, 32b, 「己丑記事」, "정개청이 글 하나를 지어 후한 때의 절의와 晉나라 때의 청담의 폐단을 논했는데, 製述에 능숙치 못하여 그 말을 구사한 것이 도리어 절의를 배척한 것이 되었다."

40) 이이 역시 許曄의 "閔箕가 卿相 자리에 있으므로 사람들이 추앙하지 않지만, 지리산이나 청량산에 은거한다면 일대의 존경이 남달랐을 것이다"라는 말을 소개하며 山林에 대해 비판적인 시각을 보인 바 있다. 『栗谷全書』, 권28, 25b, 「經筵日記(一)」 참조.

41) 禮·樂·射·御·書·數.

42) 『隱峯全書』, 권5, 3a~3b, 「己丑記事」, "汝立與全州金溝泰仁隣邑, 諸武士及公私賤人通上下作契, 名之曰大同契. 每月十五日, 齊會一處, 或射的, 或射侯, 爭其勝負曰: 射於六藝, 不可廢也.……其徒相與稱贊曰: 吾東方先儒多矣, 只以禮學而已, 至於射藝, 則今始有之."

정여립은 예학 일변도의 학문 풍토를 달가워하지 않았던 것 같다.[43] 예가 지나치게 강조되면 분열의 폐단이 있듯이(禮勝則離), 그는 예교禮敎가 극성하여 당화黨禍가 일어날 것을 미리 짐작하였던 듯하다. 또 예학이 승하면 학계가 의리론이나 명분론으로 치달을 수밖에 없음을 내다보고 있었던 것이다. 여기서도 그의 선견지명을 읽을 수 있다.

이상에서 살핀 바와 같이 정여립은 공화제를 외친 사람이 아니다. 공화제는 군주제의 상대적 개념이다. 정여립은 결코 군주제를 부정하지 않았다. 그의 정치사상은 '군주제'의 범위 밖에서 논의되지 않았다. 군신강상설君臣綱常說이라든지 군주세습제[44]를 타파하고 나아가 역성혁명을 주장했다는 것은 받아들이기 어렵다.[45]

> 정여립은 4백 년 전에 군신강상설을 타파하려 한 동양의 위인이지만 이를 민약론民約論을 저작한 '루소'와 동등同等되는 역사적 인물이라 할 수 없음은, 당시에 다소간 정설鄭說에 영향을 입은 인계鍘稧나 양반살육계兩班殺戮稧(무력폭동단체) 등의 전광일섬電光一閃의 거동擧動이 없지는 않으나 마침내 루소 이후의 파도장활波濤壯濶한 프랑스혁명에는 비길 수 없는 까닭이라.[46]

신채호는 '역사의 개조'를 말하면서, 사회체제가 이미 정착된 국면에서는 개인이 힘을 쓰기가 매우 어렵다고 하면서 그 예로 정여립의 경우를 들었다.

> 정여립이 "충신은 이군二君을 불사不事하며 열녀는 이부二夫를 불경不更한다"의

---

43) 그가 예교 중심의 학풍을 비판하였던 것은 豪逸한 그의 성품도 한 원인이 되었을 것이라고 생각된다.

44) '세습군주제'는 군주제에 중점이 있고 '군주세습제'는 세습제에 중점이 있다.

45) 신채호는 "鄭竹島 선생은 '民重君輕'을 주장하다가 사형을 입으며……" 운운하였다. 申采浩, 『朝鮮上古史』; 『개정판 단재 신채호 전집』 상권(형설출판사, 1995), 373쪽.

46) 申采浩, 『朝鮮上古史』; 『개정판 단재 신채호 전집』 상권, 32쪽.

유가윤리관을 일필一筆로 말살하여, "인민에 해되는 군君은 시弑함도 가하고, 행의行義 부족한 부夫는 거去함도 가하다" 하며, "천의天意와 인심人心이 이미 주실周室에 거去하였는데 존주尊周가 무엇이며 인중人衆과 토지가 벌써 조조曹操와 사마司馬에게 돌아갔는데 구구일우區區一隅 유현덕劉玄德의 정통이 다 무엇이냐" 하는 공구孔丘·주희朱熹의 역사필법歷史筆法을 반대하니, 그 제자 신극성辛克成 등은 "이는 참 전성前聖의 미발未發한 말씀이라" 하였고 재상과 학자들도 그 재기才氣와 학식에 경도하는 이가 많았으나, 세종대왕의 삼강오륜의 부식扶植이 벌써 터를 잡고 퇴계선생의 존군모성尊君慕聖의 주의가 이미 집을 지어 전 사회가 안돈安頓된 지 오래이니 이 같은 돌비突飛적·혁명적 학자를 용납하리오. 그러므로 애매한 일지一紙의 고변장告變狀에 신수身首가 이처異處하고 전가全家가 구허丘墟하니, 평생 저술이 모두 화장火葬에 들어감이라.……[47]

신채호 특유의 격월激越한 논조라 할 것이다. 그러나 이러한 논리는 사료에 대한 자의적인 해석에서 비롯된 것이므로 이제라도 바로잡아야 될 줄로 안다.

정여립의 반주자학적 학문 성향 내지 정치사상은 성리학적 명분주의를 초월하여 합리적이고 현실적인 성격을 띠고 있다. 이러한 합리적이고 진보적인 사상이 성리학적 명분론·의리론에 함몰된 조선사회에서 쉽게 수용될 수 없었기에 불온한 인물로 비쳐졌던 것이고, 마침내 역모의 혐의를 받아 사지死地로 몰릴 수밖에 없었던 것이다. 그는 '사상의 자유'라는 측면에서 볼 때 중국의 탁오卓吾 이지李贄(1527~1602)나 조선의 교산蛟山 허균許筠(1569~1618)을 연상하게 한다.[48]

---

47) 申采浩, 『朝鮮上古史』; 『개정판 단재 신채호 전집』 상권, 71~72쪽.

48) 양명좌파의 영향을 많이 받은 학자로 꼽히는 허균은 조선 학계에서 인간의 情慾을 긍정한 최초의 인물로 평가되기도 한다. 그는 일찍이 "남녀의 정욕은 하늘이 부여한 것이요, 윤기를 분별하는 것은 성인의 가르침이다. 하늘이 성인보다 높으니, 성인의 예교는 어길지언정 천품의 본성은 감히 위배할 수 없다"(李植, 『澤堂集』 別集, 권15, 4a~4b, 「示兒代筆」)라고 하였다 한다. '조선의 이탁오'라 부를 만하다.

4. 대동사상과 후천세계

정여립은 전주·금구·태인 등지의 여러 무사와 공사公私의 천인까지 상하를 막론한 인사들로 계를 만들고 '대동계大同契'라 하였다. 대동계란 『예기』「예운禮運」편에 나오는 대동사회를 희구하여 붙인 것일 수 있다. 그러나 '대동'이란 말은 '모두 하나가 된다'는 뜻으로 쓰이는 용례가 많고, 실제로 대동제大同祭·대동보大同譜·대동법大同法·대동단결大同團結·대동소이大同小異 등 '대동'이란 말이 들어간 단어가 적지 않다. '대동'이란 이름이 들어간 계를 조직했다는 사실만 가지고 대동사상을 거론하기 어렵다는 견해가 있을 수 있다. 또 정여립이 민중들에게 대동사상을 설파하였다거나 진안의 죽도가 대동사상의 전파 기지였다는 등등의 설은 문헌상으로 증거가 없고 단지 추연推衍한 것에 불과하다.

그러나 앞서 살폈던 정여립의 아언雅言은, 원시유가의 전통으로 돌아가 선양禪讓의 의미를 되새기고 공도公道를 부각시킨 것이며, 또 군신간의 진정한 의리와 분수가 어떤 것인지 다시 한 번 심사숙고해 본 것이므로 대동사상과 연결시킬 수 있을 듯하다. 먼저 『예기』「예운」편에 나오는 대동의 세계에 대해 살피기로 한다.

> 대도大道가 행하는 세상에서는 온 천하를 공공公共의 것으로 여겨, 현명하고 능력 있는 사람을 뽑아 다스리게 하고 교육으로 신의信義를 강습講習하게 하여 사회적으로 사람들을 화목하게 만든다. 그러므로 사람들이 자기 어버이만 친애하지 않고 남의 노인도 친애하며 자기 자식만 사랑하는 것이 아니라 남의 자식들도 사랑한다. 노인들에게는 안심하고 삶을 마칠 수 있게 하고, 젊은이들은 나라에서 등용하며, 어린이들은 잘 성장하게 하고, 홀아비나 홀어미, 아비 없는 고아들, 자식 없는 고독한 노인, 병든 이와 장애자들 모두 나라에서 부양하도록 하며, 남자는 직업이 있고 여자는 시집갈 곳이 있게 한다. 경제적 재화를 개발하지 않고 버려두는 것은 미워하지만 그것이 자기만을 위하는 것은 아니며, 노동력은 자기에게서

> 나오지 않는 것을 미워하지만 반드시 자기만을 위하는 것은 아니다. 이런 까닭에 남을 중상모략하는 일이 일어나지 않으며 강도와 절도, 세상을 어지럽히는 도적들이 생겨나지 않는다. 그러므로 밖의 대문을 닫지 않고도 살 수 있으니, 이러한 세상을 일러 '대동'이라 한다.[49]

대동의 세계는 소강小康의 세계와 대비되므로, 소강의 세계도 아울러 살펴야 한다.

> 지금의 세상은 대도는 이미 없어지고 천하를 사삿집(私家)으로 생각하여, 각자 자기의 어버이만을 친애하고 자기의 자녀만을 사랑하며 재화와 인력은 자기만을 위하여 바친다. 천자와 제후는 세습하는 것을 상례로 하며, 성곽과 구지溝池를 견고하게 하여 스스로 지킨다. 예의를 기강으로 내세워, 그것으로써 임금과 신하의 분수를 바로잡고 부자 사이를 돈독하게 하며 형제를 화목하게 하고 부부 사이를 화합하게 한다. 제도를 베풀어 전리田里를 세우며, 용맹함과 지혜 있음을 현명하다 하고, 공은 자기를 위한 일에 이용한다. 간사한 꾀가 이 때문에 일어나고 전벌戰伐이 이것으로 말미암아 일어난다. 우왕·탕왕·문왕·무왕·성왕·주공은 이 예의를 써서 세상을 잘 다스린 사람들이다. 이 여섯 사람의 군자들은 예를 삼가지 않은 이가 없었다. 의를 밝히고 신信을 이루며 허물 있는 것을 드러내어 밝히고 인仁을 법칙으로 하며 겸양의 도를 강설하여, 백성들에게 떳떳한 법이 있음을 보여 주었다. 이 떳떳한 법칙에 좇지 않은 자가 있으면 집권자라 하더라도 백성들이 그를 '재앙'으로 여긴다. 이러한 세상을 소강小康(조금 평안한 세상)이라고 한다.

사실 소강의 세계를 잘 읽어야 대동의 세계가 보인다. 대동세계의 핵심은 '천하위공天下爲公'에 있다. 즉, 천하는 특정 인물이나 세력(집단)의 것이 아니라 '만인의 공유'라는 천하공물天下公物 의식이 그것이다. 여기에

---

49) 『禮記』, 「禮運」, "孔子曰: 大道之行也, 與三代之英, 丘未之逮也, 而有志焉. 大道之行也, 天下爲公, 選賢與能, 講信修睦. 故人不獨親其親 不獨子其子, 使老有所終, 壯有所用, 幼有所長, 矜寡孤獨廢疾者皆有所養, 男有分女有歸, 貨惡其弃於地也, 不必藏於己, 力惡其不出於身也, 不必爲己. 是故謀閉而不興, 盜竊亂賊而不作. 故外戶而不閉, 是謂大同."

서 정여립이 그렸던 이상세계의 일단을 엿볼 수 있다.

대동세계는 고금을 통해 선유先儒들이 그렸던 가장 바람직한 이상경理想境이었다. 대동사상에 대해서는 정통 유가사상이 아니라 도가적 요소가 내포된, 또는 도가사상의 영향을 받은 것으로 비판하는 학자들이 역대로 적지 않았다. 대체로 중국 전국시대 말기 진한秦漢교체기에 자유子游의 문인들이 공자의 말인 양 가탁하여 꾸민 것이라고 한다. 우리나라 선유들 중에도 이 견해를 따르는 사람들이 있다. 이 대동사상은 현대적으로 볼 때 자유와 민주를 중시하는 민주주의의 요소와 함께 평등과 분배를 중시하는 사회주의적 요소도 들어 있다. 그러기에 현대 중국에서 손문孫文이나 장개석蔣介石이 대동사회를 가장 이상적인 것으로 여겼을 뿐만 아니라 혁명의 최고이상으로 삼았으며, 모택동毛澤東 역시 대동사상을 자신의 신민주주의 이론에 접목시켜 농민 대중을 혁명사업에 동참하도록 유도하였던 것이다.[50)]

우리나라 선유 중에서 율곡 이이는 자신의 주저主著 가운데 하나인 『성학집요聖學輯要』「위정하爲政下」 '위정공효爲政功效'장의 맨 첫머리에서 대동사상을 인용하고 이것의 구현을 희구하였다. 우리 역사상 대동사상을 학문적으로 크게 부각시킨 사람은 사실상 이이라고 해도 과언이 아니다. 『성학집요』 자체가 선성과 선유의 언설을 모아 엮은 것이므로 특별히 자신의 논지를 펴지는 않았지만, 대동사상과 관련하여 일대 표장表章한 것이라고 하지 않을 수 없다. 그것이 정여립의 대동사상에 상당한 영향을 끼쳤을 것으로 짐작한다.

이를 본다면 정여립이 대동사상을 이상으로 하였다는 것 자체에 큰 의미를 부여하거나 비중을 둘 것은 없다. 다만 그가 대동계라는 조직을 통해서 이상세계를 실현하려 했다는 데서 일정한 의미를 부여할 수는

---

50) 류승국, 『한국사상의 연원과 역사적 전망』(성균관대 출판부, 2009), 560~561쪽 참조.

있다고 본다. 대동계원들은 신분과 지위에 차별을 두지 않았다. 반상班常에 따른 차별이 없었기 때문에 당시 하층민으로 천대받았던 사람들 중에서 재능 있는 다양한 계층의 인물들이 많이 모여들었다. 이들 중에는 길삼봉吉三峯과 같이 무술에 뛰어난 인물이라든지 의연義衍·도잠道潛·설청雪淸 등 승려의 부류, 지함두[51] 등 도가자류道家者流, 그 밖에 잡류雜流로 불리던 수많은 기사奇士와 술사術士 등 여러 계층의 사람들이 있어 정여립과 교유하거나 따랐다. 조선시대에 '계'라는 이름의 각종 모임이 많았지만 신분의 장벽을 무너뜨린 경우는 매우 드물었다. 반상은 물론 적서嫡庶까지도 엄격히 차별했던 당시로서는 상상하기 어려운 일이었다. 대동계가 같은 신분을 가진 사람들의 규합체 또는 사적 야망을 달성하기 위한 모임이 아니었다는 데서 '천하위공'이라는 대동사상을 전파하고 실천하기 위한 전초前哨의 구실을 하였음을 미루어 짐작할 수 있다.

위 「예운」편에서 이상세계의 모습을 여러 가지로 열거하였지만, 그 뿌리가 되는 '대도'에 대해서는 그 실체가 무엇인지 구체적으로 밝히지 않았다. 다만, 정여립이 보는 '대도'는 특정 사상이나 종교, 이데올로기의 경계를 넘어선 것이었다. '대도' 자체가 절대적 진리(至道)로서 상대적 의미의 도와는 다른 것이었다. 그는 유학을 전공한 유학자였지만 불가의 승려들이나 도가자류와 친하였으며, 나아가 풍수지리, 도참설 같은 잡술에도 능통하였다. 그에게서 사상적·종교적 경계란 따로 없었으니, 이것 역시 '대동'의 차원에서 말할 수 있을 것이다.

위에서 말한 대동의 세계는 이상세계요 후천개벽後天開闢의 세계이다. 선천·후천은 본디 『주역』에서 나온 것이다. 선·후천이 바뀌는 우주의 대변혁을 우주운행의 도수度數로써 추리하는 내용이 역리易理에 들어

51) 늘 黃冠道服 차림이었고, 그와 만나는 사람들이 物外高士로 대접하였다고 한다. 이것을 보면 이른바 道家者流로 보인다. 安邦俊, 『隱峯全書』, 권5, 4b, 「己丑記事」 참조.

있다. 그런데 후천세계란 말이 본격적으로 사용된 것은 근세 민족종교가 등장하면서부터이다. 대개 1860년대 동학東學이 창시된 이래 여러 민족종교(신종교)가 등장하였는데, 여기서는 다가올 미래세계를 후천 또는 후천세계란 용어로 표현하였다. 인류의 역사를 둘로 갈라 지난 세상을 선천, 앞으로 다가올 세상을 후천이라고 한다. 선천세계는 각종 모순과 폐단, 대립과 갈등으로 점철된 어두운 세상인 반면, 후천세계는 모든 사람이 자유롭고 평화로운 삶을 누릴 수 있는 밝은 세상이요 온갖 종류의 차별과 대립이 사라지고 절대평등이 구현되는 지상낙원이다. 상극相剋이 아닌 상생相生의 논리가 지배하는 세상이 바로 후천세계이다.

후천세계란 말은 근세에 쓰였지만 그런 개념과 의식은 이미 오래 전부터 있었다. 유교·불교·도교에서 그리던 이상향이 그것이다. 유교에서의 대동세계, 불교에서의 미륵불의 용화세계龍華世界, 도교에서의 화서국華胥國[52]은 하나로 통한다. 이상세계에 대한 희구와 염원이 간절하면 할수록 현세를 부정하고 판국을 뒤바꾸려는 역동성과 혁명성을 띠게 되는데, 역사상으로 이상세계를 구현할 구세주(messiah)를 표방하고 나선 사람들이 있었다. 성공한 사람은 나라를 세우고 임금이 되었지만, 실패한 사람은 역적으로 단죄되었다. 2세기 말 중국에서 일어난 황건적黃巾賊의 난은 도교의 전신인 태평도太平道가 주도한 것으로, 농민들이 머리에 누런 수건을 썼기 때문에 붙여진 이름이다. 당시 태평도의 창시자 장각張角은 "창천蒼天은 이미 죽었으니 황천黃天이 마땅히 서야 한다. 때는 갑자년으로 천하가 크게 길하다"라고 선전하면서 농민들에게 후천세계에 대한 기대를 한껏 부풀렸다. 또 우리나라에서도 신라 말 궁예弓裔가 미륵불을 자칭하면서 용화세계 구현을 기치로 내걸고 후고구

---

52) 『列子』「黃帝」편의 '華胥之夢' 고사에서 나온 말. 중국 전설상의 임금인 黃帝가 꿈에서 화서라는 나라에 갔던 데서 유래한다. 화서국은 無爲自然의 태평한 나라로, 이해타산이나 애증, 지배와 복종 등이 없는 이상향을 가리킨다.

려(泰封)를 건국했던 일이 있었다.[53)]

정여립이 그리던 이상세계에는 유교의 대동세계는 말할 것도 없고 불교의 용화세계, 도교의 화서국, 더 나아가 『정감록鄭鑑錄』에서 말하는 '정진인鄭眞人의 나라' 등이 복합적으로 어우러져 있다. 그가 서실을 짓고 무사를 단련시켰던 진안의 죽도는 사실 『열자』에서 말하는 화서국이요 『홍길동전』에서의 율도국이었던 것이다.

정여립은 미륵신앙의 고장인 전주권全州圈에서 태어나고 성장하였다. 김제의 금산사가 정여립의 정신적 고향이었음은 더 말할 나위가 없다. 이 금산사 권역은 미륵신앙의 근원지로서 후천세계에 대한 열망이 그 어느 곳보다 강하였다. 전주지역에 근거를 둔 견훤의 후백제 역시 미륵사상을 기반으로 한 것이었으며, 근세의 갑오농민전쟁, 강증산姜甑山의 해원상생사상解冤相生思想, 모악산母岳山을 중심으로 한 풍수지리사상 등이 모두 이상세계, 후천세계에 대한 믿음과 신앙에서 나온 것이었다. 후천세계를 표방하지 않은 종교는 사실상 찾아보기 어렵다.

정여립은 잡술에 두루 통하여 감여堪輿(풍수지리)와 성기星紀 등에 관한 서적을 중국에서 사다가 여러 사람들과 함께 강설하였다고 한다.[54)] 그가 단순한 유학자가 아니었음을 짐작하게 한다. 그는 『정감록』과 같은 민간의 예언서를 이끌어 고통에 시달리는 민중을 위로하고 새로운 세계에 대한 희망의 불씨를 제공하였다. 『선조수정실록』과 「기축기사」 등에 의하면, 일찍이 정여립은 지함두와 중 의연·도잠·설청 등과 함께 황해도에 가서 구월산九月山 등 여러 산을 구경하고 돌아오다가, 충청도에 들러 계룡산鷄龍山을 구경하고 어느 버려진 암자에서 시 한 수를 지어 벽에 붙였다고 한다.

---

53) 『三國史記』, 권50, 「弓裔傳」 참조.
54) 『宣祖修正實錄』, 22년 10월 1일(乙亥)조.

客行南國遍	남녘지방 두루 다니다가
鷄岳眼初明	계룡산에 이르러 눈이 번쩍 뜨이네.
躍馬驚鞭勢	뛰는 말이 채찍에 놀란 형세요.
回龍顧祖形	용이 빙 돌아 조산祖山을 돌아보는 형국이라.
蔥蔥佳氣合	푸릇푸릇 가기佳氣가 모이고.
藹藹瑞雲生	뭉게뭉게 서운瑞雲이 피어오르네.
戊己開亨運	무戊·기己 양년에 좋은 운수 열릴 것이니
何難致太平	태평세월 이룩하기 무엇이 어려우랴.

'무·기 양년', '태평세월' 운운한 데서 후천개벽의 시기와 염원을 엿볼 수 있다.

또 이보다 1백 년 가량 앞서 "목자木子가 망하고 전읍奠邑이 흥한다"는 『정감록』의 비기秘記가 민간에 떠돌아 다녔는데, 정여립은 이것을 옥판玉板에 새겨서 중 의연으로 하여금 지리산 석굴에 감추게 두게 한 뒤 산행을 나섰다가 우연히 발견한 것처럼 꾸며 대기도 하였다. 그때 변숭복·박연령 등이 이를 보고 정여립을 시대 운기에 맞추어 난 사람이라고 하였다 한다. 재래의 기록에서는 이 『정감록』 관련 예화例話를 정여립의 모반사건에만 초점을 맞추어 기록하였다. 정여립 측에서 각종 비기秘記를 이끌어 장차 정여립이 군사를 일으켜 마침내 왕이 될 것이라는 참언讖言을 고의로 퍼뜨렸다고 한 이야기들도 마찬가지의 시각이다. 어디까지나 승자에 의한 기록인 만큼 상당 부분이 부풀려졌을 것이다. 다만, 필자는 이러한 예화를 통해 정여립이 후천세계를 희구했고, 여기에는 가학苛虐과 질곡桎梏에 시달리는 민중에게 희망의 메시지를 전달하려는 의미가 강하였다고 보려는 것이다.

『정감록』은 조선 중기 이래 민간에 널리 유포되어 온 대표적인 예언서이다. 여러 감결류鑑訣類와 비결서秘訣書가 집성된 것으로, 민간에 전해 내려오는 동안 다양한 이본異本이 생겼다. 학계에서는 대개 임진왜란과 병자호란을 겪은 뒤 책으로 엮어진 것으로 보고 있다. 『정감록』에서 기약했던 '정진인의 나라'는 결국 후천세계로 귀결된다.

5. 맺음말 : 정여립 사상의 재평가를 위하여

『선조수정실록』에서는 정여립으로 말미암아 호남의 사습士習이 크게 무너졌다고 하면서 다음과 같이 비판하였다.

> 호남의 풍속이 진취進取하기를 좋아하고 거취去就를 가볍게 여기므로 사자士子가 더러움에 오염되어 풍습이 크게 훼손되었다.…… 당론黨論이 나뉘고 사유師儒가 무함당한 뒤로부터 선비의 습속이 방달放達을 숭상하여 학문을 강론하는 자가 적어졌다. 정여립의 옥사가 일어난 뒤 학사學士와 대부들이 억울하게 화를 당했을 뿐만 아니라, 후진의 제생諸生도 유학으로 이름 삼기를 부끄럽게 여겨 기폄譏貶을 피하였다. 그래서 풍속이 크게 무너졌으니, 이는 모두 정여립이 역적질한 빌미였던 것이다.

택당 이식 역시 이러한 시각을 그대로 따르면서 "호남의 풍속이 천박하고 경솔하여 본래 유학을 좋아하지 않았는데, 정여립이 패한 뒤에 사람들이 효시로 삼았으니 호남의 학자가 이때 없어졌다"라고 하였다.[55] 이러한 시각에 대해 이견이 없지는 않겠지만, 어찌 되었든지 결과적으로 정여립 사건 이래로 호남에서 인재다운 인재가 배출되지 못한 것은 사실이다. 이씨왕조의 관향이 전주임에도 이씨조의 후예들은 자신의 출자出自를 부인이라도 하듯 호남을 반역향叛逆鄉으로 몰았고 인재를 제대로 등용하

55) 『澤堂別集』, 권15, 7a~7b, 「示兒代筆」 참조.

지 않았다. 차별 없는 세상을 만들고자 했던 정여립의 이상은 산산이 부서지고 호남인에 대한 차별은 더욱 심해졌다.

일찍이 신채호는 『조선상고사』에서 정여립에 대해 "그는 4백 년 전에 군신강상설을 타파하려 한 동양의 위인이었다"라고 평가하였다. 그러나 신채호가 내린 평가에는 과대한 측면이 있다. 정여립이 남긴 아언雅言과 그 전후 사정을 살펴볼 때, 정여립은 당시 조선왕조의 지도이념 내지 국시가 되었던 주자학과 그 학문 풍토, 정치 풍토를 비판하고 배척했던 학자였다. 정여립이 평소에 입버릇처럼 했다는 말은 죽은 정여립의 명예를 훼손하고 그를 따르던 무리들을 사지로 몰아넣기 위한 조작적인 성격이 있음도 간과할 수 없다고 본다. 지금까지 학계 일부에서는 정여립이나 기축옥사와 관련하여 다른 것은 다 부인하고 조작이라 하면서도 정여립이 평소 했다는 말은 조금의 의심도 없이 받아들였다. 정여립이 '미완의 혁명가' 또는 '혁명적 사고를 가진 인물'로 비친 것은 그의 아언 때문만이 아니다. 정여립이 자신이 한 말을 실천에 옮기기 위해 혁명을 준비했다는 점이 결부되어 그처럼 과대포장된 것이라 할 수 있다. 모반사건은 조작이라고 부인하면서 그가 평소에 한 말은 존중하여 '혁명적' 운운하는 것은 온당하지 않다. 정여립의 말을 그대로 수용한다고 하더라도, 이는 원시유학의 이념을 천명한 것이거나 유학의 이념을 새롭게 해석한 것에 지나지 않는다.

정여립의 언설이 과대평가된 것은, 그것이 당시 여느 학자들과 달리 과격할 뿐만 아니라 시대를 앞서 간 측면이 있었기 때문이다. 정여립이 박식하고 말솜씨가 좋아 논변에 능하였음은 율곡 이이가 인정한 사실만으로도 알 수 있다. 그가 반역자로 낙인이 찍히지 않았다면 독창적인 경전 주해의 선구자로 평가를 받았을지도 모를 일이다. 즉, '새로운 것과 기이한 것을 좋아하는(好新奇) 학자' 정도로 평가되거나, 더 나아가 사문난적의 일컬음이 있었던 윤휴尹鑴나 박세당朴世堂의 경우처럼 독자적인 경전 주해의 선구자, 반주자학(탈주자학)의 선구자로 평가받았을 것이다. 그가 대동사상, 대동세계를 추구했던 학자라는 점에서 원시유학의 이념성을 높이 평가했다는 해석도 가능하다. 근세 중국에서 홍수전洪秀全(1814~1864)이 기독교의 평등사상과 유교의 대동사상을 결합시켜 태평천국의 난을 일으킨 것이라든지, 강유위康有爲(1850~1927)가 대동사상을 근간으로 『대동서大同書』를 지어 중국을 개혁하려 했음은 역사가 증명하는 바이기도 하다.

정여립은 대동세계, 나아가 후천세계에 대한 이념이 강하였으며, 이것을 일부 실천에 옮긴 측면이 있다. 어떤 면에서는 유가의 본래 정신에 투철한 학자였다고도 할 수 있다. 유가의 본래 정신 즉 원리로의 회귀는 흔히 개혁의 기치로 제시되기도 하였다.[56] 이것은 사상사에서 흔히 드러나는 사실이기도 하다.

정여립은 시대를 앞서간 선각자임에 분명하다. 다만 혁명가 운운하는 것은 지나치다. 더욱이 '우리나라 최초의 공화주의자', '인민주권론자'라고 하는 것은 적극적인 해석이라지만 도를 넘었다는 생각이다. 그는 결코 16세기라는 시대를 뛰어넘어 군주제를 부정할 정도로 극단적이거나 혁명적이지 않았다. 다만 후천세계에 대한 기대는 적지 않았던 것 같다. 후천세계는 미래에 대한 희망의 메시지이다. 후천과 그 시기에 대한 해석은 사람마다 같지 않지만, 후천개벽 또는 후천세계에 대한 정여립의 기대가 다른 사람보다 앞섰던 데서 그의 사상적 진보성이 드러나 보이는 것이다. 이런 점에서 그를 반주자학자 내지 '시대의 이단아' 정도로 평가하는 것이 온당하다고 본다. 그를 신비화시키는 것은 학문상으로 바람직하지 않다.

---

56) 『論語集註』, 「八佾」, '射不主皮' 注, "楊氏曰: 聖人言古之道, 所以正今之失."

시대를 거역한 정여립의 사상은 당시 조선사회를 지배하던 주자학적 정치사상과 지배질서에 반하는 것이어서 정통 성리학자(주자학자)들에게는 매우 위험한 발상으로 비쳐졌다. 또 그의 일련의 행위는 질시와 혐오의 대상이 되기에 충분하였다. 그러나 그의 사상은 시대를 앞선 진보적인 것이었다고 생각된다. 의리사상, 정통론, 대의명분을 중시하는 주자학적 지배체제에 저항했던 그의 사상은 주자학적 지배질서의 한계와 폐해가 드러나면 드러날수록 그 광채를 더하였다. 명분보다 실질을 중시하는 정여립의 사상이 조선 후기 사상계의 주류로 자리 잡았다면 사상사·정치사의 지형도가 달라졌을 것이라 믿는다.

정여립의 진보적인 사상은 가깝게는 허균에 와서 다시 한 번 재점화된다. 율도국의 이상향을 그리며 각종 개혁적 사상을 토해 냈던 허균의 사상은 20여 년 앞서 살았던 정여립의 사상에서 도인導引된 것이라 할 수 있으니, 시대를 거역한 허균 역시 정여립과 같은 길을 걸어 비참한 최후를 맞이하였다. 한편 정여립의 사건 이후, 근세의 동학농민전쟁(1894), 증산교·원불교 등 후천세계를 부르짖는 민족종교가 모두 전라도 특히 전주권에서 일어났음은 우연이 아니다. 정여립의 대동사상으로부터 비롯된 사상적 변혁의 에너지가 농축되어 동학혁명으로 분출하였으며, 한편으로 조선 중엽 이래 억눌린 지역에서 사는 사람들의 후천세계를 희구하는 개혁적 성향은 전라도의 기풍을 이루어 근대의 광주학생운동, 광주민주화운동에까지 연면히 영향력을 미치게 된다. 이런 점에서 정여립의 사상은 미화하거나 폄하함이 없이 있는 그대로 정당하게 평가되어야 할 것이다.

제4부 조선유학의 학파와 그 성격

제1장 조선 중·후기 4대 학파의 철학과 현실인식

1. 머리말

일제시기 관학자 다카하시 도루(高橋亨, 1878~1967)는 식민사학의 기초를 마련한 학자 가운데 한 사람이다. 그는 조선유학의 특성을 고착성과 무독창성, 당파성 등으로 정의했다. 주자학에만 매몰되어 독창성이라곤 찾아볼 수 없으며, 또 영남학파·기호학파로 갈라져 3백 년 동안 분열함으로써 난만귀일爛漫歸一할 수 있는 계기를 만들어 내지 못했다고 하였다. 조선유학사를 통관通觀할 때 이런 비판을 받을 소지가 없는 것은 아니다. 그러나 조선의 유학사가 '이론 보완의 역사'라는 관점에서 보면 다카하시류의 정의는 설득력이 없어 보인다.

조선의 유학이 성리학 중심으로 단순하게 전개된 것 같지만 내면을 보면 단순하지 않다. 학문의 중심이 성리학인 것은 사실이지만, 그에 대한 이해 양상은 다양하였으며 다양한 방식으로 현실인식에 기여하였다. 성리학을 이념적·철학적 기초로 하면서도 학파에 따라 현실에 대한 해법을 달리하기도 하였다. 또 학술을 주도해 간 4대 학파는 각기 독자성 차별성을 가지면서도 다른 학파와 소통하고 나아가 정치적으로 연대하는 면모를 보여 주기도 하였다. 우리는 오늘까지 학파간의 차이 또는 차별성에만 주목하여 한국유학사를 이해하여 왔다. 필자 역시 이러한 연구 경향에서 크게 벗어나지 않았다. 이제는 좀 더 시각을 달리할 필요가 있다고 생각한다.

필자는 근자에 '소통'에 초점을 맞추어 퇴계학파, 영남학파의 성리학을 이해하려는 시도를 하고 있다.[1)] 우리는 율곡학파 내부에서 율곡설이 지닌 한계를 퇴계설로 극복하기 위해 농암문파農巖門派가 출현하였다는 사실은 잘 알지만, 퇴계학파에서도 퇴계설의 한계를 극복하기 위해 율곡설을 수용하는 등 보이지 않는 노력을 계속하여 왔다는 사실, 그리고 그 정점에 '제2의 퇴계'로 일컬어졌던 대산大山 이상정李象靖이 있었다는 사실은 잘 알지 못한다. 남인 학자들은 율곡학의 논리를 의식하면서도 겉으로 내색을 하지 않았기 때문이다. 근기남인학파 학인들도 겉으로는 이이를 비판하지만 기실 내면적으로는 이이의 논리 가운데 뼈대가 될 만한 것을 수용하였다. 저들의 활동 기반이 근기라는 점은 이와 무관하지 않을 것이다. 이 사례만 놓고 보더라도 조선유학사는 '불통'의 역사가 아니었다. 이제라도 조선유학사가 '소통' 중심의 관점에서 새롭게 이해될 수 있기를 바란다.

필자에게 주어진 논제의 범위는 너무 넓다. 다루어야 할 문제가 결코 간단하지 않다. 차별성과 소통의 측면을 아울러 다루기에는 숨이 차다. 한정된 지면도 운신을 어렵게 한다. 이에 필자는 거시적 차원에서 큰 줄거리를 제시하는 데 그치고자 한다. 이런 서술은 다소 피상적인 느낌을 줄 수 있지만 그 불가피함을 이해하여 줄 것으로 믿는다.

본고는 필자의 저서 『한국유학통사』 및 이미 발표한 논고들을 재정리하는 수준에서 이루어졌음을 밝혀 둔다. 겹치는 부분이 있을 것이다. 각주에

---

1) 최영성, 「퇴계학파의 율곡 성리설 수용 양상」(『퇴계학논집』 제4호, 영남퇴계학연구원, 2009); 「한주 이진상의 철학사상과 그 현실적 구현」(『한국학논집』 제40집, 계명대학교 한국학연구원, 2010) 참조.

서 낱낱이 출처를 밝히지는 않았다. 이해 있기를 바란다.

2. 관학파와 사림파의 대립

여말선초 사회 전반에 변화와 혁신의 바람이 불었다. 신진사대부 출신의 주자학도들이 그 주역이었다. 여말선초의 주자학은 현실에 대한 비판적·개혁적인 성격과 기능을 잘 간직하고 있었다. 그러다가 신진사대부들은 정주학을 기반으로 하면서도 역사관이나 가치관, 현실인식을 놓고 노선 차이를 보였다. 그들은 보수세력과 혁신세력의 두 갈래로 나뉘어 첨예하게 대립하였다. 정몽주 계열은 강상綱常과 절의, 대의명분을 중시하였고, 정도전·권근 계열은 『주역』의 변화론을 중시, 시대의 요구에 능동적으로 대처하고 창의적인 변혁을 이루어야 한다고 주장하였다. 정몽주 계열은 역성혁명이 의리에 배치된다고 거부함으로써 혁신세력에 의해 죽임을 당하거나 쫓겨나게 되었으며, 남은 세력은 향촌에 내려가 후진교육에 전념하면서 사림파로 세력화하였다. 결국 여말선초의 학계·정계는 왕조 교체의 주역인 정도전·권근 계열이 지배하게 되었다.

정몽주 계열은 대체로 원리와 원칙을 중시하였고 복고적 성향이 있었다. 이에 비해 정도전·권근 계열은 실용적·공리功利적 측면을 중시하였다. 이들은 관념적 의리보다는 인간의 자율적이고 의지적인 측면을 중시하였으며 문화의식을 고취하는 데 중점을 두었다. 이들은 성리학을 국가의 지도이념으로 확립하는 한편, 부국강병과 중앙집권의 강화에 도움이 되는 여러 사상 조류를 폭넓게 수용하였다. 대체로 순유純儒보다 통유通儒적 기질을 지닌 이들이 많았다. 문물제도와 정치체제를 다시 짜는 과정에서 이들은 유교의 이념과 질서, 주례적 체제를 구현하려 하면서도 이상과 현실의 조화를 꾀하였다. 이러한 창업정신은 정치뿐만 아니라 학술·문화에도 이어졌다.

흔히 절의파는 리학파理學派에 속하고 훈구파나 혁신파는 기학파氣學派에 속하는 것으로 알기 쉽다.[2] 그러나 정도전과 권근은 철저하게 주리적 관점에 섰다. 여기에는 유교이념에 따른 정치질서를 희구하는 저들의 염원이 담겨 있다. 또 절의파는 유교의 경전 가운데 『춘추』를 중시하고 혁명파는 주로 『주역』의 변화론을 강조한다고 한다.[3] 『춘추』는 강상과 대의명분의 사상적 연원을 이루며, 『주역』은 변화와 변혁의 사상적 기저가 된다는 의미에서 나온 말일 것이다. 그런데 권근의 경우 『입학도설』에서 『춘추』의 전체全體를 '도道'로, 대용大用을 '권權'으로 규정하면서, 도를 '본호천지지리本乎天地之理', 권을 '행어성인지심行於聖人之心'이라 하였다. 권변權變에 대해 '성인의 마음으로 행하는 것'이라는 전제를 달긴 하였지만, 『춘추』의 대용을 '권'으로 규정한 것은 창업파의 사상적 이면을 탐색하는 데 좋은 단서가 될 수 있을 것 같다.

대체로 성종 대 이전까지는 학파의 구별이 없었다. 학계와 정계는 관학에 기반을 둔 훈구세력이 주도하였으며, 길재와 같은 고려 유신의 학맥을 이은 일군의 학자들은 재야세력을 형성하였을 뿐 드러난 활동이 없었다. 그러다가 성종 때 영남의 사림파가 정계에 진출함으로써 자연히 관학파(훈구파)와 사림파의 양대 학파로 나누어졌다. 창업공신들의 정치적·사상적 유산은 훈구파로 이어졌다. 세조로부터 성종 대에 이르는 과정에서 공신이었던 훈구파는 관학과 집현전을 통해 양성되어 민족문화 창달에 주역으

2) 북한의 『조선철학사』에서는 훈구파의 宗祖인 정도전·권근 등의 철학사상에서 氣論만을 부각시켜 그들이 기학파인 것처럼 사실을 왜곡하였다.

3) 류승국, 『한국유학사』(성균관대 출판부, 2009), 181쪽.

로 일하였다. 이들은 문한文翰을 중시하여 문풍을 일으켰으며, 관찬사업을 담당하고 국가의 전례를 확립하는 데 공헌하였다. 그러나 수차에 걸쳐 공신에 책록되어 막대한 농장을 소유하였고, 정치권력이 비대화·권귀화權貴化함으로써 공도론公道論에 입각한 성리학적 기본질서가 점차 무너져 갔다. 이에 대해 이념지향적 성격이 강한 영남 사림파가 비난과 공격을 하였으나 대항하기에는 역부족이었다. 성종조 이래 김종직金宗直을 영수로 한 영남 사림파가 등용되어 새로운 바람을 일으키는가 했지만, 곧 수차에 걸친 사화士禍로 세력을 잃었다.

중종반정으로 새 시대가 왔다. 정몽주－길재－김종직로 이어지는 사림파가 지치주의至治主義 도학정치를 주도하였다. 그러나 삼대지치三代之治의 이상세계를 꿈꾸던 도학파들은 현실타협적인 보수파의 반격으로 쓰러졌다. 기묘사화는 고도古道의 회복을 추구하던 도학파 학인들이 보수파의 반격에 의해 실패했음을 의미한다.

지치주의 도학정치는 단시일에 좌절되고 말았지만 후대에 끼친 영향은 지대하였다. 명종 대 후반부터 사림파가 다시 등용되기 시작하면서 고도 회복의 기운이 소생하였다. 마침내 선조 즉위 이후 사림파가 완전히 집권하면서 1백여 년 이상 지속되어 온 훈구세력과 사림세력 간의 대립은 종언을 고하였다. 이제 집권 사림파 내에서 여러 세력들이 분화하여 정치적 노선, 역사관, 가치관 등의 차이 때문에 대립하면서 조선 중·후기의 정치와 학술 문화를 이끌어 갔다. 여말 주자학도가 현실문제를 놓고 보수와 혁신으로 갈라진 뒤, 선조 즉위 후 사림이 학계와 정계를 평정하였으나, 곧 이어 사림 내부에서 다시 분파가 이루어짐으로써 이른바 4대 학파가 등장하게 되었다.

3. 남인학파의 철학과 현실인식

1) 이황의 남명관[4)]

도학을 이념적 기반으로 하는 사림은 군자와 소인, 청의淸議와 사공事功을 엄히 가리는 특성이 있었다. 그러고 보면 선조 초의 동서분당은 예견된 것이었고 그 이후의 분파도 필연적인 것이었다 할 수 있다. 이황과 조식의 문인이 주축이 된 동인은 영남 출신이라는 공통분모가 있었다. 그러다가 선조 22년(1589) 기축옥사 이후 서인에 대한 대책을 놓고 의견이 갈려 남·북으로 분열되었다. 남·북의 분열을 정치적인 이유로 보는 사람이 많지만, 사실은 남·북 두 학파의 학조學祖인 퇴계 이황과 남명 조식의 학문관의 차이 등 이질성에서 비롯된 측면이 더 크다. 여기서 이황과 조식의 서로 다른 기질과 학문 경향을 살피지 않을 수 없다.

조선유학사에서 이황과 조식의 위상은 췌언贅言을 필요로 하지 않는다. 영남지역에서 두 사람이 신명처럼 받들어져 왔다는 점도 부언할 것 없다. 다만 두 사람 사이에는 공통점보다 차이점이 더 많았고, 학단學團의 규모나 비중이 대등하다 보니 상대편을 의식하지 않을 수 없었다. 나중에는 문인 후학들 사이에서 경쟁의식이 생겨났던 것도 사실이다.

이황과 조식은 상대에 불만을 가지면서도 자잘한 비난을 삼가며 거유巨儒로서의 품격과 위엄을 잃지 않았다. 두 사람이 일생토록 한 번도 만나지 못한 것은 주위 배경 탓이 더 크다고 본다. 둘 사이의 이질성이 상존함에도 문호는 개방되었고, 당대에는 갈등이 심각한 상황으로 비화된 적은 없었다. 그러나 후일 정치적 입장 차이가 더해지면서 구거溝渠가 깊어지게 되자, 이를 의식한 두 학파의 후인들은 이후 학파 간의 화해를 주선하기도

---

4) 본 절은 필자의 「퇴계의 남명 비판과 그 의미」(『퇴계학논집』 제8집, 영남퇴계학연구원, 2011)를 주로 참조하였다.

하고, 이황과 조식의 학문이 본질적으로 차이가 없음을 애써 강조하기도 하였다.

이황과 조식은 타고난 성격, 기질, 학문 태도, 학문적 지향점, 출처진퇴관 등 여러 면에서 큰 차이가 있었다. 보기에 따라서는 같은 점을 찾아보기 어려운 것이 사실이다. 순수 학자형과 호걸형이 같은 길을 갈 수는 없었을 것이다. 두 사람은 상대의 위상을 인정하고 늘 존경의 염을 표했지만, 상대의 학문과 출처진퇴 등에 대해서는 비판을 아끼지 않았다. 비판은 주로 이황의 주도로 이루어졌고, 조식은 대체로 소극적 대응에 그쳤다. 이황의 조식 비판은 문하 제자들의 교육을 위한 성격이 강하다. 즉, 리학의 천명과 이단 배척을 자신의 임무로 삼았기 때문에 불가피한 측면이 있다. 다만 조식의 학문에 대한 배려와 이해, 그리고 나의 단점을 남의 장점으로 보완하는 측면에서는 부족한 점이 없지 않다고 본다.

이황은 조식의 사람됨이 심상하지 않다고 하여, 조식이 호걸형·고사형高士型 학자임을 인정하였다. 그리고 조식이 여러 학문을 섭렵하여 순정醇正하지 못한 데다가 특립독행特立獨行으로 일관하여 후학들이 배우기 어렵고 자칫 이학異學의 유혹에 빠질 가능성이 많다고 보았다. 또 여기에는 노장의 학문이 빌미가 되는 경우가 많다고 하였다. 뿐만 아니라 상기호이尙奇好異하여 파격과 과격을 예사로 하기 때문에 중도中道를 가지고 요구하기가 어렵다고 하였다. 이황은 학문을 곧 실천으로 보는 조식과 달리 학문과 실천을 별개의 것으로 보고, 독실한 실천을 위해서는 철저한 궁리가 필요하다고 보았다. 이런 맥락에서 이황은 조식이 의리에 투철하지 못하여 진취적인 사업에서 볼만한 것이 없다고 하였다. 이를 보면 이황은 조식의 드높은 기개와 절조는 인정했지만 일세의 표준이 될 만한 학자로는 인정하지 않았다. 이런 것들은 일차로 양인의 학문관에서 비롯되었다고 할 수 있다.

조식의 입장에서는 이황의 비판을 겸허하게 받아들이기 어려운 점이 있었을 것이다. 그러나 이황의 비판이 사실과 다른 것만은 아니었다. 비판 가운데 조식의 학문이 순수하지 못한 것에 대한 지적은 조식을 겨냥한 것인 동시에 그 후학들에 이르러 여폐餘弊가 나타날 것에 대한 염려였던 것이다. 이황이 조식에 대해 "이단에 물들었다"고 직접적으로 비판하기보다 "노장이 빌미가 되었다"고 다소 조심스럽게 말했지만, 조식의 문인들은 이를 심각하게 받아들였다. 그런데 사실 여부와는 별개로 이황의 염려가 사실로 드러났다는 것이 퇴계학파 학인이나 기호학파 학인들의 공통된 견해인 듯하다. 조식의 학문이 불순정했기 때문에 정인홍처럼 명교名教에 득죄得罪한 사람이 나왔다는 것이다.[5)]

이황과 조식의 학문관·출처관 등의 견해 차이에서 비롯된 두 학파의 대립 갈등은 여러 가지 부정적 결과를 초래하였다. 그러나 두 사람의 견해 차이를 통해 두 학파의 성격이 뚜렷하게 부각되었고, 상대의 장점을 취할 수 있는 기연이 조성되어 갔으며, 상대를 의식하고 행동함으로써 학파가 정화淨化되는 등 순기능도 작지는 않다고 본다. 특히 이황이 "남명의 장점을 취하라"고 한 것과 같이 여러 학자들이 양문에 동시에 출입하면서 양인의 장점을 취하여 성덕군자成德君子가 되었음을 기억해야 될 것이다. 대표적인 학자가 「독서첩讀書帖」과 「양호첩養浩帖」을 지어 양현의 학문을 종합, 계승하고자 했던 한강寒岡 정구鄭逑이다.

2) 퇴계학의 본령과 그 계승 양상

이황 성리학의 특징은 ① 리기론에서는 리동설理動說을 주장하였고, ② 사칠론에서는 리발설理發說을, ③ 격치설格致說에서는 리도설理到說을 주장한 데 있다.[6)] 주리론으로 일관되어 있다. 이황은 '리'를 체인體認하는

5) 『澤堂別集』, 권15, 15a~16a, 「追錄」 참조.

것이 무엇보다 중요하다고 하였다.

> 고금인古今人의 학문과 도술道術이 다른 까닭은 단지 이 '리'자를 알기 어렵기 때문이다. 이른바 '리'자를 알기 어렵다고 한 것은, 대략 아는 것이 어렵다는 것이 아니라 진지묘해眞知妙解하여 십분처十分處에 이르는 것이 어렵다는 것이다.[7]

이황의 성리설에서 가장 중요한 명제는 바로 '리'이다. 그의 많은 언설이 모두 리를 명변明辨·체인하고 실천하는 데 초점이 맞추어져 있다. 그는 또 "이 리는 지극히 높아서 상대가 없는 것으로, 만사만물에 명령할지언정 어느 것에도 명령받지 않는다"[8]라고 하여 리를 실체화·절대화하였다. 이것은 그가 주로 가치론적 관점에서 리기를 보기 때문에 그러한 것이다. 여기서 존리尊理적·주리적 경향을 볼 수 있다. 리의 가치는 궁극적으로 인간이 금수로 타락하지 않도록 하는 데 있다. 이황이 '리발'을 강조한 것은 결국 인간의 본래성을 회복하여, 정신적·물질적으로 타락하지 않고 선의지善意志를 발휘할 수 있게 하는 것이라 하겠다.

리와 기는 주어진 경우에 따라 여러 가지 특성으로 설명된다. 이황이 리를 존귀한 것으로, 기를 비천한 것으로 보아서 리기불상잡理氣不相雜을 강조했던 것은, 무엇보다도 리의 질서와 기의 흐름을 구별하려는 데 의의가 있다. 순수성·고귀성·존엄성 등으로 상징되는 리의 우위성을 확보함으로써 기의 불완전성을 극복하고 더 나아가 이욕으로 타락할 가능성을 제거하여 순수한 도덕적 가치를 실현하기 위한 것이라 할 수 있다. '존천리알인욕存天理遏人欲'이라는 수양방법은 이런 이유에서 요청되는 것이다. 이 '리존理尊'적 논리는 당시에 사화士禍와 권력쟁탈로 인해

---

6) 이동희, 「주자학의 철학적 특성과 그 전개 양상에 관한 연구」(성균관대학교 박사학위논문, 1989), 158~168쪽.

7) 『退溪文集』, 권16, 46b, 「答奇明彦別紙」.

8) 『退溪文集』, 권13, 17a, 「答李達李天機」, "理其尊無對, 命物而不命於物, 非氣所當勝也."

윤리·도덕의 타락이 극심하고 국가의 기강이 해이하며 민생이 피폐했던 데서, 이를 구제하기 위한 이념적 근거로 제시된 것이었다. 당시의 시대상황을 도외시하고는 특성을 제대로 이해할 수 없다. 요컨대, 귀왕천패貴王賤霸·존군억신尊君抑臣, 이것이 그의 존리설이 갖는 시대적 의미라 할 수 있다. 이런 의미에서, 그가 말한 '리본존무대理本尊無對'가 '왕극존무대王極尊無對'라는 통치이념의 이론적 기초를 대변하였던 것 역시 숨길 수 없는 사실이다.[9)]

3) 퇴계학파의 발전과 율곡설 수용 양상

퇴계학파의 주된 관심은 윤리강상倫理綱常을 부식하여 도의사회道義社會를 구현하는 데 있었다. 원리적 측면에 대한 해명이 제일의였으므로 성리학에서도 자연 주리적 경향을 띠게 되었다. 퇴계학파의 학인들은 리기이원론·리기호발설을 근간으로 하는 이황의 학설을 계승·발전시키면서, 동시에 기호학파의 비판으로부터 사설師說을 변호하며 기호학파의 학설을 역비판하였다.

퇴계학파는 본고장인 영남지방뿐만 아니라 근기지방으로도 확대되어 한 갈래를 형성하였다. 이황과 조식의 양문에 사사한 정구는 성리학에 일가를 이루었을 뿐 아니라 영남예학을 대표하였으며, 또한 응용구시應用救時의 학문에 유의하여 실제 생활과 관련이 있는 분야에 대하여 여러 저술을 남겼다. 그의 '응용구시'적 학문경향은 근기지방의 남인학자들에게 계승·발전되어 이른바 경세치용학파의 사상 형성에 큰 영향을 끼쳤다.

조선시대 성리학사를 통관할 때, 이른바 주리론자들은 대체로 '가치'의 논리에 치중하였고 주기론자들은 '사실'의 측면에 치중한 경향이 짙다. 이상사회의 건설을 추구하는 주리적 관점에서는 인륜도덕을 중시하는

9) 『退溪文集』, 권13, 18a, 「答李達李天機」.

등 가치의 논리를 중시할 수밖에 없었고, 주기적 관점에서는 도체道體를 설명하면서 사실의 논리에 입각할 수밖에 없었을 것이다. 이처럼 두 학파는 논리 전개에서 서로 입각점이 다르지만, 그 학설이 지닌 의미는 과소평가할 수 없다. 사상사에 끼친 영향도 적지 않다.

퇴계학파는 표면적으로 조선 말기까지 단일 대오를 형성하면서 큰 변화 없이 내려온 것으로 볼 수 있다. 그러나 내면적으로 적지 않은 곡절曲折이 있었다. 여헌旅軒 장현광張顯光은 이황의 호발설에 대해 이의를 제기한 초기 학자이다. 정구에게 수학한 장현광은 리기를 경위經緯로 보아 이원적으로 보려는 이황과 차이를 보였으며, 또 사단칠정에 대해 사칠이 모두 리본理本·리발理發이라고 하여 호발설을 인정하지 않았다. 장현광의 리일본설理一本說과 사칠리발일도설四七理發一途說은 후일 대산 이상정에게 이어졌다. 이상정은 장현광의 리일본설에 이황의 호발설을 연결시키고자 했다.[10]

소퇴계小退溪라 불렸던 이상정은 퇴계학파에서 중추적인 위치에 있었으며, 후일 퇴계학파 학인들에게 지대한 영향을 끼쳤다. 그는 사단·칠정의 분개를 기본으로 하면서도 혼륜의 측면까지 아울러 보아야 한다고 주장하였다. 이것은 혼륜을 기본으로 하면서 분개를 중시했던 기호학파 김창협의 경우를 연상하게 한다. 그는 시대와 학술 경향이 달라졌음을 강조하면서, 퇴계설을 분개 위주에서 분개와 혼륜을 종합하는 것으로 전환하여야 함을 역설하다가 율곡설과 같은 주장이라는 비판을 받기도 했다.

조선 후기 성리학사에서 주리론의 가장 오른쪽에 섰던 한주 이진상은 이이의 학설과 논리를 드러내놓고 인정하지는 않았지만 내면적으로는 수용의 정도가 상당했던 것 같다. 그는 여러 선유들의 간법看法을 종횡으로

10) 안영상, 「대산 이상정의 渾淪理發說의 착근에 있어서 旅軒說의 영향과 의미」, 『유교사상연구』 제27집(한국유교학회, 2006) 참조.

분석하면서, 활간活看할 경우 이황과 이이가 통하지 못할 이유가 없다고 하였다.[11] 또 '리승기이발理乘氣而發' 즉 '리발일로'를 말하면서 "발하는 것은 리이고 발하게 도와주는 것은 기이다"라는 점을 자신의 평생에 걸친 주된 견해라고 하였다.[12] 이것은 이이가 "발하는 것은 기요 발하게 하는 것은 리이다"[13]라고 한 것과 같은 논법이다. 궁극적으로 리기를 보는 관점이 다르고 '발發'자의 해석 등에 차이가 있지만, 이이 일도설一途說의 논리와 함의를 수용한 것이다. 리기불상리의 묘를 잘 살리면서도 리의 주재성을 분명히 한 것이 특징이다. 한마디로 퇴계설을 기반으로 하면서 율곡설을 일부 수용하여 종합·지양한 것이라 할 수 있다.

이황 이후 후학들의 논리를 자세히 보면 다양하다. 그런데 호발설을 반대하건 옹호하건 간에 사단칠정 리발일로를 주장하고 사단칠정의 근원이 하나라는 일본지묘一本之妙를 추구하려는 학자들이 많았고, 퇴계학파에서 그들이 차지하는 비중이 컸다는 사실은 분명하다. 그리고 이현일이나 권상일의 경우처럼 분개 일변으로 논리를 편 일부 학인들을 제외하고는, 분개를 주로 하면서 혼륜을 겸한 것이 주류를 이루었다. 이렇게 본다면, 기호학파 내부에서 권상하權尙夏·한원진韓元震 계열(이른바 호론) 및 임성주 등 기중시적 경향이 강한 일부를 제외하고는 대체로 율곡설에 대한 새로운 이해와 보완, 절충이 이루어진 것과 마찬가지로, 퇴계학파에서도 퇴계설에 대한 재해석은 물론 적지 않은 보완과 수정이 가해졌다고 할 수 있다. 그럼에도 퇴계학파에서 율곡설의 수용을 직접적으로 밝힌 사람은 거의 없다. 당파적 기습氣習 때문이다.

---

11) 『寒洲集』, 권19, 7b, 「答郭鳴遠疑問」, "退栗之論發處, 似相牴牾. 而活看以通之, 則未嘗不合. 但退陶道其全, 栗谷道其偏耳."

12) 『寒洲集』, 권19, 12a, 「答郭鳴遠疑問」, "發者理也, 發之者氣也. 乃鄙人平生主見"; 『寒洲集』, 권7, 37a, 「答沈穉文」, "竊意謂之發者, 則發之主也, 發之者, 則發之資也."

13) 『栗谷全書』, 권10, 36a, 「答成浩原」, "發者氣也, 所以發者理也"; 『栗谷全書』, 권10, 5a, 「答成浩原」, "大抵發之者, 氣也. 所以發者, 理也. 非氣則不能發, 非理則無所發."

퇴계학파가 이이의 논리를 일부 수용하게 된 데에는 특히 근기 출신 퇴계학인들의 영향이 적지 않다. 예컨대 이익·정시한의 성리설은 퇴계설을 적극 옹호하고 율곡설을 배척하는 데서 출발하여 그것으로 일관되었다. 그러나 근기 출신이었던 그들이 율곡설을 의식하지 않을 수는 없었다. 분개에 치중했던 정통 퇴계학파 학인들과 달리 분개에다 혼륜을 병행하여 리기관계를 파악하려 했던 그들의 기본 관점은 후대로 내려가면서 퇴계학파와 율곡학파가 서로 대립·갈등하는 것을 완화시켜 상호 소통할 수 있게 하는 데 기여하였다. 이익·정시한의 본래 의도에 관계없이 그들의 학설은 일전一轉하여 대산 이상정에 이르렀고, 다시 일전하여 정약용에 이르렀다. 정약용의 경우, 이황과 이이의 설이 각기 특징과 장점이 있고 상호 보완관계에 있으므로 어느 하나만을 따르고 다른 하나를 버려서는 안 된다고 하였다.

이처럼 퇴계학파가 표면적인 것과 달리 내면적으로 이이 내지 율곡학파의 논리를 수용한 데서 조선성리학의 양대 학파가 한자리에서 만나 허백虛白한 마음으로 대화하고 마침내 하나로 돌아갈 수 있는 가능성을 엿보게 했다고 하겠다.

4) 실학과 척사위정론에 끼친 주리론의 영향

퇴계학파의 주리론은 근기남인 계열의 이념적 기초의 하나가 되었다. 이황 → 정구 → 허목으로 이어지는 근기남인학파는 육경六經 중심의 고학을 학문적 기반으로 하였다. 성리학에서의 주리론이 고학古學과 연결되는 것은 자연스러운 것이다. '고古'와 '리理'는 관념상으로 통하는 것이기 때문이다. 저들의 응용구시應用救時적 경세론이 주리론과 고학에 뿌리를 두고 있음은, 기중시적 경향을 띠고 '금今'에 대해 상대적으로 적극적인 이해를 보였던 이이 계열과 대비가 된다고 하겠다.

실학의 비조로 불리는 유형원의 집안은 본디 북인 계열이었으나 인조반정 뒤 남인에 편입되었다. 근기 출신으로 퇴계학통에 연결된다는 점에서 근기남인의 범위에 넣어서 말할 수 있다. 유형원의 주저 『반계수록』에 흐르는 두드러진 특성을 들면, 중국 고대 이상국가의 상징인 주례周禮를 근본으로 하여 삼대지치三代之治의 이상을 본받으려 하였다는 점을 들 수 있다. 즉 성호 이익이 지적한 바와 같이 백폐百弊를 단번에 씻어 버리고 고제古制로 돌아가자고 한 것이었다.14) 여기서 '복고'의 의미는 옛것에 의탁하여 지금의 잘못을 비판하고 이상을 제시하기 위한 것이었다.15) 이렇게 볼 때, 이익이 『성호사설』에서 "조선이 개국한 뒤 시무時務에 대해 아는 분을 손꼽아 보면 오직 이율곡·유반계가 있을 뿐이다"라고 전제하면서도 "율곡의 논의는 그 태반이 당시에 시행될 수 있었던 것임에 비해, 반계의 경우는 세상일의 본원本源을 구도究到하여 모두를 참신하게 함으로써 왕정의 시초로 삼으려 했다"16)라고 비교한 것이 주목된다. 이이의 현실을 감안한 점진적인 개혁과, 유형원의 근본적이고 전면적인 개혁안이 뚜렷이 대비된다고 하겠다.

정약용은 주례를 기반으로 여러 경전에 대한 새로운 해석을 내리기도 하고, 주례의 이해를 위해 여러 경전의 재해석을 시도하였다. 정약용은 경세의 근본이 되는 방례邦禮를 중시하였고, 방례의 모델을 주례에서 찾았다. 주례에 대한 전반적이고 체계적인 연구의 필요성을 절감한 나머지 그는 『주례』의 전주全注를 시도하기도 했다.17) 주례를 중심으로 하는 그의 경학체계는 그의 경세사상의 구체적 결정結晶인 『경세유표』·『목민

14) 『星湖文集』, 권30, 47면, 「論更張」, "磻溪柳馨遠尤有大焉, 一洗而反乎古."

15) 『論語集註』, 「八佾」, '射不主皮' 注, "楊氏曰: 聖人言古之道, 所以正今之失."

16) 『星湖僿說』, 권11, 64a~64b, 「人事門」, '變法', "國朝以來識務屈指, 惟李栗谷柳磻溪二公在. 栗谷太半可行, 磻溪則究到源本, 一齊刻新, 爲王政之始, 志固大矣."

17) 『與猶堂全書』 제1집, 권20, 15b, 「答仲氏」 참조.

심서』·『흠흠신서』의 3부작에 반영되어 있다. 특히 『경세유표』에서 그는 당우唐虞의 삼대지치三代之治를 이루는 데 목표를 두고 주공의 예치禮治적인 국가제도 정비 방향을 바탕으로 조선의 틀을 다시 짰다.

한편, 19세기 후반에 이르러 조선의 성리학계에 한 가지 주목할 만한 현상이 대두하게 된다. 기호·영남의 양대 학파에서 학파를 초월하여 공통적으로 주리론이 등장하여 척사위정론을 뒷받침하게 된 것이다. 이는 근기의 화서 이항로, 호남의 노사蘆沙 기정진奇正鎭, 영남의 한주 이진상의 예에서 찾아볼 수 있다. 이들 세 학자의 문하에서는 학설상의 공통점 등으로 인해 통교通交가 있었다. 소통의 측면에서 주목해야 될 바이다. 김평묵은 이진상의 주리론이 이항로의 그것과 대동소이하다고 하였으며, 곽종석·이승희 역시 이진상의 주리설이 이항로와 부합된다고 역설하였다.[18]

영남 주리파의 대미를 장식한 이진상의 성리설의 핵심은 '리발일로理發一路'에 있다. 이것은 호발설의 논리적 약점, 즉 대본을 둘로 본다는 혐의를 불식하면서 강한 주리론으로 세도인심世道人心을 구제하려 했다는 데 특징이 있다. 이진상은 심의 도덕적 주체성–도덕적 책임의식을 강조하여 '심즉리'를 주장하였다. 이것은 심이 기를 떠나 홀로 존재한다는 주장이 아니라, 심은 리가 주재한다는 것을 밝혀 궁극적으로 주기의 폐단을 구제하려는 신념에서 나온 주장이었다.[19] 그는 자신이 강력한 주리론을 전개하게 된 것이, '주기'로부터 초래되는 세폐를 구제하고 시대적 요구를

18) 김평묵은 이진상의 주리설에 찬동하면서 "한주의 문하에 나아가 주리설을 듣지 못한 것을 안타깝게 생각한다"라고 말하였다. 『重庵集』, 권16, 21a~22a, 「答尹箭村冑夏」; 『俛宇集』, 권30, 2a, 「答柳聖存」; 『大溪集』, 권28, 10b, 「答李南彬筆話」 참조.

19) 『寒洲集』, 권32, 5a~5b, 「心卽理說」, "當於吾心合理氣處, 擴其理而制其氣, 然後眞心之純乎天理者, 可得以見矣. 苟不到聖人之心渾然天理處, 則心卽理三字, 未可以遽言之也"; 『寒洲集』, 권8, 3b, 「答尹士善別紙」, "理本主也, 可以主理而言, 而氣本資也, 烏可主氣而言乎. 纔主氣便亂道."

달성하기 위한 수시취중隨時取中의 도리에서 나왔음을 어려 차례 말하곤 하였다.[20]

이진상이 당시 성리학의 폐단을 바로잡기 위해 강한 주리론을 주장한 점은 사실적·논리적 차원에서 접근하는 것보다도 가치적 차원에서 접근하는 것이 바람직하다. 심즉리설은 심의 주재성·능동성을 강조하기 때문에 현실대응에서도 주체적이고 적극적·능동적일 수 있다. 심의 본체로서의 양심의 밝은 명령(明命)은 국가와 민족이 위난에 빠졌을 때 행동으로 나서도록 요구한다. 그렇기에 이진상은 명철한 안목으로 현실을 정확히 판단하고 시대의 요구에 따라 행동으로 증명해 보였으니, 척사위정운동, 유림단 파리장서사건 등에서 보여 준 한주학파의 의리정신은 양심의 준엄한 명령이었다. 그리고 이것은 후대로 가면서 서구사상이나 서양문물에 대해 적극적 개방적으로 대처할 수 있는 원천이 되었다. 이진상 당시에는 척사위정이 그 시대의 당면 과제였지만, 그의 문인 제자들 대에 이르러서는 애국계몽, 국권회복, 유교부흥을 위해서는 '척사'만 가지고는 안 된다는 인식을 갖기에 이르렀으며, 마침내 서구문명에 대해 대응방식을 달리할 수 있게 되었던 것이다. 조선 말기의 수다한 학파들 중에서도 한주학파가 서구문명에 대해 개방적이고 진취적인 태도를 취할 수 있었던 데에는 이진상의 심즉리설과 수시취중의 가르침이 직접·간접으로 큰 영향을 끼쳤을 것이라 생각한다. 이것은 간재학파가 현실에 대한 인식과 대응에서 구법舊法을 고수하려는 보수성을 보이면서 개혁에 소극적이었던 것과 대조적이다. 심즉리설을 비판하는 처지에 섰던 간재艮齋 전우田愚 계열은 성사심제性師心弟라 하여 순선純善한 성을 사법師法이자 표준으로 삼기 때문에 엄격한 규범주의의 성격을 띨 수밖에 없었다.

20) 『寒洲集』, 권7, 43a~44a, 「答沈穉文別紙」 참조.

4. 북인학파의 철학과 현실인식

1) 북인학파의 특성

북인은 동서분당 이후 동인의 일부가 이황의 문인집단과 결별하면서 결성된 정파이다. 이황 계열이 남인으로, 이이·성혼 계열이 서인으로 결집되었다면, 북인은 이 양대 세력에 끼지 않는 제삼의 학문 성향을 가진 학자집단이었다고 할 수 있다. 서경덕과 조식의 문인들이 주축을 이루었는데, 이들은 학문의 다양성과 개방성을 추구했다는 측면에서 공통 기반을 찾을 수 있다. 북인의 학조인 화담 서경덕과 남명 조식의 학문 경향을 보면 그들의 열린 사고가 돋보인다. 정주학을 본령으로 하면서도 정주학에만 얽매이지 않았다. 불교와 노장사상은 물론 상수학이라든지 천문·지리·잡술에도 관심이 많았다. 그러나 이들의 후예인 북인에게는 퇴계학파의 '리자난지理字難知'의 철학, 율곡학파의 '리기지묘理氣之妙' 철학과 같은 뚜렷한 철학적 기반이 형성되지 못한 것 같다. 또 구성의 다양성에 비추어 학파적 순수성, 학문적 기반이 상대적으로 취약하여 응집력에 한계가 있을 수밖에 없었다. 그들이 학문상의 견해 차이가 아닌 정치적 이해관계에 따라 분파에 분파를 거듭한 것도 이런 이유에서일 것이다. 인조반정 이후 주자학이 정교政教의 이념으로 확고하게 뿌리를 내려가면서 이들은 학계의 주류에서 밀려나 무대 밖에서 학파의 명맥을 근근이 이어나갔다. 그러나 현실비판적 체질이 몸에 밴 그들인지라 열린 사고, 개혁적 정신은 시들지 않았다. 이것은 조선 후기 사상사에서 중요하게 기능하였다.

서경덕과 조식의 문인들은 스승의 학문적 특징인 포용성과 유연성을 잘 발휘하여 타 학파 학인과 활발하게 교류하였다. 서경덕 계열의 허엽·박순·남언경·홍인우 등과 조식 계열의 오건·정구·김우옹·정탁 등이 그들이다. 이들은 이황에게 종학從學하여 학문적으로 소통의 발판을 마련하였다. 이에 비해 이황의 문인들은 서경덕·조식의 계열과 교유하는 데 적극적이지 못했다. 서경덕의 경우는 이황 자신도 교유할 수 없었으니 그렇다 치더라도, 조식의 경우 이황과 같은 경상도에서 대학자로 존중받고 있었던 만큼 이황의 문인이 조식의 문하에 나아갈 수도 있을 법하다. 그러나 이황에게 입문하여 학문을 시작한 학자들이 조식에게 나아간 경우는 찾아보기 어렵다. 이황은 학자를 평가할 때 학문의 순정성醇正性을 가장 큰 기준으로 삼았다. 이에 비추어 볼 때 서경덕과 조식은 비판의 대상이다. 다만 그 비판에도 내용상의 차이는 있다. 서경덕에 대한 이황의 비판은 리기철학에 대한 관점의 차이에서 비롯된 것이었지만 조식에 대한 비판은 이단에 흐를 수 있다는 데 초점이 있으므로 비판의 강도가 달랐다. 일찍이 이황은 서경덕을 추모하는 시에서 "그가 살았을 적 한번 만나보았더라면(當年如見得), 십 년 글 읽는 것보다 차라리 나았을 것을(勝讀十年書)"[21]이라고 애달파하였다. 그러나 만날 기회가 많았던 조식에게는 '천리신교千里神交'를 말하면서 평생 정신적 교유로 만족하고 말았다. 이것이 우연일 수도 있지만, 필자는 이황의 의중이 담긴 것이라고 본다.

2) 화담의 철학과 학파적 계승 양상

화담 서경덕은 평생 포의布衣로 지내면서 주기철학에 몰두하여, 같은 시기 이언적의 주리철학과 쌍벽을 이룸으로써 조선 성리학사의 서장序章을 찬란하게 장식하였다. 그는 평생 동안 궁리窮理와 사색으로 일관하였다. 궁리에 힘쓰다 보니 독서 측면에 소홀하였다는 후학들의 평가도 있지만, 자득을 중시한 학문 성향은 후학들에게 지대한 영향을 끼쳤다.

서경덕의 학문은 장재의 태허론太虛論 특히 『정몽正蒙』의 「태화太和」편에

---

21) 『退溪文集』, 권2, 17a, 「徐處士讀花潭集後」 第二首 참조.

서 큰 영향을 받았던 것 같다. 일부 학자들은 그의 학문이 장재로부터 나왔다고 하기도 하고,[22] 더 거슬러 올라가 『장자』에까지 연결시키기도 한다. 그러나 장재나 『장자』로부터 일정한 자극과 영향을 받았다 하더라도 다른 차원에서 별도의 문호를 수립한 것이라고 보는 편이 온당하다. 그가 역학과 수리數理에 정통했던 점으로 볼 때, 소옹의 『황극경세서皇極經世書』에서 영향을 많이 받았음도 그냥 보아 넘길 수 없다.[23] 상촌 신흠은 "복희역학伏羲易學(문자 이전의 易)의 지름길을 아는 이는 아조我朝에 서경덕 한 사람뿐이다"라고 하였다.[24]

서경덕이 남긴 저술은 우주론에 관한 것이 대부분이고 인성론에 관한 것은 퍽 적어서, 인성론의 중요 과제인 윤리 문제에 관하여 논한 것이 드물다. 이것은 그가 '태허'에 치력致力했기 때문이다. 태극(理)은 사실체계임과 동시에 가치체계로 발전하지만 태허는 성격이 다르다. 서경덕 철학에서 '리'는 가치론적인 데로 곧장 연결되지 않는다. 그러나 성리학의 일차적 대단大段이라 할 수 있는 우주론에 힘써 정심精深하게 알고 나면, 우주의 순행循行 이치를 따른 윤리 문제에 대해 저절로 일가견이 생길 것이라는 것이 서경덕의 생각이었던 듯하다.[25]

서경덕은 사물을 인식하는 데 있어 관물공부觀物工夫와 격물치지格物致知를 강조하고 대상에 대한 경험과 관찰을 중시하였다. 그리고 사물의 이치를 올바로 인취認取하기 위한 방법으로 '지경관리持敬觀理'를 주장, 주경主敬을 통해 사색을 집중해야 한다고 하였다. 특히 격물格物 중시의 학문 방법은 자득을 중시하는 것으로 이어져 화담학파의 큰 특징을 이루었다.

---

22) 『花潭集』, 권3, 7b, 「年譜」, "副提學李珥啓, 敬德工夫, 固非初學所可法, 其學出於橫渠."
23) 『花潭集』, 권3, 28a, 「遺事」, "花潭獨能遠紹康節, 直闖門戶."
24) 『象村稿』, 권52, 8b, 「晴窓軟談(下)」, "徐花潭……知義易蹊逕者, 我朝一人."
25) 『花潭集』, 권2, 16b, 「鬼神死生論」, "周程張朱之說, 要在做工不輟, 大段著力然後, 乃有見爾."

화담학파의 학풍에 걸맞게 그의 문하에서는 개성 있는 학자들이 배출되어 다양한 지류를 형성하였다. 그의 기철학을 충실하게 계승한 경우, 상수역학으로써 뒷날 실학사상의 형성 발전에 기여한 경우, 은거자수隱居自守하면서 산림처사로 일생을 마친 경우, 노장 및 도가사상에 심취하여 도맥道脈을 전수하였던 고인일사高人逸士의 경우 등 실로 다기多岐하다. 한결같이 기속羈束을 싫어하고 자득을 중시하는 특성이 엿보인다. 이 가운데 기수학氣數學과 수련술修鍊術에 밝았던 박지화朴枝華·서기徐起 등의 유풍遺風은 허준許浚이 『동의보감』을 저술하여 조선의학의 정수精髓를 보인 데 영향을 끼쳤다. 허준은 박지화에게 수학한 것으로 알려져 있다. 또 명문의 양반이면서도 몸소 장사에 나섰던 토정 이지함은 양반상인의 본을 보임과 동시에 '해외통상'·'산업개발'을 주장하였다.[26] 이것은 의본이말義本利末의 주자학적 사유체계에서는 보기 드문 일로서, 조선 후기에 꽃을 피웠던 실학풍(특히 利用厚生의 북학파)에 적지 않은 영향을 끼쳤을 것으로 짐작된다.

한편, 화담학파의 기철학이 양명학과 쉽게 연결될 수 있었음도 주목해야 될 바이다. 돌이켜 보면, 허엽·남언경 등 서경덕의 문인과 지구知舊들 사이에서 그를 양명학의 선구자인 명나라 유학자 백사白沙 진헌장陳獻章(1428~1500)에 비유하는 의론이 제기되기도 하였다. 즉, 인품·학문 경향·시교詩敎 등의 면에서 진헌장과 흡사하다는 것이다. 실제로 서경덕이 진헌장으로부터 학문적·사상적·문학적으로 어떠한 영향을 받았는지는 자세하지 않지만, 적어도 그의 문인들이 서경덕의 학문 경향이나 인품, 시풍詩風 등을 진헌장에 비유하는 과정에서 자연스럽게 양명학에 접근하는 계기가 조성되었을 개연성은 높다. 그렇다면 화담학파에서 양명학에 종사하거나

---

26) 그래서 화담학이 지니는 개방성을 상업적 분위기와 연결시키기도 한다. 신병주, 『남명학파와 화담학파 연구』(일지사, 2000) 참조.

또 양명학에 호의적인 입장을 가진 학자들이 나왔던 사실이 우연만은 아니라고 할 수 있을 것이다.

화담학파와 양명학 사이의 연계성은 양자의 사상체계와 구조, 경향 등을 명확히 밝혀 비교할 때 그 깊이가 드러날 터이지만, 우선 상식적 차원에서 '기철학'을 매개시켜 볼 수 있지 않을까 한다. 즉, 서경덕 계열의 기철학과 양명학의 기철학이 상호친밀성을 가지고 있다는 추론에서이다. 장재의 사상을 계승한 서경덕의 철학에서 가장 중요한 명제가 '태허'인데, 왕수인은 장재의 태허론을 자신의 치양지론致良知論과 결합시킴으로써 우주론적 개념인 태허론을 양명학(심학)적으로 변용시킨 바 있다.[27] 이 밖에 양명학자들이 정이보다 정호를 더 선호했던 것이라든지, 조선유학사에서 이른바 '주리파'로 불리는 학단學團에서는 양명학자나 그에 호의적인 학자가 배출되지 않았다는 점도 양명학의 '기철학'적 성격과 무관하지 않다고 본다.

서경덕의 열린 사고와 개방적인 학문 태도는 다양한 성향의 문인들을 배출하는 데 그치지 않고, 그들이 학파 내지 정파를 선택하는 데도 중요하게 작용하였다. 동문인 허엽과 박순이 각각 동인과 서인의 영수로 갈렸던 것은 이를 단적으로 증명한다.

화담학파는 한때 집권의 경험이 있었지만, 그들의 학문적 기반은 정통 성리학에서 일정하게 벗어난 것이기 때문에 퇴계학파, 율곡학파 학인들에게서 제대로 평가받지 못했다. 그러나 그 이면에 담긴 실학적 사고, 비판적·개혁적 성향은 조선 후기 사상사에서 저류底流로서 그 영향이 상당하였다. 실학의 선구자 가운데 한 사람인 구암 한백겸은 화담문인 민순閔純의 제자이며, "세상에 허다한 이치를 어찌 주자만 알고 나는

27) 최재목, 「공허의 실학 – 太虛思想의 철학적 굴절」, 『철학논총』 제11집(영남철학회, 1995) 참조.

모른단 말인가"라고 외쳤던 백호 윤휴, 근기실학의 선구자 미수 허목 역시 민순의 학맥을 이었다. 경세치용학파의 선구 반계 유형원, 18세기 북학파를 대표하는 초정 박제가 역시 북인학파 계열로 한양에서 생장하였던 만큼 화담학파와 연관이 적지 않을 것으로 생각된다.

3) 조식의 철학과 현실인식

앞서 말한 바와 같이 동인이 남·북으로 분당하게 된 근본 원인 가운데 하나가 이황과 조식의 학문 성향이다. 두 사람은 학문 방법과 태도에서 가장 대조적인 면모를 보였다. 이들의 학문관은 두 사람 사이를 갈라놓는 중요한 원인이 되었다. 이황은 궁리窮理를 중시하였고, 이에 비해 이황은 천리踐履를 중시하였다. 이황이 순정醇正함으로 일관하였다면 조식은 유학 사상 이외의 학문사조에 대해서도 포용적이고 융통적인 태도를 보였다. 이황이 정이와 주희를 잘 배운 학자라면 조식은 정호 계통의 정주학을 하였다. 이황은 수양론에서 '천리踐理'를 중시하고 '양기養氣'에 대해서는 대체로 우려의 뜻을 나타냈다.28) 반면에 조식은 '경의협지敬義夾持'를 부르짖으면서 호연지기를 통한 집의集義공부를 중시하였다. 조식의 문인 정구가 '집의'공부를 체계화하기 위해 「양호첩養浩帖」을 엮은 것도 그 맥락에서 이해할 수 있다. 이러한 것들은 이황과 조식의 학문 노맥이 다를 수밖에 없음을 보여 준다.

남명학의 연원을 살필 때 안연 이래의 고사적 기풍, 북송대의 유학, 특히 이론보다 실천을 중시하였던 이정의 학문, 원대 이래의 실천유학적 경향과 만나게 된다. 이들 세 학풍의 밑바탕은 '실천궁행' 넉 자였다. 조식은 이정, 특히 정호의 사상을 잘 체득한 학자이다. 이것은 조식이

---

28) 『退溪全書』, 권12, 24a~24b, 「與朴澤之」, "人之一身, 理氣兼備, 理貴氣賤. 然理無爲而氣有欲, 故主於踐理者, 養氣在其中, 聖賢是也. 偏於養氣者, 必至於賊性, 老莊是也."

일찍이 공자와 주돈이·정호·주희의 상을 모사하여 사첩 병풍으로 만들고 경모하는 마음을 부쳤다는 사실로도 증명된다.[29] 남명이 두 정씨 가운데 명도만을 받들었다는 것은 예사로 보아 넘길 일이 아니다. 남명학에 내포된 노장적 요소, 횡거적 요소, 양명학적 요소 등 정주학 이외의 여러 이학異學적 요소는 정호의 사상을 그 가운데 놓고 이해하면 그 매듭이 풀린다고 본다. 정호의 사상은 이들 이학적 요소의 공통분모적 구실을 한다.[30]

조식은 "정주이후程朱以後 불필저술不必著述"이라는 태도를 견지하면서 학자들에게 남은 것은 천리踐履뿐이라고 하였다.[31] 이러한 사고는 중국 원대 후반으로부터 명대 초기까지 대세를 이루었던 노재魯齋 허형許衡류의 『소학小學』 중시적 실천유학풍의 연장선상에서 나온 것이다. '동방의 한퇴지韓退之'로 불리는 김종직이라든지 김굉필·정여창, 나아가 조광조 등도 이 단계에서 벗어나지 못했던 점에 비추어 보면 이 학풍의 영향력을 짐작할 수 있다. 그러나 서경덕·이언적으로부터 일기 시작한 정주학의 이론적 심화 바람은 조선 성리학의 기풍과 수준을 이전과 사뭇 다르게 바꾸어 놓았다. 이황은 이 시대의 요구와 흐름을 읽고 자신의 학문세계를 일구어 나갔다. 이황은 유학이 송대에 이르러 철학적·이론적으로 재무장되고 주희에 이르러 집대성되었지만, 조선에서는 유학의 정맥을 이은 송대 성리학 나아가 주자학이 아직도 체계적으로 연구되지 않고 있었기 때문에 유학의 발전에 큰 지장이 있다고 생각하였다. 이런 까닭에 이황은

---

29) 『南冥別集』, 권1, 「年譜」 25세조.

30) 최영성, 「남명 조식의 정주학 受容 양상」, 『남명학연구』 제24집(경상대학교, 2007), 32~33쪽 참조.

31) 『南冥集』, 권2, 19a, 「答仁伯書」, "宋時群賢, 講明備盡, 盛水不漏. 後之學者, 只在用力之緩猛而已"; 『南冥集』, 권2, 19b~20a, 「奉謝金進士肅夫」, "漢唐諸儒, 粗有道德之行, 而未講道德之學. 濂洛諸賢以後, 著述輯解, 階梯路脉, 昭如日星, 初學小生, 開卷洞見. 雖明師提耳, 萬不能略加於前賢指南."

주자학의 천명을 학문의 우선 과제로 삼았다. 시대 조류의 흐름으로 볼 때 이황은 조식보다 한 단계 더 나갔다고 할 수 있다.

조식은 "천리天理를 말하고자 하면 어찌 남들보다 못하겠는가마는 그 점은 기꺼이 말하고 싶지 않다"[32]라고 하였다. 또 이황이 신진 학자인 고봉高峯 기대승奇大升과 여러 해 동안 사칠논변四七論辨을 벌이는 것을 겨냥, 천리보다도 궁리에 힘쓴다고 비판하였고, 나아가 그 유폐를 경계하였다. 이황에게 보낸 서한에서는 성명리기性命理氣를 논하면서 고담준론高談峻論으로 세상을 속이고 이름을 도적질하는 당시 학자들의 '기세도명欺世盜名'하는 세태를 꾸짖고, 사풍士風을 바로잡아야 할 위치에 있는 이황의 적극적인 역할을 촉구하였다.

조식은 이황이 중시하는 의리지학을 '구구한 문자의 학문' 정도로 평가절하하였다. 이에 비해 이황은 의리의 탐구와 실천의 문제를 나누어 보아, 조식이 성리학에 대한 용공用功과 조예가 깊지 않다고 비판하면서 학자로서의 자질을 높이 평가하지 않았다.

이황은 순수주자학자, 순정도학자의 길을 걸었다. 이에 비해 조식은 평생 실천유학에 치력하면서도 노장 및 육왕학 등 다른 학문에 대해서도 개방적인 자세를 취하면서 그들 학문의 장점을 유연하게 수용, 섭취하고자 하였다. 특히 노장사상의 경우 『장자』 「소요유」편에서 '남명'이란 아호를 취할 정도로 몹시 경도되었던 것으로 보인다. 사람의 흉회를 툭 트이게 하는 노장의 거대한 정신세계는 조식의 학문과 사상 형성에 큰 영향을 끼쳤으며 문학작품에 무르녹아 있다. 또 조식이 남긴 시문과 『학기유편學記類編』 등을 보면 육왕학 특히 육구연의 대간大簡적 기질과 방불한 데가 있다. 그가 정호의 학문을 좋아했던 것도 육왕학에 호의적인 것과 무관하지 않다고 본다.

32) 『南冥集』, 권2, 8a, 「與吳御史書」, "口欲談理, 豈下於衆人乎, 猶不肯屑有辭焉."

경의집지를 강조했던 조식의 학문은 의義의 부면에서 특별히 두드러졌다. 임진왜란 때 그 어느 학파보다 적극적인 의병활동을 벌인 것이 그 한 예이다. 또 응용구시를 중시하는 조식의 학풍은 정구에게로 이어져 근기남인의 실학사상 형성에 선구가 되었다.[33] 그러나 조식의 개방적인 학문 경향은 문인 후학들에게 이르러 다양하게 분화, 발전하지 못하고 도리어 폭과 넓이가 축소된 감이 있다. 또한 집권한 뒤 정인홍 등 조식의 직계제자들은 정국을 운영함에 포용성과 융통성을 잃고 경직된 태도로 일관함으로써 인조반정에 일정하게 빌미를 준 것이 사실이다. 인조반정 뒤 남명학파는 그 학맥이 쇠잔해지면서 날로 번성해져 가는 퇴계학파에 대거 흡수됨으로써 이후로는 사실상 퇴계학파가 영남학파를 대표하기에 이른다.

5. 노론학파의 철학과 현실인식

선조 초 동서분당 뒤 얼마 안 되어 동인이 남인과 북인으로 갈렸지만, 서인은 숙종 때까지 단일 대오를 형성하였다. 인조반정 이후 서인은 반정주도세력으로서 '숭용산림崇用山林'의 기치를 들고 국가에서 유현儒賢을 존중한다는 명분 아래 산림의 정계 진출을 본격화시켰다. 그러다가 숙종조 환국換局의 와중에서 노론과 소론으로 자체 분열하였다. 학술상의 대립이라기보다는 훈척파勳戚派와 청의파淸議派 사이의 누적된 반목 때문이었다.

---

33) 정구의 학문 성향은 선배이자 기호학파의 대종인 율곡 이이와 여러 면에서 상통하는 면이 있다. 그의 실학사상 형성에는 이이와의 사상적 교감이 적지 않았던 것으로 보인다. 자세한 논증은 최영성, 「한강 정구의 학문 방법과 유학사적 위치」, 『남명학연구논총』 제5집(남명학연구원, 1997) 참조.

종래 서인은 율곡 이이와 우계 성혼 연원의 학인이 다수였다. 그러기에 서인 학파를 '율우학파栗牛學派'(牛栗學派)라고 부르기도 한다. 그러나 노·소 분열 뒤 노론은 이이를 정신적 지주로 삼았고, 소론은 성혼 연원의 학자들이 많다 보니 자연 성혼을 학조學祖로 여기는 분위기가 조성되었다. 노론은 이이로부터 김장생·김집·송시열 등으로 학통이 이어지며 조선 후기의 학계·정계를 주도하였다. 노론의 학문적·정치적 기반은 대체로 이이의 사상에 뿌리를 두었다고 할 수 있다.

1) 율곡학의 본령

이이의 성리학은 '리기지묘理氣之妙'라는 명제를 통해 풀어나가야 한다. 이 리기지묘는 율곡학의 본령으로서 독특한 체계를 형성한다. 이이는 리기지묘에 대하여 "리기지묘는 보기도 어렵고 말하기도 어렵다"(理氣之妙, 難見亦難說)라고 하였다. 그는 리기의 불상리·불상잡을 말하면서도 불상리를 더욱 강조하여 "리기를 나누어 보려는 사람은 도를 아는 사람이 아니다"[34]라고 말하였다. 이것은 이상과 현실이 둘이 아니라는 점을 명확히 한 것으로 볼 수 있다. 율곡학의 핵심 가운데 하나인 '기발리승氣發理乘'의 설도 리기지묘와 일직선상에서 연결된다.

이이는 당시의 학자들이 관념론적 차원에서 시비是非의 문제만을 중시한 나머지 현실적 이해利害의 문제를 도외시한 데 대하여 이를 비판하고, 시비와 이해의 상호모순관계를 주체적인 판단능력에 따라 능동적이고 조화롭게 처리할 수 있는 논리를 제시하였다.

병립할 수 없는 것은 도에서의 시비是非요, 함께 존재할 수 없는 것은 일에서의

34) 『栗谷全書』, 권10, 22a, 「答成浩原」, '理氣詠' 小註, "理氣本合也, 非有始合之時, 欲以理氣二之者, 皆非知道者也."

이해利害이다. 이해만 따지고 시비의 소재를 돌아보지 않는다면 일을 처리하는 의義에 어긋나고, 시비만 따지고 이해의 소재를 강구하지 않는다면 변화에 대응하는 권權에 어긋난다. 그러나 '권'이란 정규定規가 있는 것이 아니라 알맞음(中)을 얻는 것이 중요하고, '의'도 상제常制가 있는 것이 아니라 마땅함(宜)에 합치되는 것이 중요하다. 알맞음을 얻고 마땅함에 합치된다면 의義와 이利는 그 속에 있는 것이다.[35)]

이이의 '리기지묘' 철학에서는 이념적·정신적 측면과 현실적·물질적 측면, 또 의리와 공리가 괴리하지 않고 높은 차원에서 조화됨을 볼 수 있다. 그의 성리학이 실학으로 발전할 소지가 있음은 이 때문이다.

이이는 당시를 개혁이 필요한 경장기更張期로 보고, 저술과 상소 등을 통해 인시제의因時制宜와 변법경장變法更張을 부르짖었다. 이러한 사상의 밑바탕에는 『주역』의 변역變易사상이 있다. 그의 구폐책救弊策은 여러 방면에 걸쳐 제기되었다. 그는 문제를 근본적으로 뜯어 고치려는 종본從本적 개혁보다도 일의 선후·경중·완급에 따라 현실적인 실현성을 감안하는 종사從事적 개혁안을 주로 제기하였다.

이황이 '리귀기천理貴氣賤'의 리우위적 입장을 철학의 중심 과제로 삼아 현실을 비판하고 이상과 원리·원칙을 추구하는 사회철학으로서의 본을 보인 데 비해 이이는 상대적으로 기중시적 경향을 보였다. 그는 이상과 현실을 분리시켜 보지 않았고 현실 속에서 이상을 실현하고자 하였다. 또 '시의'를 중시하여 현실 속에서의 개혁 가능성을 우선시하였다. 그가 점진적 개혁을 강조한 것은 이 때문이다. 그는 정이의 "때를 알고 형세를 아는 것은 역易을 공부하는 큰 방법이다"(知時識勢, 學易之大方)라는 말을 중시하여,[36)] 이를 기초로 변통론을 제기하였다. 이는 '고古'를 중시하는 분위기 속에서 '금今'에 대한 인식을 확고하게 보인 것으로, 이후 기호학파 학자들

35) 『栗谷全書』 拾遺, 권5, 26a~26b, 「時弊七條策」 참조.

36) 이이는 정이의 『易傳』 서문에 있는 "역은 변화하고 바뀌는 것이다. 때에 맞게 변화하고 바뀌어 도를 따른다"(易, 變易也. 隨時變易, 以從道)라는 말을 애중하였다.

의 변통론에 사상적 기초를 제공하였다.

이이의 기중시적 철학은 서인학파 특히 노론학파 경세론의 이론적 근거가 되었다. 이이가 보는 기는 불순정한 것만은 아니다. 호연지기와 같은 기도 있기 때문이다. 그는 맹자의 양기론養氣論에 주목하였으며, 이것을 자신의 변화기질론變化氣質論으로 연결시켰다. 그리고 이를 수양론적 차원에서 한 단계 끌어올려 사회를 변화시키는 철학적 근거로 제시하였다. 기에 대한 이런 긍정적인 인식은 이황이 살았던 사화기를 지나 사림이 집권하여 고도회복에 대한 기대가 어느 때보다도 높았던 시대 배경과도 연관이 있다.

2) 율곡학의 계승 양상

율곡학파는 인조반정 이후 지속적으로 학계·정계를 주도하였다. 그들은 이이의 리기지묘의 철학을 현실정치에 응용하였다. 시의를 중시하고 현실성 있는 변통을 추구하여 국정 주도세력으로서의 면모를 보여 주기도 하였다. 그러나 그들의 변통론, 개혁론에는 한계가 있었다. 기본적으로 집권세력의 속성인 보수성·수구성에서 탈피할 수 없었다. 율곡학파 중에서도 집권한 이들은 이이의 철학에 보이는 진보적·개혁적 성향을 상실한 채 대체로 자신들의 이익과 기존의 도덕질서·정치질서를 수호하고 대변하는 보수적 태도를 고수하여, 나중에는 개혁과 진보를 저해하는 수구세력의 성격을 띠기도 하였다. 이와 관련하여 성호 이익의 지적은 새겨볼 만하다.

> 근세 이율곡 같은 분은 경장更張에 대한 말씀을 많이 하였다. 그러나 당시의 논자들은 옳지 않게 생각하였다. 지금에 와서 그의 의론을 생각해 보니 명쾌하고 절실하여 십중팔구는 시행될 만한 것이었다. 대개 개국 이후 지금까지 때에 맞추어 해야 할 일을 알고 있는 사람으로는 율곡이 으뜸이었다. 애석하다. 지금에 그분을

높인다는 것은, 그 사람만 존상尊尙할 뿐이고 그 실상은 숭상하지 않고 있다. 따라서 국폐國弊를 고칠 수 있는 방도가 묻혀 버리고 시행되지 못하였다.37)

이이의 진보적 성향과 집권 이후 보수적으로 변모한 후학들의 처지는 서로 잘 맞지 않았다. 영원한 보수나 진보가 없다는 말이 있듯이, 이이의 후학들이 집권하여 오래도록 정권의 중심축을 이루면서 이이의 경세론 내지 변법경장론은 제대로 계승되지 못했다. 개혁안이라고 내세운 것들도 상당 부분 빛이 바랬다. 한 예로, 이이가 주창했던 대공수미법代貢收米法은 뒷날 대동법大同法의 선구가 된 것인데, 이이의 적전嫡傳인 신독재 김집은 대동법 실시에 대해 매우 소극적이어서 반대하는 것으로 비쳐지기도 하였다.

이이의 후학들에게 비교적 잘 계승된 것은 사칠리기설 부면이다. 이이의 후예들에 의한 성리학의 이론적 탐구는 사칠논쟁에서 호락논쟁, 명덕주리주기논쟁 등으로 이어지면서 더욱 꽃을 피워 조선유학을 철학적으로 심화시키는 데 크게 기여하였다. 그러나 17세기 중엽 이후로 조선유학이 심학화하는 과정에서 심학이 중시되고 '경敬'을 중심으로 한 심학 체계가 공고하게 구축되면서, 학계의 학풍은 이황을 따르는 쪽으로 흘렀다. 이이는 『심경心經』보다 『근사록近思錄』을 더 중시하였으며, 방심放心을 수렴하는 데는 『심경』보다 『소학』이 더 낫다고 하였다.38) 송시열 등에 이르러 『심경』이 경서에 맞먹을 정도로 권위를 얻었던 사실에 비추어 보면 상당한 인식의 차이를 보인다고 할 것이다. 이이는 『중용』과 『통서通書』에서 득력得力하여 '성誠'을 철학사상의 핵심으로 삼았다. '성'은 이이의 전 사상체계를 일관하는 기본 개념이다. 그의 주성主誠사상은 『대학』과 『심경』에서 힘을

---

37) 『星湖全書』, 권46, 20a, 「論更張」(문집총간 199, 345쪽).

38) 『栗谷全書』, 권32, 「語錄」, '牛溪集', "李正郎叔獻歷訪曰: 收放心, 莫如小學一書. 若心經等書, 切己則有之, 不如小學之該備焉."

얻어 '경敬'을 주안主眼으로 하였던 이황과 차이가 있다.

일찍이 이이의 수제자 김장생은 스승이 천리踐履에 지극하지 못한 측면이 있다고 하여 다음과 같이 말했다.

> 박문博文·약례約禮 두 가지는 성문聖門의 학學에서 수레의 두 바퀴나 새의 두 날개와 같은 것이다. 율곡은 매양 이 점을 강조하여 가르쳤다. 그러나 내가 보건대, 율곡은 박문의 공功이 가장 많지만 약례에서는 지극하지 못한 바가 있다.[39)]

이이의 후학들 사이에서 수약守約공부가 율곡학의 약점으로 지적되었고, 마침내 그들은 이에 유의하여 학풍을 일전一轉시키기에 이르렀다. 김장생·김집·송시열 등 이이 적전의 학문은 역시 『소학』·『가례』·『심경』 등을 중시하는 실천풍과 『대학』의 '주경主敬' 등에 집중되었다. 이것은 나중에 '성학聖學의 심학화'와 연결되어 정치적 색채를 띠기도 하였다.

노론은 명실공히 율곡학파이다. 이이의 후예들은 양란 이후 국가를 재건하는 과정에서 무너진 윤리강상과 질서를 일으켜 세우는 데 중점을 두었다. 그들을 중심으로 예학에 대한 연구가 점화되어 시대사조를 이루었던 것은 널리 알려진 사실이다. 이에 비해 안민安民에 중점을 둔 실학파는 피폐해진 민생을 구제하기 위해 주로 경제 문제에 집중하였다. 예학이 교민敎民에 중점을 둔 것과 대비된다. 그런데 일찍이 이이는 "백성을 먼저 부유하게 하고 난 다음에 교육하는 것이 당연한 이치이다"라고 하여 교육보다 민생안정을 더 우선시하였다.[40)] 그는 『성학집요』「위정하爲政下」에서 '안민安民'장 다음에 '명교明敎'장을 두었다. 이것은 그의 사회·경제관에서 중요한 의미를 지닌다. 이렇게 본다면, 양란 이후 현실인식에서

---

39) 『沙溪遺稿』, 권10, 7b, 「語錄」.

40) 「東湖問答」(『栗谷全書』, 권15, 27a)에서도 "養民然後, 可施敎化"라고 하였다. 이와 같은 입장은 許曄과 논란한 바 있는 鄕約에 대한 견해에서도 잘 나타난다. 『栗谷全書』, 권29, 35b~36a, 「經筵日記(二)」 참조.

도 율곡학파는 이이의 철학을 따르지 않았음을 알 수 있다.

예학에서 율곡학파는 고학, 고례에 치중하지 않고 조선의 현실을 감안하는 등 '금今'에 대한 인식에 비중을 두었다. 이들은 대체로 주희의 예설에 충실하려는 태도를 보이면서, 아울러 의례疑禮·변례에 대한 연구를 병행하였다. 김장생에 이르러 『주자가례』의 권위가 거의 절대화되었고, 그 후 『주자가례』의 권위는 조선 예학의 근간을 이루었다. 그러나 선조조 이래 사림이 집권하면서 고례古禮를 중시하는 분위기가 추구되기도 하였다. 남인의 경우는 『주자가례』를 존숭하면서도 『주자가례』일변도에서 벗어나 선대 제유諸儒의 예설에 폭넓은 관심을 보였을 뿐만 아니라 고례를 중시하는 경향이 있었다. 이것은 주자학절대주의의 폐단을 '고'로써 극복하기 위한 노력의 신호탄이라고 할 수 있다. 고례·고법 중시의 기풍을 선도한 대표적인 학자는 정구·허목·윤휴였다. 『주자가례』를 중심으로 하는 서인 측과 고례를 소의所依로 하는 남인 측의 예학 경향이 맞부딪친 것이 바로 몇 차례에 걸친 복제시비服制是非이다.

3) 율곡학파의 분화와 사상사적 의의

조선 숙종조 노론계 학자들 사이에서 학설상의 차이, 더 나아가 현실인식에 대한 견해 차이로 호락논쟁이 일어나 약 2백여 년 동안 계속되었다. 우리나라에서 철학적인 문제로 많은 학자들이 동원되어 문제 중심의 연구와 논쟁을 제기한 예는 사칠논쟁과 호락논쟁이 대표적이다. 이 두 논쟁의 열기는 결국 성리학계에 학파가 형성되고 학설이 분화되기에 이를 정도로 자못 뜨겁고 치열한 것이었다.

이 두 논쟁은 조선 성리학계의 문제의식과 관점의 전이轉移를 극명하게 드러내 주었다. 이황·이이의 시대만 하더라도 천인天人관계가 주요 과제였으나, 이때에 와서는 이미 인人·물物의 구체적이고 현실적인 것으로 그 관심이 옮겨지게 되었다. 조선 성리학이 후기로 갈수록 한층 정미한 데로 세분되었음을 알 수 있다. 인간성에 대한 내면적 탐구의 극치를 보여 준 것이 호락논쟁이 갖는 철학적 의미 가운데 하나이다. 또 이것이 물성과 관련한 논쟁으로 전개되었다는 것은 사물에 대한 관심이 컸다는 증거요, 여기에 부수적으로 자연관의 변화, 경제 · 명물학名物學에 대한 관심을 유발해 낼 가능성이 내포되었다는 점에서 사상사적 의의는 크다고 할 것이다.[41)]

호락논쟁은 율곡학파 내부에서 대두되어 결국 학파가 갈리기에 이르렀다. 두 학파 모두 율곡 이이의 리통기국설理通氣局說에 수렴되면서도, 한쪽은 리통을, 다른 한쪽은 기국에 초점을 맞추어서 각자 주장의 근거를 달리하여 논점을 제시하고 토론해 갔다는 데 특징이 있다. 호락 양론은 궁극적으로, 인간이 물物보다 고귀하다는 전제 아래 '인간의 우월성과 존엄성'의 근거를 탐구하는 데 초점을 맞추어 논리를 전개하였다. '물'에 대한 인간성의 고유한 가치를 추구하여 주체성과 권위를 확립하는 데 귀일하고, 또 그것을 '기氣'의 차원에서 탐색하였다는 데서 일치된다. 이 호락논쟁은 기본적으로 인간의 문제를 주제화하고 나아가 인간 심성의 미발처未發處를 깊이 성찰하는 등 선악의 문제를 중요시하였기 때문에, 유가적 도덕의식을 심화, 구현하는 데 큰 기능을 하였다. 단순히 학술상의 논쟁으로 끝나지 않고 조선 후기의 사상계와 학계에 큰 영향을 끼쳤다.

인물성의 동론을 주장하는 낙론에서는 "인人과 물物이 본연지성은 동일하며 기질지성이 다르다"라 하고 부동론을 주장하는 호론에서는 "인과 물이 본연지성부터 다르다"라 하였다. 인간 본성의 고유한 가치를 추구하면서 인간과 사물의 차별성을 강조하는 인물성부동론은 배타적이고

41) 안재순, 「한국근세사에 있어서 正祖의 통치철학에 관한 연구」(성균관대학교 박사학위논문, 1990), 35쪽.

자기중심적인 태도를 보여 주었으며, 인간과 사물의 본성을 동일한 차원에서 보는 인물성동론은 후천적인 기질지성의 차이를 넘어서 인·물의 보편적 규범과 원리를 존중하는 가운데 종래 절대시되던 인간 위주의 사고방식을 벗어나 상대적으로 물의 지위를 높였다는 데 의의가 있다. 사물의 이용에 대한 관심을 불러일으킬 소지가 다분하였다.

인물성부동론은 병자호란 이후 화이론華夷論에 입각한 배타의식과 인수대별人獸大別적 윤리관이 정립되었던 당시에 배청의식·북벌론·대명의리론大明義理論의 형성과 유지에 큰 영향을 끼쳤다. 이에 반해 인물성동론은 사회현실에서 이질적인 요소에 더 포용적인 시각을 보여 줌으로써 대조를 이루었다. 특히 17~18세기에 국가정책의 최우선 과제였던 북벌론의 허구성과 맹목적인 배청의식, 헛된 소중화의식의 구각에서 탈피하여 선진문물을 수용하고자 하는 북학사상의 형성에 큰 시사와 영향을 끼쳤다. 북학파에 속한 학자들이 대부분 노론의 낙론계 출신이었음은 우연이 아니라 하겠다.

연암 박지원을 중심으로 하는 일군의 노론계 학자들은 이용후생利用厚生을 기치로 북학을 선도하였다. 이들은 주로 서울의 도시적 분위기에서 성장하였고 연행燕行의 경험이 있었다. 이른바 북학파의 특징 가운데 중요한 것으로는 화이華夷의식 및 이에 근거한 북벌론으로부터의 탈피를 들 수 있다. 배청排淸의식이 두터운 보루를 이루던 당시 사회에서 화이관의 극복 없이는 이적시되던 청나라의 선진문물을 수용해야 한다고 나서는 것이 불가능했다.

북학파 학자들이 '북벌에서 북학으로'라는 발상의 대전환을 이룩할 수 있었던 데에는 인물성동론의 영향이 크다. 그러나 그 이면을 들여다보면 『장자』의 「소요유逍遙遊」, 「제물론齊物論」, 「추수秋水」 등에서 말하는 가치·인식 등의 상대주의적 사유체계가 큰 영향을 끼쳤던 것 같다. 북학의 선도자 담헌 홍대용은 '이천시물以天視物'의 가치상대론적 입장에서 다음과 같이 말하였다.

> 사람의 관점에서 사물을 보면 사람이 귀하고 사물이 천하지만, 사물의 관점에서 보면 사물이 귀하고 사람이 천하며, 하늘의 관점에서 보면 사물이나 사람이 마찬가지이다.42)

위의 말은 『장자』 「추수」편의 "도의 관점에서 보면 사물에 귀천이 없고, 사물의 관점에서 보면 스스로를 귀하게 여기고 서로 남을 천하게 여긴다"(以道觀之, 物無貴賤, 以物觀之, 自貴而相賤)라는 말을 연술演述한 것이다. 가치의 상대성, 인식의 상대성 주장에는 『장자』에 보이는 사고가 많이 반영되어 있다. 이러한 가치상대론이 조선을 소중화라 하여 스스로 높이면서 청나라를 이적금수라 하여 맹목적으로 배척하던 고정관념을 깨뜨리고 180도의 전환을 이끌어 내었던 것이다. 고금의 등가성等價性을 말하면서 법고창신의 논리를 이끌어 낸 박지원의 문학관도 이 가치상대성에서 나왔음은 물론이다.

모든 존재의 상대적 자기중심성, 현재중심성은 북학파의 중요한 이론으로, 당시 조선사회에 만연되었던 소중화라는 헛된 자만심에서 탈피하고 숙명적으로 받아들였던 화이관을 극복하여 민족주체성을 고양시키는 데 자양분이 되었다. 나아가 청조의 문화가 오랑캐 문화가 아닌, 수천 년 동안 내려온 중국의 전통문화를 계승한 것이라는 발상의 전환은 조선이 중국 문화는 물론 중국을 통해 들어온 서구 문화를 받아들이게 하는 데 큰 구실을 하였다.

호락학파의 논쟁은 정치적으로도 그 영향이 적지 않았다. 호락논쟁의 결과 일단 한원진 계열(湖派)이 명분상으로 정통성을 장악한 것처럼 보였다.

---

42) 『湛軒書』 內集, 권4, 18b, 「毉山問答」.

그러나 이것은 '사설師說'의 고수·방어를 통해서 얻어 낸 도통道統의 자부였을 뿐, 호론계는 배타적 성격 때문에 정치운영 등에서 고립을 면치 못하였다. 이후 사상계·학계의 주도력은 낙론계로 옮겨졌다. 낙론 계열에서는 청나라의 존재를 인정하는 분위기가 조성되었으며, 북학에 대한 논의를 비롯하여 근대화로 나갈 수 있는 이론적 검토가 이루어지는 등 사상계에 변화의 바람을 불어넣었다. 반면에 호론은 사상계의 변화를 가로막는 저지세력으로서 더욱 고립된 길을 걸었다.

4) 낙학파의 발전 양상과 주리적 전환

17세기 후반 이후 기호학파의 주류를 이루었던 노론파에서 김창협·김창흡 등 낙론 계열 학자들은 자신들의 학조인 율곡 이이의 학설을 대체로 계승하는 가운데 사단·칠정을 주리·주기로 나누어 보는 것을 인정함으로써 일군의 학단을 형성하였다. 이 학단은 처음 소론 계열이 선도하였고, 소론 계열의 조성기·임영 등과 교유하면서 영향을 받은 김창협 형제에 이르러 확립되었다. 이후 김창협 형제의 후손과 그 학통을 계승한 낙론 계열 학자들에 의해 크게 발전하였는데, 이들 일군의 계열을 '농암문파農巖門派'라 일컫는다. 이로써 노론파는 권상하·한원진 계열의 정통 율곡학파(湖論)와 김창협 계열의 낙론파, 그리고 낙론에서 분화한 임성주 계열로 나누어지게 된다.

퇴계학파와 율곡학파의 사이를 좁히고자 노력했던 것은 기호학파 학인들이 선편을 쳤다. 김창협은 정치상으로는 이이 계열에 섰지만 학문상으로는 이이의 학설이 지닌 한계를 이황의 설로 보완하려는 관점을 보였다. 이어 같은 시기에 소론 계열의 학자인 박세채·조성기趙聖期·임영林泳 등은 이이 계열의 학인이면서도 이이의 설에 이의를 제기하고 이황의 설을 수용함으로써 이른바 '절충파'를 형성하였다. 여기서 이들의 개방적이고 적극적인 태도를 엿볼 수 있다. 율곡설의 과구窠臼에 매이지 않고 벗어날 수 있었던 데서 기호 학인들의 성향·기질 등의 일단을 엿볼 수 있고, 그것이 가능할 수 있었던 기호학파의 학문 풍토와 배경 등도 아울러 짐작할 수 있다.

농암문파와 절충파 학자들은 이황과 이이의 학설을 상호 대립적인 것이 아닌, 보완적인 것으로 파악하였다. 이것은 율곡설에 대한 비판적 인식과 재해석에서 비롯되었다. 즉, 율곡설이 지닌 한계와 문제점에 대한 명확한 인식과 함께 이들은 율곡설이 지닌 이중적 성격 즉 리기, 사단칠정, 인심도심에 대해 기본적으로 이원적으로 파악하면서도 일원적 해석을 겸한다는 점, 리무위理無爲 기유위氣有爲의 관점에서 기의 현실적 주도권을 인정하면서도 리의 이념적 주재성을 결코 가볍게 보지 않았다는 점 등에 주목하였는데, 이러한 것들이 율곡설에 대한 새로운 해석의 바탕이 되었다고 본다.

김창협 계열의 학자들은 주기설을 성인의 본지에 어긋난 것이라고 비판하면서 주리적 관점을 뚜렷이 하였다. 또 도체道體를 논함에 대체로 리기불상리의 관점을 취하면서도, 심성론에서는 리기불상잡의 관점을 취하였다. 이것은 이이와 이황의 설을 절충한 것이라 할 수 있다. 그들은 율栗·우尤·농農·노老의 학설을 '주리법문主理法門'이라 규정하였다. 김창협·오희상으로부터 간재 전우에까지 이어지는 율곡학파 낙론 계열의 기본 관점은 '주리'에 있었다. 이것이 낙론에서 보는 율곡설의 기본 관점이다. 그들이 나흠순羅欽順과 임성주의 설에 대한 비판에 힘썼던 이유가 여기에 있다.

이재李縡·김원행金元行·오희상吳熙常 등은 모두 노론에 속하면서 율곡설 내지 낙론의 학설에 충실했던 학자들이다. 조선 말기 척사위정론을 선도하였던 화서 이항로는 이황과 이이의 학설을 절충한 택당澤堂 이식李植의 후손이자 김창흡 계열인 죽촌竹村 이우신李友信(1763~1822)에게 종학한 바 있다. 이항로 역시 학맥상 농암문파에 연원하여 마침내 '리존기비理尊氣卑' 라는 가치론적 리기설을 전개하였던 것이다. 근세의 대유大儒로 김창협 계열인 간재 전우는 이이 성리설의 대강을 "성시리性是理, 심시기心是氣"로 파악하여 '주리론'의 차원에서 전개하였으며, 평생 이이의 학설을 옹호, 변호하는 데 주력하였다.

조선 말기 척사위정론의 기치를 높이 들었던 이항로·기정진은 노론 계열의 학자이다. 이들은 학통상 율곡설의 그늘에서 벗어날 수는 없었다. 그들이 주리론을 주창하게 된 것은 일차적으로 시대적 요구이기도 했지만, 내면적으로는 율곡설을 주리적 측면에서 해석하는 낙론의 영향이 지대하다고 본다. 그런데 '리'를 강조하는 경우라도 그것을 어떻게 이해하느냐에 따라 현실에 대한 대응 양식은 달랐다. 한쪽은 적극적·능동적이었고, 다른 한쪽은 은거자수하면서 구법을 고수하는 소극적 대응에 그쳤다. 간재 전우의 경우, 성사심제性師心弟·성존심비性尊心卑의 설을 주장, 규범주의적·보수주의적 성격이 강한 학풍을 이끌었다. 이 때문인지 간재문하에서는 사설師說을 뛰어넘거나 비판적으로 발전시킨 개성 있는 학자가 배출되지 못하였다. 전통 고수의 측면에서는 어느 학파보다도 볼만한 것이 있었지만, 일부 간재학인들의 융통성 없는 보수성·맹목성은 간재학파의 면모를 지나치게 수구적인 것으로 비치게 하였다. 이에 비해 정작 보수의 본고장이라고 하는 영남의 퇴계학파에서는 보수적인 기풍 속에서도 단발을 한 개신유학자, 애국계몽가가 배출되고 신식학교를 세워 국권 회복을 도모하려는 움직임이 있었다. 이것은 심의 주리적 측면, 즉 심의 주재성·능동성을 중시하는 퇴계학풍과 관련이 적지 않을 것이다.[43]

43) 최영성, 「전북 지역 간재학파의 학맥 계승과 의리 실천」, 『간재학논총』 제12집(간재학회, 2011), 11~12쪽.

6. 소론학파의 철학과 현실인식

1) 소론학파의 연원과 우계학의 특성

인조반정(1623)으로 서인이 집권한 뒤 이이와 성혼의 후학들은 집권세력이 되었다. 양파는 학문적·정치적으로 견해를 같이하다가 나중에는 노·소론으로 분당하였다. 이이의 후예들이 주축이 된 노론이 갑술환국(1694) 이후 계속 집권세력이었던 데 비해, 성혼의 후학들이 중심이 된 소론은 남인과 함께 야당의 위치에 놓였다. 비집권세력이라는 공통성 때문에 소론과 남인은 서로 소통하거나 연합하기도 하였다.

기호학파의 분화는 두 갈래로 진행되었다. 하나는 퇴계학파와 병칭되는 율곡학파의 우산 속에서 우계 성혼을 학조學祖로 하는 일계一系가 독립하여 나중에 소론의 주도 세력이 된 것이요, 다른 하나는 율곡학파 내부의 분화라 할 수 있다. 우계학파가 자기 색채와 학문적 정체성을 분명히 드러내며 사실상 독립한 것은 노론과 소론의 분당이 결정적이었다. 성혼 계열이 독립함으로써 기호학파는 양립하게 되었고, 결과적으로 조선 후기 사상계의 단조로움을 극복하고 여러 사유들이 공존할 수 있는 장을 구축하게 되었다. 우계학파는 태생적으로 일정 부분 퇴계학을 자양분으로 하였기 때문에 퇴계학을 공통분모로 하는 것은 어쩌면 당연한 일이다. 더욱이 성리설에서도 이황과 이이의 양설을 절충하면서도 이황의 설에 더 비중을 두는 모습을 보임으로써 퇴계학파와 만나 대화하고 귀일歸一할 수 있는 있는 기반을 마련하였다.

성혼의 학문하는 태도는 후학들에게 큰 영향을 끼쳤다. 성혼의 학맥을 계승한 학자들은 말할 것도 없고, 율곡학파 학인들 가운데 김창협 계열에 끼친 영향이 적지 않았다. 본디 우계학파는 리기심성론과 같은 성리학의 이론적 탐구에 소극적이었으며 실천을 보다 중시하는 경향을 보였다.

성혼의 문인들 가운데 손꼽히는 학자로 조헌趙憲·안방준安邦俊·오윤겸吳允謙·황신黃愼·윤황尹煌 같은 이들을 보면 성리학에 관한 이론적 탐구가 거의 없다. 그 다음 세대인 윤선거尹宣擧·윤증尹拯까지도 성리학에 대한 이론적 측면의 관심은 그다지 크지 않았다. 이것은 성리학의 이론적 탐구에 적극적이었던 이이 직계 학인들과 비교가 되는 대목이다.

그런데 다음 시기의 성혼 후학들은 성리설에서도 분명하게 자신의 목소리를 내기 시작하였다. 조선 후기 성리학사에서 절충파로 불리는 일군의 학자들이 그들이다. 여기에 농암문파로 불리는 김창협 계열의 학자들이 가세하였다. 절충파 학자들은 대체로 소론계 학인들로서, 소론의 영수 윤증과 가깝거나 학문상으로 통하는 사람들이었다. 이들은 우계 성혼과 학문적으로 맥락이 닿아 있다. 그들은 성리설에서 이이의 학설에 대해 비판적인 태도를 취하기도 하고, 이황의 학설을 적극적으로 이해하려는 태도를 보이기도 하였다. 그러나 사실상 그들의 학조가 성혼임에도 그 사실을 겉으로 드러내지는 않았다. 그 대신 주희와 이황의 설을 이끌어 이이의 설을 비판함으로써 성혼의 설을 간접적으로 대변하였다. 그런 점에서 실로 '퇴우退牛'의 학통이라 명명할 만하였다.

성혼 계열의 학인 가운데 성리학적 견해를 적극적으로 표명한 사람은 남계南溪 박세채朴世采(1631~1695)이다. 그는 성혼과 이이의 문집 및 연보를 편찬하는 데 앞장섰던 학자이지만 학문적으로는 성혼을 심복하고 따랐다. 그는 윤증의 경우와는 달리 성혼과 특별한 관계는 아니었지만 성혼을 칭도稱道하는 많은 글을 썼으며 성혼을 현창하는 데 앞장섰다. 동국십팔현 가운데 성혼의 계열로 분류할 수 있는 유일한 학자이다. 율우논변에서 보인 성혼의 절충적인 견해는 그의 학맥을 통해 윤증·박세채를 비롯한 소론계와 김창협·김창흡 등 일계一系의 노론파 학자들에게 계승, 부연되어 리를 중시하는 퇴계학파와 상대적으로 기를 중시하는 율곡학파 사이에서 하나의 뚜렷한 학통을 형성하기에 이르렀다. 또 근세 척사위정운동의 거벽巨擘인 화서 이항로의 주리철학에 밑바탕이 되었다. 이항로의 척사론은 이념적으로는 춘추대의春秋大義를 기치로 하면서 아울러 성리학의 주리론을 사상적 기반으로 하였다. 그의 성리학 계통은 위로 거슬러 올라가 성혼에게 닿는다.

황의동 교수는 우계학파의 사상적 특성과 학풍을 ① 개방적인 학풍, ② 내성內聖적 학풍, ③ 무실務實 학풍, ④ 육왕학풍 수용의 선구, ⑤ 탈성리학적 경향으로 요약하였다.[44] 율곡학파의 특성과 중복되는 측면이 있기는 하지만 특징적인 면을 잘 간추린 것이다. 이를 본다면 조선 후기 사상계가 정주학 일변도에서 어느 정도 탈피하여 단조로움과 경직성을 덜어 낼 수 있도록 한 학문적·사상적 기반은 기실 우계학파에서 제공했다고 할 수 있다. 이것은 집권 노론세력인 이이 후예들의 주자절대주의의 경직성과 대비된다.

사실, 이이와 성혼의 성격이라든지 학문 성향을 살펴보면, 성혼이 보수적인 데 비해 이이는 진보적 색채가 강한 편이다. 이이는 일정한 스승(常師)이 없었지만 성혼은 동국도학의 적통을 이어받았고 주희와 이황을 사법師法으로 하였다. 이이의 학문은 개방적이고 자율적인 편이다. 주희의 학설을 존중하고 따르면서도 주체적이고 합리적인 관점에서 이해하려 하였다. 그런데 송시열을 영수로 한 노론이 집권하면서부터는 주희의 학설이 곧 정치와 연결되어, 주희의 설과 어긋날 때에는 세상을 어지럽히는 '근본악'으로 여겨졌다.

순수하게 학문 성향으로만 본다면 이이와 성혼의 후예들은 서로 반대되는 위치에 놓였다고 할 수 있다. 이이의 경우 그의 후예들은 집권하여 학파의 영향력을 정치적으로 확대시켜 나갔지만 정작 학조인 이이의

44) 황의동, 『우계학파연구』(서광사, 2005), 80~96쪽.

사상으로부터는 멀어져만 갔다. 반면에 성혼의 경우 이이의 그늘에 가리고 율곡학파의 기세에 눌려 제대로 평가받지 못하였지만 도리어 학문적으로는 그 후예들에 의해 그 사상과 학파적 전통이 비교적 잘 계승되었다. 이이의 후예들은 율곡학의 약점으로 지적되었던 수약守約공부에 힘썼고, 이황의 '경' 중심의 심학 체계를 따랐다. 수양론에서도 성혼 쪽에 더 가까웠다. 이이가 체계화했던 무실務實학풍 역시 그 직계로 이어지지 못하고 오히려 성혼 계열의 윤선거·윤증 부자에 이르러 절정에 달한 감이 있다. 이후 무실학풍은 사실상 우계학파에 의해 주도되었고, 이들 학문의 특징 가운데 하나로 자리 잡게 되었다.

우계학파는 인조반정 이후 양대 호란을 전후한 시기에 난국을 헤쳐 나가는 데서 저력을 발휘하였다. 당시 조정에는 이이와 성혼의 문인·후학들이 포진해 있었는데, 이이의 직계보다는 성혼의 문인들이 권병權柄을 쥐고 있는 형편이었다. 이정구李廷龜·이귀李貴·오윤겸吳允謙과 그 후배 세대인 조익趙翼·이시백李時白·최명길崔鳴吉 등은 모두 성혼의 문인이거나 성혼에게 학문 연원을 두고 있는 사람들이다. 이들은 이이의 직계가 명분론을 중시한 데 비해 실질론을 내세워 난제를 풀어 나갔다. 최명길은 병자호란 때 주화파主和派의 거두로서 청나라와의 화의和議를 성사시킴으로써 조선을 멸망에서 구해 낸 인물이다. 그는 남은 모르고 나 홀로 아는 '양지'의 명명明命에 따라 갖은 치욕과 위험을 무릅쓰고 강화講和를 외쳤다. 최명길 등의 주화론은 일찍이 성혼이 조정에 주청했던 대왜강화론對倭講和論의 영향을 받은 것이다. 성혼이 임란 당시 강화론 때문에 큰 곤경에 빠지고 또 사후에도 비판세력으로부터 줄곧 공격받았음에도, 최명길은 성혼의 강화론에서 영향을 받았음을 공개적으로 밝혔다.[45] 이에 대해 김장생은 성혼이 강화론을 주청한 것을 춘추대의에 흠을

45) 崔錫鼎, 『明谷集』, 권29, 20a~20b, 「先祖領議政完城府院君文忠公行狀」 참조.

남긴 실수라고 하면서 "당시 율곡이 생존하였다면 이러한 일은 없었을 것이다"라고까지 하였다. 아무리 정치적 요인이 개입되었다고는 하지만, 이이와 성혼의 학문적·사상적 전승 관계가 정반대로 된 것은 역사의 아이러니가 아닐 수 없다.

이이의 후예들이 집권한 뒤 보수화 내지 수구화한 데 비하여, 성혼의 후학들은 집권하는 동안에 현실감각 있고 융통성 있는 정치적 수완을 보여 주었다. 나중에 비집권세력이 된 뒤에는 집권세력에 대항하는 과정에서 퇴계학파 후예들과 마찬가지로 종래의 보수적 성격에서 벗어나 비판세력, 대안세력으로서의 변모를 꾀하였다. 그들은 당시의 사상계·학계·정계에 날카로운 비판의 화살을 던졌다. 비판세력이었기에 상대적으로 우환의식과 개혁정신이 시들지 않을 수 있었다. '실심實心'과 '실학'은 실로 비판정신의 근원이었다. 그들은 원리원칙으로의 복귀를 통한 개혁을 외치기도 하고, 정주학에 편향된 학문 풍토에서 탈피하여 정주학 이외의 학문에서 경세의 대안을 찾기도 하였다. 육왕학에 대한 관심이라든지 탈주자학(탈성리학)적 경향은 이런 배경에서 대두된 것이다. 이와 같은 사상적 경향은 성혼의 사상 자체에서 비롯된 것도 있지만, 성혼의 사상과 관계없이 정치적 부산물로 생겨난 것도 있다.

우계학파가 조선 후기 사상사에 끼친 영향과 역사적 의미는 적지 않다. 그들의 개방적이고 자율적인 학풍은 성리학 이해에서 탄력성을 보이면서 퇴계학파·율곡학파와 함께 삼각편대를 구축하였으며, 학설상으로도 단순한 절충적 성격에서 벗어나 종래 학설의 재구성을 통해 제3의 학설로 발돋움할 수 있었다. 또한 조선 후기 정주학일변도의 경직되고 단선적인 학계 풍토를 개선하고 다양한 사상 조류를 수용하여 학계와 사상계에 활기를 불어 넣은 것은 가장 큰 구실이라 할 것이다.

2) 양명학파와 근대성의 문제

조선 후기, 양명학의 세례를 받은 사람들은 대체로 집권 서인 계열로서 중국의 학술문화를 접촉하는 데 상대적으로 유리한 위치에 있었다. 서인 계열의 노소분당 이후 소론계에서는 양명학을 학문 기반으로 하는 학자군이 배출되었다. 하곡 정제두를 중심으로 하는 일계를 강화학파江華學派라고 하기도 한다. 양명학의 수용·발전은 근대성의 측면에서 검토할 여지가 많다.

양명학은 진眞과 가假를 엄격히 구별하여 '진'을 추구하고 '가'를 배격한다. '일진무가一眞無假'의 양지를 발휘하는 것이 왕수인 사상의 본지이다. 조선의 양명학자들은 '의리를 빌려 천하를 어지럽히는' 위학자僞學者와 가도학假道學을 배척하는 데 힘썼다. 양명학자들이 허위를 배격하는 것은 현성現成한 양지를 발휘하는 데 목적이 있었고, 또 그들이 말하는 실사구시 또는 실학은 왕수인이 말한 사상마련事上磨鍊과 동궤同軌의 것이라 할 수 있다. 이와 같이 양명학은 실학으로 연결될 소지가 많았다. 근세에 활약하였던 이건방·정인보 등 강화학파 양명학자들이 실학사상과 실학자들에게 관심을 갖고 실학사상을 널리 알리거나 실학자들의 저술을 수집·간행하는 데 앞장섰던 것은 이런 이유에서이다. 강화 양명학파의 특성은 내면을 오로지하고 자기를 실되게 한다는 '전내실기專內實己' 넉 자로 요약할 수 있다.

기성의 권위에 얽매이지 않고 거짓 없이 타고난 본성대로 행동해야 한다는 양명학은 주관주의·정감주의로 발현되었으며, 조선에 여러 가지로 영향을 끼쳤다. 특히 문학과 역사학 분야에 끼친 영향이 컸다. 양명학의 전통에서는 개인의 사상과 감정 표현의 자유를 중시한다. 이러한 사고가 사상계에 침투되면 기성의 권위적이고 교조적인 학문 경향에 반대하여 자율성을 부르짖게 되고, 문학계에 침윤浸潤되면 작가의 개성과 창의를 드높이며 문학창작의 자유정신을 충분히 발휘하도록 한다. 또한 양지의 자유의지에 따른 사관史觀은 주체적 자아를 부르짖고 어떠한 권위나 형식에도 구애받지 않는 독자적인 시비판단을 강조함으로써 사대사관事大史觀을 극복할 수 있게 한다.

돌이켜 보면 17세기 조선의 문단에서는 이전에 명나라에서 유행하였던 의고문풍擬古文風의 영향을 받아 진한秦漢의 고문에 치력한 이들이 있었다. 윤근수尹根壽·신흠申欽 등이 그 대표자라 할 수 있다. 이들은 시대를 가지고 '고'의 기준을 정하여 "문필진한文必秦漢, 시필성당詩必盛唐"을 외쳤다. 문학에서의 진화의 원리를 중시하지 않은 의고문파였지만 조선 문단에서의 세력이 컸다. 그러다가 청나라로부터 공안파公安派의 문학이론이 전래, 수용되었다. 양명학에 기반을 둔 공안파는 성령설性靈說을 부르짖었다. 양명학에서는 개인의 '성령'을 중시하여 작가의 개성을 존중하고 모의模擬를 배격한다. 이 성령설은 명대 양명학파의 이지李贄와 공안파, 청대의 원매袁枚 등이 부르짖었다.

고문십대가古文十大家의 한 사람으로 조선 양명학파의 도미掉尾를 장식한 영재寧齋 이건창李建昌은 양지설을 바탕으로 한 문학관을 수립하였다. 그는 "글이란 자기 마음에 흡족하게 지으면 그만이지 천하 후세를 염두에 둘 필요가 없다. 더구나 당대의 칭찬이란 바랄 필요가 없다"46)라고 하여, 모방과 표절을 배격하고 개성 있는 문장을 강조하였다. 자가自家의 엄밀한 기준이나 가치판단에 따라 내면적 정감을 허위나 가식 없이 진솔하게 표현하는 것이 참다운 문장이라는 것이다. 개인의 성령을 중시한 그는 성령파 문학을 계승한 것으로 보인다. 기준을 '고'에 둔 것이 아니라 현재의 자기판단에 맡긴다는 것은 곧 '고'에 대해 상대적으로 '금'의 의미와 가치를 높인 것으로 이해할 수 있다.

---

46) 『明美堂集』, 권8, 12b, 「答友人論作文書」.

한편, 양명좌파인 이지는 일찍이 「시문서時文序」에서 "지금의 입장에서 옛날을 본다면 옛날은 진실로 지금이 아니겠지만, 후대의 입장에서 지금을 본다면 지금은 다시 옛날이 된다"[47]라고 하여 '고'의 절대적 가치를 부정하고 고·금이 상대적 가치임을 주장하였다. 고문古文에 대해 상대적으로 '시문時文'이 중요하다는 점을 강조한 것으로 이해할 수 있다. 이 한 마디의 말이 문단은 물론 사상계에 끼친 영향력은 실로 컸다. 조선에서는 연암 박지원이 이지의 고금관을 수용·발전시켜서 법고창신法古刱新이라는 문학이론을 제창하였다.[48] 박지원의 문학에는 양명좌파적 성향이 적지 않다.

박지원은 우리나라 고문십대가의 한 사람으로 꼽힌다. 그는 의고풍擬古風이 강했던 당시까지의 문학사조에서 과감히 탈피하여, 문학의 현실참여와 작가의 독창성, 표현의 사실성 등을 부르짖었다. 이런 점에서 그는 성령을 중시하는 소론계 학인들의 문학관과 통하는 점이 많다. 박지원의 이상적 문학관은 "법고이지변法古而知變, 창신이능전創新而能典" 10자로 요약된다. 그는 법고法古와 창신創新이 서로 표리관계를 이루는 것으로 파악했다.[49] 그는 '학고學古', '법고法古'라 할 때의 '고古'자가 가리키는 것은 고문의 정신 그 자체일 뿐 그 표현 형식을 의미하는 것은 아니라고 하면서, 현세를 사는 사람이 고법古法에 구애되어 답습하려 함은 그릇된 것이라 주장하였다.

> 옛날을 기준으로 지금을 본다면 지금이 참으로 비속하지만, 옛사람이 자기네를 볼 때도 꼭 옛날이라 생각하지는 않았을 것이다. 당시의 보는 사람에게는 역시 하나의 지금일 뿐이다. 앞으로 올 천추만세가 이로부터 옛날(古)이 되는 것이다.[50]

---

47) 『焚書』, 권3, 雜述, 「時文後序」, "以今視古, 古固非今. 由後觀今, 今復爲古."

48) 耳溪 洪良浩도 이지의 고금관을 그대로 받아들어 논의를 전개한 바 있다. 『耳溪集』, 권13, 「稽古堂記」, "古者, 當時之今也. 今者, 後世之古也. 古之爲古, 非年代之謂也."

49) 『燕巖集』, 권1, 3a, 「楚亭集序」.

지금을 시기적으로 가깝다고 하지 말라. 천 년 뒤에 볼 때는 지금이 옛날인 것이다.[51]

박지원은 시대의 선후로써 고문의 가치기준을 삼는 것을 진부하다고 배격하고, 또 민족의 개성적 풍토가 존중되어야 한다고 하면서 고문의 묘리妙理를 정신에서 찾았다. 가장 현재성 있고 시의성 있는 글이 고문이라는 것은 고문사古文史에 특기할 만한 일이다.

주체적 양지사관良知史觀에 입각한 역사 서술로는 소론계 학인 이종휘李種徽(1731～1797)의 사론史論이나 이긍익李肯翊의 『연려실기술燃藜室記述』, 이면백李勉伯의 『감서憨書』·『해동돈사海東惇史』, 이시원李是遠의 『국조문헌國朝文獻』, 이건창의 『당의통략黨議通略』 등을 꼽을 수 있다. 이종휘는 역사란 '나로 말미암아 전해지는 것'(由我而益傳)이라 하여 역사가歷史家 자신의 '주체적 자아'를 중시하였고, 옛사람과 지금 사람의 마음이 같다고 강조하여 "내가 곧 옛사람이요 옛사람이 곧 나"라고 하였다.[52] 이는 인간 본연의 양지를 강조한 것이라고도 할 수 있겠다. 역사의 주체가 현재적 자아임을 밝히고 고금의 등가치성을 주장한 예가 드문 현실에 비추어 이종휘의 역사 서술은 주목 받아 마땅하다고 본다. 신채호는 이종휘의 사관에 대하여 "이종휘의 『수산집修山集』은 단군 이래 조선 고유의 독립적 문화를 노래하여 김부식 이후 사학가의 노예사상을 갈파喝破하였는데, 특별한 발명과 채집採集은 없다 하더라도 이 한 가지만으로도 영원히 남을 일이다"[53]라고 평가하였다.

---

50) 『燕巖集』, 권7, 8a, 「嬰處稿序」.

51) 『燕巖集』, 권4, 2a, 「贈左蘇山人」.

52) 『修山集』, 권2, 23a, 「青丘古史叙」, "古人雖不見我, 我亦不在其心中……其心亦莫不與我同, 則我安知非古人, 古人亦安知非我也.……由我而益傳, 亦所不計, 唯能盡智竭力, 絲毫得當於其間然."

53) 『개정판 단재 신채호 전집』 상권(형설출판사, 1995), 43쪽.

7. 맺음말

16세기 말부터 17세기에 걸쳐 조선에서 4대 학파가 생겨났다. '학파'라 할 때 우리는 먼저 차별성과 독자성을 떠올리게 된다. 이것이 일정하게 확보되지 않으면 학파로 인정받기 어렵다고 보기 때문이다. 퇴계학파(남인)와 율곡학파(노론)는 뚜렷하게 철학적 기반을 갖추었고 학문적 특성도 타와 구별되는 점이 있다. 이에 비해 북인학파와 소론학파는 주로 정치적 이해 문제로 분파하였기 때문에 철학적 차이를 발견하기 어렵다. 대개 남인과 노론의 종속변수로서의 성격이 없지 않다. 북인의 경우, 학문적·철학적으로 공통기반이 없다 보니 응집력에 한계가 있었고, 정치적 이해관계에 따라 분파를 일삼다가 인조반정으로 쇠퇴일로를 걸었다. 소론의 경우, 철학과 현실인식에서 노론과 결정적인 차이가 없었지만 정치적인 이유로 분파한 뒤, 비판 논리를 개발하는 과정에서 타 학파와 연계하였고 타 학파의 학문에 대해 관심을 보이기도 하였다. 소론계는 실심實心, 실학實學을 학문의 지표로 삼으면서 집권 노론을 가도학假道學·가주자假朱子의 세력으로 몰아붙이는 등 노론과의 완전한 차별화를 꾀하기도 하였다.

퇴계학파는 주리철학을 기본으로 하였기 때문에 원리와 원칙을 중시하는 학문 성향이 강하였다. 이것은 성리학·예학과 경세론 등 여러 측면에서 학파적 성격을 온전하게 유지할 수 있게 하였다. 율곡학파는 기중시적 경향이 상대적으로 강하였기 때문에 현실에 대한 인식에서 보다 특성을 발휘할 수 있었다. 그들은 이상보다 현실을 중시하여 점진적 개혁을 추구하였다. 그러나 이이의 후예들이 지속적으로 집권하면서 율곡학에 나타나는 진보적이고 개혁적인 사고는 오롯하게 전수되지 못하였다. 그리하여 율곡학에서 중요한 성실誠實·무실務實사상, 더 나아가 성誠철학은 제대로 계승되지 못했다. 이이의 후예들은 체제 유지의 필요성에서 이황의 경敬철학을 적극 수용하여 사상적 근간의 하나로 삼기도 하였다. 여기서 우리는 한 학파의 집권 여부가 학파의 성격을 어떻게 유지시키고 변화시켜 나가느냐의 중요한 조건이 됨을 볼 수 있다. 다만 율곡학파는 집권세력답게 변화를 모색하였고, 그 결과 이론 보완을 통해 조선 후기 사상사를 능동적으로 이끌어 갔다. 율곡학파 내에서의 자체 분화는 부정적인 기능보다 긍정적인 기능이 더 많았다고 본다. 그들이 2백여 년이 넘도록 장기 집권할 수 있었던 배경에는 정치적인 이유가 크지만, 학문적으로 늘 변화를 추구하려 했던 점도 간과할 수 없겠다.

4대 학파는 학문적 집합체이면서 동시에 정파이기도 하다. 학문과 정치가 별개의 것이 아니었던 유교문화에서는 어쩌면 당연한 사실이기도 하다. 이들 학파들은 결집하는 과정에서 학문상의 개성을 뚜렷이 부각시키는 가운데 타 학파와의 연계와 소통에도 소홀하지 않았다. 타 학파의 학설을 비판하면서도 상대설의 장점과 특성을 인정하여 일부 수용하기도 하였다. 한 예로, 어느 학파보다도 배타적 성격이 강한 퇴계학파가 표면적으로는 율곡학파와 계속 대립해 오면서도 내면적으로는 상대 학설을 의식하고 나름대로 화해和諧의 노력을 기울여 왔던 점을 들 수 있다. 집권세력은 비집권세력에 맞서기 위해 그들 나름대로 새로운 논리를 개발하는 데 적극적이었으며, 비집권세력은 집권세력을 비판하기 위해 학문적으로 소통하고 정치적으로 연대하는 데 인색하지 않았음을 주목해야 될 것이다.

우리는 그동안 조선시대 사상사를 탐구하면서, 각 학파의 이동異同을 중심으로 특색을 설명하는 데 치중하여 왔다. 이것은 각 시대별, 각 학파별로 각기 다른 흐름을 설명해야 하는 사상사의 특성상 그럴 수밖에 없는 점이 있다. 그러나 그 이면에 담겨 있는 '소통'의 측면을 소홀히 한 것은 사실이다. 이제 이 점은 앞으로의 사상사 연구에서 중요하게 고려되어야 할 점이라고 생각한다. '소통'이 이 시대의 화두 가운데 하나라면 사상사 연구도 이 시대의 화두, 이 시대의 요구에 응답할 필요가 있을 것이다.

제2장 우계 성혼과 우계학파의 위상

1. 머리말

우계牛溪 성혼成渾(1535～1598)은 정암 조광조의 수제자인 청송聽松 성수침成守琛의 아들로서 동국도학의 정맥正脈을 이었으며 적전嫡傳이 되었다. 부사父師의 학문을 계승하여 부자가 일대에 성명盛名을 날린 경우로는 김숙자金叔滋·김종직金宗直 부자, 성수침·성혼 부자, 김장생金長生·김집金集 부자, 윤선거尹宣擧·윤증尹拯 부자가 대표적인 사례라 할 수 있다.

우계 성혼은 동국십팔현東國十八賢의 한 사람으로 흔히 율곡 이이와 함께 병칭된다. 우리나라 유학사를 살펴보면 한 시대를 풍미하며 병칭되었던 인물들이 있다. 공자묘孔子廟에 종사從祀된 선유先儒만 하더라도 '한두寒蠹' 또는 '김정金鄭'으로 일컬어졌던 한훤당寒暄堂 김굉필金宏弼과 일두一蠹 정여창鄭汝昌을 비롯하여, 정암 조광조와 퇴계 이황, 율곡 이이와 우계 성혼, 우암尤菴 송시열宋時烈과 동춘당同春堂 송준길宋浚吉 등이 비교적 널리 알려져 있다. 병칭되는 이들은 태어나 활동한 시기나 성명盛名이 서로 비슷했지만 성품과 기질 그리고 학문 성향에서는 차이가 없지 않았다. 척사위정斥邪衛正의 대명사인 화서華西 이항로李恒老가 문묘에 종사된 십팔현 가운데 서로 병칭되는 제유諸儒를 평하면서, 경세를 겸하여 적극적인 학술 활동을 펼쳤던 조광조·이이·송시열을 같은 맥락에서 보고 천리踐履에 치중하였던 이황·성혼·송준길을 같은 맥락에서 본 것은 저들의 기질이나 학문 성향 등으로 미루어 잘 파악한 것이라고 할 수 있다.[1)]

그런데 조선시대 사림의 인식을 보면 성혼은 이이의 그늘에 가려 그 진면목이 제대로 드러나지 못하였다. 이와 마찬가지로 송준길 역시 송시열의 무게에 눌려 그의 뒷전에 머물러야 했다. '우춘尤春'이니 '춘우春尤'니 하는 위차位次 논란이 있었지만 이것은 그의 집안이나 호서 사림 사이에서의 일이요, 송준길이 송시열의 명성을 능가하지는 못하였다. 현대에 들어 학계에서의 연구 결과도 이러한 인식을 넘어서지 못하였다.

우계 성혼은 퇴고논변退高論辯에 이은 '율우논변'의 주역 가운데 한 사람으로 조선성리학사를 찬란하게 장식하였음에도 이이와 같이 정당하게 평가받지 못하였다. 또 그가 완곡하면서도 분명하게 내세웠던 주장들은 이이의 주장에 가려지거나 묻혀 조명을 받지 못하였다. 또한 성혼의 학맥이 조선 후기까지 연면히 계승되어 율곡학파와 대비될 정도로 뚜렷한 학파를 이루었으며 나아가 조선 후기 사상사에서 나름의 구실을 단단히 하였음에도, 율곡학파와 그 후예들에게만 초점이 맞추어져 성혼의 학문 전통은 소홀하게 다루어져 왔다.

1988년 우계문화재단에서 『성우계사상 연구논총』을 펴낸 것을 기폭제로 하여, 이후 성혼에 대한 연구 성과가 다수 집적되었다. 우계문화재단의 연구 지원은 성혼에 대한 연구에 새 장을 열었다. 그 결과 성혼의 성리학에 대한 검토가 이루어지고 그가 조선유학사에서 차지하는 위상이 논의되기 시작하였다. 이뿐만 아니라 성혼의 학문 전통이 조선 후기 사상사에서 어떠한 양상으로 전개되었으며 어떠한 구실을 하였는지에 대해서도

---

1) 『華西集』 附錄, 권1, 34a, 「語錄」(金平默 錄), "靜菴栗谷尤齋, 是一般意味, 退陶牛溪同春, 是一般意味."

조명이 이루어져, 이제는 성혼의 학문과 그 학맥의 독자성을 부각시키는 차원에서 '우계학파'라는 학술상의 용어가 사용되기에 이르렀다. 황의동 교수는 율곡학파로부터 독립된 '우계학파'의 설정을 주장하면서, 한 '학파'를 규정할 때 필요한 요건으로 ① 학문적·사상적으로 특성이 존재하고, ② 사자간師資間·사우간師友間에 학풍을 공유하며, ③ 나아가 이것이 학자군으로 결속되고 유지되었느냐의 여부를 들 수 있다고 하였다.[2] 그의 연구에 따르면, 우계학파의 범주에 드는 학자군의 학문 세계, 학문 연원 등을 고찰할 때 이 세 가지 요건이 충족된다고 한다. 앞으로 머지않은 시일에 우계학파라는 용어가 학계에서 정식 학술용어로 정립될 것을 기대해 본다.

본고에서는 저간의 연구 성과를 바탕으로, 우계 성혼이 한국유학사에서 차지하는 위상과 조선 후기 사상사에서 우계학파가 차지하는 위상 및 그 영향에 대해 살펴보고 그 의미에 대해 재음미하려 한다. 사상사의 관점에서 거시적인 조망을 주로 하고자 한다. 학설 상의 자세한 분석, 특히 사칠리기론에 대한 것은 이미 발표된 수가 많고 자세하기 때문에 그에 미룬다.

2. 성리학사에서의 성혼의 위상

선조 5년(1572)에 시작된 이이와 성혼 사이의 사칠논변은 사실상 그 이전에 있었던 이황·기대승 간의 '퇴고사칠논변'의 연장선상에서 이루어진 것이다. 퇴고논변에서의 남은 쟁점들이 더욱 부각되면서 논변의 깊이를 더하게 되었음은 물론이다. 성혼의 질문으로 말미암아 시작된 이

2) 황의동, 『우계학파연구』(서광사, 2005), 13쪽.

율우논변이 없었다면 조선성리학사가 어떻게 전개되었을지, 또 어떤 수준에서 머물렀을지 실로 예측하기가 쉽지 않다.

그런데 선유들 가운데 상당수가 이이의 주장에만 주목하였을 뿐 성혼의 주장을 종속적인 것으로 소홀히 여겼던 것이 사실이다. 쌍방이 대등한 위치에서 진행되었던 논변이라고 인식하였던 이들은 별로 없는 것 같다. 실제로 주고받은 서한을 보면 성혼은 이이에게 질의를 하거나 가르침을 청하는 형식이었고, 이이는 성혼에게 마치 스승이나 선배가 제자 또는 후배를 가르치듯 장황하게 자기의 설을 전개하였다. 종종 성혼이 제기한 문제에 대해 자신의 설이 옳고 성혼이 그르다는 식으로 공박하기도 하였다. 한마디로 성혼을 대화나 논변의 한 축으로 여기기보다는 이이 자신의 설을 성혼에게 설파하여 따르기를 강요하는 인상이 짙다. 이와 관련하여 율우논변에 대한 김충렬 교수의 종합평을 보기로 한다.

> 우율牛栗의 논변은 시종 평행선을 달리어 끝내 일치점을 찾아내지 못하고 있는 것이 유감이다. 그 원인은 우계의 경우, 전자前者에 이미 퇴계 사칠설에 대한 오해를 풀고 견해를 바꾼 것과 같이 자기 생각, 자기 학설만이 절대적이라는 아집이 강하지 않아 대화 진행상 유연성을 보이고 있는 데 반해 율곡은 그렇지 않았다. 우율사칠논변을 읽고 느끼는 인상은, 논변을 통해 이견異見을 조정하려는 의도가 전혀 없이 양설兩說 중 하나가 시是면 하나는 꼭 비非여야 한다는 주장으로, 자기 이론권理論圈을 상대방에게 개방해 주는 것이 아니라 오히려 폐쇄하고 더 많은 이론을 동원하여 자기 진영의 성곽을 증축, 강화하고 있다는 것이었다.[3]

사정이 이렇다 보니, 성혼의 설을 재음미하고 이것을 자신의 성리설에 수용했던 농암 김창협 같은 이조차도 "율곡이 끝내 우계가 의심하는 것을 풀어주지 못했다"[4]라고 하여, 논변을 시종 이이 위주로 보았을

3) 김충렬, 「牛栗四七論辯 評議」, 『성우계사상 연구논총』(우계문화재단, 1988), 37~38쪽.
4) 『農巖別集』, 권3, 5b, 「語錄」, "栗谷未嘗如此明白說破, 故終不能解牛溪之所疑也."

정도이다. 이쯤 되면 다른 사람이야 말할 것이 없지 않을까 한다.

그러나 매사를 겸비謙卑로 일관하였던 성혼의 손지원학遜志願學하는 학문 태도, 그리고 사칠리기와 같은 사변적인 것을 달갑게 생각하지 않는 성혼의 생각을 살피지 못한 채 겉으로 드러난 대화 형식만 보고 대등한 논변이 아니라고 인식하는 것은 잘못이다. 성혼은 결국에 가서 이이의 설을 일부 비판적으로 수용하면서도 그와는 다른 자기 식의 새로운 사유체계를 수립하였다. 그리고 성혼의 설은 이이의 설과 함께 조선 후기 성리학계에 적지 않은 영향을 끼쳤다.

여기서 논변의 내용을 자세히 살필 여유는 없다. 논변의 결과를 보면 이이의 설은 대체로 고봉 기대승의 설에서 시종 벗어나지 않고 있으며,[5] 성혼의 설은 이이의 기발리승일도설을 일면 인정하면서도 이황이 말한 주리·주기의 분개가 가능하다는 점에 중점을 두어 양설을 절충하였고, 이것이 양보할 수 없는 논안論案이라는 점을 밝히면서 끝을 맺었다.[6] 학계에서는 성혼이 이이에게 보낸 제6서의 내용이 우계설의 최종 결론이라고 보고 있다.

(A) 형께서는 반드시 '기발리승' 외에는 다른 길이 없다고 말하겠지만 나는 반드시 다음과 같이 말하겠습니다. "비록 (사단칠정이) 미발未發할 때에는 리기가 각각 발용發用하는 묘맥이 없다가 막 발할 즈음에 의욕이 동할 적에 마땅히 주리·주기가 있다고 말할 수는 있을 것입니다. 다만 각각 발출發出한 것은 아닙니다. 그 한

---

5) 이이는 「論心性情」이라는 글에서 "내가 강릉에 있을 때 기명언이 퇴계와 사단칠정에 대해 논한 서한을 보았는데, 명언의 말은 나의 의견과 꼭 합치된다(正合我意)"(『栗谷全書』, 권14, 32b, 「雜著一」)라고 하여, 서로 견해가 부합됨을 우연의 일로 돌렸다. 그러나 이것을 그대로 받아들이기는 어렵지 않을까 한다.

6) 이것은 퇴율 이후 성리학자들의 대체적인 인식이었던 것 같다. 『弘齋全書』, 권179, 「羣書標記(一)」, '四七續編'에서도 "사칠설은 퇴계 이황과 고봉 기대승이 편지를 주고받으며 辨難한 데서 시작되었는데, 끝내 상호 의견의 일치를 보지 못하였다. 그 뒤 우계 성혼은 퇴계의 주장을 주로 하고 율곡은 고봉의 주장을 주로 하여, 새로운 의견을 다투어 내면서 서로 편들거나 배척하였다"라고 하였다.

길에 나아가서 그 중한 것을 취하여 말한 것입니다. 이것이 퇴계의 호발설이 지닌 의미이니 곧 오형吾兄께서 말한 인마설人馬說인 것입니다."7)

(B) 정情이 발하는 곳에 주리와 주기의 두 개의 뜻이 있어 분명 이와 같다면 이는 말이 사람의 뜻을 따르고 사람이 말이 가는 대로 맡긴다는 설이요, '미발'일 때 두 개의 뜻이 있다는 것이 아닙니다. 겨우 발할 즈음에 리에 근원하고 형기에서 나옴이 있다는 것이지, 리가 발함에 기가 그 뒤를 따르고 기가 발함에 리가 그 다음에 탄다는 것이 아닙니다. 곧 리기가 하나로 발하는데 사람이 그 중한 쪽을 취하여 '주리' 또는 '주기'라고 말하는 것입니다.8)

위의 인용문 (A)와 (B)에서 핵심이 되는 것은 '리기일발일도理氣一發一途'와 '주리주기가언主理主氣可言'이다. 성혼은 이 두 핵심 개념을 가지고 사실상 이황과 이이를 절충하였다. 양자의 두 관점을 종합하여 '리기일발'이라는 새로운 설을 내세웠다.

그런데, 이 리기일발설은 후일 이황이나 이이의 어느 한쪽의 편을 든 것으로 해석되었고, 퇴계학파나 율곡학파의 후인들에게서 다 같이 불만의 표적이 되었다. 퇴계학파는 호발이 아닌 '일발'을 받아들일 수 없었고, '일도'라는 것이 사실상 기발리승일도설의 변형이라고 보았다. 또 율곡학파에서는 최대 금기어인 리발을 인정했다는 데서 만족할 수 없었다.

성혼의 성리설에 대한 퇴계학파의 비판은 효종 1년(1650) 경상도 유생 유직柳稷(1602~1662)으로부터 시작되었다.

---

7) 『牛溪集』, 권4, 34a, 「第六書」, "吾兄必曰: 「氣發理乘, 無他途也」 渾則必曰: 「其未發也, 雖無理氣各用之苗脈, 纔發之際, 意欲之動, 當有主理主氣之可言也, 非各出也. 就一途而取其重而言也. 此則退溪互發之意也, 卽吾兄馬隨人意人信馬足之說也.」"(『聽松·牛溪集』, 155쪽)

8) 『牛溪集』, 권4, 35b, 「第六書」, "情之發處, 有主理主氣兩箇意思, 分明是如此, 則馬隨人意, 人信馬足之說也, 非未發之前有兩箇意思也. 於纔發之際, 有原於理生於氣者耳. 非理發而氣隨其後, 氣發而理乘其第二也, 乃理氣一發, 而人就其重處言之, 謂之主理主氣也."(『聽松·牛溪集』, 156쪽)

주자의 설에, 리가 있은 뒤에 기가 있으니 "사단은 리의 발이요 칠정은 기의 발이다"라고 하였습니다. 이것이 이른바 '호발互發'이 아닙니까. 주자의 정론定論이 이같이 명백한데도 오히려 믿지 않았습니다. 이황의 학문이 곧 주자의 학문이고 보면 이이에게 주자가 배척당하는 것은 기정사실입니다. 그리고 성혼의 학문도 대저 이이와 그 요점이 동일하니, 이른바 '리와 기가 같이 발한다'(理氣一發)라는 등의 말은 마침내 대본상大本上에서 힘을 얻지 못한 것입니다.[9]

이후 우담愚潭 정시한丁時翰(1625~1707) 역시 성혼이 이이에게 끝내 굴복하였다고 하였다.

이이와 성혼은 진실로 선조 때의 명신名臣이니 후생으로서 선배의 시비를 망론妄論하는 것은 마땅하지 않은 듯합니다. 다만 학문을 논하는 것으로써 말한다면, 이이는 성혼과 왕복한 장서長書에서 리기理氣의 원두처源頭處를 논한 것이 선정先正 이황의 말과 상반될 뿐만 아니라 또한 입언행사立言行事하는 사이에 손지학문遜志學問하는 기상이 도무지 부족합니다. 성혼은 뜻을 돈독히 하여 학문을 했는데, 처음에는 이황의 정론을 삼가 지키려고 하였으나 견식이 미치지 못한지라 이이의 논변을 분석하지 못하고 끝내 굴복하게 되었습니다.[10]

이러한 평이 있은 뒤로 성혼에 대한 영남학파 학인들의 인식은 달라지지 않았다. 이황의 영향력이 지대하였던 영남에서 주리론과 리기호발설은 바뀔 수 없는 법문이었기 때문에, 이에 대해 이론異論을 폈던 이이는 물론 이황의 호발설에 사실상 찬동하였던 성혼까지도 비판의 대상이 될 수밖에 없었다.

오늘날에는 성혼의 성리설에 대한 평가가 다양하다. 퇴율을 절충했다는 평이 주를 이루는 가운데, 퇴계설에 가깝다는 평, 율곡설에 가깝다는 평, 양설을 절충하고 재구성하여 독창적인 설을 내놓았다는 평 등이

9) 『宋子大全』, 권21, 「兩賢辨誣疏」; 『孝宗實錄』, 1년(庚寅) 2월 22일(乙巳)조.
10) 『愚潭集』, 권3, 23b~24a, 「第二疏 丙子二月」.

있다. 모두 나름의 논리적 근거가 있고 일리가 있어 보인다. 이러한 평가를 가능하게 한 소인素因은 뭐니 해도 성혼의 설이 갖는 절충적 성격을 들 수 있다. 그렇기에 보는 이의 관점에 따라 평가가 다른 것이다.

(A) 권양촌權陽村을 효시로 사단칠정 리기분속理氣分屬의 경향은 정추만鄭秋巒을 거쳐 이퇴계에 이르러 절정에 이르렀는데, 여기에 반기를 든 것이 고봉高峯이었다. 그의 리기상하공발理氣上下共發은 성우계의 리승기일발理乘氣一發로 이어지는 것으로서, 우계에 이르러 리기호발이기설理氣互發二岐說은 완전히 활기를 잃게 되었던 것이다. 그러나 우계에 있어서도 아직도 주리·주기의 사상은 남아 있는데, 그것은 재발지제纔發之際에서의 주리 또는 주기이므로 일도상一途上에서의 중처重處의 문제일 뿐이다. 따라서 주리·주기의 분개分開 사상은 아니었다.[11]

(B) 율곡은 리발기수理發氣隨를 리선발理先發·기후수氣後隨로 생각하고, 기발리승氣發理乘 역시 기선발·리후승이라고 생각했다. 그러므로 우계는 퇴계의 리발기수·기발리승은 시간적인 선후로 말한 것이 아니라 리기가 동시에 일발一發(같이 발함)하는 것이라고 해명하였다. 이처럼 우계가 퇴계의 분개설을 정확히 파악하고 해명한 점에서 그 사색력과 명철한 분석력을 알 수 있다.…… 우계의 리기일발은 퇴계의 본뜻을 정확하게 지적한 것이며, 율곡설은 퇴계설과 다르다고 할 수밖에 없다.[12]

(C) 위의 인용문(「第六書」)의 마지막 구절은 퇴계의 호발설과 율곡의 기氣가 발하는 것만을 인정하는 입장을 양쪽 다 평등하게 수용하면서 한 차원 더 높은 데로 지양한 입장이라 하겠다. 이 입장은 "리와 기가 함께 발하는(理氣共發; 互發이 아님에 유의) 한 길(가는 길은 하나이므로)"이라고 명명해도 괜찮을 것이다.[13]

(D) 다른 사상의 사유를 비판적으로 흡수하여 자신의 체계를 확고히 하는 과정은

---

11) 배종호, 「한국성리학에 있어서의 성우계의 위치」, 『성우계사상연구논총』(우계문화재단, 1988), 125~126쪽.

12) 유명종, 「절충파의 비조 우계의 理氣哲學과 그 전개」, 『성우계사상연구논총』, 340~341쪽.

13) 하기락, 「성리학에서 차지하는 우계의 위치」, 『우계학보』 제12호(1995), 59쪽.

그 사상의 종합적 성격을 담보하는 길이기도 할 것이다. 그리고 사상의 독창성이란 새로운 어떤 것의 발견보다는 자기 식의 재구성이 얼마나 치열했나 하는 데에서 찾아야 할 것이다. 그런 의미에서 우리는 여기에서 성혼 리기론의 독창성을 발견할 수 있다.[14)]

여기서 성혼의 리기일발설이 퇴계설에 가깝냐 율곡설에 가깝냐가 흥밋거리일 수도 있다. 필자가 보기에는 이황의 설을 정통으로 보면서 이이의 설을 참고하여 종합, 절충하려 했던 것으로 생각된다. 그러나 여기서는 이것이 중요한 것은 아니다. 우리의 관심은 성혼의 설이 조선 후기 성리학계에서 어떠한 위치에 있었으며 그 영향력은 어떠하였는지에 있다.

잘 알려진 바와 같이 이이의 말은 직절直截하여 대통을 쪼개듯이 시원하고 분명하다. 이 점에서 다른 사람의 추종을 불허한다. 다만 경솔(率爾)하다는 지적이 없지 않았고, 또 남의 말을 음미하여 제대로 이해하지 않고 쉽게 이해하는 경향이 있다고 한다. 그래서 김창협은 "율곡은 남이 말한 것을 극진히 이해하지 못한 면이 있다"[15)]라고 한 바 있다. 이에 비해 성혼은 성격이 자상하고 치밀하며 사색하는 것이 지극하였다. '집기양단執其兩端'하여 남의 말을 잘 이해하려 노력하였던 것 같다. 조용하고 나직하면서도 자기의 의사를 분명히 하는 측면이 있었다. 이것은 이황과 비슷하다고 할 수 있다.

성혼의 학문하는 태도는 후학들에게 큰 영향을 끼쳤다. 성혼의 학맥을 계승한 학자들은 말할 것도 없고, 율곡학파 학인들 가운데 김창협 계열에 끼친 영향이 적지 않았다. 비록 이이 → 송시열로 이어지는 율곡학통의 무거운 권위에 눌려 성혼의 학문적 영향을 밝힐 수는 없었지만, 언외言外에

---

14) 안은수, 「성혼의 理氣一發說」, 『우계학보』 제18호(1999), 48~49쪽.

15) 『農巖續集』 권하, 69a, 「四端七情說」, "栗谷說, 誠少曲折."

담긴 그들의 속마음은 간단히 보아 넘길 수는 없다고 본다. 김창협의 직계인 노주老洲 오희상吳熙常(1763~1833)은 이이와 김창협의 학문하는 태도를 다음과 같이 비교한 바 있다.

> 성명리기性命理氣의 설은 우리나라(我朝) 유선儒先 가운데 오직 율곡·농암이 가장 좋다. 두 분 다 도체道體의 오묘함을 발명하고 경전經傳을 우익羽翼했다고 할 수 있다. 그런데 율곡의 설은 깊이 자득의 경지에 이르렀고 영롱투철玲瓏透徹하다. 그리고 타고난 자질이 몹시 명석하고 슬기로워 터득함에 막힘이 없었고 말함에 용이하였다. 그러므로 강론할 즈음에 간혹 남이 말한 것을 극진히 이해하지 못함이 있다. 농암은 타고난 재질이 비록 율곡에는 미치지 못하나, 사색하는 것이 간절하고 지극하였다. 그러므로 남의 의사를 잘 해석하여 무릇 변론辨論에서 자세하고 빠짐이 없었으며 양단兩端을 모두 다함으로써 사람들에게 싫증이 나지 않도록 하였다.16)

위에서 말한 김창협의 학문 태도는 성혼의 그것과 거의 같다. 김창협은 율우논변의 내용을 자세하고 치밀하게 검토하는 가운데 성혼이 의문점으로 제기하였던 것들에 대해 나름대로 사색을 깊이 하였다. 그리고 「사단칠정설」을 지어 다음과 같이 결론을 내렸다.

> 우계가 퇴계의 "리발이기수지理發而氣隨之, 기발이리승지氣發而理乘之"의 설을 보고 처음에는 그르다고 생각하였으나, 뒤에 주자의 "혹생어형기或生於形氣, 혹원어성명或原於性命"이라는 말을 보고 다시 의심하되 "주자가 이미 이처럼 두 편으로 나누어 말하였으니 퇴계의 호발설도 혹 옳지 않겠는가" 하고는 드디어 율곡에게 질문했다. 그런데 율곡은 다만 칠정은 인심·도심을 총합總合한 이름이요, 인심·도심은 상대相對로 말할 수 있지만 사단·칠정은 상대로 말할 수 없다는 점을 극언하고, 주자의 이른바 성명·형기와 퇴계의 이른바 리발기발에는 말이 미치지 않았다. 가리켜 말한 바가 본디 자연히 같지 않은지라 저것을 끌어다가 이것의 뜻을 증명할 수는 없으니, 실로 우계의 의문점에 답이 될 수 없었던 것이다.17)

---

16) 『老洲集』, 권24, 4a, 「雜識(二)」.

> 사단은 선일변善一邊이며 칠정은 선악을 겸한다. 사단은 리만을 말하고 칠정은 기를 겸해서 말한다. 율곡의 설이 명백하지 않은 것은 아니지만 내 생각과는 조금 차이가 없지 않다. 쟁점은 단지 '겸언기兼言氣' 한 구절에 있을 따름이다. 대개 칠정이 비록 리기를 겸하지만 요점은 기를 주로 하니, 그 선이란 기가 능히 리에 순종하는 것이며 불선이란 기가 리에 순종하지 않는 것이다. 선악을 겸하게 됨이 이와 같을 뿐이니, 처음부터 '주기主氣'라고 하는 데 지장이 없다. 퇴계는 여기에 정견定見이 있었으나, 이것은 지극히 정미하여 표현하기가 어려웠다. 그러므로 분석하는 즈음에 문득 두 갈래를 이루어서 "기발리승, 리발기수"를 말하는 데 이르게 되었으니, 이름 붙여 말하는 것(名言)의 잘못으로 바른 지견知見에 누累가 됨을 면치 못하였다. 그러나 그 생각이 정상精詳하고 면밀함은 후인이 역시 살피지 않을 수 없다.[18]

> 사단은 리를 주로 하여 말하지만 기가 그 가운데 있고, 칠정은 기를 주로 하여 말하지만 리가 그 가운데 있다. 사단의 기는 곧 칠정의 기요, 칠정의 리는 곧 사단의 리이다. 두 가지가 있는 것이 아니다. 다만 표현할 즈음에 의미상 각기 주로 하는 바가 있을 따름이다. 『주자어류』의 이른바 "사단리지발, 칠정기지발"이라는 말의 뜻이 이와 같고 퇴계의 설도 이에 가깝다. 다만 그 추설推說함이 너무 지나치고 분석함이 심하여 마침내 리기를 두 갈래로 보는 병통이 되었을 뿐이다.[19]

김창협은 사단칠정을 주리·주기로 분속하는 것에 반대하는 이이의 설을 따르지 않고, 분속을 인정하는 이황과 성혼의 설에 찬동하였다. 그리고 이황이 사단과 칠정을 너무 두 갈래로 나누어 보는 것을 결점으로 여기면서 '리발기발'의 표현상의 잘못을 지적하였다. 리기호발설에는 분명하게 찬동하지 않으면서, 명언名言할 즈음에 그 주로 하는 바에 따라 주리·주기로 나누어 볼 수 있다고 했던 것이다. 이것은 설명상 약간의 차이는 있지만 궁극적으로는 성혼의 논리와 같다. 다만 성혼의 논리에

17) 『農巖別集』, 권3, 5b「語錄」 참조.
18) 『農巖續集』 권하, 68b, 「四端七情說」.
19) 『農巖續集』 권하, 65b, 「四端七情說」.

공명한다는 사실을 겉으로 드러내지 않았을 뿐이다. 김창협이 51세 때 지은 「사단칠정설」은 문집이 처음 간행될 당시 이이의 적전嫡傳인 권상하의 방해로 원집原集에 실리지 못했다가 후일 철종 때에 가서 속집에 실리게 되었다.[20] 이것은 김창협의 사단칠정설이 이이의 설에서 상당히 벗어나서 오히려 성혼의 설에 근접해 있음을 시사하는 것이라 할 수 있다.

조선 후기 성리학사는 크게 보아 영남학파와 기호학파로 나뉘어 전개된다고 할 수 있다. 영남학파는 이황의 강력한 영향력 아래 큰 논쟁이나 분열 없이 조선 말기까지 내려왔다. 기호학파 내에서 사칠논쟁 이후 호락논쟁, 명덕주리주기논쟁 등 논쟁이 지속되었던 것과 비교할 때 단조로운 느낌이 있다. 기호학파 내부에서의 논쟁과 학문적 분파는 그 부작용이 없지는 않았지만, 조선 성리학의 발전에 기여했다고 할 수 있다. 그런데 조선 후기 성리학사에서 율곡학파에 못지않게 중요한 위치에 있었던 것이 성혼 계열의 학맥들이다.

본디 우계학파는 대체로 리기심성론과 같은 성리학의 이론적 탐구에 소극적이었으며 실천을 보다 중시하는 경향을 보였다. 성혼의 문인들 가운데 손꼽히는 학자로 조헌趙憲·안방준安邦俊·오윤겸吳允謙·황신黃愼·윤황尹煌 같은 이들을 보면 성리학에 관한 이론적 탐구가 거의 없다. 그 다음 세대인 윤선거尹宣擧·윤증尹拯까지도 성리학에 대한 이론적 측면의 관심은 그다지 크지 않았다. 이것은 성리학의 이론적 탐구에 보다 적극적이었던 이이의 직계 학인들과는 비교가 된다.

그런데 다음 시기의 성혼 후학들은 성리설에서도 분명하게 자신의 목소리를 내기 시작하였다. 조선 후기 성리학사에서 절충파로 불리는 일군의 학자들이 그들이다. 여기에 농암문파農巖門派로 불리는 김창협 계열의 학자들이 가세하였다. 절충파 학자들은 대체로 소론계 학인들로서,

20) 최영성, 『한국유학통사』 하권, 213쪽 참조.

소론의 영수 윤증과 가깝거나 학문적으로 통하는 사람들이었다. 이들은 우계 성혼과 학문적으로 맥락이 닿아 있다. 그들은 성리설에서 이이의 학설에 대해 비판적인 태도를 취하기도 하고, 이황의 학설을 적극적으로 이해하려는 태도를 보이기도 하였다. 그러나 사실상 그들의 학조學祖가 성혼임에도 그 사실은 겉으로 드러내지는 않았다. 그 대신 주희와 이황의 설을 이끌어 이이의 설을 비판함으로써 성혼의 설을 간접 대변하였다. 그런 점에서 실로 '퇴우退牛'의 학통이라 명명할 만하였다.

성혼 계열의 학인 가운데 성리학적 견해를 적극적으로 표명한 사람은 남계南溪 박세채朴世采(1631～1695)이다. 그는 성혼과 이이의 문집 및 연보를 편찬하는 데 앞장섰지만 학문적으로는 성혼을 심복하고 따랐다. 그는 윤증의 경우와 달리 성혼과 특별한 관계는 아니었지만 성혼을 칭도稱道하는 많은 글을 썼으며 성혼을 현창하는 데 앞장섰다. 동국십팔현 가운데 성혼 계열로 분류할 수 있는 유일한 학자이다.

정조는 『군서표기群書標記』에서 사칠논변에 대해 말하면서 특별히 세 명의 성리학자를 따로 거론한 바 있다.

> 후세의 유자들이 제가諸家의 주장을 모아 책으로 엮어서 서로 대립하게 된 전말을 자세히 알도록 만든 것이 바로 근래에 통행하는 『사칠변四七辨』이다. 이로부터 자신의 주장을 펴는 이들이 더욱 많아졌으니, 졸수재拙修齋 조성기趙聖期, 창계滄溪 임영林泳, 농암 김창협 같은 이들은 각기 이에 대한 논저가 있을 정도이다.[21]

여기에 거론된 세 명의 우뚝한 성리학자는 모두 이이의 학설에 이의를 표하거나 비판적 태도를 보인 이들로서 성혼과 학문적으로 기맥이 통하는 사람들이다. 이들의 주장을 보면 대체로 비슷하다. 이들은 이이가 이황의 "리발기수理發氣隨, 기발리승氣發理乘을 활간活看하지 못했다"고 하면서, "활

---

21) 『弘齋全書』, 권179, 「群書標記(一)」, '四七續編'.

간하면 아무 문제될 것이 없다"고 한다.[22] 주리와 주기의 분개가 가능함을 외치면서 '주리'의 기치를 높이 들었던 것이다.

율우논변에서 보인 성혼의 절충적인 견해는 그의 학맥을 통해 윤증·박세채를 비롯한 소론계와 김창협·김창흡 등 일계一系의 노론파 학자들에게 계승, 부연되어 리를 중시하는 퇴계학파와 상대적으로 기를 중시하는 율곡학파 사이에서 하나의 뚜렷한 학통을 형성하기에 이르렀다. 또 근세 척사위정운동의 거벽巨擘인 화서 이항로의 주리철학에 밑바탕이 되었다. 이항로의 척사론은 이념적으로는 춘추대의를 기치로 하면서 아울러 성리학의 주리론을 사상적 기반으로 하였다. 그의 성리학 계통은 위로 거슬러 올라가 성혼에게 닿는다.

기호학파의 학문적 분화는 큰 변화 없이 밋밋하게 내려온 영남학파(퇴계학파)와는 달리 조선 성리학의 발전을 촉진하여 유학사를 찬란하게 장식도록 하였다. 기호학파의 분화는 두 갈래로 진행되었다. 하나는 퇴계학파와 병칭되는 조선유학 양대 산맥의 한 축인 율곡학파 우산 속으로부터 우계학파가 독립한 것이요, 다른 하나는 율곡학파 내부의 분화라 할 수 있다. 율곡학파 내부의 분화는 여러 가지로 해석이 가능하지만, 무엇보다도 율곡설이 갖는 '양면적 특성'[23]에 기인한다고 할 수 있다. 이이의 학설이 양면적 성격을 지니고 있었기 때문에 그 후예들은 율곡설을 이해하고 수용하는 과정에서 해석이나 견해의 차이를 드러내었으며, 마침내 학설상으로 대립하기에 이르렀다. 이렇게 볼 때 율곡학파 내부의

---

22) 林象德, 『老村集』, 권4, 「論四端七情」, "常看退溪理發氣隨氣發理乘之語, 活看則兩句皆未必爲病, 不活看則兩句皆有病. 而栗谷乃篤據氣發理乘一句, 謂天下之物, 無非氣發理乘, 此段尋常未曉."

23) 이이는 '從氣推理'의 관점에서 道體를 논하였고, '기의 실제적 주도권'을 자주 말하면서도 궁극적으로 '리의 이념적 주재성'을 강조하였다. 리기에 대한 이해에서 일면 일원론적이면서도 이원론적인 특성을 보였으며, 사단칠정론에서는 '七情包四端'을 주장하면서도 인심도심론에서는 인심과 도심을 상대적으로 보았다. 최영성, 『한국유학통사』 하권, 185쪽.

학문적 분화야말로 예견된 것이었고, 그 원인의 태반이 이이에게 있다고 할 수 있다.

우계학파가 자기 색채와 학문적 정체성을 분명히 드러내며 사실상 독립하게 된 것은 노소분당이 결정적이었다. 우계학파가 독립함으로써 기호학파는 양립하였다. 결과적으로 조선 후기 사상계의 단조로움을 극복하고 여러 사유들이 공존할 수 있는 장을 구축하게 되었다. 우계학파는 태생적으로 일정 부분 퇴계학을 자양분으로 하였기 때문에, 퇴계학을 공통분모로 하는 것은 어쩌면 당연하다고 할 수 있다. 더욱이 성리설에서도 퇴율 양설을 절충하면서도 퇴계설에 비중을 두는 모습을 보임으로써 퇴계학파와 한 자리에서 만나 대화하고 귀일할 수 있는 있는 기반을 마련해 놓고 있었다.

겉으로 보면, 조선 후기 성리학은 퇴계학파와 율곡학파의 대립 구도로 전개되었고, 또 양측이 서로 소통하지 못한 채 평행선을 달렸던 것으로 이해될 수 있다. 일본인 학자 다카하시 도루(高橋亨)가 조선유학의 특징을 '분열성'과 '단조로움'으로 꼽은 것도 그런 시각과 관점에서 나왔던 것이다. 그러나 자세히 들여다보면 평행선을 달렸던 것만은 아니다. 퇴·율 양 학파의 학자들 가운데 식견 있는 이들은 이황과 이이의 성리설을 활간活看하여 이들 학설이 갖는 특성과 의미를 인정하고 있었다. 또 더 나아가 이를 기초로 제3의 설을 이끌어 내는 이도 없지 않았다. 이황의 영향력이 강한 영남학파에서도 정시한(愚潭), 이만부李萬敷(息山), 이상정李象靖, 이진상李震相(寒洲), 정약용(茶山) 같은 이들은 비록 이황의 주리설과 호발설을 옹호하고 분개分開 중심으로 리기관계를 파악하면서도 내면적으로는 율곡설을 의식하였고, 분개와 함께 혼륜渾淪의 관점까지도 아울러 이해하려는 태도를 보였다.[24] 이들 가운데는 이러한 태도로 말미암아 '퇴율양가

24) 이하 내용은 최영성, 「17~18세기 한국유학과 우담 정시한」, 『한국철학논집』 제22집

退栗兩可'라 비판받은 학자도 있었다. 이것은 분개일로分開一路를 고수하였던 대다수 영남학파 학자들과는 차이를 보인다고 할 것이다. 특히 '소퇴계小退溪'로 불리며 이황 이후 영남학파 성리학을 대변하는 위치에 있었던 이상정이 분개에다 혼륜을 종합하려 했음은 주목할 만한 일이다.[25] 또한 정약용은, 이황의 설은 인간의 본성을 중심으로 리기를 파악하였고 이이의 설은 사물의 근본원리를 중심으로 리기를 파악하였다고 보아, 퇴계설이 윤리적 성격이 강하고 율곡설이 철학적 성격이 강함을 은연중에 시사하면서 양설이 각기 특징과 장점이 있고 상호 보완관계에 있으므로 어느 하나만을 따르고 다른 하나를 버려서는 안 된다고 하였다.[26]

폐쇄적 성격이 강했던 영남학파 학인들에 비해 개방적 성격이 강했던 기호학파의 학인들은 영남학파와 학문적으로 소통하는 데 더 적극성을 보였다. 실제 정통 율곡학파 일부 학인들을 제외하고는 대다수가 이황의 관점을 인정하는 등 퇴계설에 대해 이해하려는 태도를 보였다. 그것을 일일이 예증할 수 없지만 그 요점을 종합해 보면, 대개 이황의 호발설과 이이의 기발리승일도설은 그 논점과 가리키는 바가 서로 다르기 때문에 어느 한쪽에서 다른 한쪽을 비판할 수 없다는 것이요, 또 사단과 칠정이 하나이면서 둘이요 둘이면서 하나라는 관점에서 보면 양설이 다 같이 의미가 있다는 것이다. 즉 사단과 칠정은 그 근본이 둘이 아니므로 합해서 볼 수 있고, 사단은 리를 주로 하고 칠정은 기를 주로 하므로 나누어 볼 수 있다는 것이다.

위에서 살펴본 바와 같이, 조선 후기로 내려가면 영남학파나 기호학파

(한국철학사연구회, 2007), 155~164쪽 참조.

25) 이진상은 분개와 혼륜을 종합하려 한 이상정의 주장에 대해 "어찌 일찍이 相傳宗旨에 異論을 세운 것이겠는가. 隨時取中의 도리에서 이와 같이 하지 않을 수 없었던 것이다"라고 변호한 바 있다. 『寒洲文集』, 권7, 43a~44a, 「答沈穉文別紙」 참조.

26) 『與猶堂全書』 제2집, 권4, 17a~18a, 「理發氣發辨(一)」 참조.

할 것 없이 의식 있는 학자들이 자파自派의 과구窠臼를 떠나 상대편 학설과 주장에 대해서도 주목하게 되었고, 마침내 양대 학설이 상당 부분 접근을 보기도 하였다. 이 점은 지난날 한국유학, 한국성리학 연구자들이 미처 관심을 기울이지 못하거나 생각이 미치지 못했던 측면이다. 차후 정밀하게 연구되어야 할 것으로 본다.

요컨대 영남과 기호의 성리학이 만나 소통할 수 있도록 가교적 구실을 한 학파가 우계학파였고, 그 선구적 위치에 있었던 학자가 바로 우계 성혼이었다. 우계 성혼과 우계학파는 이황이나 이이와도 다른 제3의 논리를 구축하여 조선 성리학이 더욱 정밀해지고 체계화되는 데 큰 구실을 하였고, 퇴계학과 율곡학 양파가 대화할 수 있는 장을 마련하였다는 데서 그 의미를 부여할 수 있겠다.

3. 우계학파의 위상과 영향

인조반정(1623)으로 서인이 집권한 뒤 이이와 성혼의 후학들은 집권세력이 되었다. 양파는 학문적·정치적으로 견해를 같이하다가 나중에는 이념상으로, 또는 정치적 역학관계 상으로 갈등·대립하였으며, 마침내 노·소론으로 분당하였다. 이이의 후예들이 주축이 된 노론이 갑술환국(1694) 이후 계속 집권세력이었던 데 비해, 성혼의 후학들이 중심이 된 소론은 남인과 함께 야당의 위치에 놓였다. 비집권세력이라는 공통성 때문에 소론과 남인은 서로 통교通交하거나 연합하기도 하였다.

그렇다면 집권 노론의 학조學祖인 이이의 철학과 사상은 그의 후예들에 의해 잘 계승되었으며, 또 정치에 잘 반영되었을까. 한마디로 말하면, 이이의 직계 후학들은 율곡학파 적전임을 자임했지만 이것은 명목에 불과했고 실제 학문상·정치상으로 이이의 사상은 제대로 계승되지 못하였다. 가장 큰 원인은 이이의 진보적 성향과 집권 이후 보수적으로 변모한 후학들의 처지가 서로 잘 맞지 않았기 때문이다. 영원한 보수나 영원한 진보가 없다는 말이 있듯이, 이이의 후학들이 집권하여 오래도록 정권의 중심축을 이루면서 이이의 경세론 내지 변법경장론은 제대로 계승되지 못했고 개혁안이라고 내세운 것들도 상당 부분 빛이 바랬다. 한 예로, 이이가 일찍이 주창했던 대공수미법代貢收米法은 뒷날 대동법大同法의 선구가 되는 것인데, 이것을 처음부터 끝까지 일관되게 주장하여 관철시킨 주역은 잠곡潛谷 김육金堉(1580～1658)이었다. 그는 성혼의 제자인 김흥우金興宇의 아들이다. 당시 이이의 적전인 신독재 김집은 대동법 실시에 대해 매우 소극적이어서 반대하는 것으로 비쳐지기도 했다. 이것은 『송자대전』 「어록」에 보이는 다음의 말로도 짐작할 수 있다.

> 최신崔愼이 묻기를 "잠곡이 대동법을 만든 일은 잘했다고 할 수 있는데, 신독재가 이론異論을 제기하고 국정에서 떠난 이유는 무엇입니까"라고 하니, 선생(송시열)이 말하기를 "이 점은 신독재가 대동법이 어떤 것인지를 몰라서 그렇게 된 것이다"라고 하였다.[27]

집권이 곧 보수적 성향으로 연결되는 것이 일반적 현상이라고는 하지만 이이의 경세론·개혁론에 보이는 진보적 성격이 충실히 이어지지 못한 것은 아쉬운 일이다.

이이의 후학들에게 비교적 잘 계승된 것은 사칠리기설 부면이다. 그의 후예들에 의한 성리학의 이론적 탐구는 사칠논쟁에서 호락논쟁, 명덕주리주기논쟁 등으로 이어지면서 더욱 꽃을 피워 조선유학을 철학적으로 심화시키는 데 크게 기여하였다.[28] 그러나 17세기 중엽 이후로 조선유학이

---

27) 『宋子大全』 附錄, 권17, 30a, 「語錄(四)」, '崔愼錄'.

심학화하는 과정에서 심학이 중시되고 '경敬'을 중심으로 한 심학체계가 공고하게 구축되면서, 학계의 학풍은 이황과 성혼의 학문을 따르는 쪽으로 흘렀다. 이이는 『심경』보다 『근사록』을 더 중시하였다. 방심放心을 수렴하는 데는 『심경』보다 『소학』이 더 낫다고 할 정도였다.29) 송시열 등에 이르러 『심경』이 경서에 맞먹을 정도로 권위를 얻었던 사실에 비추어 보면 현격한 인식의 차이를 보인다.

이이는 『중용』과 『통서通書』에서 득력得力하여 '성誠'을 철학사상의 핵심으로 삼았다. '성'은 이이의 전 사상체계를 일관하는 사상이다. 그의 주성主誠사상은 『대학』과 『심경』에서 득력하여 '경敬'을 주안主眼으로 했던 이황이나 성혼과는 차이가 있다. 일찍이 이이의 수제자 김장생은 스승이 천리踐履에 지극하지 못한 측면이 있다고 하여 다음과 같이 말했다.

> 박문博文·약례約禮 두 가지는 성문聖門의 학學에서 수레의 두 바퀴나 새의 두 날개와 같은 것이다. 율곡은 매양 이 점을 강조하여 가르쳤다. 그러나 내가 보건대, 율곡은 박문의 공功이 가장 많지만 약례에서는 지극하지 못한 바가 있다.30)

이이의 후학들 사이에서 수약守約공부가 율곡학의 약점으로 지적되었고, 마침내 그들은 이에 유의하여 학풍을 일전一轉시키기에 이르렀다. 김장생·김집·송시열 등 이이 적전의 학문은 역시 『소학』·『가례』·『심경』 등을 중시하는 실천풍과 『대학』의 '주경主敬' 등에 집중되었다. 이것은 나중에 '성학聖學의 심학화'와 연결되어 정치적 색채를 띠기도 하였다.31)

---

28) 이이 철학사상 가운데 중심 명제의 하나였던 '誠'과 '明' 같은 것은 이론적으로 계승·발전되지 못한 감이 있다.

29) 『栗谷全書』, 권32, 「語錄」, '牛溪集', "李正郞叔獻歷訪曰: 收放心, 莫如小學一書. 若心經等書, 切己則有之, 不如小學之該備焉."

30) 『沙溪遺稿』, 권10, 7b, 「語錄」, "博文約禮二者, 於聖門之學, 如車兩輪, 如鳥兩翼. 栗谷每誦此言以敎之. 然余所見, 栗谷於博文之功最多, 而於約禮, 猶有所未至也."

31) 최영성, 『한국유학통사』 중권, 284쪽 참조.

송시열은 '경'을 중심으로 한 이황의 심학체계를 따른 학자였다. 심학체계에서 이황과 성혼은 별로 큰 차이가 없다. 이이의 학통을 이은 송시열이 이이의 '성誠'철학이 아닌 이황의 학문체계를 충실히 계승한 것은, 조선의 성리학이 학통과 사승에만 얽매이지 않았음을 보여 주는 것이다. 동시에 보편성의 면에서 이이의 학문이 이황이나 성혼의 것에 미치지 못했음을 짐작하게 한다. 퇴계학을 일본에 전파하는 데에 성혼의 문인 수은睡隱 강항姜沆(1567~1618)이 깊이 관련되어 있고, 그가 전한 퇴계학이 '경'을 중심으로 한 심학체계였음을 생각할 때 더욱 그런 생각을 갖게 되는 것이다.

이이가 체계화했던 무실務實학풍 역시 그 직계로 이어지지 못하고 오히려 성혼 계열의 윤선거·윤증 부자에 이르러 절정에 달한 감이 있다. 이후 무실학풍은 사실상 우계학파에 의해 주도되었고, 이들 학문의 특징 가운데 하나로 자리 잡게 되었다.

한편, 인조반정 이후 양대 호란을 전후한 시기에 난국을 헤쳐 나가는 데서도 우계학파는 저력을 발휘하였다. 당시 조정에는 이이와 성혼의 문인·후학들이 포진하였으나 이이 직계보다는 성혼의 문인들이 권병權柄을 쥔 형편이었다. 이정구李廷龜·이귀李貴·오윤겸吳允謙과 그 후배 세대인 조익趙翼·이시백李時白·최명길崔鳴吉 등은 모두 성혼의 문인이거나 성혼에 학문 연원을 둔 사람들이다. 이들은 정원군定遠君(인조의 생부)의 복상服喪 문제와 추숭입묘追崇入廟 문제 등 인조 초의 전례典禮 문제에서 명분보다 실질을 중시하여, 정원군에 대해 '고考'라 일컫고 이어서 원종元宗으로 추숭하는 일을 성사시켰다. 당시 이이의 직계 김장생은 명분론에 입각하여 정원군에게 숙부叔父라 일컬어야 한다고 하였고 또 추숭에도 적극 반대하였다. 이에 비해 최명길은 "세상 사람들이 숭상하는 바는 명분이지만 신이 힘쓰는 바는 실질입니다. 세상 사람들이 논하는 바는 형적形迹이지만 신이 믿는 바는 마음입니다"[32]라고 하면서 명분론을 강하게 비판하였다. 그는 성혼의 문인 최기남崔起南의 아들이다.

최명길은 병자호란 때 주화파의 거두로서 청나라와의 화의和議를 성사시켜 조선을 멸망에서 구해 내었다. 그는 주화파라는 이유로 청의淸議에 득죄하여 춘추대의의 죄인으로 단죄되다시피 하였고, 죽은 뒤에도 평가가 극에서 극으로 갈렸다. 그는 중첩된 난관을 헤쳐 나가는 데 큰 힘이 되어 준 자신의 사상적·이념적 원천이 양명학이라고 하였으니,[33] 「병자봉사丙子封事」에서는 이렇게 말하고 있다.

> 군자가 믿는 것은 마음이니, 마음에 돌이켜 생각할 때 부끄러움이 없으면 남의 비방이나 칭찬은 단지 외물外物일 따름이다.[34]

여기서 '마음'이란 양명학에서 말하는 '현성現成한 양지'에서 우러난 것이라 할 수 있다. 그가 "양지의 천天이 하루아침에 개오開悟하여 엄폐할 수 없다"[35]라고 말한 것이 이를 뒷받침한다.

최명길 등의 주화론은 일찍이 성혼이 조정에 주청했던 대왜강화론對倭講和論에서 큰 영향을 받았다. 성혼이 강화론으로 말미암아 당시에 큰 곤경에 빠졌고 또 사후에도 비판 세력으로부터 줄곧 공격을 받았음에도, 최명길은 성혼의 강화론에서 영향을 받았음을 공개적으로 밝혔다.[36] 일찍이 이이는 다음과 같이 말한 바 있다.

> 도에서 병행할 수 없는 것이 시是와 비非이고, 일에서 함께 할 수 없는 것이 이利와

32) 『遲川集』, 권8, 24b, 「論典禮箚」, "嗚呼! 今世之所尙者, 名也, 而臣之所無者實也. 世之所論者, 迹也, 而臣之所信者心也."
33) 『遲川集』, 권17, 25a~26a, 「寄後亮書」.
34) 『遲川集』, 권11, 38b, 「丙子封事(三)」.
35) 『遲川集』, 권8, 3a, 「論典禮箚」, "良知之天, 一朝開悟, 而不可掩也."
36) 崔錫鼎, 『明谷集』, 권29, 20a~20b, 「先祖領議政完城府院君文忠公行狀」 참조.

해害이다. 그저 이해만 따지는 데 급급하고 시비의 소재를 돌아보지 않는다면 일을 처리할 때의 떳떳하고 정당한 도리에서 어긋나게 될 것이요, 한갓 옳고 그름만 따지며 이해의 소재를 궁구하지 않는다면 응변應變의 권도權道에서 어긋나게 될 것이다.[37]

상황에 알맞고 도리에 합치됨을 얻는다면 의義와 리利가 그 가운데 있다는 뜻이다. '일에서 때와 형세를 아는 것(知時識勢)이 중요하다'고 한 이이로서는 당연한 말이 아닐 수 없다. 『장자』의 이른바 "도를 아는 자는 반드시 이치에 통달하고, 이치에 통달한 자는 반드시 권변權變에 밝다"[38]라는 말을 새삼 되새겨 보게 한다. 성혼 역시 처변處變에 대한 방법에서 이이와 인식을 같이하였다.

일에는 시비가 있고 이해가 있다. 시비를 주로 하면 도리는 보지만 사물은 보지 못하며, 이해를 주로 하면 사물만 보고 도리는 보지 못한다. 이 때문에 동자董子(董仲舒)는 "그 의義를 바르게 하고 이利를 도모하지 않는다"라고 하였다. 그러나 조정에서는 혹 시비와 이해가 합해서 같은 자리가 되는 수가 있으니, 조정의 이해가 달린 곳이 곧 시비가 있는 곳이다.[39]

이것은 이이의 이른바 "만약 시비로 말한다면 시비는 일정한 형태가 없고 일을 따라 나타나게 된다. 대저 나라에 이로운 것은 옳은 것이 되고, 나라에 해로운 것은 그른 것이 된다"[40]라는 말과 완전히 궤를

---

37) 『栗谷全書』 拾遺, 권5, 26a, 「時弊七條策」, "竊謂道之不可竝者, 是與非也, 事之不可俱者, 利與害也. 徒以利害爲急, 而不顧是非之所在, 則乖於制事之義, 徒以是非爲意, 而不究利害之所在, 則乖於應變之權."

38) 『莊子』, 「秋水」, "知道者, 必達於理, 達理者, 必明於權."

39) 『牛溪集』, 권5, 26a, 「答申子方論奏本事別紙」, "鄙見每謂事有是非有利害, 主於是非, 則見理而不見物, 主於利害, 則見物而不見理. 是以, 董子謂正其義不謀其利也. 然在朝廷, 則或有是非利害合而爲一處, 朝廷利害之所在, 卽是非之所在也."

40) 『栗谷全書』, 권11, 「答成浩原(戊寅)」 참조.

같이하는 것이다. 후일의 척화·주화론과 관련하여 지남指南이 될 만한 정견正見이라 할 것이다.

돌이켜 볼 때, 임진왜란이 발발한 뒤 선조 27년(1594) 무렵 명군明軍이 전면 철수를 단행하려 하면서, 명나라 총독 고양겸顧養謙 등이 조선 조정에 대왜강화對倭講和를 강하게 요구해 왔다. 당시 조정의 여론은 강화에 반대하는 의견이 지배적이었다. 강화하여 구차스럽게 종묘사직을 보존하는 것보다 차라리 의義를 지키다가 망하는 편이 낫다는 청의淸議를 고집하였다. 이때 성혼은 입시하여 명나라의 요청을 따를 수밖에 없는 사세의 불가피성을 선조에게 아뢰었다. 당시 조선이 믿고 의지하는 바는 오직 명나라의 원군인데, 명나라 조정에서 강화를 강력히 요구하고 또 원군이 이미 철병을 시작한 이상 명군에게 다시 도와주기를 바랄 수만은 없는 일이었다. 강화가 아니면 나라가 망하는 일밖에 남지 않은 실정이고 보면, 종묘사직을 보전하기 위해서는 강화가 불가피한 일이었다.

이처럼 강화하자는 성혼의 주청은 매우 부득이한 상황에서 나왔다. 그는 「혹인或人과 주본奏本의 일을 논한 별지別紙」[41]에서 다음과 같이 주장하였다.

1. 옛사람의 말에 "경도經道는 정해진 권도權道이고 권도는 아직 정해지지 않은 경도이다"라고 하였다. '권'이란 저울과 저울추를 가지고 때에 따라 경중에 맞추어 앞으로 당기기도 하고 뒤로 물리기도 하여 한결같이 고르게 하는 것이다. 이른바 "시중時中의 중中이니, 중은 일정한 체體가 없고 때에 따라 있다"라는 것이 바로 이것이다.
2. 일을 처리하는 방법에는 제일의第一義가 있고 제이의第二義가 있다. 제일의 의리를 미루어 갈 수 없으면 제이의 의리를 행해야 한다. 이번의 주청은 의리에 해가 되지 않는다. 종묘사직의 보존을 위해 최선을 다해야 할 터인데, 성패를 자연自然에

41) 『牛溪集』, 권5, 「答或人論奏本事別紙」 節譯.

맡기고 요동遼東으로 건너가는 것만을 제일의 의리로 삼는 것은 옳지 않다.
3. 조정에서는 시비와 이해가 합해서 한 군데 있는 수가 있다. 조정의 이해가 있는 곳이 곧 시비가 있는 곳이다. 개인에게는 의義와 이利가 서로 배치되는 경우가 많지만, 국가에게는 국가의 이익이 곧 의리이다. 공리·공익은 의요 이利가 아니다.

공리와 공익은 '의'요 '이'가 아니라고 함은 의義와 이利를 준별해 왔던 종래의 의리관義利觀과 차이를 보이는 것이다. 이는 후세 학자들이 '이利'에 대한 인식을 새롭게 하는 데 선구적 구실을 했다고 평가할 수 있다.[42]

성혼의 현실중시적 경향은 당시에는 받아들여지지 않았고 도리어 큰 곤란을 겪었지만, 후세에 그 빛을 발하였다. 그가 강화를 주장함으로부터 약 40년 뒤 병자호란이 일어나 조정의 논의가 척화와 주화의 두 갈래로 갈렸을 때, 그의 주화론은 최명길·장유張維 등 주화파 인사들에게 선구가 되어 큰 영향을 끼쳤다. 이에 비해 이이 직계 학자들은 청의淸議를 중시한 나머지 척화론·대명의리론에 치중하여 이이의 현실감각 있는 사상체계를 계승·발전시키지 못하였다. 김장생 같은 이는 성혼이 강화론을 주청한 것을 춘추대의에 흠을 남긴 실수라고 하면서 "당시 율곡이 생존하였다면 이러한 일은 없었을 것이다"라고까지 하였다.

선사先師(김장생)께서 일찍이 문인들과 경도와 권도의 일을 강론하다가 말씀하시기를, "권도는 가볍게 말할 수 없다. 우계가 임진년(1592)에 선릉宣陵과 정릉靖陵의 변고가 일어난 뒤 국외局外의 사람으로서 갑자기 화의和議를 주장하다가 선조宣祖에게 무한한 죄책을 받았다. 만약 율곡이었다면 반드시 이러한 일이 없었을 것이다"라

42) 한 예로 星湖 李瀷은 '利'를 公利와 연결시켰다. 그는 공리와 사리를 엄격히 구별하면서 '의'와 조화를 이루는 '이'는 공리이며, 이것을 추구하는 것은 곧 善이 된다고 하였다. 즉, '의'의 실현 방법으로 공리의 추구를 말하였다. 『論語疾書』, 「里仁」 제12장 참조. 조선 후기 학자들의 '利'에 대한 인식의 전환은 최영성, 「조선유학사에 있어서 道山學의 의의와 위상」, 『한국철학논집』 제17집(한국철학사연구회, 2005), 30~37쪽 참조.

고 하였다. [시열이 여쭙기를, "율곡이 계셨으면 마땅히 어떻게 하셨겠습니까?" 하였더니, 선사는 한동안 속으로 되뇌시다가 말씀하시기를, "당시에는 별다른 계책이 없고, 오직 지성으로 명나라 장수에게 간곡히 기원하여 군대가 철수하여 돌아가지 않기만을 바랐을 것이다"라고 하였으니, 이로 보아 선사 또한 우계의 주장이 부득이한 데서 나온 것임을 아신 것이다.][43]

황의동 교수는 우계학파의 사상적 특성과 학풍을 ① 개방적인 학풍, ② 내성內聖적 학풍, ③ 무실務實학풍, ④ 육왕학풍 수용의 선구, ⑤ 탈성리학적 경향으로 요약하였다.[44] 율곡학파의 특성과 중복되는 일면이 있기는 하지만 특징적인 면을 잘 드러낸 것이라 할 수 있다. 이를 본다면 조선 후기 사상계가 정주학일변도에서 어느 정도 탈피하여 단조로움과 경직성을 덜어 낼 수 있도록 한 학문적 사상적 기반은 기실 우계학파에서 제공했다고 해도 지나친 말은 아닐 듯하다. 이것은 집권 노론 세력인 이이의 후예들이 보여 준 주자절대주의의 경직성과 대비되면서 한층 의미 있게 다가온다.

사실, 이이와 성혼의 성격이라든지 학문 성향을 살펴보면 성혼이 보수적인 데 비해 이이는 진보적 색채가 비교적 강한 편이다. 이이는 일정한 스승(常師)이 없었지만 성혼은 정몽주로부터 조광조로 이어지는 동국도학의 적통을 이어받았고 주희와 이황을 사법師法으로 하였다.

---

43) 『宋子大全』, 권53, 53b~54a, 「與金起之」, "先師嘗與門人講衛輒經權事而曰: 「變不可易處, 權不可輕議. 牛溪當壬辰陵變後, 以局外之人, 遽主和議, 以受宣祖大王無限罪責. 若是栗谷, 則必無此事矣.」 是蓋泛論權變之道, 而略及牛溪之事……此豈侵斥牛溪之意也. 當時如黃秋浦, 以其門人而亦疑之, 是豈有他腸哉.……(其時, 時烈問栗谷在當時, 則當如何? 先師沈吟良久曰: 「當時別無奇謀異策, 惟至誠哀鳴, 祈懇於天將, 乞勿撤歸而已.」 據此則先師亦知牛溪之出於不得已也)." 뒤에 가서 이 김장생의 발언을 가지고 송시열과 윤증, 그리고 그 계열의 학자들 사이에 설왕설래 말이 많았다. 윤증 측의 주장을 보면, 권도와 경도에 관한 김장생의 말은 일찍이 문자 간에 보인 일이 없고 김장생의 아들 김집 역시 말한 바 없으며 송시열이 처음으로 증언한 것이므로, 송시열이 김장생의 권위를 빌려 자기의 뜻을 내세우려 했다고 볼 수밖에 없다고 하였다.

44) 황의동, 『우계학파연구』, 80~96쪽.

평생의 사우師友로 늘 "퇴계 이선생은 참으로 고정考亭의 법문종지法門宗旨를 얻었다" 라고 하였다. 비록 병이 심하고 멀리 떨어져 있어 함장函丈(퇴계)을 섬기지는 못했지만, 평생에 높이 우러르기를 그 문인과 바꾸지 아니하였다. 일찍이 서울에 가서 퇴계를 뵙고 그 글을 얻으면 되새기며 삼가 다시 초록하니 서책을 이루게 되었다.[45]

이이의 학문은 상당히 개방적이고 자율적인 편이다. 『순언醇言』이나 「학부통변발學蔀通辨跋」, 「극기복례설克己復禮說」 등에 보이는 바와 같이 노장과 양명학에 대한 이해가 상당하였으며, 이 밖에도 기학氣學이나 불교·도교 등에도 널리 통하였다. 종합성과 분석성에서 천재적 재질을 보여주었다. 주희의 학설을 존중하고 따르면서도 주체적이고 합리적인 관점에서 이해하려 하였다. 한 예로 이이는 자신의 성리학에서 대강령을 이루는 '기발리승'에 대해 말하면서 "대저 발하는 것은 기요, 발하게 하는 소이所以는 리이다. 기가 아니면 발할 수 없고 리가 아니면 발하는 것이 없다"[46] 하고, 이어 자주自註에서 "'발지發之' 이하 13자는 성인이 다시 나와도 이 말을 고치지 못하리라"[47]라고 굳게 자부하였다. 그는 리기호발을 주장하는 주희나 이황의 논리에 반대하고 기발리승일도설을 주장하면서 "주자가 참으로 리기의 호발을 인정하여 각각 상대적으로 발용發用함이 있다고 말했다면, 이것은 주자도 잘못 안 것이다. 어찌 주자가 될 수 있겠는가"[48]라고 토로한 바 있다. 이이는 경전을 해석하면서도 정주와 다른 해석을 내놓아 비판을 받기도 했으니, 일찍이 성혼이 "숙헌叔獻은 평소 식견이 뛰어나 보통사람보다 탁월한 의사가 있다. 그리하여 언제나 문자 상에서 특별한 의논을 만들어 내어 성현께서 말씀하신

45) 『牛溪年譜補遺』, 권1, 「德行」; 『牛溪家狀』.

46) 『栗谷全書』, 권10, 5a, 「答成浩原」, "大抵發之者氣也, 所以發者理也. 非氣則不能發, 非理則無所發."

47) 『栗谷全書』, 권10, 5a, 「答成浩原」, "發之以下二十三字, 聖人復起, 不易斯言."

48) 『栗谷全書』, 권10, 12b, 「答成浩原」, "若朱子眞以爲理氣互有發用, 相對各出, 則是朱子亦誤也. 何以爲朱子乎."

본지本指를 크게 잃곤 한다"[49]라고 비판할 정도였다. 이는 "말마다 다 옳은 사람도 주자요 일마다 다 타당한 사람도 주자이다"[50]라고 한 송시열의 말과 비교해 볼 때, 과연 이이와 송시열이 학문상으로 적적상승嫡嫡相承의 관계에 있었는지 강한 의구심이 들게 하는 것이다.

돌이켜 보면, 조선 중기 주자학이 정착되어 가는 시기만 하더라도 아직 학풍이 고착화 내지 획일화되지는 않았으나, 주자학이 정교政敎의 근본이념으로 뿌리를 내림에 따라 학계는 점차 주자학적 풍토로 기울게 되었다. 특히 임병양란을 겪고 난 뒤에는 주자학도들이 학계를 독점했을 뿐 아니라 주자학으로써 학계와 정계를 통제하거나 지배하려 했다. 특히 송시열을 영수로 한 노론이 집권하면서부터는 주자학이 곧장 정치와 연결되어, 주희의 학설과 어긋날 때에는 세상을 어지럽히는 '근본악'으로 여겨졌다. 주희의 학설에 이의를 제기하거나 반대를 하는 것이 '유문儒門의 일대 금망禁網'이 되었던 현상은 적어도 조선 후기 실학이 하나의 학문사조로 등장하기까지 계속되었다.

순수하게 학문 성향으로만 본다면 이이와 성혼의 후예들은 서로 완전히 반대되는 위치에 놓였다. 이이의 경우 그의 후예들은 집권하여 학파의 영향력을 정치적으로 확대시켜 나갔지만 정작 학조인 이이의 사상으로부터는 멀어져 갔다. 반면에 성혼의 경우 이이의 그늘에 가리고 율곡학파의 기세에 눌려 제대로 평가받지 못하였지만 도리어 학문적으로는 그 후예들에 의해 그 사상과 학파적 전통이 비교적 잘 계승되었다. 정치적 요인이 개입하였다고는 하지만, 이이와 성혼의 학문적·사상적 전승관계가 정반대로 된 것은 역사의 아이러니가 아닐 수 없다. 이런 점에서 근세 대원군

---

49) 『栗谷全書』, 권32, 23a, 「語錄(下)」, "先生(牛溪)曰: 叔獻平生識見超邁, 有出人底意思, 每於文字上, 做出別論, 大失前聖立言之本指."

50) 『宋子大全』 附錄, 권17, 「語錄(四)」, '崔愼錄' "先生每言曰: 言言而皆是者, 朱子也. 事事而皆當者, 朱子也."

집정 시 경상도 의령 사람인 추수자秋水子 이근수李根洙가 남긴 풍자적인 말은 시사하는 바 있다고 할 것이다.

> 주자란 본래 남인의 주자였는데, 후세에 이르러 노론이 빼앗은 지가 2백여 년이나 된다. 현관縣官에게 장狀을 올려도 탈회奪回할 수 없고, 도백道伯에게 공소控訴하여도 탈회할 수 없으며, 비국備局에 진언하여도 탈회할 수 없으니, 드디어 주자는 영영 노론의 주자가 되고 말았다.[51]

이이의 후예들이 집권한 뒤 이이의 진보적·개혁적 성격을 계승하지 못하고 보수화 내지 수구화한 데 비하여 성혼의 후학들은 집권하는 동안에 현실감각 있고 융통성 있는 정치적 수완을 보여 주었다. 나중에 비집권세력이 된 뒤에는 집권세력에 대항하는 과정에서 퇴계학파 후예들과 마찬가지로 종래의 보수적 성격에서 벗어나 비판세력, 대안세력으로서의 변모를 꾀하였다. 그들은 당시 사상계·학계·정계에 날카로운 비판의 화살을 던졌다. 비판세력이었기에 상대적으로 우환의식과 개혁정신이 시들지 않을 수 있었다. '실심實心'과 '실학'은 비판정신의 근원이었다. 그들은 원리원칙으로의 복귀를 통한 개혁을 외치기도 하고, 정주학에 편향된 학문 풍토에서 탈피하여 정주학 이외의 학문에서 경세의 대안을 찾기도 하였다. 육왕학에 대한 관심이라든지 탈주자학(탈성리학)적 경향은 이런 배경에서 대두된 것이다. 이와 같은 사상적 경향은 성혼의 사상 자체에서 비롯된 것도 있지만, 성혼의 사상과 관계없이 정치적 부산물로 생겨난 것도 있다.

성혼의 학문적·사상적 영향력은 문자로 명언된 바가 적어 고증하기 어려운 난점이 있다. 그러나 우계학파가 조선 후기 사상사에 끼친 영향과

---

51) 李能和, 「朝鮮儒界之陽明學派」, 『青丘學叢』 제25호(1936), 137~138쪽. 이근수의 전기는 李建昌, 『明美堂集』, 권16, 「秋水子傳」 참조.

역사적 의미는 크다. 그들의 개방적이고 자율적인 학풍은 성리학 이해에서 탄력성을 보이면서 퇴계학파·율곡학파와 함께 삼각편대를 구축하였다. 학설상으로도 단순한 절충적 성격에서 벗어나 종래 학설의 재구성을 통해 제3의 학설로 발돋움할 수 있었다. 또한 조선 후기 정주학일변도의 경직되고 단선적인 학계 풍토를 개선하고 다양한 사상 조류를 수용하여 학계와 사상계에 활기를 불어 넣었다. 그들이 제공한 활력소가 있었기 때문에 조선 후기 사상사가 다채롭고 윤기 있게 전개될 수 있었다. 그런 점에서 본다면 우계학파의 정치적 불우不遇가 도리어 성혼에게는 학술상으로 행幸이 되었다고 할 수 있겠다.

4. 맺음말

지금까지 우계학파는 그 존재와 실상이 제대로 구명되지 못하여 정당한 평가를 받을 수 없었다. 그런 점에서 우계 성혼과 우계학파에 대한 연구는 이제부터 시작이라고 할 수 있다. 종래 '우계학맥'이라 하여 그 존재가 희미하였던 것이 오늘에는 그 학파적 성격과 후세에 끼친 영향이 속속 드러나고 있다. 성혼과 우계학파의 존재는 결코 간단하지 않다. 이것이 본고를 마무리하는 필자의 생각이다. 필자의 『한국유학통사』에서 이 점이 체계적으로 다루어지지 못한 점 아쉽게 생각한다.

이이와의 논변에서 보여 준 성혼의 학문 태도와 방법은 뜻있는 후학들에게 많은 영향을 끼쳤다. 그가 이이와 논변한 내용도 일군의 학자들에게 지대한 영향을 끼쳐 이황·이이의 학설과 함께 제삼의 학설로 그 입지를 굳혔다. 우계설에 기반을 둔 학파를 '절충파'라 하는데, 절충이란 이것저것을 취사하여 적당히 맞춘다는 의미가 아니다. 중정中正한 데 알맞도록 하는 것이 절충이다. 절충을 구실로 새 학설을 수립한 것이므로 서로 대등한 위치에서 논의되어야 함은 말할 것도 없다.

우계학파가 조선 후기 사상사에 남긴 족적과 영향은 크고도 넓다. 이이의 후예들은 집권한 뒤 이이가 보여 주었던 진보적·개혁적 성격을 지키지 못하고 보수화하여 주자교조주의의 경직된 길로 흘렀다. 이에 비해 성혼의 후예들은 보수적 색채를 많이 덜어 내고 개방적이고 자율적인 성격으로 탈바꿈하면서 조선 후기 사상계를 다변화하는 데 앞장섰다. 집권한 이이의 후예들은 사설師說을 계승 발전시키지 못했지만, 성혼의 경우 그 후예들은 사설을 계승하고 이를 계속적으로 보완하여 나중에는 사설의 과구窠臼에서 벗어나는 데까지 이르렀다. 성혼의 본래 의도에 관계없이 그의 사상은 일전一轉하여 조선 후기 사상계에 적지 않은 씨를 뿌렸다. 정치가 개입되어 빚어진 결과이지만 이를 엄숙하게 받아들이지 않을 수 없다.

조선 후기 사상사에서 우계학파가 지닌 위상과 그들의 학문적 사상적 영향은 여러 측면에서 조명되어야 할 것이다. 앞으로 이에 대한 연구가 계속 이어지기를 기대한다.

제3장 퇴계학파의 이이 성리설 수용 양상

1. 머리말

일본강점기 때의 대표적 관학자官學者의 한 사람인 다카하시 도루(高橋亨, 1878~1967)는 당시 조선유학 연구의 권위자였다. 그는 조선유학의 특성으로 고착성과 당파성 등을 꼽았다. 이것은 일제의 식민사관을 뒷받침하는 것이었다. 그는 「이조유학사에 있어서 주리파·주기파의 발달」에서 "이조유학의 2대 학파는 주리파와 주기파이다. 한 학파는 동남으로 흘러 영남학파가 되어 주리로 발달하고, 또 다른 학파는 서남으로 흘러 기호학파가 되어 주기로 발달하였다", "학설의 동귀同歸와 학파의 통일이 지극히 어려워 거의 불가능하다는 것을 알 수 있다"라고 하였다.[1] 학설과 학파의 통일이 안 되는 것을 당파성의 시각에서 파악했던 다카하시의 관점과 인식은 이제 거의 불식되었지만, 아직도 그 잔재가 있어 식민사관의 완전한 극복이 쉽지 않음을 느끼게 한다.

조선성리학사를 보면 학파 간 대립의 연속이었고 끝내 귀일할 가능성이 없는 것으로 비쳐지기도 한다. 그러나 기실 그 내면을 보면 화해和諧의 노력이 지속적으로 이어져 내려왔음을 알 수 있다. 조선유학의 양대

---

1) 이형성 편역, 『다카하시 도루의 조선유학사』(예문서원, 2001), 101·278쪽.

학파인 퇴계학파와 율곡학파가 겉으로는 오랫동안 서로 대립하면서도 속으로는 상대측 학설을 의식하고 수용하여 조선성리학사를 새로운 국면으로 이끌어 갔음을 우리는 밝혀내어야 한다.

율곡학파는 퇴계학설의 수용에 비교적 개방적이고 적극적이었다. 퇴계학파 또한 표면적으로는 비판과 공격 일색이었던 것 같지만 지하를 흐르는 복류천伏流川과 같이 그 수용적 양상이 끊이지 않았다. 그러나 이러한 사실은 겉으로 잘 드러나지 않았다. 내면적으로는 상대편의 핵심과 논점을 상당 부분까지 이해하면서도 표면적으로는 공격과 비판 일색이었다. 학파 내지 정파 간의 간극이 너무도 컸고, 그러한 상태가 누백년 내려오면서 학자들이 자유롭게 말하거나 토론할 수 없는 분위기가 형성되었기 때문일 것이다.

돌이켜 보면, 퇴계학파와 율곡학파의 사이를 좁히고자 노력했던 것은 기호학파 학인들이 선편을 쳤다. 그들의 노력은 적극적이고 능동적이었다. 기호학파에서 독특한 위상을 차지하는 농암農巖 김창협金昌協 계열은 학문적으로 율곡학파의 계통을 이었고 정파상으로도 노론에 속하였지만, 이이의 학설에다 이황의 학설을 수용하여 '제삼의 학설'을 이끌어 내었다. 이들은 '농암문파農巖門派'라고 일컬어질 정도로 세력이 있었고, 그 계통이 조선 말기까지 이어졌다. 또 김창협을 전후한 시기에 활동하였던 박세채朴世采·조성기趙聖期·임영林泳 등 소론계 학인들 역시 율곡학파의 우산 속에 포함되는 인물이면서도, 율곡설에 이의를 제기하고 퇴계설을 수용하여 이른바 '절충파'를 형성하였다. 그러한 배경과 원인은 여러 면에서 논의될 수 있을 것이다. 저들이 율곡설의 과구窠臼에 매이지 않고 벗어날 수 있었던 데서 기호 학인들의 성향·기질 등의 일단을 엿볼 수 있고, 그것이 가능할 수 있었던 기호학파의 학문 풍토와 배경 등도 짐작할 수 있다.

농암문파와 절충파 학자들이 퇴율의 학설을 상호 대립적인 것만이 아닌, 보완적인 것으로 파악한 것은 율곡설에 대한 비판적 인식과 재해석에서 비롯되었다. 즉, 율곡설이 지닌 한계와 문제점에 대한 명확한 인식과 함께 이들은 율곡설이 지닌 이중적 성격 즉 리기, 사단칠정, 인심도심에 대해 기본적으로 이원적으로 파악하면서도 일원적 해석을 겸한다는 점, 리무위理無爲 기유위氣有爲의 관점에서 기의 현실적 주도권을 인정하면서도 리의 이념적 주재성을 결코 가볍게 보지 않았다는 점 등에 주목하였는데, 이러한 것들이 율곡설에 대한 새로운 해석의 바탕이 되었다고 본다.

필자는 이이가 성혼에게 보낸 서한 속의 다음 대목을 놓고 오랫동안 생각에 생각을 거듭하였다.

> 퇴계는 그 정상근밀精詳謹密함이 근래에 없는 분이지만, '리발기수理發氣隨'의 설은 역시 리와 기를 선후로 본 병통이 조금 있습니다. 노선생께서 돌아가시기 전에 내가 이 말을 듣고 마음속으로 그것이 그른 것을 알았지만, 나이가 어리고 공부가 얕은지라 감히 질문을 하여 그 귀일점을 찾지 못했는데, 매양 생각이 이에 미칠 때마다 통탄하지 않은 적이 없습니다.[2]

또 필자는 이황과 이이의 성리설을 말할 때는 '문난귀일問難歸一' 이 넉 자를 화두로 풀어나가야 한다고 강조한 바도 있다. 이이가 당대에 논점의 차이를 해소하지 못한 것을 안타까워하였지만, 퇴율의 후학들에 이르러 논란이 일부 해소되거나 양측이 상당 부분 공감대를 이루었던 것이 사실이다. 이런 점에서 종래의 대립적인 구도로만 되어 있던 한국유학사 내지 한국성리학사의 틀을 다시 짜야 한다는 것이 필자의 구상이다.

성리학이라는 범주 안에서 학설에 대한 해석을 놓고 학파가 나누어지는

---

2) 『栗谷全書』, 권10, 8b, 「答成浩原」, "退溪之精詳謹密, 近代所無. 而理發氣隨之說, 亦微有理氣先後之病. 老先生未捐館舍時, 珥聞此言, 心知其非, 第以年少學淺, 未敢問難歸一, 每念及此, 未嘗不痛恨也."

것은 자연스런 일이고, 성리학의 발전에 긍정적인 기능을 하였다고 본다. 그리고 특정한 학설을 놓고 오랫동안 연구가 계속되고 비판과 수용이 이루어지며, 또 한 학파의 전통이 수백 년 동안 이어졌다는 것은 우리 선유들의 강인한 사색력思索力과 구도求道의 열정을 엿보게 하는 것이라 하겠다. 학설의 동귀와 학파의 통일은 어떤 면에서 학문의 발전을 저해하는 요인이 될 수도 있다.

본고에서는 이런 시각과 관점에서 퇴계학파의 율곡설 수용 양상을 고찰하고자 한다. 율곡학파의 퇴계설 수용 양상은 앞서 농암문파나 절충파 학자들을 고찰하는 과정에서 이미 그 대체가 드러났다. 그러나 지난날 퇴계학파 학인들은 기호의 학인들에 비해 폐쇄적이고 자존적 경향이 강하였고, 또 정치적으로 피해의식이라든지 적대의식이 적지 않았던 탓에 퇴계학파의 율곡설 수용 양상은 수면 위로 드러나지 않았다. 따라서 아직 제대로 논의되지 못하고 있음이 사실이다.

이에 대한 연구는 논문 한두 편 발표하는 것으로 끝날 성질의 것이 아니다. 또 섭렵해야 할 자료의 분량이 매우 많아 연구에 큰 부담이 된다. 다만, 우리가 선인들의 글을 볼 때, 한 마디의 말이지만 체용體用이 해비該備된 경우도 있고 반면에 여러 말을 했지만 단지 일단一端을 말하는데 그친 경우가 있음을 생각할 때,[3] 연구자의 뚜렷한 주관과 논리의 핵심을 짚어 내는 노력이 뒷받침 된다면 목표점에 근접하는 것이 불가능한 것은 아니라고 생각한다. 결론은 본래 짧은 법이다. 긴 설명은 짧은 결론에 이르기 위한 과정인 것이다. 나름대로 호한한 자료 속에서 강령이 될 만한 것, 골자와 핵심이라고 생각되는 대목을 뽑아서 엮어 보기로 한다.

끝으로 본고는 '유학사상사'라는 큰 틀에서 주요한 쟁점 내지 흐름을

3) 『栗谷全書』, 권19, 12b, 「聖學輯要」, "聖賢之說, 或橫或竪, 有一言而該盡體用者, 有累言而只論一端者."

중심으로 고찰한 것이라는 점을 밝혀 둔다. 따라서 어떠한 사실이나 문제를 놓고 미시적인 분석을 하는 것과는 거리가 있다. 또 복잡다단한 리기심성론에서 사단칠정론의 논리구조를 중심으로 살펴 본 것이므로 이로 말미암은 한계가 있을 것이다. 아울러 필자가 이미 발표한 여러 논고와 『한국유학통사』 등에서 자료를 뽑거나 내용을 요약 정리한 대목이 있음을 밝혀 둔다.

2. 한려학맥의 수용 양상

퇴계 이황의 영향력이 지대하였던 영남학파 내에서는 17세기 중엽 이후로 이황의 리기호발설에 대한 이론異論을 찾아보기 어려웠다. 그러나 이황 직후만 하더라도 이황의 호발설에 이의를 제기한 학자가 없지 않았다. 여헌旅軒 장현광張顯光이 바로 그런 학자이다. 조선 후기의 학자 우담愚潭 정시한丁時翰 같은 이는 장현광의 설을 이이와 같은 것으로 평가하였고,[4] 다카하시 도루는 영남학파 학인 가운데 이황의 설에 반대하고 이이의 설에 찬동하였던 학자로 장현광[5]과 우복愚伏 정경세鄭經世[6]를 들었다. 다카하시는 장현광이 그의 스승인 한강寒岡 정구鄭逑로부터 적지 않은 영향을 받았을 것이라고 추측하면서 "정구의 고족제자인 장현광은 영남에서 문호를 상당히 확장하면서 퇴계의 학설을 따르지 않고 율곡의

4) 『愚潭集』, 권4, 11b~12b, 「答李翼升」, "前日下示旅軒所論文字, 似與栗谷之見無異.……栗谷則每以四端合七情, 至以爲七情之外, 更無四端, 尋常疑怪. 今者旅軒之牽合爲說者, 又一如栗谷之論, 而惟恐其別說四端."

5) 高橋亨, 「李朝儒學史に於ける主理派主氣派の發達」; 이형성, 『다카하시 도루의 조선유학사』, 202쪽.

6) 정경세가 이이의 설에 좌단하였다는 것은 송준길 측의 일방적인 선전에 의한 것이라고 성호 이익이 비판한 바 있다.(『역주 사칠신편』, 162~163쪽) 필자 또한 이 견해에 공감한다.

학설을 수용했다", "정구가 과연 스승(퇴계)의 학설을 좇은 것인지 의심스럽다"라고 하였다.[7] 장현광의 학설이 평지돌출한 것이 아니라 정구의 영향을 받았을 것이라는 뉘앙스를 풍긴 것이다. 여기서 정구의 성리설과 더 나아가 율곡설과의 관계는 어떠한지를 먼저 살필 필요가 있다고 본다.

필자는 이에 대해 선행 논고에서 개략적으로 밝힌 바 있다.[8] 박세채朴世采의 「기소시소문記少時所聞」에 의하면, 정구는 만년에 이르기까지 이이를 매우 존경하였다고 하며, 또 백사白沙 이항복李恒福이 찬한 「율곡신도비명」을 보고는 "문장은 좋으나 율곡의 학문을 형용함에 어찌 이리도 범솔凡率함이 심하단 말인가?"라고 탄식했다고 한다. 이것은 이이와 정구의 양문에서 배운 석담石潭 이윤우李潤雨(1569~1634)의 증언에 따른 것이다. 또 『한강집』에 드물게 보이는 성리설 관련 문자를 일별해 보면, 정구는 리기론의 관점에서 대체로 이황보다도 이이 쪽에 가까웠던 것 같다. '리선기후'보다 '리기무선후'에 좌단左袒한 것이라든지, "천지지성(本然之性)과 기질지성이 본래부터 각기 소주所主가 있어 곤동滾同하여 말할 수 없는 것인가, 아니면 지나치게 분별하는 것보다 다만 주리·주기의 구별이 있는 것으로 보아야 하는가"라는 질문에 대하여 후자가 옳다고 한 것 등이 그 예이다. 이것을 이이 성리설과의 교감으로 관련시켜 보아도 크게 잘못된 말은 아닐 듯하다.

이뿐만 아니라 정구는 이이와 성혼 사이에 전개되었던 율우왕복논변栗牛往復論辨에도 각별한 관심을 가졌다. 일찍이 가까운 학우들과 함께 이황과 기대승 사이의 '퇴고사칠논변退高四七論辨'을 『사칠변四七辨』이라는 2권의 책으로 엮어 선사繕寫하면서 이이와 성혼 사이의 '우율문답牛栗問答'을 첨입添入해야 한다고 주장하기도 하였다.[9] 이는 이이의 성리학에 상당한 관심

7) 高橋亨, 「朝鮮儒學大觀」; 이형성, 『다카하시 도루의 조선유학사』, 88~90쪽 참조.
8) 이하 최영성, 「한강 정구의 학문방법과 유학사적 위치」, 『남명학연구논총』 제5집(남명학연구원, 1997), 470~472쪽 참조.

이 있었다는 추측을 하기에 부족하지 않다.

정구에게 수학하였던 장현광은 리기를 경위經緯로 보아 이원적으로 보려는 이황과 차이를 보였다. 또 사단칠정에 대해 사칠이 모두 리본理本, 리발理發이라고 하여 호발설을 인정하지 않았다. 장현광이 당시 영남에서 대세를 이루었던 퇴계학파로의 귀속을 마다하고 '독자적'인 학문체계를 구축하였던 것은 자득을 중시하는 그의 학문 태도에서 기인하는 것이었겠지만, 그보다도 이황의 학설을 충분히 납득하기 어려웠음을 의미하는 것이기도 하다.

> 사단은 순선純善하기 때문에 리발이라 하고 칠정은 유잡有雜하기 때문에 기발이라 함은, 이른바 정情이 근본하는 바는 (사단칠정) 모두 리요 성性이 발하는 바는 모두 기라는 설이 바꿀 수 없는 지의旨義라는 것만 못하다.[10]

> 사단을 리발, 칠정을 기발이라 한 것과, 근본하는 바는 모두 리요 발하는 바는 모두 기라고 하는 것은 그 의미가 다르다. 이것이 의심나게 하는 곳이다.[11]

그는 또 사단칠정은 궁극적으로 리발이며, 칠정을 기발이라 할 수 없다고 하였다.[12] 이에 대해 종래 여러 학자들은 이이의 기발리승일도설에 찬동한 것이라고 보았다.[13] 장현광의 리발일도理發一途는 이이의 기발리

9) 『寒岡續集』, 권7, 7a～7b, 「答金希玉」, "仍白四七辨兩冊, 想蒙命繕寫否. 牛栗問答, 固當添入, 而有刪削取舍之處, 難於遙指空紙十餘張.……敢此拜告元冊與寫本, 竝命付此便, 則謹當精校. 且入牛栗書以待令敎也."

10) 『旅軒性理說』, 권7, 45b, 「四端七情分合」, "以四端純善而爲理發, 以七情有雜而爲氣發者, 不若所謂情之所本者皆理, 性之所發者, 皆氣之說, 爲不易之旨也." 仁同張氏南山派宗親會에서 발간한 『旅軒先生全書』(상·하, 1983)를 저본으로 하였다.

11) 『旅軒性理說』, 권7, 45a～45b, 「四端七情分合」, "其以四端爲理發, 七情爲氣發者, 乃與所本皆理, 所發皆氣者, 其旨異矣. 此所以致疑之地也."

12) 『旅軒性理說』, 권7, 44a～44b, 「四端七情分合」, "夫四端亦情也, 而以仁義禮智四德之端言之. 故晦翁以理發言之. 若七情以氣發言之, 則後學不得不致疑於其間也"; 『旅軒性理說』, 권4, 54a, 「歷引經傳」, "合而言之, 四端七情, 皆理之發也. 何則, 七情爲性之用也."

승일도와 '일도설'이라는 점에서 서로 다르지 않다. 이이의 논리에 근접한 것으로 볼 수 있다. 이이와 장현광은 이황의 학설이 지닌 근본적인 문제점을 깊이 인식하고 그와 다른 설을 제시하였다는 데서 공통점을 갖는다. 특히 리기를 경위로 파악하고 사단칠정을 '리발일도'로 본 것은 분명 이이의 일원적 논리를 의식하였거나 나아가 수용한 것이라고 하지 않을 수 없다.

장현광의 학설은 이후 후손인 사미헌四未軒 장복추張福樞(1815~1900)에게 오롯이 전수되었다. 그는 장현광의 리일본설理一本說과 사칠리발일도설四七理發一途說에 따라 다음과 같이 말하였다.

> 사단·칠정은 모두 정이다. 성性이 발하여 정이 되니 칠정이 어찌 성 밖의 존재이며, 또한 어찌 리에서 발하는 것이 아니겠는가. 그러한 (칠정을) 사단에 상대해서 말하면, 사단은 리가 기를 타고서 곧바로 실현된(直遂) 것이며 칠정은 기가 이리를 싣고서 용사用事하는 것이니 각기 그 주된 바에 따라서 발하여 리발·기발의 구분이 있는 것이다.[14]

이것은 장복추의 사칠론이 갖는 성격을 압축적으로 잘 요약한 것이다. 장복추는 리일본설에 입각, 리가 유일한 근본이라는 점을 강조하면서도, 각기 주된 바에 따라 리발·기발의 구분이 있다는 리기호발설을 결합시킴으로써 장현광의 리일본설에 이황의 호발설을 연결시키고자 했던 것 같다. 이것은 대산大山 이상정李象靖의 논리이기도 하다. 이상정의 혼륜·리

---

13) 高橋亨, 「李朝儒學史に於ける主理派主氣派の發達」; 이형성, 『다카하시 도루의 조선유학사』, 202쪽; 현상윤, 『조선유학사』(민중서관, 1977), 137쪽; 배종호, 『한국유학사』, 193쪽 참조.

14) 『四未軒文集』, 권5, 29a~29b, 「答再從姪錫英」, "四端七情, 皆情也. 而性發爲情, 則七情豈是性外之物, 物亦豈非發於理者乎. 然而對四端言, 則四端是理之乘是氣而直遂者也, 七情是氣之載是理而用事者也. 各因其所主而發, 而有理發氣發之分."(사미헌선생유적비건립추진위원회 영인본 上, 1978, 104쪽)

발설이 장현광으로부터 영향을 받았음은 선행 연구에서 이미 밝혀졌다.[15)]

이상정과 장복추는 퇴계학파 일각의 지나친 분개법이 사단·칠정을 논하는 과정에서 두 개의 근본을 설정하는 오류에 빠졌다는 율곡학파의 비판을 절실하게 의식하였다. 그래서 모든 정이 하나의 성에 근본한다는 성발위정론性發爲情論에 입각하여, 사단과 칠정이 모두 리에서 발한다는 리발일도설을 주장하게 된 것이다.

그러나 이상정과 장복추는 장현광의 리일본설만을 따를 수는 없었다. 왜냐하면 리일본을 강조할 때 악의 근원을 설명하는 데 문제가 있고, 자칫 불선(악)마저도 리발로 설명할 수밖에 없는 결과를 초래하기 때문이다. 이와 함께 리기를 구분하지 못하고 '기를 리로 아는'(認氣爲理) 병통에 빠졌다는 비판에 직면할 수밖에 없기 때문이다. 그래서 장복추는 사단·칠정의 리발일로를 주장하면서도 호발론을 수용하여 리일본설이 갖는 논리적 약점을 극복하고자 했던 것이다. 이렇게 본다면, "장복추는 리일본설에 호발설을 결합하고자 함으로써 장현광에게서 멀어져 간다"[16)]라고 해석하는 것보다도, 장현광의 리일본설이 갖는 논리적 약점과 한계를 극복하여 퇴계학의 전통과 연결시키려 했다는 해석이 더 설득력이 있을 것이다.[17)]

정구와 장현광은 퇴계학통에서 비주류에 속하는 인물들이다. 기호학파 학인들은 대체로 이들에 대해 호의적이고 적극적인 평가를 한다. 조선 중기 서인계 학자 택당澤堂 이식李植(1584~1647)은 「시아대필示兒代筆」에서 한강 정구를 '완인完人'이라 평가하였다. 또 정구의 학문이 장현광에게

15) 안영상, 「대산 이상정의 渾淪理發說의 착근에 있어서 旅軒說의 영향과 의미」, 『유교사상연구』 제27집(한국유교학회, 2006) 참조.

16) 김낙진, 「장복추를 통해 본 장현광 학문의 계승과 비판」, 『유교사상연구』 제24집(한국유교학회, 2005), 148쪽.

17) 최영성, 「조선유학사에서의 사미헌 장복추의 위상」, 『어문논총』 제47호(한국문학언어학회, 2007), 109~115쪽 참조.

계승되었으나 장현광이 세상을 떠난 뒤 그 학통을 계승·발전시킨 사람이 없어 영남의 학문은 여기서 끝나게 되었다고 평가하였다.[18] 이는 이식 개인의 생각만이 아니라 영남학파 학문 전승에 대한 기호학파 학인들의 시각과 견해를 대변한 것이라 할 수 있다. 그렇기에 다산 정약용 같은 이도 방조傍祖인 우담 정시한을 기리면서 "대개 한강·여헌 이래로 진유순학眞儒醇學은 선생 한 분뿐인가 한다"라고 하였다.[19] 이것은 정약용이 굴지의 퇴계학인이요 사숙문인私淑門人이면서도 근기남인 출신이었기 때문에 기호학인들의 시각을 반영한 것이라 하겠다.

3. 근기·낙남 퇴계학인의 수용 양상

17세기 중반, 학파가 자리를 잡아가면서 당파적 감정까지 가미되어 퇴계학파와 율곡학파 사이의 대립이 시작되었다. 퇴계학파에서의 율곡설에 대한 본격적인 비판과 공격은 갈암 이현일과 정시한에 이르러 두드러졌다. 이것은 후배 학인들에게 퇴계학파 내지 영남학파의 학문 전통을 확고히 심어 주는 시발점이 되었다. 퇴계학파의 '주리적' 성격은 이현일과 정시한에 이르러 확립되었다고 해도 과언이 아니다.

이현일은 워낙 반율곡적 성향이 강하여 율곡설과의 관계를 논하기 어려운 점이 있다. 그러나 정시한의 경우는, 이황의 학문과 성리설을 근거로 이이를 비판했지만, 이이의 성리설과 그의 논리를 전면 부정하지는 않았다. 이이의 주장을 드러나지 않게 수용하기도 하였다. 이것은 일차적으로 그의 중정中正한 공심公心에 기초하는 것이겠지만, 역시 그가

18) 『澤堂集』 別集, 권15, 7a, 「示兒代筆」 참조.
19) 『與猶堂全書』 제1집, 권17, 18b, 「旁親遺事」, "蓋自寒岡旅軒而降, 眞儒醇學, 唯先生一人而已."

근기지방에서 활동했던 학자라는 점을 가까운 원인의 하나로 들지 않을 수 없다. 즉, 정시한이 조선조 굴지의 퇴계학인이면서도 율곡설을 의식, 분개와 혼륜을 종합하는 쪽으로 방향으로 틀어 성리설을 전개하였던 것이다.

정시한에 앞서 근기남인의 학자로 '격세隔世의 고족高足'이라 불릴 정도로 이황을 존모했던 성호星湖 이익李瀷(1681~1763)을 들지 않을 수 없다. 이익은 사단칠정설에서 단연 율곡설을 배척하고 퇴계설을 따랐다. 그는 많은 글에서 이이의 성리설을 비판하였으며, 『사칠신편四七新編』이라는 전문 저술을 통해 이이의 사칠리기설을 체계적으로 비판하였다. 그는 『사칠신편』에서 "율곡의 학설은 퇴계선생과는 강령이 달라서, 그 천언만어千言萬語가 한결같이 차이가 난다"[20]라고 하였다. 그는 『사칠신편』 전편을 통해 율곡설을 편언도 용납하지 않는 태도를 보였다. 비판을 위한 비판이라고 볼 수 있는 내용도 적지 않다.[21] 그러나 표면적인 태도와는 달리 실제로 그는 율곡설을 의식한 측면이 많으며, 이것을 자신의 논리에 반영시키기도 하였다. 그래서 그는 당시 가까운 사람으로부터 "퇴계를 버리고 율곡에게로 갔다"(舍退就栗)라고 비판받기도 하였다.

이익의 사칠설을 요약하면, 그는 사단칠정이 모두 리발기수일로理發氣隨一路라고 주장하였다. 그러면서도 본성이 발함에 형기가 개입하지 않는 것은 사단이요 형기가 개입한 것은 칠정이라고 하여, 공사公私의 개념을 가지고 양자를 구분하였다.[22] 마음의 근원은 하나이지만 그 묘맥은 구별

20) 『四七新編』 附錄, 「讀李栗谷書記疑」, "栗谷之說, 與退溪先生書, 綱領旣別, 其千言萬語, 所以一齊錯了."

21) 자신의 틀에 맞추어 이황을 이해하여 옹호하고, 이이에 대해서는 종종 지나치게 폄하했다는 혐의가 없지 않다. 이상익, 『역주 사칠신편』(도서출판 다운샘, 1999), 196쪽.

22) 『星湖全集』, 권17, 23a, 「答李汝謙」, "大以一身言, 小以心言, 心之感應, 只有理發氣隨一路而已. 四七何嘗有異哉. 惟其七者, 初因形氣而有, 故曰氣之發, 非謂其發之之際, 氣先動而理方來乘之也. 然其小大亦無間隔, 旣觸形氣而理乘氣發, 則雖謂之氣發理乘抑可也. 此退溪之意也."

할 수 있다는 것이다. 그는 이 틀을 가지고 이황의 호발설을 이해하고 지지하였다. 그런데 여기서 '리발일로'는 그 치중점이 리발에 있느냐 기발에 있느냐에 따라 차이는 있지만 그 논리구조야말로 이이의 '기발리승일도설'과 흡사하다. 분명 이이의 '일도설'을 염두에 둔 것이라 할 수 있다. 그는 이로써 대본大本을 둘로 보았다고 비판받는 이황의 호발설이 갖는 약점을 보완하면서 동시에 호발설의 정당성을 역설하였다. 그러나 이이가 이황의 설을 비판한 핵심이 '발發'에 있다는 점을 감안한다면, 리발일로를 주장하면서도 리기호발을 인정하거나 옹호하는 그의 논리는 설득력이 부족하다고 할 수 있다. "내가 리발·기발을 말하지만 어찌 호발하는 도리가 있겠는가"[23]라 하고, 또 "호발이란 단연코 이러한 이치는 없다. 선생께서 틀림없이 일정한 뜻이 있어 오랫동안 추구한 뒤 바야흐로 이 설을 얻은 것이다"[24]라고 하여, 호발을 원론적 차원에서 부정하고 리발만을 주장하면서도 리의 능동성 문제에 대해 설득력 있는 논리를 펴지 못하였다.

같은 주리파라 하더라도 영남 학인들이 리기불상잡을 강조하는 데 비해 정시한은 상대적으로 리기불상리에 초점을 맞추어 논리를 전개하였다. 영남 학인들의 논리적 약점을 보완하려는 것이었다. 그의 주장의 핵심은 '혼륜과 분개가 서로 장애가 없는 묘처妙處'에서 리기관계를 찾아야 한다는 것이었다. 비록 이이에 대해 "리기혼륜무간理氣渾淪無間에 집착하여 이 묘처를 보지 못하였다"라고 비판하였지만,[25] 분개 일변으로 내닫지 않고 혼륜까지 아울러 보았던 것은 이이의 논리를 의식한 것이라 하지 않을 수 없다.

---

23) 『星湖全集』, 권17, 21a, 「答李汝謙」, "愚謂理發氣發, 豈有互發之道."
24) 『星湖全集』, 권14, 3b, 「答權台仲」, "互發斷無是理, 先生必有其旨, 故推究之久, 方得其說."
25) 『愚潭集』, 권8, 36a, 「四七辨證」, "是理是氣, 常隔斷阻絶, 不能相須以爲體, 相待以爲用, 而終未見渾淪之中, 自有分開, 分開之中, 自有渾淪之妙矣."

정시한은 퇴계의 호발론의 핵심을 고수하고 그 본지를 설파하는 데 주력하였다. 그러나 이이가 이황의 호발론에 대해 '마음의 근원을 둘로 본 혐의가 있다'고 비판한 대목에 일리가 있음을 인정하여, 이이와 비슷한 어조로 "정이 비록 수만 가지이지만 어느 것이 인의예지의 성에 근본하지 않은 것이겠는가"[26]라고 반문함으로써 사단과 칠정이 모두 성(理)에 근본한다는 점을 강조하였다. 이현일이 인심과 도심을 분별하는 데 치중한 나머지 본래부터 마음에 두 근원이 있는 것처럼 보았다고 비판하면서, "만약 주자의 혹생혹원或生或原의 설과 퇴계의 사단칠정이 각각 묘맥을 달리한다는 말을 근거로 '인심과 도심이 본래 두 근원이 없다'는 논의를 배척한다면, 퇴계의 말은 마음에 두 근본이 있다고 기롱한 율곡의 설에 대해 변명하지 못할까 걱정이다"[27]라고 하였다. 정시한은 묘맥과 일원의 의미를 엄격하게 구분하며 다음과 같이 말한다.

> 퇴계선생이 말씀하신 "리가 발함에 기가 따르고(理發而氣隨之) 기가 발함에 리가 탄다(氣發而理乘之)"라는 것은, 한편으로는 리를 위주로 말했기 때문에 먼저 리를 말하고 나중에 기를 말한 것이며 다른 한편으로는 기를 위주로 말했기 때문에 먼저 기를 말하고 나중에 리를 말한 것이니, 주자의 리발기발理發氣發의 설을 밝힌 것입니다. 다만 이는 각각 주장하는 바가 있다는 것이니, 기가 없이 리만 발하고 리가 없이 기가 스스로 발한다는 의미는 아닙니다. 이는 이른바 혼륜이면서도 각각 분개하는 묘맥이 있고, 분개하면서도 실은 혼륜의 일원에 말미암는다는 것입니다.[28]

26) 『愚潭集』, 권7, 12a, 「四七辨證」, "情雖萬般, 夫孰非本於仁義禮智之性者乎?"

27) 『愚潭集』, 권4, 2a~2b, 「與李翼升」, "台辨中以爲不是人心道心本無二源者, 則分別太過, 有若眞以人心道心爲有二源者然……今若只據此兩片苗脈之說, 以斥人心道心本無二源之論, 則非但有違於天道人心一本之意, 亦恐未足以卞明栗谷之以退溪之言爲心有二本之譏也."

28) 『愚潭集』, 권4, 2b~3a, 「與李翼升」, "退溪先生所謂理發而氣隨之, 氣發而此理乘之……此所謂渾淪而各有分開之苗脈, 分開而實由渾淪之一原者也."

마음은 한 근원이지만 단지 묘맥(所從來)에 따라 주리 또는 주기로 볼 수 있다는 것이다.

정시한은 리와 기의 성격을 주재성主宰性과 보좌성輔佐性으로 규정, 이른바 리주기보설理主氣輔說을 주장하였다.[29] 이 리주기보설은 후일 대산 이상정 등에게 영향을 주어 리주기자설理主氣資說로 계승된다. "리기가 묘합한 가운데 리는 항상 주主가 되고 기는 언제나 보輔가 된다"라고 말한 데서 혼륜과 분개를 아울러 보려고 했던 정시한의 관점을 엿볼 수 있다.

정시한의 학설은 영남의 정통 퇴계학파는 물론 낙남落南 학자들에게 상당한 영향을 끼쳤다. 정시한의 제자 식산息山 이만부李萬敷(1664~1732)는 병와甁窩 이형상李衡祥(1653~1733)과 함께 대표적인 낙남 인사이다. 그는 한양에서 생장하여 34세 때 경상도 상주 노곡魯谷에 정착하였다. 45세 때 『도동편道東篇』을 엮으면서 율곡 이이와 서인계 학인들의 리기설까지 수용함으로써 영남 퇴계학파 학인들로부터 적지 않은 공격과 압력을 받은 바 있다. 또 58세 때는 덕천서원德川書院 원장이 되어 남명학파 학인들과 교유함으로써 퇴계학파 학인들의 비판을 받기도 하였다.

이만부는 퇴계학파 학인답게 성리설에서 주리적 관점을 분명히 하였으며, 전반적으로 이황의 학설을 따랐다. 이이에 대해서는 "율곡은 스스로 주장하기를 좋아한 까닭에 노선생老先生(퇴계)의 겸퇴謙退를 싫어하여 '의양依樣'이라고 생각하였다. 그의 병통이 바로 여기에 있다. 그의 말이 지나치게 노골적인 것은 「논리기論理氣」 1편만 보아도 알 수 있을 것이다"[30]라고 비평하기도 했다. 그러나 그는 편협한 학계 풍토를 비판하고 오로지 실심實心에 입각하여, 퇴계학파와 율곡학파가 대립하여 양극으로 치닫는 것을 비판하며 학계의 경성警省을 촉구하였다.

---

29) 『愚潭集』, 권9, 29b, 「壬午錄」, "朱子, 雖在氣中, 理自理, 氣自氣, 不相夾雜之謂性云者, 以其理氣妙合之中, 理常爲主, 氣常爲輔, 雖在氣中, 不囿於氣, 命氣而不命於氣之云爾."

30) 『息山集』, 권3, 21a, 「答上雪軒從大父」.

리기설은 곧 천하의 정정正正한 공리公理이다. 사람들이 다 공평하게 논의할 수 있는데도 단지 우리 동방의 이가二家는 한쪽은 진秦나라요 한쪽은 월越나라처럼 문호를 분할하여 전습傳習한 지 오래되었으며, 사사私邪까지 섞여 있다. 비록 일언반구나마 마땅히 그 본지를 구명하려 하면, 반드시 선입견을 뱃속에 품고 참단斬斷할 생각만 하여 좌단하거나 우단함으로써 영욕榮辱이 판가름 난다. 대저 누가 특별히 분발함을 타고나 명목장담明目張膽으로 관건關鍵을 열고 깊은 경지에 들어가 갑을 변화시켜 을을 이루고 을을 점고해 갑을 이룬단 말인가.[31]

그의 성리설의 특징은, 리기심성을 분석하거나 종합함이 지나쳐서 극단적인 이원화 또는 일원화로 치닫는 것을 지양하고자 한 데 있다. 이황이 강조하는 리와 이이가 중시하는 기의 특성, 주리와 주기, 불상리·불상잡의 관계를 하나로 소화하려 했던 것 같다.

대개 리는 하나일 뿐인데 오직 기에 축저蓄貯되어 기와 더불어 동정動靜을 하는 까닭에, 성性에는 본연과 기질의 나뉨이 있고 심心에는 도심과 인심의 나뉨이 있으며 정情에는 사단과 칠정의 나뉨이 있으니, 대개 나눌 수 없는 가운데 나누지 않을 수 없는 것이 있다. 나눌 수 없는 가운데 나누지 않으면 안 될 것이 있음을 안 뒤라야 둘이면서 하나요 하나이면서 둘인 묘妙를 볼 수 있다.[32]

리기묘합을 가지고 동정을 설명한 것은 정통 퇴계학파 학인들과 큰 차이를 보인다. 이 때문에 이만부는 영남 출신 학자들로부터 '퇴율양가退栗兩可'라는 비판을 받기도 하였다. 이만부가 주리적 관점을 취하면서도

---

31) 『息山集』, 권6, 33a~33b, 「答申文甫」, "理氣說, 乃天下正正之公理. 人皆可公議, 而只爲吾東二家, 一秦一越, 分門割戶, 傳習旣久, 參錯私邪. 雖有一言半句, 是當求其本, 則必以先入, 亘在肚裏, 向前斬斷, 左袒右袒, 榮辱判焉. 夫孰能特挺奮發, 明目張膽, 開關鍵而入堂奧, 以化甲爲乙, 點乙成甲哉."

32) 『息山集』, 권7, 37b, 「答吳致重」, "大抵理一而已. 惟蓄貯于氣而與之動靜, 故性有本然氣質之分焉, 心有道心人心之分焉. 情有四端七情之分焉. 蓋有不可不分於不得分之中者也. 不得分之中, 知有不可不分. 然後二而一一而二之妙可見."

리기묘합을 중시한 것은 그가 근기남인이라는 점과 관계가 있을 것이다. 물론 여기에는 정시한의 영향도 적지는 않았을 것이다.

이형상 역시 이황을 존숭하여 낙남한 학자이다. 그는 48세 이전까지 기호지방에서 생장하고 활동하였다. 그 때문인지 성리설에서는 퇴계학파와 견해를 달리하였다. 리기의 혼륜무간渾淪無間과 불상리不相離의 관점을 견지하면서, 리의 동정動靜 내지 리생기理生氣의 관점을 부정하였다. 또 리기는 소종래나 원두처源頭處를 논할 때는 리선기후로 볼 수 있지만 기본적으로 표리表裏나 선후로 나누어 말할 수 없다고 하였다.[33]

한편, 다산 정약용은 이황의 학덕을 추앙하고 조술祖述하였다. 이것은 『도산사숙록陶山私淑錄』 등에 잘 드러나 있다. 그럼에도 성리설에서는 퇴계설만을 따르지 않고 양가의 설이 각기 특징이 있으므로 어느 하나를 따르고 다른 하나를 버려서는 안 된다고 하였다. 그는 "대개 퇴계가 논한 리기는 오로지 오인吾人의 성정상性情上에서 이론을 세운 것이요, 율곡이 논한 리기는 천지만물을 총괄하여 입설立說한 것이다"[34]라고 하여 두 설에 차이가 있음을 밝혔다 그는 또 이황과 이이 리기설의 요점을 다음과 같이 정리하였다.

> 퇴계와 율곡 두 분 선생께서 말씀하신 '리'나 '기'는 글자가 같기는 하지만 그 가리키는 바에는 '전專'이 있고 '총總'이 있다. 즉 퇴계는 자기대로 한 리기를 논했고 율곡도 나름대로 한 리기를 논한 것이다. 율곡이 퇴계의 리기를 취해 가지고 이를 어지럽혀 놓은 것은 아니다.…… 퇴계의 말은 비교적 정밀하고 자세하며, 율곡의 말은 비교적 활달하고 간결하다. 그러나 그들이 주의主意하여 그것을 지위指謂하는 바는 각각 다르니, 두 선생께 어찌 일찍이 하나의 잘못이라도 있겠는가. 하나의 잘못도 없는데 구태여 어느 한쪽을 그르다 하고 홀로 옳다고만 하려

---

33) 최영성, 『한국유학통사』 하권, 133~134쪽.

34) 『與猶堂全書』 제1집, 권21, 25a~25b, 「西巖講學記」, "蓋退溪所論理氣, 專就吾人性情上立說……栗谷所論理氣, 總括天地萬物而立說."

하니, 의논이 분분하여 정론定論이 없는 까닭이다.[35)]

정약용은 또 「리발기발변(二)」에서 "퇴계는 일생 동안 치심양성治心養性하는 일에 힘썼기 때문에, 그 리발·기발을 나누어 말하여 오직 그것이 분명하지 않을까 염려했다"[36)]라고 하였고, 『중용강의보中庸講義補』에서는 "사단칠정뿐만 아니라 풀 한 포기가 싹트고 나무 한 그루가 자라나는 것과 한 마리 새가 날고 한 마리 짐승이 뛰는 것에 이르기까지 그 어느 것이든 '기가 발함에 리가 타는 것' 아님이 없다"[37)]라고 하였다. 즉 이황은 인간의 본성을 중심으로 리기를 말하였고 이이는 사물의 근본원리를 중심으로 리기를 말하였으므로, 이런 점에서 볼 때 이황의 설은 윤리적 성격이 강하고 이이의 설은 철학적 성격이 강하다는 것이다. 위에서 '전'이라 함은 분석적 연구 방법과 통하고 '총'이라 함은 종합적 연구 방법과 통한다고 할 수 있다.

정약용은 이이의 기중시적 학문 경향이 맹자의 양기론養氣論에서 영향을 많이 받은 것으로 파악하여, 그 의의에 대해 일정하게 인정하기도 하였다.

> 이 기는 의義와 도道가 짝하는 것으로, 의와 도가 없다면 기는 시들해져 버린다. 이것은 여자약呂子約(呂祖謙)과 이숙헌李叔獻(율곡)의 유의遺義이다.[38)]

일찍이 여조겸은 주희에게 보낸 편지에서, '시기是氣'란 도의를 가리킨

---

35) 『與猶堂全書』 제1집, 권12, 17a~17b, 「理發氣發辨(一)」

36) 『與猶堂全書』 제1집, 권12, 18a, 「理發氣發辨(二)」, "退溪一生用力於治心養性之功. 故分言其理發氣發, 而唯恐其不明. 學者察此意, 而深體之, 則斯退溪之忠徒也."

37) 『與猶堂全書』 제2집, 권4, 65b, 「中庸講義補」, "臣妄以爲四端七情, 一言而蔽之曰, 氣發而理乘之, 不必分屬理氣. 不但四七, 卽一草一木之榮悴, 一鳥一獸之飛走, 莫非氣發而理乘之也."

38) 『與猶堂全書』 제1집, 권16, 16a, 「自撰墓誌銘(集中本)」, "曰是氣也, 配義與道, 無義與道, 則氣餒焉. 此呂子約也李叔獻之遺義也."

것이라 하였고 주희는 호연지기를 말한다고 하였다.[39] 정약용은 이에 대해 "맹자는 집의集義로써 호연지기가 발생하는 근본을 삼았고, 주자는 호연지기를 함양하는 것이 행의行義에 도움이 된다고 하였다. 선후본말의 전도됨이 이와 같다"라고 하면서, 주희가 무슨 이유로 여조겸의 설을 거부했는지 알 수 없다고 하였다.[40] 위에서 정약용이 이이를 거론한 것은 아마도 다음 언급을 염두에 둔 것이 아닐까 한다.

> 대저 리에는 한 글자도 다른 것을 더할 수 없으며, 털끝만큼의 수양(修爲)도 더할 수 없다. 리는 본래 선하니 무슨 수양이 필요하겠는가. 성현의 천언만언이 단지 사람들로 하여금 그 기를 단속하게 하고 그 기의 본연을 회복하게 할 뿐이다. 기의 본연이라는 것은 호연지기이다. 호연지기가 천지에 가득 차면 본래 선한 리가 조금도 가려짐이 없다. 이것은 맹자의 양기론養氣論이 성문聖門에 공이 있는 까닭이다.[41]

4. 정통 퇴계학파의 수용 양상

조선 후기 퇴계학파에서 대산 이상정은 소퇴계小退溪라 불릴 정도로 중추적인 위치에 있었다. 그의 성리설에 보이는 논리구조는 후세에 지대한 영향을 끼쳤다. 그런데 이상정의 성리설은 분개 일변에 치중했던 이전의 퇴계학인들과는 차이를 보였다. 그는 사단칠정의 분개를 기본적으로 중시하면서도 혼륜의 측면까지 아울러 보아야 한다고 하였다. 이것

---

39) 『晦庵集』, 권48, 「答呂子約」, "若如來諭, 以是爲指道義而言, 若無此道義, 即氣爲之餒, 則孟子於此, 亦當別下數語.……其下亦不須更說是集義所生矣."

40) 『與猶堂全書』 제2집, 권5, 18b, 「孟子要義」, '公孫丑第二' 참조.

41) 『栗谷全書』, 권10, 27a, 「答成浩原」, "夫理上不可加一字, 不可加一毫修爲之力. 理本善也, 何可修爲乎. 聖賢之千言萬言, 只使人撿束其氣, 使復其氣之本然而已. 氣之本然者, 浩然之氣也. 浩然之氣, 充塞天地, 則本善之理, 無少掩蔽, 此孟子養氣之論, 所以有功於聖門也."

은 혼륜을 기본으로 하면서 분개를 인정했던 기호학파 농암 김창협의 경우를 연상하게 한다.

그런데 퇴계학파 내에서 비중이 높았던 이상정 역시 처음에는 '혼륜' 쪽에 비중을 두었다고 하여, 율곡설과 같은 것으로 비판받았다고 한다. 이에 이상정은 이현일의 증손 이상원李象遠에게 다음과 같이 변명하였다.

> 문성文成(이이)의 무리가 혼륜만을 주장하였기 때문에 후세의 학자들은 그것의 편벽됨을 지적하고 잘못을 고치지 않을 수 없었습니다. 이 점이 바로 증왕부曾王父(이현일)께서 고심하고 힘을 써서, 일생 동안 혼륜을 간략하게 하고 분개를 상세히 하며 사단과 칠정의 다른 측면을 밝히고 그 같은 측면을 거의 말하지 않은 이유입니다. 폐단을 구제하고 병통을 공격하기 위해 그때의 형세가 이같이 하지 않을 수 없었을 뿐입니다. 지금 여러 분들은 머리부터 근원으로 거슬러 올라가 같고 다른 측면을 극진히 이해하지 않고, 단지 집안에 있는 문자를 읽고서는 한때의 폐단을 구제하려 한 설이 완전한 것이므로 바꿀 수 없는 논의라고 생각합니다. 그리고 다른 사람의 학설이 혼륜에 가까운 것을 보면 문득 이문성이 남긴 버릇이라고 말합니다.…… 그러나 그(이이)는 단지 혼륜이 있을 뿐이지만 나는 분개를 겸하여 말합니다. 그는 단지 일도一道(氣發理乘一途)를 말하지만 나는 호발互發을 함께 말합니다.[42]

즉, 학문을 할 적에는 그 시대의 폐단이 무엇이고 시대적 요구가 무엇이며 무엇이 급선무인지를 살펴야 되는데, 이현일이 분개를 강조하였던 것은 지나친 혼륜 중심의 관점과 이로부터 비롯된 세폐世弊를 구제하려는 의도에서였다는 것이다. 그런데 후인들은 그 본래 의도를 모르고 이현일의 학설을 금과옥조로 여겨서 혼륜을 말하기만 하면 무턱대고 율곡설과 같다는 식으로 몰아간다는 것이다.

이상정에 의하면, 이황은 심心을 통합적(渾淪)으로도 설명하고 분별적(分

42) 『大山文集』, 권20, 24b~25a, 「答李希道」.

開)로도 설명했지만 이이는 통합적인 파악을 내세워 분별적 이해를 공격했고 이현일·권상일 등은 분별적 설명을 강조하여 통합적 파악을 거부하였는데, 자신은 이러한 대립된 견해를 종합하여 이황의 본래 의도를 발휘하였다고 하였다.

이상정의 생각에 당시 퇴계학파의 폐단은 분개가 지나쳐 분개 일변으로만 달리는 것이었다. 그는 분개와 혼륜, 즉 이간離看과 합간合看을 병행하여 균형감각을 이루어야 세폐를 구제할 수 있다고 보았다. 그래서 시대와 학술 경향이 달라졌음을 인정하고, 퇴계설을 분개 위주에서 분개와 혼륜을 종합하는 방식으로 바꾸어야 한다는 점을 강조하곤 했다. 후일 이상정의 학통을 이었던 한주寒洲 이진상李震相은 분개에 혼륜을 종합하려 했던 이상정의 주장에 대해 "어찌 일찍이 일부러 상전종지相傳宗旨에 이론異論을 세운 것이겠는가. 수시취중隨時取中의 도리에서 이와 같이 하지 않을 수 없었던 것이다"[43]라고 변호한 바 있다. 이상정의 이러한 학문 태도와 관점은 이후 유치명·김흥락金興洛 등 적전으로 이어지고,[44] 이진상·장복추 등에게도 많은 영향을 끼쳤다. 특히 율곡학파의 관점에서 보면, 이상정의 논리는 그의 본래 취지와는 별개로 율곡학파와 소통하여 상호 근접할 수 있는 기초를 마련했다고 하겠다.

이상정의 학통을 이은 이진상은 학계가 당색의 과구窠臼에 얽매여 자파의 설만 옳다 하고 상대의 설을 배척하는 폐쇄적인 학풍을 반성하였다. 이러한 학풍은 고제高弟 곽종석에게 그대로 계승되었다. 이진상은 비교적 객관적인 시각에서 선유의 설을 계통적으로 정밀하게 고찰한

43) 『寒洲集』, 권7, 43a~44a, 「答沈穉文別紙」 참조.

44) 김낙진은 「定齋 柳致明과 西山 金興洛의 本心 중시의 철학」(『율곡사상연구』 제16집, 율곡학회, 2008, 101~124쪽 所收)에서 "유치명과 김흥락은 이이의 퇴계 비판 중 일부를 수용하여 퇴계학의 이론을 변모시킨 이상정의 학문을 계승한 학자들이었다"라고 하였다.

뒤 주희의 만년설을 정론定論으로 인정하였으며, 이어 경훈經訓과 자기의 견해에 비추어 합당하다고 생각되는 것을 받아들였다. 그는 선유의 설을 종합·정리한 점에서는 조선 유자 가운데 첫손에 꼽힐 만한 학자이며, 또한 자신의 관점을 뚜렷이 제시하고 독창적으로 체계화하였다는 점 역시 남에게 사양하기 어려운 학자라고 할 수 있다.

이진상은 리주기자론理主氣資論에 입각하여 이황의 리기호발론을 인정하면서도 궁극적으로는 리승기이발理乘氣而發을 주장하였다. 그의 성리설은 리발일로理發一路로 요약된다. 그는 또 사단칠정설을 논하면서도 마음의 도덕적 주체성-도덕적 책임의식을 강조하여 심즉리心卽理를 주장하였다. 심설에서 이황의 심합리기설 이후 가장 오른편에 선 것이다. 그는 자신이 강력한 주리론을 주장하게 된 이유를 설명하면서, 기중시적 경향에서 초래되는 세폐를 구제하고 시대적 요구를 완성하기 위한 수시취중隨時取中의 도리에서 나왔음을 여러 차례 말하곤 하였다.

> 리는 본래 '주主'이기 때문에 리를 주로 하여 말할 수 있는 것이다. 그러나 기는 본래 '자資'이니, 어찌 기를 주로 하여 말할 수 있겠는가. 기를 주로 말하면 곧 도를 어지럽히는 것이다.[45]

> 예로부터 성현이 심을 의리로써 말하지 않음이 없었다. '심은 기이다'라고 하는 설이 행하게 되면 성현의 심법이 하나하나 공空에 떨어져 학문에 두뇌가 없고, 세교世敎가 날로 혼란에 나아갈 것이다. 근세에 '인심유위人心惟危' 운운하는 16자 전심요결傳心要訣을 매색梅賾의 위찬僞撰이라고 한 것이 그 조짐이다.[46]

---

45) 『寒洲集』, 권8, 3b, 「答尹士善別紙」, "理本主也, 可以主理而言, 而氣本資也, 烏可主氣而言乎. 纔主氣便亂道."

46) 『寒洲集』, 권30, 5a, 「心卽理說」, "從古聖賢, 莫不主義理而言心, 而以心爲氣之說行, 則聖賢心法, 一一落空, 學無頭腦, 世敎日就於昏亂矣. 近世之以十六言傳心, 爲梅賾僞撰者, 此其兆也."

‘불리부잡不離不雜’ 넉 자를 리기설의 제일의제第一義諦로 보는 이진상은 성리설을 체계적으로 연구하기 위해 수간竪看·횡간橫看·도간倒看이라는 간법과 순추順推·역추逆推의 추리 방법을 제시하였다. 수간은 본원상本原上에 나아가 인식하는 것이요, 도간은 형적상形迹上에 나아가 인식하는 것이며, 횡간은 유행처流行處(現象)에 나아가 인식하는 것이다.[47] 여기서 그는, 수간은 리를 위주로 한 것이므로 리발의 논리가 가능하고, 횡간은 유행처에서 리·기 가운데 어느 것을 가지고도 주를 삼을 수 있으므로 리발과 기발의 논리가 가능하며, 도간은 기를 위주로 하여 리를 궁구하는 것이므로 기발의 논리가 나올 수 있다고 하였다. 리기를 인식하는 방법으로서의 순추와 역추는, 원리로부터 현상을 설명해 나가거나 현상으로부터 원리와 본질을 설명해 나가는 것이다. 전자가 리로부터 기를 설명해 나가는 것이라면, 후자는 기를 통해서 리를 인식하는 것이다. 그는 순추나 역추 가운데 어느 한 방법만으로는 회통할 수 없고 양자를 아울러야 된다고 하였다.

순추는 수간에 근거한 것이요, 역추는 도간과 횡간에 기초한 것이다. 이진상에 의하면, 인식의 첫 단계는 도간으로서 사물의 변화를 인식하는 것이고, 인식이 정밀해지면서 횡간하여 현상을 남김없이 인식하며, 마지막에 가서는 수간으로 진리를 인식해야 한다는 것이다. 이것은 주희 이래의 전통적인 2분법(離看·合看)을 3분법으로 발전시킨 것이라 할 수 있다. 그의 정치한 논리, 성실한 연구 방법은 조선의 여타 학자들에게서 쉽게 찾아볼 수 없는 것이다.[48]

이진상은 이러한 사유틀과 인식방법론을 가지고 성리학에서 제시된 여러 이설異說들을 해결하고자 노력하였다. 그리고 자신의 철학적 이론을

47) 『寒洲文集』, 권7, 41b, 「答沈穉文別紙」 참조.
48) 高橋亨, 「李朝儒學史に於ける主理派主氣派の發達」; 이형성, 『다카하시 도루의 조선유학사』, 215쪽.

철저히 주리적 측면에서 재구성하고, 선유들 가운데 중국의 장재와 나흠순을 비롯하여 조선의 서경덕·이이·한원진·이간·임영·임성주 등의 학설을 주기적이라 하여 비판하였다. 그는 이이의 '기발리승일도'의 논리를 도간, '정발어리情發於理'와 '리통기국理通氣局'을 수간이라 하면서, 이이의 경우 도간을 주로 하면서 수간을 겸하였다고 보았다.[49] 이에 비해 이황은 수간을 주로 하면서 도간을 겸하였다는 것이다. 이처럼 그는 여러 선유들의 간법을 주主와 겸兼으로 분석하면서, 간법의 차이에 따른 의미가 적지 않다고 하였다. 그가 간법을 가지고 자신의 학설을 체계화하고 정련精練을 가한 것은 선유들의 성리학설에 대한 비판과 반성의 의미가 담겨 있지만, 무엇보다도 율곡설 내지 율곡학파의 논리를 크게 의식한 것이 아닐 수 없다.

이진상은 이이의 논리를 부분적으로 인정하기도 하였으니, 특히 이이의 리통기국설을 정주의 설에 어긋나지 않은 것이라고 평가한 적도 있었다.[50] 그의 손자 이기원李基元(1885~1982)은 "조고祖考께서는 율곡설에 대하여 의신疑信함이 없지 않았다"[51]라고 하였는데, '의신'이란 의문을 가지면서도 부분적으로 인정하였다는 의미이다. 이진상은 '리승기이발理乘氣而發', '리발일로'를 말하면서 "발하는 것은 리이고 발하게 도와주는 것은 기이다"라는 점을 자신의 평생에 걸친 주된 견해라고 하였다.[52] 일찍이 이이가 "발하는 것은 기요 발하게 하는 것은 리이다"[53]라고 한

---

49) 『寒洲集』, 권7, 42b, 「答沈穉文別紙」, "栗谷主倒而兼竪."

50) 『寒洲集』, 권10, 9a, 「答姜耘父」, "至若曰, 情雖萬般, 夫孰非發於理, 及理通氣局等處, 儘非有違於朱李之旨也"; 『寒洲集』, 권30, 19a, 「書李巍庵理通氣局辨後」, "理通氣局之說, 始發於栗谷, 而其旨不悖於程朱."

51) 『三洲集』, 권5, 「辨田氏與李鐸謨書」, "祖考於栗谷說, 不無疑信."

52) 『寒洲集』, 권19, 12a, 「答郭鳴遠疑問」, "發者理也, 發之者氣也. 乃鄙人平生主見"; 『寒洲集』, 권7, 37a, 「答沈穉文」, "竊意謂之發者, 則發之主也, 發之者, 則發之資也."

53) 『栗谷全書』, 권10, 36a, 「答成浩原」, "發者氣也, 所以發者理也"; 『栗谷全書』, 권10, 5a, 「答成浩原」, "大抵發之者, 氣也. 所以發者, 理也. 非氣則不能發, 非理則無所發."

것과 같은 논법임은 더 말할 나위 없다. 궁극적으로 리기에 접근하는 관점은 상반되지만 이이의 일도설一途說의 논리를 수용한 것으로, 리의 주재성을 강조하면서도 리기불상리의 묘를 강조한 것이다. 이진상은 '주재하는 것은 리'이고 '작용하는 것은 기'라는 점을 분명히 하면서도[54] '발發'을 주재의 측면에서 해석했고, 이이는 작용의 측면에서 해석하였다. 이 차이가 있을 뿐, 작용하는 것이 기라고 본 점에서는 이이와 다름이 없다. 이런 까닭에 이진상의 성리설을 보다 적극적으로 해석한다면 이황의 리기호발설에다 이이의 기발리승일도설을 수용하여 종합·지양하는 의미를 지닌다고 할 수 있다. 이런 의미에서 '상대적 독자성'을 인정할 수 있다고 본다.

5. 조선 말기 척사위정론과 퇴계·율곡학파의 만남

조선 말기 국운이 기울어져 갈 때 조선의 학계에 새로운 움직임이 있었다. 조선 학계가 기호·영남의 지역색에서 탈피하고 학통과 학설의 차이를 넘어 '척사위정'의 기치 아래 하나로 뭉치게 된 것이다. 이것은 우연이 아니었다. 이에 대해 우리는 존왕양이尊王攘夷의 춘추대의春秋大義와 성리학의 주리론主理論을 통해 살필 수 있다. 대개 척사론자들이 학통과 학파를 떠나 하나로 만났던 정신사적 맥락이 무엇인가를 살필 때 성리학의 주리론을 먼저 떠올리기가 쉽지만, 사실은 존왕양이의 춘추대의가 공통 기반이었음을 알아야 한다. 척사위정운동의 이면에는 주리·주기의 철학적 기반에 앞서 존왕양이의 춘추대의를 민족적으로 승화시킨 애국·우국 정신이 관류貫流하고 있다.

54) 『寒洲集』, 권19, 12a, 「答郭鳴遠疑問」, "理乘氣, 主宰在理, 作用在氣."

조선 말기 척사위정운동의 원류를 이룬 것은 화서학파華西學派로, 화서 이항로는 이른바 '춘추대의의 선봉'으로 일컬어지는 송시열 계열의 기호학파에 속한다. 그는 공자 → 주희 → 송시열을 유학의 정통으로 받들어 언제나 이들을 조술할 것을 강조하였다. 존왕양이의 춘추대의는 퇴계학파와 율곡학파, 주리파와 주기파를 가릴 것 없이 척사위정운동의 사상적 기저를 이룬다. 이것은 화서학파를 비롯한 척사론자들에게서 거의 공통적 인식으로 나타난다. 척사위정사상을 주리파와 직결, 등식화하는 것은 분명 문제가 있다. 왜냐하면 '양기집의養氣集義'를 강조하는 주기파 내지 기중시적 전통에서도 의리사상이 도출될 수 있는 기반이 없지는 않기 때문이다.[55)]

그러나 성리학에서의 주리론이 척사위정운동의 철학적 기반의 하나로 지대한 구실을 하였음은 숨길 수 없는 사실이다. 그렇기에 '척사위정운동' 하면 '주리론'이 연상되기도 하는 것이다. 돌이켜 볼 때, 19세기 후반에 이르러 조선의 성리학계에 한 가지 주목할 만한 현상이 대두되었다. 그동안 학통과 지연 등으로 서로 견해를 달리하거나 반목을 되풀이해 왔던 기호·영남의 양대 학파에서, 학파를 초월하여 공통적으로 주리론이 등장하였다는 사실이다. 그 대표적인 학자로는 조선 말기 3대 주리론자로 일컬어지는, 근기近畿의 화서 이항로, 호남의 노사蘆沙 기정진奇正鎭, 영남의 한주 이진상을 들 수 있다.

이들 세 학자의 문하에서는 서로 통교通交가 있었다. 특히 이항로와 기정진의 문하에서는 학통과 학설상의 공통점 등으로 인해 내왕이 적지

---

55) 주리파와 주기파는 氣에 대한 인식에서 큰 차이를 보였다. 이에 대한 올바른 이해 없이는 척사위정론의 리기론적 기초를 해명하기 어렵다. 주기파에서 인식하는 氣는 주리파에서 말하는 것처럼 不純正한 것만은 아니다. 주기적 경향을 보이는 학자들은 전통적으로 『맹자』 '浩然章'을 중시한다. 호연장의 내용은 한마디로 '養氣集義'라 할 수 있다. 이이는 '변화기질'을 강조하면서 호연지기의 확충을 말하였다.

않았다. 김평묵은 이진상의 주리론이 이항로의 그것과 대동소이하며, 또 기정진의 학설과 척사론 역시 이항로와 다를 바 없다고 주장하는 등 삼인 사이의 사상적 공통성을 지적한 바 있다.[56] 최익현은 이항로와 기정진에 대하여 다음과 같이 말하였다.

> 화서·노사 두 선생은 초야에서 우뚝 솟아나신 분들로, 서로 수백 리 떨어져 있어 단 하루도 만난 일이 없었다.…… 그러나 그 논하는 것이 왕왕 서로 부합된 것이 많았다. 또 단연코 '주리'의 종지는 약속하지 않았어도 저절로 같았으니, 이 어찌 상의하여 한 것이겠는가.[57]

이렇듯 학통과 지방색을 달리하면서도 서로 약속이나 한 듯 일치된 학문 노맥을 보일 수 있었던 밑바탕은 무엇이었을까. 서세동점의 추세에 따라 우리 민족의 자존과 주체성에 대한 위기의식이 고조되기 시작했던 19세기 후반에, 같은 시각에서 시세의 흐름을 파악하고 또 위기의식의 공감대를 이룬 유림으로서는 서양문물의 무분별한 유입과 제국주의의 경제적·군사적 침략에 대처할 수 있는 자체 이론을 재정립해야 했다. 그들은 전통사상인 성리학을 고수하고 그 정통성을 계승하기 위해서는 근본원리로 돌아가 그것을 재확인해야 한다는 데 인식을 같이하였다. 이를 본다면 주리 쪽에 관심이 쏠린 것은 당연한 귀결이었다.

---

56) 김평묵은 이진상의 주리설에 찬동하면서 "한주의 문하에 나아가 주리설을 듣지 못한 것을 안타깝게 생각한다"라고 말하였다. 『重庵集』, 권16, 21a~22a, 「答尹箭村胄夏」, "寒洲爺爺之所傳授, 實與舊所聞於青華函丈者, 不約相符, 則雖未知程朱復起, 當莞爾與否, 而當場洒然欽服, 卽不容名言也.……蓋不圖今天下, 心之本體眞面目, 軒豁呈露, 若是其端的也, 甚盛甚盛.……卽此大本端的如此, 見師友傳授之實, 吾道之幸也." 또 이진상의 高弟 곽종석과 李承熙는 다음과 같이 말하였다. "鄙先師寒洲先生, 一生林下, 默契道眞, 明一實之妙, 斥氣學之淫, 大置與華西先生, 不約而符節合矣."(『俛宇集』, 권30, 2a, 「答柳聖存」); "華西之學主理, 其心理說, 與鄙先人同, 故視如一."(『大溪集』, 권28, 10b, 「答李南彬筆話」)

57) 『勉庵集』, 권7, 16b, 「答宋淵齋」, "華西蘆沙兩翁, 崛起草茅, 相距數百里, 無一日之雅. 杜門讀書, 得不傳於遺經, 其所論者, 往往多相符, 而斷然主理宗旨, 則又自是不約而同, 是豈人爲謀哉."

이때 등장한 주리론은 종래의 주리론을 답습한 것이 아니라, 그것을 당시 상황에 적용시켜 새롭게 발전시킨 것이었다. 리기를 가치론적 측면에서 해석하여 사회질서의 안정 및 윤리강상의 수호·부식에 초점을 맞춘 것이 그 특징이었다. 자기중심적 의식이 그 바탕에 깔렸던 것이다. 리기에 대한 가치론적 이해는 이들의 성리학 전반에 일관되었다.

이항로는 리기론에서 '리존기비理尊氣卑', '리귀기천理貴氣賤'의 가치론적 관점을 견지하였다.

> 리가 주로 되는 것은 지당한 이치요 시세時勢에 순응하는 것이다. 기가 주로 되는 것은 사리에 어긋나며 시세에 역행하는 것이다.[58]

> 리가 주主가 되고 기가 부림을 받는다면, 리는 순純하고 기는 정正해서 만사가 다스려지고 천하가 편안해질 것이다. 그러나 기가 주가 되고 리가 부차적인 것이 된다면, 기가 강하고 리가 숨게 되어 만사가 어지러워지고 천하가 위태로워질 것이다.[59]

이를 통해 우리는 주리론이 척사위정운동의 사상적 기초 가운데 하나였음을 짐작할 수 있다. 이것을 우리는 '주리론적 척사론'이라 해도 무방하다고 본다.[60]

그런데 주리론의 전통이 강한 퇴계학파가 주리론적 척사론으로 가는 것이 필지必至의 일이라 하더라도 기호학파 이이의 학문 전통을 이어받은 학자들까지 그 대열에 동참하게 된 것을 우연이라고만 할 것인가, 또 그것을 서세동점이라는 외부적 요인에 의한 것으로만 볼 것인가, 아니면

---

58) 『華西集』, 권12, 34a, 「答崔贊謙」, "理之爲主, 正理也, 順勢也. 氣之爲主, 悖理也, 逆勢也."

59) 『華西雅言』, 권1, 11a~11b, 「臨川第二」, "理爲主, 氣爲役, 則理純氣正, 萬事治而天下安矣. 氣爲主, 理爲貳, 則氣彊理隱, 萬事亂而天下危矣. 差以毫釐, 繆以千里."

60) 최영성, 『한국유학통사』 하권, 338~344쪽 참조.

내부적으로 사상계의 분화 등과는 관계가 없는 것인가 하는 점이 문제로 제기될 수 있다. 필자는 그 해답을 율곡학파에서 농암 김창협 계열이 분화하여 세력을 이루었던 데서 찾을 수 있다고 본다.

잘 알려진 바와 같이 김창협 계열은 농암문파라고 불릴 정도로 그 세력이 상당하였다. 이 계열의 학자들은 주기설을 성인의 본지에 어긋난 것이라고 비판하면서 주리적 관점을 뚜렷이 하였다. 또 도체道體를 논하는 경우 대체로 리기불상리의 관점을 취하면서도 심성론에서는 리기불상잡의 관점을 취하였다. 나아가 그들은 율곡 이이, 우암 송시열, 농암 김창협, 노주老洲 오희상吳熙常의 학설을 '주리법문主理法門'이라 규정하였다. 김창협·오희상으로부터 간재 전우에게로 이어지는 율곡학파 낙론 계열의 기본 관점은 '주리'에 있었다. 이것은 낙론에서 보는 율곡설의 기본 관점이다. 그들이 기호학파이면서도 나흠순과 임성주의 학설을 집중적으로 비판했던 이유가 거기에 있다.

화서 이항로만 하더라도, 그는 이황과 이이의 학설을 절충한 택당澤堂 이식李植의 후손으로서 김창흡 계열이었던 죽촌竹村 이우신李友信(1763~1822)에게 종학從學하였다. 이항로는 학맥상 농암문파에 연원하여 마침내 '리존기비理尊氣卑'라는 가치론적 리기설을 전개하였던 것이다. 또한 근세의 대유大儒로 김창협 계열인 간재 전우는 이이 성리설의 대강을 "성시리性是理, 심시기心是氣"로 파악하여 '주리론'의 차원에서 전개하였으며, 평생 이이의 학설을 옹호·변호하는 데 주력하였다.

조선의 성리학은 처음부터 끝까지 대립적이고 분파적으로만 전개된 것은 아니었다. 표면적으로 잘 드러나지는 않았지만 어느 시기에 가서 귀일할 수 있는 가능성을 지녔으며, 그러한 가능성을 실제로 보여 준 사례의 하나가 척사위정운동이었다고 하겠다.

6. 맺음말

조선시대 성리학사를 통관할 때, 이른바 주리론자들은 대체로 '가치'의 논리에 치중하고 주기론자들은 '사실'의 측면에 치중한 경향이 짙다. 이상사회의 건설을 추구하는 주리적 관점에서는 인륜도덕을 중시하는 등 가치의 논리에 집중할 수밖에 없었고, 주기적 관점에서는 도체道體를 설명하면서 사실의 논리에 입각할 수밖에 없었을 것이다. 이처럼 두 학파는 논리 전개에서 서로 입각점이 다르지만, 그 학설이 지닌 의미는 과소평가할 수 없다. 사상사에 끼친 영향도 적지 않다. 여기서 의미를 캐내야 조선성리학사가 유기적으로 서술될 수 있다고 본다.

조선유학사에서의 사단과 칠정에 대한 허다한 논의는 간법看法의 차이에서 비롯된 것이라 할 수 있다. 선유들이 말했던 종기관리從氣觀理·종리관기從理觀氣, 유리추기由理推氣·유기추리由氣推理, 기상언지氣上言之·종기이언從氣而言 등이 다름 아닌 간법이다. 기본적으로 관점과 시각을 달리하여 논리를 전개할 수 있고, 여기에 나름의 의의가 있음을 인식한다면, 상대의 논리와 주장을 무턱대고 비판하거나 공격할 수 없다. 그렇기에 상대의 언설에 대한 활간活看과 다양한 학설에 대한 이해가 요구되는 것이다.

종래 사단칠정에 대한 분류 틀의 하나인 주리·주기는 간법의 차이에서 온 것이다. '리'의 일차성과 주재성을 인정하는 문제로 말하자면 주리파·주기파의 구별이 있을 수 없다.[61] 그러나 이를 근거로 모든 성리학자들의 논리를 주리론이라고 할 수 있을까? 이것 역시 선유들의 다양한 학설을 전혀 특색 없는 것으로 인식하게 하는 어리석음을 범할 수 있다. 어떤 면에서는 조선성리학사의 단점으로 지적되는 '단조로움'을 가중시키는

61) 주리와 주기를 학파의 명칭으로 쓰는 데는 문제가 많다. 리와 기를 가치론적으로 접근하는 경우가 많기 때문이다.

결과를 초래하고 말 것이다.

성리학이라는 하나의 학문이 수백 년 동안 학파를 이루면서 줄기차게 논의되었다는 데서 선유들의 강인한 사색력을 느낄 수 있다. 그러나 동시에 고착화되고 경화된 측면이 있었던 것도 사실이다. 상대방의 논리와 그 학설의 의의를 이해하려고 노력하지 않고 무턱대고 이단과 사설로 몰아붙인 예가 허다했다. 이것은 조선성리학사에서의 일대 오점이라 하겠다. 그러나 일부 양식 있는 학자들은 상대의 학설을 이해하려고 노력하였다. 이러한 노력들이 지속적으로 이어졌다면 양측이 마침내 난만동귀爛漫同歸할 수 있었을 것이다. 본고는 이러한 가능성을 탐색함으로써 한국유학사의 시각을 새롭게 하자는 데 목적을 두었다.

퇴계학파는 표면적으로 조선 말기까지 단일 대오를 형성하면서 큰 변화 없이 내려온 것으로 볼 수 있다. 그러나 퇴계학파가 주리론의 기치를 지키면서도 작지 않은 변화를 보였음에 주목해야 한다. 이황 이후 후학들의 논리를 자세히 보면 다양하다. 그런데 호발설을 반대하건 옹호하건 간에 사단칠정 리발일로를 주장하고 사단칠정의 근원이 하나라는 일본지묘一本之妙를 추구하려는 학자들이 많았고, 퇴계학파에서 그들이 차지하는 비중이 컸다는 사실은 분명하다. 이현일이나 권상일의 경우처럼 분개일변으로 논리를 편 일부 학인들을 제외하고는,[62] 분개를 주로 하면서 혼륜을 겸한 것이 주류를 이루었다고 할 것이다. 이렇게 본다면, 기호학파 내부에서 권상하權尙夏·한원진韓元震 계열(이른바 호론) 및 임성주 등 기중시

62) 다카하시는 퇴계학파에서 퇴계초년설을 遵奉하는 권상일 등을 여타의 학자와 구분해서 별개의 학맥으로 보아야 한다고 주장하였다(이형성, 『다카하시 도루의 조선유학사』, 222쪽). 권상일은 이황이 「천명도설」에서 "사단은 리의 발이고 칠정은 기의 발이다"라고 하여 서로 所從來가 다른 것으로 해석한 것을 끝까지 고수, 순수하게 초년설을 지켰다. 그는 본연지성과 기질지성이 각자 스스로 발동하여 이루어진 情을 각각 사단과 칠정이라 하고, 또 사단은 리발, 칠정은 기발이라고 하여 양자의 소종래가 서로 다름을 논리적으로 합리화시켰다.

적 경향이 강한 일부를 제외하고는 대체로 율곡설에 대한 새로운 이해와 보완, 절충이 이루어진 것과 마찬가지로, 퇴계학파에서도 퇴계설에 대한 재해석은 물론 적지 않은 보완과 수정이 가해졌다고 할 수 있다. 그럼에도 퇴계학파에서 율곡설의 수용을 직접적으로 밝힌 사람은 거의 없다. 이이는 이황과 병칭되었음에도 퇴계학파 내부에서는 이이를 '근세유현' 또는 '선배학인' 등으로 일컬었으며, 이이의 학문은 '일종학문一種學問'으로 매도되기 일쑤였다. 당파적 기습氣習이 무거웠던 것이 아쉬울 따름이다.

퇴계학파가 이이의 논리를 일부 수용하게 된 데에는 특히 근기 출신 퇴계학인들의 영향이 적지 않다. 예컨대 이익·정시한의 성리설은 퇴계설을 적극 옹호하고 율곡설을 배척하는 데서 출발하여 그것으로 일관되었다. 그러나 근기 출신이었던 그들은 율곡설을 전혀 의식하지 않을 수 없었다. 분개에 치중했던 정통 퇴계학파 학인들과 달리 분개에다 혼륜을 병행하여 리기관계를 파악하려 했던 그들의 기본 관점은 후대로 내려가면서 퇴계학파와 율곡학파가 서로 대립·갈등하는 것을 완화시켜 상호소통할 수 있도록 기여하였다. 이익·정시한의 본래 의도에 관계없이 그들의 학설은 일전一轉하여 대산 이상정에 이르고, 다시 일전하여 정약용에 이르렀다. 근기 출신으로 정시한을 몹시 존숭했던 정약용의 경우, 퇴계·율곡의 설이 각기 특징과 장점이 있고 상호 보완 관계에 있으므로 어느 하나만을 따르고 다른 하나를 버려서는 안 된다고 하였다.

이처럼 퇴계학파가 표면적인 것과 달리 내면적으로 이이 내지 율곡학파의 논리를 수용한 데서 조선성리학의 양대 학파가 한자리에서 만나 허백虛白한 마음으로 대화하고 마침내 하나로 돌아갈 수 있는 가능성을 엿보게 했다고 하겠다. 특히 조선 말기 나라가 풍전등화의 위기에 처했을 때 퇴계학파나 율곡학파가 함께 '주리'의 기치 아래 뭉쳐 국운을 개척할 이념적 토대를 마련하였던 것은 하나의 좋은 사례라고 할 것이다.

퇴계학파 학인들이 이이의 학설과 논리를 다양한 모습으로 수용하면서 퇴계학의 새로운 발전에 적지 않게 영향을 끼쳤다는 사실이 명백해졌다. 종래 다카하시류의 대립적·분열적 구도를 가지고 한국성리학사를 보는 것은 이제 확실하게 청산해야 할 때가 되었다고 본다. 이에 관한 후속 연구가 계속 이어지기를 기대해 본다.

제4장 남당학의 근본 문제와 학파의 계승 양상

1. 머리말

한국철학사에 큰 발자취를 남긴 남당南塘 한원진韓元震(1682~1751)에 대한 연구는 많이 이루어진 편이다. 일반 논문은 그 수를 헤아리기 어렵고, 박사학위논문[1]과 단행본[2] 숫자도 늘어나는 추세이다. 연구 주제를 보면, 지난날 인물성론人物性論이 대다수를 이루어 오던 것이 2000년대에 들어서는 미발심체未發心體의 문제, 지각론知覺論 등으로 다양한 논의가 이어졌다. 한원진이 워낙 인물성론의 부면에서 유명하다 보니 연구가 성론에 집중된 것은 자연스런 현상인지도 모르겠다. 다만 논의가 '순수철학' 중심으로 진행되어 온 까닭에 필자에게는 답답한(?) 느낌이 없지 않았다.

---

1) 정연수, 「남당 한원진의 聖學工夫論 연구」(성균관대 대학원, 2011).
김태년, 「남당 한원진의 正學 형성에 대한 연구」(고려대 대학원, 2006).
이향준, 「남당 한원진의 성론 연구」(전남대 대학원, 2002).
전인식, 「이간과 한원진의 未發·五常 논변 연구」(한국정신문화연구원 한국학대학원, 1999).
임원빈, 「남당 한원진 철학의 리에 관한 연구－리와 지각론을 중심으로」(연세대 대학원, 1994).
이상곤, 「남당 한원진의 기질성리학 연구」(원광대 대학원, 1991).

2) 이상곤, 『한원진: 18세기 기호유학을 이끈 호학의 일인자』(성균관대 출판부, 2009).
문석윤, 『호락논쟁 형성과 전개』(동과 서, 2006).
이애희, 『조선 후기 인성·물성 논쟁의 연구』(고려대학교 민족문화연구원, 2004).

한원진과 이간李柬 사이의 인물성논변은 그 범위[3]가 넓었다. 개념상의 차이는 극복하지 못했지만, 논변 과정에서 동원된 논리는 피차 갈수록 세련되어졌다. 겉만 보면 '순수철학의 발로'라고 여기기에 충분하다. 그러나 철학은 현실의 반영이다. 한원진의 철학에는 목적성이 강하게 개입되어 있다. 저간의 연구 경향을 보면, 철학 전공자들은 대체로 인물성론의 철학적 탐구에 집중하였다. 일부 학자를 제외하고는 그것이 당시의 사회현실과 어떤 유기적인 관계가 있는지에 대해서는 그다지 관심을 보이지 않았다. 역사학 전공자들은 호론과 낙론이 북벌론北伐論과 북학론北學論 같은 뜨거운 문제에 어떤 영향을 끼쳤는지 큰 관심을 보였지만, 그것의 철학적 기반은 소홀하게 다룬 감이 없지 않다. 양쪽이 서로 진지한 대화를 나눌 필요가 있다. '학제간의 통섭'이란 이런 것인가 한다.

본고에서는 남당학의 근본 문제에 대하여 거시적 차원에서 짚으려고 한다. 근본 문제란 다름아닌 '철학의 목적성'에 관련된 것이다. 필자는 남당학의 뚜렷한 가치지향적 성격[4]에 주목하면서, 그것이 춘추대의春秋大義를 밑바탕에 깔고 있다는 점을 주로 말하려고 한다. 조선 후기에 사실상 국시國是가 되어버린 춘추대의를 성리학 차원에서 체계화한 것이 남당학이라는 점을 강조하려는 것이다.[5] 순수철학 차원에서의 고찰이 아님을 미리 말해 둔다.

이어 남당학파의 계승 양상을 고찰하려 한다. 남당학파는 한원진 이후 학문적·사상적으로 별다른 진전을 보지 못하였다. 한원진이라는 거목의

---

3) 인간의 심성에 관한 문제, 도덕적 가치 판단의 근거로서 선악의 문제, 유학의 대명제인 仁의 실천 문제 등으로 확대, 발전되었다.

4) 가치지향적 성격 속에 정치적 목적이 내재한다. 그러나 정치적 목적은 微言 속에 숨어 있다. 이 微言을 찾아 설득력 있게 분석, 설명하는 것이 본고의 완성도를 높이는 관건이라고 생각한다.

5) 여기서 춘추대의를 주개념, 인물성론 등을 종개념으로 보아도 큰 잘못은 아니라고 생각한다.

그늘에 가리고, 남당학의 촘촘한 그물에서 좀처럼 벗어나지 못하였다. 게다가 학파의 후예들이 정치에 적극 개입하다가 실각한 이후로는 학파의 존립 기반마저 무너져 갔다. 근세에 한원진의 사숙문인私淑門人을 표방하는 이들이 상당수 있었지만, 대개 '홍주洪州'를 중심으로 내포內浦지역에 국한되었다. 남당학의 전승 문제, 계승 양상에 대한 연구가 드문 현실에서 간략하게나마 고찰하는 것도 의미는 있을 성싶다.

본고는 대관大觀적 구도에서 작성되었다. 또한 남당학에 대한 필자의 소회의 일단을 담은 것이다. 미시적이고 고증적인 접근 방법과는 거리가 있다. 남당학을 춘추대의와 연관시켜 논한 선행 연구는 아직 없는 것으로 안다. 금후 학계에서 진지한 검토와 후속 연구가 이어지기를 기대한다.

2. 남당학과 춘추대의

1) '대결국'의 시기와 춘추대의

1627년과 1636년 두 차례에 걸쳐 조선은 만주족인 후금後金의 침략을 받았다. 이어 1644년 명나라가 후금에 의해 멸망당했다. 하늘과 땅이 뒤집히는, 이른바 '천번지복天飜地覆'의 대변국을 맞이한 것이다. 동아시아 질서를 뒤바꾸어 놓은 일대 충격 속에서 조선의 지성인들은 난국을 풀어 갈 해법 찾기에 골몰했다.

인조반정으로 정권을 잡았던 서인계 학자들을 중심으로 대명의리론大明義理論, 북벌론 등이 제기되었다. 전반적으로 명분론이 득세하였다. 이 명분론 뒤에는 이른바 '춘추대의'가 자리 잡고 있었다. 우리나라에서 춘추대의는 역사의 파란波瀾이 거셌던 '대결국大結局'[6]의 시기에 판을 매듭

6) 宋秉璿, 『淵齋集』, 권18, 20b~21a, 「繼開論」, "結局, 有大結局焉, 有小結局焉. 於大之中,

짓는 촉매제이자 진정제로서의 구실을 하였다. 나말여초의 정몽주鄭夢周와 조선 후기의 송시열宋時烈(1607~1689)은 춘추대의의 사도使徒로서, 후학들은 이들을 선조후응先照後應하는 관계로 인식하였다.

송시열은 주자학으로 학계를 통일하고 춘추대의로 당면한 정치 문제를 해결하려 하였다.[7] 그에게는 국론 통일이 급선무였다. 송시열의 학문과 의리(또는 事業: 정치활동)는 철저할 정도로 여기에 초점이 맞추어졌다. 주자일준주의朱子一遵主義(주자절대화)는 송시열의 『주자대전차의朱子大全箚疑』, 그리고 송시열의 유촉遺囑을 받들어 한원진이 완성한 『주자언론동이고朱子言論同異考』로 대표된다. 송시열은 정력적으로 학술 활동을 하였지만 시대가 그를 학술 활동에 전념하도록 놓아두지 않았다. 그는 자신이 이루지 못한 것을 후학들에게 과제로 남김으로써 학술적 영향력과 생명력을 연장시켰다.

송시열은 춘추대의의 기치旗幟를 높이 들었다. 그가 생각하는 춘추대의는 천경지의天經地義, 즉 시간과 공간을 초월하는 불변의 진리였으며, 17세기 조선에서는 조선의 생존 방식을 결정하는 중차대한 문제였다. 야만으로부터 도덕문명을 지켜 내는 문제, 그리고 명나라의 재조지은再造之恩에 대한 입장, 불의무도不義無道한 청나라에 대한 복수의 문제, 주자비판론에 대한 대응 등 국내외의 복잡한 정치 현안들이 모두 춘추대의로 수렴되었다.

춘추대의의 내용은 수십 가지이다.[8] 춘추대의는 명분을 바로잡는 데 목적이 있고, 분변分辨에 특징이 있다. 분변이란 '나누어서 분명히 한다'는

又有大之大而小焉者, 於小之中, 又有小之小而大焉者. 惟在其時世事業之如何耳."

7) 『南塘集』, 권38, 19a, 「雜識」, "尤翁學宗朱子, 義秉春秋."

8) 『栗谷全書』, 권20, 34b, 「聖學輯要(二)」, '窮理章第四', "春秋大義數十(葉氏曰: 春秋大義, 如尊君而卑臣, 貴仁義而賤詐方, 內中國而外夷狄之類), 其義雖大, 炳如日星, 乃易見也. 惟其微辭隱義, 時措從宜者, 爲難知也."

의미이다. 분변해야 하는 것으로는 중화中華와 이적夷狄, 천리天理와 인욕人欲, 정학正學과 이단異端, 왕도王道와 패도霸道, 치세治世와 난세亂世, 정통과 윤통閏統 등 낱낱이 열거하기 어려울 정도로 많다. 이렇게 엄격하게 분변하는 이유는, 명분을 바로잡아 모든 정신적·이념적 혼란을 미연에 방지하고 질서 있는 세상을 만들기 위함이다. 『춘추공양전』에서 말한 '발란반정撥亂反正'이 바로 그것이다. 발란반정은 궁극적으로 국가와 민족을 초월한다. 『춘추』에서 말하는 대의를 개인으로부터 사회와 국가, 더 나아가 전 인류에까지 전파하여 융평세계隆平世界를 만들어 가자는 것이다. 이것을 '춘추대일통春秋大一統'사상이라고 한다. 오늘날의 관점에서 보면 춘추대의에는 보편 규범으로 이해하기 어려운 것들이 있다. 내외에 차별을 두는 역사관, 결과보다 동기를 중시하는 가치판단, '친친親親'을 중시하는 가족주의적 경향, 복수復讐를 용인하는 복구復仇사상 등이 그것이다.

본고에서 논하는 춘추대의는 주로 '존화양이'에 관한 것이다. '화이華夷와 인수人獸의 분변'을 내용으로 하는 존화양이는 당시로선 보편 규범이었다. 민족과 국가의 개념을 넘어서는 것이었다. 한 예를 보자. 두 차례의 호란을 겪은 뒤 조선의 식자층에서는 복수설치復讐雪恥를 외치며 북벌론을 주장하였다. 그런데 송시열은 복수설치 차원에서 한 단계 더 나아가 "오랑캐는 중국에 들어올 수 없고 금수禽獸는 인류와 같은 무리가 될 수 없다"라고 하는 춘추대의를 제일의第一義로 하고 '위명복수爲明復讐'를 제이의第二義로 할 것을 역설하였다 한다.[9] 춘추대의가 은혜와 복수의 차원을 넘어선 것임을 보여 준 예라 하겠다.

송시열은 당시에 춘추대의의 화신으로 자타가 인정했다. 그는 춘추대의의 전도사로 일생을 바쁘게 보내느라 학문에 전념할 수 없었다. 저술

9) 『宋子大全』 附錄, 권19, 28a, 「記述雜錄」, '尹鳳九錄', "鳳九問曰: 聞淸愼春諸先生, 皆以大明復讐爲大義, 而尤翁則又加一節, 以爲春秋大義, 夷狄而不得入於中國, 禽獸而不得倫於人類爲第一義, 爲明復讐爲第二義, 然否? 曰: 老先生之意, 正如是矣."

분량을 말하자면 우리나라에서 첫손가락에 꼽을 정도로 문집이 호대浩大하지만 단행본 전문 저서는 내지 못했다. 그는 자신의 한계를 알고 문인들에게 과제를 부여하였다. 송시열이 문인 권상하權尙夏에게 거는 기대는 실로 컸다. 권상하는 송시열로부터 의발衣鉢을 전수한 문인이다. 그는 기호학파 이이 계열의 적통을 계승했다는 자부심이 대단하였다.

권상하는 충청도 청풍의 황강黃江에서 강학하였다. 문하에 제제다사濟濟多士가 몰려들었는데, 송시열의 적전嫡傳이라는 명성이 크게 작용하였다. 한원진은 21세 때인 1702년에 권상하의 문하에 들어가 집지문인執贄門人이 되었고, 이후 거의 매년 권상하를 찾아뵙고 논도강학論道講學을 계속하였다. 한원진에게 거는 권상하의 기대는 송시열이 권상하에게 걸었던 기대에 못지않았다. 『남당연보』에 의하면, 한원진의 저술 가운데 『주자언론동이고』 등 중요한 저술 다수가 권상하의 부촉과 권유로 이루어진 것이라고 한다. 권상하의 부촉이 곧 송시열의 부촉임은 더 말할 나위 없다. 한원진은 권상하의 기대에 어긋나지 않았다. 송시열의 충실한 손제자孫弟子로, 춘추대의의 사도로 성장하였다. 권상하가 그에게 의발을 전수할 만하였다. 송시열 → 권상하 → 한원진으로 이어지는 학문 전통은 '계지술사繼志述事'의 정신에 입각한 것이었다.

2) 율곡학파의 도통과 춘추대의

『송자대전』「연보」에 의하면, 1689년 송시열은 사사賜死의 후명後命이 내렸을 때 문인 권상하에게 "학문은 주자를 주로 해야 되고, 사업은 효종의 대의大義를 주로 해야 된다"라고 당부하면서, 의복과 서적을 유품으로 주었다. 의복과 서적의 전수는 불가에서 의발을 전수하는 것과 같은 의미를 지닌다. 당시 송시열이 권상하에게 물려 준 서적 중에는 수택본手澤本『주자대전』 한 질이 들어 있었다고 한다. 권상하는 이 책을 간직하였다가 한원진에게 물려주었고, 한원진은 다시 운평雲坪 송능상宋能相에게 전하였다.[10] 기호학파 도통의 계승을 상징적으로 보여 주는 물건이라 하겠다.

한원진은 자신이 이이의 적통을 이어받았다는 자부심을 직·간접으로 토로하였다. 이이로부터 송시열로 이어지는 율우학통栗尤學統의 적장자라는 의식이 강렬하였다. 그가 외암 이간과 열띤 논변을 지속하였던 것은 일차적으로 '치열한 사유'의 소산일 터이지만, 그 이면에 자신이 율우의 적전이라는 잠재의식이 상당하였음도 숨길 수 없는 사실이다. 논변이 수만 언에 이르도록 한 치의 물러섬이 없었던 가장 큰 이유는 '도통'과 관련한 책임의식이라고 생각한다. 한원진은 '호변好辯'으로 지목받았던 맹자 스타일이다. 그는 다변多辯할 수밖에 없었다. 시대가 그렇게 만들었던 것이다. 일찍이 맹자는 자신을 호변가好辯家로 보는 세평世評에 대해 '부득이不得已'함을 말하며[11] 민감하게 반응한 바 있다. 한원진 역시 다변하지 않을 수 없었던 것이다.

한원진의 도통의식은 엄격하였다. 그의 도통에는 사실상 사계 김장생이 들어 있지 않다. 그는 스승 권상하의 행장을 찬撰하면서 "주자가 세상을 떠난 뒤 오도吾道가 동방으로 왔다. 그 전도傳道의 책임을 맡은 분으로는 오직 율곡과 우암이 가장 두드러졌다"[12]라 칭송하였다가, '가장 두드러졌다'(最著)라는 그 말 때문에 김장생의 후손들에게 큰 항의를 받았다. 그렇지만 그는 용기와 신념으로 율우학통의 전위前衛를 자부하였다.

한원진은 김장생을 뺀 이유에 대해 변명한 바 있다. 리기설에 입론立論의 초점이 맞추어지다 보니 그렇게 되었다는 것이다.[13] 또 "말은 간약簡約하지

10) 성봉현, 「운평 송능상의 생애와 사상」, 『宋子學論叢』 제4집(송자학연구소, 1997), 190쪽.

11) 『孟子』, 「滕文公下」, "公都子曰: 外人皆稱夫子好辯, 敢問何也? 孟子曰: 予豈好辯哉, 予不得已也."

12) 『南塘集』, 권34, 23b, 「寒水齋權先生行狀」, "蓋朱子歿而吾道東矣, 其任傳道之責者, 惟栗谷尤庵二先生最著."

만 뜻은 갖추어졌다"라고 하여, 활간活看하면 문제될 것이 없다고도 하였다. 그러나 그의 변명은 궁색한 측면이 있다. 리기론으로 말하자면 송시열의 경우도 김장생과 크게 다르지 않다. 자신의 견해보다도 이이의 설을 따르는 측면이 더 강하기 때문이다. 한원진은 분명 김장생을 도통 라인에 넣지 않으려는 의도를 내비친 것이다. 그렇다면 그가 기호학파 내부의 큰 반발을 무릅쓰면서까지 김장생을 도통 라인에 넣지 않은 이유는 무엇일까? 필자는 그것을 대결국이라는 시대인식과 춘추대의에서 찾을 수 있다고 본다. 김장생은 왜란을 겪고 정묘호란까지 겪으면서 난국을 구제할 방책으로 예학을 제시하였다. 예학은 '명분'이 그 기초이다. 춘추대의와는 뿌리가 통한다. 17세기 후반 이래 율곡학파 학인들은 예학과 춘추대의를 병행하였다. 17세기 '예학시대'를 열 정도로 예학에 힘을 썼다. 다만, 급박하게 돌아가는 현실에서 학문과 함께 시대를 구제할 만한, 선명하고 효과적인 슬로건이 필요하였다. 춘추대의가 바로 그것이었다.14) 이것이 이른바 대결국의 시점에서, 송시열로부터 한원진으로 이어지는 율곡학파 학인들이 보여 준 공통된 인식이었다.

'대결국'이라는 시대인식, 역사관은 송시열로부터 비롯된다. '결국'이란 굳이 해석하자면 '결정적 고비에서 국면을 수습하여 매듭을 잘 짓는 일'이라고 할 수 있을 것이다. 이 '결국론'을 부연 설명하고 또 결국을 자임한 사람이 송시열의 후손 연재淵齋 송병선宋秉璿(1836~1906)이다. 송병선에 의하면, 우리나라와 중국의 유학사를 보면 소결국과 대결국이 있는데,

---

13) 『南塘集』, 권30, 37a, 「漫錄」, "傳道之人, 當觀其出處言行之如何. 又觀其事業之如何, 沙翁平生出處言行, 無可疵議. 而禮學之大成, 著述之富, 有栗尤以外, 無與爲比, 則沙翁不與於傳道, 而其誰與之. 大抵此狀之作, 專主理氣說而作也. 立論機軸, 與他狀不同. 而他狀則或不叙淵源, 而此狀則不爲全沒, 亦可謂辭約而意備矣."

14) 예학은 그 규모가 방대하고 化民成俗을 궁극의 목표로 하는 만큼 효과 면에서는 늦을 수밖에 없다. 이에 비해 춘추대의는 정치적 슬로건으로 가장 이상적이었다. 선명성과 효과 면에서 이를 넘어설 만한 것이 없다는 것이 송시열-한원진 라인의 기본 인식이었던 듯하다.

역사의 물줄기를 뒤바꿀 정도로 후세에 영향력이 지대하였던 것을 대결국이라고 한다. 소결국은 수도 없이 많다. 송병선은 "상하 수천 년에 걸쳐 계왕개래繼往開來의 공을 논할 만한 사람으로는 공자·주자·송자 세 사람이 있을 뿐이다"[15]라고 하였다. 공자의 정신은 주희가 제대로 이어받아 후세에 전하였고, 주희의 사상을 조선의 송시열이 계승하여 꽃을 피웠다는 것이다.[16] 여기서 말하는 '정신'이란 곧 춘추정신을 말한다.

한원진은 학문 연원상으로나 도통상으로 반드시 이이를 꼽는다. 그러나 한원진은 '18세기'라는 주어진 제약 속에서 살았다. 그는 자신의 행동여하에 따라 수백 년의 유교 전통이 단절될 수 있고 이어질 수도 있다는 긴박감과 책임감을 절감하였다. 그가 이이의 학문보다도 송시열의 종신사업과 춘추대의를 더 강조하고 계승하려 했던 것은 그런 이유에서이다. 한원진의 후대에 가면, 춘추대의와 결국론에 기초하여 보다 큰 틀에서 도통을 다시 짜기에 이른다. 송시열 중심의 도통이 그것이다. 노론 학파에서는 학문 연원상으로는 이이와 김장생을 꼽지만 결국론에서는 이들을 빼고 주희 뒤에 송시열을 곧장 연결시킨다. 이이와 김장생은 '천번지복天翻地覆', '인수무별人獸無別'의 일대 변국을 겪지 않았다. 이들에게는 역사를 바꾸어 새 국면으로 이끌 수 있는 기회가 주어지지 않았다. 송시열의 후손 송환기宋煥箕(1728~1807)는 공자·주희·송시열을 '삼성三聖'이라 하였다.[17] 송시열을 성인의 반열에까지 올린 것이다.

춘추대의는 17세기 중엽 이래 줄곧 조선의 국시國是 구실을 해 왔다.

---

15) 『淵齋集』, 권18, 22a, 「繼開論」, "統古今而論, 則上下數千年, 僅有三人焉, 曰孔曰朱曰宋是已, 而方可謂盡繼開之道矣."

16) 『淵齋集』, 권18, 22b, 「繼開論」, "嗚呼! 一治一亂, 自是天道之常, 非人力之所能容, 則謂之何哉? 今天翻地覆, 人物澌盡, 澒洞滉漾, 渺然無畔岸, 卒之使孔朱宋三夫子之道, 墜於地. 便是一大變局又出, 似又生出一大結局者, 而旣有其大結局者, 不遠而無有乎, 則果其無有乎?"

17) 『性潭集』, 권22, 51a, 「夢尤堂金公墓誌銘」, "惟我尤翁之生, 又當大明之季. 目見天地飜覆, 神州陸沉. 其所以明大義而講大業者, 實承聖人之統, 則眞可謂孔朱宋三聖人也."

중간에 부침浮沈이 있었으나 지속적으로 이어졌다. 그러다가 19세기 후반 서세동점西勢東漸의 흐름과 제국주의 세력의 침략을 맞아 다시 점화되었다. 19세기 후반의 상황은 두 차례의 호란을 당하여 문명에서 야만으로 전도될 일대 위기를 겪었던 17세기 전반의 상황과 닮은 점이 많았다. 당시의 지성인, 특히 기호 학인들은 호론계나 낙론계를 막론하고 춘추대의를 슬로건으로 내걸고 공孔·주朱·송宋 삼부자三夫子의 정신으로 난국을 구제하려 하였다. 그들이 펼친 척사위정斥邪衛正운동의 정신적 기초가 바로 춘추대의였다. 이 점에서, 춘추대의의 전통을 빼놓고는 조선 후기 유학사, 특히 기호유학을 이해할 수 없다고 해도 과언은 아닐 것이다.

18세기 이후 춘추대의는 기호학파에서 학파는 물론 정권의 사상적·이념적 기반이 되었다. 다만 율곡학파의 적통을 자임하는 호론에 비해 낙론의 경우는 춘추대의를 부르짖는 강도가 상대적으로 약하였다. 집권세력이다 보니 청나라를 의식하지 않을 수 없었을 것이다. 청나라의 국세國勢가 신장되는 것과 비례하여 그들이 말하는 춘추대의의 강도는 날로 낮아졌고, 급기야 북학론이 대두하기에 이르렀다.

3) 인물성론과 춘추대의

17세기 중엽 이래 활발하였던 인물성론은 사칠논변의 연장선에서 볼 수 있다. 인물성론의 대두는 성리학의 발전 과정상, 인성론의 전개 과정상 자연스런 현상일 수 있다. 그러나 동아시아 질서가 뒤바뀐 역천하易天下의 시기에 대두되었다는 점, 강한 목적성을 띠면서 전개되었다는 점을 간과해서는 안 된다고 생각한다. 필자는 단순한 학설상의 대립과 논쟁 수준을 넘어서는 것이라고 본다. 전대의 사칠논변과는 여러 면에서 성격과 양상이 달랐다고 할 수 있다. 인물성론이 권상하의 문하에서 점화되어 '시대적 담론'으로 발전한 것은 우연은 아니라고 생각한다.

명나라의 멸망과 함께 중화문명이 이적금수夷狄禽獸의 구렁에 빠질 즈음에, 조선의 지성인들에게는 도덕문명을 지켜 내는 것이 무엇보다 중요한 문제로 인식되었다. '사람이 이적금수와 다른 점'(人之異於夷狄禽獸)을 찾아내는 일은 성리학자들에게 부여된 과제나 다름이 없었다. 사람과 이적금수를 분변하여 한쪽을 높이고 다른 한쪽을 양척攘斥하는 것은 『춘추』의 기본정신이다. 그러나 『춘추』에서는 기본정신만 강조했을 뿐, 인수지변人獸之辨, 나아가 화이지변華夷之辨의 철학적 기초까지 제시한 것은 아니었다.

돌이켜 보면, 송시열은 일생토록 '분변分辨'을 화두로 한 학문과 정치 활동을 하였다. 그는 당시를 문명과 야만의 갈림길에서 중대한 선택을 하지 않을 수 없는 시기로 판단했다. 또 도덕문명의 수호를 위해서는 인수人獸·화이華夷·의리義利·음양陰陽·숙특淑慝·취사取捨 등에 대한 분변을 엄격히 하지 않으면 안 된다고 보았다. 한원진은 역사의 한가운데에서 물줄기를 돌려놓은 송시열을 본보기 삼아 그가 걸었던 길을 따라 걸었다. 한원진은 송시열이 시대정신으로 제시한 춘추대의를 이론적으로 체계화하기 위해 성리학을 부단히 연찬하였고, 그 결과 인물성론에서 중대한 결론을 이끌어 내었다.

한원진은 27세 때인 1708년에 권상하에게 글을 올려 성삼층설性三層說을 가지고 인물의 성을 심도 있게 논하였다. 이듬해 3월에는 동문이면서 그때까지 면식面識이 없었던 외암 이간과 서한을 통해 미발기질설未發氣質說에 대하여 논한 바 있다.[18] 이후 '성범심동부동聖凡心同不同'의 문제, '미발기질유선악未發氣質有善惡'[19]의 문제 등에까지 논변이 확대되었다. 호론은

---

18) 『南塘先生年譜』, 권1, 27세(戊子) 및 28세(己丑)조(영인본 하권, 1040~1041쪽) 참조.

19) 현재까지도 학계 일부에서는 한원진이 未發心體有善有惡說을 주장한 것으로 말하는 경우가 있다. 이것은 한원진의 心說 자체의 논리적 불철저에 기인하는 바 없지 않지만, 그는 미발심체순선을 거부하지 않았다. 그가 주장했던 것은 '未發氣質有善惡'이었

특수성의 측면에 집착하였고, 낙론은 보편성의 측면을 놓치지 않으려 하였다. '성선性善'이라는 유학의 대명제를 허물 수 없다는 것이 낙론의 입장이었다. 호론은 낙론을 '무분無分'으로 몰아붙였다. 무분은 춘추대의에 정면으로 어긋나는 것이며 시대정신을 거스르는 것이었기 때문이다. 논쟁이 심화되고 격렬해질수록 춘추대의가 더욱 부각되었다. 이 춘추대의가 부각될 수 있도록 계기를 제공한 것이 인물성논쟁이었던 것이다.

인물성론은 큰 틀에서 인성과 물성을 논하는 것이지만, 기실 호론에서 생각하는 인물성론은 '인수지변人獸之辨'에 치중점이 있었다. 위에서 말한 여러 가지 분변 가운데 가장 기초가 되는 것이 바로 인수의 분변이다. 이 점은 권상하 문하의 여러 학자들에게도 큰 관심사였겠지만, 한원진에게는 유독 각별한 문제였다. 한원진은 문화 전통을 가지고 화이를 가리는 기준을 확대하여 인성까지도 적용시켜야 한다는 생각을 내비치곤 했다. 그가 화이론을 전개하면서 "이적夷狄이 인간과 금수 사이에 있지만, 인간 사이에 낀 그런 이상한 부류들은 끝내 변화할 수 없다"[20]라고 한 주희의 말을 인용하였다. 이것은 화이론에 대한 자신의 관점과 시각을 대변하는 것이나 다름없다고 하겠다.

한원진의 인물성론은 '논리 구사'의 측면에서는 타의 추종을 불허할 정도로 정치精緻하다고 평할 수 있다. 다만 '심즉기질心卽氣質' 즉 심을 기질로 보는 것은 그의 성리학을 '기질성리학'[21]이라고 일컬을 정도로 독특한 것이면서도 가장 논란이 되는 것이었다. 한원진의 인물성론은 왕복논변한 문자만 해도 수만 언에 이른다. 그러나 그 핵심 골자는 다름 아닌 "우리 인간의 지극히 귀한 성을 끌어내려 금수의 이류異類와 같게

다. 자세한 논증은 이상익, 『기호성리학연구』(한울아카데미, 1998), 255~261쪽 참조.

20) 『南塘集』, 권37, 21b, 「雜識·外篇上」, "朱子曰: 夷狄在人與禽獸之間, 與人異類, 終不可變. 整菴豈不聞此語也?"

21) 이상곤, 「남당 한원진의 氣質性理學 연구」(원광대학교 박사학위논문, 1991) 참조.

하려는 것인가"[22]라고 한 것에 있다.

한원진의 인물성론은 '인수대별人獸大別'을 겨냥하고 있다. 또 '인수대별을 어떻게 할 것이냐'에 논의의 초점이 맞추어져 있다. 한원진은 '심'을 '기의 정상精爽'으로 보기도 하지만, 다른 학자들과는 달리 심을 기질로 보았다. 그는 "기질을 떠나 분수를 말하고자 하는 것은, 형체를 떠나서 그림자를 구하거나 소리를 그치고서 메아리를 구하는 것과 거의 같다"[23]라고 하여, 기질을 떠나 심성을 말하는 것은 공허한 일이라고 비판하였다. 기질에는 청탁수박淸濁粹駁의 부제不齊라는 제약이 있다. 그러므로 편전偏全이 없을 수 없다. 이것이 '심즉기질'을 말하는 한원진의 기본 의도이다. 물론 '변화기질變化氣質'(矯氣質)에 궁극의 목적이 있겠지만, 그에 앞서 인인물물의 개별성, 아니 차별성을 강조하려는 의도가 깊숙이 내재한다고 할 수 있다.

기가 질을 규정짓는 재료라면 질은 기를 담는 그릇에 비할 수 있다. 기와 질에 대하여 송시열은 다음과 같이 말한 바 있다.

> 대개 기는 양이고 질은 음이다. 그러나 기의 가운데에도 음양이 있으므로 기 또한 청탁淸濁이 있고 질의 가운데에도 음양이 있으므로 질 또한 수박粹駁이 있으니, "기가 맑으면 질 또한 순수하다"라고 말할 수는 없다.[24]

한원진의 기질론은 송시열이 강조했던 기질론을 더욱 발전시킨 것이라고 본다. 한마디로 '인물부동人物不同'에서 나아가 '인인부동人人不同', '물물부동物物不同'까지 말하려는 의도에서 제기된 것이라고 할 수 있겠다.

---

22) 『南塘集』, 권9, 30b, 「與李公擧別紙(辛卯)」, "老兄緣何以吾人至貴之性, 降同於禽獸之異類?"

23) 『南塘集』, 권27, 10b, 「羅整庵困知記辨幷跋」, "今欲去氣質而語分殊, 則殆猶離形而索影, 息聲而求響也."

24) 『宋子大全』, 권105, 37b, 「答沈明仲」, "蓋氣陽而質陰也. 然氣之中亦有陰陽, 故氣有淸濁, 質之中亦有陰陽, 故質亦有粹駁, 不可謂氣淸則質亦粹也."

한원진의 이런 인식은 성삼층설에서 단적으로 드러난다. 그는 '성'을 인간과 사물이 모두 같은 초형기超形氣의 성, 인간과 사물이 서로 다른 인기질因氣質의 성, 인간과 인간끼리도 서로 다른 잡기질雜氣質의 성으로 구분하여 파악하였다.

> 리理는 본래 하나이지만, 초형기로 말한 것이 있고 인기질로 말한 것이 있으며 잡기질로 말한 것이 있다. 형기를 초월해서 말한다면 태극이라 일컫는 것이 그것이니, 만물의 리가 같다. 기질로 말미암아 이름하면 건순오상健順五常이라 일컫는 것이 그것이니, 사람과 물物의 성이 다르다. 기질을 섞어 말한다면 선악의 성이 그것이니, 인인물물人人物物이 또한 다르다.[25)]

이것은 권상하의 성삼분법性三分法을 계승한 것이다. 여기서 '초형기'는 한원진의 논법대로라면 리만을 가리키는 것이다. 아직 '성' 차원은 아니다. 결국 그가 말하는 성은 '인기질'과 '잡기질'에 초점이 있다.[26)] '분수'와 '분수의 분수'에 초점을 맞추었으니 인물성부동론이 나오는 것은 당연한 귀결이다. 또 위의 성삼층설의 기본 관점에서 본다면 성인의 마음과 범인凡人의 마음은 결코 같을 수 없는 것이다.

한원진의 인물성부동론이 갖는 문제의식은 곧 '인수무별人獸無別', '화이무분華夷無分', '유석무분儒釋無分'에 있다. 한원진은 낙론의 주장을 인물성동론으로 비판하면서 그 유폐流弊를 강한 어조로 경계하였다. 즉 인물성동론은 마침내 '인수무별'로 흘러 인간에게 고유한 성선性善의 가능 근거를 밝히지 못하게 함으로써 도학에 해가 됨이 심하다고 비판하면서, 사람과

---

25) 『南塘集』, 권11, 9b, 「擬答李公擧」, "理本一也, 而有以超形氣而言者, 有以因氣質而名者, 有以雜氣質而言者. 超形氣而言, 則太極之稱是也, 而萬物之理同矣. 因氣質而名, 則健順五常之名是也, 而人物之性不同矣. 雜氣質而言, 則善惡之性是也, 而人人物物, 又不同矣."

26) 여러 학자들이 호론의 大旨를 '理同而性異', 낙론의 대지를 '性同而氣異'라고 한 것을 참고할 필요가 있다.

금수의 구분을 없애는 것은 이단에서나 있을 법한 일이라고 주장하였다. 또 심순선지학心純善之學은 선가禪家의 종지로서, 이러한 학설이 널리 행해진다면 유도儒道에 무궁한 해가 될 것이라고 경계하였다.[27] 그가 「선학통변禪學通辨」을 지은 것도 기실 선학보다 인물성동론을 겨냥한 것이었다. 한원진은 '분별'을 위협하는 것은 이단만이 아니라고 하였다. 유자儒者 내부에 암적 요소가 도사리고 있음을 그는 심각하게 인식하였다.[28] 그가 「나정암곤지기변羅整菴困知記辨」·「선학통변」·「장자변해莊子辨解」·「왕양명집변王陽明集辨」 등을 지어 벽이단의 의지를 내비치면서 이단사설에 못지않게 낙론을 비판한 것은 이런 이유에서이다.

한원진은 '준별론峻別論의 완성자'이다. 이 준별론의 이면에는 춘추대의가 자리 잡고 있다. 그가 가장 경계했던 것은 '인수무분'이다. 사람과 금수가 제대로 구분되지 못하면 '화이무분', '유석무분'으로 이어질 것이 자명하기 때문이다. 조선 말기의 척사위정운동의 거두 유중교柳重敎(1832~1893)는 인수의 분별을 제대로 갈라서 보는 것이 척사위정의 근본이라고 하였다.[29] 인류와 금수를 준별하는 춘추대의가 성리학으로 체계화된 이래 19세기 말 척사위정운동에까지 그 논리가 이어져 사상적 배경이 되었음을 짐작하게 한다.

한원진의 준별론은 국가적 좌표를 정하는 일로부터 국정운영에 이르기까지 일관되었다.[30] 시비是非와 정사正邪, 충역忠逆을 엄격히 가려야 한다는

27) 『南塘集』, 권8, 17a, 「與崔成仲別紙」, "此論起於吾黨, 而終若不合……將使人獸無別, 性善不明, 而爲道學之害也審矣."; 『南塘集』, 권20, 18a~18b, 「答權亨叔」, "自古異端之說, 皆是無分之說也.……今之學者, 以人物之性, 謂同具五常, 是人獸無別也.……將爲吾道無窮之害"; 『南塘集』, 권13, 19a, 「與尹瑞膺」, "心純善之說, 卽禪家之宗旨, 此說之行, 大爲吾道之害."

28) 이와 관련하여 한원진은 先討後攘論을 내세워, 국내의 亂賊들을 먼저 토벌해야 외부의 이적을 물리칠 수 있다고 주장하였다. 김준석, 「18세기 老論專權政治論의 구조」, 『호서사학』 18(호서사학회, 1990), 19쪽 참조.

29) 『省齋集』, 권21, 20b, 「答趙致正」, "問: 洋倭邪敎大熾, 何以則斥邪保正乎? 答: 先就吾一心上, 剖判人獸之別, 乃是衛正斥邪之本."

노론의 논리는 호론 계열이 주도하였고, 그 이면에 한원진이 있었다. 그들의 준별론은 정명론正名論으로 이어졌으며,[31] 17세기 후반 이래 정치권을 뜨겁게 달구었다. 한원진은 탕평책蕩平策을 적극 반대하였다. 시비와 정사를 제대로 가리지 않고 중립을 표방하는 조정론·절충론은 결국 야합으로 흐르고 만다고 보았기 때문이다.[32] 그는 또 시비 → 정사 → 충역의 순으로 이어졌던 일련의 붕당론에서 충역론을 적극 전개하였고, 충역을 가려 출척黜陟을 바르게 해야 함을 강조하였다.

춘추대의에 기반한 한원진의 분별의 논리는 정치운영방식으로 직결되었다. 또한 나중에는 준론峻論이라는 강경론 중심의 정파 탄생을 주도하였다. 한원진은 철학자이면서 정치 이론의 대부였다. 그가 의식했던 결과인지의 여부에 관계없이 조선 후기 당쟁의 한가운데에 서 버린 것이다. 한원진의 정치 논리는 철저하게 비타협적이었다. 이런 논리는 독선獨善과 독존獨尊(獨存)의 논리로 이어져, 마침내 노론의 전권專權을 주장하는 데까지 나갔다. 한원진은 일생토록 '무분無分'의 유폐를 걱정하였다. 그런데 그가 주도한 준별론 또한 심각한 후유증을 초래하였다. 여기서 우리는 어떤 한 논리가 시대를 초월하는 불변의 진리로 인식될 때 어떤 결과가 빚어지는지를 주시할 필요가 있다. 한원진의 인물성론을 순수철학의 관점에서만 볼 수 없는 이유가 여기에 있는 것이다.

---

30) 이에 관해서는 김준석의 논문 「18세기 老論專權政治論의 구조」(『호서사학』 18)에서 자세히 다루었으므로 중복을 피하기로 한다.

31) 『南塘集』, 권2, 46a, 「丙午擬陳所懷疏」, "夫子論爲政, 以正名爲先. 而曰名不正, 則言不順; 事不成, 刑罰不中; 禮樂不興, 而民無所措手足矣. 名之不正, 其害至此. 而聖人之言, 必非迂濶, 必非欺人, 則正名爲治, 其可後乎? 今者國有逆, 而不能名其逆而誅之; 學有邪, 而不能名其邪而斥之. 近則貽禍於一時, 遠則蒙垢於百世. 其爲害, 豈特止於刑罰不中禮樂不興而已哉?"

32) 『南塘集』, 권37, 13b, 「雜識」, "所謂不入黨論者, 其始幷遊邪正間, 而其卒不免於背正而合邪矣. 盖君子於此等人, 不肯親與, 而小人悅其相容, 故自不得不與小人相合矣. 此等見識, 不惟自誤, 大爲世道之害, 不可不辨."

3. 학파의 계승 양상

한원진은 15세 때 부친을 따라 충청도 결성結城으로 내려왔다. 20세 때에는 남당南塘으로 옮겨가 자리를 잡은 뒤 그곳을 중심으로 강학활동을 하였다. 그의 활동반경은 내포지역에서 크게 벗어나지 않았다. 김상기 교수가 윤영선尹榮善의 『조선유현연원도朝鮮儒賢淵源圖』를 근거로 작성한 문인록[33]을 보면 한원진의 문인은 대략 30여 명을 헤아린다. 비교적 이름 있는 사람으로는 송능상·김한록金漢祿·권진응權震應·김근행金謹行(庸齋)·황인검黃仁儉 등을 꼽을 수 있다. 이 가운데 청백리로 이름이 높았던 황인검(1711~1765)은 평안도관찰사로 있을 때 『남당문집』의 간행을 기획하였다가 여의치 않자 1761년 『경의기문록經義記聞錄』과 『주자언론동이고』를 먼저 간행하였다. 그로부터 4년 뒤인 1765년 당시 경상도 김산군수金山郡守로 있던 김근행이 문집 간행의 일을 이어받아 마침내 38권 19책(습유 6권 3책)으로 된 문집을 간행하였다.[34]

1) 송능상과 김한록의 경우

위에 소개한 문인들은 대부분 저술이 많지 않고, 수문인首門人으로 인정받는 송능상과 김한록이 문집을 남겨 위신을 세웠다. 송능상(1710~1758)은 송시열의 증손이다. 회덕 출신인 그는 18세 때 홍주로 가서 한원진의 문인이 되었다. 또 산림으로 추천을 받아 장령掌令·집의執義 등을 지냈다.

33) 김상기, 「남당학파의 형성과 위정척사운동」, 『한국근대사연구』 10(한국근대사연구회, 1999), 10쪽 참조.

34) 김근행이 간행한 『남당집』 판목은 김천 直指寺에 보관되어 오다가 1901년 직지사 화재 당시 일부가 불에 탔다. 일설에 의하면 金正喜가 어사로 나왔다가 판목을 불사르도록 했다 한다. 그러나 김정희는 경상도 어사로 나간 적이 없고, 그의 활동 시기도 1901년과는 거리가 멀다. 아마도 1826년에 김정희가 충청우도 암행어사로 나갔다가 한원진을 제향한 양곡사를 철폐했던 일과 혼동한 것 같다.

그는 송시열의 '직直'사상을 계승하여 그것을 내면 수양과 현실 문제 해결의 정신적 원천으로 삼았다. 특히 '직'을 복잡한 현실 문제를 정면 돌파하는 불요불굴不撓不屈의 정신적 원동력으로 삼았다는 점에서 맹자가 말한 '이직양기以直養氣', '양기집의養氣集義'의 정신적 전통을 되새겨 보게 된다.

송능상은 한원진의 인물성론을 계승하여 인수人獸 및 화이華夷의 분별을 엄히 하였다. 그의 성리설에서 주목할 만한 것은 명덕明德을 '본연의 양심'이라 하고,[35] 또 "명덕이란 본래 주재자의 의미를 포함하여 말한 것이지 '심'만을 가리켜 말한 것은 아니다"[36]라고 한 점이다. 명덕을 도덕성의 근본이자 실천적 행동의 근원으로 본 것이다. 이것은 명덕이 심이냐 성이냐, 또 허령虛靈에는 분수分數가 있느냐 없느냐를 따지는 것과는 차원이 다른 문제라고 할 수 있다. 다만, 그의 철학적 관심은 인물성론보다 '직'사상에 더 무게가 있었던 것 같다. 한원진이 송능상에게 준 아래의 시는 송능상이 얼마나 직사상을 강조하였으며, 또 한원진이 그 점을 어느 정도 의식하였는지를 잘 보여 준다고 하겠다.

千聖相傳一直字	천성께서 대대로 전한 '직' 한 글자는
尤翁臨歿更丁寧	우암께서 돌아가실 때 더욱 신신당부하였네.
逢君益起秋陽思	그대 만나니 공자(秋陽) 생각이 더욱 일어나는군
願共持循度此生	우리 함께 지니고 따라서 현세를 제도하세나.[37]

결구의 "도차생度此生"이라는 대목이 두드러져 보인다.

---

35) 『雲坪集』, 권5, 15b~16a, 「答洪克念」, "明德不過本然之良心, 統性情爲言, 而非單指氣單指理者."

36) 『雲坪集』, 권3, 22a, 「上南塘韓先生」, "天地鬼神, 尙不能無善惡, 人心何獨不然耶? 如靡上面主宰者, 則岌岌乎殆哉. 盖能有見得而言, 則明德一物事, 謂之有分數可也, 謂之無分數可也. 明德本來包得主宰者而言之, 非單指心而言者, 其說頗長."

37) 『南塘集』, 권1, 39a, 「贈別宋士能能相」.

송능상은 한원진으로부터 기호학파 도통의 상징물인 송시열 수택본 『주자대전』을 전해 받아서 이를 성담性潭 송환기宋煥箕에게 전해 주었다. 송환기는 당대 산림의 거두로 조야의 존경을 받았다. 호론에서 산림의 명맥은 송능상-송환기에 의해 유지되어 왔다고 해도 과언이 아니다. 다만 이들은 한원진으로부터 학통을 이어받았지만 기실 우암학에 경도되어 있었다. 따라서 남당학의 발전적 계승은 사실상 기대하기 어려웠다.

송능상의 학통은 강재剛齋 송치규宋稚圭(1759～1839)에게도 이어졌다. 송치규는 어려서 송능상에게 배웠으나 20세 이후로는 김장생의 후손이자 낙론계 학자인 과재過齋 김정묵金正默(1739～1799)에게 수학하였다. 김정묵은 한원진이 이이 계열의 도통에서 김장생을 뺀 것에 대해 크게 반발하였고, 한원진의 학문을 줄곧 비판하였다. 그는 한원진의 성리설과 예설이 율우의 지의旨意에 많이 위배된다고 하여 모두 4권에 달하는 「남당집차변南塘集箚辨」[38]을 지은 바 있다. 이 장문의 변설辨說은 본디 '도규수록刀圭隨錄'[39]이라고 하였다. 남당설에 대한 종합적 비판서로 유명하다.

김정묵의 영향을 강하게 받은 송치규는 호론과 낙론의 분열을 구실로 국외자局外者의 자세를 취하였다. 이후 송치규의 학통은 문인 송달수宋達洙(1808～1858), 송달수의 문인이자 조카인 송병선宋秉璿(1836～1906) 등으로 이어졌다. 이들은 호론에서 탈각하여 '비호비락非湖非洛'의 태도를 취하였다. 사정이 이렇다 보니 호론의 남은 세력은 결국 내포지역에 국한되기에 이르렀다.

내포지역 출신 문인으로는 한간寒澗 김한록(1722~1790)이 저명하다. 서산 태생인 김한록은 25세 때인 1746년에 한원진에게 나아가 문인이 되었다. 한원진이 세상을 떠나기 5년 전의 일이다. 그는 5년 동안 한원진에게

38) 『過齋遺稿』(문집총간 255) 권6～권9 所收, 「寒水齋先生行狀辨」·「人心道心說辨」·「心說辨」·「書氣質五常辨後」·「性說辨」·「未發坤復辨」·「精粗本末辨」·「鬼神說辨」·「禮說辨」 등.

39) 도규란 鍊丹術에서 丹藥을 조제할 때 사용하는 일종의 計量스푼이다.

많은 것을 질의하였고, 스승으로부터 두터운 신임을 받았다. 한원진은 세상을 떠나기 전에 주서朱書와 옥척玉尺을 그에게 전해 주었다고 한다.[40] 그 신임이 송능상에 못지않았던 것 같다.

김한록은 사설師說을 충실하게 계승하였다. 공자와 주희에다 한원진을 더하여 '우주간삼인宇宙間三人'으로 여길 정도로 스승에 대한 존경심이 높았다.[41] 그는 사설의 옹위擁衛에 앞장서면서 호론의 선봉장으로 나섰다. 낙론은 말할 것도 없고, 호론의 동문들 중에서 학설이나 처신에 문제가 있다고 생각되는 경우 강한 비판을 아끼지 않았다. 그의 성리설에서 주목을 끄는 것은 심의 본체인 '허령'에 대한 견해라 할 수 있다. 잘 알려진 바와 같이, 호론은 '심'을 기질로 보고 심에 선악이 있다는 것을 대전제로 한다. 이 점에서는 호론을 대표하는 한원진과 윤봉구의 주장이 같다. 그러나 명덕을 '심'으로 볼 것인가 '성'으로 볼 것인가, 또 허령에 분수가 있는가의 여부를 놓고는 의견이 갈렸다. 한원진은 명덕을 심으로 본 반면 윤봉구는 명덕을 성으로 보았다.

한원진은 "명덕의 허령이 곧 심의 허령이다"라고 전제하였다. 그러나 그는, 인간과 동물은 종 자체가 다르기 때문에 심의 기질에 의한 허령지각을 따로 논할 필요가 없다고 보았다. 또 성인과 범인 사이에는 허령에도 굴절屈折이 있다고 하여 이를 성범심부동의 주요 논거로 삼았다.[42]

> 성인의 심은 청기淸氣가 모여 허령하기 때문에 그 허령한 심이 지각하는 것은 모두 '리'이지만, 범인과 어리석은 사람의 심은 탁기가 모여 허령하기 때문에 그 허령한 심이 지각하는 것은 모두 인욕이다. 이것이 성인과 범인이 다른 것이다.[43]

---

40) 유봉학, 「18·19세기 노론학계와 산림」, 『한신대 논문집』 3(한신대학교, 1986), 6~7쪽 참조.

41) 『南塘年譜』 附錄, 42a, 「墓誌銘(金漢祿 撰)」(영인본 하권, 1127쪽) 참조.

42) 정연수, 「남당 한원진의 聖學工夫論 연구」, 114~115쪽 참조.

43) 『朱子言論同異考』, 권1, 「心」, "聖人之心, 淸氣聚而虛靈, 故靈之所覺者皆是理. 凡愚之心, 濁

이것은 허령에도 분수가 있다고 하여 성인과 범인의 차이를 강조한 윤봉구와 비슷한 관점이라 할 수 있다. 그런데 김한록은 "허령의 체體에서는 선악을 말할 수 없다"라고 주장하였다.[44] 허령 상태에서는 분수를 논할 수 없을 뿐만 아니라 선악을 말할 수 없다는 것이다. 이 주장이 낙론을 의식한 것인지는 논단하기 어렵다. 다만 한원진에 비해 상대적으로 낙론으로 한 발 더 나아갈 수 있는 소지는 있어 보인다.

김한록은 송시열의 후손들이 주축인 정통 호론파 이상으로 정치에 관심이 많았다. 정치적 수완도 뛰어났다. 그가 정치에 직·간접으로 개입하게 된 것은 영조 35년(1759)에 정순왕후 김씨가 영조의 계비繼妃로 책봉된 일이 계기가 되었다. 경주김씨 일문은 정순왕후를 배경으로 정치세력화하여 노론 벽파로 뭉쳤다. 그들은 사도세자의 참변이 있었던 임오화변壬午禍變(1762) 때부터 정조의 즉위(1776)에 이르기까지 '반사도세자', '반정조'의 입장을 취하였고, 정책상으로는 탕평책을 줄기차게 반대하였다.

살벌한 정국 한가운데서 김한록은 산림으로서 노론 벽파를 배후 조종하였다. 그는 한원진의 제자라는 명성을 무기 삼아 조야의 관인官人들을 움직였고 호중湖中의 선비들을 뭉치게 하였다. 임오화변 한 해 전인 영조 37년(1761) 봄, 그는 동문인 김의행金毅行(1716～1766)과 김교행金教行(1712～1766)에게 정치적으로 매우 민감한 발언을 하였다. 당나라 중종中宗은 못난 황제이기 때문에 폐위할 수 있다고 한 남헌南軒 장식張栻의 말을 인용, 자신의 심중을 은연중 내비친 것이다. 김의행 등은 김한록의 말을 흉역凶逆으로 인식하였다. 즉, 사도세자를 폐하고 새 후계자를 세우려는 불순한 의도가 담긴 말로 본 것이다. 이에 김시찬金時粲(1700~1766), 김의행, 김교행

氣聚而虛靈, 故靈之所覺者皆是欲, 此聖凡之不同也."(영인본 하권, 1153～115쪽)

44) 『寒澗文集』, 권2, 「上南塘先生戊辰閏月」, "若不論衆理之具所拘之氣, 而只指其虛靈之體而言, 則又非善非惡, 無可指而名者, 只可謂之虛靈而已."; 권오영, 「김한록의 사상과 정치적 역정」, 『조선시대사학보』 33권(2005), 213쪽 참조.

등이 나서서 그런 기도를 적극 저지하기에 이르렀다. 이들 세 사람은 선원仙源 김상용金尙容(1561~1637)의 후손들로, 충청도 홍주목 갈산葛山 출신이며 한원진의 문하에 출입하였다.[45] 이 사건은 당시에는 확대되지 않았지만 뒷날 크게 문제가 되었다. 한원진의 문인그룹이 분열하려는 전조前兆를 보인 것이라 하지 않을 수 없다.

김한록의 배후 활동은 그치지 않았다. 그는 사도세자의 문제를 놓고 『춘추좌씨전』 은공隱公 4년조에 나오는 '대의멸친大義滅親'을 이끌어, 큰 의리 앞에서는 부자와 형제도 돌보지 않아야 된다고 역설하였다. 이후에도 사도세자의 허물을 들추고 세손인 정조의 즉위가 부당함을 강조하면서, 죄인의 아들은 대통을 이어받을 수 없다는 내용의 "죄인지자罪人之子, 불가승통不可承統"이라는 여덟 글자를 공공연히 말함으로써 조야를 격동시켰다.[46]

2) 호론의 몰락과 장엄한 낙조

영조 52년(1776) 3월, 정조가 갖은 방해공작을 이겨내고 영조의 뒤를 이어 즉위하였다. 노론 벽파는 내심으로 정조의 즉위를 인정하지 않았다. 마침내 정조 1년(1777) 7월, 홍상범洪相範 등이 정조를 시해하려다가 미수에 그친 사건이 일어났다. 홍상범은 호론계 인사로 노론 벽파의 거두 홍계희洪啓禧(1703~1771)의 손자이다. 홍계희의 두 손자가 앞장서서 이 사건을 일으킴으로써 홍계희 집안은 멸문을 당하였다. 호론 세력, 특히 송시열 계열 또한 크게 위축되어, 정조 24년(1800) 정조가 세상을 떠날 때까지 거의 힘을 펴지 못하였다. 어린 순조의 즉위와 함께 정순왕후의 수렴청정이 시작되었고, 김한록 일파는 다시 기지개를 펼 수 있었다. 그러나 벽파의

45) 권오영, 「김한록의 사상과 정치적 역정」, 『조선시대사학보』 33권, 222쪽 참조.
46) 『純祖實錄』, 6년(1806) 5월 13일(庚申)조 참조.

배경이던 정순왕후는 순조 3년인 1803년 말 수렴청정을 거두고 순조 5년(1805) 초에 세상을 떠나고 만다. 이제 권력은 왕비 집안인 안동김씨에게로 옮겨 갔다. 세도정치가 시작된 것이다.

정조 14년(1790) 김한록이 죽은 뒤 벽파의 새 지도자가 된 두 아들 관주觀柱와 일주日柱는 권력의 약화를 걱정하다가 커다란 정치적 모험을 시도하였다. 그들은 지난날 사도세자를 비판했던 인물들에 대한 포상을 통해 자파의 입지를 재구축하고 정파적 정당성을 과시하려 하였다. 이것은 당쟁의 격화를 막기 위해 사도세자의 일을 일절 거론하지 못하도록 한 정조의 유교遺敎를 정면으로 거스르는 일이었다. 순조 5년(1805) 12월, 김관주 등은 국구國舅 김조순金祖淳과 같은 안동김씨이면서도 정파상으로는 벽파 소속이었던 우의정 김달순金達淳을 사주하여, 사도세자의 대리청정을 반대하다가 죄를 입은 박치원朴致遠·윤재겸尹在謙의 신원伸冤을 상소토록 하였다. 안동김씨 측에서는 기다렸다는 듯이 이를 기화로 김달순을 공격, 마침내 옥사를 일으켰다.

김달순의 옥사로 노론 벽파는 완전히 몰락하였다. 이후로는 회생하지 못하였다. 순조 6년(1806)에는 김한록 등의 이름이 역안逆案에 올랐다. 김한록의 이른바 '팔자흉언八字凶言'이 큰 공격거리가 되었다. 그로부터 60년이 다 되어 가던 고종 1년(1864) 7월 18일, 고종은 대화합 차원에서 지난날 당쟁 때문에 관작이 추탈되거나 역률逆律로 다스려졌던 인사들에 대한 복권을 단행하였다.[47] 이날의 복권에는 김종수金鍾秀·심환지沈煥之·김달순·김관주·홍계희·김한록·홍양해洪量海 등 호론 계열의 노론 벽파 인사가 다수 포함되었다.

돌이켜 보면, 김한록 등 호론계 지도자들의 배타적이고 공격적인 정치활동은 호론의 자체분열을 초래하였다. 우선 홍주목 갈산을 본거지로

47) 『承政院日記』, 고종 1년(1864) 7월 18일 丙辰條.

하는 안동김씨 김상용의 후손들이 정치적 견해 차이로 이들과 갈등을 빚었다. 그리고 순조 6년(1806) 이후 몰락해 가는 과정에서는, 노론 벽파로 뿌리를 같이하였던 경주김씨 가문 내에서도 김한록, 나아가 한원진까지도 배척하는 움직임이 있었다. 당쟁 속에서 생존본능이 발동한 것이다. 그 한 예를 보자. 순조 26년(1826) 충청우도 암행어사가 된 추사秋史 김정희金正喜(1786~1856)는 한원진과 송능상·김한록을 모신 홍주 양곡사暘谷祠를 훼철하도록 지시하였다.[48] 김정희는 호론의 영향권인 충청도 예산 출신이다. 게다가 김한록과 같은 경주김씨이다.[49] 가문의식家門意識을 떨쳐 버리기 어려웠을 것이다. 그럼에도 김정희는 호론의 대표적 학자를 배향한 사우를 훼철토록 하였다. 무슨 이유일까? 『남당연보』 이외의 다른 자료가 없어 정확히 알기는 어렵다. 다만 명분상으로 보아, 이미 역신逆臣으로 몰려 추죄追罪를 받은 김한록을 종향하는 것이 불가하다는 생각이었을 것이다. 게다가 호론에 대한 김정희의 반감도 컸을 것으로 짐작된다. 김정희는 문과급제 이전부터 청나라에 다녀오고 청나라 학자들과 학술·문화상으로 깊숙이 교류하였다. 김정희가 배타적 성향의 호론을 지지하기는 어려웠을 법하다.[50] 양곡사 훼철 사건은 겉으로 보기에는 작은 일 같지만, 19세기 초 호론의 정치적·학술적 위상이 어떠했는지를 상징적으로 보여 주는 사례라 하겠다.

호론은 19세기 초 몰락 이후로 중앙 정계나 학계로부터 멀어지고 그 잔존세력은 대개 홍주·보령 등지에 국한되었지만, 19세기 말 척사위정운동의 선구였던 백낙관白樂寬(1846~1883), 홍주의병을 주도했던 이설李偰(1850~

48) 『南塘先生年譜』, 권3, 헌종 9년 癸卯條, "御史金正喜毁撤之."(영인본 하권, 1105쪽)
49) 김한록은 영조 계비 貞純王后의 숙부이고, 김정희의 증조부 月城尉 金漢藎은 정순왕후에게 재종숙(7촌)이 된다.
50) 게다가 김한록은 정순왕후를 등에 업고 정치에 깊숙이 개입하여 막후 조종을 일삼다가 경주김씨 일문이 크게 화를 입도록 한 장본인이었기 때문에 그에 대한 반감도 없지는 않았을 것이다.

1906), 김복한金福漢(1860~1924) 등은 한원진을 사숙한 일군의 학자들이었다. 충청도 서부지역의 학자들 중에는 자칭 '당문塘門'이라 할 정도로 한원진의 학문과 사상에 경도된 이들이 상당하였다.[51] 이들은 큰 틀에서 '남당학파'에 편입시켜 말할 수 있다.[52] 남당학파 후예들은 호론이 몰락해 가는 과정에서도 한원진에 대한 존모의 염이 지극하였다. 그들은 호론이 지닌 사상적·이념적 가치에 공감하면서, 19세기 말 왕조가 기울어 가는 시점에 서산낙조西山落照의 장엄함을 행동으로 보여 주었다. 집권층의 후예인 낙론 계열 다수가 국망國亡의 즈음에 이렇다 할 움직임을 보여 주지 못했던 것과는 비교가 된다.

4. 맺음말 : 남당학의 의의와 한계

한원진은 '춘추대의를 성리학으로 체계화한 학자'라 평가할 수 있다. 그의 인물성론은 철저하게 현실적 요구를 반영한 것이었다. 현실적 요구란 바로 18세기 시대정신이었던 춘추대의를 성리학 차원에서 체계화하는 것이요, 그 기초는 '인수대별人獸大別'의 논리를 확고하게 수립하는 것이었다. 한원진의 인물성론을 순수철학적 관점으로만 이해하는 것은 반은 얻고 반은 버린 것이나 다름없다고 생각한다.

한원진은 송시열이 유·무언으로 유촉한 두 가지 일을 위해 일생을 바쳤다. 하나는 주자학의 절대적 위상을 공고히 하는 것이요, 다른 하나는 춘추대의를 성리학으로 이론화·체계화하는 일이었다. 주자절대주의의

51) 한 예만 소개한다. 金福漢, 『志山集』, 권3, 30b, 「答林公武承周」, "但懼百世之公議, 如塘翁之至訓, 則豈非吾黨之幸也哉"; 『志山集』, 권15, 1a, 附錄, 「跋」(金魯東 撰), "先生自少服習仙淸二祖之緖餘, 尊信南塘韓文純公爲道學之結局, 而講明道義者雅矣."

52) 남당학파의 형성에 관해서는 김상기의 논문 「남당학파의 형성과 위정척사운동」(『한국근대사연구』 10)이 자세하므로 그에 미룬다.

신념으로 이루어 낸 것이 『주자언론동이고』라면, 인수대별로 수렴되는 춘추대의를 성리학 차원에서 체계화하여 정립한 것이 인물성이론이요 성범심부동론 등이었다. 이런 점으로 본다면 송시열과 한원진은 '우당尤塘'[53]으로 병칭될 만하다. 다만, 송시열에게는 '직'사상과 같은 강력한 행동철학은 있었으나 학술적 차원의 이론 정립이 미처 이루어지지 못했다. 이에 비해 한원진의 경우는 이론 구상과 논리 개발은 타의 추종을 불허하였으나 행동철학의 측면에서는 송시열에게 한 발 양보해야 한다. 이런 점은 상호보완적 성격으로 보는 것이 좋을 듯하다.

한원진은 송시열 못지않은 강의준절剛毅峻截한 기질을 타고났다. 게다가 학문에 대한 확집確執이 대단하였다. 그는 이이-송시열로 이어지는 도통을 계승했다는 자부심과 책임감이 강렬하였다. '분변'을 위주로 하는 그의 학문 성격은 국가적 지표나 정치노선을 확립하는 데 매우 효과적이었다. 내세운 기치가 선명하였다. 그러나 포용성과는 거리가 멀었다. 한원진과 그 후예들의 배타적 성격은 학술 활동과 정치 활동에서 외골수로 나가면서 적지 않은 문제를 불러일으켰다. 그들은 '고집', '독선'에서 나아가 '편벽'으로 비쳐지기에 이르렀다. 일차적으로 도통과 관련하여, 김장생 가문이 등을 돌렸다. 이어 송시열·송준길의 문묘배향 당시 위차位次 문제로 촉발된 우춘시비尤春是非(春尤是非)의 후유증 때문에 송준길의 후손 송명흠宋明欽·송문흠宋文欽이 도암陶庵 이재李縡의 문하로 나아갔고, 권상하의 증손으로 한원진의 문인이었던 권진응 역시 낙론으로 돌아섰다. 그뿐만이 아니다. 한원진에게 가장 든든한 우군이었던 윤봉구와도 학술토론 과정에서 틈이 벌어짐으로써 남당학 내지 호론의 앞날을 어둡게 하였다. 남당학파의 강력한 세력기반이었던 송시열 후손들 역시 세월이 흐름에

53) 鄭赫臣, 『性堂集』, 권5, 20a, 「祭文」(門人 李禮煥 撰), "嗚呼先生, 以强明純粹之姿, 出乎程朱尤塘之後."

따라 비호비락非湖非洛의 태도를 취하는 경우가 많았다. 이쯤 되면 '사면수풍四面受風'의 형국이라 하지 않을 수 없다.

한편, 한원진의 문인 가운데 영조계비 정순왕후의 집안사람인 김한록은 산림이자 왕실의 척족임을 배경 삼아 세력을 규합하였다. 그는 노론벽파를 배후 조종하면서 정치적 실력자로 부상하였다. 김한록 일파는 사도세자를 죽음으로 몰아가는 데 깊숙이 개입하였고, 세손인 정조의 즉위를 막는 데 앞장섰다. 정조 즉위 이후에도 호론 계열은 정조를 시해하려 하였고, 이 일 때문에 정치적으로 영락의 길에 들어섰다. 이후 세월이 흐르면서 호론은 점차 그 존재감이 희미해졌다.

학파가 이렇게 몰락한 데에는 원인이 있을 것이다. 무엇보다도 독선적 태도에서 오는 편협성·배타성을 꼬집지 않을 수 없다. 돌이켜 보면, 호락논쟁은 성리학 발전 과정에서의 자연스런 등장이면서도, 관점을 달리하여 보면 '시대성의 산물'이다. 호론과 낙론은 다 같이 춘추대의를 사상적 기반으로 하였다. 그러나 인물성에 대한 관점과 시각은 서로 달랐다. 호론은 특수성(차별성)에 집착하였고 '주체와 타자'의 구분에 역점을 두었다. 이에 비해 낙론은 시대인식에 공감은 하면서도 보편성의 측면을 놓치지 않으려 하였다. 또 '성선性善'이라는 유학의 대명제를 지키려 하였다. 논리적 일관성의 면에서는 낙론을 평가할 만하다.[54] 호론은 '심'과 '성'에 대한 문제를 놓고 새로운 이론을 제시하였다. 한원진이 허령한 심의 본체를 기질과 겸해 논하는 것은 이전에 보기 어려운 논리이

---

54) 후일 낙론계 학자 梅山 洪直弼(1776~1852)은 이간과 한원진을 평가하면서, 이간의 경우 학문의 방향은 잘 잡았으나 논리의 구사에 미진함이 있고 상대적으로 일찍 죽었으며, 한원진의 경우 학문의 방향은 잘못되었으나 논리 구사에서 條理가 있었다고 평하였다. 이것이 호락양론을 보는 낙론의 시각이다. 여기서 '북향' 운운한 것은 한원진의 논리가 '性善'의 대전제에 위배된다는 의미인 듯하다. 『鼓山集』, 권19, 18b, 「梅山先生語錄」, "論巍塘學問成就曰: 巍巖如南向之屋, 未盡修粧, 以未享年也. 南塘如北向之屋, 間架條理, 盡爲修粧者也."

다. 이에 대해 '조선주자학의 특징을 선명하게 보여 준 것'이라고 평가하는 학자들이 있다. 그러나 이런 평가 자체가 이미 호론의 학설이 시대성의 산물이라는 점을 인정하는 것이다.

다년간에 걸친 논쟁 결과, 일단 한원진 계열의 호론이 정통성을 확보한 것처럼 보였다. 우선 명분상으로 우위를 점할 수밖에 없었다. '춘추대의'라는 대명제 앞에서는 낙론이 호론을 압도하기 어려웠다. 낙론의 난점은 여기에 있었다. 그런데, 한원진의 후예들은 한원진이 제기한 학설이 시대의 요구를 반영한, 특수성에 기초한 것이라는 점을 제대로 인식하지 못하였다. 그들은 사설師說을 고수, 방어하고 도통을 자부하는 것으로 일관하였다. 논리 개발과 이론 보완이 없다보니 학술상의 발전은 기대하기 어려웠다. 게다가 재야산림을 고수하는 과정에서 현실을 감당하는 데 한계와 어려움이 많았다. 이러는 가운데 정치 운영은 물론 학계·사상계의 주도권이 낙론으로 옮겨 갔다. 정치주도층인 낙론은 내면적으로 청나라의 실체를 인정하면서 현실적 변화를 모색해 나갔다. 마침내 낙론 내부에서 신진기예新進氣銳를 중심으로 '북벌에서 북학으로'의 논리가 개발되기에 이르렀다.[55] '코페르니쿠스적 전회轉回'라 할 만하다. 이에 비해 시대의 흐름을 외면한 채 대의명분만 고집했던 호론은 갈수록 사상계의 변화를 가로막는 저지력으로 인식되었다.[56] 고립의 길이 부른 학파의 종말이 예견되었다. 시대의 흐름을 거부한 채 이론 보완과 논리 개발에 소홀한 결과였다.

그러나, 어떤 학문이나 학파도 시대의 흐름에 따라 부침과 명멸이

---

55) 북학파는 인성과 물성의 보편성을 바탕에 깔고 『장자』「齊物論」의 논리를 끌어들여 북학론을 전개하였다. 한원진이 경계하여 마지않았던 『장자』「제물론」의 논리가 북학론의 기반이 된 것이다. 『南塘集』, 권20, 18a, 「答權亨叔別紙」, "自古異端之說, 皆是無分之說也. 老莊齊物 , 告子生之謂性, 皆是也."

56) 김준석, 「한원진의 주자학 인식과 호락논쟁」, 『이재룡박사 환력기념 한국사학논총』(한울, 1990), 592~593쪽.

있게 마련이다. 한계나 폐단 없는 학문이란 없다. 결과도 중요하지만 본질을 놓쳐서는 안 될 것이다. 유교 전통을 근간으로 하는 도덕문명을 야만으로부터 지켜 내려 했던 한원진의 신념과 의리, 책임의식은 인정하지 않을 수 없다. 또한 시대의 요구를 잘 파악하여 춘추대의와 인물성론으로 철학의 뼈대를 삼고, 나아가 이를 '시대를 구제하는 철학', '보편적 가치'로 끌어올리려고 일생토록 노력한 점 역시 평가받아야 될 것이다.

제5장 한주 이진상의 철학사상과 현실적 구현

1. 머리말

한주 이진상(1818~1886)을 '조선성리학의 육대가'[1] 가운데 한 사람으로 꼽았던 현상윤玄相允은 『조선유학사』(1949)를 저술할 때 『리학종요理學綜要』만 가지고 이진상의 성리학을 개관할 수밖에 없었음을 술회한 바 있다. 그로부터 30여 년이 지난 1980년 아세아문화사에서 『한주집』을 비롯하여 이진상의 중요한 저술을 영인본 5권으로 묶어 펴냄으로써 이진상에 대한 본격적인 연구가 시작되었다.

엄격한 의미에서 이진상 연구의 효시라 할 수 있는 고 송찬식宋贊植 교수의 「조선조 말 주리파의 인식 논리 - 한주 이진상의 사상을 중심으로」(『동방학지』 제18집, 연세대학교)가 1976년에 나온 이래 30여 년 동안 이진상 연구는 크게 진척되었다. 현재까지 약 50편의 일반 학술논문이 집적된 데다 이를 기반으로 박사학위논문이 이어지고 전문 저서까지 속출하는 상황이고 보면, '한주 연구의 회고와 전망'이라는 주제로 연구사 정리를 해 보는 것도 의미 있는 일이 될 듯하다.[2]

---

1) 현상윤, 『조선유학사』(민중서관, 1977), 368쪽.

한주학은 이제 상당히 세부적인 부분까지 정밀하게 연구되고 있다. 성리학 부분은 더 이상 참신한 연구를 기대하기가 쉽지 않을 듯하다. 앞으로는 한주학과 밀접한 관계가 있는 경학·역사 관계 저술, 그리고 한주학파의 성격과 활동 등으로 연구의 범위를 확장시켜 나가야 할 것이다. 또 이진상의 학문과 사상이 이론적 부면部面에만 머물러 있는 것이 아니라 19세기 말 당시의 현실 문제를 충실하게 반영한 것이라는 점과, 그의 철학사상이 시대를 선도하는 것이었음을 밝혀내어야 할 것으로 본다.

철학과 현실은 서로 유리되어서는 안 된다. 현실 문제를 도외시하거나 시대적 요구를 외면하는 철학은 진정한 철학이 아니라고 본다. 본고에서는 한주 이진상이 시대를 고민하는 지성인으로서의 삶을 살았고, 그의 학문과 사상이 시대정신을 대변한 것이라는 점에 주안을 두고 학문과 사상의 체계를 재조명하려 한다. 지난날의 연구 경향이 성리학 중심, 이론 중심에 편향되었던 점을 반성하고, 이진상이 척사위정斥邪衛正이 요구되는 시대에 능산적能產的 지식인으로서 큰 구실을 하였음을 밝히려는 것이다. 지금까지 이러한 시각에서 이진상의 철학사상을 심도 있게 논의한 업적은 드물었다. 이 기초적 작업이 선행되어야 한주학파의 성격 규명이 제대로 이루어지리라고 생각한다. 아직은 한주학이 지닌 현실적 의의와 그 학문체계에 대한 면밀한 검토에 좀 더 주의를 기울여야 할 것 같다.

본고는 거시적으로 조망하는 것을 주로 할 것이다. 차후 각론적 측면에서 후속 연구가 이어지기를 기대한다.

---

2) 이형성, 「한주 이진상과 그 학파 연구의 현황과 전망」, 『유교사상연구』 제39집(유교학회, 2010) 참조.

2. 한주학의 근본 문제

한주학을 간략하게 설명하기는 어렵다. 다만, 지금까지의 연구 결과를 종합하여 한주학의 근본 문제 나아가 근본정신을 말하자면, 조선성리학사에서 이진상은 '심즉리心卽理'라는 대명제를 던져 '심'의 주재성主宰性 문제를 가지고 가장 강력하게 주의를 환기시켰던 학자라 할 수 있다. 이 문제는 척사위정이 요구되었던 시기에 당면한 현실 문제를 해결할 수 있는 중요한 철학적 기반의 하나로 제시되었다.

종래의 연구를 보면 한주학을 현실 문제와 결부시켜 논한 것을 찾아보기 어렵다. 논쟁사적 측면에서 다룬 것이 대다수였다. 그 결과 한주학이 성리학의 심성心性논쟁 중의 가장 중요한 논점이었던, 심합리기心合理氣·심시기心是氣·심즉리心卽理의 문제에서 심론 내지 주리론의 맨 오른쪽 극단에 서게 되었음을 강조하기에 이르렀다.[3] 이것은 그 나름의 의미가 있지만, 현실 문제를 깊숙이 함축한 한주학의 진면목이 제대로 드러나지 않을 수 있다는 점에서 아쉬움이 없지 않다.

한주학은 리사불이理事不二의 정신에 따라 이론에 그치지 않고 현실에 긴밀하게 연결되어 있다. 이진상이 성리학의 이론적 탐구에 철저하였던 것은 궁극적으로 현실 문제를 올바로 인식하고 대응하기 위함이었으므로, 한주학 속에 담긴 정치·사회적 함의와 역사적 의의를 읽어내어야 한다. 필자가 한주학을 고찰하면서 아울러 '그 현실적 구현'을 논함은 체용해비體用該備한 이진상의 학문체계를 다시 보자는 의미에서이다.

길지 않은 지면에서 한주학의 이모저모를 살피는 것은 불가능하다. 중요한 논점만 가려서 보도록 하겠다.

---

3) 안영상, 「극단으로 간 최후의 퇴계주의자들: 한주학파」, 『조선 유학의 학파들』(한국사상연구회, 예문서원, 1996).

1) 조선 후기 퇴계학파 성리학의 전통과 한주학

지금까지 조선성리학사는 퇴계학파와 율곡학파의 대립 구도로 서술되어 왔다고 해도 과언이 아니다. 수백 년 동안 허다한 대립과 갈등으로 점철되어 왔음은 인정하지 않을 수 없다. 이제는 '왜 그토록 끈질기게 대립해 왔는지' 그 소이연所以然을 탐구할 차례라고 생각한다. 그리고 그것은 학술적 차원에서의 해명이 되어야 한다고 본다. 또 다른 한편으로는 조선성리학사가 대립적인 구도로만 짜인 것이 아니라는 사실에 주목할 필요가 있다. 표면적으로는 퇴계학파와 율곡학파가 대립·갈등하는 것으로 보이지만, 내면적으로는 서로 대화하여 난만귀일爛漫歸一할 수 있는 가능성을 보여 주었던 것도 사실이다. 두 학파의 양심적인 학인들이 상대방의 이론과 논리에 귀 기울이고 수용할 점은 받아들여 조선성리학사를 새로운 국면으로 이끌어 갔던 사실이 근자의 연구에서 밝혀지고 있다.

필자는 근자에 「퇴계학파의 율곡 성리설 수용 양상」(2009)이라는 논고를 발표한 바 있다. 이 글은 조선 후기 성리학사에서 퇴계학파와 율곡학파가 표면적으로는 계속 대립해 오면서도 기실 상대측 학설을 의식하고 나름대로 화해의 노력을 기울여 왔음을 논술한 것이다. 돌이켜 보면, 율곡학파는 퇴계학설의 수용에 상대적으로 개방적이고 능동적인 편이었다. 퇴계학파와 율곡학파의 사이를 좁히고자 노력했던 것은 기호학파 학인들이 선편을 쳤다. 기호학파에서 독특한 위상을 차지하는 농암農巖 김창협金昌協 계열은 학통상으로 율곡학파의 계통을 이었고 정파상으로도 노론에 속하였지만, 이이의 학설에다 이황의 학설을 수용하여 '제삼의 학설'을 이끌어 내었다. 이들은 '농암문파農巖門派'라고 일컬어질 정도로 세력을 형성하였고, 그 계통은 조선 말기까지 이어졌다. 또 김창협을 전후한 시기에 활동하였던 박세채朴世采·조성기趙聖期·임영林泳 등 소론계 학인들 역시 율곡학파의 우산 속에 포함되는 학자군이면서도 율곡설에 이의를 제기하고 퇴계설을 수용하여 이른바 '절충파'를 형성하였다. 여기서 기호 학인들의 성향·기질, 나아가 기호학파의 학문 풍토와 배경 등을 짐작할 수 있다.

퇴계학파 또한 표면적으로는 비판과 공격 일색이었던 것 같지만, 지하를 흐르는 복류천伏流川과 같이 율곡설의 수용 양상이 끊이지 않았다.[4] 수면 위로 드러나지 않았을 뿐이다. 내면적으로는 상대편 학설의 논점과 핵심을 상당 부분까지 이해하면서도 겉으로는 공격과 비판 일색이었다. 이것은 지난날 퇴계학파 학인들이 기호학파 학인들에 비해 폐쇄적·자존적 경향이 강하였으며, 정치적으로 소외를 당하다 보니 피해의식이라든지 적대의식이 적지 않았던 탓일 것이다. 또 그런 상태가 누백 년 내려오면서 자유롭게 말하거나 토론할 수 없는 분위기가 조성되었기 때문일 것이다.

이진상은 일정한 사승 없이 주희와 이황을 조술하였다. 그의 주리主理·존리尊理의 정신은 퇴계학파의 전통 속에서 이해될 수 있는 것이지만, 특히 '발發'에 대한 해석, '심'의 주재성, 심즉리, 사단칠정 리발일로理發一路, 심성정일리心性情一理 등에서 특성이 두드러진다.[5]

이진상의 성리학 체계와 논리를 보면, 리기의 '분개分開'를 주로 하면서도 '혼륜渾淪'을 아울렀던 대산大山 이상정李象靖의 영향을 많이 받았다.[6] 한주학은 전반적으로 육분六分 내지 칠분七分이 이상정의 논리와 같다고 할 수 있다. 한마디로, 리기의 분개에다 혼륜까지 아울러 보고 대본大本과 달도達道가 두 갈래가 아니라는 논리를 전개하였다는 점에서 율곡학파와

---

4) 필자는 위에 소개한 논문에서 ① 寒旅學脈의 수용 양상, ② 近畿·落南 퇴계학인의 수용 양상, ③ 정통 퇴계학파의 수용 양상, ④ 조선 말기 斥邪衛正論과 퇴계·율곡학파의 만남 등으로 나누어 고찰하였다.

5) 이진상이 61세 때 편찬한 주리철학의 결정체 『리학종요』에서는 리기의 관계, 특히 주재와 작용 및 發의 문제에 주안을 주어 자신의 논리를 집중시켰다.

6) 『寒洲集』 附錄, 권3, 24b, 「行錄」, "與後生說理學處, 多引大山李先生說."

소통하여 상호근접할 수 있는 기초를 마련했다고 할 수 있다.

조선 후기 퇴계학파에서 대산 이상정은 소퇴계小退溪라 불릴 정도로 중추적인 위치에 있었으며, 후일 퇴계학파 학인들에게 지대한 영향을 끼쳤다. 이상정의 성리설은 분개 일변에 치중했던 이전의 퇴계학인들과는 차이를 보였다. 그는 사단·칠정의 분개를 기본으로 하면서도 혼륜의 측면까지 아울러 보아야 한다고 주장하였다. 이것은 혼륜을 기본으로 하면서 분개를 아울렀던 기호학파 김창협의 경우를 연상하게 한다.[7] 그런데 이상정 역시 처음에는 '혼륜' 쪽에 비중을 두었다고 하여, 율곡설과 같은 것으로 비판받았다고 한다.

이상정은 시대와 학술 경향이 달라졌음을 강조하고, 퇴계설을 분개 위주에서 분개와 혼륜을 종합하는 것으로 전환해야 함을 강조하곤 했다. 그에 의하면, 이황은 심心을 통합적(渾淪)으로도 설명하고 분별적(分開)으로도 설명했지만 이이는 통합적인 파악을 내세워 분별적 이해를 비판했고 이현일李玄逸·권상일權相一 등은 분별적 설명을 강조하여 통합적 파악을 공격하였는데, 자신은 이러한 대립된 견해를 통합하여 이황의 본래 의도를 발휘했다고 한다. 그는 또 퇴계학인들이 분개 일변으로만 달리는 것을 비판하며, 분개와 혼륜 즉 이간離看과 합간合看을 병행하여 균형감각을 이루어야 세폐世弊를 구제할 수 있다고 주장하였다. 이에 대해 이진상은 "어찌 일찍이 일부러 상전종지相傳宗旨에 이론異論을 세운 것이겠는가. 수시취중隨時取中의 도리에서 이와 같이 하지 않을 수 없었던 것이다"[8]라고

7) 이진상이 퇴계학파의 이상정과 함께 기호학파의 김창협을 존중하고 그의 학문을 인정하였던 사실에 주목할 필요가 있다. 이진상은 김창협의 학설을 세 가지로 요약하여, 첫째로 사단은 리를 主로 하면서 기가 그 가운데 있고 칠정은 기를 주로 하면서 리가 그 가운데 있다는 것이요, 둘째로 칠정은 사단을 겸할 수 없다는 것이요, 셋째로 善情이 발함에 모두가 淸氣에서 발하는 것만은 아니고 탁기에서 발한 것 역시 모두 악정인 것만은 아니라고 하였다. 그리고 전체적으로 名言에 따른 다소의 異同은 있지만 퇴계설과 부합된다고 평가하였다. 『寒洲集』, 권34, 17a~18b, 「讀金農巖四端七情說」 참조.

옹호한 바 있다. 이상정의 이러한 학문 태도와 관점은 이후 유치명柳致明·김흥락金興洛 등 적전으로 이어지고,[9] 이진상·장복추張福樞(1815~1900) 등에게도 많은 영향을 끼쳤다.

이진상은 당색에 얽매인 폐쇄적인 학풍을 반성하였다. 이러한 학풍은 고제高弟 곽종석郭鍾錫에게 계승되었다. 이진상은 비교적 객관적인 시각에서 선유의 설을 계통적으로 정밀하게 고찰한 뒤 주희의 만년설을 정론定論으로 인정하였으며, 이어 경훈經訓과 자기의 견해에 비추어 합당하다고 생각되는 것을 받아들였다. 그는 선유의 설을 종합·정리한 것으로는 조선 유자 가운데 첫손에 꼽힐 만한 학자이다. 또한 자신의 관점을 뚜렷이 제시하고 독창적으로 체계화하였다는 점 역시 남에게 사양하기 어려운 학자라고 할 수 있다.

이진상의 성리학은 심론에서 정채를 발하였다. 그는 심론에서 리기의 역할을 주재主宰와 작용作用으로 규정한 뒤, 리주기자론理主氣資論에 입각하여 궁극적으로는 리가 기를 타고 발하는 '리승기이발理乘氣而發'을 주장하였다.[10] 그의 성리설은 '리발일로理發一路'로 요약된다. 이것은 호발설의 논리적 약점 즉 대본을 둘로 본다는 혐의를 불식하면서 강한 주리론으로 세도인심世道人心을 구제하려 했다는 데 그 특징이 있다. 그는 심의 도덕적

---

8) 『寒洲集』, 권7, 43a~44a, 「答沈穉文別紙」, "其後黨論分而偏私勝, 宗退者, 刻於攻栗, 而其說偏於橫, 宗栗者, 工於攻退, 而其說偏於倒. 偏於橫, 則理氣分歧, 而大本不一. 偏於倒, 則理氣易主, 而大本都爽. 故農巖以栗谷之嫡傳, 而頗主分開之論, 以矯其倒說之偏. 大山以退老之譜承, 而特拈渾淪之旨, 以捄它歧說之差. 是兩賢者, 亦何嘗故爲立異於相傳宗旨, 而隨時取中之道, 不得不如是也."

9) 김낙진은 「定齋 柳致明과 西山 金興洛의 本心 중시의 철학」(『율곡사상연구』 제16집, 율곡학회, 2008, 101~124쪽 所收)에서 "유치명과 김흥락은 이이의 퇴계 비판 중 일부를 수용하여 퇴계학의 이론을 변모시킨 이상정의 학문을 계승한 학자들이었다"라고 하였다.

10) 『寒洲集』, 권8, 20b, 「與尹士善別紙」, "論四七, 當先究理發氣發立言之本意. 理氣非相離之物, 豈有各發之理? 無論百千萬情, 其爲理乘氣而發則無異也. 理爲主本, 而氣爲資具, 謂之理發則順, 謂之氣發則逆矣."

주체성-도덕적 책임의식을 강조하여 '심즉리'를 주장, 심설에서 이황의 심합리기설 이후 가장 오른편에 서기도 하였다.

우리 마음이 리기가 합하여 있는 데서, 그 리를 확충시키고 기를 제어하여야 할 것이다. 그런 다음에 진심眞心이 천리에 순수함을 볼 수 있을 것이다.[11)]

그가 심즉리를 주장한 것은 심이 기를 떠나 홀로 존재한다는 의미가 아니라, 이 심은 리가 주재한다는 것을 밝혀 궁극적으로 주기의 폐단을 구제하려는 신념에서였다. 그는 자신이 강력한 주리론을 전개하게 된 것이, '주기'로부터 초래되는 세폐를 구제하고 시대적 요구를 달성하기 위한 수시취중의 도리에서 나왔음을 여러 차례 말하곤 하였다.

리는 본래 '주主'이기 때문에 리를 주로 하여 말할 수 있는 것이다. 그러나 기는 본래 '자資'이니, 어찌 기를 주로 하여 말할 수 있겠는가. 기를 주로 말하면 곧 도를 어지럽히는 것이다.[12)]

'불리부잡不離不雜' 넉 자를 리기설의 제일의제第一義諦로 보는 이진상은 성리설을 체계적으로 연구하기 위해 수간竪看·횡간橫看·도간倒看이라는 3간법과 순추順推·역추逆推의 추리 방법을 제시하였다. 이진상은 이러한 사유틀과 인식방법론을 가지고 성리학에서 제시된 여러 이설異說들을 해결하고자 노력하였다. 그리고 자신의 철학적 이론을 철저히 주리적 측면에서 재구성하고, 선유들 가운데 중국의 장재와 나흠순을 비롯하여 조선의 서경덕·이이·한원진·이간·임영·임성주 등의 학설을 주기적이

---

11) 『寒洲集』, 권32, 5a~5b, 「心卽理說」, "當於吾心合理氣處, 擴其理而制其氣, 然後眞心之純乎天理者, 可得以見矣. 苟不到聖人之心渾然天理處, 則心卽理三字, 未可以遽言之也."

12) 『寒洲集』, 권8, 3b, 「答尹士善別紙」, "理本主也, 可以主理而言, 而氣本資也, 烏可主氣而言乎. 纔主氣便亂道."

라 하여 비판하였다.

그는 이이의 '기발리승일도'의 논리를 도간, '정발어리情發於理'와 '리통기국理通氣局'을 수간이라 하면서, 이이가 도간을 주로 하면서 수간을 겸하였다고 보았다.[13] 이에 비해 이황은 수간을 주로 하면서 도간을 겸하였다는 것이다. 이처럼 그는 여러 선유들의 간법을 주主와 겸兼으로 분석하면서, 간법의 차이에도 그것이 갖는 의미가 적지 않다고 하였다. 또한 활간活看할 경우 이황과 이이가 통하지 못할 이유가 없다고 하였다.

> 퇴·율이 '발發'에 대해 논한 것을 보면 서로 어긋나는 것 같지만, 활간하여 소통시키면 합치되지 않은 적이 없다. 다만 퇴계는 (분별과 통합으로) 그 전체를 말했고 율곡은 그 한쪽(통합)만 말했을 뿐이다.[14]

그가 간법을 가지고 자신의 학설을 체계화하고 정련精練을 가한 것은 선유들의 성리학설에 대한 비판과 반성의 의미가 담겨 있지만, 무엇보다도 율곡설 내지 율곡학파의 논리를 크게 의식한 것이라 하지 않을 수 없다.

이진상은 이이의 학설과 논리를 드러내놓고 인정하지는 않았지만 내면적으로는 수용의 정도가 상당했던 것 같다.[15] 그는 '리승기이발理乘氣

---

13) 『寒洲集』, 권7, 42b, 「答沈穉文別紙」, "栗谷主倒而兼豎."

14) 『寒洲集』, 권19, 7b, 「答郭鳴遠疑問」, "退栗之論發處, 似相牴牾. 而活看以通之, 則未嘗不合. 但退陶道其全, 栗谷道其偏耳."

15) 『한주집』에는 율곡설을 부분적으로 인정하는 대목이 보이고, 이것은 이진상의 손자 李基元(1885~1982)도 인정하는 바였다. 이진상은 이이의 리통기국설을 정주의 설에 어긋나지 않은 것이라고 평가하였고, 이기원은 "祖考께서는 율곡설에 대하여 疑信함이 없지 않았다"라고 하였다. '의신'이란 의문을 가지면서도 부분적으로 인정하였다는 의미이다. 『寒洲集』, 권10, 9a, 「答姜耘父」, "至若曰, 情雖萬般, 夫孰非發於理, 及理通氣局等處, 儘非有違於朱李之旨也"; 『寒洲集』, 권30, 19a, 「書李巍庵理通氣局辨後」, "理通氣局之說, 始發於栗谷, 而其旨不悖於程朱"; 『三洲集』, 권5, 「辨田氏與李鐸謨書」, "祖考於栗谷說, 不無疑信."

而發' 즉 '리발일로'를 말하면서 "발하는 것은 리이고 발하게 도와주는 것은 기이다"라는 점을 자신의 평생에 걸친 주된 견해라고 하였다.16) 이것은 이이가 "발하는 것은 기요 발하게 하는 것은 리이다"17)라고 한 것과 같은 논법이다. 궁극적으로 리기를 보는 관점이 다르고 '발發'자의 해석 등에 차이가 있지만, 이이 일도설一途說의 논리와 함의를 수용한 것이다. 리기불상리의 묘를 잘 살리면서도 리의 주재성을 분명히 한 것이 특징이다. 이런 의미에서 이진상의 성리설을 적극적으로 해석한다면, 퇴계설을 기반으로 하면서 율곡설을 일부 수용하여 종합·지양했다고 할 수 있다. 다만, 선유의 학설을 종합·정리하면서도 자신의 주관을 뚜렷하게, 그것도 주리론의 가장 오른쪽에 서도록 했다는 점에서 '절충적' 성격에 못지않은 '독자성'을 인정하지 않을 수 없다.

2) 이진상의 리발일도설과 이이의 기발리승일도설

이진상은 이황의 학통에 연결되면서도 학설상 일정하게 독자노선을 걸어 성주지역을 중심으로 독립된 학단을 열었다. 학계에서는 안동지역을 중심으로 한 유치명 → 김흥락 계열의 정통 퇴계학맥과 구분하기도 한다.

이진상은 사승이나 연원에 구애되지 않고 자득을 중시하였으며, 당론에 매인 편협한 학풍을 혐오하였다. 율곡 이이에 대해서도 당파적 감정으로 논하지 않았다.18) 개방적이고 진취적인 성격을 엿볼 수 있다. 여기에는 '성주'를 위요圍繞한 지역적 연고가 적지 않게 작용하였을 것으로 생각한

16) 『寒洲集』, 권19, 12a, 「答郭鳴遠疑問」, "發者理也, 發之者氣也. 乃鄙人平生主見"; 『寒洲集』, 권7, 37a, 「答沈穉文」, "竊意謂之發者, 則發之主也, 發之者, 則發之資也."

17) 『栗谷全書』, 권10, 36a, 「答成浩原」, "發者氣也, 所以發者理也"; 『栗谷全書』, 권10, 5a, 「答成浩原」, "大抵發之者, 氣也. 所以發者, 理也. 非氣則不能發, 非理則無所發."

18) 이이에 대한 이진상의 비판은 비교적 격을 갖추었고, 악감정을 드러낸 경우는 없다.

다. 경상북도 남서부에 위치하는 성주는 한강寒岡 정구鄭逑와 동강東岡 김우옹金宇顒의 고향이다. 양강兩岡은 이황과 조식의 양문을 출입한 학자들로, 퇴계학과 남명학이 대립하지 않고 서로 만날 수 있도록 가교적 구실을 한 장본인들이다.[19] 이진상은 동향의 선배 학자인 양강의 인격과 학문을 매우 존중하였다.[20] 한강 정구와 그 뒤를 이은 여헌旅軒 장현광張顯光은 한국유학사에서 한려학맥寒旅學脈을 이루어 퇴계학인이 율곡설을 수용하는 데 물꼬를 텄다.

한편, 이진상의 숙부 이원조李源祚가 끼친 영향 또한 적지 않았던 듯하다. 일찍이 관계에 진출하여 기호의 학인들과 접할 수 있었던 이원조는 기호학파 학인들의 특성은 '자득'이고 영남 학자들의 특성은 '답습'이라고 하면서, 답습하여 정채精彩가 없는 것보다는 비록 흠이 있더라도 자득하는 편이 더 낫다고 말한 바 있다.[21] 영남학파 학인으로서는 비교적 수위가 높은, 의미심장한 발언이 아닐 수 없다. 이렇게 본다면, 이진상의 성리학이 '절충과 종합'을 추구하면서도 퇴계학파와의 차별성을 일정하게 드러내려 했던 것은 역시 출신 지역에, 또는 가정적으로 소종래所從來가 있다고 할 것이다.

지금까지 학계에서는 이진상의 성리설을 논하면서 율곡설에 대한 비판만을 보아 왔던 것이 사실이다. 비판의 이면에 숨어 있는 중요한 사실들에 대해서는 관심을 보이지 않았다. 겉만 보면 이진상은 영남 학인으로서 이이에 대한 비판의 대열에서 조금도 벗어나지 않았던 학자로 인식될 수 있다. 그러나 영남 학인 가운데 이진상처럼 율곡설을 의식했던

---

19) 한주학파 학인들이 성주를 중심으로 하는 경북 남서부와 진주를 중심으로 하는 경남 서북부에서 주로 활동하였던 것은 이들이 퇴계학과 남명학을 아우를 수 있는 지역적 기반이 되었다.

20) 정구의 文廟從祀 건의에 앞장섰으며, 김우옹의 『속자치통감강목』에 의지하여 『千古心衡』을 편찬하는 등 학술적 推尊이 컸다.

21) 『凝窩全集』, 권11, 「集古錄」 참조.

학자도 드물다고 본다. 앞서 말한 바와 같이 그는 "발하는 것은 리이고 발하게 도와주는 것은 기이다. 이것은 곧 나의 평생 주견이다"라고 하여 '발자發者'와 '발지자發之者'를 구분하면서, 발하는 주체는 리요 발하게 하는 자구資具가 기라 하였다. 그런데 이 논리는 이이의 "발하는 것은 기요 발하게 하는 것은 리이다"(發者, 氣也, 所以發者, 理也)라는 기발리승일도설氣發理乘一途說의 논리와 같다. 물론 '리발'·'기발'의 문제에서는 양 극단에 서 있지만, 리발·기발이 관점의 차이라면 '일도'냐 '호발'이냐 하는 것은 논리의 차이라는 데 주의할 필요가 있다. 이진상이 살았던 시기가 이이 당시와는 다르고 성리학을 이해하는 입장과 관점 또한 달랐기 때문에 견해 차이가 없을 수 없지만, '일로一路', '일도一途'의 관점에서 보면 그의 리발일도설은 이황의 호발설에 대한 이이의 비판 논리를 의식한 것이라고 보아야 할 것이다. 그렇다면, 실로 이이의 창을 가지고 이이의 깃발(旗幟)을 치는 '조과입실操戈入室'[22]의 경우가 아닐까 한다.

이진상의 리발일도설은 리 홀로 능발能發한다는 것이 아니다. '성발위정性發爲情'의 논리와 리주기자理主氣資의 관점에서 말한 것일 뿐이다. 그는 사단과 칠정은 각각 수간과 횡간으로 말할 수 있지만 이를 종합해서 말한다면 '리가 기를 타고 발하는 것'이라고 하면서,[23] 이황의 리기호발설 역시 결국 '리승기이발理乘氣而發'을 가리키는 것이라고 보았다.

> 퇴계의 '기발리승'·'리발기수'는, 기가 발하는 바이지만 리가 실지로 타고(理實乘) 리가 발하는 바이지만 기가 곧 따른다(氣便隨)는 의미이다. 비록 호발한다고 하였지만 실은 리기가 각발各發한다는 것이 아니다. 발처發處에서 볼 수 있는 것은 진실로

---

22) 후한의 何休가 春秋三傳에 대한 3책 『公羊墨守』, 『左氏膏肓』, 『穀梁廢疾』을 저술하였는데, 鄭玄이 이를 읽고 논박하여 수정을 가하자 하휴가 "나의 방에 들어와서 나의 창을 잡고 나를 치는구나"라고 탄식했다 한다. 『後漢書』, 권35, 「鄭玄列傳」 참조.

23) 『寒洲集』, 권10, 30b, 「答權可器別紙」, "統論四七曰, 若就本原處說, 則皆是自理而發, 若就發用處言, 則皆是因氣而發也, 合而言之, 則皆是理乘氣而發也."

기이지만, 기가 생함은 또한 리에 근본하는 것이다.…… 대저 무엇인들 리에서 발하는 것이 아니겠는가.[24]

이렇게 본다면 율곡학파의 기발리승의 논리와 크게 다를 것이 없다. 상호 문난귀일問難歸一할 여지가 없지 않은 것이다.

조선성리학사를 보면, 리발일도理發一途를 주장한 학자로 여헌 장현광을 먼저 꼽을 수 있다. 한려시비寒旅是非로 일컬어지는 사생시비師生是非가 있지만, 장현광은 정구로부터 학문적·사상적으로 많은 영향을 받았던 것 같다. 더욱이 정구와 장현광은 율곡 이이와 직접적으로 관계가 있거나 그의 학설에 호의를 보였던 인물들이다. 정구는 이이와의 관계가 돈독하여 '율곡의 제자'라고 공격을 받은 일까지 있으며,[25] 장현광은 영남 학인 가운데 상주 출신인 우복愚伏 정경세鄭經世와 함께 율곡설에 좌단左袒한 인물이라고 조선 후기 이래 인식되어 왔다. 장현광의 이른바 리발일도는 '일도설'이라는 점에서 이이의 기발리승일도설과 다르지 않다. 이이의 논리에 근접한 것으로 볼 수 있다. 이이와 장현광은 퇴계설의 문제점을 인식하고 이를 대신하는 설을 제시하였다는 데서 공통점을 갖는다. 장현광이 리기를 경위經緯로 파악하고 사단·칠정을 '리발일도'로 본 것은 분명 이이의 일원적 논리를 의식하였거나 수용한 것이라고 하지 않을 수 없다.

정구와 장현광은 퇴계학통에서 비주류에 속하는 인물들이다. 기호학파 학인들은 대체로 이들에 대해 호의적이고 적극적으로 평가하여 왔다. 조선 중기 서인계 학자 택당澤堂 이식李植(1584~1647)은 「시아대필示兒代筆」에

24) 『寒洲集』, 권32, 19a, 「四七原委說」 참조.
25) 정구의 성리설과 율곡설과의 관계는 필자가 선행 논고에서 개략적으로 밝혔다. 최영성, 「한강 정구의 학문방법과 유학사적 위치」, 『남명학연구논총』 제5집(남명학연구원, 1997), 470~472쪽 참조.

서, 한강 정구를 '완인完人'이라 하였다. 또 정구의 학문이 장현광에게 계승되었으나 장현광이 세상을 떠난 뒤 그 학통을 계승·발전시킨 사람이 없어 영남의 학문은 여기서 끝나게 되었다고 아쉬워하였다.[26] 이는 퇴계학파 학문 전승에 대한 기호학파 학인들의 시각과 견해를 대변한 것이라 할 수 있다. 근기남인 출신으로 굴지의 퇴계학인이요 퇴계의 사숙문인私淑門人이었던 다산 정약용 같은 이도 방조傍祖인 우담愚潭 정시한丁時翰을 기리면서 "대개 한강·여헌 이래로 진유순학眞儒醇學은 선생 한 분뿐인가 한다"라고 하여,[27] 정구와 장현광을 보는 기호 학인들의 시각을 대변하기도 하였다. 이러한 후평厚評에는 정구·장현광과 이이 사이의 관계가 원만했던 점이 크게 작용했을 것이다.

장현광 이후 이상정이 장현광의 영향을 받아 분개에다 혼륜을 겸하고 리발설을 주장함으로써 퇴계학파가 율곡학파의 논리에 귀 기울이는 계기를 마련하였다.[28] 이후 장현광의 후손인 사미헌 장복추 역시 이진상과 동시대의 학인으로서 리발일로설을 주장한 바 있다.[29]

이들이 리발일로를 주장하게 된 것은 퇴계학파 일각의 지나친 분개법이 사단·칠정을 논하는 과정에서 두 개의 근본을 설정하는 오류에 빠졌다는 율곡학파의 비판을 절실하게 의식한 데서 비롯되었다. 이런 까닭에 그들은 분개에다 혼륜을 겸해 보면서, 모든 정이 하나의 '성'에 근본한다는 성발위정론性發爲情論에 입각하여 사단과 칠정이 모두 리에서 발한다는 리발일도설을 주장하게 된 것이다.

---

26) 『澤堂集』 別集, 권15, 7a, 「示兒代筆」 참조.

27) 『與猶堂全書』 제1집, 권17, 18b, 「旁親遺事」, "蓋自寒岡旅軒而降, 眞儒醇學, 唯先生一人而已."

28) 이상정의 혼륜·리발설이 장현광으로부터 영향을 받았음은 선행 연구에서 밝혔다. 안영상, 「대산 이상정의 渾淪理發說의 착근에 있어서 旅軒說의 영향과 의미」, 『유교사상연구』 제27집(한국유교학회, 2006) 참조.

29) 최영성, 「조선유학사에서의 사미헌 장복추의 위상」, 『어문논총』 제47호(한국문학언어학회, 2007), 109~115쪽 참조.

사칠리발일로를 주장한 학자들이 대개 한려학맥과 연이 닿아 있고, 이들 학맥이 율곡 이이의 계통과 학문적 교류가 있었다는 사실은 한주학파의 학문 성격을 파악하는 데 중요한 시사를 준다고 하겠다.

3) 한주의 주리철학과 현실대응

이진상은 철저한 주리론으로 무장하고 리의 위상을 한층 더 강화시켜 '심즉리'를 제창함으로써 주리설의 절정을 장식하였다. 그가 주리론의 극단에 섰다는 것 자체가 긴박하게 돌아가는 현실에 어떻게 대응하려 한 것인지를 시사한다고 하겠다. 그의 철학이 강한 현실성을 띠고 있음은 주의 깊게 보아야 할 대목이다. 수많은 오해를 무릅쓰고 심즉리설을 주장했던 것은 주기主氣의 폐단을 구제하기 위한 신념에서였다. "기를 주로 하면 만사가 어지럽게 되고 천하가 위태로워진다"라 한 것도 당시를 구제할 지도이념이 주리철학이라는 확신을 보여 준 것이라 하겠다.

> 심은 성정을 통틀어 말하는 것이지만, 심을 기라 한다면 대본·달도가 다 기로 돌아가 리는 사물死物이 되어 공적空寂에 빠지게 될 것이다. 예로부터 성현들은 의리義理를 주로 하여 심을 말하지 않음이 없었다. 심을 기라고 하는 설이 행해지게 된다면 성현의 심법은 하나하나 공空에 떨어져 학문에 두뇌頭腦가 없고 세교世敎는 날로 혼란昏亂으로 나아가게 될 것이다. 근세에 '인심유위人心惟危' 운운하는 16자 전심요결傳心要訣을 매색梅賾의 위찬僞撰이라고 한 것이 그 조짐이다.[30]

이진상은 또 "횡설橫說과 수설竪說이 각기 타당성을 갖고 있어 서로 방해되지 않는다는 것이 퇴계의 본의이다"라고 전제한 뒤, 이황이 호발을

30) 『寒洲集』, 권32, 4b~5a, 「心卽理說」, "心是性情之統名, 而以心爲氣, 則大本達道, 皆歸於氣기, 而理爲死物, 淪於空寂矣. 從古聖賢, 莫不主義理而言心, 而以心爲氣之說行, 則聖賢心法, 一一落空, 學無頭腦, 世敎日就於昏亂矣. 近世之以十六言傳心, 爲梅賾僞撰者, 此其兆也."

말한 것은 당시 사람들이 수설만 믿고 횡설을 의심했기 때문이며, 오늘날에는 횡설만 믿고 수설을 의심하기 때문에 수설을 천명해야 한다고 하였다.[31] 횡설로 말하면 그가 중시해 마지않던 '주재'의 의미가 제대로 드러나지 않기 때문에 수설로 말할 밖에 없다는 의미일 것이다. 다시 말해서, 이황의 시대에는 천리天理와 인욕人欲을 준별峻別하여 공도公道를 확립해야 했기 때문에 횡설로 말할 수밖에 없었지만, 19세기 당시는 국가체제 전반에 걸쳐 이완현상이 심각하여 붕괴 일보직전에까지 갔기 때문에 근본적인 원리로 돌아가서 국가의 기본 틀을 다시 세우기 위해 수설로 말하지 않을 수 없었다는 것이다. 그가 심즉리와 리발일로를 주장한 것은 궁극적으로 시대정신을 구현하는 데 그 목적이 있었다고 하겠다. 그런 만큼 한주학은 '19세기' 그 시대와 연결시켜 해석해야만 제대로 이해될 수 있을 것이다.

이진상이 심즉리를 주장, 심설에서 가장 극단에 섰던 만큼 "기를 물리치는 것이 너무 지나쳐 기의 경계를 침탈한 혐의가 있고" "리를 높이려다가 도리어 기를 높이는 결과를 빚었다"라고 하는, '주리태과지병主理太過之病'이니 '교왕과직矯枉過直'이니 하는 비판들이 있다. 그러나 이진상이 당시 성리학의 폐단을 바로잡겠다고 강한 주리론을 주장한 점은 사실적·논리적 차원에서 접근하는 것보다도 가치적 차원에서 접근하는 것이 바람직할 것이다.

심즉리설은 심의 주재성·능동성을 강조하기 때문에 현실대응에서도 주체적이고 적극적·능동적일 수 있다. 반면에 심즉리설을 비판하는 처지에 섰던 간재艮齋 전우田愚 계열은 성사심제性師心弟라 하여 순선純善한 성을 사법師法이자 표준으로 삼기 때문에 엄격한 규범주의의 성격을 지닐

31) 『求志錄』, 권12, 「近思錄箚義」, "橫說竪說, 各有所當, 不相妨礙者, 此乃退陶之本意. 而當時之疑, 信竪而疑橫, 近日之疑, 信橫而疑竪, 亦是所見之不同故也."(『寒洲全書』 四, 457쪽 하좌)

수밖에 없었고, 이런 까닭에 현실에 대한 인식과 대응에서 구법舊法을 고수하려는 보수성을 띠고 개혁에 소극적인 경향을 보였다. 두 학파의 심론과 현실대응에 대해서는 다음과 같은 언급이 참고가 된다.

> 이와 같이 그들(한주학파－필자주)의 대응 방식은 적극적이고 개방적인 자세에서 나온 것이다. 그것은 곧 심은 리로서 몸을 직접 주재한다는 심즉리에 바탕을 두었기 때문에 가능했다고 볼 수 있다. 심이 몸을 주재한다는 것은 곧바로 행위로 이어지게 된다.[32]

> 심즉리설이 마음의 도덕적 주체성을 강조하여 인간의 도덕적 책임을 각성시키는 의미가 있다면, 간재의 성존심비설性尊心卑說은 인간의 자의성을 견제하고 도덕규범의 개관적 표준에 순응하기를 요구하는 규범주의적 성격을 지님을 이해할 필요가 있다.[33]

심즉리설에 대해 간재학파에서는 심의 주재성·능동성으로 야기될 수 있는 말폐를 비판하곤 하였다. 심의 주재성·능동성은 현실에 대한 독자적이고 주체적인 판단과 그에 따른 자발적인 실천에는 효과적이지만, 때로는 현실을 자의적으로 판단하여 자가 위주로 행동하는 '심의 자용自用'의 염려가 없을 수 없다. 이 때문에 간재학파 학인들은 심즉리설이 마침내 창광자자猖狂自恣로 흐를 수 있고, 그런 점에서 양명학과 다를 바 없다고 비판하였던 것이다.

그러나 이러한 한계가 지적됨에도 심즉리설이 한주학파 학인들에게 끼친 영향은 실로 지대하였다. 심의 본체로서의 양심의 밝은 명령(明命)은 국가와 민족이 위난에 빠졌을 때 행동으로 나서도록 하였다. 『대학』에서 말하는 명덕明德은 심의 본체를 말하는 것이다. 주희는 『대학집주』에서

32) 이종우, 『19·20세기 한국 성리학의 심성논쟁』(심산, 2005), 230쪽.
33) 금장태, 『유학근백년』(박영사, 1984), 214쪽.

"명덕은 사람이 하늘에서 얻는바, 허령虛靈하고 어둡지 않아서 중리衆理를 갖추고 만사萬事에 응하는 것이다"(明德者, 人之所得乎天, 而虛靈不昧, 以具衆理, 以應萬事者也)라고 하였다. 이 명명덕明明德공부가 결국 "구중리具衆理, 응만사應萬事"의 현실대응논리로 귀결되어 한주학파는 명철한 안목으로 현실을 정확히 판단하고 시대의 요구에 따라 행동으로 증명해 보였다. 척사위정운동, 유림단 파리장서사건 등에서 보여 준 그들의 의리정신은 양심의 준엄한 명령이었던 것이다.

'때에 따라 중中을 취한다'는 이진상의 기본정신은 후학들에게 지남指南이 되어 서구사상이나 서양문물에 대해 적극적·개방적으로 대처할 수 있는 원천이 되었을 것이다. 이진상 당시에는 척사위정이 우선적인 당면 과제였지만, 그의 문인제자들 대에 이르러서는 애국계몽, 국권회복, 유교 부흥을 위해서는 '척사'만으로는 안 된다는 인식이 널리 퍼져 마침내 서구문명에 대해 대응방식을 달리할 수 있었다. 조선 말기, 수다한 학파 중에서도 한주학파가 서구문명에 대해 개방적이고 진취적인 태도를 취할 수 있었던 데에는 이진상의 심즉리설과 수시취중의 가르침이 직접·간접으로 큰 영향을 끼쳤을 것이라 생각한다.

3. 한주 철학의 현실적 구현

1) 척사위정운동의 철학적 기반 : 퇴계학파와 율곡학파의 만남

19세기 후반, 조선 말기 국운이 시들어져 갈 무렵, 유교계에 주목할 만한 현상이 대두되었다. 그동안 서로 견해를 달리하거나 반목을 되풀이 해 왔던 기호·영남의 양대 학파가 지방색에서 탈피하고 학통과 학설의 차이를 넘어 '척사위정'의 기치 아래 하나로 뭉쳤다는 사실이다. 또 학파를 초월하여 공통적으로 주리론이 등장하였다는 사실이다.

조선 말기 대표적 주리론자들로는 근기의 화서華西 이항로李恒老, 호남의 노사蘆沙 기정진奇正鎭, 영남의 한주 이진상이 꼽히는데, 이들은 '조선 말기 3대 주리론자'로 일컬어진다. 조선 학계를 주도하던 근기·영남·호남에서 모두 척사위정운동이 주리론의 기치를 들고 일어섰다는 것은 우연이라 할 수 없다.

그러나 이때 등장한 주리론은 종래의 주리론을 답습한 것이 아니라, 그것을 당시 상황에 적용시켜 새롭게 발전시킨 것이었다. 리기를 가치론의 측면에서 해석하여 유교적 사회질서의 안정 및 윤리강상의 수호·부식에 초점을 맞춘 것이 그 특징이었으니, 자기중심적 의식이 그 바탕에 깔렸던 것이다. 리기에 대한 가치론적 이해는 이들의 성리학 전반에 일관되었다. 실로 '주리론적 척사론'이라 해도 무방할 정도로 그 체계가 확고하였다.

이진상의 주리론이 척사위정운동의 철학적 기반을 다지는 데 크게 기여하였음은 『한국유학통사』 및 「퇴계학파의 율곡 성리설 수용 양상」 등의 논고를 통해 필자가 이미 논한 바 있다. 중복을 피하기 위해 그에 미룬다.

2) 춘추대의와 『춘추익전』

일찍이 정자程子는 "시서詩書는 약방문藥方文과 같고 『춘추』는 약을 써서 병을 고치는 것과 같다"[34]라고 하였다. 조선 말기 척사위정론자들은 성리학으로 이론 무장을 한 것과 병행하여 『춘추』를 중시하고 춘추대의를 외쳤다. 『춘추』를 읽는 것이 유자의 상사常事라 할지라도 의리학파, 척사파 학자들이 『춘추』를 중시하는 정도는 남다른 바 있었다. 그들은 대부분

34) 『程氏遺書』, 권2上, 「二先生語」, "詩書如藥方, 春秋如用藥治病."(『近思錄』, 권3, 「格物窮理」)

『춘추』에 관한 중요한 저술들을 남겼으며, 이를 바탕으로 중국과 우리나라의 역사를 체계화하기도 하였다. 이항로가 편찬한 『송원화동사합편강목宋元華東史合編綱目』 60권은 좋은 예라 하겠다.

이진상은 만년에 들어 『춘추』를 좋아하였고 문인들에게도 『춘추』를 읽도록 충고하였다. 『연보』에 따르면, 그는 "존화양이는 만세의 경상經常이요 사대역강事大役强은 한때의 미권微權이다. 치욕스런 성하지맹城下之盟과 인질로 심양瀋陽에 잡혀 갔던 원한을 하루도 잊을 수 없다"[35]라고 할 정도로 철저하게 존화양이론을 신봉하였다고 한다. 그러다가 세상이 날로 형편없이 되어 가고 양이洋夷들이 교통交通함을 보고는 개탄하여 춘추대의를 밝히고자 『춘추』에 대한 정밀한 검토를 하였고, 58세(1875) 때에 20권에 달하는 『춘추집전春秋集傳』을 엮었다.[36] 그리고 2년 뒤(1877)에는 『춘추』에 유루遺漏된 것들을 모아 『춘추익전春秋翼傳』(4권)을 엮었다. 또 이 두 저술과 함께 『천고심형千古心衡』(1877)도 엮었다. 이 책은 중국 역대 역사에서 치란성패治亂成敗의 기틀(機)과 관련된 특기할 만한 사실들을 가려내어 그 시비득실是非得失에 대해 공심명안公心明眼으로 형평을 기해 논평을 붙인 것이다.[37] 『춘추집전』·『춘추익전』·『천고심형』은 이진상의 저술들 가운데 '사학 3부작'으로 일컬어지기도 한다. 이러한 『춘추』에 대한 방대한 저술 작업은 조선 도학의 의리론적 근거를 밝히고 춘추대의를 널리 부각시키려는 데 그 목적이 있었다.

이진상은 『춘추집전』 서문에서 『춘추』의 대의가 '주난신이토적자誅亂臣而討賊子', '존중국이양이적尊中國而攘夷狄', '명왕도이출패공明王道而出霸功', '존천리이알인욕存天理而遏人欲'에 있음을 명확히 하였다. 또 『춘추익전』 서문

---

35) 『寒洲集』 附錄, 권1, 「年譜」, 40세(丁巳)조.

36) 『寒洲集』 附錄, 권1, 「年譜」, 58세(乙亥)조, "冬作春秋集傳. 先生見世道日敗, 夷狄交通, 慨然作是傳."

37) 『寒洲全書』 三, 537쪽, 「千古心衡序」 참조.

에서는 『춘추』의 대의가 존주지의尊周之義에 있음을 전제한 뒤, "지금 천하에 오랑캐가 판을 치는데 우리 청구青丘 일우一隅만이 주례周禮를 잡고 일변하여 도道에 이르려 하는지라, 노사魯史를 엮어 전서全書를 성취함으로써 주나라 도가 우리 동방에서 행해질 수 있음을 밝히고자 한다"[38]라고 저술의 목적을 분명히 밝혔다. 이진상의 문인 곽종석은 「춘추익전발」에서 "이 책이 나옴으로써 선생의 학문이 공언空言에 그치지 않게 되었다. 병자가 병을 고칠 수 있는 방법을 얻고 사법관이 재판을 할 수 있는 근거를 가지게 되었다"[39]라고 평가하였다.

3) '이직양기'와 『직자심결』

필자는 『한국유학통사』에서 척사위정운동의 사상적 기반을 살피면서 척사위정운동을 성리학의 주리파와 직결, 등식화하는 것은 문제가 있다고 하였다. 왜냐하면 '양기집의養氣集義'를 강조하는 '기'중시적 전통에서도 의리사상이 도출될 기반이 없지 않기 때문이다. 주리파와 주기파는 기에 대한 인식에서 큰 차이를 보였다. 주기파에서 인식하는 기는 주리파에서 말하는 것처럼 불순정不純正한 것만은 아니다. 주기적 경향을 보이는 학자들은 전통적으로 『맹자』의 '호연장浩然章'을 중시하였다. 호연장의 내용은 한마디로 '양기집의'라 할 수 있다. 율곡 이이는 '변화기질變化氣質'을 강조하면서 이 호연지기의 확충을 말하였다.

일찍이 맹자는 '직으로써 기를 기른다'(以直養氣)고 하였다. 이 '양기집의養氣集義' 넉 자는 기호학파 학인들에게 수양론의 기본으로 내려왔다. 그런데 영남학파 학인인 이진상이 '직'사상과 관련된 전문 저서인 『직자심결直字心

---

38) 『寒洲集』, 권29, 9b, 「春秋翼傳序」, "且今天下夷狄矣. 青邱一隅, 獨秉周禮, 庶幾一變而至道. 緝魯史而就全書, 欲以明周道之可行於東方也."

39) 『俛宇集』, 권141, 「春秋集傳跋」, "於是乎, 見先生之學, 不止於空言, 而病者得其治, 法者有所斷, 天叙之大典, 聖道之微權, 有可得以推者矣."

訣』(1851, 34세)을 편찬하여 이를 척사위정운동의 사상적 근거로 삼으려 했다. 직사상을 주자학의 총결산이라 하고 또 자신의 철학사상의 근저라 하였던 송시열조차도 직사상과 관련한 전문 저서가 없었던 것에 비하면 특기하여도 지나침이 없다고 할 것이다.

이진상은 『시』·『서』·『역』 등의 유가 경전과 주돈이·이정·장재·소옹·주희 등의 글에서 직사상과 관련된 장구들을 모아 체계적으로 편집하였다. 한국유학사에서 이처럼 하나의 개념을 가지고 이론적·체계적으로 철저하게 분석하고 논의한 저작은 찾아보기 어렵다.[40] 단순한 편서編書가 아니라 전문 저서에 못지않은 체계적인 이론서라 할 수 있다. 그 편차를 보면 ① 직의 연원, ② 직의 두뇌頭腦, ③ 직의 산수散殊, ④ 직의 공부工夫, ⑤ 직의 추행推行 등으로 분류되어 있는데, 여기서 척사위정과 관련하여 주목할 만한 것이 '직의 공부'와 '직의 추행'이다. 이는 사실상 『직자심결』을 편찬한 목적을 엿볼 수 있는 대목이기도 하다.

이진상은 직의 공부를 논하면서 『맹자』의 '대용장大勇章'과 '양기장養氣章'을, 추행을 논하면서 『맹자』의 '직지장直之章', '직심장直心章', '광거장廣居章'을 인용하였다. 이 가운데 『맹자』 호연장의 "其爲氣也, 至大至剛, 以養直而無害, 則塞于天地之間"을 인용하면서 그는, 직 공부에서 가장 중요한 심결의 요처는 양기養氣에 있다고 하였다.

> 천지의 정리正理가 직이므로 천지의 정기正氣 역시 직이다. 사람은 이 직을 받아들여 태어나므로, 태어나면서부터 본래 직하다. 다만 습관 때문에 사왕邪枉이 있게 되어 부직不直하는 것이다. 배우는 사람이 반드시 직도로써 수양하고, 직수지초直遂之初에 지취志趣를 간직하여 마음이 발하는 바에 부직함이 없도록 하며, 직양지시直養之始에 집의集義하여 일에 응하는 곳에 모두 직하게 한다면, 강대剛大한 기가 날로

40) 김동혁, 「한주 이진상의 直思想에 관한 연구」, 『동양철학연구』 제14집(동양철학연구회, 1993), 245쪽.

가득하고 왕성하여 본체의 직은 하늘로부터 부여받은 올바름(正)에 순수하게 될 것이다. 이것이 심결 가운데 지극히 중요한 대목이다.[41]

내적 직심直心을 외적 직도直道로 구현함에 호연지기와 같은 기를 기르는 것이 중요하다는 것이다. 여기서 이진상이 맹자가 말한 양기론을 심도 있게 논한 것은 가볍게 볼 것이 아니다.

대개 퇴계학파는 '직'을 말하면서도 '양기'에 대해서는 매우 조심스럽게 접근하였다. '천리踐理'에 치중하여 이성理性의 주동主動적 기능을 강조하였던 그들로서는 '양기'를 논하는 것은 역시 조심스러울 수밖에 없었다. 이것은 이황의 말에서도 엿볼 수 있다.

사람의 한 몸은 리기를 겸비한다. 리는 귀하고 기는 천하다. 그러나 리는 무위無爲이고 기는 유욕有欲이다. 그러므로 리를 실천하는(踐理) 데 주로 하면 양기가 그 가운데 있게 되니, 성현이 이런 분들이다. 기를 기르는(養氣) 데 치우치면 반드시 성性을 해치게 되니, 노장老莊이 이런 부류들이다.[42]

그러나 리를 무위無爲·무조작無造作한 것으로 보는 율곡학파에서는 심의 작용(情)에 선악이 발생하는 것은 리로 인한 것이 아니고, 리를 싣고 이것을 구체화시키는 기의 성질에 관계된다고 규정하였다. 그러므로 도덕수양에서 중요한 것이 기인 만큼, 기질을 변화시켜 청명하고 순수한 본연의 기를 회복해야 한다고 강조하는 것이다. 이와 관련하여 이이는 다음과 같이 말하였다.

---

41) 『直字心訣』, "天理之正理爲直, 故天地之正氣亦直. 人之受中以生, 生也本直, 只緣習得邪枉, 便不直了. 學者須以直道養之, 持志於直遂之初, 而使心之所發, 罔有不直, 集義於直養之始, 而使事之所應隨處, 皆直則剛大之氣, 日以充旺, 而本體之直, 純乎天賦之正. 此是心訣中至要處."(『寒洲全書』 三, 628~629쪽)

42) 『退溪文集』, 권12, 24a~24b, 「與朴澤之」, "人之一身, 理氣兼備, 理貴氣賤. 然理無爲而氣有欲, 故主於踐理者, 養氣在其中, 聖賢是也. 偏於養氣者, 必至於賊性, 老莊是也."

대저 리에는 한 글자도 다른 것을 더할 수 없으며, 털끝만큼의 수양(修爲)도 더할 수 없다. 리는 본래 선하니 무슨 수양이 필요하겠는가. 성현의 천언만언이 단지 사람들로 하여금 그 기를 단속하고 그 기의 본연을 회복하게 할 뿐이다. 기의 본연이라는 것은 호연지기이다. 호연지기가 천지에 가득 차면 본래 선한 리가 조금도 가림이 없다. 이것은 맹자의 양기론이 성문聖門에 공이 있는 까닭이다.[43]

이를 본다면 율곡학파의 수양론은 '양기론'이라 할 수도 있는 것이다.

정약용은 이이의 기중시적 학문 경향이 맹자의 양기론에서 영향을 많이 받은 것으로 파악하여 "이 기는 의義와 도道가 짝하는 것으로, 의와 도가 없다면 기는 시들해진다. 이것은 여자약呂子約(여조겸)과 이숙헌李叔獻(이이)의 유의遺義이다"[44]라고 하였다. 또한 그는 "맹자는 집의集義로써 호연지기가 발생하는 근본을 삼았고, 주자는 호연지기를 함양하는 것이 행의行義에 도움이 된다고 했다"라고 하였다.[45]

대개 어떤 위난이 닥쳤을 때 도덕적인 당위만 가지고는 이에 대처하기 어렵다. 구체적인 행동으로 드러날 수 있는 원동력이 요구된다. 이런 점에서 호연지기와 같은 굳세고 큰 기가 필요하다. 직사상에 입각한 기상의 도야는 불굴의 의지를 함양하는 데 매우 효과적일 수 있다. 춘추대의의 화신으로 일컬어지는 우암 송시열이 '직사상'을 자신의 행동철학으로 삼은 것은 그런 이유에서라고 본다. 잘 알려지다시피 송시열은 공자·맹자·주희의 상전심법相傳心法을 직사상이라 규정하고 이를 계승하여 종신토록 수양하는 밑바탕으로 삼았으며, 문인후학들에게도 늘 강조·면려함으로써 이후 기호학파 노론 계열의 학문 전통이 되게 하였다.[46] 이에

43) 『栗谷全書』, 권10, 27a, 「答成浩原」, "夫理上不可加一字, 不可加一毫修爲之力. 理本善也, 何可修爲乎. 聖賢之千言萬言, 只使人撿束其氣, 使復其氣之本然而已. 氣之本然者, 浩然之氣也. 浩然之氣, 充塞天地, 則本善之理, 無少掩蔽, 此孟子養氣之論, 所以有功於聖門也."

44) 『與猶堂全書』 제1집, 권16, 16a, 「自撰墓誌銘(集中本)」, "曰是氣也, 配義與道, 無義與道, 則氣餒焉. 此呂子約也李叔獻之遺義也."

45) 『與猶堂全書』 제2집, 권5, 18b, 「孟子要義」, '公孫丑第二' 참조.

비해 이진상은 양기공부만 추구하는 것을 '리를 따르지(循理) 않는 것'이라 하고 기에서의 공부(氣上工夫)를 비판적으로 보았다.[47] 리는 순선한 것이지만 기는 언제든지 악으로 흐를 수 있기 때문이다. 그럼에도 그는 호연지기와 같이 리에 짝하는 기가 있음을 인정하여[48] 직으로써 기를 길러야 한다고 하였다. 이는 일찍이 한강 정구가 「독서첩讀書帖」·「양호첩養浩帖」을 지어 주경함양主敬涵養과 함께 호연지기를 기를 것을 주장한 것과 궤를 같이한다. 호연지기를 본연지기라 하면서 그것의 회복을 강조하는 율곡학파 학인들과 한 자리에서 만날 수 있는 공통분모를 찾아낸 것이라 할 수 있다.

이진상은 '직의 추행'에서 세 가지를 강조하였다. 첫째, 이단의 설은 부직不直한 데서 비롯된 것이기 때문에 맹자가 말한 '지언知言'의 요령에 따라 이단의 설을 명확히 변석, 배척해야 한다. 둘째, 군자의 학문은 의義와 이利를 변별하는 것보다 더 급한 것이 없으니, 아무리 작은 일이라도 자신의 직을 굽혀서는 안 된다. 셋째, 위도衛道정신과 의리정신을 바탕으로 맹자가 말한 대장부大丈夫의 길을 걸어야 한다. 이 세 가지 내용은 송시열이 평생토록 주장했던 것과 다름이 없다. 다만 이를 주장하게 된 당시의 시대적 배경이 척화의리斥和義理로부터 척사위정의 시기로 이행되었다는 점이 다를 뿐이다.

4) 현실중시적 개혁안으로서의 『묘충록』

이진상은 성리학자이면서 시무時務에도 밝았다. 그는 정법政法·경륜에

---

46) 최영성, 『한국유학통사』 중권, 272~274쪽 참조.

47) 『寒洲集』, 권19, 15a, 「答郭鳴遠疑問」, "氣有以配道義, 方能浩然. 孟子曰, 是集義所生者. 又曰, 志者氣之帥, 集義以生之, 持志以帥之, 非於氣上有工夫(朱子語). 今之專欲致養於氣者, 是不循理者也."

48) 『寒洲集』, 권19, 15a, 「答郭鳴遠疑問」, "氣之於理, 不相離而有所助, 故有氣配理之說."

통달하여 국가적으로 중요한 현안이 있을 때마다 현실 문제에 적극적으로 임하였다. 그의 사회개혁론을 담은 저술로는 「응지대삼정책應旨對三政策」과 『묘충록畝忠錄』이 있다. 「응지대삼정책」은 철종 13년(1862) 전국적으로 민란民亂이 일어남에 조정에서 삼정이정三政釐正의 대책을 묻자 이에 응하여 올린 것으로, '삼정의 이정'에 국한된 내용이다. 『묘충록』(2권)은 고종 3년(1866)에, 세상을 바로잡겠다는 큰 뜻을 가지고 작성한 개혁안으로, 국가 정책과 제도 전반에 걸쳐 있다. 「의진시폐잉진묘충록소擬陳時弊仍進畝忠錄疏」와 함께 보면 좋다. 그러나 이 『묘충록』은 서사書笥에 담아 두고 끝내 조정에 올리지 않았다고 한다.

이진상의 개혁사상이 고스란히 담긴 『묘충록』의 주요 내용을 보면 관제官制 개혁, 교육 및 과거제 개혁, 군정軍政 개혁, 부세賦稅제도 개혁, 서리제胥吏制 개혁 등 꽤 범위가 넓다.[49] 영재寧齋 이건창李建昌(1852～1898)은 서문에서 『묘충록』의 골자를 ① 나라의 부세賦稅를 균등하게 하여 결국 감조減租의 혜택이 돌아가도록 하고, ② 국가적으로 비용을 줄여 위로는 관부官府의 비용을 절약하고 아래로는 토지겸병土地兼倂을 억제하여 백성들의 의식을 풍족하게 하며, ③ 녹봉을 늘여 현사賢士를 대하고 군량을 더하여 무력을 양성함으로써 외세를 막아 내는 데 있다고 요약하였다. 아울러 그 나머지 경영하고 기획한 것은 대략 반계磻溪 유형원柳馨遠의 저술을 근본으로 삼았다고 한다. 그런데 이진상의 경우는, 옛 이상적인 제도를 참작하면서도 이를 묵수하지 않고 조선의 실정에 응용하여 현실에 적합한 개혁안을 제시한 것이었다.[50] 이와 관련하여 이건창은 다음과 같이 말하였다.

유형원은 한결같이 복고復古에 뜻을 두었기 때문에 그 말이 오활하고 현실감이

49) 우인수, 「묘충록을 통해 본 한주 이진상의 국정개혁론」, 『퇴계학과 유교문화』 38권 (경북대학교 퇴계학연구소, 2006) 참조.

50) 『明美堂集』, 권10, 9a, 「畝忠錄序」.

멀었지만, 공으로 말하자면 시세時勢를 참작하고 요령을 세우되 시행하기에 쉽고 효과가 빨리 나도록 하였다. 예를 들어 전제田制를 논하면서 한전제限田制를 쓰지 않은 것이 이것이다.[51)]

이러한 현실중시의 경향은 이진상의 평소 성향을 잘 드러낸 것으로서, '지시식세知時識勢'를 중시하는 그의 면모를 잘 보여 준다.

조선유학사를 통관하면 대체로 주리파 학자들은 사회 현실의 모순과 문제점을 비판할 수 있는 원리원칙을 중시하는 경향이 있다.[52)] 즉, 원리원칙에 입각하여 모순되고 불합리한 현실을 개혁해야 한다는 것이었다. 그들의 대체적인 경향은 현실의 토대 위에서 실현 가능한 개혁에 역점을 두기보다는, 다소 이상적이고 복고적인 성향의 개혁론으로 흘렀다. 여기서 '복고'의 의미는 옛것에 의탁하여 지금의 잘못을 비판하고 이상을 제시하기 위한 것이었다.[53)] 그런데 주리파 중에서도 그 극단에 섰던 이진상이 원리로의 회귀보다 현실을 더 중시했던 것은 이채라 하겠다.

일찍이 정이는 "정치의 도는 근본에 따라 말하는 경우가 있고 사안事案에 따라 말하는 경우가 있다"라고 하였다.[54)] 여유가 있을 때에는 국시國是로부터 국가의 제도와 시책을 근본적으로 재검도하는 종본적從本的 개혁이 중요하지만, 사안이 급할 때에는 선후·경중·완급에 따라 현실적인 실현성을 감안한 종사적從事的 개혁이 필요하다는 취지의 말이다. 이이는 『성학집요聖學輯要』 등에서 정이의 이 말을 매우 중요하게 이끌어 개혁을 논하고

---

51) 『明美堂集』, 권10, 9a, 「畝忠錄序」, "但柳氏壹於復古, 其言闊遠, 而公則參之以時勢要領, 行之易而取效速, 如田制不用限田, 是也."

52) 최영성, 『한국유학통사』 중권, 594~595쪽 참조.

53) 『論語集註』, 「八佾」, '射不主皮' 注, "楊氏曰: 聖人言古之道, 所以正今之失"; 『中庸章句』, 제28장, "子曰: 生乎今之世, 反古之道, 如此者, 災及其身者也."

54) 『程氏遺書』 제15, 「伊川先生語一」, "治道亦有從本而言, 亦有從事而言. 從本而言, 惟是格君心之非·正心以正朝廷, 正朝廷以正百官. 若從事而言, 不救則已, 若須救之, 必須變. 大變則大益, 小變則小益."(『近思錄』, 권8, 「治國平天下之道」)

개혁안을 제시하였다. 주로 현실중시적 관점에서 개혁안을 논한 것이 특징이다. 이익은 『성호사설』에서 "조선이 개국한 뒤 시무에 대해 아는 분을 손꼽아 보면 이율곡·유반계가 있을 뿐이다"라고 전제하면서, 두 사람이 제기한 개혁론의 특성을 분석하되 "율곡의 논의는 그 태반이 당시에 시행될 수 있었던 것임에 비해 반계의 경우는 세상일의 본원을 구도究到하여 모두를 참신하게 함으로써 왕정의 시초로 삼으려 했다"[55]라고 하였다. 현실을 감안한 이이의 점진적인 개혁안과 근본적이고 전면적인 유형원의 개혁안이 뚜렷이 대비된다고 하겠다.

이진상의 사회개혁안에서 드러난 현실중시적 경향은 그가 당시의 현실을 어떻게 파악했는지를 잘 보여 준다. 즉, '시행하기 쉽고 효과가 빨리 나도록' 하는 데 중점을 두다 보면 개혁성의 정도가 떨어지는 측면이 있지만 그가 실현 가능성의 제고에 비중을 둔 데서 현실에 대한 그의 절박한 인식을 엿볼 수 있다. 그가 주리파의 대열에 있으면서도 개혁에 대한 입장이 이이와 비슷했고 또 그의 개혁안이 현실중시적 경향을 띠었다는 점에서 기호학파 학인들과 소통할 여지가 있음을 보겠다.

4. 맺음말

이진상은 23세 이른 시기에 「이단설異端說」을 지어 불학佛學·노장학·양명학은 물론 주기론까지도 이단으로 규정하며, 저들이 하나같이 '주기적 성격'을 띠었다고 비판하였다.[56] 그의 성리학이 강한 주리적 성격을 띠게

55) 『星湖僿說』, 권11, 64a~64b, 「人事門」, '變法', "國朝以來識務屈指, 惟李栗谷柳磻溪二公在. 栗谷太半可行, 磻溪則究到源本, 一齊劃新, 爲王政之始, 志固大矣."

56) 『寒洲集』 附錄, 권1, 5a, "異端之說, 百途千岐, 而其始皆由於認氣, 其終歸於主氣. 彼徒有見於彼氣之活動流轉, 而不達乎是理之根柢樞紐."

된 배경을 여기서 엿볼 수 있다. 이진상은 자신의 철학적 이론을 철저히 주리적 측면에서 재구성하여 리의 위상을 가장 높은 단계로 끌어올렸다. 그 주안은, 첫째가 이단을 통렬히 배척하고 주기설 역시 이단시하여 공격을 가하는 것이요, 둘째가 주리설을 역설하여 학자들에게 주리설이 만고에 바꿀 수 없는 진리임을 깨닫도록 하는 것이었다.[57] 한주학의 기본 관점을 살펴보면, 리기론은 '리주기자理主氣資', '리수기역理帥氣役'의 관점에 있었고, 심성론에서는 심합리기心合理氣의 논리를 심즉리설로 발전시킨 데 특징이 있다. 기호학파가 심의 작용적 측면을 중시하여 '심즉기'를 주장하였다면, 그는 심의 주재적 성격을 중시하여 '심즉리'를 주장하였던 것이다.

이러한 학문 경향은 당시의 시대적 요구에 부응하는 측면이 강하다. 즉, 이단을 비판하고 척사위정의 기치를 높이 세우는 것을 시대적 당위로 받아들인 성격이 짙다는 것이다. 필자가 본고에서 그의 성리학과 학문체계 전반을 척사위정의 관점에서 보려 한 것도 이러한 이유에서이다. 그가 평생토록 추구하였던 '수시취중隨時取中' 이 넉 자는 그의 성리학이 강한 현실성을 띠고 시대정신을 반영하여 역동적인 것이 될 수 있도록 해 주었다. 그런 점에서 한주학은 유학의 '시중정신時中精神'에 충실한 것이었다고 평가할 수 있다.

조선 말기, 기호·영남·호남에서 마치 약속이나 한 듯 주리론이 나오게 된 것은 우연이 아니다. 그것은 시대정신의 반영이었다. 이항로·기정진·이진상 등의 강력한 주리론은 주로 가치론적 관점에서 전개된 것이 특징이다. 이들 세 학파 학인들은 학통과 지연 등을 달리하면서도 주리론을 공통 기반으로 하여 긴밀하게 소통하였다. 오랜 반목과 갈등으로 점철되어 왔던 조선성리학의 폐단을 청산하고 허백한 마음으로 하나의

---

57) 현상윤, 『조선유학사』(민중서관, 1977), 362~363쪽.

광장에서 만나 대화할 수 있는 기초를 마련하였다는 데서 큰 의미를 부여할 수 있다.

이진상의 학문과 사상은 '척사위정'의 관점에서 전 학문체계에 일관되어 있다. 강력하고도 철저한 주리론은 말할 것도 없고, 『춘추』의 존주대의尊周大義에 대한 뜨거운 관심, 이직양기以直養氣의 직直사상 등은 그가 명실공히 척사위정운동의 이념적 지도자였음을 증명하는 것이라 하겠다. 그리고 척사론을 체계화하는 과정에서 기호학파의 율곡학 계열 학자들과 대화하고 토론할 수 있는 발판을 마련하였던 점은 한주학의 두드러진 특성 가운데 하나라 할 것이다. '리의 확충'과 천리踐理, 순리循理를 주장하는 주리파 학인이 아울러 양기養氣를 인정하고 나선 것은 이채롭다. 뿐만 아니라, 일반적으로 주리론자들이 '원리로의 회귀' 차원에서 이상적이고 복고적인 개혁을 부르짖었던 데 비해, 그는 현실의 토대 위에서 실현 가능한 개혁에 역점을 두었다. 이것은 그의 사회개혁사상을 담은 『묘충록』에서 잘 드러나고 있다. 상대적으로 현실을 중시하는 기호학파 학인들의 경세론·개혁론과 통할 수 있는 성격을 보인다.

또한 리기의 불상잡을 중시하는 퇴계학파 학문 전통에서 상대적으로 리기불상리를 강조한 것이라든지, 사단칠정 리발일로를 주장하여 일도설에 비중을 두었던 것 등은 기실 율곡설과 율곡학파의 논리를 의식한 것으로서, 퇴계학파와 율곡학파가 상호 근접할 수 있는 여지를 마련한 것이라 할 수 있다. 후일 이진상에 이르러 퇴계학파가 '진정한 의미에서의 학파 분화'[58]가 이루어졌으며, 이러한 학파의 분화에 율곡설의 수용이 개입하고 있음은 주의 깊게 보아야 할 대목이다.

한편, 한주학파가 척사위정운동으로부터 애국계몽운동, 서양 학문에

58) 홍원식, 「19세기 '洛上' 퇴계학파와 '洛中' 한주학파의 분립과 性理論爭」, 『유교사상연구』 제39집(유교학회, 2010), 186쪽.

대한 관심, 국권회복운동, 유교부흥운동(공자교운동) 등 여러 방면에 걸쳐 주체적·적극적으로 활동할 수 있었던 근저에는 성주지역을 근거로 하는 한주학파의 개방성·진보성·적극성이 큰 영향을 끼쳤을 것이고, 여기에는 양심의 명령에 따른 주체적 판단을 중시하는 이진상의 심즉리설과 언제 어느 곳에서든지 현실에의 적중的中을 강조하는 수시취중의 가치관이 지대한 영향을 끼쳤을 것으로 본다. 리의 주재성·절대성을 강조한 심즉리설이 공자교운동으로 연결될 소지가 많은 것도 흥미로운 점이다.[59]

향후 이진상의 철학사상 나아가 한주학 자체에 대한 연구는 물론 한주학파의 외연을 넓히는 방향으로 나가야 할 것이요, 아울러 한국유학사 내지 한국사상사에서 독특한 위상을 차지하는 한주학파의 학파적 성격에 대한 연구 또한 이루어지기를 기대한다.

59) 한주학에서의 '리'는 형이상학적 차원에 머무는 것이 아니라, 종교적 차원으로 승화될 여지가 있어 보인다. 한주학파에서 특별히 공자교운동이 활발하였던 것은 이유가 있다고 본다. 이에 대해서는 別稿를 기약한다.

제6장 다카하시 도루의 한국유학관 비판

1. 일제 관학자들의 '조선학' 연구와 그 실체

일제는 한일합병 이전부터 조선학 전반에 걸쳐 연구에 착수하였다. 한국을 제대로 알아야 병탄倂呑에 용이하고 또 병탄한 뒤에도 통치에 편리할 것이라는 저의에서였다. 한일합병 뒤에는 조선총독부 산하에 직속의, 또는 지원받는 여러 기구를 두고 많은 어용 관학자를 동원하여 조직적으로 조선학 – 그 중에서도 특히 역사 연구 – 에 열을 올리기 시작하였다. 그 대표적인 단체가 1925년 총독부 산하에 설치된 조선사편수회朝鮮史編修會이다. 저들의 연구 목적은 궁극적으로 한국사에 대한 왜곡을 통해 자기들의 한국 침략과 지배를 역사적으로 합리화·정당화하고 한국인의 역사의식을 흐리게 하여 민족정신과 민족에 대한 애착심을 끊게 함으로써 마침내 동화시키려는 데 있었다.

일제는 1920~30년대에 이르러서는 대외적으로 저들이 표방하는 '문화정책'의 명분을 살리는 가운데 대륙 침략의 기초 작업을 다진다는 의도에서 조선을 비롯한 동북아시아 여러 나라의 연구에 박차를 가하였다. 사업과 조직의 규모가 방대하였으며 정책적인 뒷받침과 지원 또한 막대하였다. 자금 지원 면에서는 말할 것도 없고 자료 제공의 측면에서도 조선총독부의 위세는 타의 추종을 불허하였다. 일제가 만 6년만(1932~1938)에 완간하여 '회심會心의 역작力作'이라고 선전했던 『조선사朝鮮史』 전 38권을 비롯하여 『조선사료총간朝鮮史料叢刊』·『조선고적도보朝鮮古蹟圖譜』 등, 조선총독부에서 많은 힘을 기울여 펴낸 다수의 업적들이 나와 그 성과가 상당하였다. 이는 한국사 연구에서 일단 '개척의 공로'는 인정된다. 그러나 기본적으로 식민지화의 포석을 굳히려는 불순한 목적에서 비롯되었기 때문에 그것들은 우리에게 공보다 해독을 더 많이 안겨 주었다. 식민사관에 입각한 저들의 조선학 연구는 이후 우리나라 학자들에게 연구의 방법이나 방향을 오도하는 결과를 초래하여, 여러 가지 면에서 정확히 진단하기 어려울 정도의 심각한 문제점을 많이 던져 주었다.

한국사 전반에 걸친 일제 관학자들의 고의적인 왜곡은 오늘날까지도 학계에 적지 않은 악영향을 끼치고 있다. 일제는 한국사를 전반적으로 왜곡하였다. 특히 한국유교에 대한 왜곡만큼 심각한 것도 드물었다. 유교는 우리나라에서 오랫동안 사상적·정신적으로 중핵의 위치에 있으면서 막대한 영향을 끼쳐 왔다. 조선왕조 5백 년을 지탱해 온 이데올로기이기도 했다. 이와 같이 막중한 권위와 영향력을 지닌 유교에 대하여 '학술'이라는 미명 아래 전면적이고 근본적인 왜곡을 감행한 것은, 분명 한국학 전체에 지대한 파급 효과가 있고, 또 한국인에게 상상할 수 없는 영향을 끼치게 된다. 일제 관학자들이 한국유교를 곡해하고 부정 일변도로 평가했던 것은 곧 한국인의 정신적 지주에 치명타를 가하려는 저의에서 비롯되었다고 할 수 있다.

일제의 한국유교에 대한 왜곡 선전은 한국사 일반에 대한 왜곡과 더불어 식민정책의 합리화라는 궁극적인 목적에 귀결되었다. 한국사 전반에 대한 이해에서 이른바 '반도성半島性'(附隨性·周邊性)과 '정체성停滯性'이라는 식민사관의 관념적 지주를 설정하고 타율적인 역사성을 도출하여 식민정책을 합리화시킨 것과 마찬가지로, 한국유교에 대해서도 고착성과 종속성을 근본 전제로 한국유교의 독자성을 부인하고 한국의 전통사상으로서의 유교의 부재를 도출함으로써 마침내 자율불능 즉 '타율적인 한국인상韓國人像'을 조작하는 방법으로 그것을 합리화시켰다.[1] 이 종속성·의타성 면에서는 유교뿐만 아니라 불교도 예외일 수 없다는 것이다.[2]

그런데 한국사 일반에 대한 왜곡과 한국유교에 대한 왜곡은 그 종국적 목적에서는 서로 일치하지만 그것이 미치는 영향에는 상당한 차이가 있다. 한국사 일반에 대한 왜곡의 시발점이 '반도성'이라는 지정학적 조건에 근거하는 데 비해 한국유교 곡해의 출발점은 종속성·고착성과 같은 그 자체의 조건에 근거하기 때문에, 다 같이 자율불능의 한국인상을 그리는 것이라 하더라도 그 방법에서는 전자보다 후자가 더 과감하며 그 영향에서도 후자가 훨씬 효과적이다.[3] 이러한 의미에서 근본학으로서의 성격을 지니는 철학·사상에 대한 왜곡이야말로 그들에게 우선적으로 요구되었고 또 심층적 차원에서 진행되었다고 할 수 있다.

한국유교에 대한 왜곡의 파급 효과와 영향은 실로 상당하였다. 이른바 문화정치시기 이래 계속된 민족분열정책의 술수에 우리의 젊은 지성인들이 말려들기 시작하였다. 저들이 악의적으로 왜곡한 이론에 빠져서 자비自卑의 차원을 넘어 자학自虐적 관점에서 우리의 민족사를 보게 되었다. 이 시기에 젊은 지사志士들에 의해 제기된 민족개조론民族改造論 등이 자의든 타의든 간에 식민정책의 합리화를 용인, 동조하는 결과를 초래하였던 것이다.

---

1) 윤사순, 「高橋亨의 한국유학관 검토」, 『한국학』 제12집(중앙대 한국학연구소, 1976) 참조.

2) 高橋亨, 「朝鮮佛教の歷史的依他性」, 『朝鮮』 제250호(朝鮮總督府, 1936) 참조.

3) 윤사순, 「高橋亨의 한국유학관 검토」, 『한국학』 제12집.

2. 다카하시 도루의 생애와 학술활동

일제시기 어용 관학자 가운데 한국유학의 왜곡에 참여했던 인물은 적지 않다. 다카하시 도루(1878~1967) 이외에도 조선총독부 촉탁囑託을 지낸 마쓰다 고(松田甲, 1863~1945)라는 인물이 한국유학에 조예가 있었다. 그는 『일선사화日鮮史話』·『속일선사화續日鮮史話』 및 조선총독부 기관지 『조선朝鮮』 등에 한국 유학자의 생애와 사상 그리고 유현儒賢들의 유적에 대하여 소개하는 다수의 글들을 발표하였다.

마쓰다는 퇴계학을 비롯한 조선의 문교文敎가 일본에 끼친 영향을 크게 다루면서 일본유학이 조선유학에 힘입은 바를 강조하였다. 또 조선유학의 발전성을 일정 한도 내에서 인정하였다. 그러나 이러한 논리는 궁극적으로 일제가 조선 침략을 정당화하기 위해 만들어 낸 '일선동조론日鮮同祖論'과 같은 '식민지 하의 불순한 정신의 조장'을 위한 데 목적이 있었으므로 신중히 검토하지 않으면 안 된다.[4)]

그런데, 마쓰다는 '사화史話'적 측면에서 한국유학을 다루었기 때문에 다카하시가 발표한 논문들의 체계적이고 치밀함에는 미치지 못한다. 역시 한국유교에 대한 권위 있는 학자로서 일본인들의 한국유교에 대한 인식을 대변하는 위치에 있던 인물은 다카하시 도루라 할 수 있다. 다카하시는 1903년부터 1945년까지 한국에 머물면서 식민통치에 적극 협조하였다. 그의 전공인 '조선학'은 일제 어용 관학자의 학문 이외의 것이 아니었다. 그가 어용학자였다는 사실은, 다른 것은 다 그만두더라도 전쟁동원령이 내린 일제 말기에 내선일체內鮮一體의 실천을 위해 '황도유학皇道儒學'의 이론을 적극 주장하였던 것만으로도 입증된다.[5)] 그는 1945년 종전 이후에

4) 홍이섭, 『한국사의 방법』(탐구당, 1968), 130쪽.

5) 高橋亨, 「王道儒教より皇道儒教へ」, 『朝鮮』 제295호(朝鮮總督府, 1939) 참조. 그는 이 글에서 새로운 동아시아 질서를 건설하기 위해서는 종래 중국을 중심으로 한 왕도유

도 여전히 식민사관을 견지하였으니, 이는 그가 발표한 논문들에서 직·간접으로 드러난다.

다카하시 도루는 일본 니가타 현(新潟縣)에서 태어났다. 1902년 동경제국대학 한문과漢文科를 졸업하고 이듬해 조선 정부의 초빙으로 우리나라에 와서는 먼저 와 있던 마에마 교사쿠(前間恭作), 시데하라 다이라(幣原坦) 등과 교유하였으며, 한일합병과 동시에 조선총독부 종교조사촉탁에 임명되었다. 이때 데라우치(寺內正毅) 총독에게 조선 문헌의 수집을 총독부 중점사업으로 추진하도록 건의하였고, 이후 조선 각지에 산재하는 고서古書, 금석문金石文 등의 수집에 종사하였다. 1911년에는 총독부의 명으로 합병 직후 삼남지방 유생들의 동향을 살피기 위해 순회하다가 영남에서 여러 의병장의 책상 위에 한결같이 『퇴계집』이 놓여 있음을 보고 심적으로 경동驚動을 받았으며,6) 한국유학에 관심을 갖게 되었다고 한다.

1911년 조선도서조사촉탁에 임명되어 규장각에 소장된 도서를 조사하게 된 다카하시 도루는 한말의 명망 높은 관료·학자들과 두터운 교분을 가지면서 조선유학사 연구에 박차를 가할 수 있었다. 이때 무정茂亭 정만조鄭萬朝(1858~1936) 등과 함께 이룩한 것이 『조선도서해제朝鮮圖書解題』이다. 이후 1912년 창설된 조선연구회의 평의원評議員이 되었고, 또 여름에 사고史庫 조사차 오대산 월정사에 가서 머무는 도중 한국의 승려들에 대한 인식을 새롭게 가짐으로써 한국불교 연구에도 뜻을 두었다. 1913년 위암韋庵 장지연張志淵(1864~1921)과 지상紙上을 통해 '공자교와 유학宋學'이라는 주제로 논전을 벌였으나 대구고보大邱高普로 전임함에 따라 종결을 보지 못하였고, 1919년 동경제국대학에서 「조선의 교화와 교정」(朝鮮の敎化と敎政)이라는 논문으로 문학박사학위를 받았다. 이어서 조선총독부 시학관視學

교를 일본을 국체로 한 황도유교로 변경해야 한다고 주장하였다.

6) 「朝鮮儒學大觀」, 『朝鮮史講座特別講義』(朝鮮史學會, 1927), 38쪽.

官, 경성제국대학 창립위원회 간사를 역임하였고, 1926년 경성제국대학 법문학부 교수에 임명되어 조선어문학 제1강좌(조선유학사)를 담당하였으며, 1939년 정년퇴임하였다. 이듬해 경성 사립혜화전문학교私立惠化專門學校 교장에 취임하는 한편, 한국문화 특히 한국유학에 대해 오랫동안 연구한 공로가 인정되어 조선총독부로부터 조선문화공로훈장을 받았다. 1944년 경학원 제학 겸 명륜연성소장, 조선유도연합회 부회장에 취임하였다가 이듬해 일본의 패전으로 본국으로 귀환하였다. 이후 나라(奈良)의 덴리대학(天理大學) 교수로 재직하면서 한국사상사·한국문학 등을 강의하였고, 1950년에는 쓰에마쓰 야스카즈(末松保和, 1904～1992), 미지나 아키히데(三品彰英, 1902～1971), 아베 요시오(阿部吉雄, 1905～1978), 와타베 마나부(渡部學, 1913～) 등과 '조선학회'를 조직하기도 하였다.

1945년 이전에 발표된 저술로는 『漢語文典』(1909), 『朝鮮の物語集－附俚諺』(1910), 『朝鮮の俚諺集－附物語』(1913), 『朝鮮の教化と教政』(1919), 『李朝佛教』(1929) 등의 단행본이 있고, 주요 논문으로는 다음과 같은 것들이 있다.7)

- ㅇ「朝鮮儒學大觀」,『朝鮮史講座特別講義』, 朝鮮史學會, 1927.
- ㅇ「李朝儒學史に於ける主理派主氣派の發達」,『朝鮮支那文化の硏究』第1輯, 京城帝國大學法文學部, 1929.
- ㅇ「朝鮮に於ける朱子學」,『斯文』 13-11, 1931.
- ㅇ「弘齋王の文體反正」,『靑丘學叢』 제7호, 1932.
- ㅇ「併合前に於ける朝鮮學校の實況」,『靑丘學叢』 제12호, 1933.
- ㅇ「最も忠實なる退溪祖述者權淸臺の學說」,『小田先生頌壽記念朝鮮論集』, 1934.

7) 이 밖에 戰後에 발표된 논문으로는 「李朝僧將の詩」(『朝鮮學報』 제1집, 1951), 「朝鮮の陽明學派」(『朝鮮學報』 제4집, 1953), 「朝鮮の公羊學派李白雲」(『朝鮮學會會報』 제21호, 1954), 「丁茶山の大學經說」(『天理大學報』 제18집, 1955), 「三國遺事の註及檀君說話の發展」(『朝鮮學報』 제7집, 1955), 「大覺國師義天の高麗佛教に對する經綸に就いて」(『朝鮮學報』 제10집, 1956), 「虛應堂集及普雨大師」(『朝鮮學報』 제14집, 1959) 등이 대표적이다.

ㅇ「朝鮮の儒教」, ≪朝鮮≫ 제239호, 朝鮮總督府, 1935.

ㅇ「朝鮮學者の土地平分說と共産說」,『服部先生古稀記念論文集』, 東京: 富山房, 1936.

ㅇ「朝鮮學術史」,『世界精神史講座』 통권 7호, 理想社, 1941.

3. 다카하시 도루의 한국유학 연구와 식민사관

다카하시는 동경제대 한문과 사부史部에 입학하여 역사학을 전공하였고, 이를 기초로 조선학을 연구하였다. 그가 섭렵한 조선학의 영역은 철학사상에서부터 어문·금석·서지書誌·민속 등에 이르기까지 광범하고 다채로웠다. 이 중에서도 주된 전공은 한국유학이었다. 그는 한국의 유교와 불교 등 사상사 분야에서 많은 연구 성과를 남겼으며 학술적으로 적지 않은 공헌을 하였다. 특히 한국유학사 연구에 열의와 애착을 가졌으며 자부심 또한 남달랐다. 완정된 한국유학사를 이룩하고자 하였으나 그 소망은 이루어지지 못하였다.

1925년에 발표한 「조선유학대관」(59면 분량)은 조선총독부에서 기획한 '조선사강좌'의 하나로 집필되었다. 고려 말기 정주학의 전래 이후부터 호락학파의 인물성동이론人物性同異論까지를 통사적 관점에서 조망한 것이다. 체계적이고 학술적인 면에서는 「이조유학사에 있어서 주리파·주기파의 발달」에 못 미치지만, 통사적 차원에서는 그 가치를 더 인정할 수 있다.

이어 1929년에 발표한 「이조유학사에 있어서 주리파·주기파의 발달」은 141면에 달하는 방대한 분량으로, 이황李滉·이이李珥를 정점으로 하는 조선성리학의 발달 과정을 문제 중심으로 고찰한 것이다. 시기에 따라 학파별로 계통을 지어 체계적으로 정리한 것으로서, 근대 대학교육을 받은 학자에 의해 발표된 첫 논문이자 조선성리학사 내지 유학사에 대한 본격 연구의 효시로 평가할 수 있다. 연구 목적과 관점·시각 등을 논외로 한다면, 방대한 자료의 수집, 철저한 고증, 면밀한 분석 등 연구방법에서는 타의 추종을 불허하는 초유의 것이라 할 것이다. 조선시대 성리학사로서는 아직도 이만한 것이 없다.[8] 다만, 퇴계학파와 율곡학파의 서술에서 서술 기조와 분량, 대상 학자와 학설 등의 안배에서 균형을 잃은 것은 한계점으로 지적하지 않을 수 없다. 그가 퇴계학파에 경도된 듯한 면을 보인 것은 지난날 일본유학에 끼친 퇴계학의 영향이 컸던 점과 무관하지 않을 것이다. 또한 한일합병 직후 삼남지방을 순회하는 가운데 영남학파 학인들에게서 깊은 인상을 받은 것이나, 대구고보 교장으로 있을 때 영남 학인들의 문집을 다수 수집했던 데서도 하나의 이유를 찾을 수 있을 듯하다.[9]

「이조유학사에 있어서 주리파·주기파의 발달」은 광복 이후 한국유학사 연구에 지대한 영향을 끼쳤다. 현상윤의 『조선유학사』나 이병도의 『한국유학사』도 이 논문의 영향을 많이 받았다. 특히 현상윤의 『조선유학사』와 배종호의 『한국유학사』(1974)에서는 다카하시가 한국성리학사의 분류 방법으로 제시한 주리파·주기파·농암문파農巖門派(折衷派)의 3분법을 무비판적으로 답습할 정도였다. 근자에 와서 이 3분법이 조선시대 유학의 다양한 흐름과 학파를 분류하는 방법으로 적당하지 않다는 논고들이 수삼 편 나온 바 있으나, 학파별 분류에 대한 대안은 아직도 이렇다 할만한 것이 없다. 이것만 보더라도 다카하시의 논저가 후세의 연구에

8) 다카하시를 비판하는 것은 주로 그의 주리·주기의 분류 방식이나 식민사관을 비판하는 것이요, 그의 성리학적 사고의 근본적인 문제 내지 한계를 지적해 내지는 못했다고 비판한 연구자도 있다. 이하배, 「다카하시 도루의 '조선유학' 읽기 비판」, 『동양사회사상』 제10집(동양사회사상학회, 2004), 235~236쪽.

9) 이충우, 『경성제국대학』(다락원, 1980), 110쪽 참조.

어떠한 영향을 끼쳤으며, 또 현재까지 잘못된 학설을 답습하고 있는 것이 어느 정도인지를 짐작할 수 있겠다.

대개 주리·주기라는 용어는 퇴계 이황과 고봉 기대승이 사단과 칠정을 리기에 분속分屬시키는 문제를 놓고 논변을 벌일 때 등장하였고, 이후에도 주로 이 문제를 놓고 사용되어 왔다. 그러다가 후기로 가면서 퇴계학파 학인들 사이에서 '주리파', '주기파'라는 용어까지 등장하기에 이르렀다. 그런데 이 주리·주기의 용어를 때로는 가치론적 차원에서 받아들여 이해함으로써 오해와 혼동을 초래한 경우가 적지 않았고, 나중에는 당의黨議와 결부되어 '주기론'이나 '주기파'라는 말이 '일종지학一種之學'이라는 말과 함께 상대 학파의 학설을 비방하거나 폄하하는 수단으로 사용되기도 하였다. 지금까지 조선 후기의 대표적 '주기파'로 꼽혀 왔던 녹문鹿門 임성주任聖周 같은 이는 자신의 학설을 주기론이라고 하는 데 대해 강하게 불만을 표출한 바 있다.[10] 조선 후기 성리학자들 가운데 자신을 주기파로 지목했을 때 이를 수용한 학자가 없었다는 것은 주리파·주기파의 분류법이 잘못된 것임을 단적으로 보여 준다. 조선 말기 퇴계학파와 율곡학파 학인들 사이에 주리를 정학, 주기를 이단이라 하는 문제를 놓고 논쟁이 치열했던 전례가 있음에도 다카하시가 주리파·주기파라는 분류법을 굳이 사용한 것은, 퇴계학을 정통으로, 율곡학을 비정통으로 보려는 그의 기본 관점이 내포되어 있다고 할 것이다.

한국유학사와 관계된 다카하시의 연구 논문들을 보면 두드러진 특징이 있다. 즉, 한국유학의 사상적 특색이라든지 기능, 사상사적 의의 등에 대해서는 아예 도외시하였다는 점이다. 한국유학에 대한 다카하시의 인식 태도를 보면, 그는 한국유학사 전반을 관류貫流하는 세 가지 공통적인 성격이 있는 것으로 요약하고 있다. 첫째, 한국유학사를 통관할 때 수백

10) 『鹿門集』, 권5, 5b~6a, 「答李伯訥」.

년 동안 주자학 일변도로 전개되어 사상적으로 단조롭고, 둘째, 주자학에만 집착하였음에도 주자학의 한국적 토착화와 자기발전을 이루어 내지 못하는 사상적 종속성을 드러내었으며, 셋째, 한국유학이 현실사회에 끼친 영향은 '당쟁'을 뒷받침하는 그것뿐이며 그 예증으로 주리·주기파라는 학파상의 분열이 곧 당파상의 분열과 일치할 정도로 유기적이었다는 점을 들 수 있다는 것이다. 한국유학 내지 한국사상의 고착성과 종속성(비독립성)에 대한 그의 견해는 『이조불교』의 서언에 보다 뚜렷이 언급되어 있다.

> 조선인의 사상 상의 특성으로는 현저한 고착성과 비독립성이 있다. 고착성이란 어떤 사상을 한 번 수용하여 자신의 사상으로 만들고 나면 그 뒤로는 어떤 새로운 사상에 접하더라도 결코 동요하지 않고 여전히 옛 사상에 고착하는 것을 말한다. 비독립성이란 지나支那사상 외에 독자적이고 창조적인 사상을 발생시키지 못한 것을 말한다. 그렇다면, 조선의 유학이라 하더라도 사실은 주자의 학이다. 조선유학사는 곧 주자학파의 역사에 불과하고, 조선의 불교라 하더라도 사실은 지나불교가 이식된 것이니 조선불교사는 곧 소규모의 지나불교사이다. 그 밖에 조선에서 발생한 여러 종교도 또한 사실은 지나사상을 약간 분장시켜 고친 것이다. 그렇다면 엄격히 말해 조선의 사상과 신앙사信仰史는 모두 지나의 사상과 신앙사에 종속되기 때문에 그 가운데의 일부로 간주해도 항의할 수 없다.

다카하시의 한국유학관은 다른 분야에 대한 연구와 병행되어, 결국 조선학 연구의 총결산이요 최종 귀착점인 '조선인의 후진성'을 이끌어 내는 데로 초점이 모아졌다.

다카하시는 한국에 관해 수집한 다양하고 광범한 자료를 바탕으로 자신의 지식을 총동원하여 '한국인의 특징적 성격'을 요약하였다. 그는 한국인의 민족성으로 ① 사상적 고착성, ② 사상적 예속성, ③ 형식 존중, ④ 당파심, ⑤ 문약文弱, ⑥ 심미審美관념의 결핍, ⑦ 공사公私의 혼효混淆,

⑧ 관옹寬雍·응앙鷹揚, ⑨ 종순從順, ⑩ 낙천적 성격을 들 수 있으며,[11] 이러한 민족성의 형성에는 유학사상이 유기적인 관계에 있다고 하였다. 특히 사상적 고착성·종속성과 당파성, 형식 존중, 문약 등과 같은 두드러진 특징들은 한국유학사에서 그대로 드러난다고 규정하였다.[12] 여기서 다카하시가 주장하는 한국유학의 특징이 어떤 시각과 의도에서 도출된 것인지를 알 수 있다. 그것은 곧 일제의 식민정책 내지 식민지배를 합리화·정당화하기 위한 어용관학자의 표본적인 견해를 뒷받침하는 것이라 하겠다.[13] 한국인이 지니고 있다는 이러한 고착성·종속성·분열성은 식민사관의 두 기둥이라 할 수 있는 타율성·정체성 이론에 입각하여 자의적이고 부당하게 낙인 지어진 것임은 더 말할 나위 없다. 이 점을 분명히 확인하기 위해 다카하시의 왜곡된 한국유학관을 검토해야 할 필요가 있는 것이다.

4. 다카하시 도루의 한국유학관의 문제점

다카하시가 이끌어 낸 한국유학의 세 가지 큰 특성은 상호 긴밀한 연관성을 갖는다. 우선 사상적 고착성(停滯性)부터 검토하자면, 이것은 한국유학에서 주자학 이외의 것을 철저히 도외시할 때나 가능할 법한 억설이다. 통사적 성격을 갖춘 「조선유학대관」 제1장을 보면 '고려의 유학'이라는 제하에 ① 안향, ② 이제현·이색·정몽주, ③ 정도전·권근을 다루기는 했다. 그렇지만, 주자학의 전래·수용 이후에 초점이 맞추어진 만큼 근본적으로 주자학 전래 이전의 유학사상과 주자학 이외의 다른 유학사상에

11) 高橋亨, 「朝鮮人」(朝鮮總督府 學務局, 1920) 참조.
12) 高橋亨, 「朝鮮人の思想と性格」·「朝鮮人の特性」(이상 朝鮮總督府), 「朝鮮人」(『日本社會學院年報』, 4-3·4·5, 1917) 등 참조.
13) 윤사순, 「高橋亨의 한국유학관 검토」(『한국학』 제12집) 참조.

대한 인식이 결여되어 있다.

> 나는 일찍이 조선은 '주자학의 실험장'이었다고 말하였다. 실제로 조선의 5백년은 오직 주자학 한 조목을 가지고 다른 모든 교학과 경설經說도 배제·억압하여, 위에서 아래까지, 머리에서 발끝까지 오직 주자학의 교실이자 실험장이었다.14)

> 학술계에서는 주자의 언론을 공자의 주장보다도 귀하게 여겨 차라리 공자에게 등을 지더라도 주자에게 등을 질 수 없었으니, 주자의 말 한 마디 한 마디는 다 금과옥조로 받들어졌다. 여기서 유학·경학의 역사적 연구는 멈추고 완물상지玩物喪志하여 그저 쓸데없는 고심을 거듭하였을 뿐이다.15)

다카하시에게 있어 조선 후기의 실학사상 같은 것은 아예 관심 밖이었다. 그의 이러한 인식은 「조선에 있어서의 주자학」(1931)이라는 논설에서, 조선주자학의 부정적인 측면을 부각시키는 데 주력하면서 주자학의 고착화에 따른 폐단으로 붕당분립, 문학의 단순화, 경학의 불발달 등을 들고 있는 데서도 엿볼 수 있다.

주자학이 조선조 유학의 주조主潮를 이루었던 것은 분명한 사실이다. 그렇지만 주자학이 유일무이의 학술·사상이었거나 한국유학사가 주자학만으로 장식되었던 것은 아니다. 주자학 전래 이전의 선진유학·한당유학이 시대별로 고려 후기에 이르기까지 수용·응용되어 왔으며, 주자학이 주류를 이루었던 조선시대에도 주자학에 비해 근대지향적 요소가 다분한 양명학이나 실학사상 등이 주자학과 함께 하나의 뚜렷한 학파로 성장을 하였기 때문에, 이들에 대해서도 소홀히 평가할 수는 없다. 한국에서의 주자학의 위치를 절대적인 것인 양 부각시켜서 이를 사상적 고착성의

---

14) 「丁茶山の大學經說」, 『天理大學報』 제18집(1955); 조남호 편역, 『조선의 유학』(소나무, 1999), 359쪽.

15) 「朝鮮儒學大觀」, 『朝鮮史講座特別講義』, 58~59쪽.

한 근거로 삼는 것은 무리가 아닐 수 없다.

다음, 사상적 종속성(附庸性)에 대한 검토이다. 다카하시는 종속성에 대한 논거를 조선유학사에서 3백여 년 동안 끊임없이 논의·검토되었던 '사단칠정四端七情논쟁'에서 찾았으며,[16] 이 사칠논쟁은 스콜라적 논쟁으로 일관되었기 때문에 하등의 발전도 가져오지 못했다고 하였다.

> 조선의 유학사는 매우 간단하고 단조롭다. 고려 때부터 천편일률적으로 주자학 천지였던지라, 학자의 학설도 결국 주자의 진의眞意에 합치되는가 그렇지 않은가를 논의하는 데 불과하였다.…… 후기로 내려올수록 사상이 더욱 고착되어 진보와 발전을 상실하기에 이르렀는데, 주자학이 한 번 전래한 뒤 640년 동안 내내 다른 학파가 흥기하지 못하였다. 그 선택이 옳았는가의 여부는 차치하고, 조선이 유학의 여러 학파 가운데 가장 온건중정穩健中正한 것이 주자학이라 하더라도 어떻게 이처럼 단일사상을 가지고 만족할 수 있었을까. 여기서도 조선 사람의 그 국민성의 특색을 유력하게 보여 준다고 말하지 않을 수 없다.[17]

그리고 그는 조선의 주자학과 일본의 고학파古學派를 대비시켜 조선유학의 후진성을 은연중 부각시키기도 하였다.

> 일본의 오규 소라이(荻生徂來), 이토 진사이(伊藤仁齋) 두 사람은 호걸유豪傑儒로서 마침내 일파의 견지見地를 열어, 관학인 주자학파에 대해서 민학民學의 불꽃을 크게 밝혔다. 이것은 일본인과 조선인의 큰 차이이고, 장래에도 영원히 없어지지 않을 두 학풍의 차이이다.[18]

---

16) 다카하시는 經學院 副提學을 지낸 于堂 尹喜求(1867~1926)의 증언을 들어, 조선의 유학자 七八分은 四七論에 학문적 정력을 경주하였고, 조선유학에 관한 저술의 핵심은 사칠론에 있다고 하였다.「李朝儒學史に於ける主理派主氣派の發達」,『朝鮮支那文化の研究』 제1집(京城帝國大學法文學部, 1929), 143쪽.

17)「朝鮮儒學大觀」,『朝鮮史講座特別講義』, 58~59쪽.

18)「朝鮮儒學大觀」,『朝鮮史講座特別講義』, 36쪽.

일본은 고학파가 세력을 얻었기 때문에 사상적 진보가 있었고 조선은 주자학 일색이었기 때문에 하등의 발전도 없었다는 논리이다. 이쯤 되면 그의 식민주의적 발상은 최고조에 달한 셈이다.

조선이 주자학 일색이라는 것은 「조선유학대관」에 이어 「이조유학사에 있어서 주리파·주기파의 발달」에서 더 철학적으로 체계화되었다. 「가장 충실한 퇴계 조술자 권청대權淸臺의 학설」에서 '충실한 조술자'를 부각시킨 것 또한 그와 같은 시각에서 나왔음은 물론이다. 주자학 일색의 조선유학의 학풍을 '국민성'으로까지 연결시켜 본 데서 다카하시가 조선유학을 어떠한 시각에서 이해하였는지 쉽게 짐작할 수 있다.

다카하시에 의하면, 조선의 유학자들이 수백 년 동안 벌였던 사칠논쟁은 사실상 주희와 이황·이이의 의취를 캐고 또 거기에 부합되는가의 여부를 쟁변하는 데 불과하였다고 한다. 주희의 언론이 재판에서의 판결과 다름없었던 만큼, '논쟁'이라 하더라도 기실 '사상적 종속성'을 중요한 특징으로 꼽지 않을 수 없다는 것이다. 물론 일부 아류적인 주자학자들 사이에서는 그러한 경향이 없지 않았다. 따라서 이것이 그럴듯한 논리로 보임직도 하다. 그러나 이것은 사실일 수 없다. 주희의 이론에서 일탈하지 않으면서도 나름대로 주희의 설을 특색 있게 해석하거나 주희의 이론과 다르게 학설을 전개한 것에 대해서는 애써 외면한 채, 유사성 내지 뇌동성에만 착안하여 역설하는 주장에 지나지 않는다.

이에 대한 반론의 예증으로는 퇴계 이황과 율곡 이이를 먼저 꼽을 수 있다. 이황은 조선 제일의 주자학자이다. 그러나 이황은 주자학의 충실한 조술자로 머물지는 않았다. 이 점은 후일 '주자의 충신'으로 일컬어졌던 우암 송시열이 "퇴계의 학문은 가장 폐단이 없지만 그가 흥기興起한 곳은 주자와 같지 않다"라고 평한 데서도 단적으로 엿볼 수 있을 것이다.[19]

19) 『宋子大全』, 권131, 22a~22b, 「看書雜錄」, "退溪之學, 最爲無弊, 而其作處與朱子不同, 豈余

그럼에도 다카하시는 이황에 대하여 다음과 같이 부당하게 역사적 책임을 지웠다.

> 퇴계의 힘에 의해 조선유학은 완전히 주자학파로 귀일했다. 그러나 동시에 학자들의 사상을 구속하여 학계가 단일평판單一平板하게 된 책임도 대부분 퇴계에게 돌리지 않으면 안 된다. 퇴계의 학문은 조선유학자의 사색의 틀이고, 넓게 말하자면 전 조선인의 학문의 틀을 대표한다. 그러나 요컨대 창조적인 생각과 발명에서는 매우 빈약하여 결국에는 주자학의 가장 충실한 조술자에 지나지 않는다.[20]

사실 이황의 사단칠정론은 주희가 미처 언급하지 못한 데까지 상도想到하고 있다. 또한 기대승과의 수차례의 논변을 거친 뒤 "사단은 리발이기수지理發而氣隨之요, 칠정은 기발이리승지氣發而理乘之"라고 정의하는 등 주희의 논리와 학설에서 일보 진전한 면모를 보여 주었다. 이이의 경우는 리기호발理氣互發을 주장하는 주희와 이황의 논리에 반대하고 '기발리승일도설氣發理乘一途說'을 주장하면서, "주자가 참으로 리기의 호발을 인정하여 각각 상대적으로 발용發用함이 있다고 말한 것이라면 이는 주자도 잘못 안 것이다. 어찌 주자가 될 수 있겠는가"[21]라고 진리에 대한 확신을 토로한 바 있다.

선성현先聖賢의 학문적 권위에 의탁하는 형식을 빌려 논지를 전개하고 학문을 심화시켜 나아간 예는 동양 삼국에서 볼 수 있는 일반적인 경향이다. 이황을 비롯한 조선 주자학자들이 주희의 언론을 철저히 탐구했던 것은, 일차적으로 논리의 전개에서 그 정당성을 확보하기 위한 것이기도 하지만, 궁극에 가서는 자신의 논리와 이론을 주희보다 더욱 심화·발전시

所見之妄耶."

20) 「朝鮮儒學大觀」, 『朝鮮史講座特別講義』, 35~36쪽.

21) 『栗谷全書』, 권10, 12b, 「答成浩原」, "若朱子眞以爲理氣互有發用, 相對各出, 則是朱子亦誤也. 何以爲朱子乎."

키기 위한 것이었다. 퇴율 이후 조선의 성리학자들이 사칠론을 집중적으로 정밀하게 연구한 끝에 양대 학파가 형성될 정도로 논의가 심화되었던 사실은, 곧 한국유학이 적어도 심성설에서는 중국의 수준을 능가했다는 평가가 가능하게 해 줄 것이다. 또한 이와 같은 줄기찬 연찬이야말로 한국유학이 독자성을 추향趨向했던 하나의 증거가 된다 할 수 있으므로, 다카하시가 '무발전'과 '무독창'이라는 전제 위에 종속성을 이끌어 내기 위해서 사칠논쟁을 예로 든 것은 도리어 한국유학의 독자성을 증명하는 좋은 사례가 된다고 하겠다.

이황과 이이의 성리설에는 나름대로의 특징과 의의가 있다. 이황과 이이는 그들이 처한 시대적 배경과 철학적 지향점이 달랐기 때문에 성리설의 철학적 기저도 일정한 차이를 드러낼 수밖에 없었다. 리와 기를 준별하여 리존기비理尊氣卑를 강조하는 이황의 성리설이나, 리기지묘理氣之妙와 리기불상리理氣不相離의 관점을 중시하는 이이의 성리설은 관점이 다른 만큼 논리도 다를 수밖에 없었다. 그러나 「조선유학대관」이나 「이조유학사에 있어서 주리파·주기파의 발달」에서는 이 점에 대한 진지한 이해나 분석의 흔적이 없이 리기심성설에 대한 평면적이고 형식논리적인 분석으로 일관하여 많은 오해를 불러일으켰다.

다카하시는 1953년에 「조선의 양명학파」라는 논문을 발표하였다. 이것은 광복 이전 1936년에 발표된 이능화李能和의 「조선유학계의 양명학파」(朝鮮儒界之陽明學派)에서 많은 시사를 받은 것으로 보이며, 대체로 경학원 시절 옛 동료였던 정만조에게 구술 받은 내용을 충실하게 반영한 듯하다. 제목만 얼핏 보면 '조선은 주자학 일색이었다'고 하는 그의 지론이 이때에 와서 어느 정도 달라진 것처럼 짐작될 수 있으나, 그는 조선에서 양명학파가 존재하였다는 사실이 하나의 이채에 불과하다는 견해를 바꾸지 않았다. 또 조선의 양명학이 '양주음왕陽朱陰王'의 성격을 지녔다는 점을 정만조의 증언을 이끌어 증명하였는데, 이것은 양명학파가 음성적으로 학통을 전수하여 왔으므로 사실상 조선에는 주자학이 있을 뿐이라는 종전의 주장을 되풀이한 것에 불과하다.

다카하시는 「조선 학자의 토지평분설土地平分說과 공산설共産說」(1936)이라는 논문에서 오늘날 '실학'으로 일컬어지는 조선 후기 신학풍에 대해서 나름의 견해를 표명하기는 했다. 이 논문은 1930년대 초 정인보鄭寅普, 문일평文一平 등이 실학을 현창하고 이를 사상운동의 일환으로 발전시켜 나가려고 한 데 대한 거부의 의미를 담은 것으로 보인다. 그는 식민지 조선의 학자들에 의해 주도되는 실학운동에 은연중 거부감을 보이면서, '실학'이라는 용어를 애써 피하고 대신 '경제학經濟學'이라 명명하였다.[22] 그에 의하면 '경세제민지학經世濟民之學'은 유학의 한 갈래이자 경향인 만큼 새삼스럽게 특거特擧할 만한 성질의 학문이 아니라는 것이다. 실학의 거봉인 정약용의 「전론田論」 7편에 대해서는 '파천황破天荒의 공산설共産說'이라고 높이 평가하면서도, 당시의 조선사회와 직접적인 관련 없이 우발적으로 제기된 사상인 양 치부하기도 하였다.

다카하시는 유형원·이익·정약용 등 이른바 경세치용학파 전제론田制論의 기본이 되는 토지공유·토지평분土地平分·한전론限田論 등에 대해 고찰하면서 "이 사상은 멀리 한대의 왕망王莽으로부터 가깝게는 송대의 장횡거張橫渠·주자朱子 등의 정전론井田論에서 일찍이 주장되었던 것이다. 조선 초기 정책도 그것을 답습하였으니, 정도전의 『조선경국전』에 분명히 기록되어 있다. 이것들은 중국사상에서 발원한 것 이외의 것이 아니다"[23] 라고 하여, 조선 후기 실학의 발생마저도 외적 요인에 의한 것이라고

---

22) 현상윤의 『조선유학사』에서도 '실학파'란 용어 대신 '경제학파'라 하였는데(1977년 민중서관판, 310~311쪽), 이는 다카하시가 사용한 용어를 세심한 검토 없이 이끌어 쓴 것이다.

23) 「朝鮮學者の土地平分說と共産說」, 『服部先生古稀記念論文集』(東京: 富山房, 1936), 629쪽.

평가할 뿐만 아니라 궁극적으로 한국유학의 종속성을 부각시키려는 의도마저 내비쳤다.

다카하시는 남인계 학자들로부터 개혁론이 나오게 된 것은 기실 그들이 재야학자의 처지에 있었기 때문이라고 하면서, 그들이 과연 집권층이었다면 그처럼 진보적인 학문성향을 보일 수 있었겠으며 나아가 개혁안을 낼 수 있었겠느냐는 취지의 말을 하기도 하였다.

> 만약 이러한 남인학자들이 노론학자와 처지를 바꾸어, 뜻을 얻어서 당시 대각臺閣에 들어가 정국을 담당하였더라면 과연 그들이 비주자학적인 기치를 세웠을까? 동시에 노론의 여러 학자들도 그같이 곧게 어디까지나 주자의 충신으로 끝맺었을까? 혁신을 배제하고 현 상황을 유지하는 것은 주자학의 정점이기 때문이다. 조선의 유학을 연구하여 정치와 교섭하는 데 이르면 정치와 학술의 연관에 덧붙여 깊이 깨닫는 바가 있음을 느낀다.[24)]

이처럼 다카하시가 조선 후기의 실학에 대하여 그 가치를 내려 깎고 사상적 의의를 인정하지 않으려 했던 것은 바로 한국유학의 고착성과 종속성을 증명하려는 의도 이외의 것이 아니다.

당파성론은 3·1운동 이후 일제가 우리 민족을 분열시키고 독립운동의 기반을 흔들기 위한 방안의 하나로 급속히 부각시켰던 이론이다. 생각해 보면 한국유교의 사회적 기능은 낱낱이 열거하기 어려울 정도로 많다. 그런데 그 많은 것들을 말끔히 도외시한 채 오직 부정적 측면과 역기능만을 부각시키고 있다는 데서 저들의 불순한 저의를 지적하지 않을 수 없다. 다카하시는 자신의 모든 논문에서 조선조의 당쟁에 대해서 대서특필하였다.

---

24) 「丁茶山の大學經說」, 『天理大學報』 第18집; 조남호 편역, 『조선의 유학』, 360쪽 참조.

당파가 발생하여 지식인 가문의 당적黨籍이 결정되면 또한 대대로 원수와 적이 생기고 다툼의 규모가 커져서 뿌리를 깊게 내리게 되니, 점차 큰 바다의 파도와 같이 일파만파一波萬波를 일으켜 인력으로 고요하게 만들 수 없다. 그리하여 조선의 지식인에 속하는 자는 지혜도 기능도 체력도 두뇌도 단지 당쟁의 한 점에 쏟아 붓게 된다. 따라서 조선의 지식인 생활은 참으로 위험에 가득 차서 팔도에 안주할 곳이 한 군데도 없다.[25]

조선의 당쟁에 대한 그의 기본적인 견해는 이로써 대변할 수 있을 듯하다. 그는 퇴계학파·율곡학파에 대해 논하면서 "결국 퇴계의 사칠설은 남인이 받드는 학설이 되고 율곡의 사칠설은 노론이 받드는 학설이 되었다. 이에 학설과 당의가 결부되어 당쟁이 끝내 없어지지 않은 것처럼 사칠논쟁은 종식되지 않고, 이른바 '조선 학계에서 3백 년 동안 끝나지 않는 논안論案'이 되었다"[26]라고 하여, 사칠논쟁을 평면적이고 도식적으로 파악하면서 당쟁과 결부시켜 유교에 대한 부정적 이미지를 부각시키려는 의도를 드러내었다. 이어서 그는 "조선 학계의 2대 학파는 주리파와 주기파인데, 이 두 학파가 나오게 된 원천은 곧 퇴계·고봉 이씨二氏의 사칠론이다. 한 파는 동남으로 흘러가서 영남학파가 되어 주리로 발달하였고, 한 파는 서남으로 흘러가서 기호학파가 되어 주기로 발달하였다"[27]라고 하여 조선의 양대 성리학파의 근거지를 영남지방과 기호지방으로 분류하였다. 또한 이 논문의 맨 말미에서는 "이것을 보더라도 학설을 귀일시키는 것과 학파를 통일시키는 것이 거의 불가능함을 간취할 수 있다"[28]라고 하여 한국유학의 당파성·분열성을 역설하는 것으로써 마무리를 짓고 있다. 그는 성리학과 당쟁을 결부시켜 주리파·주기파의 대립이

25) 「朝鮮の陽明學派」, 『朝鮮學報』 제4집(1953), 151쪽.
26) 「李朝儒學史に於ける主理派主氣派の發達」, 『朝鮮支那文化の研究』 제1집, 143쪽.
27) 위의 책, 143쪽.
28) 위의 책, 281쪽.

라는 단계에서 더 나아가 지역성을 부각시켰다. 이는 지역감정을 유발시켜서 마침내 민족의 분열을 이끌어 내려는 식민정책의 일환이라고 하지 않을 수 없다.

돌이켜 보면, 우리나라의 양식 있는 학인들 중에도 당파에 따른 학계의 분열상을 통렬하게 비판한 사람이 적지 않다. 다카하시의 비판에 못지않게 신랄함을 볼 수도 있다. 그러나 이들의 비판은 실로 조선유학에 대한 애정 어린 비판으로서, 학계에 경성警省을 촉구하여 의식의 전환을 이끌어내는 데 목적이 있었다. 반면 다카하시를 비롯한 일제 어용 관학자들은 그러한 분열상을 조선유학과 유교계의 후진성을 비판하는 자료로 이용하였다. 그들은 나아가 유학과 한문학을 연구한다는 구실 아래 유림이나 한학자들에게 접근하여 그 당색과 학통을 조종함으로써 반목·갈등하는 고질적 병폐를 스스로 드러내게 하였다. 다카하시가 「이조유학사에 있어서 주리파·주기파의 발달」에서, 지난날 구한국의 유신遺臣으로 당색 상서로 대립적인 처지에 있었던 노론 출신의 윤희구尹喜求와 소론 출신의 정만조의 증언을 이끌어 조선유학을 논하고 있는 것 역시 이러한 차원에서 이해할 수 있다. 우리나라 학인들의 반성적 비판까지도 역이용하여 한국유학의 부정적 이미지를 들추어내고 식민통치를 합리화하려 한 데서 다카하시의 저의가 더욱 분명해진다고 하겠다.

다카하시는 당쟁을 우리 민족이 지닌 분열적 성격의 발로라고 규정하면서, 이를 민족적 분열성으로 유도하여 마치 고질적인 특성인 양 논리를 비약시키기에 이르렀다. 물론 조선조의 당쟁이 정치·사회적으로 많은 물의를 일으키고 폐단을 초래하였음을 부인하기는 어렵다. 그러나 당쟁이 고질적인 민족성을 대변하는 듯한 부정적인 의미만 지닌다고 할 수는 없다. 조선조의 당쟁을 논하자면 그것이 성리학적 정치풍토에서 파생된 부산물이라는 점, 명분상으로 성리학의 의리 기준에서 비롯되었다는 점을 고려하지 않으면 안 된다. 일제시기 민족사학자요 국학자였던 자산自山 안확安廓(1886~1946)의 관점을 계승한 이태진李泰鎭에 의하면, 당쟁에는 부정적 요소 못지않게 긍정적 요소가 있으며 본질적으로 오늘날 정당 본위의 정쟁과 크게 다를 바 없다고 한다.[29] 이 당쟁의 본질적인 의미를 성리학의 의리 기준에 견주어 보면 정명주의正名主義에 입각한 명분론적 특성이 강한 만큼, 이는 곧 합리성을 추구하는 명분론적 사고의 정치·사회적 발현이라고 할 수 있을 것이다. 당쟁 내지 붕당에 대한 다카하시의 부정 일변도의 논리는 수긍하기 어렵다고 할 것이다.

29) 이태진, 「당파성론 비판」, 『한국사 시민강좌』 창간호(1987); 이태진, 「붕당정치 성립의 역사적 배경」, 『제18회 동양학학술회의 강연초』(1988) 참조.

찾아보기

인명

책명 및 편명

개념어구 및 기타

지은이 최영성崔英成

성균관대학교 유학대학 한국철학과를 졸업하고, 동 대학교 대학원에서 철학 박사학위를 받았다. 1999년 영산대학교 국제학부 전임강사에 임용된 뒤, 2000년부터 한국전통문화대학교 교수로 재직 중이다. 한국전통문화대학교 학술정보관장, 전통문화연구소장, 교학처장 등의 보직을 맡았으며, 문화재청 문화재전문위원, 충청남도 문화재위원, 한국유교학회 부회장, 한국철학사연구회 회장 등을 지냈다. 현재 국제유교연합회 이사로 있다.

전공분야는 한국철학이다. 한국 고대사상 연구를 통해 한국사상의 원형을 발굴, 정립하는 데 힘써 왔으며, 한국의 고대 사상가 가운데 최치원을 중시하여 그의 사상이 갖는 현대적 의의를 조명하는 작업을 진행하였다. 이와 함께 한국유학사의 통사적 저술을 기획하여 『한국유학사상사』 전5권(1994~1997)을 펴냈고, 2006년에 이를 재정리하고 보완하여 『한국유학통사』 전3권(2370쪽)으로 다시 펴냈다. 학계에서 한국유학사 연구의 길잡이라는 평가를 받는 『한국유학통사』는 이 계통 연구의 필수도서로 꼽히고 있다. 주요 저서 및 번역서로는 『역주 최치원전집』(1997~98), 『한국의 학술연구: 동양철학편』(공저, 2001), 『역주 매죽헌문집』(2002), 『한국철학사상사』(공저, 2003), 『고운 최치원의 철학사상』(2012), 『역주 한재집』(2012), 『한국의 금석학 연구』(2014) 등 다수가 있고, 100여 편의 논문을 발표하였다.

E-mail: choiys60@hanmail.net

퇴계원전총서

고경중마방古鏡重磨方 — 퇴계 선생의 마음공부 이황 편저, 박상주 역해, 204쪽, 12,000원
활인심방活人心方 — 퇴계 선생의 마음으로 하는 몸공부 이황 편저, 이윤희 역해, 308쪽, 16,000원
이자수어李子粹語 퇴계 이황 지음, 성호 이익 · 순암 안정복 엮음, 이광호 옮김, 512쪽, 30,000원

한국철학총서

조선 유학의 학파들 한국사상사연구회 편저, 688쪽, 24,000원
실학의 철학 한국사상사연구회 편저, 576쪽, 17,000원
퇴계의 생애와 학문 이상은 지음, 248쪽, 7,800원
조선유학의 개념들 한국사상사연구회 지음, 648쪽, 26,000원
유교개혁사상과 이병헌 금장태 지음, 336쪽, 17,000원
남명학파와 영남우도의 사림 박병련 외 지음, 464쪽, 23,000원
쉽게 읽는 퇴계의 성학십도 최재목 지음, 152쪽, 7,000원
홍대용의 실학과 18세기 북학사상 김문용 지음, 288쪽, 12,000원
남명 조식의 학문과 선비정신 김충열 지음, 512쪽, 26,000원
명재 윤증의 학문연원과 가학 충남대학교 유학연구소 편, 320쪽, 17,000원
조선유학의 주역사상 금장태 지음, 320쪽, 16,000원
율곡학과 한국유학 충남대학교 유학연구소 편, 464쪽, 23,000원
한국유학의 악론 금장태 지음, 240쪽, 13,000원
심경부주와 조선유학 홍원식 외 지음, 328쪽, 20,000원
퇴계가 우리에게 이윤희 지음, 368쪽, 18,000원
조선의 유학자들, 켄타우로스를 상상하며 理와 氣를 논하다 이향준 지음, 400쪽, 25,000원
퇴계 이황의 철학 윤사순 지음, 320쪽, 24,000원
조선유학과 소강절 철학 곽신환 지음, 416쪽, 32,000원

성리총서

송명성리학 (宋明理學) 陳來 지음, 안재호 옮김, 590쪽, 17,000원
주희의 철학 (朱熹哲學硏究) 陳來 지음, 이종란 외 옮김, 544쪽, 22,000원
양명 철학 (有無之境—王陽明哲學的精神) 陳來 지음, 전병욱 옮김, 752쪽, 30,000원
정명도의 철학 (程明道思想硏究) 張德麟 지음, 박상리 · 이경남 · 정성희 옮김, 272쪽, 15,000원
주희의 자연철학 김영식 지음, 576쪽, 29,000원
송명유학사상사 (宋明時代儒學思想の硏究) 구스모토 마사쓰구(楠本正繼) 지음, 김병화 · 이혜경 옮김, 602쪽, 30,000원
북송도학사 (道學の形成) 쓰치다 겐지로(土田健次郞) 지음, 성현창 옮김, 640쪽, 3,2000원
성리학의 개념들 (理學範疇系統) 蒙培元 지음, 홍원식 · 황지원 · 이기훈 · 이상호 옮김, 880쪽, 45,000원
역사 속의 성리학 (Neo-Confucianism in History) Peter K. Bol 지음, 김영민 옮김, 488쪽, 28,000원
주자어류선집 (朱子語類抄) 미우라 구니오(三浦國雄) 지음, 이승연 옮김, 504쪽, 30,000원

불교(카르마)총서

학파로 보는 인도 사상 S. C. Chatterjee · D. M. Datta 지음, 김형준 옮김, 424쪽, 13,000원
불교와 유교 — 성리학, 유교의 옷을 입은 불교 아라키 겐고 지음, 심경호 옮김, 526쪽, 18,000원
유식무경, 유식 불교에서의 인식과 존재 한자경 지음, 208쪽, 7,000원
박성배 교수의 불교철학강의: 깨침과 깨달음 박성배 지음, 윤원철 옮김, 313쪽, 9,800원
불교 철학의 전개, 인도에서 한국까지 한자경 지음, 252쪽, 9,000원
인물로 보는 한국의 불교사상 한국불교원전연구회 지음, 388쪽, 20,000원
은정희 교수의 대승기신론 강의 은정희 지음, 184쪽, 10,000원
비구니와 한국 문학 이향순 지음, 320쪽, 16,000원
불교철학과 현대윤리의 만남 한자경 지음, 304쪽, 18,000원
유식삼십송과 유식불교 김명우 지음, 280쪽, 17,000원
유식불교, 『유식이십론』을 읽다 효도 가즈오 지음, 김명우 · 이상우 옮김, 288쪽, 18,000원
불교인식론 S. R. Bhatt & Anu Mehrotra 지음, 권서용 · 원철 · 유리 옮김, 288쪽, 22,000원

노장총서

노자에서 데리다까지 — 도가 철학과 서양 철학의 만남 한국도가철학회 엮음, 440쪽, 15,000원
不二 사상으로 읽는 노자 — 서양철학자의 노자 읽기 이찬훈 지음, 304쪽, 12,000원
김항배 교수의 노자철학 이해 김항배 지음, 280쪽, 15,000원
서양, 도교를 만나다 J. J. Clarke 지음, 조현숙 옮김, 472쪽, 36,000원

강의총서

김충열 교수의 노자강의 김충열 지음, 434쪽, 20,000원
김충열 교수의 중용대학강의 김충열 지음, 448쪽, 23,000원
모종삼 교수의 중국철학강의 牟宗三 지음, 김병채 외 옮김, 320쪽, 19,000원

동양문화산책

주역산책(易學漫步) 朱伯崑 외 지음, 김학권 옮김, 260쪽, 7,800원
동양을 위하여, 동양을 넘어서 홍원식 외 지음, 264쪽, 8,000원
서원, 한국사상의 숨결을 찾아서 안동대학교 안동문화연구소 지음, 344쪽, 10,000원
안동 금계마을 — 천년불패의 땅 안동대학교 안동문화연구소 지음, 272쪽, 8,500원
안동 풍수 기행, 와혈의 땅과 인물 이완규 지음, 256쪽, 7,500원
안동 풍수 기행, 돌혈의 땅과 인물 이완규 지음, 328쪽, 9,500원
영양 주실마을 안동대학교 안동문화연구소 지음, 332쪽, 9,800원
예천 금당실·맛질 마을 — 정감록이 꼽은 길지 안동대학교 안동문화연구소 지음, 284쪽, 10,000원
터를 안고 仁을 펴다 — 퇴계가 굽어보는 하계마을 안동대학교 안동문화연구소 지음, 360쪽, 13,000원
안동 가일 마을 — 풍산들가에 의연히 서다 안동대학교 안동문화연구소 지음, 344쪽, 13,000원
중국 속에 일떠서는 한민족 — 한겨레신문 차한필 기자의 중국 동포사회 리포트 차한필 지음, 336쪽, 15,000원
신간도견문록 박진관 글·사진, 504쪽, 20,000원
선양과 세습 사라 알란 지음, 오만종 옮김, 318쪽, 17,000원
문경 산북의 마을들 — 서중리, 대상리, 대하리, 김룡리 안동대학교 안동문화연구소 지음, 376쪽, 18,000원
안동 원촌마을 — 선비들의 이상향 안동대학교 안동문화연구소 지음, 288쪽, 16,000원
안동 부포마을 — 물 위로 되살려 낸 천년의 영화 안동대학교 안동문화연구소 지음, 440쪽, 23,000원
독립운동의 큰 울림, 안동 전통마을 김희곤 지음, 384쪽, 26,000원

일본사상총서

도쿠가와 시대의 철학사상(德川思想小史) 미나모토 료엔 지음, 박규태·이용수 옮김, 260쪽, 8,500원
일본인은 왜 종교가 없다고 말하는가(日本人はなぜ 無宗教のか) 아마 도시마로 지음, 정형 옮김, 208쪽, 6,500원
일본사상이야기 40(日本がわかる思想入門) 나가오 다케시 지음, 박규태 옮김, 312쪽, 9,500원
일본도덕사상사(日本道德思想史) 이에나가 사부로 지음, 세키네 히데유키·윤종갑 옮김, 328쪽, 13,000원
천황의 나라 일본 — 일본의 역사와 천황제(天皇制と民衆) 고토 야스시 지음, 이남희 옮김, 312쪽, 13,000원
주자학과 근세일본사회(近世日本社會と宋學) 와타나베 히로시 지음, 박홍규 옮김, 304쪽, 16,000원

한의학총서

한의학, 보약을 말하다 — 이론과 활용의 비밀 김광중·하근호 지음, 280쪽, 15,000원

남명학연구총서

남명사상의 재조명 남명학연구원 엮음, 384쪽, 22,000원
남명학파 연구의 신지평 남명학연구원 엮음, 448쪽, 26,000원
덕계 오건과 수우당 최영경 남명학연구원 엮음, 400쪽, 24,000원
내암 정인홍 남명학연구원 엮음, 448쪽, 27,000원
한강 정구 남명학연구원 엮음, 560쪽, 32,000원
동강 김우옹 남명학연구원 엮음, 360쪽, 26,000원
망우당 곽재우 남명학연구원 엮음, 440쪽, 33,000원

예문동양사상연구원총서

한국의 사상가 10人 — 원효 예문동양사상연구원/고영섭 편저, 572쪽, 23,000원
한국의 사상가 10人 — 의천 예문동양사상연구원/이병욱 편저, 464쪽, 20,000원
한국의 사상가 10人 — 지눌 예문동양사상연구원/이덕진 편저, 644쪽, 26,000원
한국의 사상가 10人 — 퇴계 이황 예문동양사상연구원/윤사순 편저, 464쪽, 20,000원
한국의 사상가 10人 — 남명 조식 예문동양사상연구원/오이환 편저, 576쪽, 23,000원
한국의 사상가 10人 — 율곡 이이 예문동양사상연구원/황의동 편저, 600쪽, 25,000원
한국의 사상가 10人 — 하곡 정제두 예문동양사상연구원/김교빈 편저, 432쪽, 22,000원
한국의 사상가 10人 — 다산 정약용 예문동양사상연구원/박홍식 편저, 572쪽, 29,000원
한국의 사상가 10人 — 혜강 최한기 예문동양사상연구원/김용헌 편저, 520쪽, 26,000원
한국의 사상가 10人 — 수운 최제우 예문동양사상연구원/오문환 편저, 464쪽, 23,000원

민연총서 — 한국사상

자료와 해설, 한국의 철학사상 고려대 민족문화연구원 한국사상연구소 편, 880쪽, 34,000원
여헌 장현광의 학문 세계, 우주와 인간 고려대 민족문화연구원 한국사상연구소 편, 424쪽, 20,000원
퇴옹 성철의 깨달음과 수행 — 성철의 선사상과 불교사적 위치 조성택 편, 432쪽, 23,000원
여헌 장현광의 학문 세계 2, 자연과 인간 고려대 민족문화연구원 한국사상연구소 편, 432쪽, 25,000원
여헌 장현광의 학문 세계 3, 태극론의 전개 고려대 민족문화연구원 한국사상연구소 편, 400쪽, 24,000원
역주와 해설 성학십도 고려대 민족문화연구원 한국사상연구소 편, 328쪽, 20,000원
여헌 장현광의 학문 세계 4, 여헌학의 전망과 계승 고려대학교 민족문화연구원 편, 384쪽, 30,000원

동양사회사상총서

유교사회학 이영찬 지음, 488쪽, 17,000원
깨달음의 사회학 홍승표 지음, 240쪽, 8,500원
동양사상과 탈현대 홍승표 지음, 272쪽, 11,000원
노인혁명 홍승표 지음, 240쪽, 10,000원
유교사회학의 패러다임과 사회이론 이영찬 지음, 440쪽, 20,000원

경북의 종가문화

사당을 세운 뜻은, 고령 점필재 김종직 종가 정경주 지음, 203쪽, 15,000원
지금도 「어부가」가 귓전에 들려오는 듯, 안동 농암 이현보 종가 김서령 지음, 225쪽, 17,000원
종가의 멋과 맛이 넘쳐 나는 곳, 봉화 충재 권벌 종가 한필원 지음, 193쪽, 15,000원
한 점 부끄럼 없는 삶을 살다, 경주 회재 이언적 종가 이수환 지음, 178쪽, 14,000원
영남의 큰집, 안동 퇴계 이황 종가 정우락 지음, 227쪽, 17,000원
마르지 않는 효제의 샘물, 상주 소재 노수신 종가 이종호 지음, 303쪽, 22,000원
의리와 충절의 400년, 안동 학봉 김성일 종가 이해영 지음, 199쪽, 15,000원
충효당 높은 마루, 안동 서애 류성룡 종가 이세동 지음, 210쪽, 16,000원
낙중 지역 강안학을 열다, 성주 한강 정구 종가 김학수 지음, 180쪽, 14,000원
모원당 회화나무, 구미 여헌 장현광 종가 이종문 지음, 195쪽, 15,000원
보물은 오직 청백뿐, 안동 보백당 김계행 종가 최은주 지음, 160쪽, 15,000원
은둔과 화순의 선비들, 영주 송설헌 장말손 종가 정순우 지음, 176쪽, 16,000원
처마 끝 소나무에 갈무리한 세월, 경주 송재 손소 종가 황위주 지음, 256쪽, 23,000원
양대 문형과 직신의 가문, 문경 허백정 홍귀달 종가 홍원식 지음, 184쪽, 17,000원
어질고도 청빈한 마음이 이어진 집, 예천 약포 정탁 종가 김낙진 지음, 208쪽, 19,000원
임란의병의 힘, 영천 호수 정세아 종가 우인수 지음, 192쪽, 17,000원
영남을 넘어, 상주 우복 정경세 종가 정우락 지음, 264쪽, 23,000원
선비의 삶, 영덕 갈암 이현일 종가 장윤수 지음, 224쪽, 20,000원
청빈과 지조로 지켜 온 300년 세월, 안동 대산 이상정 종가 김순석 지음, 192쪽, 18,000원
독서종자 높은 뜻, 성주 응와 이원조 종가 이세동 지음, 216쪽, 20,000원
오천칠군자의 향기 서린, 안동 후조당 김부필 종가 김용만 지음, 256쪽, 24,000원
마음이 머무는 자리, 성주 동강 김우옹 종가 정병호 지음, 184쪽, 18,000원
문무의 길, 영덕 청신재 박의장 종가 우인수 지음, 216쪽, 20,000원
형제애의 본보기, 상주 창석 이준 종가 서정화 지음, 176쪽, 17,000원
경주 남쪽의 대종가, 경주 잠와 최진립 종가 손숙경 지음, 208쪽, 20,000원
변화하는 시대정신의 구현, 의성 자암 이민환 종가 이시활 지음, 248쪽, 23,000원
무로 빚고 문으로 다듬은 충효와 예학의 명가, 김천 정양공 이숙기 종가 김학수, 184쪽, 18,000원
청백정신과 팔련오계로 빛나는, 안동 허백당 김양진 종가 배영동, 272쪽, 27,000원
학문과 충절이 어우러진, 영천 지산 조호익 종가 박학래, 216쪽, 21,000원
영남 남인의 정치 중심 돌밭, 칠곡 귀암 이원정 종가 박인호, 208쪽, 21,000원
거문고에 새긴 외금내고, 청도 탁영 김일손 종가 강정화, 240쪽, 24,000원
대를 이은 문장과 절의, 울진 해월 황여일 종가 오용원, 200쪽, 20,000원
처사의 삶, 안동 경당 장흥효 종가 장윤수, 240쪽, 24,000원
대의와 지족의 표상, 영양 옥천 조덕린 종가 백순철, 152쪽, 15,000원

기타

다산 정약용의 편지글 이용형 지음, 312쪽, 20,000원
유교와 칸트 李明輝 지음, 김기주·이기훈 옮김, 288쪽, 20,000원
유가 전통과 과학 김영식 지음, 320쪽, 24,000원
유가철학의 덕과 덕성치유 최연자·최영찬 지음, 432쪽, 30,000원
한시, 슬픈 감성으로 가을을 읊다 권명숙 지음, 232쪽, 17,000원